最新重要判例250

民事訴訟法

Article 11. The people shall not be prevented from enjoying any of the fundamental human rights. These fundamental human rights guaranteed to the people by this Constitution shall be conferred upon the people of this and future generations as eternal and inviolate rights.
Article 12. The freedoms and rights guaranteed to the people by this Constitution shall be maintained by the constant endeavor of the people, who shall refrain from any abuse of these freedoms and rights and shall always be responsible for utilizing them for the public welfare.
Article 13. All of the people shall be respected as individuals.
Their rights to life,liberty, and the pursuit of happiness shall, to the extent that it does not interfere with the public welfare,
be the supreme consideration in legislation and in other governmental affairs.

山本和彦

弘文堂

はしがき

　本書は、民事訴訟法の基本的な判例を紹介し、解説するものである。民訴法は、他の法領域にもまして、条文にはない重要な法原則が多い。訴えの利益や弁論主義などがまさにそういった分野であり、その内容を明らかにしているのは判例法理である。また、条文があっても、その文言だけではルールの内容が把握し難くなっている分野も少なくない。その一例が文書提出命令である。その意味で、民事訴訟の実務やその学習において、判例を理解することは必須である。本書は全部で250の判例を取り上げ、判例の全体像をできるだけ網羅的かつ一覧的に把握できるようにしたものである。

　本書の特色は、第1に、最高裁判例を中心に取り上げた点である。民訴法の分野でも興味深い下級審裁判例は存するが、最高裁判例の意義とは比較にならない。そこで、最高裁判例が未だなく、分野の重要性に鑑み、どうしても取り上げる必要がある場合のみ、大審院判例（当事者の確定等）や下級審裁判例（違法収集証拠・証明妨害等）を取り上げたが、原則として最高裁に絞って解説することにした。第2に、できる限り客観的な解説に努めた点である。それによって判例法理の現状を浮かび上がらせることを試みた。もちろん筆者自身納得できない判断もあることは否定できないが、その場合も第1次的にはその客観的内容の紹介に努め、外在的な批判は避けるようにした。第3に、全ての判例について1頁に収めた点である。これは執筆に当たって最も苦労した点である。重要な判例ほど事案が複雑で判旨が長く、詳細な解説を要することが多いからである。全てを1頁に収めるに当たっては、正確性と一覧性を何よりも重視し、解説は必要最小限のものに止め、また参考文献も省略せざるを得なかったことはお許しいただきたい。

　本書は、判例法理といわれるものの全体像を把握できるよう努力したつもりである。本書全体あるいはその一分野（例えば訴えの利益等）を通読してもらえれば、（あくまでも私の視点からみたものではあるが）判例の「思考法」が浮かび上がるものになったのではないかと期待している。学生には民訴判例の全体像を把握してもらう際に、また実務家には民訴法上の問題にぶつかった際に（必要に応じて詳細は他の書物で補っていただくことを前提に）その周辺問題を含めた判例を一覧するため、ご利用いただければと思っている。

　本書執筆の依頼はおそらく15年以上前に遡る。少しずつ書きながらも多忙に紛れて中断していたが、その完成に至ることができたのは皮肉にもコロナ禍のおかげであった。昨年4月以降、ある時期全ての仕事が事実上止まり、ぽっかり空いたすき間の時間に本書の執筆を本格的に再開し、その後もオンライン会議が中心になる中、移動時間等が少なくなった利点を活かすことができた。仕上げの時期はサバティカルを取得でき、効率的に作業ができた。一橋大学の関係の方々に厚くお礼を申し上げたい。また、本書が完成に至ったのは、何より長期にわたり忍耐強く筆者を支えてくれた北川陽子さんのご支援があったからである。北川さんなくして本書が陽の目を見ることはなかった。心より感謝を申し上げたい。最後に、コロナ禍の中、筆者の活動を精神的に支えてくれた家族（妻聡子、子青葉・夏葉）とともに、新たに家族になった清水一輝君、稲村光亮君に本書を捧げたい。

2021年11月

山 本 和 彦

凡　　例

　1　【判旨】・【決定要旨】欄で判例集等から直接に引用した部分は、「　　」で囲んだ。ただし、判旨・決定要旨の文中で
引用された判例の表記については、本書の判例表記に改めた。
　2　法令・条文の引用については、大方の慣行によった。
　3　判例・判例集・文献等の略称は、下記の略語表によった。

●判例

大判（決）	大審院判決（決定）
最判（決）	最高裁判所判決（決定）
高判（決）	高等裁判所判決（決定）
知財高判	知的財産高等裁判所判決
地判（決）	地方裁判所判決（決定）

●判例集

民録	大審院民事判決録
民集	大審院民事判例集、最高裁判所民事判例集
集民	最高裁判所裁判集民事
高民	高等裁判所民事判例集
下民	下級裁判所民事裁判例集
東高民時報	東京高等裁判所判決時報民事
訟月	訟務月報
新聞	法律新聞
判時	判例時報
判タ	判例タイムズ

●単行本

菊井=村松・全訂	菊井維大=村松俊夫『全訂民事訴訟法Ⅱ』（日本評論社・1989）
コンメ○	菊井維大=村松俊夫原著『コンメンタール民事訴訟法』（日本評論社）
新注釈(4)	高田裕成ほか編集『注釈民事訴訟法(4)』（有斐閣・2017）
注釈(4)	鈴木正裕=青山善充編『注釈民事訴訟法(4)』（有斐閣・1997）
一問一答	佐藤達文=小林康彦編著『一問一答　平成23年民事訴訟法等改正——国際裁判管轄法制の整備』（商事法務・2012）
講座新民訴Ⅱ	竹下守夫編集代表『講座新民事訴訟法Ⅱ』（弘文堂・1999）
争点	伊藤眞=山本和彦編『民事訴訟法の争点』（有斐閣・2009）
高橋・重点講義(上)/(下)	高橋宏志『重点講義(上)/(下)〔第2版補訂版〕』（有斐閣・2013、2014）
民事事実認定	伊藤眞=加藤新太郎『〈判例から学ぶ〉民事事実認定』（有斐閣・2006）
山本・基本問題	山本和彦『民事訴訟法の基本問題』（判例タイムズ社・2002）
山本・現代的課題	山本和彦『民事訴訟法の現代的課題』（有斐閣・2016）
山本・審理構造論	山本和彦『民事訴訟審理構造論』（信山社出版・1995）
山本ほか編・理論と実務	山本和彦ほか編『文書提出命令の理論と実務〔第2版〕』（民事法研究会・2016）

●定期刊行物

金判	金融・商事判例
金法	金融法務事情
銀法	銀行法務21
J	ジュリスト
駿法	駿河台法学
新報	法学新報
曹時	法曹時報
ひろば	法律のひろば
法協	法学協会雑誌
法教	法学教室

法研	法学研究
民商	民商法雑誌
民訴	民事訴訟雑誌
リマ	私法判例リマークス
百Ⅰ/Ⅱ/2版〜5版	民事訴訟法判例百選Ⅰ〔新法対応補正版〕/Ⅱ〔新法対応補正版〕/〔第2版〕〜〔第5版〕
国際私法百2版/3版	国際私法判例百選〔第2版〕/〔第3版〕
判解平（昭）○年度	最高裁判所判例解説民事篇平成（昭和）○年度
令（平・昭）○年度重判	令和（平成・昭和）○年度重要判例解説

最新重要判例250　民事訴訟法　　─目　次─

裁判所

当事者

●当事者の確定

●当事者能力

●訴訟能力

●法人代表者

●訴訟代理人

訴え

●将来給付の訴え

訴訟要件

審理

●弁論主義―主張責任

●釈明権・釈明義務

●弁論主義―自白

●適時提出主義

●口頭弁論

証明

●証明の対象

●自由心証主義・証明度

●損害額の認定

●証明責任

●証拠調べ手続

●証人尋問・当事者尋問

訴訟の終了

複雑訴訟

●複数請求訴訟

上訴・再審

最新重要判例 250 民事訴訟法
裁判所

1 天皇と民事裁判権

最2小判平成元年11月20日（民集43巻10号1160頁・判時1338号104頁）　　参照条文　憲法1条　裁判所法3条　民訴法137条

天皇に民事裁判権は及ぶか。

●事実●　　千葉県の住民であるXは、千葉県知事が昭和天皇の病気快癒を願う県民記帳所を設置し、そのための公金を支出したことが違法であり、当該設置費用相当額を昭和天皇が不当利得し、当該不当利得の返還債務を当時の天皇（現上皇）が相続したとして、旧地方自治法242条の2第1項4号に基づき、千葉県に代位して不当利得の返還を求めて、訴状に被告を「天皇家明仁」と表示して住民訴訟の訴えを提起した。第1審裁判長は、天皇を被告として記載した訴状は補正の余地がないものとして、訴状を却下したが、これに対して即時抗告がされ、抗告審は、本件は民訴法上訴状を却下できる場合のいずれにも当たらないとして、上記訴状却下命令を取り消した。そこで、第1審および原審はいずれも、本件は民事裁判権の及ばない者を被告とする訴えであるとし、202条（現行140条）により訴えを不適法として却下した。Xより上告。

●判旨●　　上告棄却。
「天皇は日本国の象徴であり日本国民統合の象徴であることにかんがみ、天皇には民事裁判権が及ばないものと解するのが相当である。したがって、訴状において天皇を被告とする訴えについては、その訴状を却下すべきものであるが、本件訴えを不適法として却下した第1審判決を維持した原判決は、これを違法として破棄するまでもない。」

●解説●　　1　憲法学においては、天皇は刑事責任を問われないとするのが通説であるが、民事責任についてはむしろ免責されないとする考え方が有力である（岩渕・後掲399頁参照）。ただ、このことと民事裁判権が天皇に及ぶかどうかとは論理的には別の問題である。仮に民事責任が免責されないとしても、なお民事裁判権は及ばないとする理解はあり得るからである。この問題については従来学説が分かれており、天皇は民事裁判権に服さないとする消極説もあったが、多数説は天皇に対する民事裁判権を肯定していた（学説の状況については、長谷部・後掲14頁以下など参照）。本判決は、最高裁が初めて天皇には民事裁判権は及ばないことを明らかにした点で意義がある。
2　本判決は、天皇に民事裁判権が及ばない理由として、「天皇は日本国の象徴であり日本国民統合の象徴であること」を指摘するに止まっている。したがって、その実質的な理由は、そこから推論するしかないが、民事裁判権が及ぶということは、民事訴訟における被告の立場に置かれ、また証人として裁判所で尋問を受ける義務を負うことを意味する。おそらく本判決はそのような地位に天皇が立つことがそもそも象徴としての天皇の地位と整合しないと判断したのではないかと推測される。なぜなら、被告となることは原告となる日本国民と天皇が訴訟上対立的な地位に立ち得ることを意味し、証人として証言をすることはそれが不

利益に作用する当事者との関係で天皇を訴訟上攻撃対象とすることを意味し、そのような立場は、日本国ないし日本国民統合の象徴たる地位と矛盾するおそれがあり得るからである。
本判決は、一般論として天皇に対する民事裁判権を否定しており、本件のような住民訴訟の場合に限らず、より一般的な射程を有するものであろう。また、本判決の結論は象徴としての天皇の地位から導かれているものであり、そのような地位を天皇が放棄できない以上、仮に天皇が裁判権の行使を受諾しても、それによって裁判権を行使できることになるものではないと解される（その意味では、外国国家の場合とも異なる。【2】解説参照）。したがって、天皇は原告として訴えを提起することもできないことになろう。
3　以上が本判決の理解であるが、このような帰結の妥当性については疑問もある（なお、本判決後の学説としても、本判決を支持するものと批判するものとに分かれている）。一般に、ある法主体に対して民事裁判権を否定することは、その法主体の活動の自由を阻害する可能性が強い。天皇が民事上の取引を自ら行うことはあまり想定できないかもしれないが、例えば天皇が不法行為責任を発生させた場合に、相手方の損害賠償請求権の訴権としての行使が否定されるとすると、天皇は、そのような責任がそもそも発生しないように、自己の行動を規制するように追い込まれるおそれがある。すなわち、天皇が私人として自動車を運転するような行為は望ましくないものと評価される可能性があろう。しかし、そのような行為規制が現在の天皇制の下で望ましいものであるか、疑問なしとしない。開かれた皇室という観点からは、判例準則の見直しの余地があるようにも思われる。
なお、本判決は、天皇を被告とする訴えについては、本来訴状を却下すべきであったと判示する。民事裁判権のおよそ及ばない者に対しては訴状を送達する余地はなく、不備の補正の余地もないので、訴状を却下することが理論的には相当な扱いである（137条2項）。ただ、本件では、訴状却下命令に対する即時抗告がされて当該命令が取り消されており、その点の当否についてはもはや争うことができない状況にあると解されたため、訴え却下の判決がされたものとも考えられる。しかし、訴え却下判決は、確定するためには被告に送達する必要があるところ、民事裁判権の及ばない天皇に有効に判決を送達することは不可能であり、判決がいつまでも確定しないことになりかねない。このような扱いは不当であり、民事裁判権の及ばないことを看過して原審が判決をした場合には、上級審は原判決を取り消して訴状却下命令をする余地が認められるべきであろう。

●参考文献●　　岩渕正紀・判解平元年度397、長谷部恭男・百
Ⅰ14

2 外国国家と民事裁判権

最2小判平成18年7月21日（民集60巻6号2542頁・判時1954号27頁）　参照条文　外国等に対する我が国の民事裁判権に関する法律5条、8条

外国国家に民事裁判権は及ぶか。

●**事実**● 日本企業であるXらは、Y国の代理人であるA社との間でコンピュータの売買契約を締結し、商品を引き渡した後、売買代金債務を消費貸借の目的とする旨の準消費貸借契約を締結した。その後、Xらは、Y国に対し、当該貸金の支払を求めて訴えを提起した。なお、前記売買におけるA社名義の注文書には、売買契約に関して紛争が生じた場合には、Y国は日本の裁判所で裁判手続を行うことに同意する旨の条項が記載され、それは準消費貸借契約にも準用されていた。第1審では、Y国に訴状等が送達されたが、Y国は口頭弁論期日に出頭せず、答弁書等も提出しなかったため、請求を認容する判決がされた。Y国は控訴して、裁判権免除を主張して訴えの却下を求めたところ、原審はその主張を認め、第1審判決を取り消し、本件訴えを却下した。Xらが上告受理の申立てをしたところ、受理された。

●**判旨**● 破棄差戻し。

「今日においては、外国国家は主権的行為について法廷地国の民事裁判権に服することを免除される旨の国際慣習法の存在については、これを引き続き肯認することができるものの……、外国国家は私法的ないし業務管理的な行為についても法廷地国の民事裁判権から免除される旨の国際慣習法はもはや存在しないものというべきである。そこで、外国国家の私法的ないし業務管理的な行為に対する我が国の民事裁判権の行使について考えるに、外国国家に対する民事裁判権の免除は、国家がそれぞれ独立した主権を有し、互いに平等であることから、相互に主権を尊重するために認められたものであるところ、外国国家の私法的ないし業務管理的な行為については、我が国が民事裁判権を行使したとしても、通常、当該外国国家の主権を侵害するおそれはないものと解されるから、外国国家に対する民事裁判権の免除を認めるべき合理的な理由はないといわなければならない。外国国家の主権を侵害するおそれのない場合にまで外国国家に対する民事裁判権免除を認めることは、外国国家の私法的ないし業務管理的な行為の相手方となった私人に対して、合理的な理由のないまま、司法的救済を一方的に否定するという不公平な結果を招くこととなる。したがって、外国国家は、その私法的ないし業務管理的な行為については、我が国による民事裁判権の行使が当該外国国家の主権を侵害するおそれがあるなど特段の事情がない限り、我が国の民事裁判権から免除されないと解するのが相当である。

また、外国国家の行為が私法的ないし業務管理的な行為であるか否かにかかわらず、外国国家は、我が国との間の条約等の国際的合意によって我が国の民事裁判権に服することに同意した場合や、我が国の裁判所に訴えを提起するなどして、特定の事件について自ら進んで我が国の民事裁判権に服する意思を表明した場合には、我が国の民事裁判権から免除されないことはいうまでもないが、その外にも、私人との間の書面による契約に含まれた明文の規定により当該契約から生じた紛争について我が国の民事裁判権に服することを約することによって、我が国の民事裁判権に服する旨の意思を明確に表明した場合にも、原則として、当該紛争について我が国の民事裁判権から免除されないと解するのが相当である。」

●**解説**● 1 本判決は、従来判例とされてきた絶対免除主義の立場（大決昭和3・12・28民集7-1128）を明確に変更し、近時の国際的潮流である制限免除主義を採用したものである。既にこのような立場は、横田基地訴訟をめぐる判決（最2小判平成14・4・12民集56-4-729）において示唆されていたものであるが、これは主権的行為に関する事件で、いずれの立場をとっても結論に差異はない事案であったところ、本判決は初めてこの点を明示したものとして大きな意義がある。

2 本件判旨はまず国際法の議論と国内法の議論を分け、国際法上は、主権的行為については裁判権免除の慣習法が認められるが、それ以外の私法的・業務管理的行為については慣習法はもはや存在しないとする。その結果、これらの行為についての裁判権は各国国内法の問題となるが、日本法の解釈として、本判決は国際的傾向および学説の多数説に依拠し、原則として制限免除主義によって裁判権免除を否定する。ただ、本判決は、特段の事情による留保を付している。これは、私法的・業務管理的行為に相当するものでも、例外的に国家主権を害するものがないとは限らず、そのような場合はなお裁判権を否定する余地を認めたものであろう。そして、本判決は、その当てはめにおいて、主権的行為と私法的行為の区別の基準として、行為の目的ではなくその性質による旨を明らかにする（行為性質基準説）。行為目的を基準にすることは主権免除の判断を不安定にするおそれが大きく、より客観的に判断が可能な行為性質を基準とし、例外的場合は前記特段の事情により対処することとしたものであろう。また、本件判旨は裁判権免除放棄の方式について、国家から国家への意思表示によらなければならないとする判例（前掲大決昭和3・12・28）を変更し、私人に対する意思表示でも足りるとした。これも学説の多数の見解に呼応したものである。

3 なお、この問題については、平成16年に「国家及びその財産の裁判権からの免除に関する国際連合条約」が採択され、制限免除主義を採用した。これを受けて、国内法の整備が行われ、平成21年に「外国等に対する我が国の民事裁判権に関する法律」が制定された。その結果、本件のような事案には、同法の5条（外国等の同意）や8条（商業的取引）の適用が問題となり、本判決はその歴史的使命を既に終えている。

●**参考文献**● 三木素子・判解平18年度862、林道晴・金判1259-2

3 国際裁判管轄①——財産事件

最1小判平成28年3月10日（民集70巻3号846頁・判時2297号40頁）　　参照条文　民訴法3条の9

> 外国法人に対する損害賠償請求について日本の裁判権が及ぶのはどのような場合か。

●**事実**●　X₂はX₁の取締役会長であり、カジノ運営を主な業務とするネバダ州法人Yの取締役でもあった。ネバダ州法上、ゲーミング免許取得者は、関係者が犯罪に関与しているなど不適格と認定されると、当該免許を剥奪されることがある。Xらは、Yとの間で、Yへの出資等に関する訴訟をネバダ州裁判所の専属管轄とする合意をしていた。Yのコンプライアンス委員会から調査依頼を受けた米国法律事務所は、X₂およびその関係者が外国において政府職員等に対し賄賂を供与するなど米国の海外腐敗行為防止法に違反する行為を繰り返してきたこと等を記載した報告書を提出した。Yは、Xらが同法に明白に違反し不適切な活動に従事してきたことが本件報告書により立証されたことやX₁の子会社Aが保有するYの株式を強制的に償還したこと等を内容とする本件記事をYのホームページ上に掲載した。Yは、Xらを被告とし、Yが合法的かつ定款等に忠実に行動したことの確認請求およびX₂の信認義務違反に関する損害賠償請求訴訟をネバダ州裁判所に提起したところ、Xらは、Yおよびその取締役らを被告とし、Yの取締役会決議の履行差止めと損害賠償等の反訴を提起した。Xらは、上記記事により名誉信用を毀損されたなどと主張し、Yに対し、不法行為に基づく損害賠償請求の本件訴訟を東京地方裁判所に提起した。原審は日本の国際裁判管轄を否定して訴えを却下した。Xらより上告受理申立て（上告受理）。

●**判旨**●　上告棄却。

「本件訴訟の提起当時に既に係属していた別件米国訴訟は、米国法人であるYが、X₂及びその関係者が海外腐敗行為防止法に違反する行為を繰り返すなどしていたとして、X₂が取締役会長を務めるX₁社の子会社であるAが保有するYの株式を強制的に償還したこと等に関して、YとA及びXらとの間で争われている訴訟であるところ、本件訴訟は、Xらが、上記の強制的な償還の経緯等について記載する本件記事によって名誉及び信用を毀損されたなどと主張して、Yに対し、不法行為に基づく損害賠償を求めるものであるから、別件米国訴訟に係る紛争から派生した紛争に係るものといえる。そして、事実関係や法律上の争点について、本件訴訟と共通し又は関連する点が多い別件米国訴訟の状況に照らし、本件訴訟の本案の審理において想定される主な争点についての証拠方法は、主に米国に所在するものといえる。さらに、XらもYも、Yの経営に関して生ずる紛争については米国で交渉、提訴等がされることを想定していたといえる。実際に、Xらは、別件米国訴訟において応訴するのみならず反訴も提起しているのであって、本件訴えに係る請求のために改めて米国において訴訟を提起するとしても、Xらにとって過大な負担を課すことになるとはいえない。

加えて、上記の証拠の所在等に照らせば、これを日本の裁判所において取り調べることはYに過大な負担を課すことになるといえる。これらの事情を考慮すると、本件については、民訴法3条の9にいう「日本の裁判所が審理及び裁判をすることが当事者間の衡平を害し、又は適正かつ迅速な審理の実現を妨げることとなる特別の事情」がある……。」

●**解説**●　1　本判決は、財産関係の民訴事件に係る日本の裁判所の裁判権（国際裁判管轄権）について規定した平成23年民訴法改正後の最初の最高裁判決で、同改正で規定された3条の9の「特別の事情」の適用例として事例判例ではあるが、大きな意義を有する。

2　現行法は、国際裁判管轄が認められる場合を個別に規定しながら（3条の2～3条の8）、それらの要件が存在しても、個別事案における当事者間の衡平や適正迅速な審理を妨げる特別の事情があれば、訴えを却下できるものとする（3条の9）。このような規律は、平成23年改正前の判例（最3小判平成9・11・11民集51-10-4055等）が、国内管轄原因の存在により原則として国際管轄を逆推知しながら、当事者間の公平や裁判の適正迅速という理念に反する特段の事情があればその限りでないとしていた趣旨（いわゆる「特段の事情」説）を明文化したものである。両者の関係につき、学説上、現行法の「特別の事情」は旧法判例の「特段の事情」に比して限定的に解すべきとの見解もある。しかし、立案過程に鑑みてもそのように解釈する根拠はなく、国際管轄規定の整備によりあえてそれを適用すべき必要が減少したとはいえ、なお個別事案における適切な調整が必要な場合には本条を適用すべき場面も多いと思われる。本判決も、明示はしないものの、そのような理解を前提にすると思われる（野村・後掲246頁）。

3　本判決が、特別の事情の考慮要素として挙げるのは、①本件が既に米国に訴訟係属している事件から派生した紛争である点、②本案に係る証拠が主に米国に所在している点、③両当事者はYの経営関係紛争につき米国で交渉提訴等されると想定していた点、④米国での訴訟追行がXらに過大な負担を課すものでない点、⑤日本での訴訟追行がYに過大な負担を課すことになる点である。3条の9の例示との関係でいえば、①が「事案の性質」、⑤が「応訴による被告の負担の程度」、②が「証拠の所在地」となり、残る③・④が「その他の事情」となろう。条文上は被告の負担のみが問題とされているが、④の通り、他国での訴訟追行に係る原告の負担と比較衡量されるべき趣旨が明確にされている。更に、①において米国関連訴訟の存在を考慮要素としているが、その点を特に重視するものではなく（野村・後掲248頁）、いわゆる国際的二重起訴についても最高裁はあくまで国際裁判管轄の特別の事情の考慮要素としてのみ取り扱う態度を示唆しているともみられよう。

●**参考文献**●　野村武範・判解平28年度234、高杉直・平28年度重判313

4 国際裁判管轄②──人事訴訟

最2小判平成8年6月24日（民集50巻7号1451頁・判時1578号56頁）　参照条文　人訴法3条の2以下

> 外国の離婚判決が承認されない場合に当該夫婦の離婚訴訟に日本の裁判権は及ぶか。

●事実●　日本国籍のX（夫）と旧東ドイツ国籍のY（妻）は、昭和57年に婚姻し、東ドイツ国内に居住していたが、Yと子Aはその後西ドイツに居住していた。平成元年1月、YはXとの同居を拒むに至ったところ、同年4月、Xは旅行名目でAを連れて来日し、以後日本でAと生活するようになった。同年7月、Yは、Xに対し、西ドイツの裁判所に離婚および親権に関する訴訟を提起したが、当該訴訟の訴状等は公示送達され、X欠席のまま、Yの離婚請求を認容し、Aの親権者をYとする判決が確定した。他方、平成元年7月、Xは、日本の裁判所に、離婚、親権者指定および慰謝料支払を求める本件訴えを提起した。Yは日本の国際裁判管轄を争い、第1審はその主張を認めて訴えを却下した。しかし、控訴審は、夫婦の一方が国籍を有する国に現に居住しているときは、当該国籍国は国際裁判管轄を有するとして、第1審判決を取り消し、事件を第1審に差し戻した。Yより上告。

●判旨●　上告棄却。
「離婚請求訴訟においても、被告の住所は国際裁判管轄の有無を決定するに当たって考慮すべき重要な要素であり、被告が我が国に住所を有する場合に我が国の管轄が認められることは、当然というべきである。しかし、被告が我が国に住所を有しない場合であっても、原告の住所その他の要素から離婚請求と我が国との関連性が認められ、我が国の管轄を肯定すべき場合のあることは、否定し得ないところであり、どのような場合に我が国の管轄を肯定すべきかについては、国際裁判管轄に関する法律の定めがなく、国際的慣習法の成熟も十分とは言い難いため、当事者間の公平や裁判の適正・迅速の理念により条理に従って決定するのが相当である。そして、管轄の有無の判断に当たっては、応訴を余儀なくされることによる被告の不利益に配慮すべきことはもちろんであるが、他方、原告が被告の住所地国に離婚請求訴訟を提起することにつき法律上又は事実上の障害があるかどうか及びその程度をも考慮し、離婚を求める原告の権利の保護に欠けることのないよう留意しなければならない。
　これを本件についてみると、前記事実関係によれば、ドイツ連邦共和国においては、前記……判決の確定により離婚の効力が生じ、XとYとの婚姻は既に終了したとされている……が、我が国においては、右判決は民訴法200条2号〔現行118条2号〕の要件を欠くためその効力を認めることができず、婚姻はいまだ終了していないといわざるを得ない。このような状況の下では、仮にXがドイツ連邦共和国に離婚請求訴訟を提起しても、既に婚姻が終了していることを理由として訴えが不適法とされる可能性が高く、Xにとっては、我が国に離婚請求訴訟を提起す

る以外に方法はないと考えられるのであり、右の事情を考慮すると、本件離婚請求訴訟につき我が国の国際裁判管轄を肯定することは条理にかなうというべきである。」

●解説●　1　本判決は、日本人と外国人の離婚訴訟について、外国で既に離婚判決がされているが、それが日本では承認されない場合に日本の裁判所が国際裁判管轄を有するかどうかについて判断をしたものである。本判決時には、人事訴訟に関する国際裁判管轄について明文規定がなく、条理によって判断されているが、その後、平成30年の人訴法改正により、同法3条の2以下に規定が設けられた。ただ、本判決の結論自体は、現行法の下でも維持されるものと解される。
　2　本判決は被告が日本に住所を有しない場合の離婚訴訟の国際裁判管轄について、国内法・国際法の欠缺を前提に、当事者間の公平および裁判の適正・迅速の理念により条理に従って判断する旨を示す。これは、当時の財産関係事件の国際裁判管轄の判断枠組み（【3】解説参照）に従うものである。本件の具体的事情として重要であるのは、被告が既に外国で離婚判決を取得しているが、それが公示送達に基づく手続であったため、日本では承認されない（118条2号括弧書）という点である。したがって、本件で仮に日本の管轄を認めないと、ドイツでは再訴ができないため、日本国内では永遠に裁判離婚を図る手段が失われてしまうことになる。これはXにとって酷であるといえよう。このような場合を一般化して、本来は管轄原因が認められないが、外国での訴訟が不可能または著しく困難である場合に、原告の権利救済を図るために管轄を認めるという考え方として、緊急管轄の理論がある。これは、日本からみた管轄国が管轄を拒否したり、事実上裁判できない状態にあったり、また本件のように、その国がした判決が日本で承認されない場合に、日本に例外的な管轄を許容する考え方であり、その範囲には議論があるものの、学説上一般に支持を得ている。本判決は、明示的に緊急管轄の考え方をとったものではないが、その趣旨は相通じるところがあり、今後の緊急管轄論の展開の基礎となり得るものであろう。
　3　現行の人訴法に本件を当てはめてみると、管轄原因となり得るのは、同法3条の2第7号の規定であるが、「日本国内に住所がある身分関係の当事者の一方からの訴え」であることを前提に、「他の一方の住所がある国においてされた当該訴えに係る……確定した判決が日本国で効力を有しないとき」等、日本の裁判所における審理裁判が「当事者間の衡平を図り、又は適正かつ迅速な審理の実現を確保することとなる特別の事情があると認められるとき」には、日本の国際裁判管轄が認められる。本件は同号の例示に直接当たるものであり（当該規定は本判決の存在も念頭に制定されたものである）、「特別の事情」に基づく（一種の制定法に根拠を有する）緊急管轄が肯定されよう。

●参考文献●　山下郁夫・判解平8年度458、竹下守夫・駿法

5 国際的合意管轄

最3小判昭和50年11月28日（民集29巻10号1554頁・判時799号13頁）　　参照条文　民訴法3条の7

外国裁判所を専属的管轄裁判所とする合意はどのような場合に認められるか。

●事実●　日本のA社はブラジルのB社から原糖を買い付けた。Bはオランダの海運業者Yと上記原糖の海上物品運送契約を締結し、Yから船荷証券の発行を受けてAに交付した。Yの運送中に原糖の一部に海水濡れによる毀損を生じたので、Aとの間で当該原糖を目的とする積荷海上保険契約を締結していた日本の保険会社Xは、Aに保険金137万円余を支払った。そこで、Xは、AのYに対する損害賠償債権を代位取得したとして神戸地方裁判所にその支払請求訴訟を提起した。Yは、日本の国際裁判管轄を争い、上記船荷証券には、この運送契約に関する一切の訴えはアムステルダムの裁判所に提起され、他の裁判所は管轄権を有しない旨の条項がある旨を主張した。第1審および原審はYの主張を容れて訴えを却下した。Xより上告。

●判旨●　上告棄却。

「ある訴訟事件についてのわが国の裁判権を排除し、特定の外国の裁判所だけを第1審の管轄裁判所と指定する旨の国際的専属的裁判管轄の合意は、（イ）当該事件がわが国の裁判権に専属的に服するものではなく、（ロ）指定された外国の裁判所が、その外国法上、当該事件につき管轄権を有すること、の2個の要件をみたす限り、わが国の国際民訴法上、原則として有効である（大判大正5・10・18民録22-1916参照）。

所論は、当該外国の裁判所が同種の管轄の合意を有効と判断することを要すると主張するが、前記（ロ）の要件を必要とする趣旨は、かりに、当該外国の裁判所が当該事件について管轄権を有せず、当該事件を受理しないとすれば、当事者は管轄の合意の目的を遂げることができないのみでなく、いずれの裁判所においても裁判を受ける機会を喪失する結果となるがゆえにほかならないのであるから、当該外国の裁判所がその国の法律のもとにおいて、当該事件につき管轄権を有するときには、右（ロ）の要件は充足されたものというべきであり、当該外国法が国際的専属的裁判管轄の合意を必ずしも有効と認めることを要するものではない。」

●解説●　1　本判決は、国際的な専属的裁判管轄の合意について、その有効性を認め、日本の国際裁判管轄を否定すべき場合につき初めて一般的な基準を示した最高裁判例である。すなわち、①日本に専属的国際裁判管轄がないこと、②合意された外国が当該事件につき管轄を有することの2点を要件としている。このほか、本判決は、国際管轄合意の方式および合意の公序違反性についても論じている。なお、本判決後、平成23年民訴法改正により国際裁判管轄に関する規定が設けられ、合意管轄についても3条の7が設けられるに至っている。本判決の意義は、その意味で、同規

定に吸収されたものといえるが、公序違反の問題はなお規定が置かれず、解釈に委ねられたため、本判決の判断は意義を有する。

2　専属的国際合意管轄の有効性について、本判決以前は、前掲大判大正5・10・18があり、管轄合意の有効性は国際私法の問題であるとし、本判決同様、前記①・②の要件が満たされれば、管轄合意の有効性を認めてよいとしていた。その他の要件として、当該外国における判決の日本での承認可能性について議論もあったが、学説上も①・②の要件で足りるとする見解が多数であり、本判決もそのような立場を再確認したものである。現行法上は、①の要件は3条の10により、「訴えについて法令に日本の裁判所の管轄権の専属に関する定めがある場合」は3条の7の合意管轄の規定は適用排除になっているし、②の要件は、外国の専属合意管轄が援用できない要件として、「その裁判所が法律上又は事実上裁判権を行うことができないとき」が挙げられており（3条の7第4項）、同様の帰結になるものと解される。

また、国際裁判管轄合意の方式につき、本判決は国内法の要件（11条2項）を緩和し、両当事者の意思表示が書面でされている必要はなく、一方当事者の作成した書面が存在し、その中で特定国の裁判所が管轄裁判所として明示的に指定されていれば足りるとし、本件では、船荷証券にはYの署名しかなく、AやBの署名はなかったが、なお有効なものと判示した。これは船荷証券の特性や条約等の国際的動向を勘案したものとみられ、基本的に相当な判断である。仲裁合意などでも書面性の要件は緩和の方向にあり、書面要件を明示する（3条の7第2項）現行法でも同様の解釈が妥当しよう（少なくとも電子データの交換による合意は書面性を満たすことは明確にされている（同条3項））。

3　最後に、本判決は、管轄合意が甚だしく不合理で公序違反になり得る場合があることを前提に、本件ではそのような公序違反は認められないと判示する。船荷証券の場合には、運送人の経済的優位を前提に、本件のように運送人に有利な管轄が合意されることについては批判も強いようである。しかし、本判決は合理性の存在が合意の有効性要件となるのではなく、著しく不合理で公序に反する場合に限り合意が無効となるという制限的な審査方法を採用した。少なくとも事業者同士のBtoBの合意については、原則として有効性を認める立場によるものとみられる。また、本件で運送人Yは被告であり、被告の本拠地を管轄とする合意は「原告は被告の法廷に従う」との原則に合致し、また海運業者の経営政策としての妥当性も肯定され、著しく不合理なものではないとされた。現行法立案時には、合意が無効になる場合についてより明確な規定を設けることも検討されたが、最終的には解釈に委ねざるを得ないものとされた。その意味では、本判決の判断も含め、どのような合意が公序に反すると解されるかは、現行法下でも引き続き中心的論点となろう。

●参考文献●　友納治夫・判解昭50年度524、一問一答131

6 管轄原因事実の証明

最2小判平成13年6月8日（民集55巻4号727頁・判時1576号55頁）　参照条文　民訴法3条の3第8号

不法行為による国際裁判管轄を認めるにはどのような事実が主張立証されればよいか。

●**事実**●　Xはウルトラマン・シリーズの映画の著作物の日本における著作権者であり、ベルヌ条約によりタイ王国でも著作権を有する。Yはタイ王国に在住する自然人であるが、Yを社長とするA社がXから独占的に許諾を受けたと主張して、タイ王国において本件著作物を利用している。また、A社の代理人として、香港のB法律事務所から、日本および東南アジア諸国においてXから本件著作物の利用の許諾を受けたC社等に対し、その著作物の利用がA社の独占的利用権を侵害する旨の警告書を送付した。Xは、Yに対し、Yが本件著作物の利用権を有しないことの確認や本件警告書の送付によりXの業務が妨害されたことを理由とする不法行為に基づく損害賠償などを請求し、東京地方裁判所に訴えを提起した。Yは、日本において事務所等を有していないとして、日本の国際裁判管轄の存在を争った。第1審は国際裁判管轄を否定して訴えを却下し、控訴審も控訴を棄却した。そこでは、特に不法行為請求に関する管轄について、それを肯定するには、不法行為の存在が一応の証拠調べに基づく一定以上の確かさをもって証明されることを要するとし、現段階の証拠では、Yの不法行為の存在を認めることはできない旨を理由としていた。Xより上告。

●**判旨**●　原判決破棄・第1審判決取消し・差戻し。
「我が国に住所等を有しない被告に対し提起された不法行為に基づく損害賠償請求訴訟につき、民訴法の不法行為地の裁判籍の規定（民訴法5条9号、本件については旧民訴法15条）に依拠して我が国の裁判所の国際裁判管轄を肯定するためには、原則として、被告が我が国においてした行為により原告の法益について損害が生じたとの客観的事実関係が証明されれば足りると解するのが相当である。けだし、この事実関係が存在するなら、通常、被告を本案につき応訴させることに合理的な理由があり、国際社会における裁判機能の分配の観点からも、我が国の裁判権の行使を正当とするに十分な法的関連があるということができるからである。」

●**解説**●　1　本判決は、不法行為を管轄原因とする国際裁判管轄について、管轄原因事実が本案の請求原因事実と符合することに鑑み、管轄原因事実に関し証明すべき事項および証明の程度について初めて判断したものである（なお、平成23年改正後は、これは国際裁判管轄に関する3条の3第8号の解釈に関する問題となる）。ここでの判示は国際裁判管轄に関するものであるが、国内管轄についても基本的に同旨が妥当するものと考えられる。なお、本判決は更に、併合請求の裁判籍についても注目すべき判断をしている。
　　2　この問題に関する従来の議論としては、いくつかの考え方が主張されていた（以下の分類は、髙部・後掲487頁以下参照）。①管轄原因仮定説は、原告の主張する事実の存在を仮定して管轄の有無を判断する考え方である。②管轄原因証明必要説は、管轄原因事実の証明を必要とし、その証明がなければ訴えを却下する考え方である。③一応の証明説は、管轄原因について一応の証明が必要であるとする考え方である。④客観的事実証明説は、不法行為として主張されている行為またはそれに基づく損害発生の事実という客観的事実の証明は必要であるが、違法性や故意過失といった事実についてまでは証明を要しないとする考え方である。かつては①説も有力であったが、本判決直近の時点では③説が多数説であり、本件原審判決を含む下級審裁判例の多くもそれによっていた。ただ、④説も有力になりつつある状態だった（山本・後掲449頁参照）。
　　本判決は、④説を採用したものである。前記の学説のうち、①説は「我が国との間に何らの法的関連が実在しない事件についてまで被告に我が国での応訴を強いる場合が生じ得ることになって、不当であ」るとされ、他方、②説は「訴訟要件たる管轄の有無の判断が本案審理を行う論理的前提であるという訴訟制度の基本構造に反することになる」という原審の理解を正当とする。問題は③説であるが、本判決は、原判決が「何らかの方法で、違法性阻却事由等のないことを含め、不法行為の存在が認められる必要があることを前提とし」、「一応の証明によって不法行為の存在を認める方法を採った」ことに対し、その前提が誤りであることを指摘し、一応の証明によることは「その証明の程度の基準が不明確であって、本来の証明に比し、裁判所間において判断の基準が区々となりやすく、当事者ことに外国にある被告がその結果を予測することも著しく困難とな」ると批判する。国際裁判管轄の判断の前提として必要とされる明確性の要請に鑑み、また他の場合には管轄原因事実について通常の証明が必要であることとのバランスなどからも、相当な判断であろう。具体的に判旨のいう「客観的事実関係」とは、被侵害利益の存在、被告の行為、損害の発生、事実的因果関係のことであり、相当因果関係や故意過失・違法性の証明は要しないと解されよう。これらが証明されれば、そのような事実関係のあった国で被告の応訴を求めても被告に酷であるとはいえないからである。
　　3　本件は一部の請求について、それ単独では日本に管轄原因がないものもあったが、そのような請求について他の請求との併合請求の裁判籍が認められるかが争われた。本判決は、両請求の間に密接な関係が認められる場合に限り、このような管轄が認められるとした。密接な関連のない請求を併合することは、国際社会における管轄機能の合理的分配の観点から相当ではなく、裁判が複雑長期化するおそれを理由とする。国内管轄では、客観的併合については無制限な裁判籍が認められるとしても（7条本文）、国際裁判管轄においては、現行法もこのような密接関連性を要求する考え方に立っている（3条の6本文参照）。

●**参考文献**●　髙部眞規子・判解平13年度475、斎藤秀夫ほか編著『注解民事訴訟法(5)〔第2版〕』449〔山本和彦〕

7 宗教上の紛争①——種徳寺事件

最3小判昭和55年1月11日（民集34巻1号1頁・判時956号55頁）　　参照条文　裁判所法3条

住職たる地位の存否について裁判所は判断することができるか。

●事実●　Y₁寺（宗教法人種徳寺）の住職であったXは、行状不行届を理由に、Y₁の本山であるY₂（曹洞宗）から住職の地位を罷免された。そこで、XはY₂に対し、Y₂の罷免処分が無効であることを前提に、XがY₁の代表役員であることの地位の確認を求め、他方、Y₁は、Xに対し、所有権に基づき、その境内地・本堂等の引渡しを請求した。第1審判決は、Xの訴えを却下し、Y₁の請求を認容した。Xは控訴し、控訴審で前記訴えを取り下げ、新たに、Y₂に対し、Xが種徳寺住職の地位にあることの確認を求める訴えを追加提起した。控訴審は、Xの新請求については訴えを却下し、控訴を棄却した。Xより上告。

●判旨●　上告棄却。
「曹洞宗においては、寺院の住職は、寺院の葬儀、法要その他の仏事をつかさどり、かつ、教義を宣布するなどの宗教的活動における主宰者たる地位を占めるにとどまるというのであり、また、原判示によれば、種徳寺の住職が住職たる地位に基づいて宗教的活動の主宰者たる地位以外に独自に財産的活動をすることのできる権限を有するものであることはXの主張・立証しないところであるというのであって、この認定判断は本件記録に徴し是認し得ないものではない。このような事実関係及び訴訟の経緯に照らせば、Xの新訴は、ひっきょう、単に宗教上の地位についてその存否の確認を求めるにすぎないものであって、具体的な権利又は法律関係の存否について確認を求めるものとはいえないから、かかる訴は確認の訴の対象となるべき適格を欠くものに対する訴として不適法であるというべきである（【72】参照）。」
「Y₁のXに対する右不動産等引渡請求事件は、種徳寺の住職たる地位にあったXがその包括団体である曹洞宗の管長によって右住職たる地位を罷免されたことにより……土地、建物及び動産に対する占有権原を喪失したことを理由として、所有権に基づき右各物件の引渡を求めるものであるから、Xが住職たる地位を有するか否かは、右事件におけるY₁の請求の当否を判断するについてその前提問題となるものであるところ、住職たる地位それ自体は宗教上の地位にすぎないからその存否自体の確認を求めることが許されないことは前記のとおりであるが、他に具体的な権利又は法律関係をめぐる紛争があり、その当否を判定する前提問題として特定人につき住職たる地位の存否を判断する必要がある場合には、その判断の内容が宗教上の教義の解釈にわたるものであるような場合は格別、そうでない限り、その地位の存否、すなわち選任ないし罷免の適否について、裁判所が審判権を有するものと解すべきであり、このように解することと住職たる地位の存否それ自体

について確認の訴を許さないこととの間にはなんらの矛盾もないのである。」

●解説●　1　本判決は、宗教上の紛争をめぐる訴訟について、宗教上の地位の存否の確認については確認訴訟の対象適格を欠き不適法であることを明言する一方、その点が前提問題になる場合には、宗教上の教義の解釈にわたるような場合を除き、裁判所は審判権を有することを明らかにしたものである。その後のこの種の紛争における裁判所の審判権の範囲について、よるべき判断枠組みを定立した判決といえる。
2　まず、本件住職の地位の確認請求について、住職は宗教的活動の主宰者としての地位に止まり、独自に財産的活動をできる権限を有していないとの認定が前提とされる。それに基づき、本判決は、単に宗教上の地位の存否の確認は具体的な権利・法律関係の存否につき確認を求めるものではないとして、訴えを却下している。先例として、【72】がある。そこでは、判例集の判示事項として取り上げられていないものの、同様に、住職の地位の確認の訴えを却下しているが、その理由として訴えの利益を欠くものとしている。本判決はやや理由を異にし、確認対象の適格を問題とする。この点は、近時は確認の利益に吸収されるものとの理解が一般であるが、学説上はなお独自の位置づけをする見解もある（伊藤眞『民事訴訟法〔第7版〕』175頁は、権利保護の利益と別個に、権利保護の資格の問題として分析される）。この点は、訴えの利益という観点からアプローチするならば、住職の地位の確認が他の紛争の抜本的解決という観点から有用であれば確認の利益が認められるという方向になるのに対し、審判権という観点からアプローチすれば、宗教上の地位をそのまま確定することは信教の自由を害するおそれが大きく、相当ではないという方向になろう。本判決は、前者から後者に向けて舵を切ったものと評価することもできよう（【72】と本判決との間に、確認の利益に関して抜本的解決の可否を重視する判断（【59】【60】【62】）が積み重ねられていることも興味深い）。
3　次に、本判決は、たとえ宗教上の地位であっても、それが具体的な法律関係の前提問題にすぎない場合には、原則として裁判所が審判権を有するとする。これは、宗教上の地位であっても、それが世俗の権利関係の前提問題となっているならば、その点を判断せず結果として権利義務関係の判断ができなくなるのは相当でなく、逆にそのような判断をしても信教の自由に対する弊害は少ないと考えられることによるとみられる。ただ、例外として、「その判断の内容が宗教上の教義の解釈にわたる」ときは、裁判所の審判権は否定されるものとする。このような場合には、たとえ判決理由中の判断であったとしても信教の自由に対する介入が無視し難いものになることによるとみられる。どのような事項がこれに該当するかは、本判決後に残された課題とされた（この点については、【8】参照）。

●参考文献●　吉井直昭・判解昭55年度1、伊藤眞・判タ710-4

8 宗教上の紛争②──板まんだら事件

最3小判昭和56年4月7日（民集35巻3号443頁・判時1001号9頁）　参照条文　裁判所法3条

> 宗教上の教義に係る判断が訴訟の帰趨を決する場合、裁判所は本案判決をできるか。

●**事実**●　Yはいわゆる「板まんだら」を本尊として設立された宗教法人であるが、昭和40年、本尊安置のための正本堂の建設費用に充てるため寄付金の募集をし、当該正本堂建立は広宣流布達成の時期に当たると称した。Xらはその寄付金の募集に応じて280円から200万円の贈与をした者であるが、その後、板まんだらは偽物であることが判明し、Yは前言を翻し広宣流布は未だ達成されないと言明したので、上記贈与は錯誤により無効であるとして、不当利得として上記寄付金の返還を請求した。第1審は審判権を否定して訴えを却下したが、控訴審は第1審判決を取り消し、事件を第1審に差し戻した。Yより上告。

●**判旨**●　原判決破棄・控訴棄却。

「裁判所がその固有の権限に基づいて審判することのできる対象は、裁判所法3条にいう「法律上の争訟」、すなわち当事者間の具体的な権利義務ないし法律関係の存否に関する紛争であって、かつ、それが法令の適用により終局的に解決することができるものに限られる（最3小判昭和41・2・8民集20-2-196参照）。したがって、具体的な権利義務ないし法律関係に関する紛争であっても、法令の適用により解決するのに適しないものは裁判所の審判の対象となりえない、というべきである。

これを本件についてみるのに、錯誤による贈与の無効を原因とする本件不当利得返還請求訴訟においてXらが主張する錯誤の内容は、(1)Yは、戒壇の本尊を安置するための正本堂建立の建設費用に充てると称して本件寄付金を募金したのであるが、Yが正本堂に安置した本尊のいわゆる「板まんだら」は、日蓮正宗において「日蓮が弘安2年10月12日に建立した本尊」と定められた本尊ではないことが本件寄付の後に判明した、(2)Yは、募金時には、正本堂完成時が広宣流布の時にあたり正本堂は事の戒壇になると称していたが、正本堂が完成すると、正本堂はまだ三大秘法抄、一期弘法抄の戒壇の完結ではなく広宣流布はまだ達成されていないと言明した、というのである。要素の錯誤があったか否かについての判断に際しては、右(1)の点については信仰の対象についての宗教上の価値に関する判断が、また、右(2)の点についても「戒壇の完結」、「広宣流布の達成」等宗教上の教義に関する判断が、それぞれ必要であり、いずれもことがらの性質上、法令を適用することによっては解決することのできない問題である。本件訴訟は、具体的な権利義務ないし法律関係に関する紛争の形式をとっており、その結果信仰の対象の価値又は宗教上の教義に関する判断は請求の当否を決するについての前提問題であるにとどまるものとされてはいるが、本件訴訟の帰すうを左右する必要不可欠のものと認められ、……本件訴訟の争点及び当事者の主張立証も右の判断に関するものがその核心となっていると認められることからすれば、結局本件訴訟は、その実質において法令の適用による終局的な解決の不可能なものであって、裁判所法3条にいう法律上の争訟にあたらない……。」

●**解説**●　1　本判決は、【7】の示した判断枠組みを前提としながら、訴訟物は具体的権利義務に関する紛争であっても、その実質において法律上の争訟に該当しないと初めて判断した判例である。

2　まず本判決が注目されるのは、この点が「法律上の争訟」（裁3条1項）に該当するかという問題であることを明らかにした点である。その意味で、これが単に訴えの利益等をめぐる問題に止まらず、優れて司法権の範囲に関する問題であることが明確に意識された。そして、「法律上の争訟」該当性については、確定判例準則である、①具体的な権利義務・法律関係の存否に関する紛争であること、②法令の適用により終局的に解決できるものであることの2要件を堅持する旨を確認している。本判決は、②の要件を欠くとした判例（国家試験の判定に関する前掲最判昭和41・2・8）を引用し、①の要件を満たしても②を欠けば法律上の争訟に当たらないことを示す。

3　さて、【7】は、具体的権利義務に関する紛争であっても、その前提問題の「判断の内容が宗教上の教義の解釈にわたる」場合には、裁判所の審判権が及ばないとした。ただ、同判決以後の判例として、最1小判昭和55・4・10判時973-85〔本門寺事件〕は住職選任の手続について裁判所の審判の対象になると判断している。

本判決は、【7】の枠組みをより精細にしたものと考えられるが、注目されるのは、単に前提問題が宗教上の教義の解釈等にわたるかどうかだけではなく、その点が「訴訟の帰すうを左右する必要不可欠のもの」か、その点が訴訟の争点・当事者の主張立証の核心となっているか、といった点が更に問題にされている点である。そのような訴訟の帰趨に関する必要不可欠性や争点の核心性が認められて初めて、訴訟全体が法律上の争訟に該当しないとされるものである。この点は、【7】の判断枠組みに対して、司法権の役割の観点に基づく批判や本判決の寺田治郎裁判官の意見（前提問題に審判権が及ばなくても、その点を前提に本案判決をすべきとの見解）との応酬を経て、法律上の争訟の否定により謙抑的な方向に傾いたものではないかと想像される。これにより、宗教問題に関する判例準則として、(1)宗教問題自体が訴訟物である場合には審判権は及ばない、(2)宗教問題が前提問題となる場合は、(2a)それが当該訴訟の帰趨を左右する場合は全体として法律上の争訟に該当しなくなる、(2b)そうでない場合は本案審理をする（この場合にどのような審理をするかは明確ではないが、宗教団体の自律権を尊重する判断となろうか）ということになる。本判決後は、(2a)のような対処を認める範囲いかんが論点となろう。

●**参考文献**●　篠田省二・判解昭56年度212、中野貞一郎『民事訴訟法の論点Ⅱ』326

9 宗教上の紛争③——日蓮正宗管長事件

最3小判平成5年9月7日（民集47巻7号4667頁・判時1503号34頁）　　参照条文　裁判所法3条

> 裁判所は宗教上の地位に関する訴訟で宗教団体の教義・信仰の内容を判断できるか。

●**事実**●　Y₁はY₂（宗教法人日蓮正宗）の代表役員であるとされているが、Y₂に属する僧侶であるXらは、Y₁との活動方針の対立から、Y₁の代表役員としての地位を否定する主張をしている。Y₂においては、宗教活動上の主宰者である法主を管長に充て、管長職にある者を宗教法人の代表役員に充てることとされており、法主の地位に就くには、宗規上、宗祖以来の血脈を相承する必要があるとされている。Xらは、Y₁およびY₂を被告として、Y₁の代表役員および管長の地位の不存在確認を請求したところ、第1審は法律上の争訟に該当しないとし、原審は訴えの利益等を欠くとして訴え却下の判決をした。Xらより上告。

●**判旨**●　上告棄却。

「特定の者が宗教団体の宗教活動上の地位にあることに基づいて宗教法人である当該宗教団体の代表役員の地位にあることが争われている場合には、裁判所は、原則として、右の者が宗教活動上の地位にあるか否かを審理、判断すべきものであるが、他方、宗教上の教義ないし信仰の内容にかかわる事項についてまで裁判所の審判権が及ぶものではない（最1小判昭和55・4・10判時937-85参照）。したがって、特定の者の宗教活動上の地位の存否を審理、判断するにつき、当該宗教団体の教義ないし信仰の内容に立ち入って審理、判断することが必要不可欠である場合には、裁判所は、その者が宗教活動上の地位にあるか否かを審理、判断することができず、その結果、宗教法人の代表役員の地位の存否についても審理、判断することができないことになるが、この場合には、特定の者の宗教法人の代表役員の地位の存否の確認を求める訴えは、裁判所が法令の適用によって終局的な解決を図ることができない訴訟として、裁判所法3条にいう「法律上の争訟」に当たらないというほかない。

　これを本件についてみるのに、……Y₂においては、代表役員は、管長の職にある者をもって充て、管長は、法主の職にある者をもって充てるものとされているところ、代表役員は、宗教法人法に基づき設立された宗教法人であるY₂を代表する地位であり、法主は、Y₂の宗教上の最高権威者の呼称であって、宗教活動上の地位であるというのである。……Y₁が代表役員及び管長の地位にあるか否かを審理、判断するには、Y₁が法主の地位にあるか否かを審理、判断する必要があるところ、……Y₂においては、法主は、宗祖以来の唯授一人の血脈を相承する者であるとされているから、Y₁が法主の地位にあるか否かを審理、判断するには、血脈相承の意義を明らかにした上で、同人が血脈を相承したものということができるかどうかを審理しなければならない。そのためには、Y₂の教義ないし信仰の内容に立ち入って審理、判断することが避けられないことは、明らかである。」

●**解説**●　1　本判決は、従来の判例準則（【7】【8】）の延長線上で、宗教団体の代表役員の地位の判断の前提問題において、宗教団体の教義・信仰の内容に立ち入ることが必要不可欠な場合は、当該訴えは法律上の争訟に当たらないことを確認したものである。

　2　本判決は、一般論として、特定の者の宗教活動上の地位の存否につき、宗教団体の教義・信仰の内容に立ち入って審理判断することが必要不可欠である場合、裁判所はその点の判断ができず、結局、宗教法人の代表役員の地位の存否の確認を求める訴えは、法令の適用によって終局的解決を図ることができない訴訟として、「法律上の争訟」に当たらないとする。これは、種徳寺判決を嚆矢とする判例準則を宗教法人の代表役員の地位の問題についても適用したものと評価できる。既に宗教法人の代表者につき前記準則を適用して訴えを却下したものとして、最2小判平成元・9・8民集43-8-889〔蓮華寺事件〕がある（旧代表者に対する寺院の建物明渡請求についても訴えが却下されている）。

　本判決は、具体的当てはめとして、本件でY₁が法主の地位にあるか否かを審理判断するには、血脈相承の意義を明らかにした上で、Y₁が血脈を相承したものといえるかどうかを審理しなければならないとし、それはY₂の教義・信仰の内容に立ち入ることになるとする。Y₂の規則を前提にすれば、仮にY₂の構成員全員がY₁を法主であることを認めていても、血脈相承がされていない限り、Y₁は法主の地位には就いていないことになり、血脈相承の判断は本件訴訟の解決に必要不可欠なものと考えざるを得ないことになろう。

　3　以上のように、本判決の結論は従来の判例準則から必然的なものとみられるが、その結論には批判が多い。特に宗教団体の代表役員の地位につき判断できないとすると、宗教団体が当事者となる訴訟において、相手方がその代表権を争えば、常に訴えは却下にならざるを得ない。また、複数の者が代表役員であると主張して預金の支払を求めた場合、銀行はいずれに支払うこともできないことになりかねない。このような判断は宗教法人の経済活動を著しく阻害するおそれがある。それは、このような充て職規定を設け、教義事項の判断を不可避にした宗教法人の自己責任であるとの見方もあり得ないではないが、そのような定め方は宗教法人法でも許容されており、それを否定すると、宗教団体と宗教法人の意思決定に乖離が生じる懸念もあろう。以上のような点を考慮すると、有力説が論じるように、裁判所は宗教法人の自律的決定を前提とし、なお本案判断の可能性を模索すべきようにも思われる。本判決を含め、この問題に関する判決には本案判決を主張する反対意見が多く付されており、将来における判例の展開の余地があるとみるべきであろう。

●**参考文献**●　滝澤孝臣・判解平5年度728、山本・基本問題
33

10　政党内の紛争

最3小判昭和63年12月20日（判時1307号113頁・判タ694号92頁）　　参照条文　裁判所法3条

政党が党員に対してした処分について、裁判所は判断をすることができるか。

●事実●　Yは政党Xの幹部であったが、Xは自己所有の建物にY夫妻を居住させていたところ、建物賃貸に関する文書はもとより口頭の取決めもなく、家賃も徴収されていなかった。その後、XはYを除名処分にした。そこで、Xは、Yが本件建物の利用の前提となる党内の資格を失ったとして本件建物の明渡しおよび賃料相当損害金の支払を請求した。第1審はXの請求を認容し、控訴審もYの控訴を棄却した。Yより上告。

●判旨●　上告棄却。

「政党は、政治上の信条、意見等を共通にする者が任意に結成する政治結社であって、内部的には、通常、自律的規範を有し、その成員である党員に対して政治的忠誠を要求したり、一定の統制を施すなどの自治権能を有するものであり、国民がその政治的意思を国政に反映させ実現させるための最も有効な媒体であって、議会制民主主義を支える上においてきわめて重要な存在であるということができる。したがって、各人に対して、政党を結成し、又は政党に加入し、若しくはそれから脱退する自由を保障するとともに、政党に対しては、高度の自主性と自律性を与えて自主的に組織運営をなしうる自由を保障しなければならない。他方、右のような政党の性質、目的からすると、自由な意思によって政党を結成し、あるいはそれに加入した以上、党員が政党の存立及び組織の秩序維持のために、自己の権利や自由に一定の制約を受けることがあることもまた当然である。右のような政党の結社としての自主性にかんがみると、政党の内部的自律権に属する行為は、法律に特別の定めのない限り尊重すべきであるから、政党が組織内の自律的運営として党員に対してした除名その他の処分の当否については、原則として自律的な解決に委ねるのを相当とし、したがって、政党が党員に対してした処分が一般市民法秩序と直接の関係を有しない内部的な問題にとどまる限り、裁判所の審判権は及ばないというべきであり、他方、右処分が一般市民としての権利利益を侵害する場合であっても、右処分の当否は、当該政党の自律的に定めた規範が公序良俗に反するなどの特段の事情のない限り右規範に照らし、右規範を有しないときは条理に基づき、適正な手続に則ってされたか否かによって決すべきであり、その審理も右の点に限られるものといわなければならない。」

本訴請求は、XがYから除名されたことを理由に、本件建物の明渡し等を求めるものであり、当該請求は司法審査の対象になるが、その「請求の原因としての除名処分は、本来、政党の内部規律の問題としてその自治的措置に委ねられるべきものであるから、その当否については、適正な手続を履践したか否かの観点から審理判断されなければならない」。

●解説●　1　本判決は、政党が党員に対してした処分について裁判所の審判権が及ぶかどうか、また審判権が及ぶ場合にその審理の方法・程度がどのようなものであるべきかについて判断したものである。本判決は、同じ団体の自治に関する問題として、宗教団体（【7】～【9】参照）に関する判断と類似するものであるが、問題となる団体の存立目的や性質ごとに審査基準を検討する姿勢を示すものであるように思われる。

2　本判決はまず政党の意義につき、「議会制民主主義を支える上においてきわめて重要な存在である」点を確認する（最大判昭和45・6・24民集24-6-625〔八幡製鉄事件〕もそれを前提に、政党は憲21条に基礎を有するとする）。そして、そのような政党の性質・目的から、政党の組織運営の自主性・自律性と反面として党員の権利・自由に対する一定の制約を導き出す。このような論理からすれば、判旨は結社の自由を直接の根拠とするわけではなく、他の自治的団体一般に妥当するものではなかろう。以上のような政党の自主性に鑑み、判旨は政党が組織内の運営としてした処分の当否は原則として自律的解決に委ねることを相当とし、①処分が一般市民法秩序と直接の関係を有しない内部的問題であれば審判権は及ばず、②処分が一般市民としての権利利益を侵害する場合は、(1)政党の自律的規範があれば、それが公序良俗に反するなど特段の事由がない限り、その規範に従った適正手続に則っているかのみを審査し、(2)規範がなければ、条理に基づき適正手続に則っているかのみを審査するとの規範を示した。

3　①と②のような形で市民法秩序に関係しない限り、団体内部の決定に関与しないとのアプローチは、既に地方議会（最大判昭和35・10・19民集14-12-2633等）、大学（最3小判昭和52・3・15民集31-2-234等）、宗教団体（前記判例）等で繰り返し判示されてきたものと同旨であり、団体自治が尊重されるべき場合の司法審査の基本的あり方として定着しているものといえよう。本件は、除名処分に基づき建物明渡し等を請求するもので、②に属するが、本判決はその際の審査についても、無制限なものではなく、なお団体の自律性を重視すべきものとし、具体的には手続的審査のアプローチを示した点が重要である。これによれば、第1段階で処分手続に対する一定の審査（(1)であれば公序違反性、(2)であれば条理）、第2段階でその手続の履践の認定を行うことになる。このような手続的審査のアプローチは団体の自律性を担保するための有力な方法であり、憲法学者等の見解に沿ったものといえよう（佐藤・後掲など参照）。ただ、問題は「適正な手続」の意義である。政党の定める処分事由が例外的に公序良俗に反するようなものである場合には、狭義の手続が被処分者に防御の機会を与えるなど十分に適正なものであったとしても、なお実質的にみれば「適正な手続」とは評価できないという場合もあり得るのではなかろうか。今後の判例の展開により、本判決の射程が試されよう。

●参考文献●　佐藤幸治・民商100-5-913、上田徹一郎・判時1324-193

11 檀徒の地位確認の適法性

最3小判平成7年7月18日（民集49巻7号2717頁・判時1542号64頁）　　参照条文　裁判所法3条

> 宗教法人における檀徒の地位は、裁判所が判断できる法律上の地位に当たるか。

●**事実**●　Xは宗教法人であるY寺の檀徒であったが、Yから檀徒の地位を剥奪する旨の処分を受けた。Yの規則等によると、檀信徒名簿が備え付けられ、檀徒であることがYの代表役員を補佐する機関である総代に選任されるための要件とされ、予算編成、不動産の処分等諸般の事項の決定について総代による意見の表明を通じて檀徒の意見が反映される仕組みとなっており、檀徒によるYの維持経営の妨害行為が除名処分事由とされている。そこで、XはYに対し、XがYの檀徒の地位にあることの確認を請求した。第1審はXの請求を棄却したが、原判決は檀徒の地位は宗教団体内の地位にすぎないとしてXの訴えを却下した。Xより上告。

●**判旨**●　破棄差戻し。

「本件訴えは、宗教法人であるYから檀徒の地位を剥奪する旨の処分を受けたXが右の地位を有するとしてその確認を求めるものである。問題は、右の地位が具体的な権利義務ないし法律関係を含む法律上の地位ということができるかどうかにあるので、以下検討する。

　宗教法人法は、檀徒等の信者については、宗教法人の自主性を尊重しつつその最終的な意思決定に信者の意見が反映されるよう、宗教法人の一定の重要な行為につき、信者に対して公告をするものとしている（同法12条3項、23条、26条2項、34条1項、35条3項、44条2項）が、信者と宗教法人との間の権利義務ないし法律関係について直接に明らかにする規定を置いていないから、檀徒等の信者の地位が具体的な権利義務ないし法律関係を含む法律上の地位ということができるかどうかは、当該宗教法人が同法12条1項に基づく規則等において檀徒等の信者をどのようなものとして位置付けているかを検討して決すべきこととなる。

　記録によると、所論の檀徒の地位に関しては、宗教法人法12条1項に基づくYの規則……等において次のような規定が置かれていることが明らかである。……以上によれば、Yにおいては、檀信徒名簿が備え付けられていて、檀徒であることがYの代表役員を補佐する機関である総代に選任されるための要件とされており、予算編成、不動産の処分等のYの維持経営に係る諸般の事項の決定につき、総代による意見の表明を通じて檀徒の意見が反映される体制となっており、檀徒によるYの維持経営の妨害行為が除名処分事由とされているのであるから、Yにおける檀徒の地位は、具体的な権利義務ないし法律関係を含む法律上の地位ということができる。」

●**解説**●　1　本判決は、宗教法人における檀信徒の地位が法律上の地位に当たるかどうかに関する判断枠組みを示し、具体的な宗教法人について事例的判断を示したものである。

　2　本判決で問題となるのは、このような檀徒の地位確認請求が法律上の争訟に該当するかどうかである。従来の判例の判断枠組みによれば、法律上の争訟に当たるためには、①具体的な権利義務・法律関係の存否に関する紛争であること、および、②法令の適用により終局的に解決できるものであることの2要件が必要であるが（【8】解説参照）、本件では①の要件が問題となる。そして、宗教団体をめぐる訴訟において、宗教団体内部の宗教上の地位の確認を求める訴えは法律上の争訟に当たらないと判断されている。すなわち、【72】は訴えの利益を欠くとしたのに対し、【7】は確認の訴えの対象適格を欠くとしたのはそのような趣旨と理解されている（更に、最1小判平成4・1・23民集46-1-1〔教覚寺事件〕は懲戒処分の無効確認請求につき、具体的な権利または法律関係に関する紛争とはいえないとして訴えを却下し、その趣旨を明確にしている）。ただ、前記判決は、いずれも宗教団体の執行部（住職）の地位に関するものであったのに対し、本判決は、宗教団体の加入者（檀徒）の地位に関する点において、特色がある。

　3　本判決は、基本的な判断枠組みとして、檀徒の地位が「具体的な権利義務ないし法律関係を含む法律上の地位ということができるかどうか」がポイントになるとする。この点は、【7】などでも、住職の地位が当該宗教団体でどのように定められているかを判断した後にその宗教上の地位としての性格を認定しているので、従来から当然の前提とされてきた判断枠組みであると考えられる。そして、宗教法人法上は信徒の法的地位については直接に規定せず、各宗教法人に委ねていることから、各法人ごとの個別判断になるとする（なお、宗教法人ではない宗教団体では、当然に各団体内部の規定に基づくことになる）。

　そこで、本判決は、Yにおける檀徒の地位について様々な角度から検討している。そして、①檀信徒名簿が備え付けられていること、②檀徒の地位が代表役員の補佐機関である総代の選任要件とされていること、③法人の重要事項の決定に檀徒の意見が反映されること、④檀徒による法人の維持経営の妨害行為が除名事由とされていることから、その法律上の地位性を認めた。特に、②および③は、宗教法人内部での一種の機関性が檀徒に認められていることを示しており、その「世俗性」を容認する重要な要素といえよう。ただ、いずれにしても、本判決は事例判断であり、他の場合に、①～④の要素が全て必要とされるわけではないし、また他の要素が問題となる場合もあろう。事例の集積が必要と考えられる。ただ、本判決は、宗教法人との関係を重視する部分が大きいようにみえ、理論的には宗教法人ではない単なる宗教団体の信者の地位も法律上の地位と認められる余地はあるものの、そのハードルは宗教法人の場合に比べて一般に高いものとされる可能性があろう。

●**参考文献**●　田中豊・判解平7年度814、本間靖規・民商116-2-255

12 航空行政権と民事訴訟──大阪国際空港訴訟

最大判昭和56年12月16日（民集35巻10号1369頁・判時1025号39頁）　参照条文　なし

> 民事上の請求として国営空港の共用の差止めを求める訴えを提起できるか。

●**事実**●　本件はいわゆる大阪国際空港訴訟であり、大阪国際空港の周辺住民Xらが国Yを被告として、人格権ないし環境権に基づく妨害排除・妨害予防請求として、毎日午後9時から翌日午前7時までの間につき空港を航空機の離着陸に使用させることの差止めを請求したものである（他にも過去の損害賠償・将来の損害賠償等の請求もされているが、省略する。なお、将来請求の適法性に関する論点は、【39】として別途取り扱う）。第1審は差止請求の一部を認容し、控訴審は全部認容した。Yより上告。

●**判旨**●　原判決破棄・第1審判決取消し・訴え却下。
「空港国営化の趣旨、すなわち国営空港の特質を参酌して考えると、本件空港の管理に関する事項のうち、少なくとも航空機の離着陸の規制そのもの等、本件空港の本来の機能の達成実現に直接にかかわる事項自体については、空港管理権に基づく管理と航空行政権に基づく規制とが、空港管理権者としての運輸大臣と航空行政権の主管者としての運輸大臣のそれぞれ別個の判断に基づいて分離独立的に行われ、両者の間に矛盾乖離を生じ、本件空港を国営空港とした本旨を没却し又はこれに支障を与える結果を生ずることがないよう、いわば両者が不即不離、不可分一体的に行使実現されているものと解するのが相当である。換言すれば、本件空港における航空機の離着陸の規制等は、これを法律的にみると、単に本件空港についての営造物管理権の行使という立場のみにおいてされるべきもの、そして現にされているものとみるべきではなく、航空行政権の行使という立場をも加えた、複合的観点に立った総合的判断に基づいてされるべきもの、そして現にされているものとみるべきである。
　ところで、……〔本件請求の〕趣旨は、本件空港の設置・管理主体たるYに対し、いわゆる通常の民事上の請求として右のような不作為の給付請求権があると主張してこれを訴求するものと解される。そうすると、右の請求は、本件空港を一定の時間帯につき航空機の離着陸に使用させないということが本件空港の管理作用のみにかかわる単なる不作為にすぎず、およそ航空行政権の行使には関係しないものであるか、少なくとも管理作用の部面を航空行政権の行使とは法律上分離して給付請求の対象とすることができるとの見解を前提とするものということができる。
　しかしながら、……本件空港の離着陸のためにする供用は運輸大臣の有する空港管理権と航空行政権という2種の権限の、総合的判断に基づいた不可分一体的な行使の結果であるとみるべきであるから、Xらの前記のような請求は、事理の当然として、不可避的に航空行政権の行使の取消変更ないしその発動を求める請求を包含することとなるものといわなければならない。したがって、Xらが行政訴訟の方法により何らかの請求をすることができるかどうかはともかくとして、Yに対し、いわゆる通常の民事上の請求として前記のような私法上の給付請求権を有するとの主張の成立すべきいわれはないというほかはない。」

●**解説**●　1　本判決は、大阪国際空港における夜間の航空機離着陸の差止めを求める大規模公害訴訟において、請求認容の本案判決をしていた下級審の判断に対し、航空行政権と空港管理権の密接不可分性という新たな理由に基づき訴訟判決をしたものである。問題を行政訴訟の方に投げかけたものといえる。
　2　本判決は、本件請求は空港管理権の主体として空港施設を供用している国に対するものであるが、国営空港においては空港管理権の行使は航空行政権の行使と不可分一体であり、空港供用の差止めを認めることは必然的に行政権の行使に対する不服を包含するものであり、民事上の請求としての権利保護の資格を欠くと判断したものとみられる。そのような不可分性が認められるとしても、なおそれぞれの権限は固有の要件・手続に基づき行使されるべきものとすれば、各々につき固有の不服申立てを認めることが相当であるとの理解も十分可能であり、本判決に対する批判には強いものもあるが、判例のような論理構成も全く成立不能なものではなかろう（その後の同旨の判例として、厚木基地訴訟に関する最1小判平成5・2・25民集47-2-643など）。なお、本判決の射程はそのような行政規制権との不可分性が認められる例外的場面に限られ、民営化空港（東京国際空港、新関西国際空港等）には妥当しないし、道路のような施設（国道）では、国の道路行政権とその管理権の行使とは不可分一体とまではいえず、本判決の射程は及ばないとみるべきであろう。
　3　本判決の最大の問題点は、「Xらが行政訴訟の方法により何らかの請求をすることができるかどうかはともかくとして」訴えを却下すべきとした点である。仮にXらが行政訴訟により空港供用行為の差止めの結果を得られないとすれば、（損害賠償はともかく差止めについて）権利救済の途が閉ざされる。民営空港との対比などからしても、そのような事態は許されるものではないと考えられよう。逆に行政訴訟が許されるとすれば、その要件の問題はあるにしても、結局は救済ルートの選択ということに尽きる。そこで、本判決後、行政訴訟による空港周辺住民の権利救済の方途が問題とされたが、最2小判平成元・2・17民集43-2-56〔新潟空港訴訟〕は、航空会社に対する事業免許の取消訴訟を提起する原告適格を空港周辺住民に認めるに至った。更に、行訴法の改正による実質的な原告適格の拡大（行訴9条参照）の趣旨に鑑みれば、今後は（民事訴訟ではなく）行政訴訟による周辺住民の保護の実効化を更に図っていく方向となろう。

●**参考文献**●　加茂紀久男・判解昭56年度659、阿部泰隆・百

13 公共団体を原告とする訴訟と法律上の争訟

最3小判平成14年7月9日（民集56巻6号1134頁・判時1798号78頁）　　参照条文　裁判所法3条

公共団体は行政上の義務の履行を求める訴えを提起することができるか。

●**事実**●　地方公共団体であるX市の市長が、パチンコ店等の建設の規制に関する条例に基づき、市内においてパチンコ店を建築しようとするYに対し、その建築工事の中止命令を発したが、Yがこれに従わないため、同工事を続行してはならない旨を求める訴えを提起した。第1審および原審はいずれも本案について審理し、前記条例が風営法・建築基準法に違反して無効であるとしてXの請求を棄却した。Xより上告。

●**判旨**●　原判決破棄・第1審判決取消し・訴え却下。
「行政事件を含む民事事件において裁判所がその固有の権限に基づいて審判することのできる対象は、裁判所法3条1項にいう「法律上の争訟」、すなわち当事者間の具体的な権利義務ないし法律関係の存否に関する紛争であって、かつ、それが法令の適用により終局的に解決することができるものに限られる（【8】参照）。国又は地方公共団体が提起した訴訟であって、財産権の主体として自己の財産上の権利利益の保護救済を求めるような場合には、法律上の争訟に当たるというべきであるが、国又は地方公共団体が専ら行政権の主体として国民に対して行政上の義務の履行を求める訴訟は、法規の適用の適正ないし一般公益の保護を目的とするものであって、自己の権利利益の保護救済を目的とするものということはできないから、法律上の争訟として当然に裁判所の審判の対象となるものではなく、法律に特別の規定がある場合に限り、提起することが許されるものと解される。そして、行政代執行法は、行政上の義務の履行確保に関しては、別に法律で定めるものを除いては、同法の定めるところによるものと規定して（1条）、同法が行政上の義務の履行に関する一般法であることを明らかにした上で、その具体的な方法としては、同法2条の規定による代執行のみを認めている。また、行政事件訴訟法その他の法律にも、一般に国又は地方公共団体が国民に対して行政上の義務の履行を求める訴訟を提起することを認める特別の規定は存在しない。したがって、国又は地方公共団体が専ら行政権の主体として国民に対して行政上の義務の履行を求める訴訟は、裁判所法3条1項にいう法律上の争訟に当たらず、これを認める特別の規定もないから、不適法というべきである。
　本件訴えは、地方公共団体であるXが本件条例8条に基づく行政上の義務の履行を求めて提起したものであり、……当該義務がXの財産的権利に由来するものであるという事情も認められないから、法律上の争訟に当たらず、不適法というほかはない。」

●**解説**●　1　本判決は、国または地方公共団体が、その財産上の権利利益の保護ではなく、専ら行政権の主体として行政上の義務の履行を求めて提起する訴えは、法律上の争訟に該当しないと判断した。行政上の義務のエンフォースメントの在り方が問題になっている状況の中で、1つの考え方を示したもので、行政法学界にも大きな波紋を呼んだ判断である。
　2　本判決はまず法律上の争訟について、宗教上の紛争に関する【8】〔板まんだら事件〕を引用して、従来の確定した判例準則に従い、①具体的な権利義務・法律関係の紛争性、②法令の適用による終局的解決可能性という2要件を提示する。本件で問題となるのは①であり、ここでの「具体的な権利義務」に行政上の義務の履行を求めることが含まれるかどうかが論点となる。本判決は、行政上の義務の履行を求める訴訟は、法規の適用の適正ないし一般公益の保護を目的とするものであり、行政主体の主観的な権利利益の保護を目的とするものではないので、①の要件を満たさないものとする（既にこの点を示唆していたものとして、最2小判平成13・7・13訟月48-8-2014は、情報公開条例に基づく文書公開決定に対する国の処分取消訴訟について、当該文書の対象建物の所有者として有する国の固有の利益を根拠として法律上の争訟性を認める）。これに対しては、行政上の義務の履行を求めるについて行政主体には履行請求権が認められ、当該請求権を訴訟上主張できるとする有力な反対説がある（塩野宏『行政法Ⅰ〔第2版〕』184頁、碓井光明「行政上の義務履行確保」公法58号137頁など参照）。また、主観訴訟と客観訴訟の二分法を批判し、法律上の争訟に該当しない訴訟であっても、憲法上事件性の要件を満たす限りで、直接提訴を認めるとの考え方も提唱されている（亘理格「「司法」と二元的訴訟目的観」法教325号58頁以下など参照）。これらの考え方によれば、本判決が過度に行政上の義務の司法的実現を制限するものという評価になろう。
　3　本判決は、本件訴えが法律上の争訟に当たらないとした上で、このような権限を認める法律上の特別の規定（裁3条）があるかどうかを検討している。そして、行政代執行法が行政上の義務の履行の一般法であるところ、そこでは代執行のみが規定されており、行訴法等には提訴を認める規定は存在しないため、上記特別の規定はないと判示する。行政上の義務の履行確保の法制について、戦前は行政執行法によって、本件のような不作為義務に関しても、一般的に執行罰による間接強制が可能とされていた。戦後の行政代執行法は、行政権力の行使の抑制に配慮したものであるが、近時は本件のように、行政上の義務のエンフォースメントがむしろ重視されるようになっている。特に、行政代執行法1条は、法律でなければその例外を定められないとしており、本件のように条例によって定立された義務の履行を確保することが事実上困難になっている。本判決の問題提起を受けて、行政執行の方法を強化する途をとるか、裁判所に提訴する途を認めるか、いずれにしても立法府において何らかの決断が求められるところであろう。

●**参考文献**●　福井章代・判解平14年度531、高木光・平14年度重判45

14 訴訟と非訟①——夫婦同居の審判

最大決昭和40年6月30日（民集19巻4号1089頁・判時413号3頁）　　参照条文　憲法32条、82条　家事事件手続法別表第2第1項

夫婦の同居に関する裁判を訴訟ではなく審判の形式で行うことは憲法に反しないか。

●**事実**●　XはYと婚姻していたが、不仲になりYが実家に戻っていた。Xは、Yに対し、夫婦同居の審判を申し立てたところ、Yはその住居でXと同居しなければならない旨の審判がされた。Yの抗告も棄却されたので、Yから、夫婦同居請求は訴訟事件であり、公開法廷の対審裁判によらないでこれを処理する旨の家事審判法の規定およびこれに基づく本件審判は憲法32条・82条に違反するとして、特別抗告の申立て。

●**決定要旨**●　抗告棄却。
「憲法82条は「裁判の対審及び判決は、公開法廷でこれを行ふ」旨規定する。そして如何なる事項を公開の法廷における対審及び判決によって裁判すべきかについて、憲法は何ら規定を設けていない。しかし、法律上の実体的権利義務につき争があり、これを確定するには、公開の法廷における対審及び判決によるべきものと解する。けだし、法律上の実体的権利義務自体を確定することが固有の司法権の主たる作用であり、かかる争訟を非訟事件手続または審判事件手続により、決定の形式を以て裁判することは、前記憲法の規定を回避することになり、立法を以てしても許されざるところであると解すべきであるからである。
　家事審判法9条1項乙類〔家事別表第2第1項〕は、夫婦の同居その他夫婦間の協力扶助に関する事件を……審判事項として審判手続により審判の形式を以て裁判すべき旨規定している。その趣旨とするところは、夫婦同居の義務その他……の親族法、相続法上の権利義務は、多分に倫理的、道義的な要素を含む身分関係のものであるから、一般訴訟事件の如く当事者の対立抗争の形式による弁論主義によることを避け、先ず当事者の協議により解決せしめるため調停を試み、調停不成立の場合に審判手続に移し、非公開にて審理を進め、職権を以て事実の探知及び必要な証拠調を行わしめるなど、訴訟事件に比し簡易迅速に処理せしめることとし、更に決定の一種である審判の形式により裁判せしめることが、かかる身分関係の事件の処理としてふさわしいと考えたものであると解する。しかし、前記同居義務等は多分に倫理的、道義的な要素を含むとはいえ、法律上の実体的権利義務であることは否定できないところであるから、かかる権利義務自体を終局的に確定するには公開の法廷における対審及び判決によって為すべきものと解せられる……。従って前記の審判は夫婦同居の義務等の実体的権利義務自体を確定する趣旨のものではなく、これら実体的権利義務の存することを前提として、例えば夫婦の同居についていえば、その同居の時期、場所、態様等について具体的内容を定める処分であり、また必要に応じてこれに基づき給付を命ずる処分であると解するのが相当である。けだし、民法は同居の時期、場所、態様について一定の基準を規定していないのであるから、家庭裁判所が後見的立場から、合目的の見地に立って、裁量権を行使してその具体的内容を形成することが必要であり、かかる裁判こそは、本質的に非訟事件の裁判であって、公開の法廷における対審及び判決によって為すことを要しないものであるからである。」

●**解説**●　**1**　本決定は、実体的権利義務の確定は非訟事件によることはできず、非訟事件としたときは憲法82条違反になることを明らかにする一方、夫婦の同居に関する審判については、同居義務を前提とした同居の具体的内容を定める裁判であるから、訴訟事件による必要はないとした大法廷決定である。
　2　訴訟事件と非訟事件をどのように区別するか、換言すれば、憲法32条・82条の下で、非訟事件として取り扱うことができるのはどのような事件であるかに関するリーディング・ケースとして、最大決昭和35・7・6民集14-9-1657がある。これは、戦時民事特別法・金銭債務臨時調停法上の調停に代わる裁判（抗告により確定すれば裁判上の和解と同一の効力を有する裁判）について憲法に反するとしたものであるが、そこでは、「性質上純然たる訴訟事件」について「当事者の主張する権利義務の存否を確定するような裁判」を非訟事件として扱い、公開法廷における対審・判決がされなければ憲法に反するとされた。本決定は、その趣旨を確認し、「法律上の実体的権利義務自体につき争があり、これを確定する」ことは司法権固有の作用であり、立法をもってしても決定の形式で裁判をすることは許されないとした。このような判断は確定判例となっている（最近のものとして、破産の免責手続の合憲性につき、最3小決平成3・2・21金法1285-21など参照）。
　3　本決定は、多数意見8、少数意見7のきわどい判断であったが、最大の焦点となったのは同居義務とその具体的内容の形成の区分であった。多数意見は、後者を非訟事件とすることは許されるが、前者は訴訟事件となるとするのに対し、反対意見は（その理由づけに差はあるものの）いずれも、婚姻継続中の同居義務については訴訟による確認を認めない立場による。これは、とりわけ同居請求が権利濫用であるからこれに応じる義務がない旨の主張がされる場合に、多数意見はその確定は訴訟によるとするのに対し、少数意見はこの点も含めて審判によるものとする。後者の根拠はプライバシー保護・裁判所の裁量権尊重にあり、これが同居義務履行の具体的態様に関連すると解するものである。この点は、家裁の位置づけや人事訴訟の公開性の評価等にも関係する困難な問題であるが、司法制度改革に基づく平成15年改正により人事訴訟が家裁に移管され、また秘密保護に関する手続（人訴22条）が設けられたこともあり、多数意見の妥当性が高まっているとはいえよう。

●**参考文献**●　宮田信夫・判解昭40年度201、本間靖規・百5版8

15 訴訟と非訟② ── 遺産分割の審判

最大決昭和41年3月2日（民集20巻3号360頁・判時439号12頁）　　　参照条文　憲法32条、82条　家事事件手続法別表第2第12項

> 遺産分割に関する裁判を訴訟ではなく審判の形式で
> 行うことは憲法に反しないか。

●**事実**●　Aが死亡し、その子Xは同じく子Yに対し、遺産分割の調停を申し立て、調停不調後に家事審判がされた。Yは審判に対して抗告したが、棄却された。Yから特別抗告。

●**決定要旨**●　抗告棄却。

「家事審判法9条1項乙類10号〔家事別表第2第12項〕に規定する遺産の分割に関する処分の審判は、民法907条2、3項を承けて、各共同相続人の請求により、家庭裁判所が民法906条に則り、遺産に属する物または権利の種類および性質、各相続人の職業その他一切の事情を考慮して、当事者の意思に拘束されることなく、後見的立場から合目的的に裁量権を行使して具体的に分割を形成決定し、その結果必要な金銭の支払、物の引渡、登記義務の履行その他の給付を付随的に命じ、あるいは、一定期間遺産の全部または一部の分割を禁止する等の処分をなす裁判であって、その性質は本質的に非訟事件であるから、公開法廷における対審および判決によってする必要はなく、したがって、右審判は憲法32条、82条に違反するものではない（【14】および最大決昭和40・6・30民集19-4-1114参照）。

ところで、右遺産分割の請求、したがって、これに関する審判は、相続権、相続財産等の存在を前提としてなされるものであり、それらはいずれも実体法上の権利関係であるから、その存否を終局的に確定するには、訴訟事項として対審公開の判決手続によらなければならない。しかし、それであるからといって、家庭裁判所は、かかる前提たる法律関係につき当事者間に争があるときは、常に民事訴訟による判決の確定をまってはじめて遺産分割の審判をなすべきものであるというのではなく、審判手続において右前提事項の存否を審理判断したうえで分割の処分を行うことは少しも差支えないというべきである。けだし、審判手続においてした右前提事項に関する判断には既判力が生じないから、これを争う当事者は、別に民事訴訟を提起して右前提たる権利関係の確定を求めることをなんら妨げられるものではなく、そして、その結果、判決によって右前提たる権利の存在が否定されれば、分割の審判もその限度において効力を失うに至るものと解されるからである。このように、右前提事項の存否を審判手続によって決定しても、そのことは民事訴訟による通常の裁判を受ける途を閉すことを意味しないから、憲法32条、82条に違反するものではない。」

●**解説**●　1　本決定は、遺産分割審判について、【14】など従来の判例に従い、非訟事件として取り扱うことは憲法に反しない旨を確認するとともに、その中

で訴訟事項についても判断することができるものの、その判断は既判力を有せず別途訴訟手続で争う機会が保障されるべきことを判示したものである。

2　遺産分割については、戦前の旧民法の下では特別の手続規定はなく、遺産共有に基づき、通常の共有物分割の手続（民258条）による、すなわち訴訟手続で処理するものとされていた。しかるに、戦後、旧家事審判法の下でこれが乙類審判事項（家審9条1項乙類10号）に当たるとされたので、憲法32条・82条の趣旨から、その合憲性が問題とされるに至った。本決定は、遺産分割に係る裁判の裁量性（「後見的立場から合目的的に裁量権を行使して」分割を行う点）を重視し、その裁判が本質的に非訟事件であるとしたものである。換言すれば、従来の判例の基準とされてきた「純粋の訴訟事件」「法律上の実体的権利義務関係を確定する裁判」との性質を有しない旨を明らかにしたものといえよう。そして、戦前に行われていた共有物分割訴訟も、その性質は形式的形成訴訟であり、実質は非訟事件と解するのが一般であるから、夫婦同居や扶養、財産分与など戦後非訟化された他の裁判に比べても、合憲性に疑問の少ないものということができよう。

3　本決定でより大きな論点となったのは、非訟事件としての遺産分割の前提問題として、相続権や相続財産の範囲など訴訟事件に当たる権利義務の判断の可否、判断した場合のその効力（訴訟で再度争えるか）といった点である。前記の判例準則から、このような訴訟事項について終局的に確定するには、公開の訴訟手続によらなければ憲法に反することは明らかである。問題は、非訟事件の前提問題としてこれらの事項を判断できるかという点である。従来は消極説もあったが、多数の見解は本判決を支持し、前提問題として訴訟事項を判断すること自体は憲法に反せず、そのような判断を前提に審判をすることもできるとする。ただ、審判においてされた前提問題の判断は、爾後に訴訟手続で争うことができ、異なる判断がされることを前提にすることになる。その結果、それを前提とした審判も効力を失うことになる（手続的には、再審（家事103条3項、民訴338条1項10号）により取り消されることになろう）。このような事態の発生は望ましくないが、実務的工夫により対処するほかないということになろう（平成15年改正により人事訴訟が家裁に移管されたので、家事審判と前提問題である人事訴訟との調整がより円滑に図られることが期待される）。なお、遺産分割の前提問題としていかなる事項が訴訟事件となるかについては議論があり、確認の利益の観点から問題となり得る。遺言無効確認【60】、遺産確認【63】、相続人地位確認（最3小判平成16・7・6民集58-5-1319）等については確認の利益が認められ、特別受益財産確認（最3小判平成7・3・7民集49-3-893）、具体的相続分確認（最1小判平成12・2・24民集54-2-523）等では確認の利益が否定されるが、後者は前提問題も含めて審判により最終的に確定されるべきことになろう。

●**参考文献**●　高津環・判解昭41年度85、金子修=山本和彦=松原正明編著『講座実務家事事件手続法（上）』1〔山本〕

16 差止請求の裁判籍

最1小決平成16年4月8日（民集58巻4号825頁・判時1860号62頁）　参照条文　民訴法5条9号

> 不正競争防止法に基づく差止請求について不法行為
> 地の裁判所に管轄が認められるか。

●**事実**●　岐阜市に本拠があるX社は、ある製品の販売輸出をしていたが、大阪市に本拠があるY社から、当該行為が不正競争防止法2条1項1号（同一・類似の商品等表示の使用）が定める「不正競争」に当たると主張されているとして、Yに対し、YがXに対して本件製品の販売輸出について同法3条1項に基づく差止請求権を有しないことの確認を求める訴えを名古屋地方裁判所に提起した。Xは、名古屋港から本件製品を輸出しているので、名古屋地方裁判所の管轄地域内に不法行為地があり、民訴法5条9号により名古屋地方裁判所の管轄に属すると主張したところ、Yは、同号の適用を否定して、Yの本拠地を管轄する大阪地方裁判所への移送を求めた。第1審は移送の申立てを却下したので、Yが抗告したところ、原審は、第1審決定を取り消し、本件訴えは不法行為に関する訴えに当たらないとして、民訴法16条により、本件訴訟事件を大阪地方裁判所へ移送する旨の決定をした。Xより許可抗告の申立てがされ、抗告許可。

●**決定要旨**●　破棄差戻し。
「民訴法5条9号は、「不法行為に関する訴え」につき、当事者の立証の便宜等を考慮して、「不法行為があった地」を管轄する裁判所に訴えを提起することを認めている。同号の規定の趣旨等にかんがみると、この「不法行為に関する訴え」の意義については、民法所定の不法行為に基づく訴えに限られるものではなく、違法行為により権利利益を侵害され、又は侵害されるおそれがある者が提起する侵害の停止又は予防を求める差止請求に関する訴えをも含むものと解するのが相当である。
　そして、不正競争防止法は、他人の商品等表示として需要者の間に広く認識されているものと同一又は類似の商品等表示を使用するなどして他人の商品又は営業と混同を生じさせる行為等の種々の類型の行為を「不正競争」として定義し（同法2条1項）、この「不正競争」によって営業上の利益を侵害され、又は侵害されるおそれがある者は、その営業上の利益を侵害する者又は侵害するおそれがある者に対し、その侵害の停止又は予防を請求することができることを定めている（同法3条1項）。
　民訴法5条9号の規定の上記意義に照らすと、不正競争防止法3条1項の規定に基づく不正競争による侵害の停止等の差止めを求める訴え及び差止請求権の不存在確認を求める訴えは、いずれも民訴法5条9号所定の訴えに該当するものというべきである。」

●**解説**●　1　本決定は、不正競争防止法に基づく差止請求訴訟について、それが5条9号に規定する「不法行為に関する訴え」に該当し、「不法行為があった

地」の裁判所に管轄が認められる旨を明らかにしたものである。
　2　5条9号が特別裁判籍として不法行為地の裁判籍を認めている趣旨としては、①不法行為地に不法行為に関する証拠が多くあること等による審理の便宜、②不法行為地に被害者の住所等があることが多いことによる被害者救済の便宜が挙げられることが一般的である。そこで、同号にいう「不法行為に関する訴え」に、所有権・人格権・知的財産権等に基づく差止請求に関する訴えが含まれるかについては、かつてから議論があった。積極説は、同号の文言は「不法行為に関する」としており、純粋の不法行為訴訟だけに限定していないこと、上記のような同号の裁判籍の趣旨からすれば差止めなどの場合にも同旨が妥当することなどを理由とする。これに対し、消極説は、これらの請求の根拠は所有権等であり、いかなる意味でも不法行為に関する訴えではない点を指摘していた（学説の議論については、森・後掲244頁以下参照）。
　3　本決定は、不正競争防止法に基づく差止請求について、不法行為に関する訴えに該当するとしたものである。不正競争防止法に基づく差止請求の法的性質については、不法行為の特殊類型を立法化したものとする見解が一般的である（小野昌延『不正競争防止法概説』38頁など参照）ことからすれば、これが「不法行為に関する訴え」に該当することについて、上記消極説からも異論は少ないのではなかろうか。
　問題は、本決定の射程である。本決定はその理由の中で、「不法行為に関する訴え」の意義につき一般的な形で、「違法行為により権利利益を侵害され、又は侵害されるおそれがある者が提起する侵害の停止又は予防を求める差止請求に関する訴えをも含む」としている。この理由づけからすれば、知的財産権の侵害の場合はもちろん、所有権や人格権の侵害などの場合も、それが「違法行為」に基づくものである限り、5条9号が適用されることになりそうである。例外的に、適法な行為の結果、物権的請求権等が発生する場合は、その射程外ということになるが、ここでの「違法行為」はあくまでも行為の外観から判断すべきであり（国際裁判管轄に関する【6】の趣旨は国内管轄にも妥当すべきである。コンメI128頁参照）、違法性阻却事由等を管轄原因の審理で判断すべきではなかろう。
　このような判断の背後には、不法行為地の裁判籍が認められている実質的趣旨を重視するとともに、被告の立場に立っても、そのような違法行為をしている地で訴えられたとしても（差止めの場合は行為の継続がある場合が通常である）、酷とはいえないとの見方があろう。更に、具体的事案との関係で不適当な管轄となる場合には、17条移送の可能性があることも重要である（本件も、17条に関する審理を尽くさせるため、原審に差し戻されている）。これらの点を考慮して、文言よりも広く管轄が容認されたものであろう。

●**参考文献**●　森義之・判解平16年度241、佐瀬裕史・法協123-2-419

17 併合請求の訴額の算定

最2小決平成12年10月13日（判時1731号3頁・判タ1049号216頁）　　参照条文　民訴法9条

多数の住民が提起した開発行為取消請求訴訟において訴額は合算されるか。

●**事実**●　Xら245名はYに対し、Yが森林法に基づきA社に対してした林地開発行為の許可処分の取消しを求めて訴えを提起した。第1審の訴え却下判決に対し、Xらは控訴したが、Xら207名の控訴状には印紙6150円のみが貼付されていた。裁判長は52万5300円の追納を命じたが、Xら204名は追納しなかったので、原裁判長はそれらの者に係る控訴状を却下する命令をした。Xらより許可抗告の申立てがされ、抗告許可。

●**決定要旨**●　抗告棄却。
「訴えや控訴の提起の手数料の算出の基礎となる『訴訟の目的の価額』は、『訴えで主張する利益』によって算定し、一の訴えで数個の請求をする場合には、その価額を合算したものを訴訟の目的の価額とするのが原則であるが、その訴えで主張する利益が各請求について共通である場合におけるその各請求については、右の合算をしないものとされている（費用法4条1項、民訴法8条1項、9条1項）。したがって、現行法の採用している手数料制度の下においては、多数の者が共同して訴えを提起した場合においても、原則として各原告の主張する利益によって算定される額を合算して訴訟の目的の価額を算定し、費用法別表第1に従って、手数料の額を算出することになる。もっとも、同表が訴訟の目的の価額が増大するほどこれに対応する手数料の負担割合を逓減する仕組みを採用していることにより、多数の者が共同して訴えを提起する場合には、各原告ごとにみれば、単独で同じ訴えを提起する場合に比べて、低額の手数料を負担することで足りる。そして、例外的に、共同原告がその訴えで主張する利益が共通であると認められる場合には、右の合算が不要となり、共同原告が何名であっても、全員で1名分の手数料のみを負担すればよいことになる。」
「本件訴訟においてXらが訴えで主張する利益は、本件処分の取消しによって回復される各原告の有する利益、具体的には水利権、人格権、不動産所有権等の一部を成す利益であり、その価額を具体的に算定することは極めて困難というべきであるから、各原告が訴えで主張する利益によって算定される訴訟の目的の価額は95万円とみなされる（費用法4条2項）。そして、これらの利益は、その性質に照らし、各原告がそれぞれ有するものであって、全員に共通であるとはいえないから、結局、本件訴訟の目的の価額は、各原告の主張する利益によって算定される額を合算すべきものである。そうすると、訴えを却下した1審判決に対する本件控訴の手数料の額は、右合算額に応じて費用法別表第1の1項により算出される訴えの提起の手数料額を基として、その1.5倍の額の2分の1の額となる（同2項、4項）。……なお、Xらは右のような解釈は多数の住民が共同して提訴ないし控訴することを困難にするものであるというが、本件において、各原告は、単独で控訴をする場合には6150円の手数料を負担しなければならないところ、共同して控訴したことにより、右の合算をした上で前記の逓減がされる結果、約2567円の手数料を負担すれば足りるのであって、右の所論は当たらない。」

●**解説**●　1　本決定は、複数の原告による行政処分取消訴訟について、9条1項但書の「その訴えで主張する利益が各請求について共通である場合」に該当しないとして、訴額の合算を正当と判断したものである。この規定は、平成8年改正の現行法により導入されたものであるが、その具体的適用を示した最初の最高裁判例として意味がある。
2　本決定は前提として、本訴で主張されている利益は処分の取消しによって回復される各原告の利益と解する。これは行政処分取消訴訟を主観訴訟と位置づける理解からは自然であり、それにより確保される適法な行政という利益は副次的なものということになる。そして、本件においては、そのような利益は、水利権・人格権・不動産所有権等の一部を成す利益で、その具体的算定は極めて困難として、民訴費用法4条2項後段を適用する（なお、現行法では、その場合の訴額は160万円とみなされる）。この点は、取消しの対象となる行政処分や原告の状況ごとに変わってこよう（例えば、営業許可取消処分の取消訴訟などでは、当該営業権の価額算定が可能とされる余地があろう。最3小判昭和49・2・5民集28-1-27参照）。ただ、本件のような場合に算定を極めて困難とする判例には、行政処分取消訴訟の途を広く開く方向の姿勢を看取することが可能であろう。
3　以上を前提に、本決定は、以上のような利益は「その性質に照らし、各原告がそれぞれ有するものであって、全員に共通であるとはいえない」として合算を相当とする。この点、旧法下の下級審裁判例の大勢も合算を必要とするものであった（都市計画事業の認可取消訴訟につき、東京高決平成4・7・29判時1436-18など）。また差止請求などでも同旨の裁判例が多かったが、少数裁判例は差止請求に関して合算しない立場を取っていた（大阪高決平成5・8・9判タ834-218など参照）。後者は、訴えで主張する利益が差止めで実現する結果自体であることを根拠とするのに対し、前者はその結果によって生じる原告の利益を問題としていた。前述のように、行政訴訟や差止訴訟を主観的利益に基づくものと位置づける以上、後者の理解が素直であり、本決定もそれによったものである。本決定はそれでも多数原告を糾合することによる費用逓減効果について論じ、提訴困難化の批判に応えている点は興味深い。いずれにせよ手数料の点は（株主代表訴訟などとも共通する）政策判断の問題であり、立法論としては訴額合算を不要とする選択肢もなお考えられよう。

●**参考文献**●　川嶋四郎・リマ24-113、長屋文裕・NBL746-61

18 地家裁間の移送

最1小判平成5年2月18日（民集47巻2号632頁・判時1477号55頁）　　参照条文　民訴法16条、143条

> 家庭裁判所の管轄に属しない訴訟を地方裁判所に移送することはできるか。

●事実●　XとYの間には婚姻費用分担申立事件について確定した家事審判が存在する。Yは、本件家事審判に基づきXの第三者に対する賃料債権の差押えをしたところ、Xは家事審判によって認められた債権額を超える部分につき、神戸家庭裁判所尼崎支部に請求異議の訴えを提起した。同訴訟の第1回口頭弁論期日で、Xは、上記債権執行に基づく取立ての完了を理由に、本件請求異議の訴えを不法行為に基づく損害賠償請求の訴えに交換的に変更した。Yは訴えの変更に同意し、変更後の新訴に異議なく応訴していた。第1審は本件訴えの変更を不適法として許さず、請求異議の訴えは家裁の管轄に属しないとして訴えを却下したが、原審はやはり訴えの変更を不適法としながら、請求異議の訴えは訴えの利益を欠くとして第1審判決を取り消し、理由を差し替えて訴えを却下した。Xより上告。

●判旨●　原判決破棄・第1審判決取消し・移送。
「家庭裁判所における請求異議の訴えの審理は民事訴訟法によってされるのであるから、右請求異議の訴えの審理中に民訴法232条〔現行143条〕により訴えの交換的変更の申立てがされた場合には、家庭裁判所は受訴裁判所としてその許否を決める権限を有し、訴えの変更の要件に欠けるところがなければ、これを許した上、新訴が家庭裁判所の管轄に属さない訴えであるときは、同法30条1項〔現行16条1項〕により、新訴を管轄裁判所に移送すべきものと解するのが相当である。これを本件についてみるに、……Xの本件訴えの変更の申立ては、その要件に欠けるところはないから、これを許すべきであり、原審としては、第1審判決を取り消した上、本件損害賠償請求の訴えを記録上管轄を有することが明らかな神戸地方裁判所に移送すべきであったのである。そうすると、これと異なる原審の前記判断には、民訴法232条及び30条1項の解釈適用を誤った違法があり、その違法が判決の結論に影響を及ぼすことは明らかである。論旨は理由があるから、原判決を破棄し、第1審判決を取り消した上、当審において本件訴えの変更を許すこととし、本件損害賠償請求の訴えを神戸地方裁判所に移送することとする。なお、本件請求異議の訴えは、当審における本件訴えの変更の許可により終了した。」

●解説●　1　本判決は、家庭裁判所に提起された訴えにつき、交換的な訴えの変更がされ、変更後の訴訟事件の管轄が地方裁判所に属する場合、家庭裁判所は訴えの変更を許し、地方裁判所に移送することができることを明らかにしたものである。
2　家庭裁判所の作成した債務名義に対する請求異議の訴えについては、家裁が専属管轄を有するが（裁31条の3第2項、民執35条3項・33条2項1号）、そこで

損害賠償請求の訴えに、交換的に訴えを変更したことで本件の問題が生じた。まず、このような交換的な訴えの変更が家庭裁判所において認められるのかが問題となる。なぜなら、交換的な訴え変更は、判例上、新訴の提起と旧訴の取下げの合体した訴訟行為と理解されているところ（最1小判昭和31・12・20民集10-12-1573、【200】など）、本件新訴（損害賠償請求訴訟）について家庭裁判所は管轄権を有しないからである。
　従来、訴えの変更の要件として、新訴が他の裁判所の専属管轄に属しないことが要件となるかどうかにつき議論があったが、これは当該裁判所に任意管轄がなくても、旧訴の存在により新訴についても併合請求の裁判籍（7条）が生じるため、問題はないからである。しかし、本件では、家裁は職分管轄として損害賠償訴訟の管轄権を有しないため、併合裁判籍は生じず、他の裁判所の専属管轄に属するのと同様の問題が生じる（また、本件では被告が異議なく応訴しているが、やはり職分管轄のため応訴管轄も生じない）。しかし、管轄がない新訴については移送をすれば足り、それを理由に訴えの変更を許さないと、当事者に無用の手間や費用の負担をかけることになり、相当ではない。よって、訴えの変更を認めて、新訴につき移送するのが相当と解される。近時の学説においても、その点を明示的に説く論者のほか、この点を訴え変更の要件として論じない者も多数である状況にあるのは、そのような趣旨であろう。なお、本判決は、訴え変更を許可し、旧訴について訴訟終了宣言をしているが、これは新訴を許さない決定が下級審でされた場合も、旧請求に対する判決により新請求についても上訴審に移審しているとの理解を前提にするものとみられる。
3　ただ、本件では家裁が受訴裁判所であり、地裁が受移送裁判所であるため、移送が可能であるかが問題となる。従来、家事審判事件が訴訟事件として地方裁判所に提起された場合、地裁はその事件を家裁に移送できるかが問題とされてきたが、判例は移送を否定していたからである（最2小判昭和38・11・15民集17-11-1364、最1小判昭和44・2・20民集23-2-399参照）。ただ、これら事案とは異なり、本件で家庭裁判所に係属していたのはもともと訴訟手続である。従来の判例も、16条の趣旨につき、これは訴訟事件の移送に関する規定であり、移送された訴訟事件が受移送裁判所でも訴訟手続により処理されることを前提とする点を理由としているので、その趣旨は本件には妥当せず、本判決も当然移送することができる旨を判示したものとみられる（その意味で、地方裁判所・家庭裁判所間の移送を許さないのが判例とする理解が誤りであることは、本件をみても明白といえよう）。ただ、前記の判例準則には、なお疑問もなくはない。前記のような場合も、少なくとも地方裁判所において申立ての趣旨を家事審判に改めさせて家庭裁判所に移送することは、本判決の趣旨からなお認められてよいのではなかろうか。

●参考文献●　井上繁規・判解平5年度257、畑瑞穂・民商110-3-518

19 裁量移送

東京高決平成15年5月22日（判タ1136号256頁）　　参照条文　民訴法17条

> 民訴法17条に基づき移送が認められるのはどのような場合か。

●**事実**●　A銀行は、Y₁社に対し、手形貸付をし、Y₂が連帯保証をしていた。A銀行とY₁の間の銀行取引約定書には、Aの本店または奈良支店の所在地を管轄する裁判所を管轄裁判所とする旨の合意があった。Aは上記債権をX社に譲渡し、Xは、Y₁・Y₂に対し、Xの本店所在地である東京地方裁判所に上記債権の支払請求訴訟を提起した。Y₁らは16条または17条による移送を申し立てたが、却下されたので、即時抗告。

●**決定要旨**●　原決定取消し・移送。
「本件の銀行取引に基づく訴訟については、……A銀行本店あるいはその奈良支店の所在地を管轄する裁判所……を管轄裁判所とする旨の管轄の合意がある。このような管轄の合意……は、訴訟法上の合意ではあるけれども、内容的にはその債権行使の条件として、その権利関係と不可分一体のものであり、いわば債権の属性をなすものである。そして、本件のような記名債権においては、その属性、内容は当事者間で自由に定めうるものであるし、その譲渡の際には、それらの属性、内容はそのまま譲受人に引き継がれるべきものである。とすれば、本件債権について上記の管轄合意の効力は、Xにも及ぶことになる。そして、本件債権は、A銀行の奈良支店が行った手形貸付けに基づくものであることからすれば、上記管轄合意によって本来的に予定されていた管轄裁判所は、奈良地方裁判所であると認めるのが相当である。……
　そこで、本件の本案訴訟を東京地方裁判所と奈良地方裁判所のいずれで審理すべきかについて検討する。……本件の主たる争点は、Y₂の保証責任の有無であると考えられる。そうすると、本案事件の審理に際しては、Y₂の本人尋問のほか、その取扱支店であったA銀行奈良支店の担当者らの証人尋問が必要になる可能性が高いが、Y₂はもちろん、証人予定者も奈良市あるいはその周辺に住所を有すると考えられる。このようにみてくると、本案事件の審理の便宜という面では、東京地方裁判所よりも奈良地方裁判所の方が優っていると認められる。また、債権譲渡に伴い、その義務履行地が新債権者の住所地に変更されるとみるべきこと、それは本件債権についても基本的に同様であると考えられる……。しかしながら、銀行取引をする者にとっては、通常、その銀行の取引店舗あるいは本店を履行場所として考えるのが一般であろう。そうすると、このような新債権者の住所地が債務の弁済場所とされ、このような義務履行地に基づいて管轄裁判所が決定されることは予想外の事態であり、それによって、債務者の被る不利益は多大なものがあると考えられる。それは、本件についても同様であるが、このような不利益をYらが甘受すべき合理的な理由は乏しい。また、

これは上記のような管轄についての合意の趣旨にも反するものである。なお、本訴は、手形貸付けの原因債権の譲渡に伴う履行請求であるが、それと表裏一体の関係にある手形債権の行使の場合には、その債権は取立債権であり、その義務履行地は、債務者の営業所又は住所ということになる〔旧商法516条2項〕点も考慮されなければならない。
　以上のようにみてくると、本件について、東京地方裁判所に管轄権があるとしても、本件については、訴訟の著しい遅滞を避け、又は当事者間の衡平を図るため、本案事件をYらの住所を管轄する奈良地方裁判所に移送する必要があると認められる。」

●**解説**●　1　本決定は、貸付債権が譲渡された場合には、合意管轄の効力が承継されることを前提に、審理の便宜や債権譲渡における義務履行地の問題等を考慮して、17条移送を認めた事例である。17条移送は裁判所の広範な裁量に基づく要因規範に基づくものであり、性質上最高裁判所が判例準則を定立することは期待し難く、個別事例の集積が重要な分野であるところ、1つの興味深い事例判断といえる。
　2　本決定はまず管轄合意がされている契約上の債権が譲渡された場合、当該合意の効力が債権譲受人に承継されることを前提とし、その理由として、管轄合意が権利関係と不可分のもので債権の属性をなす点を指摘する。従来から、法律上定型化された権利（物権的請求権、手形債権等）を除き、譲受人に管轄合意の効果が承継される旨の理解が一般的である。一方的な債権譲渡により合意地で紛争解決を図る債務者の地位を奪うことは相当でないので、本決定は正当である。なお、本件は手形貸付であるが、本訴で請求されているのは原因債権であるので、上記例外は妥当しない。
　3　本決定は続いて、合意に基づき管轄が認められる奈良地裁とXの主たる事務所の所在地として義務履行地管轄（5条1号）が認められる東京地裁のいずれで審理を行うのが相当かを検討している。17条移送は、管轄選択権を行使した原告に対し、被告に管轄の引戻しを認めるものであり、本決定のように、受訴裁判所にアドバンテージを認めず、各管轄地の相当性を白地から検討するのが相当である。そして、具体的な考慮事由として、本決定は、証拠調べの便宜（当事者・証人の住所）とともに、管轄原因（義務履行地）の脆弱性ともいうべきものを考慮している点が興味深い。すなわち、債権譲渡により債権者の住所が変更され、義務履行地が変わることが債務者の予測可能性を害すること、それが合意管轄により予測可能性を担保しようとした趣旨に反すること、本件債権と表裏の関係にある手形債権の履行地は債務者の住所地であることなどから、移送を肯定した。特に債権譲渡（あるいは債権者の本拠地変更）によって生じた義務履行地のみが管轄原因である場合には、裁量移送を肯定する方向に働くファクターとなり得よう（山本・後掲88頁参照）。

●**参考文献**●　大江忠＝加藤新太郎＝山本和彦編『手続裁量とその規律』75〔山本〕、安西明子・判タ1084-4

20 除斥事由──前審関与

最3小判昭和30年3月29日（民集9巻3号395頁）　　参照条文　民訴法23条

提訴前の調停手続に関与した裁判官に除斥原因が認められるか。

●事実●　Xは、Yに対し、認知を求める家事調停を青森家庭裁判所弘前支部に申し立てたが、調停は不調に終わった。その後、Xは、Yに対し、認知を求める訴えを青森地方裁判所弘前支部に提起した。第1審は、Xの請求を認容したが、同判決に関与した裁判官Aは上記調停事件の調停にも関与していた。Yの控訴が棄却されたので、Yより、395条1項2号（現行312条2項2号）の「法律により判決に関与することができない裁判官が判決に関与した」違法の裁判であるなどと主張して、上告。

●判旨●　上告棄却。
「民訴35条6号〔現行23条6号〕にいう「前審」とは、当該事件の直接又は間接の下級審を指すのである。本件に関連し所論のように調停手続が係属し、結局不調となった事実が認められるが、右調停を前審の裁判ということはできない。されば所論の調停に関与した裁判官が本件の第1審判決をしてもなんら違法はなく、所論は理由がない。」

●解説●　1　本判決は、提訴前の調停手続に関与した裁判官が当該訴訟事件に関与した場合について、23条6号にいう「不服を申し立てられた前審の裁判に関与したとき」には当たらないとして、除斥原因を否定したものである。前審関与の意義を明らかにした判例の1つといえる。

2　23条6号は、前審に関与した裁判官について除斥原因を認めているところ、除斥原因のある裁判官が関与した判決については、絶対的上告理由（312条2項2号）および再審事由（338条1項2号）になる重大な瑕疵である。同号の趣旨については、それが公正な裁判を保障することにあるのか、審級制度の実効性を確保することにあるのか、について議論があるとされる（永井・後掲19頁参照）。後者が多数説であるが、前者の趣旨も併せて掲げる見解も有力である（永井・後掲19頁はむしろ前者の趣旨を重視する）。この点は結局、前審に関与することによる「予断」が公正な裁判を害するものと考えるかによることとなろう。上記多数説の見解は、予断排除の要請は刑事訴訟においては強く求められるが（刑訴20条7号が「裁判の基礎となった取調べに関与したとき」も除斥原因としているのはそのような趣旨であろう）、民訴では起訴状一本主義のような考え方はなく、確かに私知の利用は一般に禁止されると解されているが、職務上知り得た事実については、裁判所に顕著な事実としてむしろ証拠調べなしに認定を可能とする（179条）など予断排除の要請は小さいとも評価できよう。

本判決は、詳細な理由を述べないが、結論として、「前審」とは「当該事件の直接又は間接の下級審を指す」ものとする。これは、大審院時代の判例に従い

（大判明治34・11・8民録7-10-17）、学説上の多数説を採用したものである（三淵・後掲33頁参照。「直接又は間接の下級審」との判旨の表現は、判決当時の代表的見解である兼子説（兼子一『民事訴訟法体系』100頁）に依拠したものとみられる）。そのように解すれば、論理必然的に調停手続への関与は前審関与には当たらなくなる。家事事件において調停前置主義がとられていても（家事257条）、調停は訴訟の「下級審」に該当しないことは明らかで、両者を同じ裁判官が担当したとしても審級制度を害するものではなかろう。本判決は、「直接又は間接の下級審」という表現をするが、上告審に関与した裁判官が控訴審にも関与していた場合は「直接の下級審」となり、第1審に関与していた場合は「間接の下級審」となろう。このほか、前審に該当しない場面として、民事保全事件と本案訴訟への関与（大判昭和12・7・2新聞4157-16）、再審対象事件と再審訴訟への関与（大判昭和18・6・22民集22-551、最2小判昭和39・9・4民集75-175）などがある。しかし、後者は再審制度の本質から疑問がある。

3　本判決は以上のような理解を示したものであるが、調停関与の問題については、調停制度の観点から異なる評価もあり得るように思われる。すなわち、調停前置主義において調停に関与した裁判官が判決手続にも関与することは調停の趣旨を害するのではないかとの懸念である。それは、一方では調停手続で得られた情報を裁判官が訴訟における心証形成に利用するおそれがあり、他方ではそれを恐れた当事者が調停手続で十分な情報提供を避け、結果として調停の成立を困難にするとの懸念である。ADRとしての調停の存在理由に関わる問題である（ADR法（裁判外紛争解決手続の利用の促進に関する法律）制定時にも、ADR手続に提出された情報の訴訟における利用規制の規律について議論された）。ただ、訴訟上の和解では、和解に関与した裁判官が判決をすることが当然の前提となっており、調停の場合だけ除斥原因とすることは整合性を欠く。より本質的な議論が必要と考えられるが、当面は具体的事案において公正な裁判を害するおそれが現実にある場合には忌避による解決が図られることになろう（三淵・後掲33頁も、具体的な事情に応じ忌避の制度の利用が予定されているとする）。

前審関与が問題になるもう1つの局面は、その関与の度合いに関するものである。前審の準備手続に関与した裁判官（最3小判昭和39・10・13民集18-8-1619）や口頭弁論に関与した裁判官（最2小判昭和28・6・26民集7-6-783）には除斥原因がないとされ、判決の評決および判決書の作成に関与した場合だけが問題とされる。予断排除ではなく審級制度を保護法益とする判例からは一貫しているが、審理プロセスを重視する現行民訴法の下ではなお疑問もあり得よう。

●参考文献●　三淵乾太郎・判解昭30年度32、永井博史・百
I 72

21 忌避事由①──代理人との親族関係

最2小判昭和30年1月28日（民集9巻1号83頁）　　参照条文　民訴法24条

裁判官が一方当事者の訴訟代理人の親族であることはその忌避事由となるか。

●**事実**●　Xは、Yに対し、立木売買契約存在確認の訴えを提起した。第1審はXの請求を一部認容したところ、XおよびYの双方が控訴したが、控訴審はXの控訴を棄却し、Yの控訴を認容してXの請求を全部棄却した。控訴審の裁判長であったA裁判官は、Yの訴訟代理人であったB弁護士の女婿であった。Xより、原判決は、A裁判官が裁判の公正を妨げる事情があったのにそれを秘して裁判したものであり、Xの忌避権を不当に蹂躙したものであると主張して、上告。

●**判旨**●　上告棄却。
「原審における裁判長たる裁判官が、原審におけるYの訴訟代理人の女婿であるからといって、右の事実は民訴35条〔現行23条〕所定事項に該当せず、又これがため直ちに民訴37条〔現行24条〕にいわゆる裁判官につき裁判の公正を妨ぐべき事情があるものとはいえないから、所論は理由がない。」

●**解説**●　1　本判決は、判決に関与した裁判官が一方当事者の訴訟代理人の親族（女婿）であることが忌避事由に当たらないとしたものである。本判決は詳細な理由を述べるものではないが、忌避事由に関する最高裁判所の判例は少なく、貴重な先例である。
　2　民訴法は裁判官の中立を確保する制度として、一定の定型的事項を除斥原因として当然に職務執行から排除する一方、それ以外の非定形的な事項で「裁判の公正を妨げる事情」を忌避事由とし、それに該当する場合は、当事者の申立てに基づき裁判所の決定で職務執行から排除するスキームをとっている。そこで、まず本判決のような事由が除斥原因に該当するかが問題となるが、23条1項2号は「裁判官が当事者の……3親等内の姻族」であることを除斥原因とする。しかし、本件は、当事者の姻族ではなく、訴訟代理人の姻族であった事案である。除斥原因は、前述のように、定型的事由に基づき法律上当然に裁判官を職務執行から排除するための制度であるから、その事由は限定列挙と解される。したがって、判旨の通り、本件のような事由が除斥原因に当たらないことは明らかである。
　3　そこで、忌避事由の問題となるわけであるが、「裁判の公正を妨げるべき事情」（24条1項）が何を意味するかが問題となる。本判決は、その点について一般論を示さず、単に本件はそれに当たらない旨の結論を述べるにすぎない。学説は、これを、裁判官と当事者または事件との特殊な関係からみて、裁判官が不公平な裁判をするおそれがあるとの疑いを当事者に抱かせるような事情とする。あくまで当事者・事件との特殊な結びつきを示す客観的事情が必要とされ、訴訟の過程での証拠の採否や訴訟指揮などは通常それ自体では忌避事由には該当しないと解される。

本判決が忌避事由該当性を否定した理由は明らかではないが、おそらく職業裁判官は、その訓練と倫理から、仮に訴訟代理人と密接な関係があってもそれによって訴訟指揮や訴訟の結論を左右することのないよう自らを律することが可能である、との信念があるのではないかとみられる。確かに、日本の裁判官の公平性や倫理感は一般に高い評価に値するものと考えられる。しかし、忌避制度を考える際に重要であるのは、実際に中立かということに加えて、外部（当事者等）から中立にみえるかという中立性の外観の問題である。そのような観点からすれば、本判決の判断は、一般国民の視点からみて大きな疑問があることは否定できず、ほとんどの学説も本判決を批判するところである。国民の司法に対する信頼いかんが大きく問題とされる現代社会において、この半世紀前の判例を今後維持することは難しく、既に判例としての価値を失っているものと評価すべきであろう（実際には、現在このような場面では、通常の裁判官は事件を回避しているとみられ、その結果、このような事項が正面から争われる事案が将来にわたり生じない可能性もあろう）。
　本判決を含めて、従来の忌避事由に関する裁判例は、上記のような中立性の外観に関する国民の目線を離れたものが多いように感じられる。例えば、当事者の一方と裁判官とが別件訴訟の対立当事者である場合（神戸地決昭和58・10・28判時1109-126）や、裁判官がかつて一方当事者の顧問弁護士事務所に所属していた場合（東京地決平成7・11・29判タ901-254）などにも忌避事由を否定しているが、疑問の否めないところである（特に後者のような事例は今後弁護士任官が増加すれば、増大していく可能性がある）。「李下に冠を正さず」との方向が長期的には司法の信頼に寄与するのではなかろうか。ただ、裁判所がこのような対応をとるについては、実際上の問題として、裁判官の不足や濫用的な忌避申立ての実情が指摘されることがある。前者は、特に支部等裁判官の少ない裁判所では、ある裁判官が忌避されることにより他の裁判所からの転補等が必要になる場合もあるから、忌避を認めるのに躊躇するという事情であり、理解できなくはないが、中立性の外観が司法の命であることに鑑み、司法行政上の配慮が必要となろう（当該裁判所所属の裁判官全員を訴えるなど濫訴に当たるような場合の施策は別途の問題としてあろう）。また、後者も濫用的忌避申立てに対する対策は必要であるが（これについては、【23】参照）、本件を含めた実質的な理由が認められる場合とは分けて考えるべきであろう。
　なお、本件では、忌避事由に該当する事情が当事者に明らかにされていなかった点を上告理由で問題としている。忌避事由開示義務の問題であり、それを認める方向が相当である。仲裁法において、仲裁人についてそのような義務を明定している点が参考になり（仲裁18条3項・4項参照）、立法論としては民訴法でも明文化が望ましい。

●**参考文献**●　秦公正・［百］5版12、高橋宏志・法協107-3-512

22 忌避事由②──裁判官会議への関与

最1小決平成3年2月25日（民集45巻2号117頁・判時1382号15頁）　参照条文　民訴法24条

> 規則制定に関与した最高裁判所の裁判官は当該規則をめぐる訴訟において忌避されるか。

●事実●　Xらは、Y（最高裁判所）に対し、最高裁判所が公布した「地方裁判所及び家庭裁判所支部設置規則及び家庭裁判所出張所設置規則の一部を改正する規則（平成元年最高裁判所規則第5号）」のうち、福岡地・家裁甘木支部を廃止する部分の取消しを求めて訴えを提起した。第1審および原審はXらの訴えを不適法却下したところ、Xらは、上告した。上告審（最高裁判所）において、Xらは、最高裁のA・B・C各裁判官は上記規則を制定するために開かれた裁判官会議に出席し、当該規則制定に関与した当事者であり、忌避事由に該当すると主張して忌避の申立てをした。

●決定要旨●　申立て却下。
「最高裁判所は、憲法77条1項において、訴訟に関する手続、弁護士、裁判所の内部規律及び司法事務処理に関する事項について、規則を定める権限を有すると規定されているところ、地方裁判所及び家庭裁判所の各支部の設置は、右憲法の規定、裁判所法31条1項及び31条の5に基づき、司法事務処理に関する事項として、最高裁判所規則により定められている。また、最高裁判所が司法行政事務（司法事務処理に関する事項につき最高裁判所規則を定めることも含む。）を行うのは裁判官会議の議によるものとされ、同会議は全員の裁判官でこれを組織すると規定されている（同法12条1、2項）。したがって、最高裁判所が最高裁判所規則を制定するには、裁判官会議の議によらなければならず、同会議には最高裁判所の全裁判官が参加することが制度上予定されているのである。他方、憲法76条1、2項において、すべて司法権は、最高裁判所及び法律の定めるところにより設置する下級裁判所に属し、特別裁判所はこれを設置することができないと規定され、最高裁判所は唯一の最終審裁判所とされているのである。
　したがって、本来、最高裁判所が、最高裁判所規則を制定するとともに、これをめぐる訴訟の上告事件を担当することは、現行司法制度上予定されているというべきであり、そうであれば、同訴訟において、同規則の制定に関する裁判官会議に参加したということを理由に、同会議に参加した最高裁判所の裁判官についてを民訴法37条1項〔現行24条1項〕に基づき忌避の申立てをすることはできないと解するのが相当である。」

●解説●　1　本決定は、最高裁判所規則の制定をめぐる訴訟において最高裁判所裁判官の忌避が問題となった事例である。忌避に関する判例は少ないところ、やや珍しい事例について、司法行政権の行使方法にも関連する問題であるが、貴重な先例である。
　2　本件は2つの問題を含んでいる。すなわち、第1に裁判官会議への関与が当該会議での決定事項をめぐる訴訟での忌避事由となるかという問題であり、第2に最高裁判所の裁判官について忌避が適用されるかという問題である。
　第1の点について、従来裁判官会議への参加を理由とする忌避申立事件としては、裁判所職員への懲戒処分を争う訴訟において、当該処分を決めた裁判官会議に出席していた裁判官の忌避が問題とされる事例があった。この場合は司法行政上の拘束が問題となるが、裁判官の独立（憲76条3項）を根拠に、そのような拘束は裁判官の担当する訴訟の審理に影響するものではないとして忌避事由該当性が否定されている（浦和地決昭和34・5・6下民10-5-934、秋田地決昭和37・12・24判時342-27）。ただ、このような判断は、中立性の外観という観点から疑問も否定できない（この点について本決定は何も述べていないと解されるが（上田・後掲26頁参照）、この論点については、【21】解説参照）。
　3　第2の問題は、最高裁判所に固有の論点である。本決定は、最高裁は唯一の最終審裁判所であり、特別裁判所は憲法上設置が認められていないこと、裁判官会議は裁判官全員参加が制度上予定されていることから、忌避事由を否定する結論を導いている。従来の学説も、最高裁判所が忌避等によってその機能を果たすことができなくなるような例外的場合、すなわち裁判官の全員または大部分の者につき忌避事由があるような場合には、裁判の拒否を避けるという観点から忌避の適用は排除されるとの立場を採用していた。判例上も、最3小判昭和45・10・27集民101-203は、傍論ながら「最高裁判所の裁判官にあっては、その全部または大部分のものについて除斥・忌避の事由があり、その結果、最高裁判所として裁判権を行使しえない事態が生ずる場合には」忌避等が否定され、「この理は、特別裁判所の設置を認めない憲法自体の容認するところ」としていた。本件では小法廷を構成する裁判官のうち3名の裁判官の忌避が問題となっている。しかし、小法廷の審理には3名以上の裁判官の出席が必要であるから（最高裁判所裁判事務処理規則2条2項）、もし忌避が認められれば本小法廷では審理ができなくなる。しかるに、このような事情は大法廷回付の理由にはならないし（小法廷による回付決定も2名ではできないと解される）、他の小法廷に回付する根拠もないとすれば、本決定の判断は相当と解されよう（このような事態がやむを得ないことは、最高裁の裁判官全員を被告とした訴訟で上告がされた場合を考えれば明らかであろう）。ただ、本決定は、以上のような裁判拒絶の回避という消極的なものに止まらず、規則制定権と終審裁判権がともに最高裁に付与されているという制度面を強調する。仮に本件で忌避対象となった裁判官が1名であったような場合、上記見解では忌避を認める方向に傾くのに対し、本件判旨ではその場合も忌避を認めないことになるように思われる。確かに時間的経過による裁判官の交代は偶然的要素であり、論理的にはこの2つの権限が同時に最高裁判所に付与されている以上、忌避を否定する論旨は正当であろう。

●参考文献●　上田豊三・判解平3年度15、井上治典・平3年度重判118

23 忌避権の濫用

大阪高決昭和38年11月28日（下民14巻11号2346頁）　　参照条文　民訴法24条、25条

> **忌避申立てが忌避権の濫用である場合に対象裁判官が自ら申立てを却下できるか。**

●事実●　Xは、第1審裁判所を構成する大阪地方裁判所のA・B・C3名の裁判官の忌避を申し立てたところ、当該3名で構成される裁判所は、本件忌避申立ては忌避権を濫用した不適法な申立てであるとして申立てを却下した。Xは、原裁判所が本件申立事件を自ら判断したことが大阪地方裁判所の事務分配規則に反するなどと主張して抗告。

●決定要旨●　抗告棄却。

「裁判官忌避制度は、当事者が、当該事件を担当する裁判官に、その職務執行の不公正を懸念してよい客観的、合理的事由があるとき、その申立てによって、裁判で、これを職務執行から排除する制度であって、これによって、民訴法は裁判の公正を担保している。忌避は、個々の裁判官の問題であるから、合議体を構成している裁判官全員を忌避するとの申立ては、当該合議部を構成する個々の裁判官に対する申立てと解される。

さて、このように合議部全員に対する忌避の申立てがあったとき、その申立てに理由があるかどうかの裁判をするには、自己に対する忌避の申立てについて、その裁判官は関与できないことは忌避制度の趣旨から当然である（民訴40条〔現行25条3項〕）。そうすると、合議部全員に対する忌避の申立てがあったとき、その理由があるかどうかを裁判することは、自己に対する忌避の申立てについて、その裁判官が理由の有無を判断することになり民訴40条に違反することは明白であり、許されない筋合である。右は、一般的に正当な忌避権の行使があったときのことに属する。権利の行使に名を借り、その実は、忌避権の濫用以外のなにものでもないことが明らかな場合、例えば、訴訟遅延の目的のみでなされたり（刑訴24条参照）、或は、既に忌避却下の確定裁判があるのに、その後同一の理由で何回も忌避申立てを繰り返えすようなときには、その忌避の申立ては、忌避制度本来の目的から逸脱しており、このような濫用にわたる忌避の申立てがあった場合には、その当事者に、民訴40条によって保護されるべき利益を享受させる必要はどこにもない。

したがって、忌避申立てが忌避権の濫用であることが明らかな場合には、当該裁判官が、自らその申立てについて、却下の裁判ができると解するのが相当である。」

●解説●　1　本決定は、忌避申立てが忌避権の濫用に当たる場合には、対象となっている裁判官が自らその却下の裁判をすることができるとしたものである。この点については未だ最高裁判所の判断はなく、本決定が現在もリーディング・ケースとなっている。忌避申立てがあった場合、それに対する決定は必ず合議体でしなければならない（25条2項。簡易裁判所の裁判官に対する忌避申立ては管轄地方裁判所が合議体で判断する。同条1項）。そして、その合議体には、忌避申立ての対象となっている裁判官は関与することができない（同条3項）。これは、自己の公正さを問題とする裁判に自ら関与することは、忌避の裁判の中立・公正性に疑いを生じさせることによる。しかし、他方で、受訴裁判所の裁判官以外の者により構成される合議体が忌避申立てを審理するとなると、審理に時間を要し、訴訟手続の遅延を招く場合があり、当事者も訴訟の引き延ばしを目的に忌避申立てを行うことがあり得よう。そこで、そのような濫用的な忌避申立てについては、忌避された裁判官自身が関与して簡易に却下する余地を認めるべきではないかとの議論が生じることになる。

2　本決定は、25条3項の規定は「正当な忌避権の行使があった」場合に関するものであり、忌避権の濫用であることが明らかな場合には、忌避された裁判官が自ら却下の裁判をすることができると解している。そして、忌避権の濫用に当たる場合として、訴訟遅延のみを目的としている場合や同一理由で忌避申立てを繰り返している場合を例示する。訴訟遅延という当事者の主観的目的と繰り返しの申立てという行為態様を濫用認定の基準とするものといえよう。本決定の後、同様の判断を示したものとして、高松高決昭和39・12・10高民17-8-603があり、そこでは忌避申立てが専ら訴訟を遅延させる目的でされたものと認定し、そのような申立ては権利の濫用として不適法なものであり、忌避された裁判官が自ら直ちに却下できるものとする（東京高決昭和39・1・16下民15-1-4、名古屋高決昭和53・12・7判タ378-110、東京高決昭和56・10・8判時1022-68、高松高決昭和58・10・18判タ510-127なども同旨）。学説はかつては、忌避制度は裁判の公正を保障するものであり、簡易却下は制度の本質に反するとして消極説が有力であったが、最近は上記裁判例に賛同する見解が一般的になっている。公正な裁判と権利濫用・訴訟遅延の防止とのバランスの問題であるが、濫用が明らかである場合は簡易却下を認めてよいと解される。不服のある当事者については即時抗告による利益保護の途も残されているからである（25条5項）。

3　本決定が引用するように、刑訴法には明文で簡易却下を定める規定がある（刑訴24条）。民訴法改正の際には、同様の規定を設けることが検討されたが、他方では忌避申立てをより実質化すべきであるとの意見も出される中、忌避権の濫用に対する措置のみを立法化することには強い反対があり、断念されたものである（一問一答51頁）。その結果、上記裁判例等は現行法の下でも妥当性を有する。ただ、その後、非訟事件手続法や家事事件手続法では、刑訴法に倣って簡易却下の規定が導入された（非訟13条5項、家事12条5項）。これは非訟事件等の簡易迅速な処理の要請を根拠とするものであるが（金子編著・後掲47頁参照）、民事訴訟においても引き続き立法論が続けられるべきことになろう。

●参考文献●　青山善充＝奥博司・百Ⅰ10、金子修編著『一問一答非訟事件手続法』47

最新重要判例 250 民事訴訟法
当事者

24 死者名義訴訟

大判昭和11年3月11日（民集15巻977頁）　　参照条文　なし

死者を被告とする訴訟における当事者は誰か。

●**事実**●　Xは、訴状にAを被告と表示して昭和9年に本件訴えを提起した。ところが、Aは既に昭和7年に死亡しており、Yがその家督相続をしていた。第1審では上記のような事情が判明せず被告不出頭のままX勝訴の判決が言い渡されたが、その後上記の事情が判明したので、XはYに対し、訴訟手続の受継を求めるとともに控訴を提起した。原審は、死者を相手方とする訴訟は実質上訴訟関係を成立させず、訴訟手続の受継の余地はないとして、第1審判決を取り消し、訴えを却下した。Xより上告。

●**判旨**●　原判決破棄・第1審判決取消し・差戻し。
「本訴はXが訴状にAを被告として表示し昭和9年3月13日広島区裁判所に提起したるものなる処、Aは是より先昭和7年4月12日死亡してY其の家督相続を為したるものなるを以て、本訴に於ける実質上の被告は即Yにして只其の表示を誤りたるに過ざるものと解するを相当とす。故に同裁判所は宜しく民事訴訟法第352条、第224条〔現行133条〕、第228条〔現行137条〕に則り、訴状に於ける被告の表示をYと訂正せしめ、尚同人は未成年者なるを以て其の法定代理人を記載せしむる上、訴訟手続を進行せしむべきものなるに拘らず、事茲に出でず被告をAとして審理判決を為したるは違法たるを免れずと雖、右の如く被告の表示を誤りたるが為、本訴は実質上訴訟関係の不成立を来したるものと謂ふべからず。若し之を反対に解し実質上訴訟関係の不成立を来したるものとせんか、Aの家督相続を為したるYに於て其の訴訟手続の受継を為すに由なく、随て又XはYを相手方として上訴を為すに由なく、斯る上訴は不適法にして当然却下せらるべきの理なり。されば原審が本訴は実質上訴訟関係の成立せざるものと為しながら、Yを相手方とせる本件控訴を却下することなく、其の控訴に依り第1審判決を取消したるは理論上の矛盾たるのみならず、本訴を実質上訴訟関係の成立せざるものと為し、之が却下の判決を為したるは違法にして論旨理由あり。」（片仮名を平仮名に改め、濁点等を付し、句読点を適宜付した。）

●**解説**●　1　本判決は、死者を被告とする訴訟について、表示の誤りとして被告の表示を死者から相続人に訂正させるべきであるとしたものである。大審院時代の判例であり、その判例的価値には疑問もあるが、当事者の確定問題の1つの代表的類型である死者名義訴訟について議論の発端となった歴史的価値を有する判決として、取り上げた。
　訴状には当事者を記載しなければならず（133条2項1号）、通常はそこに記載された者が当事者となる。ただ、場合によっては、そのような形で当事者を確定することに疑問が生じる場合がある。死者名義訴訟はそのような類型の1つである。この場合、死者を被告

とするとき、当該訴訟の係属は生じていないと考えられる。なぜなら、民事訴訟では2当事者対立の原則があり、死者は法人格を有しないので、被告が存在しないからである。訴訟が係属していない以上、訴状の補正（137条）や訴訟手続の受継（124条1項1号）もありえず、原告は改めて相続人等を被告として訴えを提起する必要があることになる（本件原審はそのような措置をとっている）。しかし、それでは、原告に再訴の負担（手数料等）が生じ、時効完成猶予等の提訴による利益を失わせる可能性がある。そこで、このような場合に相続人等を被告として訴訟を続行することができないかが問題となる。
　2　学説上は従来、訴状の当事者欄を基準に当事者を確定するという見解（表示説）のほか、原告または被告の意思により当事者を確定するとする見解（意思説）や当事者らしく振る舞ったかどうかにより当事者を確定するとする見解（行動説）等があった。本件のような場合、表示説によればAが被告となり、前述のような扱いが必要となるのに対し、意思説によればXの合理的意思を勘案し、相続人であるYを被告とする意思であったと解して、訴状の記載の誤りとしてその訂正により処理するとの扱いが可能となる。本判決はまさにそのような措置をとったもので、意思説によった判例と理解できなくもない。しかし、本判決後の判例の流れをみると、必ずしもそうとは言い難いように見受けられる。すなわち、大判昭和16・3・15民集20-191は、死者名義訴訟において判決が確定した場合にその判決効は相続人に及ばないとしている。これは、原告の推定的意思のみで相続人が当事者となるものではない旨を示すものと考えられる。また、最1小判昭和41・7・14民集20-6-1173は、やはり死者名義訴訟で控訴審まで相続人が訴訟を追行していながら、上告段階で被相続人の訴状送達前の死亡を主張することは信義則に反するとした。これも、当事者は本来被相続人であることを前提にしながら、当事者として行為してきた相続人がその旨を主張することは信義則違反となるとしたものと解されよう。判例の立場は明確でないというほかない。
　3　学説は、以上のような判例の展開を受けて、多様化している。例えば、訴訟進行の程度に応じて当事者確定の基準を異なるものにする規範分類説は、これから手続を進めるに当たって当事者を確定する場面（行為規範）では表示説による一方、既に進行した手続の当事者を確定する場面（評価規範）では正当な当事者とその者に対する手続保障の観点から確定するとの立場をとる。他方、当事者確定の議論の守備範囲を提訴時に限定し、既に進行した訴訟の結果を維持できるかという問題は、訴訟承継の類推適用や任意的当事者変更など別の理論枠組みで処理すべきとの見解も生じている（上野・後掲参照）。この問題に関する判例・学説の動向はなお流動的であるように思われる。

●**参考文献**●　上田竹志・百5版16、『名城大学創立30周年記念論文集』133〔上野泰男〕

25 氏名冒用訴訟

大判昭和10年10月28日（民集14巻1785頁）　　参照条文　なし

氏名が冒用された当事者に判決の効力は及ぶか。

●事実●　Xは、Yに対し、株金払込請求の訴えを提起し、勝訴判決確定後、Y所有の動産に対して強制執行をした。これにより、Yは初めてそのような訴訟手続および敗訴判決の存在を知った。前訴では、Yは訴状の送達を受けておらず、Yの訴訟代理人とされたA弁護士にも訴訟委任をしたことがなかった。そこで、Yは再審の訴えを提起し、訴外BがYの委任状等を偽造し、Aを訴訟代理人に選任して前訴の訴訟行為をさせたものであると主張した。原審は、Bによる氏名冒用を認めたが、Yは訴訟当事者の地位を取得していないので、前訴確定判決はYに対し既判力を及ぼすものではなく、したがってYは何ら訴訟手続上の救済方法を講じる必要はなく、再審の訴えは不適法であると判示した。Yより上告。

●判旨●　破棄差戻し。
「他人の氏名を冒用して訴訟を為す者ある場合に於て、訴訟行為が冒用者の行為として為され、訴訟の判決が其の冒用者に対して言渡されたるときは、其の効力は冒用者のみに及び、被冒用者に及ぶことなしと雖も、訴訟当事者の氏名を冒用し、当事者名義の委任状を偽造して訴訟代理人を選任し、被冒用者名義を以て訴訟行為を為さしめ、裁判所が之に気付かずして被冒用者に対し判決を言渡したるときは、其の被冒用者は訴訟当事者となりたるものなれば判決の既判力は冒用者に及ばずして被冒用者に及ぶものと謂はざるを得ず。従て、被冒用者は判決の確定前に在ては上訴に依りて之が取消を求むることを得べく、確定後に在ては民事訴訟法第420条第3号〔現行338条1項3号〕に依り再審の訴を起すことを得べきものとす。然らば、Y主張の事実ありとせば、再審の訴を提起することを得べきものなるに拘らず、原院が此の場合を以て氏名冒用者が自己の行為として訴訟を為したる場合と同視し、本件確定判決の既判力はYに及ばざるものと解し、且本件は再審の訴を提起し得べき場合に該当せずと判示して、叙上の如くYの再審の訴を不適法として却下したるは不法なりと云はざるを得ず。」（片仮名を平仮名に改め、濁点等を付し、句読点を適宜付した。）

●解説●　1　本判決は、いわゆる氏名冒用訴訟について被冒用者名義の委任状の偽造に基づく訴訟代理人により訴訟が追行されたときは、被冒用者が当事者となり、その者に判決効が及ぶことを前提に、再審の訴えを認めたものである。大審院時代の判例であるが、氏名冒用訴訟の類型には適切な最高裁判所の判例がないことから、ここで取り上げた。
2　当事者の確定の理論には学説上様々な見解がある（【24】解説参照）。表示説によれば、氏名冒用訴訟の場合も、訴状に当事者として表示されているのは被冒用者であるので、被冒用者が当事者となると理解される。しかし、被冒用者が訴訟係属を全く知らないような場合に、なおその者を当事者とすることには違和感があり、むしろ実際に訴訟行為を行った冒用者を当事者として確定することが考えられる。実際、本判決に先立つ大審院の判例は、被冒用者は訴訟当事者としての地位に就くものではなく、判決効は被冒用者には及ばない旨を判示していた（大判大正4・6・30民録21-1165、大判昭和2・2・3民集6-13）。これらの判例は、学説からいわゆる行動説をとるものとして理解されていたところである。その意味で、本判決は従来の判例を変更して表示説を採用したものとする理解もあった。また、判例は、当事者が求めてきた救済方法に基づいて救済を付与するというフレキシブルな解決策をとっているとの評価も存在する。
ただ、本判決の判旨をみると、必ずしもそのようには言い難い。本判決は、氏名冒用訴訟につき、①訴訟行為が冒用者の行為として行われ、判決が冒用者に対して言い渡された場合と、②委任状の偽造により訴訟代理人を選任し、被冒用者名義で訴訟行為をさせ、判決が被冒用者に対して言い渡された場合を区別し、①は冒用者が当事者となり判決効も被冒用者には及ばないが、②は被冒用者が当事者となりその者に判決効が及ぶとしているものと解される。すなわち、従来の大審院判例は①の類型に関するものであり、本件は②の類型に関するものとして、区別を図ったものと解されよう。ただ、本判決も無権代理行為による再審の成立を認めている。したがって、両者の実際上の差異は、被冒用者がいったん再審の訴えを提起して前訴判決を取り消さなければ判決効を排除できないか、そのような手続をとらずに他の訴訟の前提問題等としても判決効が及ばない旨を主張できるかという手続的負担の相違ということになる点に注意を要する。
3　本判決が定立したとみられる基準は以上の通りであるが、その区分は必ずしも合理的なものとはいえない。すなわち、本判決によれば、冒用者が本人で訴訟を追行すれば判決効は被冒用者に及ばず、被冒用者は当該判決に基づく強制執行に対して直ちに執行文付与異議訴訟等を提起できるのに対し、冒用者が代理人を選任して訴訟を追行していれば再審訴訟を提起しなければならないということになる。確かに裁判所の立場に立てば、前者は裁判所の本人確認のミスであり、後者は代理人弁護士のミスであることから、前者の場合に判決効を否定するという考え方はあり得る。しかし、被冒用者からみれば、冒用者がどのような訴訟追行の方法をとったかは無関係の事柄であり、それによって救済方法が異なってくる合理的な理由は見出し難いであろう。そのような観点から見れば、表示説に従い、被冒用者が当事者であることを前提としながら、被冒用者の手続保障が大きく害された場合には再審手続を経ずに判決効を否定してよいかどうか、それはどのような場合かを直截に検討していくような方向が相当ではないかと思料される。

●参考文献●　村上正子・[百]5版14、木川統一郎博士古稀記念『民事裁判の充実と促進（上）』298〔中山幸二〕

26 法人格否認の法理

最2小判昭和48年10月26日（民集27巻9号1240頁・判時723号37頁）　　参照条文　なし

●事実●　XはA株式会社（旧商号N開発株式会社）に
ビルの居室を賃貸していた。A社が賃料支払を怠った
ので、Xは賃貸借契約を解除した。A社の代表取締役
Bは、Xによる本件居室明渡請求等の手続を誤らせ、
時間と費用を浪費させる手段として、A社の商号をI地
所株式会社に変更すると同時に、A社の旧商号と同一
のN開発株式会社を称し、その代表取締役、本店所在
地、営業所、什器備品、従業員を同一とし、営業目的
もほとんど同じ新会社Yを設立した。Xは、上記商号
変更・新会社設立の事実を知らずに、A社の旧商号で
ありY社の現商号である「N開発株式会社」を被告名
に表示して、本件居室の明渡しや賃料相当損害金の支
払等を求める訴えを提起した。A社は第1審に出頭せ
ず、擬制自白によりXの請求が全部認容された。新旧
両社の代表取締役であるBは控訴したが、控訴審でも
商号変更・新会社設立の事実を主張せず、Xから解除
の通知を受けた事実等を認め、いったん弁論は終結し
たが、口頭弁論再開後初めてY社設立の事実を明らか
にし、Y社代表者として、YがA社とは別異の法人格
であり、A社の債務につき責任を負ういわれはないと
主張した。原判決は、Xは法人格否認の法理によりA
社とY社が同一の会社であるとみなすことができ、Y
による自白の撤回は許されないとして、Yの控訴を棄
却した。Yより上告。

●判旨●　上告棄却。
　「株式会社が商法の規定に準拠して比較的容易に
設立されうることに乗じ、取引の相手方からの債務
履行請求手続を誤まらせ時間と費用とを浪費させる
手段として、旧会社の営業財産をそのまま流用し、
商号、代表取締役、営業目的、従業員などが旧会社
のそれと同一の新会社を設立したような場合には、
形式的には新会社の設立登記がなされていても、新
旧両会社の実質は前後同一であり、新会社の設立は
旧会社の債務の免脱を目的としてなされた会社制度
の濫用であって、このような場合、会社は右取引の
相手方に対し、信義則上、新旧両会社が別人格であ
ることを主張できず、相手方は新旧両会社のいずれ
に対しても右債務についてその責任を追求すること
ができるものと解するのが相当である（最1小判昭
和44・2・27民集23-2-511参照）。
　本件における前記認定事実を右の説示に照らして
考えると、Yは、昭和42年11月17日前記のような
目的、経緯のもとに設立され、形式上は旧会社Aと
別異の株式会社の形態をとってはいるけれども、新
旧両会社は商号のみならずその実質が前後同一であ
り、新会社Yの設立は、Xに対する旧会社Aの債務
の免脱を目的としてなされた会社制度の濫用である
というべきであるから、Yは、取引の相手方である
Xに対し、信義則上、Yが旧会社Aと別異の法人格

であることを主張しえない筋合にあり、したがって、
Yは前記自白が事実に反するものとして、これを撤
回することができず、かつ、旧会社AのXに対する
本件居室明渡、延滞賃料支払等の債務につき旧会社
Aとならんで責任を負わなければならないことが明
らかである。」

●解説●　1　本判決は、実体法上の法人格否認の法
理の1つの適用場面を明らかにしたものであるが、訴
訟法上の意義としては、そのような場合に当事者とし
て確定されるべき者を論じる題材を提供している点で
興味深い。
　2　本判決は、被告を新会社であるY社であると確
定していると考えられる。問題は、訴訟係属の時点で
の被告が誰であったのかである。形式的表示説からす
れば、当初から被告はYになりそうであるが、実質的
表示説により、訴状の当事者欄のみならず請求の趣
旨・原因その他の訴状の記載事項を総合的に考慮した
場合、被告はA社であったという理解も十分成り立ち
得るところである。けだし、訴状では、被告は本件賃
貸借契約の相手方であることが当然の前提とされ、法
人格否認等の主張は特にされていないことから、合理
的に考えればそれはA社のことを指し、当事者欄の記
載は旧商号を記した表示の誤りと見ることができるか
らである。ただ、後者のような見方によれば、被告が
訴訟のどの段階かで変更されていることになる。つま
り、そこには任意的当事者変更があることになる（東
條・後掲はそのような見方をとる）。しかし、任意的当
事者変更は現在の通説上新訴の提起と旧訴の取下げの
複合行為と理解されており、仮に変更がされたのが控
訴審での弁論再開後であるとすれば、控訴審での訴え
提起ができない以上、そもそも変更は許されなかった
ことになる（任意的当事者変更に関する特殊行為説によ
れば別論である）。そうだとすれば、本判決はやはり当
初から被告がYであったことを前提にするものと推論
されよう（本判決を任意的当事者変更につき特殊行為説
を採用したものと読む余地が全くないわけではないが、少
なくとも主観的追加的併合を一般的に否定する近時の判例
準則【206】参照）を前提にすれば、そのような読み方は
現段階では否定されるべきものであろう）。
　3　本判決は、訴訟行為の関係で、Yが原審段階の
自白を事実に反するとして撤回することは許されない
とする。この判示の意義は、自白がされた段階の被告
を誰と見るかで異なり得る。それをAと解すれば、法
人格否認の法理に基づき信義則上、YがAのした訴訟
行為の効果を否定できないとした場合と説明できよう
（東條・後掲の説明はこのように読める）。しかし、前述
のように、本判決は当初から当事者をYと解していた
とすれば、自白した被告もYであったことになる。そ
うすると、結局自白の撤回の要件を満たしているかど
うかが単に問題になるところ、Yが契約解除の通知を
受けた等の事実に反する自白内容を撤回の根拠とする
ことが信義則に反するという意味になろう。

●参考文献●　東條敬・判解昭48年度45、堀野出・百5版18

27 国家に関する当事者確定 —— 光華寮事件

最3小判平成19年3月27日（民集61巻2号711頁・判時1967号91頁）　参照条文　なし

ある国について新政府の承認があった場合、誰が訴訟当事者として確定されるか。

●**事実**●　Xは、昭和42年9月、Yらに対し、本件建物（光華寮）の居室明渡しを求めて京都地方裁判所に本訴を提起したが、その訴状には原告の表示として「中華民国」と記載し、原告代表者の表示として「中華民国駐日本国特命全権大使」と記載していた。第1次第1審においてXの訴訟代理人Aに訴訟代理権を授与したのは、中華民国駐日本国特命全権大使であった。Yらは、Xの自称する「中華民国」とは台湾省にいる旧国民党の一部を指称するものと思われるが、これはいかなる意味においても「中華民国」ではなく中国人民により構成された国家でもない旨主張したのに対し、Yは上記主張事実を否認した。第1次第1審判決は当事者を中華民国と確定し、その当事者能力を認めたが、当事者適格を否定して訴えを却下した。第1次控訴審判決も当事者を中華民国と確定し、その当事者能力を肯定した上、本案審理に入るべきものとして第1審判決を取り消した。その後、第2次第1審判決・第2次控訴審判決はともに第1次控訴審判決と同様の判断を前提に、請求を認容した。Yらより上告。

●**判旨**●　原判決破棄・第1審判決取消し・差戻し。
「〔1〕「中華民国」が国家としての中国（以下「中国国家」という。）の国名として用いられてきたものであること、〔2〕本訴提起前の昭和24年には、中華人民共和国政府の支配が中国大陸全域に及ぶものとなり、中華民国政府の支配は台湾島等に限定されるものとなっていたが、我が国政府は、中国国家の政府として中華民国政府を承認し、同政府との間で、昭和27年4月28日、「日本国と中華民国との間の平和条約」を締結したこと、〔3〕上記のとおり、我が国政府が中国国家の政府として中華民国政府を承認したことから、中国国家の我が国における代表権は、本訴提起当時、中華民国政府から派遣されていた中華民国駐日本国特命全権大使が有していたこと、〔4〕中華民国政府は、本訴提起当時、自らが中国国家の唯一の政府であると主張していたこと、〔5〕しかるに、我が国政府は、本件が第1次第1審に係属していた昭和47年9月29日、「日本国政府と中華人民共和国政府の共同声明」において、中国国家の政府として、中華民国政府に代えて中華人民共和国政府を承認したこと、〔6〕これに伴って、中国国家の国名が「中華民国」から「中華人民共和国」に変更されたこと、以上の事実は公知の事実である。」
「各事実に照らすと、本件建物の所有権が現在中国国家以外の権利主体に帰属しているか否かは別として、本件において原告として確定されるべき者は、本訴提起当時、その国名を「中華民国」としていたが、本件が第1次第1審に係属していた昭和47年9月29日の時点で、「中華人民共和国」に国名が変更された中国国家というべきである。」

●**解説**●　**1**　本件はいわゆる「光華寮事件」として国際法や国際民訴法の分野で著名な事件であるが、本判決は、民訴法の問題としては、当事者の確定の論点を新たに提示して事件の処理を図ったものである。なお、本判決については、本件論点のほかに、訴訟代理人がある場合にも例外的に訴訟手続が中断することを認めた点も重要であるが、これについては、【90】として別途取り上げる（更に、代表権喪失の場合の通知の問題について【35】解説、原判決を破棄する場合の口頭弁論の要否の問題について【114】解説参照）。

2　本判決は、当事者確定の問題について、中国国家それ自体が当事者であると確定している。本件の下級審判決は全て当事者を中華民国であると確定していた点を変更したものである。本判決の考え方によれば、中華民国ないし中華人民共和国は、当事者である中国国家を代表する政府の問題（代表権の問題）にすぎないということになる。

このような本判決の考え方を従来の当事者確定論の議論の中でどのように位置づけるかは、1つの問題である。訴状の当事者欄には「中華民国」という記載があった点からすれば、形式的表示説に従えば、中華民国を当事者と確定するのが素直であり、本判決は形式的表示説をとるものではないといえよう。それでは、現在の通説とされている実質的表示説の立場によっていると考えられるであろうか。この見解は、訴状の当事者欄のみに限定せず、訴状における請求の趣旨・原因等その他の記載も総合的に判断して当事者を確定する立場ということができよう。本判決が中国国家を当事者として確定するに際して、〔1〕から〔6〕の事実を挙げている。これらは公知の事実とされるので、実質の表示説の中身として、訴状記載の事実に公知の事実を解釈要素として付加して判断するものと理解することは可能である。しかし、〔5〕〔6〕の事実は訴状提出後の事実であることを考えると、上記の理解には限界があるようにも思われる。

3　以上のような点を考慮すれば、判例は必ずしも実質的表示説によるものではないとする評価も可能であるように思われる（村上・後掲は、本判決を意思説に近いと評される）。近時の学説では、当事者の確定の問題を訴え提起時の問題に限定し、その後の問題を表示の訂正・任意的当事者変更や黙示の訴訟手続の受継等様々な理論枠組みで処理する傾向が有力である（このような議論については、【24】解説参照）。それに対して、本判決は、訴訟係属後も様々な要素を考慮しながらなお当事者の確定の問題として取り扱う方向性を示唆するようにみえ、むしろ規範分類説に類似するものとも考えられる。ただ、上記〔5〕〔6〕の事実はあくまで付随的なものにすぎず、重要な部分は他の事実（とりわけ〔4〕の事実）であったと理解すれば、なお実質的表示説の枠内で本判決を理解する余地も残り、今後の判例の展開が引き続き注目されよう。

●**参考文献**●　絹川泰毅・判解平19年度289、村上正子・重判平19年度138

28 社団の当事者能力①——住民団体

最1小判昭和42年10月19日（民集21巻8号2078頁・判時500号26頁）　参照条文　民訴法29条

> 特定地域の住民によって構成される団体は当事者能力を有するか。

●事実●　X（三田市三田十一番区）は、三田市内の特定地域内の住民によって構成される団体である。Xは、Aに一部賃貸されていた本件建物をBから買い受けたが、X名義では登記ができないので、当時の代表者であるAらの共有名義で登記がされた。その後、Bが死亡し、賃借権はその親族であるYが承継した。Yが賃料の支払を怠ったので、Xは賃貸借契約を解除し、本件建物の明渡しを求めた。原判決は、Yが支出した必要費および有益費18万余円と引換えに建物の明渡しを命じた。Yより、Xは権利能力なき社団には該当せず当事者能力を有しないなどと主張して、上告。

●判旨●　上告棄却。
「法人格のない社団すなわち権利能力のない社団が成立するためには、団体としての組織をそなえ、多数決の原理が行なわれ、構成員の変更にかかわらず団体そのものが存続し、その組織において代表の方法、総会の運営、財産の管理等団体としての主要な点が確定していることを要することは、当裁判所の判例とするところである（最1小判昭39・10・15民集18-8-1671）。
原判決の確定するところによれば、Xは、古くより三田市三田（市制施行前は三田町）十一番区通称新地と称する地域に居住する住民により、その福祉のため各般の事業を営むことを目的として結成された任意団体であって、同市三田に属する最下部の行政区画でも、また財産区でもなく、区長、区長代理者（副区長）、評議員、組長等の役員の選出、役員会や区民総会の運営（その議決は多数決による）、財産の管理、事業の内容等につき規約を有し、これに基づいて存続・活動しているというのであるから、原審が以上の事実関係のもとにおいて、Xをもって権利能力のない社団としての実体を有するものと認め、これにつき民訴法46条〔現行29条〕の適用を肯定した判断は、上記判例に照らして、正当として是認しうる。」

●解説●　1　本判決は、29条の法人でない社団の当事者能力について、民法上の権利能力なき社団に関する判例準則を適用して、その肯否を定めることを初めて明らかにしたものである。その当否については近時もなお議論のあるところであるが、判例法理の出発点となる判例として重要な意義を有する。
2　本判決においては、「実体法上の権利能力なき社団は訴訟法上当事者能力を有する」という命題の当否については特に議論がされず、当然の前提となっている（この点は、可部・後掲をみても特に議論の対象とされていない）。29条は単に「法人でない社団」とのみしているので（改正前の旧民訴46条も同様）、文言上はそれを権利能力のない社団と同視することは相当である

る。また、実体法がこの権利能力なき社団という概念の下で達成しようとした目的が、構成員から独立した財産について、社団との取引相手等に排他的な責任財産を保障するという趣旨であるとすれば、その要件を満たす者に訴訟当事者となる地位を認めることも自然であるといえる。以上からすれば、前記命題の範囲で、本判決の帰結は正当化できるものと考えられよう。
以上のような前提の下で、本判決は、原告が民法上の権利能力なき社団の要件を満たしているかどうかを検討している。本判決に先立って、前掲最判昭39・10・15がその要件を明示しているが、そこでは、①団体としての組織性、②多数決原理、③構成員の変動に影響されない団体の存続（対内的独立性）、④団体としての主要な点（代表方法、総会運営、財産管理等）の確定が挙げられている（これは、我妻栄『民法総則〔新訂〕』133頁に代表される民法学における通説の考え方を採用したものとされる）。
本件で特に問題とされた点は、本団体が地方公共団体の下部組織にすぎないのではないかという点であった。仮にこれが法人の下部組織にすぎないとすれば、団体としての組織性ないし対外的な独立性を欠き、独立の社団としては認められず、権利能力なき社団としては認められないことになろう。しかし、本件団体は特定地域の住民を構成員とするが、それら住民が当然に構成員となるものではなく、団体への加入には区長の承認等の要件が必要とされ、現に加入していない住民もあるとされ（可部・後掲476頁参照）、一定の住民を排除する組織である以上、行政区画ではあり得ないことになる。また、地方自治法の定める財産区（地自294条）でもないと認定されている。そして、②から④の要件についても当てはめがされ、権利能力なき社団としての性質が認められたものである。
3　以上に対し、「訴訟法上当事者能力を有するのは実体法上の権利能力なき社団だけである」という命題については、本判決の射程外と考えてよいように思われる。本判決は、あくまでも原判決がXを権利能力なき社団と認定したことの当否のみを論じており、権利能力なき社団に当たらないとなった場合に直ちに当事者能力を否定することまでは含意していないと思われるからである。この点は、権利能力なき社団の要件を満たしているとは言い難い民法上の組合につき当事者能力が認められるかという問題（換言すれば【30】が本判決後も判例として生きているかという問題。これについては、【30】解説参照）、また2で述べた民法上の要件を満たさない団体についても当事者能力を認める余地があるかといった問題を後に残すものである。後者の点については、【29】が上記命題を肯定したともみられる判示をしているところであるが、なお議論の余地が残っている（【29】解説参照）。

●参考文献●　可部恒雄・判解昭42年度475、栗原伸輔・百5版20

29 社団の当事者能力② —— ゴルフクラブ

最2小判平成14年6月7日（民集56巻5号899頁・判時1789号68頁）　　参照条文　民訴法29条

ゴルフ場の会員によって組織されたゴルフクラブは当事者能力を有するか。

●事実●　Yはいわゆる預託金会員制のゴルフ場を運営する株式会社であり、Xは本件ゴルフ場の会員によって組織され、会員相互の親睦等を期することを目的とするクラブである。XとYの間には協約書が締結され、そこでは、Xは一定の要件を満たす場合に、Yの経理内容を調査することができる旨が規定されていた。そこで、Xは本件協約書等に基づき、Yの計算関係書類等の謄本の交付を請求したものである。なお、Xには固定資産はなく、規則等にもXが財産を管理する方法等について具体的に定めた規定はない。第1審・原審ともに、Xは固定資産を有しておらず、他にYの財産から独立して存立基盤となり得るX固有の財産は存在せず、また財産管理の方法についても具体的に定めた規定がないので、独立した権利義務の主体たるべき社団としての財政的基盤を欠くとして、Xの当事者能力を否定し、訴えを却下した。Xより上告。

■判旨■　原判決破棄・第1審判決取消し・差戻し。
　「民訴法29条にいう「法人でない社団」に当たるというためには、団体としての組織を備え、多数決の原則が行われ、構成員の変更にかかわらず団体そのものが存続し、その組織において代表の方法、総会の運営、財産の管理その他団体としての主要な点が確定していなければならない（最1小判昭和39・10・15民集18-8-1671参照）。これらのうち、財産的側面についていえば、必ずしも固定資産ないし基本的財産を有することは不可欠の要件ではなく、そのような資産を有していなくても、団体として、内部的に運営され、対外的に活動するのに必要な収入を得る仕組みが確保され、かつ、その収支を管理する体制が備わっているなど、他の諸事情と併せ、総合的に観察して、同条にいう「法人でない社団」として当事者能力が認められる場合があるというべきである。
　これを本件について見ると……、Xは、預託金会員制の本件ゴルフ場の会員によって組織された団体であり、多数決の原則が行われ、構成員の変更にかかわらず団体そのものが存続し、規約により代表の方法、総会の運営等が定められているものと認められる。財産的側面についても……、団体として内部的に運営され対外的にも活動するのに必要な収入の仕組みが確保され、かつ、規約に基づいて収支を管理する体制も備わっているということができる。さらに、XとYとの間で本件協約書が調印され、それに伴って規則も改正されているところ、その内容にも照らせば、Xは、Yや会員個人とは別個の独立した存在としての社会的実体を有しているものである。以上を総合すれば、Xは、民訴法29条にいう「法人でない社団」に当たると認めるべきものであり、論旨は理由がある。」

●解説●　1　本判決は、29条に関する従来の判例準則を確認し、それを具体的に当てはめた事例判例であるが、特に財産的側面に関して固定資産・基本的財産が独立の要件となるものではなく、他の諸事情と総合的に判断して当事者能力が肯定される場合があり得ることを示したものである。
　2　民法上の権利能力なき社団となる団体に当事者能力が認められることは従来の判例が認めるところである（【28】のほか、沖縄の血縁団体であるいわゆる「門中」に関する最2小判昭和55・2・8民集34-2-138）。本判決が注目されるのは、29条の「法人でない社団」と民法上の権利能力なき社団の要件を完全に同一視している点である。言い換えれば、（従来の判例が明示していなかった）権利能力なき社団の要件を満たさない場合は、29条の当事者能力が認められない旨を前提にしているとみられる点が注目に値する。これにより、【28】によって積み残された部分（【28】解説3参照）が明確になったものと考えられる（これが民法上の組合の当事者能力論に与える影響については、【30】解説参照）。
　本判決が直接問題としているのは財産的側面の要件である。従来の判例は、「財産の管理その他団体としての主要な点が確定して」いることを権利能力なき社団の要件としていた。ただ、そこでは実質的な社団財産の存在、つまり財産面での構成員からの独立性（財産的独立性）が独自の要件となるかは明確ではなかった。学説上は、構成員から独立して管理される独自の財産の存在を必要とする見解もあったが、金銭請求の被告となる場合は要件となるがそれ以外の場合には独立の要件とはならないとする見解、独立の要件性を否定する見解などもあった。本判決は最後の見解を採用したものとみられる。従来の判例における権利能力なき社団の要件を素直に理解したものといえる。ただ、本判決も、財産的基礎を全く不要とするものではなく、「固定資産ないし基本的財産」までは必要ないものの、「必要な収入を得る仕組み」や「収入を管理する体制」などが備わっているといった事情を総合的に考慮すべきものとしており、何らかの財産的基礎はやはり必要と考えているようにみられる。団体固有の財産を完全に欠如しながら団体としての運営が可能であるとは考えにくいので、本判決の下でもやはり財産的基礎は団体性を検討する重要な資料とはなろう。
　3　本判決は、以上の具体的な当てはめとして、本件ゴルフクラブに当事者能力を肯定している。預託金会員制のゴルフクラブにつき当事者能力を否定した先例もあるが（最3小判昭和50・7・25民集29-6-1147など）、これらは会員の自主的な組織運営がなく、ゴルフ場運営会社の業務を代行しているにすぎないのに対し、本件クラブはそれとは異なる旨の認定がされている。特に本件では、本件協約書等の締結により、XがYとはむしろ対立的な主体としての独立性を強めていたものと評価できよう。

●参考文献●　高部眞規子・判解平14年度444、中島弘雅・争点58

30 組合の当事者能力

最3小判昭和37年12月18日（民集16巻12号2422頁・金法335号13頁）　　参照条文　民訴法29条

民法上の組合は当事者能力を有するか。

●**事実**● 　A社に対して債権を有する3つの銀行は、A社の経営を管理してその営業の再建を図るとともにA社に対する債権の保全回収を目的として、民法上の組合としてX債権管理委員会を結成した。Xは、A社の有する一切の債権を譲り受け、その取立金から経費を支弁した剰余金を前記各銀行の債権額に応じて配当するものとされた。Xは、A社から譲り受けた売掛代金債権の支払を求めて、Yに対して訴えを提起した。第1審は、X委員会は3銀行のそれぞれの利益を離れた独自の目的を有するわけではなく、その構成員の脱退はX委員会を消滅させる関係にあるとして、Xの当事者能力を否定して訴えを却下した。それに対し、控訴審は、X委員会は社団的実体を有するとして、権利能力なき社団であって代表者の定めのあるものとして当事者能力を認めた。Yから上告。

●**判旨**● 　上告棄却。
　「原審は、X債権管理委員会を以って、訴外A株式会社に対して債権を有するB銀行大阪支店、C銀行新町支店及びD銀行道頓堀支店の三者が、それぞれの有する右債権を出資し同会社の経営を管理してその営業の再建整備を図ると共に、協力して三者それぞれの有する右債権を保全回収するため、民法上の任意組合として結成しEを代表者とした三者の協同組織である旨認定判断して居るものと解すべきである。
　かかる組合は、民訴46条〔現行29条〕所定の「権利能力なき社団にして代表者の定あるもの」として訴訟上の当事者能力のあることは、累次の大審院判例の趣旨とする所であって、現在維持せられて居る（大判昭和10・5・28民集14-1191、大判昭和15・7・20民集19-1210参照）。」

●**解説**● 　1　本判決は、民法上の組合について、権利能力なき社団として代表者の定めのあるものに該当するとして当事者能力を認めたものである。大審院時代の判例法理を最高裁判所でも維持することを明確にしたものとして、意義がある。ただ、この判例が出された後、法人格なき社団の要件（最1小判昭和39・10・15民集18-8-1671）およびそれを踏まえた当事者能力の要件（【28】）についての判例法理の展開があり、それらを踏まえた上で、現在でもなおここで示された法理が「生きているか」は、1つの重要な検討課題である。
　2　本判決は、本件組合の概要を摘示し、「かかる組合」は当事者能力を有するとしており、代表者が定められている点は前提にして、あらゆる民法上の組合に当事者能力を肯定する趣旨であるのか、一定の特性を有する組合に限り当事者能力を認める趣旨であるのか、必ずしも明確ではない。大審院時代の判例は、民法上の組合であっても、それが一時的なものではなく、ある程度継続的な存在であれば、当事者能力を認める趣旨であると理解されていた（真船・後掲498頁参照）。ただ、前述のように、本判決後の判例の展開の中で、本判決の意義をどのように理解するかが問題となろう。
　現段階で、論理的に考えられる立場としては、以下のようなものがあろう。①本判決は、民法上の組合については、社団とは異なる当事者能力の要件を設定し、全ての組合（あるいは少なくとも一定の継続性を有する組合）について当事者能力が認められる、②本判決の考え方は①のようなものであったが、それはその後の判例により変更され、現在では法人格なき社団の要件を満たす組合のみに当事者能力が認められる、③本判決自体既に②と同様の立場をとっており、法人格なき社団と同等の要件で組合に当事者能力が認められるとの判例は大審院時代以来維持されている、④法人格なき社団と同一の要件で規律されるとする点は②・③と同じであるが、民法上の組合は常に法人格なき社団の要件を満たし、その結果として全ての組合に当事者能力が認められる、といった考え方が成立し得る。
　このうち、まず①の考え方は、【29】の登場によって、判例内在的にはかなり無理な理解になっているように思われる。けだし、【29】は、29条の「法人でない社団」と民法上の権利能力なき社団の要件を完全に同一視し、後者の要件を満たさないが当事者能力を有する存在を否定しているようにみられるからである（【29】解説2参照）。また、③の考え方も、本判決が【28】の示した権利能力なき社団の要件を全く検討していないことからすれば、やや強引な見方であることは否定できない。判例準則に関する穏当な理解は、②または④ではないかと思われるが、両者の相違は、民法上の組合が常に権利能力なき社団の要件を満たすかどうかという認識の相違によることになる。
　そして、多数決原理については、組合の業務は過半数で決せられること（民670条1項）、対内的独立性については、組合員の脱退によっても組合が存続すること（民681条等）などから一般に認められよう。ただ、団体としての組織性や団体としての主要な点の確定については、民法の規定から常に明確であるとはいえず、この点の組合契約における定め等が必要であるように思われる。そのような観点からすれば、以上のような点が定められている組合に限り当事者能力を認めるとするのが現在の判例準則になるのではなかろうか（その意味で、本判決はそのような点を考慮していない点で変更を免れないのではないか）。
　3　本判決後、民法上の組合の代表者に任意的訴訟担当を肯定する方向が示された（【74】）。それを前提にすれば、少なくとも原告側については、組合自体に当事者能力を認める必要性は減じたものといえようが、上記のような要件の充足を前提にすれば、原告側の当事者能力をあえて否定する見解には賛同できず、代表者による任意的訴訟担当と組合自身を原告とする提訴は選択ができてよいであろう。

●**参考文献**● 　真船孝允・判解昭37年度497、福永有利先生古稀記念『企業紛争と民事手続法理論』1以下〔高田裕成〕

31 当事者能力と登記請求権

最2小判昭和47年6月2日（民集26巻5号957頁・判時673号3頁）　　参照条文　民訴法29条

権利能力なき社団は自己名義の登記請求をすることができるか。

●**事実**●　A連合会は中国出身の在日華僑を会員とする権利能力なき社団であり、その資産として本件土地建物を有しているが、連合会名義の登記ができないことから、当時のA連合会の会長であるYの個人名義で所有権登記がしてあった。その後、YはA連合会の会長を辞任し、Xが会長に就任したので、Xは、Yに対し、所有権移転登記手続請求訴訟を提起した。原審はXの請求を認容した。Yより、権利能力なき社団の資産である不動産の登記については、法人の登記に関する規定を準用すべきであり、代表者の個人名義の登記を許すべきではないとして、上告。

●**判旨**●　上告棄却。

「権利能力なき社団の構成員全員の総有に属する社団の資産たる不動産については、従来から、その公示方法として、本件のように社団の代表者個人の名義で所有権の登記をすることが行なわれているのである。これは、不動産登記法が社団自身を当事者とする登記を許さないこと、社団構成員全員の名において登記をすることは、構成員の変動が予想される場合に常時真実の権利関係を公示することが困難であることなどの事情に由来するわけであるが、本来、社団構成員の総有に属する不動産は、右構成員全員のために信託的に社団代表者個人の所有とされるものであるから、代表者は、右の趣旨における受託者たるの地位において右不動産につき自己の名義をもって登記をすることができるものと解すべきであり、したがって、登記上の所有名義人となった権利能力なき社団の代表者がその地位を失ってこれに代る新代表者が選任されたときは、旧代表者は右の受託者たる地位をも失い、新代表者においてその地位を取得し、新代表者は、信託法の信託における受託者の更迭の場合に準じ、旧代表者に対して、当該不動産につき自己の個人名義に所有権移転登記手続をすることの協力を求め、これを訴求することができるものと解するのが相当である。
　所論は、右の場合においても、登記簿上、たんに代表者個人名義の記載をするにとどめるのは相当でなく、社団の代表者である旨の肩書を付した記載を認めるべきであって、判決においてもその趣旨の登記をなすことを命ずべきものと主張する。しかしながら、かりに、そのような方法が代表者個人の固有の権利と区別し社団の資産であることを明らかにする手段としては適当であるとしても、かような登記を許すことは、実質において社団を権利者とする登記を許容することにほかならないものであるところ、不動産登記法は、権利者として登記せらるべき者を実体法上権利能力を有する者に限定し、みだりに拡張を許さないものと解すべきであるから、所論のような登記は許されないものというべきである。」

●**解説**●　1　本判決は、権利能力なき社団が不動産に係る登記請求をする場合、代表者個人名義の登記を求めるべき旨を判示する。本判決自体は、新代表者個人が原告となって旧代表者に対して請求したものであるが、他方で社団自体も29条によって原告となる当事者能力を有する。そこで、本判決を前提に、権利能力なき社団自体が当事者となって自己に帰属する不動産の登記請求訴訟を追行できるかという原告適格の問題が生じることになるが、これは実体法上の権利能力と訴訟法上の当事者能力が乖離することにより生じる困難な問題であるといえよう。

2　本判決はまず実体法の問題として、権利能力なき社団につき社団名義の登記を認めない旨を明言した初めての最高裁判所判決である。これは従来の登記実務を追認し、学説の多数説（団体名義説、代表者肩書説）の反対を斥けたものといえる（吉井・後掲619頁以下）。その理論構成としては、権利能力なき社団における代表者の地位を信託の受託者に準じるものと理解し、代表者交代を受託者の更迭の場合と同視して、代表者個人に登記名義を認めたものといえよう。このような理解については、本判決後もなお異論の残るところであるが、実体法の問題であるので、ここではこのような理解を当面の前提とする。
　以上のような理解を前提に、代表者ではなく権利能力なき社団自体が登記請求訴訟を提起できるかという問題がある。調査官解説は、本判決はそのような可能性を否定していると理解する（吉井・後掲625頁以下）。その根拠として、①実体法上の登記請求権の所在と当事者の地位は一致すべきであること、②多数当事者の不便を避けるという29条の趣旨が妥当しないこと、③本判決の採用する信託理論からも代表者のみが当事者適格をもつのが素直であることなどが挙げられる。しかし、実体法上の法律関係とより整合的なのは権利能力なき社団自体が当事者となることであるとすれば、代表者の登記請求権につき権利能力なき社団による任意的訴訟担当がされることはありえ、そのような場合には任意的訴訟担当は許されるものと解すべきではなかろうか。そのように解すれば、代表者の死亡・交替等があったときも、当事者自体に変更は生じず、便宜に適う（本件も訴訟手続の中途に前代表者が死亡し、訴訟承継がされた事案である）。そして、近時、最1小判平成26・2・27民集68・2・192は、簡明性や当事者の意識との合致の観点から社団に原告適格を容認した。

3　本判決の理論構成を前提にすれば、不動産の引渡訴訟等でも代表者に原告適格を認めることが相当となるし、更に不動産以外の財産についても、構成員への総有的帰属および代表者の受託者としての地位に鑑みれば、同様の帰結になり得る。しかし、本件判旨の射程をそこまで広く解することは相当でなく、あくまでも登記請求権に限った判示であり、それ以外の場合はなお権利能力なき社団に当事者適格を限定する理解もあり得よう。

●**参考文献**●　吉井直昭・判解昭47年度614、田邊誠・百5版24

32 意思能力と訴訟能力

最2小判昭和29年6月11日（民集8巻6号1055頁）　　　参照条文　民訴法28条

●**意思無能力者による訴訟行為は効力を生じるか。**

●**事実**●　Xは、Yに対し、家屋の所有権移転登記とその引渡し、電話加入名義の変更申請手続、動産の引渡等を請求して、訴えを提起した。第1審はXの請求を認容したところ、Yが控訴した。しかし、控訴審においてYは控訴を取り下げた。控訴審は、Yの控訴の取下げは意思能力を有しない者による訴訟行為として無効であり、Yの控訴を有効と認めて第1審判決を取り消した。Xより上告。

●**判旨**●　上告棄却。
「Yは、相手方Xの訴求した、家屋の所有権移転登記とその引渡、電話加入名義の変更申請手続、動産の引渡等をなすべき旨の第1審判決を受け、右判決に対し控訴したものであって、右控訴を取下げれば前記敗訴判決が確定し、その執行を受ける関係にあったことが明らかである。そして、……もし右判決が執行せられるときは、Yが姉A夫婦によって経営していたB旅館の経営に支障を来し、Yの生活の根拠が脅かされる結果となることは明らかであるに拘らず、Yは本件控訴取下の当時、すでに成年を過ぎ、且未だ準禁治産宣告を受けてもいなかったけれども、生来、医学上いわゆる精神薄弱者に属する軽症痴愚者であって、その家政、資産の内容を知らず、治産に関する社会的知識を欠き、思慮分別判断の能力が不良で、その精神能力は12、3才の児童に比せられる程度にすぎず、しかも、その控訴取下は姉A夫婦や訴訟代理人に相談せずなされたこと、そのためYは、控訴取下によって前記の如き重大な訴訟上並に事実上の結果を招来する事実を十分理解することができず、控訴取下の書面を以て、漠然相手方に対する紛争の詫状の程度に考え、本件控訴取下をなしたものであること、以上の如き事実が認められるから、Yのなした本件控訴取下は、ひっきょう意思無能力者のなした訴訟行為にあたり、その効力を生じないものと解すべきである。これに反して、控訴の提起自体は、単に1審判決に対する不服の申立たるに過ぎず、かつ敗訴判決による不利益を除去するための、自己に利益な行為である関係上、Yにおいても、その趣旨を容易に理解し得たものと認められるから、本件控訴の提起はこれを有効な行為と解するを妨げないのであり、従って原審が、Yの控訴取下を無効と判断するとともに、Yの控訴に基き、本案の審理判決をしたのは正当であって、論旨は理由がない。」

●**解説**●　1　民訴法は、訴訟能力については原則として民法の規律に従うものとする（28条）。そして、成年被後見人については、法定代理人によらなければ訴訟行為をすることができないとして（31条）、その訴訟能力を否定しているほか、行為能力の制限を受けた者についての訴訟能力については明文で規定を置いている（32条も参照）。これに対し、後見開始決定等を受けず、単に意思能力を欠く者の取扱いについては、本判決当時は解釈に委ねられていた。本判決は、そのような意思能力を欠く者の訴訟行為について、当該行為の内容に即して判断し、控訴取下げについては無効とする一方、控訴提起については有効と判断したものであり、意思能力を欠く当事者の訴訟能力について判例準則を形成した判決として意義があった。その後、民法改正により意思無能力者の法律行為を無効とする規定が導入され（民3条の2）、訴訟行為にも同旨が妥当することになったが、下記のように、訴訟行為ごとに意思能力を検討する趣旨は同改正後も妥当しよう。

2　本判決は、一方で、①Yが「医学上のいわゆる精神薄弱者」であり、思慮分別・判断能力が十分でなく、12〜13歳程度の精神能力しか認められないとYの精神状態を認定し、他方で、②本件訴訟行為（控訴取下げ）が第1審判決を確定させ、その結果Yの生活基盤を脅かす効果を有するのに、Yがその点を十分認識せず、相手方に対する詫状程度に考えて行ったものとして、その結果、Yの控訴取下げは意思無能力者のした訴訟行為として効力を生じないとしている。他方、控訴の提起については単に不服申立てにすぎず、敗訴判決による不利益除去のための自己に利益な行為であることから、容易にその趣旨を理解できたとして意思能力を認める。これは、Yの精神状態だけで意思能力の有無を決するのではなく、具体的な行為の効果とその認識可能性をも考慮して判断する立場を採用したものである。実体法上も、意思能力は一般に6〜10歳程度（小学校低学年程度）の判断力とされるものの、その判断はどのような取引を行うかによって異なり得ることも認められているので、本判決のような判断枠組みは実体法のそれとも整合的なものと評価できよう。本判決の事案では、Yの精神能力は12〜13歳程度とされているが、対象行為が控訴の取下げという訴訟手続における重要判断であることに鑑みれば、相当なものと言うことができよう。

3　以上のように解すると、個々の訴訟行為ごとに判断が異なり得ることになり、また当該当事者の理解の状況など相手方や裁判所には知り難い事情に応じて効果の有無に差異を生じることになる。相手方からみれば、本件がそうであるように、問題の当事者にとって有利な行為は認識が容易であるとして意思能力が認められやすく、不利な行為は意思能力が否定されやすくなり、不公平な感もある。しかし、前述の程度の当事者の精神能力は、期日や準備書面の内容から比較的容易に判断できるものと思われる。したがって、相手方の意思能力に疑問をもった当事者としては、相手方に対する後見開始決定を申立権者（民7条）に働きかけることが考えられるし、その実効性が乏しいとみられる場合は、遅滞のため損害を受けるおそれがある旨を疎明して特別代理人の選任を求めれば足りよう（民訴35条1項）。

●**参考文献**●　北村良一・判解昭29年度85、小田司・百5版38

33 特別代理人の選任

最2小判昭和33年7月25日（民集12巻12号1823頁・判時156号8頁）　　参照条文　民訴法28条

離婚訴訟において特別代理人を選任して訴訟を追行できるか。

●事実●　妻Yは治癒の見込みのない精神分裂病にかかっているが、Yに対する禁治産宣告（現行の後見開始決定）はされていない。夫XがYに対し、民法770条1項4号に基づき離婚の訴えを提起し、56条（現行28条）によりYのため特別代理人が選任されて訴訟が追行された。Yの実兄がYのため補助参加し、特別代理人による訴訟追行は違法であると主張したが、第1審は請求を認容し、原審も上記主張を斥け控訴を棄却した。Yから上告。

●判旨●　原判決破棄・第1審判決取消し・差戻し。
「およそ心神喪失の常況に在るものは、離婚に関する訴訟能力を有しない、また、離婚のごとき本人の自由なる意思にもとづくことを必須の要件とする一身に専属する身分行為は代理に親しまないものであって、法定代理人によって、離婚訴訟を遂行することは人事訴訟法のみとめないところである。同法4条〔現行14条〕は、夫婦の一方が禁治産者であるときは、後見監督人又は後見人が禁治産者のために離婚につき訴え又は訴えられることができることを規定しているけれども、これは後見監督人又は後見人が禁治産者の法定代理人として訴訟を遂行することを認めたものではなく、その職務上の地位にもとづき禁治産者のため当事者として訴訟を遂行することをみとめた規定と解すべきである。」
「翻って、民訴56条は、「法定代理人ナキ場合又ハ法定代理人カ代理権ヲ行フコト能ハサル場合ニ」未成年者又は禁治産者に対し訴訟行為をしようとする者のため、未成年者又は禁治産者の「特別代理人」を選任することをみとめた規定であるが、この「特別代理人」は、その訴訟かぎりの臨時の法定代理人たる性質を有するものであって、もともと代理に親しまない離婚訴訟のごとき訴訟については同条は、その適用を見ざる規定である。そしてこの理は心神喪失の常況に在って未だ禁治産の宣告を受けないものについても同様であって、かかる者の離婚訴訟について民訴56条を適用する余地はないのである。従って、心神喪失の状況に在って、未だ禁治産の宣告を受けないものに対し離婚訴訟を提起せんとする夫婦の一方は、先づ他方に対する禁治産の宣告を申請し、その宣告を得て人訴4条により禁治産者の後見監督人又は後見人を被告として訴を起すべきである。
離婚訴訟のごとき、人の一生に、生涯を通じて重大な影響を及ぼすべき身分訴訟においては、夫婦の一方のため訴訟の遂行をする者は、その訴訟の結果により夫婦の一方に及ぼすべき重大なる利害関係を十分に考慮して慎重に訴訟遂行の任務を行うべきであって、その訴訟遂行の途上において、或は反訴を提起し、又は財産の分与、子の監護に関する人訴15条〔現行32条〕の申立をする等の必要ある場合も

あるのであって、この点からいっても、民訴56条のごときその訴訟かぎりの代理人……をしてこれに当らしめることは適当でなく、夫婦の一方のため後見監督人又は後見人のごとき精神病者のための常置機関として、精神病者の病気療養その他、財産上一身上万般の監護をその任務とするものをして、その訴訟遂行の任に当らしめることを適当とすることは論を待たないところである。」

●解説●　1　本判決は、離婚訴訟においては28条の適用の余地はなく、特別代理人による訴訟追行は許されない旨を明らかにした判決として意義がある。本判決は、形式的理由と実質的な理由を挙げている。
2　まず形式的理由として、本判決は、離婚訴訟は代理に親しまない訴訟類型であるとし、それを示す規定として旧人訴法4条を挙げる。そして、特別代理人はその訴訟限りの法定代理人の性質を有するので、法定代理が認められない離婚訴訟では特別代理人も認められないとする。本判決が根拠とした旧人訴法4条は現行人訴法14条に相当するが、同法制定時には、本判決が前提とするように、同条が法定代理に関する規定ではなく訴訟担当を定めたものであるのかについて議論がされ、結局、従来通り解釈に委ねるものとされた（高橋=高田編・後掲48頁以下など参照）。その意味で、本判決は現行人訴法の下でも判例として生きていると解される（高橋=高田編・後掲50頁〔小野瀬厚〕は、立案担当者の理解として、判例準則は従来と変わらないとしながら、離婚訴訟が家裁に移管されたことから、本判決の考え方によっても家裁が職権で迅速に成年後見人を選任することが可能であり、問題はないとする）。確かに人訴法13条1項は成年被後見人にも訴訟能力を認めているが、その者が事理弁識能力を欠く状況にあるとすれば、相手方の利益保護の観点から、当事者適格は成年後見人に一元化し、成年被後見人の意思の訴訟手続への反映は実体法上の仕組み（民858条）によるか、共同訴訟的補助参加に委ねるのが相当であるとする政策判断にも合理性はあるように思われる。なお、人訴法14条は、旧法とは異なり、離婚・離縁訴訟等以外の全ての人事訴訟に同旨を拡大したが、本判決の考え方が人事訴訟一般に適用されると考えてよいかはなお疑問もあろう（高橋=高田編・後掲48頁〔高田〕は、現行法下でも、認知訴訟等では同条が法定代理を定めたものと解される余地を認められる）。
3　次いで、本判決は、実質的な理由として、人の一生に大きな影響を与える身分関係訴訟では、その訴訟限りの代理人に訴訟追行をさせるのは適当でなく、その者が事理弁識能力を欠く状況にあるとして常置機関として財産上・身分上全般の任務を負う成年後見人等に訴訟追行をさせるべきものとする。1つの考え方ではあるが、人事訴訟と通常民事訴訟の間にそれほど大きな相違があるかについてはなお疑問もあり得よう（三渕・後掲は、調査官解説としては異例なことに、本判決を強く批判する）。

●参考文献●　三渕乾太郎・判解昭33年度223、高橋宏志=高田裕成編『新しい人事訴訟法と家庭裁判所実務』48以下

34 会社の代表権と表見法理

最３小判昭和45年12月15日（民集24巻13号2072頁・判時617号85頁）　　　参照条文　民訴法37条　民法109条　会社法354条

> 会社の訴訟上の代表者を確定するに際して実体法の
> 表見法理を適用できるか。

●**事実**　本訴は、XがY社を被告として提起した売買代金請求の訴えである。Y社の登記簿には、Aが同社の代表取締役として記載されているが、Y社は、昭和42年８月臨時社員総会を開催し、従来の取締役は辞任し、新たにAほか１名が取締役に選任され、即日Aらより就任の承諾を得、また同日取締役の互選の結果、AがY社の代表取締役に選任され、Aの承諾を得たとされる。しかし、Aは、上記臨時社員総会に出席したこともなければ、Y社の取締役および代表取締役に就任する旨を承諾したこともなく、事後にその承諾を求められたが、Aはこれを拒絶した。原審は、以上の事実関係を前提に、AはY社の代表取締役ではなく、同社の代表者としての資格を有するものではないから、AをY社の代表者として提起された本件訴えは不適法であるとし、Xの請求を認容した第１審判決を取り消し、Xの訴えを却下した。Xより上告。

●**判旨**　原判決破棄、第１審判決取消し・差戻し。
「所論は、まず、民法109条、商法262条〔会社法354条〕の規定によりY社についてAにその代表権限を肯認すべきであるとする。しかし、民法109条および商法262条の規定は、いずれも取引の相手方を保護し、取引の安全を図るために設けられた規定であるから、取引行為と異なる訴訟手続において会社を代表する権限を有する者を定めるにあたっては適用されないものと解するを相当とする。この理は、同様に取引の相手方保護を図った規定である商法42条１項が、その本文において表見支配人のした取引行為について一定の効果を認めながらも、その但書において表見支配人のした訴訟上の行為について右本文の規定の適用を除外していることから考えても明らかである。したがって、本訴において、AにはY社の代表者としての資格はなく、同人を被告たるY社の代表者として提起された本件訴は不適法である旨の原審の判断は正当である。そうして、右のような場合、訴状は、民訴法58条〔現行37条〕、165条〔現行102条１項〕により、Y社の真正な代表者に宛てて送達されなければならないところ、……本件訴状は、Y社の代表者として表示されたAに宛てて送達されたものであることが認められ、Aに訴訟上Y社を代表すべき権限のないことは前記説示のとおりであるから、代表権のない者に宛てた送達をもってしては、適式な訴状送達の効果を生じないものというべきである。したがって、このような場合には、裁判所としては、民訴法229条２項〔現行138条２項〕、228条１項〔現行137条１項〕により、Xに対し訴状の補正を命じ、また、Y社に真正な代表者のない場合には、Xよりの申立に応じて特別代理人を選任するなどして、正当な権限を有する者に対しあらためて訴状の送達をすることを要するのであって、Xにおいて右のような補正手続をとらない場合にはじめて裁判所はXの訴を却下すべきものである。そして、右補正命令の手続は、事柄の性質上第１審裁判所においてこれをなすべきものと解すべきであるから、このような場合、原審としては、第１審判決を取り消し、第１審裁判所をしてXに対する前記補正命令をさせるべく、本件を第１審裁判所に差し戻すべきものと解するを相当とする。」

●**解説**　1　本判決は、会社の訴訟上の代表者につき実体法上の表見法理の適用を否定し、会社の登記簿上の代表者に対してされた送達を無効としたものである。裁判例・学説が対立する論点につき明確な判断を示したもので、大きな意義を有する。なお、本判決は否定説をとったが、実際上の措置として直ちに訴えを却下した原判決を破棄し、第１審に差し戻して補正の機会を与えた点は注目される。これによれば、第１審で代表者の誤りが判明したときは原告に訴状の補正を命じ、真正な代表者が存しない場合は特別代理人を選任した後、訴状の送達をやり直すべきことになるし、控訴審でその点が判明したときは、必要的に第１審に差し戻して同様の手続をとるべきである（このような場合の308条による差戻しは必要的なものと解されることにつき、宇野・後掲712頁参照）。

2　会社の代表者につき表見法理が適用されるかに関して、最高裁判所はまず商業登記の効力（商９条１項、旧商12条）につき訴訟上の代表権への適用を否定し（最２小判昭43・11・1民集22-12-2402）、同旨の私立学校法28条２項についても同様の判断をしている（最２小判昭和41・9・30民集20-7-1523）。本判決は更に、会社法354条の表見代表者および民法109条の表見代理についても適用がない旨を明示したもので、これにより表見法理について一般にその適用を否定する判例の方向が明確になったといえる。

3　本判決の挙げる理由は、①表見法理は取引の相手方を保護する規定であり、訴訟手続は取引行為とは異なる点、②同じく表見法理を定める表見支配人に関する旧商法42条１項は訴訟行為を明文で除外している点（現行商24条も対象を「裁判外の行為」に限る）である。これに対し、学説は現在でも適用肯定説が圧倒的多数である（竹下・後掲184頁以下は会社354条の類推は否定されるが、商９条１項の類推は肯定される）。その論拠は、①真の代表者による訴訟追行の要請も、登記を信頼した原告の保護の要請を考えると決定的ではないこと、②商法24条も登記に対する保護を否定するものではないことなどである。学説も、本件のような場合にその保護対象を、登記を信頼した原告としている。他方で、被告会社側の帰責事由も当然の前提としている。そのような観点からは、商法９条２項の類推適用を考えてみることもできるではなかろうか（宇野・後掲708頁は、本判決はその点の否定説を前提とするのではないかとされるが、なお論議の余地はあろう）。

●**参考文献**　宇野栄一郎・判解昭45年度703、鈴木忠一＝三ケ月章監修『実務民事訴訟講座Ⅰ』169以下〔竹下守夫〕

35 代表者の交替と通知

最3小判昭和43年4月16日（民集22巻4号929頁・判時519号49頁）　参照条文　民訴法58条、37条・36条

法人の代表者の代表権が消滅したがその通知がない場合、判決にはどう表示されるか。

●事実●　Xは、Y協同組合に対して、出資金の返還を請求して訴えを提起した。第1審においては、当初、Yの代表理事Aから委任を受けた訴訟代理人が訴訟に関与していたところ、訴訟係属中にAが退任し、Bが新たに代表理事に就任してその旨の登記を経て、口頭弁論終結後に上記代表理事交替の上申が裁判所宛にされたが、その頃までその事実がXに通知された形跡はない。しかし、第1審判決にはY代表者としてBの名が記載され、その送達を受けたXも控訴状にBをYの代表者として表示して控訴を提起し、第1審におけるYの訴訟代理人は、上訴に応訴する権限を与えられてはいなかったが、改めてBから訴訟委任を受けて原審口頭弁論期日に出頭し、弁論をしたところ、原判決にもY代表者としてBの名が表示されている。第1審判決・原判決ともにXの請求を斥けたので、Xより上告。

●判旨●　上告棄却。
「民訴法58条〔現行37条〕、57条〔現行36条〕は、法人の代表者の代表権が消滅した場合にも、相手方にその旨の通知がされなければその効果を生じない旨を規定するところ、その趣旨は、代表者の交替等があっても当然には訴訟手続が中断しないこととし、通知の有無による画一的処理をはかって、訴訟手続の安定と明確とを期することにあると解される。そして、同法85条〔現行58条1項〕により、訴訟代理人がある場合にはその代理権は法人の代表者の権限が消滅しても存続するのであるから、旧代表者から訴訟委任を受けていた訴訟代理人は、代表者の交替後は、その通知がなされる前でも、実質上、新たな代表者の委任に基づき訴訟を追行するものということができないものではなく、したがって、このような場合には判決にも新たな代表者を表示することが許されるものと解するのが相当である。……右の経緯に照らせば、第1審判決がBをY代表者として表示したことは違法とするに足りず、さらに、その送達によって代表理事交替の事実がXに通知され、かつ、原審においてBが訴訟手続を受継したものと解することができないわけではなく、また、Bを新代表者と認めてこれを相手に異議なく訴訟手続を進めたXにおいて、いまさらその代表権を否定し、訴訟手続の違法を主張してこれを覆滅することには、何らの利益もないものと認められるところである。」

●解説●　1　本件では、法人代表者の代表権が消滅したが、それが通知されていないため、代表権消滅の効力が生じていないことになる（37条による36条1項の準用）。そうすると、代表権消滅を前提に新代表者を表示した第1審判決は違法となるはずである。しかし、本判決は、訴訟代理人がいる場合はその代理権は代表権消滅によっては消滅せず（58条1項4号）、新代

表者の委任により訴訟追行ができることから、このような場合は判決にも新代表者を表示することが許されるとする。ただ、訴訟代理人の訴訟追行権の存在と判決における代表者の表示は直結するものではなく、判決理由は必ずしも説得的ではない。この点、調査官解説は、通知を求める趣旨が相手方保護を含むものではないことを指摘し、「右の程度のものであるとすれば」、判決にそのような表示をしたというだけの理由でこれを違法視することは法の趣旨に反するとする（野田・後掲348頁）。その意味で本判決は救済判決であり、本来は通知の手続をとるべきであろう。その場合の通知方法として、本判決は、第1審判決の「送達によって代表理事交替の事実がXに通知され」たとする。通知は相当と認める方法によることができ（民訴規4条1項）、確かに裁判所を通した通知も可能であろう。

2　光華寮事件判決（【27】）はこの点につき新たな判断を示す。すなわち、代表権消滅が公知の事実である場合には、37条で準用される36条1項所定の通知があったものと同視し、代表権の消滅は直ちに効力を生ずるとする。なぜなら、上記規定が、法定代理権の消滅につき、相手方に通知しなければ効力を生じないと定めているのは、訴訟手続の安定性と明確性を確保し、相手方の保護を図る趣旨と解されるところ、上記の場合には、代表権消滅が直ちに効力を生ずるとしても、手続の安定性・明確性は害されず、相手方保護に欠けるところはないと解されるからであるとする。ここでは、相手方保護をもその根拠とする点に差異があるが、公知の事実であれば不利益のおそれはないとされる。その意味で、前記調査官解説とは本条の理解を異にするが、本件判示との関係では差異がないものと考えてよい。また、相手方の悪意の場合の取扱いとの関係では、相手方保護の趣請は相違を生じさせるが、訴訟手続の安定・明確の要請からは、その場合もなお通知を要するとの帰結になろう。

3　なお、本件原審の取扱いの適法性との関係はなお問題となる。なぜなら、Yの訴訟代理人は上訴の代理権を有していなかったため、第1審判決の送達によって訴訟手続が中断していたことになるからである。本判決は、原審の手続の正当化の可能性として、①受継を認める余地、および、②Yが異議を述べず、いまさら代表権を否定して、訴訟手続を覆滅することに利益がないことを指摘する。①の法律構成としては、上訴によってXの受継申立てが同時にされたものとみなす余地があるとされる（野田・後掲349頁参照。他にも、控訴審におけるYの委任状提出を受継とみなす可能性も指摘する）。確かに、控訴状にBを代表者として表示していることから、黙示的に受継の申立てがされ、受継の手続がとられたと解しても差し支えないものと思われる。なお、②は、受継がされていないことを前提にした判断とみられるが、一種の信義則違反とすることもあり得よう。

●参考文献●　野田宏・判解昭43年度346、絹川泰毅・判解平19年度297

36 弁護士法25条1号違反と訴訟行為

最大判昭和38年10月30日（民集17巻9号1266頁・判時352号6頁）　　参照条文　民訴法54条　弁護士法25条

> 弁護士法25条に反して訴訟行為がされた場合に、その効力は認められるか。

●事実●　Xは、Yに対し、貸金返還請求訴訟を提起したが、Xの原審における訴訟代理人Aは、本訴提起前にYから本件訴訟事件につき依頼を受けてこれを承諾しておきながら、後にXから本件訴訟事件を受任し本訴を追行したとされる。原審はX勝訴の判決をしたが、Aの行為は弁護士法25条1号に反し、Aのした訴訟行為は全て無効であるとして、Yより上告。

●判旨●　上告棄却。

「弁護士法25条1号において、弁護士は相手方の協議を受けて賛助し、又はその依頼を承諾した事件については、その職務を行ってはならないと規定している所以のものは、弁護士がかかる事件につき弁護士としての職務を行うことは、さきに当該弁護士を信頼して協議又は依頼をした相手方の信頼を裏切ることになり、そして、このような行為は弁護士の品位を失墜せしめるものであるから、かかる事件については弁護士の職務を行うことを禁止したものと解せられる。従って、弁護士が右禁止規定に違反して職務を行ったときは、同法所定の懲戒に服すべきはもちろんであるが（同法56条参照）、かかる事件につき当該弁護士のした訴訟行為の効力については、同法又は訴訟法上直接の規定がないので、同条の立法目的に照して解釈により、これを決定しなければならない。思うに、前記法条は弁護士の品位の保持と当事者の保護とを目的とするものであることは前述のとおりであるから、弁護士の遵守すべき職務規定に違背した弁護士をして懲戒に服せしめることは、固より当然であるが、単にこれを懲戒の原因とするに止め、その訴訟行為の効力には何らの影響を及ぼさず、完全に有効なものとすることは、同条立法の目的の一である相手たる一方の当事者の保護に欠くるものと言わなければならない。従って、同条違反の訴訟行為については、相手方たる当事者は、これに異議を述べ、裁判所に対しその行為の排除を求めることができるものと解するのが相当である。
　しかし、他面相手方たる当事者において、これに同意し又はその違背を知り若しくは知り得べかりしにかかわらず、何ら異議を述べない場合には、最早かかる当事者を保護する必要はなく、却って当該訴訟行為を無効とすることは訴訟手続の安定と訴訟経済を著しく害することになるのみならず、当該弁護士を信頼して、これに訴訟行為を委任した他の一方の当事者をして不測の損害を蒙らしめる結果となる。従って、相手方たる当事者が弁護士に前記禁止規定違反のあることを知り又は知り得べかりしにかかわらず何ら異議を述べることなく訴訟手続を進行せしめ、第2審の口頭弁論を終結せしめたときは、当該訴訟行為は完全にその効力を生じ、弁護士法の禁止規定に違反することを理由として、その無効を主張す

ることは許されないものと解するのが相当である。」

●解説●　1　弁護士法25条1号は、相手方の協議を受けて賛助しまたはその依頼を承諾した事件につき、弁護士はその職務を行ってはならないとする。これに反したとき、当該弁護士は懲戒処分の対象となり得るが（弁護士58条）、それに加えてその訴訟上の行為の効力にも影響があるかが問題となる。この点につき大審院判例は無効説をとっており（大判昭9・12・22民集13-2231、大判昭和14・8・12民集18-903）、最高裁判所においてはそれを維持する方向の判断もあったが（最3小判昭和32・12・24民集11-14-2363）、相手方の異議がない限り、有効とするものも現れていた（最2小判昭和30・12・16民集9-14-2013）。本判決は、大法廷において、後者の方向で判例を統一したものである。
　2　本判決はまず弁護士法25条1号の保護法益は相手方保護および弁護士の品位にあるとし、それに反した場合の訴訟上の効力は同条の立法目的により決すべきとする。そして、そのような行為を有効とすることは、その目的の1つである相手方保護に反するとし、相手方は異議によりその行為の排除を求めることができるとする。ただ、その違反を知りまたは知り得た相手方が異議を述べなかったときは、その者は保護に値せず、訴訟経済および他方当事者の利益保護を考えれば、もはや無効を主張できないとする。以上のように、本判決はいわゆる異議説を採用したが、相手方保護という目的から有効説を否定するとともに、相手方が異議を述べないときは訴訟経済および他方当事者の保護の観点から絶対的無効説も否定する（なお、本判決の横田喜三郎裁判官の意見は有効説を支持し、石坂修一裁判官の反対意見は絶対的無効説を支持する）。他方、追認説もあるが、これはやや多義的で、追認権者を相手方とすれば（本判決の奥野健一裁判官の意見はこれに近い）、異議説と近接する。他方、それを他方当事者とすれば異なる考え方になるが、それでは本条の保護対象である相手方の利益が侵害され、相当ではない。以上のように考えれば、本判決は合理的な判断であり、近時の学説は一般に支持している。
　3　残された問題として、相手方の異議の期限という点がある。本判決では控訴審口頭弁論終結時まで異議がなかったので、その効力が認められたが、その前であっても遅滞なく述べる必要があろう（その意味で、責問権（90条）の一種として位置づけられる）。相手方は当然同条違反の事実を知り得る立場にあるからである。そして、異議が述べられた場合はその効力は遡及し、それまでの当該弁護士の行為も無効になると解される。また、他方当事者（依頼当事者）の異議も認められるかが問題となる。本判決では明確でないが、弁護士が相手方からの協議や依頼を秘匿していた場合、他方当事者の利益保護もやはり本条の保護法益に含まれると解され、その者も適時に異議を述べることができよう。更に、弁護士の品位も保護法益だとすれば、異議がない場合も職権による排除が可能と解される。

●参考文献●　宮田信夫・判解昭38年度271、手賀寛・百 5 版46

37 懲戒処分と訴訟行為

最大判昭和42年9月27日（民集21巻7号1955頁・判時494号16頁）　　参照条文　民訴法54条　弁護士法57条

> 業務停止の懲戒処分を受けた弁護士を代理人とする訴訟行為の効力は認められるか。

●事実●　XのYに対する貸金返還請求訴訟の原審の審理中にYの訴訟代理人Aが所属弁護士会において業務停止3月の懲戒処分を受けた。ところが、Aは当該業務停止期間中に原審の口頭弁論期日および証拠調べ期日に出席し、弁論および証拠調べに関する訴訟行為を行った。原審ではYが勝訴したが、Xより、訴訟代理人の資格のない者による無効な口頭弁論および証拠調べに基づき違法にされた判決であるとして、上告。

●判旨●　上告棄却。
「法57条2号〔弁護士57条1項2号〕に定める業務の停止は、一定期間、弁護士の業務に従事してはならない旨を命ずるものであって、この懲戒の告知を受けた弁護士は、……当該期間中、弁護士としての一切の職務を行なうことができないことになると解する。したがって、……禁止に違背してなされた職務上の行為もまた、違法であることを免れないというべきである。……もし裁判所が右のような懲戒の事実を知ったときは、裁判所は、当該弁護士に対し、訴訟手続への関与を禁止し、これを訴訟手続から排除しなければならない。しかし、裁判所が右の事実を知らず、訴訟代理人としての資格に欠けるところがないと誤認したために、右弁護士を訴訟手続から排除することなく、その違法な訴訟行為を看過した場合において、当該訴訟行為の効力が右の瑕疵によってどのような影響を受けるかは自ら別個の問題であって、当裁判所は、右の瑕疵は、当該訴訟行為を直ちに無効ならしめるものではないと解する。いうまでもなく、業務停止の懲戒を受けた弁護士が、その処分を無視し、訴訟代理人として、あえて法廷活動をするがごときは、弁護士倫理にもとり、弁護士会の秩序をみだるものではあるが、これについては、所属弁護士会または日弁連による自主・自律的な適切な処置がとられるべきであり、これを理由として、その訴訟行為の効力を否定し、これを無効とすべきではない。けだし、弁護士に対する業務停止という懲戒処分は、弁護士としての身分または資格そのものまで剥奪するものではなく、したがって、その訴訟行為を、直ちに非弁護士の訴訟行為たらしめるわけではないのみならず、このような場合には、訴訟関係者の利害についてはもちろん、さらに進んで、広く訴訟経済・裁判の安定という公共的な見地からの配慮を欠くことができないからである。もともと、弁護士の懲戒手続は公開されているわけではないし、その結果としての処分についても、広く一般に周知徹底が図られているわけでもないから、当該弁護士の依頼者すら、右の事実を知り得ないことが多く、裁判所もまた、右の事実を看過することがあり得るのである。それにもかかわらず、当該弁護士によってなされた訴訟行為が、業務停止中の弁護士によっ

てなされたという理由によって、のちになって、すべて無効であったとされるならば、当該事件の依頼者に対してはもちろん、時としては、その相手方に対してまで、不測の損害を及ぼすこととなり、ひいては、裁判のやり直しを余儀なくされ、無用の手続の繰返しとなり、裁判の安定を害し、訴訟経済に反する結果とならざるを得ない。要するに、弁護士業務を停止され、弁護士活動をすることを禁止されている者の訴訟行為であっても、その事実が公にされていないような事情のもとにおいては、一般の信頼を保護し、裁判の安定を図り、訴訟経済に資するという公共的見地から当該弁護士のした訴訟行為はこれを有効なものであると解すべきである。」

●解説●　1　本判決はまず、業務停止の懲戒処分の効力として、単に当該弁護士に業務をしてはならないとする不作為義務を課すだけではなく、弁護士としての業務を行うことができない効果を生じるものとする。その結果、業務停止に反してされた弁護士の行為は違法であり、裁判所は、訴訟代理人である弁護士が業務停止中であると認識したときは、当然にその者を訴訟手続から排除する必要があることになる。業務停止の以上の効果について異論はないとみられる。

2　問題は、業務停止処分を裁判所が認識せず、審理に関与させてしまった場合に、当該弁護士がした訴訟行為の効力である。この点について、論理的には、絶対無効説、無効・追認可能説、有効説があり得るが、本判決は有効説をとった。その理由として、弁護士資格の維持および懲戒処分の非公表、その結果として無効説による場合の裁判の不安定および訴訟不経済を挙げる。しかし、この帰結の説得力には疑問もあり得る。業務停止処分は、その理由にもよるが、当該弁護士の信頼性を損なうものである可能性があり、依頼者の利益が実質的に害されるおそれも十分ある。依頼者利益を考えると、訴訟行為を当然に有効とすることは躊躇われるとすれば、追認説も合理性があろう（奥野健一裁判官の意見は、59条・34条2項の類推適用に基づきそのような立場をとる）。ただ、業務停止処分に悪意の依頼者にまでそのような利益を認める必要はないとすれば、悪意の依頼者の場合には有効説、善意の依頼者については無効・追認説によるのが相当であろう。

3　本判決後の事情変動として、弁護士会の懲戒手続の透明性を求める社会的要請の下、懲戒処分が広く公表されるようになった点がある。現在、弁護士に対する懲戒処分は、全て官報公告される（弁護士64条の6第3項）とともに、日弁連の機関誌「自由と正義」で公表されている。また、被処分者の氏名等は最高裁判所に通知される（日弁連会則68条の3）。その結果、本件のような裁判所の処分の看過が生じることは考え難くなっている。ただ、仮に看過が生じたときは依頼者保護の要請から、やはり上記のような取扱いが相当なものと解される。

●参考文献●　奈良次郎・判解昭42年度399、福永有利・百2版68

38 訴訟代理人の権限

最２小判平成12年３月24日（民集54巻３号1126頁・判時1708号110頁）　　参照条文　民訴法55条

訴訟上の和解について訴訟代理人の権限はどのような範囲で認められるか。

●事実● Yは、所有する保養所の管理運営にYが当たり、A社が諸経費を負担して、本件保養所を厚生年金基金等に利用させる旨の契約を締結した。その後、Aは、ある厚生年金基金と本件保養所の本件利用契約を締結したが、間もなくYとAの間で紛争を生じ、Yは、Aに対し本件契約の更新を拒絶し、上記基金との間で直接本件保養所の利用契約（本件直接契約）を締結した。そのため、Aは上記基金から保養所利用契約の更新を拒絶された。Aは、本件契約上Aが負担すべき諸経費をYが水増し請求したとして、Yに対し、本件契約に基づく損害賠償請求訴訟を提起し、他方、Yは、Aに対し、本件契約に基づき上記諸経費の未払分の支払請求訴訟を提起した。Aは、B弁護士に両事件の訴訟代理を委任したが、その際、和解についてもB弁護士に委任した。上記両事件は併合され、A訴訟代理人のB弁護士およびY訴訟代理人が出頭し、①双方の請求額の存在を認めた上、これらが対当額において相殺され、消滅したことを確認すること、②双方はその余の権利を放棄し、双方の間に何らの権利義務がないことを確認すること（「放棄清算条項」）などを内容とする和解が成立したが、A代表者は、和解期日に出頭しなかった。その後、Aは、Yが本件直接契約をしたことが本件契約の債務不履行または不法行為に当たり、Yに対して損害賠償請求権を有するとして、これをXに譲渡した。Xが当該損害賠償請求権の支払を求めて本訴を提起したが、原審は、本件請求権と前訴請求権は別個の権利であり、AがB弁護士に本件請求権を放棄する旨の和解をする権限を付与したとは認められず、本件請求権を放棄する条項は無効として、請求を棄却した第１審判決を取り消した。Yより上告。

●判旨● 原判決破棄・控訴棄却。
「本件請求権と前訴における各請求権とは、いずれも、本件保養所の利用に関して同一当事者間に生じた一連の紛争に起因するものということができる。そうすると、B弁護士は、A社から、前訴事件について訴訟上の和解をすることについて委任されていたのであるから、本件請求権について和解をすることについて具体的に委任を受けていなかったとしても、前訴事件において本件請求権を含めて和解をする権限を有していたものと解するのが相当である。」

●解説● 1 訴訟代理人の権限は法定されているが、一定のものは当事者から特別の委任を受ける必要があるものとされている（55条２項）。その中で、和解の権限（同項２号）については、特別委任を受けた場合にどのような範囲で権限が認められるかにつき議論がある。けだし、訴訟上の和解は、訴訟物以外の様々な事項を対象とすることができ、委任の時点ではその範囲を予見することが困難であるからである。この問題を考えるについては、一方では予期しなかった和解条項により侵害される可能性のある本人の利益を、他方ではいったん成立した和解が後に覆されることによる相手方の利益や法的安定性を考える必要があり、いずれに重きを置くかによって見解が分かれることになる。

2 従来の判例として、大審院時代に一部請求訴訟において当該請求の残部についても訴訟代理人の和解権限を認めたものがある（大判昭和８・５・17新聞3561-10）。最高裁判所においては、貸金請求事件につき当該貸金債権を担保するため被告の不動産に抵当権を設定することも被告訴訟代理人の権限に含まれるとするものがある（最１小判昭和38・２・21民集17-1-182）。いずれも訴訟代理人の権限を比較的広く認めたものであり、本判決もそれらを受けた判断といえよう。学説上は様々な見解があるが、大きく３説に分類できよう（長沢・後掲330頁以下参照）。第１に、訴訟物限定説は、訴訟代理人の和解権限を当該訴訟の訴訟物またはこれと同一性を有するものに限定する見解であり、かつては有力な見解であったが現在は支持が少ない。第２に、無制限説は、訴訟代理人の和解権限には制限がないとする見解であり、一定の支持がある。第３に、中間説は、訴訟物外の和解権限を認めるが、それは無制限なものではなく、何らかの限界があるとする見解である。現在では多数説とみることができるが、その限界の設定の仕方には様々な考え方があり得、取引観念、利益衡量、紛争解決目的など論者によって多様な基準が提唱されている。

3 本判決は、本訴請求権と前訴請求権が「同一当事者間に生じた一連の紛争に起因するもの」である点から、訴訟代理人の和解権限を導いている。その意味で、学説上の訴訟物限定説を採用しないことは明らかである。他方、この「一連紛争性」といったものが訴訟代理人の和解権限を制約する要素として機能しているのかは必ずしも明らかではない。例えば、和解が前訴と全く関係のないような紛争に関する請求権を対象とするものであった場合にもなお和解権限が認められるのかは、ここからは明確でない。その意味で、判例は、無制限説をとるのか、何らかの基準による中間説をとるのかは、現段階では留保されているといえよう（その意味で、本判決は事例判例に止まる）。最終的な判例法理の帰趨は、前訴において清算条項等が付されているが、前訴と無関係の紛争である後訴が提起された場合に、それが前訴訴訟代理人の和解権限に含まれていたかが争われた事案において明らかになろう。ただ、このような事態は、実務的にはあまり想定できない場面のようにも思われる。

なお、本判決は、あくまでも弁護士が訴訟代理人になった場合のみを対象としている。したがって、弁護士以外の者が訴訟代理人となる場合、例えば、当事者が会社である場合の支配人や簡易裁判所における許可代理人などの場合の和解権限については、本判決と同旨が妥当するかは明らかでなく、それぞれの代理の趣旨に応じて検討すべきことになろう。

●参考文献● 長沢幸男・判解平12年度323、垣内秀介・争点68

最新重要判例 250　民事訴訟法

訴え

39 将来給付の請求適格①──大阪国際空港訴訟

最大判昭和56年12月16日（民集35巻10号1369頁・判時1025号39頁）　　参照条文　民訴法135条

> 将来の不法行為に基づく損害賠償に係る将来給付の訴えは認められるか。

●事実●　大阪国際空港周辺の住民であるXらは、空港の騒音公害を主張して、Y（国）に対して、夜間飛行の差止め並びに過去および将来の損害賠償の支払を請求したのが本件である（以下で取り上げるのは、このうち将来の損害賠償請求の部分のみである）。第1審は当該請求を棄却したが、原審は、Xら1人当たり、夜間離着陸禁止が実現されるまで1か月当たり1万1千円等の限度で請求を容認した。Yより上告。

●判旨●　原判決破棄・第1審判決取消し、訴え却下。
「民訴法226条〔現行135条〕はあらかじめ請求する必要があることを条件として将来の給付の訴えを許容しているが、同条は、およそ将来に生ずる可能性のある給付請求権のすべてについて前記の要件のもとに将来の給付の訴えを認めたものではなく、主として、いわゆる期限付請求権や条件付請求権のように、既に権利発生の基礎をなす事実上及び法律上の関係が存在し、ただ、これに基づく具体的な給付義務の成立が将来における一定の時期の到来や債権者において立証を必要としないか又は容易に立証しうる別の一定の事実の発生にかかっているにすぎず、将来具体的な給付義務が成立したときに改めて訴訟により右請求権成立のすべての要件の存在を立証することを必要としないと考えられるようなものについて、例外として将来の給付の訴えによる請求を可能ならしめたにすぎないものと解される。このような規定の趣旨に照らすと、継続的不法行為に基づき将来発生すべき損害賠償請求権についても、例えば不動産の不法占有者に対して明渡義務の履行完了までの賃料相当額の損害金の支払を訴求する場合のように、右請求権の基礎となるべき事実関係及び法律関係が既に存在し、その継続が予測されるとともに、右請求権の成否及びその内容につき債務者に有利な影響を生ずるような将来における事情の変動としては、債務者による占有の廃止、新たな占有権原の取得等のあらかじめ明確に予測しうる事由に限られ、しかもこれについては請求異議の訴えによりその発生を証明してのみ執行を阻止しうるという負担を債務者に課しても格別不当とはいえない点において前記の期限付債権等と同視しうるような場合には、これにつき将来の給付の訴えを許しても格別支障があるとはいえない。しかし、たとえ同一態様の行為が将来も継続されることが予測される場合であっても、それが現在と同様に不法行為を構成するか否か及び賠償すべき損害の範囲いかん等が流動性をもつ今後の複雑な事実関係の展開とそれらに対する法的評価に左右されるなど、損害賠償請求権の成否及びその額をあらかじめ一義的に明確に認定することができず、具体的に請求権が成立したとされる時点においてはじめてこれを認定することができるとともに、その場合における権利の成立要件の具備については当然に債権者においてこれを立証すべく、事情の変動を専ら債務者の立証すべき新たな権利成立阻却事由の発生としてとらえてその負担を債務者に課するのは不当であると考えられるようなものについては、前記の不動産の継続的不法占有の場合とはとうてい同一に論ずることはできず、……本来例外的にのみ認められる将来の給付の訴えにおける請求権としての適格を有するものとすることはできないと解するのが相当である。」

●解説●　1　本判決は、将来の不法行為に基づく損害賠償請求について、将来の給付の訴えが認められる場合を明らかにしたリーディング・ケースである。本判決はまず、将来給付の訴えは135条に規定する訴えの利益が認められれば常に許容されるものではなく、①既に権利発生の基礎をなす事実上・法律上の関係が存在すること、②具体的な給付義務の成立が一定の時期の到来や立証を要しないか容易に立証できる一定の事実の発生に係っているにすぎないことを満たす場合に、例外的に可能とされたものとする。そして、このような要件は、訴えの利益とは別の「請求権としての適格」という独立の適法要件と解した。このような将来給付の例外性の認識が次に述べる将来の不法行為に基づく損害賠償が認められる要件の前提となっているが、そのような制限的理解には学説上異論も多い。

2　以上のような基本的認識を前提に、将来の不法行為に基づく損害賠償について、本判決は不動産の不法占有のような場合と本件のような騒音被害の場合を区別し、前者は、①事実上・法律上の基礎が存在し、その継続が予測される、②将来の事情変動は明確に予測し得る事由に限られ、それを請求異議事由として証明負担を被告に課しても不当とはいえない一方、後者は、①同一の侵害態様が継続しても、損害賠償請求権の内容や額は予め一義的に認定できず、②事情の変動の立証の負担を債務者に課すことは不当であるとして、後者につき将来給付の訴えの請求適格を否定する。

3　本判決は、将来の侵害行為の違法性やXらの損害の程度は、Yの実施する諸方策の内容やXらにおける種々の生活事情の変動等の複雑多様な因子に左右され、これが受忍限度を超えるかも明確な基準により把握することは困難で、その成立要件はXらに立証責任を負わせるべきとする。ただ、本件の最大の問題は、既にY側がXらの権利を現時点で侵害しており、その継続が予想されるという点にあり、むしろY側で損害の発生の終了や受忍限度内になったことを立証させても酷ではないという評価もあり得る。逆に将来給付を認めないと、一定の期間ごとにXらは提訴を繰り返さなければならず、不当な帰結になるとも思われる。その意味で、最小限の被害発生が確実に継続すると認められる期間を控え目に見積もって請求適格を認める団藤重光裁判官の反対意見は説得力を有する。

●参考文献●　加茂紀久男・判解昭56年度787、長谷部由起子・[百]5版50

40 将来給付の請求適格② ──横田基地訴訟

最3小判平成19年5月29日（判時1978号7頁）　参照条文　民訴法135条

将来の不法行為に基づく判決日までの損害賠償に係る将来給付の訴えは認められるか。

●事実●　横田飛行場周辺に居住するXらは、Y（国）がアメリカ合衆国に対して同国軍隊の使用する施設として提供している横田飛行場において離着陸する米軍航空機の発する騒音等により精神的・身体的被害等を被っていると主張し、Yに対し、夜間の航空機の飛行差止め並びに現在および将来の損害賠償等を請求した（以下では、将来の損害賠償に関する判決部分のみを取り上げる）。原判決は、原審口頭弁論終結後も、原判決言渡日までの短期間については、原審口頭弁論終結時点にXらが受けていた騒音の程度にさほど変化が生じないと推認され、受忍限度や損害額の評価を変更すべき事情も生じないから、口頭弁論終結後の損害の賠償を求めて再び訴えを提起しなければならないことによるXらの負担に鑑み、原審口頭弁論終結時において認められる損害賠償請求権と同内容の損害賠償請求権を認めるべきと判断して一部認容した。Yより上告。

●**判旨**●　原判決破棄・訴え却下。

「継続的不法行為に基づき将来発生すべき損害賠償請求権については、たとえ同一態様の行為が将来も継続されることが予測される場合であっても、損害賠償請求権の成否及びその額をあらかじめ一義的に明確に認定することができず、具体的に請求権が成立したとされる時点において初めてこれを認定することができ、かつ、その場合における権利の成立要件の具備については債権者においてこれを立証すべく、事情の変動を専ら債務者の立証すべき新たな権利成立阻却事由の発生としてとらえてその負担を債務者に課するのは不当であると考えられるようなものは、将来の給付の訴えを提起することのできる請求権としての適格を有しないものと解するのが相当である。そして、飛行場等において離着陸する航空機の発する騒音等により周辺住民らが精神的又は身体的被害等を被っていることを理由とする損害賠償請求権のうち事実審の口頭弁論終結の日の翌日以降の分については、将来それが具体的に成立したとされる時点の事実関係に基づきその成立の有無及び内容を判断すべく、かつ、その成立要件の具備については請求者においてその立証の責任を負うべき性質のものであって、このような請求権が将来の給付の訴えを提起することのできる請求権としての適格を有しないものであることは、当裁判所の判例とするところである（【39】、最1小判平成5・2・25民集47-2-643、【47】）。

したがって、横田飛行場において離着陸する米軍の航空機の発する騒音等により精神的又は身体的被害等を被っていることを理由とするXらのYに対する損害賠償請求権のうち事実審の口頭弁論終結の日の翌日以降の分については、その性質上、将来の給付の訴えを提起することのできる請求権としての適

格を有しないものである……。」

●**解説**●　1　大阪国際空港訴訟（【39】参照）において大法廷が示した判例法理はその後の最高裁判決に受け継がれてきたが（前掲最判平成5・2・25〔厚木基地第1次訴訟〕、【47】等）、本件はそれに一石を投じたものであった。すなわち、本件原判決は一般論として判例法理を前提としながら、口頭弁論終結後判決言渡しまでの部分については損害賠償に係る将来給付の訴えを適法と解したものであり、本判決においては、法廷意見のほか、3名の裁判官が補足意見を、2名の裁判官が反対意見を書き、その内容も区々に分かれ、判例法理が必ずしも盤石なものではなく、その射程も安定したものでない旨を示した点で大変興味深い。

2　本判決でまず問題とされたのは、大法廷判決およびその後の最高裁判決の判例となる部分がどこかという点であった。多数意見は、大法廷判決の一般論を繰り返す判旨第1文に加え、空港騒音に係る事実審口頭弁論終結後の損害賠償請求権が将来の給付の訴えの請求適格を有しないという点も判例として理解する。これを敷衍して、上田豊三・堀籠幸男裁判官の補足意見は後者の部分こそがいわゆる結論命題であり、狭義の判例として先例的価値を有すると論じる。これに対し、那須弘平裁判官の反対意見は、大法廷判決の判例は前記一般論の部分に限定され、後者の当てはめは判例としての意義をもたず、原判決のように、損害賠償期間を短く設定すれば大法廷判決に抵触しないとする。また、藤田宙靖裁判官の補足意見は、大法廷判決が判決言渡しまでの期間をあえて排除したものではなく、原判決のような判断はやはり判例変更を要するところ、原判決の認定する程度の上積みのためあえて判例変更の手続をとる合理性に疑問を呈する。以上は、判例の意義を理解する上で極めて興味深い議論といえる。結論命題こそが判例価値を有することに異論はないが、問題はその結論命題の範囲ないし具体性である。大法廷判決の射程を個別具体性の高いものとする那須意見の指摘には正当な部分があるが、その判例としての「重要な事実（material facts）」は、本判決の引用する点にあることは否定し難く、期間の限定の当否を既に論じていた【39】の団藤反対意見の存在も考慮すれば、原判決のような判断はやはり判例に抵触すると解さざるを得ない。

3　原判決のような取扱いは、多数学説が賛同する期間限定により将来給付の適法性を導く方向性を、判例法理との抵触を可及的に回避しながら模索するものとして一定の評価に値する。ただ、再訴負担の軽減という将来給付の訴えの意義をも同時に減殺してしまう解決法でもあり、中途半端な感は否めない。いずれにせよ判例変更が必要とすれば、田原睦夫裁判官の反対意見が説得的に示すように、適切な事案におけるこの問題の本格的な再検討が期待されよう。

●**参考文献**●　山本和彦・判時1999-164

41 将来給付の請求適格③──不当利得

最2小判平成24年12月21日（判時2175号20頁・判タ1386号179頁）　　　参照条文　民訴法135条

> 共有物の収益に係る不当利得返還請求について将来
> 給付の訴えは認められるか。

●**事実**●　土地の共有者であるYが当該土地を50台程度の駐車場として第三者に対して賃貸して収益を得ていた。そこで、他の共有者であるXら（Yの親族）が、Yに対し、Xらの持分割合に相当する部分の不当利得返還請求をしたのが本件である（土地の所有権の帰属等も争いになっているが、以下では本件で取り上げる将来給付の部分に限定して論じる）。第1審はXらの請求を棄却したが、原審は、原審の口頭弁論終結日の翌日以降に生ずべき不当利得についてもその返還請求を認容した。Yより上告。

●**判旨**●　原判決破棄・第1審判決取消し・訴え却下。
「共有者の1人が共有物を第三者に賃貸して得る収益につき、その持分割合を超える部分の不当利得返還を求める他の共有者の請求のうち、事実審の口頭弁論終結の日の翌日以降の分は、その性質上、将来の給付の訴えを提起することのできる請求としての適格を有しないものである（最1小判昭和63・3・31判時1277-122参照）。そうすると、原審の判断中、本件将来請求認容部分には判決に影響を及ぼすことが明らかな法令の違反があり、この点をいう論旨は理由がある。」

●**解説**●　1　本件は、共有物の収益を共有者の1人が独占して得ている場合において、他の共有者が自己の持分割合に相当する収益を不当利得として返還請求するときに、口頭弁論終結後の将来の収益分についても訴えを提起することができるかという問題について、「その性質上、将来の給付の訴えを提起することのできる請求としての適格を有しない」としたものである。空港騒音被害に係る将来の不法行為に基づく損害賠償請求について原則として将来給付の請求適格を否定するのが判例法理であるところ（【39】【40】参照）、同様の趣旨がこのような場合の将来の不当利得返還請求にも妥当することを明らかにしたものである。
　2　本判決も引用するように、本判決と同旨の判断は既に、前掲最判昭和63・3・31（以下「昭和63年判決」という）においてもされている。この判決の事案も、本件同様、共有物である駐車場に係る賃料収益の不当利得返還が問題とされたものであるが、上記判決は、大阪国際空港訴訟判決（【39】）の基本的判示を引用し、「将来も継続的に同様の収益が得られるであろうことが一応予測し得るところであるから、右請求については、その基礎となるべき事実上及び法律上の関係が既に存在し、その継続が予測されるものと一応いうことができる」としながら、賃料支払の懈怠等の事情を考えると、「請求権の発生・消滅及びその内容につき債務者に有利な将来における事情の変動が予め明確に予測し得る事由に限られるものということはできず、しかも将来賃料収入が得られなかった場合にその都度請求異議の訴えによって強制執行を阻止しなければな

らないという負担を債務者に課することは、いささか債務者に酷であり、相当ではない」として、将来給付の対象適格を否定したものである。本判決は上記判決をそのまま引用して、同旨の結論を導く。そこで、本判決を検討するに際しては、①空港騒音被害に係る判例法理の当否、②当該判例法理を本件のような不当利得返還請求に適用することの当否、③昭和63年判決の射程が問題となる。このうち、①は既に他の項目（【39】【40】）において詳論したので、以下では、まず②について検討した後、③を本判決における千葉補足意見を参照しながら考えてみる。
　将来の不当利得返還請求に係る将来給付の請求適格について、昭和63年判決および本判決は、大阪国際空港訴訟判決の示す一般論のうち、将来発生すべき債権の基礎となる事実関係・法律関係の既存性および継続性は肯定したものの、債務者に有利な将来の事情変動の明確性・予測可能性および請求異議の負担を債務者に課すことの相当性を否定し、対象適格を否定したものである。ただ、将来の不法行為の場合も同様であるが、被告は既に既払分について不当な利得を得ていることを考えれば、将来分の支払を予め認めることが当事者間の衡平を害するとの判断については疑問もあり得よう。空港騒音の場合などと比較しても、請求異議の事由は所定の収益を得られなかったという比較的明確なものであり、債務者に請求異議の提起責任を課すことも十分考えられたように思われる。
　3　昭和63年判決の射程につき、千葉勝美補足意見（須藤正彦裁判官も同調）は、裁判集の判示事項としては法理に近い表現が用いられているが、事例判断であることに争いはないとし、その射程として、①持分割合を超える賃料部分の不当利得返還一般につき述べたものとする理解と、②当該賃料が駐車場の賃料であるという賃料の内容・性質を踏まえた事例判断であるとする理解の2つの理解があるとし、居住用家屋の賃料や建物敷地の地代など将来にわたり発生の蓋然性が高いものについては将来の給付請求を認めるべきであることを考えれば、①の理解は射程が広すぎるとし、賃料の内容・性質等の具体的事情を踏まえた判断を行うことを許す②の理解を相当とする。ただ、本件は、50台程度の駐車場のスペースが常時全部埋まる可能性は低く、短期間で終了したり、期間途中で解約されたりするなど様々な事情変更が想定される事案であり、将来の賃料収入が維持される蓋然性は高くないとして、多数意見の結論を支持する。以上のような千葉補足意見は、本件とは異なり、将来、居住用家屋の賃料や建物の敷地地代など、より安定的な収益を不当利得の対象とする事案が出て来れば、将来の給付適格を認める余地を残すものと解される。上記のような理解からすれば、本判決の判旨の射程はできるだけ限定的に理解することが相当であり、少なくとも収益が安定的な場合については射程が及ばない旨を示唆する補足意見の方向を踏まえた今後の判例形成が期待されよう。

●**参考文献**●　日渡紀夫・平25年度重判130、今津綾子・民商
148-2-202

42 将来給付の訴えの利益

最3小判昭和57年9月28日（民集36巻8号1652頁・判時1055号3頁）　　参照条文　民訴法135条

将来給付の訴えについて予めその請求をする必要が認められるのはどのような場合か。

●**事実**●　Aが交通事故で死亡したため、Aの親であるXは、加害車の保有者であるY₁に対し損害賠償を求めるとともに、Y₁との間で保険契約を締結していたY₂に対し債権者代位権の行使として保険金の支払を求めた。当該保険契約約款には、被保険者の保険者に対する保険金請求権は、損害賠償額につき被保険者（加害者）と損害賠償請求権者（被害者）との間で判決が確定したときまたは裁判上の和解・調停や書面による合意が成立したときに発生し、これを行使することができると規定されていた。原審は、本件においては上記のいずれの条件も満たされていないので、具体的な保険金請求権は未だ発生していないが、予めその請求をする必要があるとして、XのY₂に対する請求につき、XのY₁に対する判決が確定したときに支払を命じる限度で、請求を認容した。Y₂より上告。

●**判旨**●　上告棄却。

「右保険約款に基づく被保険者の保険金請求権は、保険事故の発生と同時に被保険者と損害賠償請求権者との間の損害賠償額の確定を停止条件とする債権として発生し、被保険者が負担する損害賠償額が確定したときに右条件が成就して右保険金請求権の内容が確定し、同時にこれを行使することができることになるものと解するのが相当である。そして、本件におけるごとく、損害賠償請求権者が、同一訴訟手続で、被保険者に対する損害賠償請求と保険会社に対する被保険者の保険金請求権の代位行使による請求……とを併せて訴求し、同一の裁判所において併合審判されている場合には、被保険者が負担する損害賠償額が確定するというまさにそのことによって右停止条件が成就することになるのであるから、裁判所は、損害賠償請求権者の被保険者に対する損害賠償請求を認容するとともに、認容する右損害賠償額に基づき損害賠償請求権者の保険会社に対する保険金請求は、予めその請求をする必要のある場合として、これを認容することができるものと解するのが相当である。」

●**解説**●　1　本判決は、将来給付の訴えの利益が問題になった事案である。将来給付の訴えについては、判例上、空港騒音訴訟などその請求適格が問題になる例が多い一方で、固有の意味での訴えの利益が争われる例はさほど多くない。本件は、停止条件付の給付請求権について、当該停止条件が併合されている請求に係る認容判決の確定により成就するという、やや特殊な事案に関して訴えの利益を肯定したものである。本判決は、将来給付の訴えの利益の判断の前提として、本件請求権の実体的性質につき、Xの保険金請求権は保険事故の発生と同時に停止条件付権利として発生し、被保険者が負担する損害賠償額が確定したときに当該

停止条件が成就するものと解する。これは、上記保険契約約款の解釈として、被保険者の責任額が確定するまでは被保険者の権利は条件付のものとしてすら発生しない（したがって債権者代位権の目的にもならない）との解釈を否定し、保険金請求権は保険事故時に条件付のものとして成立しているため債権者代位の被代位権利となり得る旨を明らかにしたものである（実体法上の意義については、塩崎・後掲764頁以下参照）。

2　以上のような実体法上の理解を前提にすれば、XのY₂に対する請求は本件訴訟の口頭弁論終結時には必然的に停止条件付請求権であることになるため、将来給付の訴えになる。そして、将来給付の訴えは、「あらかじめその請求をする必要がある場合に限り」、適法となる。そこで、本件のような訴えにつき将来給付の訴えの利益が認められるかが問題となる。一般に、将来給付の訴えの利益は、債務者が履行期に履行しないおそれがあるなど履行期到来や条件成就の前に提訴を許さないと、債権者の権利保護が図られない場合に認められる。本件のような場合、保険会社は、債権者（保険事故の被害者）の被保険者（加害者）に対する請求権が確定すれば、任意に支払をする運用が一般的であるとされる。ただ、本判決は、被保険者に対する請求が併合提起されている場合には、同一手続内で停止条件の成就が確実となるとの事情を重視して訴えの利益を認める。そこには、このような訴訟では被保険者との関係でも実質的には和解等の交渉相手は保険会社となる点に鑑み、保険会社を直接被告とすることを認めるのが相当であるとの実質的判断があるようにみえる（塩崎・後掲773頁は、訴えの利益につき「代位訴訟を肯定する理論を採る以上は、この点はさして問題とすべき事柄ではなく、比較的緩かに解してよい」とする）。その意味で、このような判断は、本件のような特殊な利害状況を前提にした例外的判断ということができ、本判決の射程はあくまでも併合審判の場合に止まり、保険金請求代位訴訟が単独提起された場合は射程外と理解されよう。この場合は、賠償額が口頭弁論終結までに必ず確定できるとは限らず、その場合は具体的な保険金請求権は発生せず、再訴のおそれがあることを考えると、訴えの利益を認める必要はないということになろう。

3　本件では、原判決は、現在給付の訴えに対して将来給付の認容判決をしている。この点は、処分権主義（246条）の解釈として議論のあり得るところである。近時は肯定説が多数であるし、判例上もそのような将来給付判決を認めたと思われる例もあるが（最2小判昭和40・7・23民集19-5-1292（無条件の土地引渡請求に対する条件付引渡判決）、最3小判平成9・2・25民集51-2-448など）、請求棄却判決でも確定直後に条件成就等を主張して再訴できるとすれば、条件付判決が常に原告にとって有利とは言い切れず、一部認容判決が当然認められるか、議論の余地はあるように思われる。本件は、原告の黙示の請求がある場合のようであり（塩崎・後掲774頁）、この点はなお将来の課題と思われる。

●**参考文献**●　塩崎勤・判解昭57年度757、上原敏夫・判時1079-189

43 確定判決後の追加請求

最1小判昭和61年7月17日（民集40巻5号941頁・金法1157号30頁）　　参照条文　民訴法118条

損害金額の将来給付判決が不相当になった場合に追加請求をすることはできるか。

●**事実●**　Xは、Yに対し、本件土地の使用収益権に基づき本件建物収去土地明渡しおよび本件土地の不法占拠による賃料相当損害金の支払を求めたところ、本件土地の明渡済まで月額4万円余の支払を命ずる判決が確定した。しかるに、Yはその後も本件土地の占有を続け、本件建物を第三者に賃貸していた。前訴口頭弁論終結後、消費者物価の上昇、土地価格の著しい昂騰、固定資産税の増大等があり、昭和54年から55年にかけて本件土地周辺一帯が整備され、本件土地付近の駐車場利用客が増加している等の事情もあり、本件土地の昭和55年4月1日当時における相当賃料額は月額13万円余に達した。そこで、Xは、Yに対し、再訴を提起し、昭和55年4月1日から本件土地の明渡済に至るまで、前訴確定判決後に生じた経済的事情の変更によりその認容額が著しく不相当となり、当事者間の衡平を甚だしく害する事情があるとして、相当賃料額と前訴認容額との差額の支払として、月額8万円余の支払を求めた。第1審は請求を棄却したが、原審は請求を認容したので、Yより上告。

●**判旨●**　原判決破棄・控訴棄却。

「従前の土地の所有者が仮換地の不法占拠者に対し、将来の給付の訴えにより、仮換地の明渡に至るまでの間、その使用収益を妨げられることによって生ずべき損害につき毎月一定の割合による損害金の支払を求め、その全部又は一部を認容する判決が確定した場合において、事実審口頭弁論の終結後に公租公課の増大、土地の価格の昂騰により、又は比隣の土地の地代に比較して、右判決の認容額が不相当となったときは、所有者は不法占拠者に対し、新たに訴えを提起して、前訴認容額と適正賃料額との差額に相当する損害金の支払を求めることができるものと解するのが相当である。けだし、土地明渡に至るまで継続的に発生すべき一定の割合による将来の賃料相当損害金についての所有者の請求は、当事者間の合理的な意思並びに借地法12条の趣旨とするところに徴すると、土地明渡が近い将来に履行されるであろうことを予定して、それに至るまでの右の割合による損害金の支払を求めるとともに、将来、不法占拠者の妨害等により明渡が長期にわたって実現されず、事実審口頭弁論終結後の前記のような諸事情により認容額が適正賃料額に比較して不相当となるに至った場合に生ずべきその差額に相当する損害金については、主張、立証することが不可能であり、これを請求から除外する趣旨のものであることが明らかであるとみるべきであり、これに対する判決もまたそのような趣旨のもとに右請求について判断をしたものというべきであって、その後前記のような事情によりその認容額が不相当となるに至った場合には、その請求は一部請求であったことに帰し、

右判決の既判力は、右の差額に相当する損害金の請求には及ばず、所有者が不法占拠者に対し新たに訴えを提起してその支払を求めることを妨げるものではないと考えられるからである。しかしながら、本件の場合、……その間の時間的経過に照らし未だ前訴認容額が不相当となったものとすることはできないから、前訴事実審口頭弁論終結後に前訴認容額が不相当となったことを理由とするXの請求は失当として棄却すべきものである。」

●**解説●**　1　本判決は、将来の不法行為（土地の不法占有）に基づく損害賠償請求が将来給付判決として認容された場合において、その後事情が変動して損害額が増加したときに、前訴原告は増加損害分について追加請求の後訴を提起できるかという問題につき、事実審口頭弁論終結後の事情変動により認容額が不相当となったときは、前訴が一部請求であったことに帰し、追加請求が認められる場合がある旨を明らかにした。将来給付判決の既判力について限定的に理解されるべき場合がある旨を示した点で、意義が大きい。

2　将来給付の判決はその金額についても既判力を有することが原則である。ただ、土地の明渡執行ができきず、その間に事情が変動して損害額が増大するおそれは常にあり、このような場合に追加請求を認めないことは、本来は被告が明渡義務を負っており、それが履行されていない以上、公平を欠く。また、仮に将来の増額が予想されても、前訴でそれが認容されることは、訴訟技術上、考え難いとすれば、やはり遮断は衡平に反する。したがって、事情変更による増額分の追加請求は認められるべきであろう（ただ、逆に相当額が下がった場合には公平上の問題は生じず、請求異議を認める必要は必ずしもないと解される）。

3　問題は追加請求の根拠である。将来給付判決の既判力を制限的に解する見解は、1回的給付の場合や現在給付にも波及の可能性があり、既判力を不安定にするおそれは否定できない。本判決はそのような見解を採らず、将来の賃料相当損害金の特殊性を根拠にする。すなわち、近い将来の明渡しが前提とされており、事情変更後の部分は当初請求に含まれていないという一部請求論である。これは黙示の一部請求であるが、前訴で相手方も上記のような限定は十分想定できるので、不意打ちにはならない（同様の例として、損害賠償判決確定後の予期しない後遺症に基づく追加損害請求を一部請求後の残額請求として許容する**【81】**参照）。ただ、これが真に一部請求の問題といえるか、疑義も否めず（本判決も「一部請求であったことに帰し」として一種の結果論との口吻を示す）、学説上はなお正面から既判力の範囲の問題として考えるべきとの議論が続く。本判決後、現行法において117条が新たに規定されたが、「口頭弁論終結前に生じた損害」のみを対象とし、本件のような場合は対象外であり、また同条は提訴後の定期金に限るが、本判決ではそのような限定はないなどの相違が残る。

●**参考文献●**　平田浩・判解昭61年度320、三上威彦・百 5版176

44　筆界確定訴訟と取得時効

最1小判昭和43年2月22日（民集22巻2号270頁・判時514号47頁）　　参照条文　不動産登記法147条、148条

筆界確定訴訟の対象は所有権の範囲の境界であるのか。

●**事実**●　甲地の所有者であるXが隣接地である乙地の所有者であるYに対し、甲乙両地間の境界の確定を求めて訴えを提起した。原審において、Yは、Xの主張する境界線の外側の土地の一部について時効取得しているので、現在の境界線はXの主張線よりも外側の線になると主張した。控訴審は、X主張の境界線を認め、時効取得の主張は境界の確定には関わりのない問題であるとして、Yの控訴を棄却した。Yより上告。

●**判旨**●　上告棄却。
「境界確定の訴は、隣接する土地の境界が事実上不明なため争いがある場合に、裁判によって新たにその境界を確定することを求める訴であって、土地所有権の範囲の確認を目的とするものではない。したがって、Y主張の取得時効の抗弁の当否は、境界確定には無関係であるといわなければならない。けだし、かりにYが甲地の一部を時効によって取得したとしても、これにより甲地と乙地の境界が移動するわけのものではないからである。Yが、時効取得に基づき、右の境界を越えて甲地の一部につき所有権を主張しようとするならば、別に当該の土地につき所有権の確認を求めるべきである。それゆえ、取得時効の成否の問題は所有権の帰属に関する問題で、相隣接する土地の境界の確定とはかかわりのない問題であるとした原審の判断は、正当である。」

●**解説**●　1　本判決は、筆界確定訴訟において取得時効により隣接地の一部について所有権を取得した旨の主張の取扱いについて論じる。この点は筆界確定訴訟の性質の理解の問題と密接に関係する。なお、判例等においてこの訴えは従来「境界確定訴訟」と呼ばれてきたが、平成17年の不動産登記法改正において新たに筆界確定訴訟（「筆界の確定を求める訴え」）という概念が創設され（不登147条・148条）、これが従来議論されてきた境界確定訴訟と同義のものであることは明らかであるので、本書では統一的呼称として「筆界確定訴訟」と呼ぶ。本判決は、筆界確定訴訟の性質につき、「隣接する土地の境界が事実上不明なため争いがある場合に、裁判によって新たにその境界を確定することを求める訴」とする。ここで観念されている「土地の境界」とは、隣接地の公簿上の境界、つまり筆界を指しているものとみられる。この境界は、所有権の範囲とは無関係なものとされているからである。その意味で、まさにこれは不動産登記法で定義されている「筆界」、すなわち隣接地においてそれが登記された時にその境を構成するものとされた2以上の点およびこれらを結ぶ直線を指すものと解される（不登123条1号参照）。そもそも何を訴訟の対象とするかは処分権主義の問題であり、原告の意思によって定まる。本判決は、境界確定訴訟と名付けて訴えを提起した場合、

それは通常筆界確定訴訟を意味するという当事者の意思解釈に係る理解を述べたものと解されよう。換言すれば、仮に境界確定訴訟と名付けていても、当事者の意思が明確に所有権の境界の確定を求めているのであれば、所有権の範囲の確認訴訟となることは当然であろう（このような理解につき、山本・後掲63頁参照）。本件は時効取得した土地部分の所有権確認を求める可能性を認めているが、争訟対象が所有権の帰属ではなくその範囲であるとすれば、その範囲の確定を求める訴えも確認の利益が認められよう。

2　本件訴訟の対象を以上のように理解する限り、判旨の指摘する通り、時効取得の抗弁が無関係であることは明らかである。所有権の移転により筆界が変動するわけではないからである。ただ、判例・学説上、以上のような訴訟の対象の理解はそれに止まらず、本件訴訟類型を形式的形成訴訟とする考え方と密接に関連してきた。すなわち、所有権を訴訟対象として捉えた場合、確認訴訟として理解されるところ、これをいわゆる形式的形成訴訟として解することにより、所有権とは別の筆界を訴訟対象として理解し得ると考えられてきたように思われ、本判決も形式的形成訴訟説を採用したものと説明される（鈴木・後掲284頁参照。しかし、判示事項自体がその点を明示するわけではない）。筆界は公簿上の境界であり、本来の性質上は公簿の管理に責任を有する行政庁（登記官）の責任において確定すべきものと思われる。その意味で、これを行政処分として構成し、争いのある当事者が抗告訴訟等でそれを争うという制度構成もあり得る。しかし、現行制度は、筆界の最終的確定の責任を裁判所に負わせる（登記官は筆界特定という事務を行うに止まり、その特定の結果は裁判所による確定訴訟の結果と抵触する限りにおいて失効する。不登148条参照）。その意味で、この訴えは公法上の法律関係を関係当事者間で争わせる実質的当事者訴訟（行訴4条）の一種と解される（山本・後掲63頁）。職権証拠調べ（行訴24条）や行政庁（登記所）に対する拘束力（行訴33条）などはそのような訴訟の性質で説明されるし、処分権主義の排除や判決効の拡張は対象の公法性によって説明されよう。

3　以上のように、取得時効の主張は筆界確定訴訟の抗弁としては意味がないが、筆界確定訴訟が取得時効と全く無関係かというとそうでもない。第1に、当事者適格との関係で、筆界確定訴訟の当事者適格は隣接地所有者にあるとされているところ、仮に一方の土地所有者が隣接地を全部時効取得した場合は当事者適格を失うと解される（これについては、【45】解説参照）。そうすると、筆界確定訴訟の被告が隣接地の全部時効取得を主張するときは、本案の関係では無意味な主張であるが、原告適格を否定する主張として考慮される。第2に、筆界確定訴訟の提起が時効の完成猶予事由となる点である。この提訴は自らが当該土地の所有者である旨の主張を含むので、取得時効の完成猶予の事由となり得る。

●**参考文献**●　鈴木重信・判解昭43年度74、山本・基本問題57

45 筆界確定訴訟の当事者適格

最3小判平成7年3月7日（民集49巻3号919頁・判時1540号32頁）　参照条文　なし

> 筆界の全部に接続する隣地部分が時効取得された場合の筆界確定訴訟の当事者は誰か。

●**事実**●　Xらは、Yに対し、相隣接するXら共有の甲地とY所有の乙地との境界の確定を求めた。原判決により筆界とされた直線について、Yは、甲地のうち、当該直線の全体に隣接する範囲の土地を時効取得した結果、甲乙両地の境界はYの所有地の内部にあることになり、境界線の両側の土地所有者が同一になっていた。そこで、Yから、Xらの本件訴えは原告適格を欠き不適法であるとして、上告。

●**判旨**●　上告棄却。
　「境界確定を求める訴えは、公簿上特定の地番により表示される甲乙両地が相隣接する場合において、その境界が事実上不明なため争いがあるときに、裁判によって新たにその境界を定めることを求める訴えであって、裁判所が境界を定めるに当たっては、当事者の主張に拘束されず、控訴された場合も民訴法385条〔現行304条〕の不利益変更禁止の原則の適用もない……。右訴えは、もとより土地所有権確認の訴えとその性質を異にするが、その当事者適格を定めるに当たっては、何ぴとをしてその名において訴訟を追行させ、また何ぴとに対し本案の判決をすることが必要かつ有意義であるかの観点から決すべきであるから、相隣接する土地の各所有者が、境界を確定するについて最も密接な利害を有する者として、その当事者となるのである。したがって、右の訴えにおいて、甲地のうち境界の全部に接続する部分を乙地の所有者が時効取得した場合においても、甲乙両地の各所有者は、境界に争いがある隣接土地の所有者同士という関係にあることに変わりはなく、境界確定の訴えの当事者適格を失わない。なお、隣接地の所有者が他方の土地の一部を時効取得した場合も、これを第三者に対抗するためには登記を具備することが必要であるところ、右取得に係る土地の範囲は、両土地の境界が明確にされることによって定まる関係にあるから、登記の前提として時効取得に係る土地部分を分筆するためにも両土地の境界の確定が必要となるのである（最3小判昭和58・10・18民集37-8-1121参照）。」

●**解説**●　1　本判決は、筆界確定訴訟の当事者適格は隣接地の所有者にあることを前提に、筆界の全部に隣接する土地の時効取得があっても当事者適格に影響しない旨を明らかにした。既に筆界の一部に隣接する土地の時効取得があっても当事者適格に影響しないとした前掲最判昭58・10・18の判断を、隣接部分全部の時効取得の場合にも拡大したのである。当事者適格の一般論については、いわゆる管理処分権説と訴訟政策説があるとされ（これについては、【211】解説参照）、従来の判例はこの両者の側面を考慮して当事者適格を定めてきたと解される。ところが、本判決は「当事者適格を定めるに当たっては、何ぴとをしてその名において訴訟を追行させ、また何ぴとに対し本案の判決をすることが必要かつ有意義であるかの観点から決すべき」とし、訴訟政策説的見解を説く。これは、本件判旨が冒頭で確認するように、筆界確定訴訟は処分権主義や不利益変更禁止原則の適用されない形式的形成訴訟であることから（【44】参照）、そもそも訴訟物に関する管理処分権が観念できない特殊な訴訟類型（実質的非訟事件）であることに鑑み、訴訟政策的観点が中心に出てきたものと解されよう。

　2　以上を前提に、本判決はまず基本的に筆界確定訴訟の当事者適格は隣接地所有者にあることを原則とする。これらの者が両地の筆界に最も密接な利害関係を有することを理由とし、異論は少ないであろう。その結果、所有者でない単なる登記名義人は当事者適格を有しないし、抵当権者・賃借権者等も同様である（地上権者の当事者適格を否定するのは、最1小判昭和57・7・15集民136-597）。更に、公簿上隣接するが、甲地のうち乙地に接続する部分の土地が第三者所有である場合は甲地所有者の当事者適格は否定される（最1小判昭和59・2・16判時1109-90）。本判決は、隣接地のうち筆界の全部に接続する部分を一方の所有者が時効取得した場合も、両地の所有者は筆界に争いがある隣接地所有者同士という関係に変わりないことから、当事者適格を肯定する。このような場合は、本件のような解決によらないと、筆界に隣接する土地所有者は時効取得により同一になったとして筆界の確定ができなくなるとするほかない。しかるに、時効取得に係る土地の範囲は、両土地の筆界が明確になることによって定まる関係にあるから、登記の前提として時効取得に係る土地部分を分筆するためにも両土地の筆界の確定が必要となるため、それでは不便が大きい。実際にも、筆界確定訴訟に至るような場合は筆界と占有範囲が一致しない状態が長期にわたっていることが多く、裁判所の審理の結果、筆界と占有状況が認定されたにもかかわらず、訴えを却下することは紛争解決の観点からも相当ではない（大橋・後掲338頁は、そのような扱いは「やや教条的にすぎるといわざるを得ない」と評する）。

　3　本判決は隣接地のうち筆界に接続する一部を時効取得した場合を対象とし、隣接地全部を時効取得した場合は、時効取得された側は所有者ではなくなるので、本判決の射程に含まれない。その場合はその者が登記名義を有していても当事者適格を失うと解される（本判決後の最3小判平成7・7・18集民176-491がこの点を明らかにした）。この場合は訴訟を認めなくても、時効取得した当事者が両地を合筆し、その後適宜分筆して筆界を明確にした後に譲渡等をすれば足りよう。また、筆界に接続する部分を第三者が時効取得した場合も本判決の射程外であり、この場合両者は隣接地所有者という関係を失い、時効取得された側は当事者適格を失うものと解される（前掲最判昭59・2・16の趣旨が妥当する）。

●**参考文献**●　大橋弘・判解平7年度325、山本和彦・法協102-7-1419

46 筆界確定訴訟と固有必要的共同訴訟

最3小判平成11年11月9日（民集53巻8号1421頁・判時1699号79頁）　　参照条文　なし

> 土地の共有者の1人が筆界確定訴訟の提起に同調しない場合にはどうすればよいか。

●事実●　本件土地の共同相続人X₁〜X₃とY₁の間で遺産分割審判事件が係属しているが、本件土地と隣地であるY₂所有地の筆界が確定していないため上記手続が進行しないとして、Xらは、本件土地とY₂所有地との筆界確定訴訟を提起しようとしたが、Y₁がこれに同調しなかったので、Y₁およびY₂を被告として同訴訟を提起した。第1審判決に対しY₂がXらを被控訴人として控訴を提起し、隣接地との筆界確定を求める訴えは土地共有者全員が原告となって提起すべきものと主張し、本件訴えの却下を求めた。原審は本件訴えを適法とし、Y₁も被控訴人の地位に立つとした上で、XらとY₂の間およびXらとY₁の間で、第1審と同一の境界を確定した。Y₂から上告。

●判旨●　上告棄却。
　「境界の確定を求める訴えは、隣接する土地の一方又は双方が数名の共有に属する場合には、共有者全員が共同してのみ訴え、又は訴えられることを要する固有必要的共同訴訟と解される（【208】参照）。したがって、共有者が右の訴えを提起するには、本来、その全員が原告となって訴えを提起すべきものであるということができる。しかし、共有者のうちに右の訴えを提起することに同調しない者がいるときには、その余の共有者は、隣接する土地の所有者と共に右の訴えを提起することに同調しない者を被告にして訴えを提起することができるものと解するのが相当である。けだし、境界確定の訴えは、……所有権の目的となる土地の範囲を確定するものとして共有地については共有者全員につき判決の効力を及ぼすべきものであるから、右共有者は、共通の利益を有する者として共同して訴え、又は訴えられることが必要となる。しかし、共有者のうちに右の訴えを提起することに同調しない者がいる場合であっても、隣接する土地の境界に争いがあるときにはこれを確定する必要があることを否定することはできないところ、右の訴えにおいては、裁判所は、当事者の主張に拘束されないで、自らその正当と認めるところに従って境界を定めるべきであって、当事者の主張しない境界線を確定しても民訴法246条の規定に違反するものではないのである（最3小判昭和38・10・15民集17−9−1220参照）。このような右の訴えの特質に照らせば、共有者全員が必ず共同歩調をとることを要するとまで解する必要はなく、共有者の全員が原告又は被告いずれかの立場で当事者として訴訟に関与していれば足りると解すべきであり、このように解しても訴訟手続に支障を来すこともないからである。」

●解説●　1　本判決は、筆界確定訴訟が隣接地共有者全員を当事者とする固有必要的共同訴訟であるとの判例法理（【208】）を前提に、共有者の一部が提訴に同調しない場合でも当該共有者を被告にして提訴できる旨を明らかにした。固有必要的共同訴訟の原告側で提訴に同調しない者がいる場合の取扱いという立法的解決がされなかった事項に初めて解決策を示した判例として、重要な意義を有する。
　2　本判決が重視するのは筆界確定訴訟の特殊性である。この訴訟類型はいわゆる形式的形成訴訟と呼ばれ、その実質は非訟事件とされる（【44】解説参照）。その結果、通常の訴訟のように、当事者間には請求の定立はなく、権利関係の存否を判断するものではないから、原告・被告の区別にあまり意味はない。筆界確定訴訟の当事者適格は最も密接な利害関係を有する隣接地所有者全員に認められるが（【45】解説参照）、その趣旨は、共有者の全員が原告・被告いずれかの立場で当事者として訴訟に関与していれば足り、共有者全員が必ず共同歩調をとることを要するとまで解する必要はない。そこで、提訴に同調しない共有者を被告に回すことも許されると解するものである。ただ、同じ被告といっても、隣接地所有者と提訴に同調しない共有者とでは利害関係を異にし、その手続上の取扱いが問題となる。従来本判決と同旨を説いていた学説では、実質的に（独立当事者参加の場合のような）三面訴訟になると解する見解も有力であった。本判決も、共有者間の対立とともに隣地所有者と共有者全員の対立関係も認められることを前提に、隣地所有者が原告となっている共有者のみを相手方に控訴を提起した場合も、「民訴法47条4項を類推して、同法40条2項の準用により、この上訴の提起は、共有者のうちの被告となっている者に対しても効力を生じ、右の者は被上訴人としての地位に立つ」と判示する。47条を類推していることから、判旨は三面訴訟説に親和的であるが、本判決はやはり筆界確定訴訟という特殊な訴訟類型を前提にしたもので、一般化は避けるべきであろう（佐久間・後掲710頁も「本件のような訴訟の構造が三面訴訟となる旨を一般的に示したものではな」いとする）。
　3　その意味で、本判決の考え方は、筆界確定訴訟の特殊性を重視しており、直ちに他の固有必要的共同訴訟の場合に拡張されるものではない。千種秀夫裁判官の補足意見は「本件の解釈・取扱いを他の必要的共同訴訟にどこまで類推できるのかには問題もあり、今後、立法的解決を含めて検討を要するところである。以上、判示の結論は、この種事案に限り便法として許容されるべきもの」としていた。しかし、そのような立法はその後も行われず、結局、判例は、【214】により、このような取扱いをより一般的に拡張するに至った（詳細は【214】解説参照）。「共有者のうちに右の訴えを提起することに同調しない者がいる場合であっても、隣接する土地との境界に争いがあるときにはこれを確定する必要があることを否定することはできない」との本判決の判示は、上記判例に繋がる一般的射程を有する論旨として注目されよう。

●参考文献●　佐久間邦夫・判解平11年度696、八田卓也・平11年度重判126

47 請求の特定

最1小判平成5年2月25日（判時1456号53頁・判タ816号137頁）　　参照条文　民訴法133条

> 抽象的な不作為命令を求める訴えはどのような場合
> に適法となるか。

●**事実**●　本件はいわゆる横田基地騒音公害訴訟である。本件飛行場（横田基地）は、国が日米安全保障条約に基づき米軍の使用する施設としてアメリカ合衆国に提供しているものであるが、周辺住民であるXらがY（国）に対し、米軍機の騒音被害が受忍限度を超えているとして、飛行等の差止めと過去および将来の損害賠償を求めた。そのうち、差止請求における請求の趣旨は、人格権・環境権に基づき、①主位的請求として、米国軍隊をして、夜間の一定の時間帯につき、本件飛行場を一切の航空機の離着陸に使用させてはならず、かつ、Xらの居住地（屋外）において55ホン以上のエンジンテスト音等を発する行為をさせてはならないことを求め、②予備的請求として、Yの軍への働きかけまたはY独自で採り得る対策を実施する方法によるとを問わず、右時間帯につき、Xらの居住家屋内に、本件飛行場から55デシベルを超えるエンジンテスト音等並びに本件飛行場に離着陸する航空機から発する50デシベルを超える飛行音を到達させてはならないことを求めるものであった。第1審判決は、①の訴えにつき請求が不特定であるとして却下した。原審もやはり①の請求については請求が不特定であるとして控訴を棄却し、②の請求も棄却した。Xらより上告。

●**判旨**●　上告棄却。
「Xらの本件差止請求のうち、主位的請求に係る訴えは、その請求の趣旨を「Yは、Xらのためにアメリカ合衆国軍隊をして、毎日午後9時から翌日午前7時までの間、本件飛行場を一切の航空機の離着陸に使用させてはならず、かつ、Xらの居住地において55ホン以上の騒音となるエンジンテスト音、航空機誘導音等を発する行為をさせてはならない。」とするものである。右請求の趣旨は、Yに対して給付を求めるものであることが明らかであり、また、このような抽象的不作為命令を求める訴えも、請求の特定に欠けるものということはできない。したがって、右請求の趣旨をもって、……それがYに対して給付を求める趣旨であるとすればどのような具体的行為を求めるのか明確でないから不適法であるとした原審の判断は正当でなく、……右主位的請求は主張自体失当としてこれを棄却すべきものである。」

●**解説**●　1　原告は、訴えを提起するに当たり、訴状において請求の趣旨および原因を明示しなければならず（133条2項2号）、それによって請求（訴訟物）を特定する必要がある。これは、訴えを提起され、応訴を強制される被告に対し、その防御の目的を提訴当初から明らかにし、被告の法的地位を保障する趣旨である。以上のような趣旨は実務上厳格に捉えられており、例えば、損害賠償請求訴訟でも、原告は必ず請求額を当初から明示する必要があり、「裁判所が相当と考える損害額の支払を求める」といった訴状は却下されるものと解されている（諸外国ではこのような請求を適法とする国も存在するようである）。

2　ただ、以上のような原則を貫くことが困難な訴訟類型の1つとして、差止請求訴訟がある。人格権その他を根拠とする差止請求においては、原告は、最終的な差止めの帰結（一定音量の騒音の流入防止等）は特定できても、そのような帰結をもたらす被告の行為は多様であり、特定が困難である場合も少なくない。例えば、空港の騒音被害であれば、そもそも飛行機の離発着を認めない措置から、防音装備を施した飛行機の離発着のみを認める、原告の住居等に騒音対策工事を施すなど様々な行為が考えられ、それがどの程度の有効性をもち得るかは通常原告には分からない。そこで、このような場合、原告に被告の行為まで特定させることは、実質的に差止請求の提訴を困難とし、相当でないとして、上記のような最終的帰結のみを特定すれば差止請求の特定として十分であるとの議論がある。これを抽象的差止（不作為）請求と呼ぶ。このような抽象的差止請求の適法性について、学説上は肯定説が有力であったが（竹下・後掲32頁以下など）、下級審裁判例として名古屋高判昭和60・4・12判時1150-30が注目された。これは、東海道新幹線の騒音に関し○ホンを超えた騒音を原告ら住居内に侵入させてはならない旨を求める抽象的差止請求につき、「実体法上は、一般に債権契約に基づいて、（手段方法は問わず）結果の実現のみを目的とする請求権を発生せしめ、これを訴求し得ることは疑いのないところであるから、被告のいうようにある結果の到達を目的とする請求が常にその手段たる具体的な作為・不作為によって特定されなければならないものではない」として、そのような判決も間接強制により執行可能であるから適法とした。このような理解は学説上多数の支持を得たが、その後もなお不適法とする裁判例もあった（本判決の原審もそのような例である）。

3　本判決は、最高裁判所として初めて抽象的不作為請求の適法性を明らかにした点で大きな意味がある。ただ、本判決はその理由を全く述べておらず、かつ、判例集にも登載されていないので、その射程等は必ずしも明らかでない部分がある。ただ、この点では、（前掲名古屋高判も言及するように）執行方法としての間接強制との関係が重要であり、そして、近時は民事執行法において間接強制の補充性が廃棄され（民執167条の15・173条など参照）、その意義が見直されている点に注目すべきである。その基礎にある考え方として、債権者が求める最終結果（本件でいえば騒音の流入防止）の実現方法は、その選択肢および実効性をよりよく知る債務者側に委ねるべきであり、まずは間接強制によって債務者に選択権を与えることが望ましいという理解がその背景にあるものとみられる。そうだとすれば、抽象的不作為請求も比較的広くその適法性を認めてよいという帰結になろう。

●**参考文献**●　原強・百5版70、竹下守夫・判タ428-27

48 訴え提起と不法行為

最3小判昭和63年1月26日（民集42巻1号1頁・判時1281号91頁）　　参照条文　民法709条

訴えの提起はどのような場合に被告に対する不法行為となるか。

●**事実**●　Yは、XがYの依頼に基づく本件土地測量図作成時に過小に測量したため、実際の面積より不足する分につき土地代金を得られず損害を被ったと主張し、Xに対し損害賠償を求める前訴を提起したが、Xに測量を依頼したのはA社であってYではないとして、敗訴した。そこで、Xは、前訴提起に先立ち、測量図等が誰のどのような指示に基づき作成されたかについて事実確認をYがしていれば、容易に測量図等の作成経過を把握でき、Xに対して損害賠償を請求することが筋違いである旨を知り得たのに、Yはその確認をせずいきなり前訴を提起したので前訴提起はXに対する不法行為になるとして、Xは、Yに対し、前訴の追行を委任した弁護士報酬等80万円の損害賠償の支払を求めて本訴を提起した。第1審は請求を棄却したが、原審は請求を認容したので、Yより上告。

●**判旨**●　原判決破棄・控訴棄却。

「法的紛争の当事者が当該紛争の終局的解決を裁判所に求めうることは、法治国家の根幹にかかわる重要な事柄であるから、裁判を受ける権利は最大限尊重されなければならず、不法行為の成否を判断するにあたっては、いやしくも裁判制度の利用を不当に制限する結果とならないよう慎重な配慮が必要とされることは当然のことである。したがって、法的紛争の解決を求めて訴えを提起することは、原則として正当な行為であり、提訴者が敗訴の確定判決を受けたことのみによって、直ちに当該訴えの提起をもって違法ということはできないというべきである。一方、訴えを提起された者にとっては、応訴を強いられ、そのために、弁護士に訴訟追行を委任しその費用を支払うなど、経済的、精神的負担を余儀なくされるのであるから、応訴者に不当な負担を強いる結果を招くような訴えの提起は、違法とされることのあるのもやむをえないところである。

以上の観点からすると、民事訴訟を提起した者が敗訴の確定判決を受けた場合において、右訴えの提起が相手方に対する違法な行為といえるのは、当該訴訟において提訴者の主張した権利又は法律関係……が事実的、法律的根拠を欠くものであるうえ、提訴者が、そのことを知りながら又は通常人であれば容易にそのことを知りえたといえるのにあえて訴えを提起したなど、訴えの提起が裁判制度の趣旨目的に照らして著しく相当性を欠くと認められるときに限られるものと解するのが相当である。けだし、訴えを提起する際に、提訴者において、自己の主張しようとする権利等の事実的、法律的根拠につき、高度の調査、検討が要請されるものと解するならば、裁判制度の自由な利用が著しく阻害される結果となり妥当でないからである。」そして、本件では、YがXに対して損害賠償請求権を有しないことを知っ

ていたとも、通常人であれば容易にそのことを知り得たともいえないので、Yの前訴提起が裁判制度の趣旨目的に照らして著しく相当性を欠くとはいえず、Xに対する不法行為の成立を否定した。

●**解説**●　**1**　本判決は、訴え提起が違法になる場合について初めて最高裁判所が一般的基準を提示したものである。大審院時代には権利の不存在を知りながら不当目的で提訴した行為を違法とする判例があったが（大連判昭和18・11・2民集22-1179）、権利の不存在を知らない場合につき、下級審では重過失等を求める裁判例と単なる過失で足りるとする裁判例が分かれていたところ、本判決がその基準を明示した。

2　本判決が示した違法性の判断基準は、「訴えの提起が裁判制度の趣旨目的に照らして著しく相当性を欠く」かどうかである。このように提訴行為の違法性の判断に関する慎重な立場の背景には、裁判を受ける権利が法治国家の根幹に関わるもので最大限尊重されなければならず、裁判制度の利用の不当な制限にならないよう慎重な配慮を要する旨の価値判断がある。妥当な判断といえ、本判決後の判例も基本的にこの準則を維持している。本判決が示す例示として重要なのは、提訴者がその主張した権利等が事実的・法律的根拠を欠くことを通常人であれば容易に知り得たのにあえて訴えを提起した場合に限り違法性を認めるとした点である。換言すれば、通常人がその根拠の不存在を容易には知り得なかった場合は違法性を欠くとする。重過失との文言は用いていないが、実質的には重過失限定説を採用したものといえる。ただ、弁護士代理事件で、法的根拠の不存在につき、通常の弁護士であれば容易に認識できた（が通常人は容易に認識できなかった）場合の扱いは困難な問題である。弁護士を依頼することによりかえって当事者本人が不利に扱われるのは相当でないので、なお本判決の基準は妥当するものと解される。

3　本判決の射程として、提訴の場合のみならず、応訴の場合にも妥当すると解される。応訴の場合は、より厳格な要件を求める見解もあり得るが（瀬戸・後掲13頁）、根拠を欠くことを容易に知り得た応訴も保護に値するとは解されず、その応訴により相手方に生じた損害は賠償すべきであろう。また、提訴時に認識がなくても、訴訟過程（例えば第1審判決等）で根拠の不存在を知り得たとすれば、その後の訴訟行為（上訴等）もやはり違法になる。提訴・応訴の不法行為によって生じる損害の主なものは、弁護士費用である。そこで、この問題は弁護士費用の敗訴者負担と密接な関係を有する。特に不法行為訴訟の場合、弁護士費用が不法行為と相当因果関係のある損害と認められ、原告勝訴の場合の弁護士費用は無過失責任で求められるのに対し、被告勝訴の場合は本判決により重過失を要することになり、不均衡を生じる。弁護士費用固有の制度的解決が必要とされる所以である。

●**参考文献**●　瀬戸正義・判解昭63年度1、山本・現代的課題512

49 訴訟物①

最1小判昭和48年4月5日（民集27巻3号419頁・判時714号184頁）　参照条文　民訴法246条

損害賠償請求訴訟において訴訟物の単一性はどの範囲で認められるか。

●**事実**●　Xは、交通事故に基づく損害賠償として、療養費29万余円、逸失利益1128万余円、慰藉料200万円の損害を主張し、療養費・慰藉料の全額と逸失利益の内150万円、合計379万余円の支払を求めて訴えを提起した。第1審判決は、療養費・慰藉料については主張全額、逸失利益については916万余円の損害を認定し、合計1145万余円につき過失相殺により3割を減じ、更に支払済保険金10万円を差し引き、債務総額を791万余円と認め、その範囲内であるXの請求全額を容認した。原審において、Xは、第1審判決認定通り、逸失利益916万余円、損害額総計1145万余円と主張を変更した上、自ら過失相殺として3割を減じ、賠償額を801万余円と主張し、附帯控訴により請求を拡張し、第1審容認額との差額422万余円の支払を新たに請求した。原判決は、療養費・逸失利益の額をX主張の通り認定した上、その合計945万余円から過失相殺により7割を減じた283万余円につきYが支払義務を負うとし、慰藉料額はXの過失も斟酌した上70万円を相当とし、支払済保険金を控除し債務総額343万余円と認め、第1審判決を変更し、同金額の支払を命じ、その余の請求および附帯控訴に係る請求拡張部分を棄却した。これに対し、Yから、財産上の損害（療養費および逸失利益）につき第1審認容額は239万余円となり、Xの請求額（179万余円）を超え、控訴審認容額は273万余円となり、第1審認容額およびXの当初請求額を超えており、違法であるとして、上告。

●**判旨**●　上告棄却。
　「本件のような同一事故により生じた同一の身体傷害を理由とする財産上の損害と精神上の損害とは、原因事実および被侵害利益を共通にするものであるから、その賠償の請求権は1個であり、その両者の賠償を訴訟上あわせて請求する場合にも、訴訟物は1個であると解すべきである。したがって、第1審判決は、Xの1個の請求のうちでその求める全額を認容したものであって、Xの申し立てない事項について判決をしたものではなく、また、原判決も、右請求のうち、第1審判決の審判およびYの控訴の対象となった範囲内において、その一部を認容したものというべきである。……次に、1個の損害賠償請求権のうちの一部が訴訟上請求されている場合に、過失相殺をするにあたっては、損害の全額から過失割合による減額をし、その残額が請求額をこえないときは右残額を認容し、残額が請求額をこえるときは請求の全額を認容することができるものと解すべきである。このように解することが一部請求をする当事者の通常の意思にもそうものというべきであって、所論のように、請求額を基礎とし、これから過失割合による減額をした残額のみを認容すべきものと解するのは、相当でない。」

●**解説**●　**1**　本判決は、損害賠償請求の訴訟物の個数につき、最高裁として初めて財産上の損害と精神上の損害を1個の訴訟物とする旨（1個説）を明らかにした。本件は、仮に財産上の損害と精神上の損害を別の訴訟物とする説（2個説）に立った場合、246条違反となるおそれがあったのに対し、1個説に立てば適法となる事例であり、本判決は後者の採用を明示した。他方、人的損害と物的損害など被侵害法益が異なる場合についてはふれていないし（これについては【50】参照）、身体損害と生命損害の区分も射程外である（これについては最1小判昭和43・4・11民集22-4-862参照）。

　2　本判決以前の通説であった2個説は、被侵害法益が身体と精神で異なること、根拠法条が民法709条と710条で異なること等を根拠としていた。これに対し、学説・裁判例で有力になりつつあった1個説は、第1に、身体的の損害と精神的の損害は、結局、1個の不法行為に基づく人の生命身体に対する損害である点に変わりないという生命身体の損傷自体を損害と捉える理論的観点があった（更に、紛争解決を可及的に1回で図るという新訴訟物論的観点も背後にあった）。第2に、実務上も、当事者は損害費目には関心がなく、賠償総額が重要であり、裁判所も慰謝料額につき裁量的に認定し、いわゆる慰謝料の補完的作用として請求総額の範囲内で費目流用を認め、妥当な帰結を導いていた点がある。本判決は後者の見解を採用したが、一般論として「原因事実および被侵害利益を共通にするものであるから、その賠償の請求権は1個であり」とし、訴訟物の区別の基準を原因事実と被侵害利益双方の共通性に置くことを明らかにした点（逆にいえば根拠法条等の違いは問題にしない点）で、意味が大きい。なお、処分権主義違反がないとしても、別途弁論主義は問題となり、どの事実を主要事実と考えるかが問題となるが、本件では各費目に該当する事実も主張されていたようであり、この点は問題になっていない。

　3　なお、本件では更に一部請求の場合の過失相殺の仕方も問題になっている。この点、請求部分と残額部分の双方に過失割合を按分する説（按分説）、残額部分からまず過失相殺をする説（外側説）、請求部分からまず過失相殺をする説（内側説）に分かれる。総額1000万円のうち600万円の一部請求で、3割の過失相殺が認められる場合、按分説では420万円、内側説では300万円の一部認容、外側説では600万円の全部認容となる。従来実務上は外側説が多数であったとされ、本判決はそれを追認した。本判決が「一部請求をする当事者の通常の意思にもそう」とするように、原告としては、裁判所の認定の予測は困難であり、最低でも請求額の認容判決を求めるのが通常であるとすれば、一部請求後の残部請求肯定説による限り、素直な判断であろう。なお、以上はあくまでも数量的一部請求の議論であり、費目ごとの一部請求等の場合は別の考え方（按分説）が妥当する余地が十分にあろう。

●**参考文献**●　野田宏・判解昭48年度454、堤龍弥・百5版158

50 訴訟物②

最2小判昭和61年5月30日（民集40巻4号725頁・判時1199号26頁）　参照条文　民訴法133条

> 著作者人格権に基づく慰謝料請求と著作財産権に基づく慰謝料請求の訴訟物は同一か。

●**事実**　Xは、スキーヤーらが雪山の斜面をシュプールを描きつつ滑降している場景を撮影した本件写真を製作し、これにつき著作財産権および著作者人格権を取得した。Yは、グラフィック・デザイナーであるが、本件写真を利用し、その一部をカットし、自動車のスノータイヤの写真を合成して本件モンタージュ写真を作成して発表したが、本件写真の利用部分につき著作者としてのXの氏名を表示せず、本件写真の利用につきXから同意を得ていない。そこで、Xは、Yに対し、著作者人格権侵害に基づく慰謝料および著作財産権侵害に基づく慰謝料として合計50万円の支払請求をした。原審は、著作財産権侵害に基づく慰謝料請求を理由がないとして排斥し、著作者人格権侵害に基づく慰謝料請求につき50万円の支払請求を理由があると判断した。すなわち、原審は、著作財産権侵害に基づく慰謝料額と著作者人格権侵害に基づく慰謝料額との合計額のみを示し、その内訳を特定していないXの請求につき、やはりそれらの合計額のみが示され、その内訳が特定されていない請求として全部認容した第1審判決を維持したものである。Yより上告。

●**判旨**　破棄差戻し。

「複製権を内容とする著作財産権と公表権、氏名表示権及び同一性保持権を内容とする著作者人格権とは、それぞれ保護法益を異にし、また、著作財産権には譲渡性及び相続性が認められ、保護期間が定められているが……、著作者人格権には譲渡性及び相続性がなく、保護期間の定めがないなど、両者は、法的保護の態様を異にしている。したがって、当該著作物に対する同一の行為により著作財産権と著作者人格権とが侵害された場合であっても、著作財産権侵害による精神的損害と著作者人格権侵害による精神的損害とは両立しうるものであって、両者の賠償を訴訟上併せて請求するときは、訴訟物を異にする2個の請求が併合されているものであるから、被侵害利益の相違に従い著作財産権侵害に基づく慰謝料額と著作者人格権侵害に基づく慰謝料額とをそれぞれ特定して請求すべきである。……原審としては、Xに対し、その請求に係る慰謝料額……の内訳について釈明を求め、その額を確定したうえ審理判断すべきであったといわなければならない。しかるに、原審は、右の点につき何ら釈明を求めることなく、前記のとおり判決しているが、……釈明権の行使を怠り、ひいては審理不尽、理由不備の違法を犯したものというべきであり、この違法は判決の結論に影響を及ぼすことが明らかである……。」

●**解説**　1　本判決は、同一の行為（パロディによるモンタージュ写真の作成）により著作財産権と著作者人格権を同時に侵害した場合、それぞれの侵害に基づく損害賠償請求権は訴訟物として別個である旨を明らかにした（なお、本判決は本件における2度目の上告審であり、最初の上告審判決（最3小判昭和55・3・28民集34-3-244）は、本件モンタージュ写真は本件写真の引用に当たらず、Xの同意がない限り、Xの保有する同一性保持権を侵害し、著作者人格権の侵害になるとしていた）。このような場合の訴訟物に関し従来はあまり明確に意識されていなかったようであり（石井・後掲267頁参照）、この点を明示した点で実務上意義が大きいとともに、後述のように、訴訟物の区分に関する判例の意味を明確にした点で、理論的意義も大きい判決である。

2　著作権法上は、複製権を内容とする著作財産権（著作権法では単に「著作権」と呼ばれる）と、公表権、氏名表示権および同一性保持権を内容とする著作者人格権とは異なる権利と位置づけられている（著17条）。そして、譲渡や相続が著作財産権については認められる（著61条・62条参照）一方、著作者人格権については認められず、異なる主体が著作財産権と著作者人格権を保有する事態が生じ、この場合は両者が別個の訴訟物となる点に疑いがない。ただ、この2つの権利が同一主体（原著作者）に帰属する場合は、必ずしも根拠条文の相違により訴訟物が分けられるわけではなく、原因事実および被侵害利益を共通にするかどうかで決するのが判例である（【49】参照）。本件は、このうち原因事実が1個であることは明らかであるので、被侵害利益の共通性が問題となるが、本判決は、前述のような著作権法の規律に鑑み、著作財産権と著作者人格権は異なる法益であるとし、結果としてそれぞれの侵害に係る慰謝料請求は訴訟物を異にし、それぞれに係る請求額が不特定であるまま判断した原審判決を違法としたものである。侵害行為が1個であっても、被侵害利益が異なる場合は訴訟物が異なること（逆にいえば、侵害行為と被侵害利益がともに共通である場合に限って訴訟物は1個であること）を明確にしたものである。

3　上記の判断は行為規範としては支持できると解されるが、それを既判力（評価規範）の場面にも適用すると、やや疑義も生じる。例えば、本件のような場合、仮に著作財産権のみが争われて判断されたとしても、再度著作者人格権に基づく再訴は可能となる。本件の考え方を交通事故等に及ぼせば、人損と物損は別個の訴訟物ということになり、最初に人損を請求して無過失を理由に請求棄却された後、再度相手方の過失を根拠に物損を請求でき、裁判所は前訴の判断に拘束されず、過失を認めて物損請求を認容できることにもなる。このような帰結は訴訟の紛争解決機能を低下させ、疑問もあり得る。ただ、判例法理は、そのような場合はおそらく信義則を援用して後訴を遮断するのであろう（一部請求棄却後の残額請求を信義則に反するとする判例法理（【79】参照）と類似する）。そのような法理に補完されるとすれば、本判決の帰結は審理明確化の観点から支持できるものと解される。

●**参考文献**　石井彦壽・判解昭61年度260、三木浩一・法研61-6-123

51 時効の完成猶予

最大判昭和43年11月13日（民集22巻12号2510頁・判時536号16頁）　　　参照条文　民法147条　民訴法147条

> 原告の請求に対する被告の所有権の陳述は時効の完成猶予・更新の効力を有するか。

●**事実**●　Xらは、本件係争物件はXらの所有（共有）に属するとして、所有権（共有権）に基づきYらに対し所有権移転登記抹消登記手続請求訴訟を提起し、Xらの所有権取得原因として予備的に昭和13年6月27日を始期とする取得時効の完成を主張したのに対し、Yらは、本件係争物件につき自己の所有権を主張し、Xらの所有権を否認してXらの請求を棄却するとの判決を求める旨の答弁書を提出し、第1審の昭和33年3月4日第2回準備手続期日においてこれを陳述した。原審はXらの請求を棄却し、Xより上告。

●**判旨**●　上告棄却。
　「Yらの右答弁書による所有権の主張は、その主張が原審で認められた本件においては、裁判上の請求に準ずるものとして民法147条1号の規定によりXらの主張する20年の取得時効を中断する効力を生じたものと解すべきである。けだし、原判決は、本件係争物件につき、Xに所有権（共有権）に基づく所有権移転登記請求権があることを確定するに止まらず、進んでYらにその所有権（共有権）があることを肯定していると解されるのであるから、時効制度の本旨にかんがみ、Yらの前示主張には、時効中断の関係においては、所有権そのものに基づく裁判上の請求に準じ、これと同じ効力を伴うものとするのが相当であるからである。」

●**解説**●　1　本判決は、所有権に基づく登記手続訴訟において被告が自己に所有権のあることを主張して請求棄却の判決を求め、その主張が認められた場合に、当該主張は裁判上の請求に準じるものとして原告の取得時効を中断する効力を認めたものである。民法旧147条1号は「請求」に時効中断効を認めていたが、これは訴え提起を意味すると解されているところ、被告側の権利主張は文言上これに当たらないものの、解釈によりその範囲を拡大したものとして大きな意義を有する（平成29年民法改正との関係については、3参照）。
　2　本判決に至るまでには判例の変遷があった。大審院判例は、当初、裁判上の請求は訴えの提起を意味し、原告の請求に対する被告側の主張や抗弁はこれに含まれず、時効中断の効力はないとしていた（土地所有権確認訴訟において被告が自己の所有権を主張した場合（大判大正9・9・29民録26-1431）や、債務不存在確認訴訟において被告が自己の債権の存在を主張した場合（大判大正11・4・14民集1-187）など）。しかし、これに対しては、学説上、このような被告の主張も権利行使の一態様であるなどとして批判が強く、大審院は連合部判決により判例を変更し、債務不存在確認訴訟において被告が自己の債権を主張し、被告勝訴の確定判決があった場合につき時効の中断を認めた（大連判昭和14・3・22民集18-238）。これは、被告の主張も裁判上の権

利行使の一態様であること、権利関係の存否が訴訟上争われている間にその権利が時効消滅するのは条理に反すること、被告勝訴判決が確定すれば積極的確認訴訟の原告勝訴判決の確定と同一に帰することから、「裁判上の請求に準ずるもの」として、時効中断効を認めたものである（同旨、大判昭和16・3・24民集20-106、大判昭和17・1・28民集21-37など）。本判決は、上記のような大審院判例の趣旨を最高裁においても踏襲する旨を明らかにしたものと評価できる（本判決後、抵当権設定登記抹消請求訴訟において被告が被担保債権の存在を主張した場合に当該債権につき請求に準ずるものとして消滅時効の中断を認めたものとして、最1小判昭和44・11・27民集23-11-2251参照）。他方、本判決前に、所有権に基づく株券引渡請求において被告が留置権の抗弁を提出し、留置権の被担保債権の時効中断効が問題となった事案で、最高裁は、留置権の主張について「訴の提起に準ずる」効力があるとはいえないが、被担保債権の履行を求める権利主張の意思はあるとして、訴訟係属中催告を継続的に行っていたのと同等の効力（いわゆる裁判上の催告）を認めていた（最大判昭和38・10・30民集17-9-1252）。このような判断を前提にすれば、本件の場合も裁判上の催告の効果に止める考え方もあり得たが、本判決は大審院判例に基づき時効中断効まで認めた。そこで、両者の差異が問題となるが、被告の主張が訴訟物となっている請求そのものの否定であるかそれと同視できる場合は「裁判上の請求に準ずるもの」として直ちに時効中断効を有するが、訴訟物とは全く別個の権利主張と認められる場合は、裁判上の催告としての時効中断効のみを有すると考えるのが現段階の判例法理と理解できる（小倉・後掲1044頁参照）。債務不存在確認のように主張された権利に既判力が生じる場合は問題がないが、本件のようにそうでない場合には、その区別は相対的にならざるを得ないものの、あえて別訴を要しない場合を認めることにも合理性があろう（被告が大事をとるのであれば別訴を提起しておくのが安全である）。
　3　民法の時効関係規定は平成29年改正によって大幅に改正されている。ただ、本判決に関連する部分においては、それほど大きな改正はされておらず、本判決（および2でみた判例法理）の趣旨は基本的に改正後も維持されていると解してよい。すなわち、被告の主張が原告の請求に対する権利主張を構成すると解される場合は、民法147条1項1号が類推適用され、時効の完成猶予効が認められる。そして、当該主張が訴訟物たる請求自体の否定かそれと同視できる場合は「裁判上の請求に準ずるもの」として、その点を認める確定判決またはそれと同一の効力を有するものがあったときは、時効の更新の効力をも有する（民147条2項）。他方、そのようなものに当たらない権利主張の場合は、訴訟終了から6月以内に（同条1項括弧書）新たな時効完成猶予のための措置（訴え提起、保全処分・強制執行の申立て、協議を行う旨の合意等）をとる必要があることになる。

●**参考文献**●　小倉顕・判解昭43年度1037、コンメⅢ271

52 訴権の濫用

最1小判昭和53年7月10日（民集32巻5号888頁・判時903号89頁）　参照条文　民法1条3項

> どのような場合に訴えの提起は訴権の濫用となり、不適法なものとなるか。

●事実●　Y有限会社はXらを中心とした同族会社であったが、経営に行き詰ったため、昭和47年5月頃、Xらが自己の持分をA夫婦に譲渡してY社の経営から手を引くことになり、A夫婦は各持分譲渡の代償としてY社が当時負担していた債務の弁済等のため金500万円を出捐し、XらはY社に対し取締役辞任届を提出した。そこで、Y社社員総会において、上記社員持分譲渡の承認およびA夫婦の取締役・代表取締役への選任等の決議がされたとして、取締役・代表取締役就任の登記がされ、以後A夫婦が事実上Y社の経営に当たっていた。昭和50年5月、Xは前記各社員総会決議の不存在確認を求めて本訴を提起した。第1審では総会決議の不存在が認められて請求が認容されたが、原審では、Y社は、前記事実関係の下で本訴請求をすることは権利濫用として許されない旨の主張をした。原判決は、本件社員総会決議が会社経営の実権の移転という重大な事項に関わるものであり、かつ、その決議に関する比較的軽微な瑕疵の存否ではなく、決議の存在そのものが問題とされている以上、Xの本訴提起を権利濫用として排斥することはできないとして、Xの本訴請求を認容した。Y社より上告。

●判旨●　原判決破棄・第1審判決取消し、訴え却下。
　「Xは、相当の代償を受けて自らその社員持分を譲渡する旨の意思表示をし、Y社の社員たる地位を失うことを承諾した者であり、右譲渡に対する社員総会の承認を受けるよう努めることは、Xとして当然果たすべき義務というべきところ、当時……Y社を支配していたXにとって、社員総会を開いて前記Xらの持分譲渡について承認を受けることはきわめて容易であったと考えられる。このような事情のもとで、Xが、社員総会の持分譲渡承認決議の不存在を主張し、Y社の経営が事実上A夫婦の手に委ねられてから相当長年月を経たのちに右決議……の不存在確認を求める本訴を提起したことは、特段の事情のない限り、Xにおいて何ら正当の事由なくY社に対する支配の回復を図る意図に出たものというべく、Xのこのような行為はA夫婦に対し甚しく信義を欠き、道義上是認しえないものというべきである。……右社員総会の決議の不存在確認を求めるXの本訴請求を認容する判決も対世効を有するものというべきである。そうすると、前記のようにXの本訴の提起がA夫婦に対する著しい信義違反の行為であること及び請求認容の判決が第三者であるA夫婦に対してもその効力を有することに鑑み、Xの本件訴提起は訴権の濫用にあたるものというべく、右訴は不適法たるを免れない。」

●解説●　　1　本判決は、訴権の濫用を明示的に認め、訴えを却下した最初の最高裁判決である。また、本判

決後も最高裁判決で明示的に訴権濫用にふれたものはなく（極めて例外的なものとして、35年間原告が訴訟進行の措置を取らなかった場合に信義則上訴訟追行権能を失ったとするのは、最1小判昭63・4・14判タ683-62）、本判決は現在も訴権濫用に関するリーディング・ケースといえる（なお、上訴権濫用を認めた例として、最3小判平成6・4・19判時1504-119）。ただ、本判決の事案は従来学説や下級審裁判例が訴権濫用と捉えていた典型例と一致しないこともあり、評価は未だ定まっていない。

　2　訴権濫用の事例として学説や下級審裁判例で挙げられたものにはいくつかの類型がある。第1に、紛争発生から長期間経過後に訴えを提起する事案がある。戦後のいわゆるレッド・パージによる免職後数年を経て免職無効確認訴訟を提起した事案を信義則に反する訴権行使とした例がある（東京地判昭45・6・30判時606-92）。これに対し、認知後長期間を経た認知無効確認訴訟につき訴権濫用を認めなかった例として、東京高判昭52・8・22判タ364-236など）。第2に、本来は実体権の濫用が問題になる場合、形成訴訟のように実体権行使と訴権行使が密接に結びついているため、訴権濫用を認めた例である。本件がまさにそれに当たると解されるが、株主総会決議無効確認訴訟（広島高判昭和43・12・17判時552-76）や第三者異議訴訟（大阪地判昭52・12・23判タ363-275）で訴権濫用を認めた例がある（他方、最1小判平成12・9・28金判1105-16は、提訴を株主権の濫用という実体権濫用の問題とする）。第3に、実体権を有しない原告が被告を困惑させる等不当な目的のために訴えを提起する例である。これは（訴訟物は異なるものの）実質的に同じ紛争につき繰り返し訴訟を提起する事例が典型的であり、多数の裁判例がある（東京高判昭和55・12・24判タ436-133、東京高判平成13・1・31判タ1080-220など）。

　3　以上から、訴権濫用の多くは、理論上は他の制度や要件（提訴期間、実体権濫用、判決効等）の問題に還元し得るが、制度の不備や説明の落着きのため、あえて訴権濫用との構成が用いられる面が強い。その意味で、常に背後にある実際の利益を考慮し、適切な法律構成を検討する必要があろう。そのような観点で本件をみると、本判決が訴権濫用の要素としているのは、①Xが代償を受けて社員権を譲渡している点、②Xが社員総会の同意を取り付ける義務を負っていた点、③Y社の経営がA夫婦に移譲されて長年月が経過している点がある。本件でXに経営権回復を認め、あとは全面的に損害賠償の問題とすることは、金銭に換算できない不利益をAらにもたらす点で相当でない。確かに本件で訴権とは切り離された実体権（その濫用）を観念するのも不自然であるが、その実質はやはり実体法上の社員権の問題と思われ、仮に決議が不存在だったとしても、XがA夫婦に対して（その結果、Y社との関係でも）社員権を主張できないとすると、そもそも本件訴えが紛争の抜本的解決に役立たず、訴えの利益を欠くとの構成もあり得たように思われる。

●参考文献●　加茂紀久男・判解昭53年度295、山本和彦・民訴百 I 16

53 債権者代位訴訟と二重起訴

最３小判昭和48年４月24日（民集27巻３号596頁・判時704号52頁）　　　参照条文　民法423条　民訴法142条

> 債権者代位訴訟において債務者はどのような形で訴訟に参加すればよいか。

●事実●　XはZ所有の本件土地を賃借しているとして、賃貸人Zに代位して、本件土地上に本件建物を所有して本件土地を占有しているYに対し、Zの所有権に基づき建物収去土地明渡しを求めた。Zは、Xによる本件土地のYへの無断転貸を理由に本件土地の賃貸借契約を解除したとして、Xに対しXが本件土地につき賃借権を有しないことの確認を求めるとともに、Yに対し所有権に基づき本件建物収去土地明渡しを求めて、本件訴訟に権利主張参加したものである。原審は、Zの参加を適法とした上で、Zの請求を認容し、Xの訴えは代位原因を欠くとして却下した。Yより上告。

●判旨●　上告棄却。
　「債権者が民法423条１項の規定により代位権を行使して第三債務者に対し訴を提起した場合であっても、債務者が民訴法71条〔現行47条〕により右代位訴訟に参加し第三債務者に対し右代位訴訟と訴訟物を同じくする訴を提起することは、民訴法231条〔現行142条〕の重複起訴禁止にふれるものと解するのが相当である。けだし、この場合は、同一訴訟物を目的とする訴訟の係属にかかわらず債務者の利益擁護のため訴を提起する特別の必要を認めることができるのであり、また、債務者の提起した訴と右代位訴訟とは併合審理が強制され、訴訟の目的は合一に確定されるのであるから、重複起訴禁止の理由である審判の重複による不経済、既判力抵触の可能性および被告の応訴の煩という弊害がないからである。したがって、債務者の右訴は、債権者の代位訴訟が係属しているというだけでただちに不適法として排斥されるべきものと解すべきではない。もっとも、債権者が適法に代位権行使に着手した場合において、債務者に対しその事実を通知するかまたは債務者がこれを了知したときは、債務者は代位の目的となった権利につき債権者の代位権行使を妨げるような処分をする権能を失い、したがって、右処分行為と目される訴を提起することができなくなる（大判昭和14・5・16民集18-9-557参照）のであって、この理は、債務者の訴提起が前記参加による場合であっても異なるものではない。したがって、審理の結果債権者の代位権行使が適法であること、すなわち、債権者が代位の目的となった権利につき訴訟追行権を有していることが判明したときは、債務者は右権利につき訴訟追行権を有せず、当事者適格を欠くものとして、その訴は不適法といわざるをえない反面、債権者が右訴訟追行権を有しないことが判明したときは、債務者はその訴訟追行権を失っていないものとして、その訴は適法ということができる。」

●解説●　1　本判決は、債権者代位訴訟（いわゆる

転用型）において、債務者が代位債権者の被保全債権（本件では賃借権）を否定して独立当事者参加（権利主張参加）をした場合、二重起訴に当たらないとした最初の最高裁判決である。その前提として、独立当事者参加が可能である旨も明らかにしており、また民法との関係で債権者代位権行使による債務者の処分権行使としての訴え提起に対する制限についても論じる。

　2　まず、二重起訴の判断について、本判決は、二重起訴禁止の趣旨を、審判重複による不経済、既判力抵触の可能性、被告の応訴の煩とする通説の見解に依拠しながら、独立当事者参加による提訴の場合は、併合強制および合一確定の規律（40条）が妥当するので、禁止の趣旨が妥当しないとする。併せて、債務者の利益擁護の特別の必要についても論じており、これは通常の二重起訴ではそのような必要性が欠けることも禁止の趣旨に含まれ得ることを示唆したものであろう。なお、二重起訴の判断の前提として、代位訴訟と債務者の訴訟が訴訟を同じくし、判決効が拡張するものであること、すなわち債権者代位訴訟が法定訴訟担当であることを前提としている点も重要である。

　次に、本判決は、独立当事者参加の可否について正面から判示するものではないが、それが可能であることを当然の前提にしている。47条１項後段の参加（権利主張参加）については、通常、当事者の権利主張の両立不能が要件として挙げられるが、本件の特徴は、むしろその両立不能性が権利主張（訴訟物）それ自体というよりも当事者適格にあるという点である。その意味では、本判決はかなり異例の独立当事者参加を認めたものといえるが、前述の二重起訴から債務者の利益を保護するためにはこのような訴訟形態を認める必要性が強くあったことが背景にあるとみられる。なお、本判決はあくまでもZがXの被保全債権を争って参加している場合を前提としており、それを争っていない場合の参加の可否・態様について判示するものではないと解される（川口・後掲73頁注10参照）。

　3　以上のような独立当事者参加を許す趣旨は、民法上債権者代位権行使によって債務者の処分権行使（訴え提起）が制限され、Zの請求が認められればXの代位権行使が否定されて訴え却下になる一方、Xの請求が認められればZの処分制限により訴え却下になることを前提とする。しかし、この前提は、平成29年民法（債権法）改正により債権者代位制度が改正されたことにより、妥当しなくなった。すなわち、従来の判例は変更され、債権者が被代位権利を行使しても、債務者の取立て等の処分行為は禁止されないこととなった（民423条の5）。その結果、Xの請求が認められる場合にも、Zの訴えが却下されないことが明らかになった（その場合、Zの請求がどうなるか議論があるが、ともに認容されるものと解される）。したがって、本判決は現行民法下では直接妥当しなくなっているが、なおその結論は維持でき、権利主張参加を認めてよいものと解される（山本・後掲123頁以下参照）。

●参考文献●　川口冨男・判解昭48年度66、山本和彦・判時2327-119

54 相殺の抗弁と二重起訴①

最3小判平成3年12月17日（民集45巻9号1435頁・金法1332号40頁）　　参照条文 民訴法142条

> 別訴の訴訟物となっている債権を自働債権として相殺の抗弁を主張することは許されるか。

●事実●　Xは、Yに対し、輸入原材料残代金等合計約207万円の支払を求めて本訴を提起した。これに対し、Yは、原審口頭弁論期日において、本件原審と同一部で併合審理中であった、Yを原告、Xを被告とする売買代金等請求事件において、Xに対して請求する売買代金約1284万円をもって、前記債権と対当額で相殺する旨の抗弁を提出した。原審は、係属中の別訴において訴訟物となっている債権を他の訴訟において自働債権として相殺の抗弁を提出することはできないとして、Yの相殺の抗弁を排斥し、Yの控訴を棄却し、Xの請求を認める旨の判決をした。Yより上告。

●判旨●　上告棄却。

「係属中の別訴において訴訟物となっている債権を自働債権として他の訴訟において相殺の抗弁を主張することは許されないと解するのが相当である（最3小判昭和63・3・15民集42-3-170参照）。すなわち、民訴法231条〔現行142条〕が重複起訴を禁止する理由は、審理の重複による無駄を避けるためと複数の判決において互いに矛盾する既判力ある判断がされるのを防止するためであるが、相殺の抗弁が提出された自働債権の存在又は不存在の判断が相殺をもって対抗した額について既判力を有するとされていること（同法199条2項〔現行114条2項〕）、相殺の抗弁の場合にも自働債権の存否について矛盾する判決が生じ法的安定性を害しないようにする必要があるけれども理論上も実際上もこれを防止することが困難であること、等の点を考えると、同法231条の趣旨は、同一債権について重複して訴えが係属した場合のみならず、既に係属中の別訴において訴訟物となっている債権を他の訴訟において自働債権として相殺の抗弁を提出する場合にも同様に妥当するものであり、このことは右抗弁が控訴審の段階で初めて主張され、両事件が併合審理された場合についても同様である。」

●解説●　1　本判決は、二重起訴と相殺の抗弁の関係に関し、二重起訴禁止の趣旨は相殺の抗弁についても妥当し、別訴が係属中の自働債権に係る相殺の抗弁が許されない旨を判示したものである。この点は学説上議論があり、前掲最判昭和63・3・15が既に否定説によっていたが、これは賃金仮払仮処分に係る仮払金の返還請求訴訟において本案訴訟で請求中の賃金債権を自働債権とする相殺の抗弁に関する判断であり、自働債権・受働債権間に密接な関連があるという特殊性があり、そのような場合の事例判断であるとの評価もあった。本判決は、上記昭和63年判決が事例判例ではなく、一般的な射程をもつものであることを明らかにした点で意義がある。

2　142条は直接にはあくまでも二重の提訴を規制しており、訴えではない相殺の抗弁に直接適用がないことは明らかである。ただ、他方で、相殺の抗弁については、判決理由中の判断であっても、抗弁に供された自働債権の存否につき既判力が生じるという例外が認められている（114条2項）。そこで、相殺の抗弁について142条の類推適用が問題になる（なお、本件は、自働債権に係る提訴後に相殺の抗弁が提出されるパターン（抗弁後行型）であるが、相殺の抗弁提出後に提訴がされるパターン（抗弁先行型）については未だ最高裁判決は存しない）。142条の規定の趣旨は一般に、①被告の応訴の負担、②裁判所の審理の無駄、③既判力の抵触の防止とされるが（【53】解説参照）、本件のような場合は原被告逆転型であるので①は問題にならず、本判決も②・③の趣旨を挙げる。しかも、本判決は114条2項を媒介とした矛盾判決による法的安定性の阻害を強調しており、③に大きく傾いた理由による点は注目される。そして、それは、自働債権に係る訴訟と相殺の抗弁に係る訴訟が併合された場合もやはり相殺の抗弁が許されないとした点にも表れている。この場合は通常、裁判所の審理は重複せず、審理の無駄（②の問題）は生じないとも思われるが、それでもなお弁論分離の可能性や上訴の場合の取扱い（本件でも上告審で破棄差戻しとなった場合、差戻審で併合審理される保障はない）を考えると、なお判断抵触のおそれは否定できず、本判決はその点を重視したものといえよう（河野・後掲517頁参照）。このように考えると、XがまずA債権につき提訴した後、YがB債権につき訴訟を提起した場合、後者の訴訟でXがA債権を自働債権として相殺の抗弁を提出しようとしても、Xは前者の訴えを取り下げる必要があり、Yが取下げに同意しないときは、相殺の抗弁を行使できなくなるとの問題が生じる。ただ、この点は、Yの給付判決確定後に裁判外でXが相殺の抗弁を行使し、請求異議の訴えを提起できる（前者の訴訟と請求異議訴訟は二重起訴とならない）と解すれば足りるとされる（河野・後掲518頁参照）。

3　本判決後に残された問題として、XがA債権につき提訴した後、YがA債権よりも多額のB債権を有する場合（本件も、当事者の主張による限り、そのような事案であった）、Y提起の訴訟において相殺の抗弁を主張するとともに、その残額を請求するにはどうすればよいかが問題となる。この点、Yは相殺の抗弁を主張するとともに、残部を一部請求として訴求することがあり得るが、このような方法について、最3小判平成10・6・30民集52-4-1225は、①（応訴の負担）や②（審理の無駄）の問題は否定できず、かつ事実上の判断抵触が生じる可能性もあるが、訴訟物が異なるため既判力の抵触は生じず、相殺の抗弁の機能を重視し、債権の分割行使による相殺の主張が訴訟上の権利濫用に当たるなど特段の事情のある場合を除き、許容されるとした。更に、YがB債権につき反訴を提起するとともに、相殺の抗弁を主張することの可否についても、次の【55】がその可能性を認めるに至っている。

●参考文献●　河野信夫・判解平3年度511、内海博俊・百5版82

55 相殺の抗弁と二重起訴②

最2小判平成18年4月14日（民集60巻4号1497頁・判時1931号40頁）　　参照条文　民訴法142条

> 反訴の訴訟物となっている債権を本訴における相殺の抗弁の自働債権とすることは可能か。

●事実●　Xは、建築業者Yとマンション新築工事請負契約を締結したが、当該建物に瑕疵があると主張して、瑕疵修補に代わる損害賠償または不当利得等の支払を求める本訴を提起した。これに対し、Yは、Xに対し、本件請負契約に基づく請負残代金等の支払を求める反訴を提起した。Yは、第1審において、Xに対し、反訴請求に係る請負残代金債権を自働債権とし、本訴請求に係る損害賠償債権を受働債権として対当額で相殺する旨の意思表示をし、これを本訴請求に係る抗弁として主張した。原審は上記相殺の抗弁を認め、上記損害額を約2474万円、請負代金額を約1820万円と認定し、Xの請求につき、Yに対し約327万円の支払を求める限度で認容し、その余を棄却し、Yの反訴請求については棄却した。Yから上告。

●判旨●　原判決変更。
　「係属中の別訴において訴訟物となっている債権を自働債権として他の訴訟において相殺の抗弁を主張することは、重複起訴を禁じた民訴法142条の趣旨に反し、許されない【54】。しかし、本訴及び反訴が係属中に、反訴請求債権を自働債権とし、本訴請求債権を受働債権として相殺の抗弁を主張することは禁じられないと解するのが相当である。この場合においては、反訴原告において異なる意思表示をしない限り、反訴は、反訴請求債権につき本訴において相殺の自働債権として既判力ある判断が示された場合にはその部分については反訴請求としない趣旨の予備的反訴に変更されることになるものと解するのが相当であって、このように解すれば、重複起訴の問題は生じないことになるからである。そして、上記の訴えの変更は、本訴、反訴を通じた審判の対象に変更を生ずるものではなく、反訴被告の利益を損なうものでもないから、書面によることを要せず、反訴被告の同意も要しないというべきである。本件については、前記事実関係及び訴訟の経過に照らしても、Yらが本件相殺を抗弁として主張したことについて、上記と異なる意思表示をしたことはうかがわれないので、本件反訴は、上記のような内容の予備的反訴に変更されたものと解するのが相当である。」

●解説●　1　本判決は、相殺の抗弁についても142条の二重起訴禁止の趣旨が及ぶとした【54】の射程を明確にしたものである。すなわち、相殺の抗弁を主張した者の請求が反訴であった場合、当該反訴が予備的反訴に変更されることを前提に、相殺の抗弁は二重起訴とならず、適法であるとした。請求債権よりも多額の債権を有する被告の残債権の請求方法は、【54】判決後も残された問題であった（【54】解説3参照）。この場合、反訴を前提に、反訴請求を（相殺分を控除した）一部

請求に止めることが考えられるが（この場合に相殺の抗弁を適法とする判例として、最3小判平成10・6・30民集52-4-1225参照）、そうすると、被告としては相殺の抗弁と反訴に債権を割り振らなければならず、原告の請求が満額認められない場合は債権が残ってしまうという問題が生じる（例えば、1000万円の請求に対し、1500万円の債権を有する被告が、相殺の抗弁として1000万円、反訴として500万円を請求できるが、原告の債権がそもそも300万円しかないとなると、反訴で認められるのは最大500万円に止まり、700万円については再訴が必要になってしまう）。本判決は、このような場合、そのような割り振りをしないでも、相殺における自働債権全額（前記の例では1500万円）を反訴として請求することを可能としたものであり、実務上意味が大きいとともに、予備的反訴という興味深い理論構成を採用したものである。
　2　この問題のポイントは、【54】判決が原告の請求と被告の請求の「両事件が併合審理された場合についても」やはり相殺の抗弁は認められないとした点にある。この場合も、弁論分離や上級審における弁論併合がされないことによるバラバラの審理判決（それに伴う既判力抵触）のおそれがあるからである（【54】解説2参照）。本判決はこの問題を予備的反訴という構成により解決した。すなわち、相殺の抗弁の提出により反訴を予備的反訴（本訴において相殺の抗弁の判断がされることを解除条件とする反訴）に変更するという被告の意思解釈がされ、その結果、本訴と予備的反訴の弁論が分離できない関係になるため、上記のような弁論分離や上訴の問題は生じないというわけである。なお、このような変更は反訴の一部取下げに類似するが、この場合、相殺の抗弁と反訴を総合すれば必ず当該債権につき既判力ある判断を原告は得ることができるので、原告の同意（261条2項）は要しないと解してよい。極めて巧妙な解釈であるが、被告の意思の合理的解釈として妥当な判断ということができよう。
　3　本判決後に残る最大の問題として、本訴を提起した原告が被告の反訴に対し本訴請求に係る債権を自働債権として相殺の抗弁を提出できるかという点がある。この場合、本判決同様に考えれば、原告の本訴が「予備的本訴」となり、相殺の抗弁を許すことが考えられる。しかし、訴訟係属中の付随的な訴えである反訴には予備的反訴という概念があり得ても、本訴には解除条件（予備的本訴）は観念できないというのが一般的な理解であろう。そうすると、本訴被告は相殺の抗弁と反訴を併用できるのに、原告はできないとの不均衡を生じる。本訴原告は進んで訴えを提起したのであるから、このような差異はやむを得ないという見方もあり得るが（増森・後掲535頁注11参照）、本判決の論理からすれば、本訴を解除条件付にしても特に不都合はないとの見方も成り立つように思われる。その場合、原告の相殺の抗弁が認められれば、その範囲で本訴に係る判断がされない扱いとなろう。

●参考文献●　増森珠美・判解平18年度525、三木浩一・平18年度重判127

56 相殺の抗弁と二重起訴③

最2小判令和2年9月11日（民集74巻6号1693頁・判時2485号6頁）　　参照条文　民訴法142条

本訴の訴訟物となっている債権を反訴における相殺の抗弁の自働債権とすることは可能か。

●**事実**●　Yは、Xと本件請負契約を締結し、Xは工事を完成させ、完成した建築部分をYに引き渡した。Xは、本件請負契約に基づく請負代金829万余円の支払を求めて本訴を提起した。他方、Yは、上記建築部分には瑕疵が存在し、損害額266万余円の支払を求めて反訴を提起した。Xは、Yに対し、本訴請求に係る請負代金債権を自働債権とし、反訴請求に係る損害賠償債権を受働債権として、対当額で相殺する旨の意思表示をし、これを反訴請求についての抗弁として主張した。原審は、係属中の別訴において訴訟物となっている債権を自働債権として他の訴訟において相殺の抗弁を主張することは許されず、このことは併合審理の場合であっても異ならないので、Xが、反訴において本訴における請求債権を自働債権として相殺の抗弁を主張することは、142条の趣旨に反し、許されないと判示した。Xより上告受理の申立て（上告受理）。

●**判旨**●　原判決変更。
「請負契約における注文者の請負代金支払義務と請負人の目的物引渡義務とは対価的牽連関係に立つものであるところ、瑕疵ある目的物の引渡しを受けた注文者が請負人に対して取得する瑕疵修補に代わる損害賠償債権は、上記の法律関係を前提とするものであって、実質的、経済的には、請負代金を減額し、請負契約の当事者が相互に負う義務につきその間に等価関係をもたらす機能を有するものである。しかも、請負人の注文者に対する請負代金債権と注文者の請負人に対する瑕疵修補に代わる損害賠償債権は、同一の原因関係に基づく金銭債権である。このような関係に着目すると、上記両債権は、同時履行の関係にあるとはいえ、相互に現実の履行をさせなければならない特別の利益があるものとはいえず、両債権の間で相殺を認めても、相手方に不利益を与えることはなく、むしろ、相殺による清算的調整を図ることが当事者双方の便宜と公平にかない、法律関係を簡明にするものであるといえる（最1小昭和53・9・21判時907-54参照）。上記のような請負代金債権と瑕疵修補に代わる損害賠償債権の関係に鑑みると、上記両債権の一方を本訴請求債権とし、他方を反訴請求債権とする本訴及び反訴が係属している場合に、本訴原告から、反訴において、上記本訴請求債権を自働債権とし、上記反訴請求債権を受働債権とする相殺の抗弁が主張されたときは、上記相殺による清算的調整を図るべき要請が強いものといえる。それにもかかわらず、これらの本訴と反訴の弁論を分離すると、上記本訴請求債権の存否等に係る判断に矛盾抵触が生ずるおそれがあり、また、審理の重複によって訴訟上の不経済が生ずるため、このようなときには、両者の弁論を分離することは許されないというべきである。そして、本訴及び反訴が

併合して審理判断される限り、上記相殺の抗弁について判断をしても、上記のおそれ等はないのであるから、上記相殺の抗弁を主張することは、重複起訴を禁じた民訴法142条の趣旨に反するものとはいえない。したがって、請負契約に基づく請負代金債権と同契約の目的物の瑕疵修補に代わる損害賠償債権の一方を本訴請求債権とし、他方を反訴請求債権とする本訴及び反訴が係属中に、本訴原告が、反訴において、上記本訴請求債権を自働債権とし、上記反訴請求債権を受働債権とする相殺の抗弁を主張することは許されると解するのが相当である。」

●**解説**●　1　本判決は、請負代金債権を本訴、瑕疵修補に代わる損害賠償債権を反訴とする訴訟について、本訴と反訴の弁論は分離できず、本訴請求債権を自働債権、反訴請求債権を受働債権とする反訴における相殺は二重起訴の禁止に反しないとした。弁論の分離に係る裁量に制限があることを示す一方、本訴請求債権による相殺につき二重起訴の禁止の規律が妥当しない例外的場面を明らかにした点で意義がある。
　2　弁論の分離（152条1項）は裁判所の自由裁量に委ねられ、それは本訴・反訴の場合も同様とされる。ただ、このような裁量に限界がないかは以前から議論されており、両請求間に密接な関連性がある場合は裁量権の逸脱となり、違法になる場合があるとの見解も近時は有力である（笠井・後掲148頁参照）。本判決は、瑕疵修補損害賠償は実質的には請負代金の減額と同様であり、相殺による清算的調整が当事者双方の便宜と公平に適い、法律関係を簡明にするといえるので、そのような場合は本訴債権による相殺権が行使された場合は、弁論の分離は許されないとしたものである（相殺の抗弁が出されていない場合は、この判旨の射程は及ばないと解される）。判旨を前提にすれば、反訴債権で相殺した場合も、反訴は必ずしも当然に予備的反訴になると解しなくても、弁論分離が禁止されるので、二重起訴にはならないものと解されよう。
　3　【55】が残した最大の問題としては、本訴請求債権を自働債権とし、反訴請求債権を受働債権とする相殺の許容性の点があった（【55】解説3参照）。本判決は、本件のような例外的な場面（本訴・反訴に特別の密接関連性がある場面）に限って、問題の解決を図ったものといえよう。本訴・反訴の場合に二重起訴の規律を妥当させる根拠が将来の弁論分離の可能性にあるとすれば、分離を排除できる場合にはその適用を否定できるからである。ただ、それでも、両請求にそこまでの密接関連性が認められない場合には、反訴債権による相殺の場合（この場合は反訴を予備的反訴とすることで両請求の関連性は要しない）との不均衡は残らざるを得ず、より抜本的な対処の必要は残ろう（本判決解説（金判1613-16）は「本判決を契機として、この点についてさらに議論が深まることを望む」とする）。

●**参考文献**●　杉本和士・令2年度重判94、大江忠=加藤新太郎=山本和彦編『手続裁量とその規律』141〔笠井正俊〕

最新重要判例 250 民事訴訟法
訴訟要件

57 登記請求訴訟

最2小判昭和41年3月18日（民集20巻3号464頁・判時445号31頁） 参照条文 民執法177条

> 抹消登記の実行が不可能な場合に不動産登記の抹消手続を求める訴えの利益はあるか。

●事実● 本件建物はXが建築して所有権を取得したものであるが、Y_1名義の所有権保存登記、Y_1からY_2、Y_2からY_3への所有権移転登記が経由されている。Xは上記各登記の抹消登記手続請求をしたところ、原審は、Y_1およびY_2に対する請求を認容したが、Y_3については、民法94条2項の類推適用によりY_1が本件建物所有権を取得しなかったことを対抗できないとして請求を棄却した。Y_1およびY_2が上告し、上告理由として、Y_3に対する請求棄却判決は確定しているから、Y_1およびY_2に対する請求が認容されても、結局、各登記抹消は不可能で、Xの所有権保存登記も経由できないから、Y_1およびY_2に対する請求はその目的を達成できず、訴えの利益を欠くと主張した。

●判旨● 上告棄却。
「不動産登記の抹消登記手続を求める請求は、被告の抹消登記申請という意思表示を求める請求であって、その勝訴の判決が確定すれば、それによって、被告が右意思表示をしたものとみなされ（民訴法736条〔現行民執177条〕）、その判決の執行が完了するものである。したがって、抹消登記の実行をもって、右判決の執行と考える必要はないから、右抹消登記の実行が可能であるかどうかによって、右抹消登記手続を求める請求についての訴の利益の有無が左右されるものではない。これを本件についてみるに、Xに対し、Y_1が本件建物について経由された自己名義の所有権保存登記の抹消登記手続を、Y_2が本件建物について経由されたY_1からの……所有権移転登記の抹消登記手続を、それぞれする義務がある以上、XのYらに対する右各登記の抹消登記手続を求める請求は、認容されるべきであり、たとえ、本件建物についてY_2からY_3への所有権移転登記が経由されており、XのY_3に対する右所有権移転登記の抹消登記手続請求が認容されず、したがって、Yらの経由した前記各登記の抹消登記の実行も不可能であっても（不動産登記法146条1項〔現行68条〕参照）、それがため、XのYらに対する前記各登記の抹消登記手続請求が、訴の利益を欠き、不適法となるわけではない。」

●解説● 1 本判決は、不動産登記の抹消登記手続訴訟において、当該登記につき利害関係人が存在し、当該利害関係人に対する請求棄却判決が確定し、その同意を取得できないため、実際には抹消登記ができない場合であっても、上記訴えの利益が消滅するわけではないことを明らかにする。給付の訴えの利益につき判示した珍しい事案であるが、登記関係訴訟の特殊性を反映する。訴えの利益という訴訟要件は、理論上、全ての訴訟形態について問題となり得るが、実際には、確認の訴えにおける確認の利益が中心課題である。こ

れは確認訴訟の対象が無限定であるため、紛争がない場面や紛争解決に全く役に立たない訴えが提起されるおそれが常にあるが、給付の訴えの場合は、その訴えにより現状変更（被告の何らかの行為）が求められる関係で、そこには常に紛争が観念でき、給付判決を債務名義として強制執行が可能となるので、一般的に訴えの利益は肯定される。確かに給付の訴えでも、将来給付の訴えの場合は、何故に現時点で訴えを提起する必要があるのかという観点から訴えの利益が問題となり得るが（135条）、現在給付の場合にはそのような点も問題にならない。問題になり得るとすれば、当該給付判決を取得しても現実の執行ができない場合であるが、本判決はまさにその点が論点となった例である。

2 本判決で対象となったのは、意思表示義務の履行である。意思表示を命じる判決の強制執行はやや特殊なものである。理論的には、意思表示義務は非代替的作為義務（債務者自身がしなければならず他の者が代わってすることができない義務）であり、その執行方法は間接強制（民執172条）になるとも思われるが、このような義務では、通常、実際に（物理的に）意思が表示されることが重要ではなく、その意思表示に結びつけられた法律効果の実現が問題であるので、法は、意思表示を命ずる判決が確定したときは、その時点で債務者が当該意思表示をしたものと擬制することとしている（民執177条）。したがって、判決の確定と同時に執行は終了しているのであり、本判決が指摘するように、その後に実際に登記ができるか否かは、判決の執行とは直接関係がない事柄ということになる。

3 本判決は、以上のような意思表示義務の特性に鑑み、抹消登記の現実の可能性は訴えの利益を左右しないとする。その判示自体は相当であるが、本判決の射程については、2点問題がある。第1に、およそ当該判決で求めている結果（本件では登記抹消）が未来永劫不可能な場合も訴えの利益が認められるかという点である。本件では、Y_1らの抹消登記を実現するにはY_3の同意が必要であるところ、Y_3に対する請求棄却判決が確定しており、普通に考えれば抹消登記の実現可能性はない。ただ、Y_3が翻意し、あるいは一定の金銭支払により同意を与える可能性は絶無ではなく、なお実益が認められよう（この点を指摘するのは、豊水・後掲114頁）。その意味で、そのような可能性が全くない場合まで訴えの利益を認めるかはなお問題である（ただ、金銭給付で債務者無資力の場合も将来の資力回復の可能性は常にあり、執行可能性絶無の場面は想定困難である）。第2に、給付判決自体の執行可能性は訴えの利益の要件となるかという点である。本判決は「抹消登記の実行をもって、右判決の執行と考える必要はない」との理由を述べており、判決の執行可能性自体は必要とするようにもみえる。しかし、建物の明渡訴訟で建物が滅失しているような場合も本案の問題であり、請求棄却判決をすることで十分と考えられよう。

●参考文献● 豊水道祐・判解昭41年度111、萩澤達彦・百5版48

58 仮差押債務者による給付訴訟

最3小判昭和48年3月13日（民集27巻2号344頁・判時701号69頁）　　参照条文　民保法50条

仮差押えを受けた債務者は被差押債権に係る給付訴訟の原告適格を失うか。

●**事実**●　労働組合Xは、もと組合員Yらが組合員の時に貸与した貸付金の返還を求めて本訴を提起した。第1審でX勝訴後、控訴審においてAがXに対して有する債権に基づきXの本件貸金債権の仮差押えをしたので、Yらは、Xは仮差押え解除を条件に支払を求め得るにすぎず、無条件の給付判決を求めることはできないと主張した。原審はこの主張を斥け、第1審判決を是認し、控訴を棄却したところ、Yらから上告。

●**判旨**●　上告棄却。
「仮差押の目的は、債務者の財産の現状を保存して金銭債権の執行を保全するにあるから、その効力は、右目的のため必要な限度においてのみ認められるのであり、それ以上に債務者の行為を制限するものと解すべきではない。これを債権に対する仮差押について見ると、仮差押の執行によって、当該債権につき、第三債務者は支払を差し止められ、仮差押債務者は取立・譲渡等の処分をすることができなくなるが、このことは、これらの者が右禁止に反する行為をしても、仮差押債権者に対抗しえないことを意味するにとどまり、仮差押債務者は、右債権について、第三債務者に対し給付訴訟を提起しまたはこれを追行する権限を失うものではなく、無条件の勝訴判決を得ることができると解すべきである。このように解して、右仮差押債務者が当該債権につき債務名義を取得し、また、時効を中断するための適切な手段をとることができることになるのである。殊に、もし、給付訴訟の追行中当該債権に対し仮差押がされた場合に仮差押債務者が敗訴を免れないとすれば、将来右仮差押が取り消されたときは、仮差押債務者は第三債務者に対し改めて訴訟を提起せざるを得ない結果となり、訴訟経済に反することともなるのである。……さらに、第三債務者に対する関係では、もし、右判決に基づき強制執行がされたときに、第三債務者が二重払の負担を免れるためには、当該債権に仮差押がされていることを執行上の障害として執行機関に呈示することにより、執行手続が満足の段階に進むことを阻止しうるものと解すれば足りる（民訴法544条〔現行民執11条〕）。」

●**解説**●　1　本判決は、給付訴訟が提起されている債権につき仮差押えがされた場合に、当該訴訟は適法か、また裁判所は無条件の給付判決ができるかについて明らかにした（なお、この問題は、仮差押えに限定されず、差押えや仮処分など当該債権の処分・取立てが禁止される場合にも同様に生じる）。大審院判例は、仮差押えや差押えがされた債権の債権者（仮差押え等の債務者）は、当該債権につき訴訟追行権を失い、給付判決を求めることはできず、訴えを却下すべきものとしていた（大判昭和4・7・24民集8-728、大判昭和15・12・27

民集19-2368、大判昭和17・1・19民集21-22など）。しかるに、本判決は、最高裁において大審院とは異なる立場を明らかにし、上記のような場面でも債権者は訴訟追行権を失わず、かつ、無条件の給付判決を得ることができることを明言したものであり、理論的にも実務的にも重要な判断といえる。

2　仮差押えおよび差押え（以下「差押え等」という）には、差押え等を受けた債務者の債権の取立て等の処分を禁止する効果がある（民執145条1項、民保50条）。したがって、債務者は第三債務者から当該債権の弁済を受けることができないが、ここでの問題は、いわばその前段階である訴訟の提起・追行も許されないかという点にある。この点については、①差押え等を受けた債務者の訴訟追行権が失われるとする訴え却下説、②訴訟追行権は認められるが、本案につき差押え等が解除された場合に限り給付を命じる判決を可能とする条件付給付判決説、③訴訟追行権が認められ、本案についても差押え等にかかわらず無条件の給付判決を可能とする無条件給付判決説に分かれていた（中野・後掲参照。なお、匿名・後掲569頁によれば、更に（破産手続開始の場合と同様に）訴訟手続中断説があったとされるが、現在では支持する見解はない）。

3　この問題の結論は執行債務者（訴訟における原告）の地位保全と第三債務者（訴訟における被告）の負担のバランスによると思われる。すなわち、執行債務者の訴訟追行を認めると、第三債務者は（特に差押えの場合）執行債権者の訴訟（取立訴訟）と二重の応訴負担を負うことになりかねず、何ら責任のない第三債務者に酷な結果となる。ただ、②・③説によってもこのような訴訟は訴訟物が同じで二重起訴になるので、執行債務者の訴訟追行を認めても、執行債権者は別訴を提起できず訴訟参加しかできないとすれば、二重応訴の負担は解消できる（【53】の債権者代位の場合と同様になる）。そうだとすれば、執行債務者に債務名義取得や時効の完成猶予のため提訴を認めることに妥当性があろう。他方、②説と③説を分けるのは執行債権者と執行債務者の利害調整であり、執行債務者に対してどこまで強制執行を許すべきかという点となる。②説では差押え等が解除されない限り、強制執行ができず、取立禁止は完全に担保される。しかし、それでは第三債務者の責任財産処分等により当該債権が回収できず、結果として債権者への弁済ができなくなる（他の財産により弁済せざるを得ない）事態が生じ得る。そこで、少なくとも執行債務者の差押えによる財産保全を認めるべきと考えられるが、差押えだけで足りるとすれば、②説でも仮差押えを認めれば足りよう。ただ、更に財産の価値保全のため換価まで認める必要があるとすれば③説によらざるを得ず、配当による満足のみを排除すべきことになる。執行段階に応じた柔軟な取扱いを可能にするという点で、③説を採用した本判決は妥当なものと解される。

●**参考文献**●　匿名・判解昭48年度567、中野貞一郎『民事執行法』692注11

59 親子関係存否確認

最大判昭和45年7月15日（民集24巻7号861頁・判時597号64頁）　　参照条文　人訴法12条3項

父母と子の親子関係存否確認訴訟は父母の死亡後でも訴えの利益はあるか。

●事実●　Aは戸籍上B・Cの嫡出子となっていたが、B・Cが死亡し、更にAも戦死した後、Xは、実際は、AはX（母）とDとの間に出生した子であったと主張し、検察官を被告に、「AはXの子であることを確認する」との請求の趣旨の訴えを提起した。第1審は訴えを却下し、原審も控訴を棄却した。Xより、Xが恩給法に基づくAの遺族扶助料を受けるためには戸籍訂正の必要があるところ、A・B・Cのいずれも死亡しているため、検察官を相手に本件訴えを提起したもので、これを許さない原判決は不当であるとして、上告。

●判旨●　原判決破棄、第1審判決取消し・差戻し。
「父母と子との間の親子関係存否確認の訴は、右三者がいずれも生存している場合はもとより、父母のいずれか一方が死亡した場合においても、その生存者と子との間において親子関係存否確定の利益がある以上、人事訴訟手続法、ことに……親子関係に関する手続規定を類推適用して右訴を認めるべきことは、当裁判所の判例とするところである（最2小判昭和25・12・28民集4-13-701参照）。ところで、親子関係は、父母の両者または子のいずれか一方が死亡した後でも、生存する一方にとって、身分関係の基本となる法律関係であり、それによって生じた法律効果につき現在法律上の紛争が存在し、その解決のために右の法律関係につき確認を求める必要がある場合があることはいうまでもなく、戸籍の記載が真実と異なる場合には……確定判決に基づき右記載を訂正して真実の身分関係を明らかにする利益が認められるのである。人事訴訟手続法で、婚姻もしくは養子縁組の無効または子の認知の訴につき、当事者の一方が死亡した後でも、生存する一方に対し、死亡した当事者との間の右各身分関係に関する訴を提起する……することを認め、この場合における訴の相手方は検察官とすべきことを定めている……のは、右の趣旨を前提としたものと解すべきである。したがって、父母の両者または子のいずれか一方が死亡した後でも、右人事訴訟手続法の各規定を類推し、生存する一方において死亡した一方との間の親子関係の存否確認の訴を提起し、これを追行することができ、この場合における相手方は検察官とすべきものと解するのが相当である。」

●解説●　1　本判決は、親子関係存在確認訴訟につき子が死亡している場合でも、親が検察官を被告として適法に提起できること、すなわちその場合に確認の利益が認められる旨を初めて明らかにした最高裁判決である。そのような場合の確認の利益を否定していた大審院から最高裁に至る従来の判例（最高裁判決として、最3小判昭和34・5・12民集13-5-576）を変更した大法廷判決として意義があるとともに、過去の法律関係についても確認の利益を認め得ることを比較的一般的な事案で示したものとして理論的意義も大きい（特に特殊な場面で過去の法律関係の確認の利益を最初に認めた判例として、国籍訴訟に関する最大判昭和32・7・20民集11-7-1314参照）。なお、本件の問題自体は平成15年の現行人訴法により明文規定が設けられ（人訴12条3項）、現在では歴史的意義を有するに止まる。

2　確認の利益についての否定説は（本判決も5人の裁判官が反対意見を述べる）、当事者の一方が死亡した親子関係は過去の法律関係であることを前提に、①過去の法律関係の解明の困難さ、②その確認による第三者の不測の損害を指摘し、③その確認を認めなくても現在の法律関係の前提として親子関係を判断できれば十分とするものであった。これに対し、法廷意見が強調するのは、④親子関係が身分関係の基本となる法律関係であること、⑤戸籍法116条により確定判決に基づき記載を訂正して真実の身分関係を明らかにする利益があることである。この点、否定説の①は前提問題として過去の法律関係が認定できるのであれば理由にはなり難く、②および③は、結局、親子関係の判断が他の法律関係ごとに区々になり得ることを前提にするが、法廷意見の④は基本的身分法律関係という性質上、それは望ましくないと考え、誤っているのであれば可及的に是正することが望ましいとの判断になろう（但し、期間制限は別途問題になり得る）。そして、法廷意見の⑤は、従来の実務が家裁の許可による戸籍訂正（戸籍113条）を認めていたのは本来の姿ではなく、④の趣旨からは確定判決による訂正（戸籍116条）の途が本来であるとする趣旨であろう。

3　以上のように、法廷意見は親子関係確認に特化した判断といえるが、大隅健一郎裁判官の補足意見はより一般的に紛争の抜本的解決の必要がある場合は広く確認の利益を認める立場をとる。すなわち、「現在の権利または法律関係の個別的な確定が必ずしも紛争の抜本的解決をもたらさず、かえって、それらの権利または法律関係の基礎にある過去の基本的な法律関係を確定することが、現に存する紛争の直接かつ抜本的な解決のため最も適切かつ必要と認められる場合のあることは否定しがたいところであって、このような場合には、過去の法律関係の存否の確認を求める訴であっても、確認の利益がある」とする。この一般的理解は多数意見を制するには至らず、法廷意見の範囲でコンセンサスが得られたとみられるが、その後の判例（特に【62】以降）の展開はこのような理解が普遍化する方向になり、本判決はその重要な出発点となった。他方、身分関係では、近時に至ってもなお戸籍訂正の利益が重視されており、例えば、最3小判昭和62・7・17民集41-5-1381は、離縁無効確認訴訟につきやはり戸籍訂正の利益を重視し、仮に相手方から縁組無効の主張がされている場合であっても、離縁無効確認の利益はあるとする。身分関係における戸籍の重視を示すとともに、大法廷判決の強い影響力を感じさせる。

●参考文献●　野田宏・判解昭45年度643、山本克己・百Ⅰ補正版132

60 遺言無効確認①

最3小判昭和47年2月15日（民集26巻1号30頁・判時656号21頁）　　参照条文　なし

> 遺言無効確認の訴えについて確認の利益は認められるか。

●**事実**●　Xらは、亡Aの自筆証書遺言の無効確認の訴えを提起し、その請求原因として、Aは死亡し、XらおよびYらが同人を共同相続したものであるところ、家裁の検認を得た自筆証書遺言で、Aはその全財産を共同相続人の1人に与えようとするもので、家督相続制を廃止した憲法24条に違背し、かつ、その1人が誰であるか明らかでなく、権利関係が不明確であるから無効であると主張した。これに対し、Yらは、確認の利益を争うとともに、本件遺言によりAの全財産の遺贈を受けた者はY₁であることが明らかであるから、本件遺言は有効であるとして争った。第1審は、遺言は過去の法律行為であるから、その有効性の確認を求める訴えは確認の利益を欠くとして、本訴を却下した。Xらが控訴したが、原審も本訴を不適法として却下すべきとし、Xらの控訴を棄却した。Xらより上告。

●**判旨**●　原判決破棄、第1審判決取消し・差戻し。
「いわゆる遺言無効確認の訴は、遺言が無効であることを確認するとの請求の趣旨のもとに提起されるから、形式上過去の法律行為の確認を求めることとなるが、請求の趣旨がかかる形式をとっていても、遺言が有効であるとすれば、それから生ずべき現在の特定の法律関係が存在しないことの確認を求めるものと解される場合で、原告がかかる確認を求めるにつき法律上の利益を有するときは、適法として許容されうるものと解するのが相当である。けだし、右の如き場合には、請求の趣旨を、あえて遺言から生ずべき現在の個別的法律関係に還元して表現するまでもなく、いかなる権利関係につき審理判断するかについて明確さを欠くことはなく、また、判決において、端的に、当事者間の紛争の直接的な対象である基本的法律行為たる遺言の無効の当否を判示することによって、確認訴訟のもつ紛争解決機能が果たされることが明らかだからである。」

●**解説**●　1　本判決は、遺言無効確認の訴えについて確認の利益を認めたものである。大審院時代からこのような訴訟を適法とすると解し得る判示がされてきたが（大判昭和5・5・17民集9-518、大判昭和6・6・10民集10-409など）、最1小判昭和31・10・4民集10-10-1229は、遺言者の生前における遺言無効確認の訴えの利益を否定したものであったところ、その理由中で「法律行為はその法律効果として発生する法律関係に対しては法律要件を構成する前提事実に外ならないのであって、法律関係そのものではない」とし、「かかる事項を確認の訴の対象とすることの許されないことは……明瞭であろう」と判示していた。これによれば、遺言者死亡後であっても遺言が法律行為である点に変わりはないので、確認の利益が否定されると解し得るものであった。本判決はそのような理解を否定した点

に意義がある一方、その理由づけとして確認訴訟の紛争解決機能に言及している点も興味深い。

2　原判決は、前掲最判昭和31・10・4の理由中の説示に従ったものとみられる。すなわち、法律行為という点では遺言も売買や賃貸借と同一であり、過去の法律行為である点を強調し、そうだとすれば法律行為により変動を受けた現在の法律関係、すなわち相続財産の範囲の確認等で十分とした。これに対し、本判決は、遺言無効確認が形式上は過去の法律関係の確認である点は認めながら、①現在の法律関係に還元でき、その点につき原告が確認の利益を有しており、かつ、②当該法律関係が基本的法律行為である場合は、現在の法律関係への還元を省略し、直接過去の法律行為の無効を確認できるとする。このうち、①は、現在の法律関係に全く繋がらない遺言内容である場合（いわゆる遺訓のようなもの）を排除する趣旨と解されるが、通常の遺言はこれを満たすであろう（柴田・後掲307頁）。また、②については、遺言は、遺産の範囲＝遺贈（民964条）、遺産分割方法（民908条）、担保責任（民914条）、相続分（民902条）、配偶者居住権の設定遺贈（民1028条）等相続に関わるもののほか、認知（民781条2項）等の身分行為も含めて多くの法律関係に関わり、まさに基本的法律関係と評することができよう。以上に鑑み、本判決は、確認訴訟の紛争解決機能という観点から、遺言無効確認の利益を一般的に肯定したものである。ただ、本判決の理由づけは、遺言を現在の法律関係の「束」として捉え、それらを一々明示しなくても、その束を遺言無効確認と総称しているという趣旨とも理解できる。換言すれば、過去の法律関係（法律行為）の確認の有効性を正面から認めたというよりも、現在の法律関係の系としてその適法性を肯定したようにもみえ、判例は未だこの段階では過去の法律関係の確認に躊躇していたともいえる。他方、遺言と売買や賃貸借の区別となる「基本的法律関係」性をどの範囲で認めるのかも微妙な問題である。例えば、労働契約につき解雇の有効性が問題とされる場合、現在の労働関係のみが問題だとすればその確認で足りるが、過去の賃金その他労働関係に付随する法律関係にも影響があるとすれば、解雇の有効性は基本的法律関係であり、紛争解決機能に鑑み、その確認の利益を認めるとの判断もあり得よう。

3　本判決の射程との関係では、本判決はあくまでも遺言者死亡後の遺言無効確認を認めたものであり、前掲最判昭和31・10・4の結論を覆すものでないことは言うまでもない（**【61】**参照）。また、遺言無効確認訴訟が適法として、それが必要的共同訴訟かという点も問題となる（柴田・後掲307頁は、類似必要的共同訴訟と解する説が有力とする）。その基本的法律関係性から合一確定が望ましい一方、法律関係の多様性から関係人が多く、固有必要的共同訴訟とすることは難しいが（最2小判昭和56・9・11民集35-6-1013参照）、類似必要的共同訴訟とする可能性はあろう。

●**参考文献**●　柴田保幸・判解昭47年度300、川嶋隆憲・百5版52

61 遺言無効確認②

最2小判平成11年6月11日（判時1685号36頁・判タ1009号95頁）　参照条文　なし

遺言者生存中において遺言無効確認の利益はあるか。

●事実● XはY_1の養子で、唯一の推定相続人であり、Y_2はY_1の甥である。Y_1は、平成元年12月、本件公正証書遺言をしたが、その内容はY_1所有の土地建物の持分をY_2に遺贈するというものであった。平成5年3月、Y_1に対し、アルツハイマー型老人性痴呆で、心身喪失の常況にあるとして、禁治産宣告（現行法上の後見開始決定）がされ、Y_1の症状は回復の見込みがないとされた。本件訴えは、Xが、Yらに対し、本件遺言につき、Y_1の意思能力を欠いた状態で、かつ、公正証書遺言の方式に違反して作成されたと主張し、本件遺言の無効確認を求めるものである。第1審は訴えを却下したが、原審は、遺言者生存中に遺言の無効確認を求める訴えは原則として不適法であるが、本件のように遺言者による遺言の取消しや変更の可能性がないことが明白な場合には、その生存中であっても例外的に遺言の無効確認を求めることができるとして、本件訴えを適法と判断し、第1審判決を取り消し、本件を第1審に差し戻した。Yらより上告。

●判旨● 原判決破棄・控訴棄却。
「Xが遺言者であるY_1の生存中に本件遺言が無効であることを確認する旨の判決を求める趣旨は、Y_2が遺言者であるY_1の死亡により遺贈を受けることとなる地位にないことの確認を求めることによって、推定相続人であるXの相続する財産が減少する可能性をあらかじめ除去しようとするにあるものと認められる。ところで、遺言は遺言者の死亡により初めてその効力が生ずるものであり（民法985条1項）、遺言者はいつでも既にした遺言を取り消すことができ（同法1022条）、遺言者の死亡以前に受遺者が死亡したときには遺言の効力は生じない（同法994条1項）のであるから、遺言者の生存中は遺贈を定めた遺言によって何らの法律関係も発生しないのであって、受遺者とされた者は、何らかの権利を取得するものではなく、単に将来遺言が効力を生じたときは遺贈の目的物である権利を取得することができる事実上の期待を有する地位にあるにすぎない（最1小判昭31・10・4民集10-10-1229参照）。したがって、このような受遺者とされる者の地位は、確認の訴えの対象となる権利又は法律関係には該当しないというべきである。遺言者が心身喪失の常況にあって、回復する見込みがなく、遺言者による当該遺言の取消又は変更の可能性が事実上ない状態にあるとしても、受遺者とされた者の地位の右のような性質が変わるものではない。」

●解説● 1 本判決は、遺言者の生前において遺言無効確認の訴えは確認の利益を欠くとする判例（前掲最判昭和31・10・4。以下「昭和31年判決」という）を遺言の撤回可能性がない場合にも維持したものである。昭和31年判決は、その根拠として「遺言者は何時にでも既になした遺言を任意取消し得る」点を挙げていた（遺言が過去の法律行為である点も根拠として挙げていたが、この点は、その後、遺言者死亡後の遺言無効確認の利益を認める【60】により否定された）。しかるに、本件事案の特殊性は、遺言者が回復可能性のない認知症に罹患し、遺言者が将来意思能力を回復し得る可能性はなく、遺言の有効な撤回が考えられない点にあり、そのような場合でも上記判例は妥当するかが問題となった。原判決は確認の利益を肯定したが、本判決はそれを否定し、従来の判例が妥当する旨を明確にした。高齢化社会の中、認知症の進行過程で遺言がされ、その効力が問題になることが多い現状で、実務的意義とともに、将来の法律関係の確認の利益に関する理論的意義も大きい。

2 本判決の論拠は、遺贈を受けることができる受遺者の地位は「事実上の期待を有する地位」に止まり、確認対象にはなり得ないという点にある。これに対し、法律上の期待（停止条件付権利等）であれば話は別ということで（敷金返還請求権に関する【64】参照）、確認対象となる実体法上の地位によって区別するが、実際にはその区別は微妙な場合があろう。特に本件の場合は遺言の撤回可能性が事実上ゼロに近いとすれば、事実上の期待は極めて強固なものという見方も可能である。しかし、事実上の期待はどこまで行っても事実上のものに止まるというのが判旨の理解であろう。確かに、受遺者が遺言者よりも先に死亡する可能性や遺言者に成年後見が開始して成年後見人が受贈対象財産を処分する可能性等も考慮すると、遺言自体は撤回できなくても、受贈者の法的地位はなお脆弱なものであることは否定し難い。なお、昭和31年判決は将来の法律関係の不存在を確認するものであるとの理解に基づき、将来の法律関係の確認は不適法としていたところ、本件はそのような概念整理はしていないが、やはり将来の法律関係が直接確認の対象になるとは理解していないと解される（その意味で、過去の法律関係と将来の法律関係は依然同視されていない）。ただ、そのような峻別は確認訴訟の紛争解決機能に鑑み、疑問があるとの評価（即時確定の利益が強い場合は将来の法律関係の確認を認める理解）もあり得よう【64】解説参照）。

3 本判決の射程として、本件は推定相続人側からの遺言無効の確認であるが、受贈者側からの遺言有効確認でも同様の判断になるとみられる。また、本件では、原告側＝推定相続人の地位を問題にする余地もあり得たかと思われる。この点で、被相続人の生前処分について推定相続人が無効確認を求めた事案で訴えの利益を否定した判例（最3小判昭和30・12・26民集9-14-2082）は、権利義務を包括的に承継する期待権にすぎず、現在個々の財産に権利を有するものではないとしている。したがって、本件でも受贈対象財産につき原告の法的地位に危険・不安が生じているものではないとする見方も可能であったように思われるが、昭和31年判決の延長線上で受贈者の地位を直截に問題としたものであろうか。

●参考文献● 今津綾子・百5版58、中野貞一郎『民事訴訟法の論点II』71

62 理事会決議無効確認

最1小判昭和47年11月9日（民集26巻9号1513頁・判時687号51頁）　参照条文　なし

学校法人の理事会等の決議について、無効確認の利益はあるか。

●**事実**●　Xらは、学校法人Yの理事会および評議員会の決議の無効確認を求めていた。Xらが無効確認を求めている決議の1つではXらを理事から解任し、別の者を理事に選任する決議がされている。原審は、Xらの請求につき、法律に特別の規定のない限り、単なる事実の確認または過去の法律関係の確認の利益はないとし、学校法人の理事会等の決議は法律効果発生の要件事実にすぎず、私立学校法は、株主総会のように、決議の無効確認の訴えを認める規定を設けていないから、決議に基づき発生した現在の具体的権利または法律関係の存否の確認を求めるのは格別、過去の決議の無効確認を求めることはその利益を欠くとして、Xらの訴えを却下した。Xらより上告。

●**判旨**●　上告棄却。
　「確認の訴におけるいわゆる確認の利益は、判決をもって法律関係の存否を確定することが、その法律関係に関する法律上の紛争を解決し、当事者の法律上の地位の不安、危険を除去するために必要かつ適切である場合に認められる。このような法律関係の存否の確定は、右の目的のために最も直接的かつ効果的になされることを要し、通常は、紛争の直接の対象である現在の法律関係について個別にその確認を求めるのが適当であるとともに、それをもって足り、その前提となる法律関係、とくに過去の法律関係に遡ってその存否の確認を求めることは、その利益を欠くものと解される。しかし、ある基本的な法律関係から生じた法律効果につき現在法律上の紛争が存在し、現在の権利または法律関係の個別的な確定が必ずしも紛争の抜本的解決をもたらさず、かえって、これらの権利または法律関係の基本となる法律関係を確定することが、紛争の直接かつ抜本的な解決のため最も適切かつ必要と認められる場合においては、右の基本的な法律関係の存否の確認を求める訴も、それが現在の法律関係であるか過去のそれであるかを問わず、確認の利益があるものと認めて、これを許容すべきものと解するのが相当である。」
　そして、法人の意思決定機関の決議は法人の対内・対外関係の諸般の法律関係の基礎をなすから、決議から派生した各種法律関係に現在紛争が存在するときに、決議自体の効力を既判力により確定することが紛争解決のため最も有効適切な手段である場合があることは否定し得ないとし、会社法830条のような明文規定がない法人であっても、意思決定機関の決議の有効性を確定することに実益の存する場合があることは否定し難く、この点につき上記規定の準用の存する法人とそうでない法人で截然と区別する実質的理由は認められず、上記規定の準用がない学校法人にもその類推適用を認める。ただ、本件では一部決議は有効にされて、Xらは理事の地位を

失っているので、他の決議についても確認の利益は否定されるとし、上告を棄却した。

●**解説**●　1　本判決は、過去の法律関係について初めて包括的に確認の利益を認めた判例である。【59】大法廷判決における大隅補足意見の一般論をほぼそのまま採用し、過去の法律関係の確認の利益を一般論として認めたものとして、その理論的意義は極めて大きい。同判決の多数意見は身分関係の特殊性（特に戸籍訂正の必要）を強調したもので、大隅補足意見は多数意見を説得しきれなかったとみられるが、2年後の本判決において一般論が認められたものとみえる（本判決を言い渡した第1小法廷の裁判長は大隅裁判官である）。具体的事案としては、法人の会議体の決議無効確認につき規定が未整備であったところ、会社等と同旨が妥当するものとした。その後、一般法人法等で規定が整備されたが（同法265条2項等参照）、宗教法人や学校法人ではそれが準用されておらず、依然として規定上は明らかでなく立法論として問題はあるが、その点で本判決はなお実務上の意義をも有している。
　2　本判決の定式は、現在の法律関係の確認が原則である点は維持しながら、例外的に過去の法律関係の確認が認められる要件として、①基本的法律関係の確認であること、②その基本的法律関係から生じた法律効果につき現在法律上の紛争が存在すること、③現在の法律関係の個別的確定よりも基本的法律関係の確認の方が紛争の直接かつ抜本的な解決のため最も適切かつ必要と認められることを挙げる。全体的には即時確定の利益に一元化する方向に向かっているとはいえるが、現在の確認を原則に据える点に加えて、①の法律関係の基本的性格を要件とし、③も単なる即時確定の利益ではなく、現在の法律関係の確認との比較の要素（より直接的・抜本的な解決の要請）がある点からも（上記定式の「最も」の部分については、あくまで現在の法律関係の確認との比較という趣旨で理解すべきであろう）、なお確認対象に関する要素、すなわち過去の法律関係の確認について特別な認定の必要性を維持しているものと解される（また、将来の法律関係の確認については、即時確定の利益の存在いかんにかかわらず、判例は否定的立場を維持していると解される）。
　3　本判決後の判例は、上記定式に忠実に、現在の法律関係への還元を行って確認の利益を検討するようにみえる（例えば、遺言無効確認につき【60】参照）。ただ、いくつかの判例は、本件の定式である「紛争の直接かつ抜本的な解決のため最も適切かつ必要」という判断構造を直接援用する。本件同様、法人決議系のもの（最2小判平成16・12・24判時1890-46〔医療法人社員総会決議〕、最3小判平成17・11・8判時1915-19〔檀信徒総会決議〕）のほか、賃料増額請求の効果発生時という過去の賃料額確認につき、「紛争の直接かつ抜本的解決」に繋がるとして認める判決（最1小判平成26・9・25民集68-7-661）は将来への広がりを感じさせる。

●**参考文献**●　野田宏・判解昭47年度579、井上治典・判タ292-86

63 遺産確認

最1小判昭和61年3月13日（民集40巻2号389頁・判時1194号76頁）　参照条文　なし

> **遺産確認の訴えについて確認の利益は認められるか。**

●事実●　亡Aの相続財産につき、Y₁が申し立てた遺産分割調停の手続において、かつてAの所有名義であったが現在はY₂の名義になっている土地建物の遺産帰属性が争われた。Aの相続人であるXらは、Yらを被告として本件土地建物がAの遺産に属するものであることの確認の訴えを提起した。Yらは本件訴えの確認の利益を争ったが、第1審および原審は確認の利益を認め、本案判決をした。Y₂から上告。

●判旨●　上告棄却。
「共同相続人間において、共同相続人の範囲及び各法定相続分の割合については実質的な争いがなく、ある財産が被相続人の遺産に属するか否かについて争いのある場合、当該財産が被相続人の遺産に属することの確定を求めて当該財産につき自己の法定相続分に応じた共有持分を有することの確認を求める訴えを提起することは、もとより許されるものであり、通常はこれによって原告の目的は達しうるところであるが、右訴えにおける原告勝訴の確定判決は、原告が当該財産につき右共有持分を有することを既判力をもって確定するにとどまり、その取得原因が被相続人からの相続であることまで確定するものでないことはいうまでもなく、右確定判決に従って当該財産を遺産分割の対象とされた遺産分割の審判が確定しても、審判における遺産帰属性の判断は既判力を有しない結果（【15】参照）、のちの民事訴訟における裁判により当該財産の遺産帰属性が否定され、ひいては右審判も効力を失うこととなる余地があり、それでは、遺産分割の前提問題として遺産に属するか否かの争いに決着をつけようとした原告の意図に必ずしもそぐわないこととなる一方、争いのある財産の遺産帰属性さえ確定されれば、遺産分割の手続が進められ、当該財産についても改めてその帰属が決められることになるのであるから、当該財産について各共同相続人が有する共有持分の割合を確定することは、さほど意味があるものとは考えられないところである。これに対し、遺産確認の訴えは、右のような共有持分の割合は問題にせず、端的に、当該財産が現に被相続人の遺産に属すること、換言すれば、当該財産が現に共同相続人による遺産分割前の共有関係にあることの確認を求める訴えであって、その原告勝訴の確定判決は、当該財産が遺産分割の対象たる財産であることを既判力をもって確定し、したがって、これに続く遺産分割審判の手続において及びその審判の確定後に当該財産の遺産帰属性を争うことを許さず、もって、原告の前記意思によりかなった紛争の解決を図ることができるところであるから、かかる訴えは適法というべきである。もとより、共同相続人が分割前の遺産を共同所有する法律関係は、基本的には民法249条以下に規定する共有と性質を異にするものではないが……、

共同所有の関係を解消するためにとるべき裁判手続は、前者では遺産分割審判であり、後者では共有物分割訴訟であって……、それによる所有権取得の効力も相違するというように制度上の差異があることは否定しえず、その差異から生じる必要性のために遺産確認の訴えを認めることは、分割前の遺産の共有が民法249条以下に規定する共有と基本的に共同所有の性質を同じくすることと矛盾するものではない。」

●解説●　1　本判決は、遺産確認の訴えについて初めて正面から確認の利益を肯定した判例である。従来、下級審裁判例や学説においてこのような訴えの類型を認めるものが多かったが、対象となる法律関係が現在のものか過去のものかを含め、その理論的分析は必ずしも十分とは言い難かった。本判決はかなり詳細にその点を明らかにした点で意義が大きい。
2　この訴訟類型において、確認対象は「遺産」とされるが、遺産＝相続財産とは、一般に相続開始（被相続人死亡）時の被相続人所有に属する全ての財産とされる。仮にその点を確認対象と考えれば、それは被相続人死亡時の法律関係であり、過去の法律関係の確認ともいえる。しかし、本判決は「当該財産が現に被相続人の遺産に属すること、換言すれば、当該財産が現に共同相続人による遺産分割前の共有関係にあることの確認を求める訴え」（下線部：筆者）として、現在の遺産性（共有財産性）を強調する。これは、この訴訟の遺産分割の前提問題としての性格に基づいており、相当な判断といえる。したがって、相続開始時に相続財産でなくても遺産分割の対象となり得る財産は確認対象になるし、逆に相続開始時に相続財産であっても遺産分割の対象たり得ない財産は確認対象にならないと解されよう（後者の例として、相続開始後に第三者が時効取得した財産や共同相続人の総意で処分された財産等がある。水野・後掲157頁注8参照）。いずれにせよ、本判決は、確認の利益を認めるにつき、（過去・現在という形式論を超えて）遺産分割の便宜という実質論を展開している点は興味深い。なお、本判決は、共有の性質の同一性を示す判例との関係を論じるが、いうまでもなく全ての点において、相続共有が他の共有と同一とするものではなく、特に分割手続の相違に鑑みれば、遺産分割手続の対象となる共有である旨を示す点に利益があるとする本判決は妥当な判断といえる。
3　本判決後、遺産確認の訴えは共同相続人の固有必要的共同訴訟とされたが（【210】）、遺産分割の前提性を強調する本判決からは自然な流れである。他方、他の遺産分割の前提問題につき、最3小判平成7・3・7民集49-3-893（特別受益財産確認）、最1小判平成12・2・24民集54-2-523（具体的相続分確認）等は確認の利益を否定した。その根拠として、これらが実体的法律関係ではなく、訴訟で事後的に覆るおそれはないため、審判手続の前提問題として確定すれば足りるとするが、法律関係の実体性は微妙な判断といえよう。

●参考文献●　水野武・判解昭61年度142、加藤哲夫・百5版54

64 敷金返還請求権存在確認

最1小判平成11年1月21日（民集53巻1号1頁・判時1667号71頁）　　参照条文　民法622条の2第1項

賃貸借契約係属中において敷金返還請求権の存在確認の利益はあるか。

●**事実**●　建物賃貸借契約の継続中、賃借人Xは、前賃貸人から賃貸人の地位を承継したYに対し、保証金の名称で前賃貸人に交付した敷金400万円の返還請求権の存在確認の訴えを提起した。Yは、前賃貸人に対する上記敷金交付の事実を否認し、敷金の返還義務を負わないと主張した。第1審は、本件訴えに係る敷金返還請求権は未だ具体的内容が確定していない抽象的権利にすぎないとして確認の利益を否定し、これを却下したが、原審は確認の利益を認め、第1審判決を取り消し、第1審裁判所に差し戻した。Yより上告。

●**判旨**●　上告棄却。
「建物賃貸借における敷金返還請求権は、賃貸借終了後、建物明渡しがされた時において、それまでに生じた敷金の被担保債権一切を控除しなお残額があることを条件として、その残額につき発生するものであって（最2小判昭和48・2・2民集27-1-80）、賃貸借契約終了前においても、このような条件付きの権利として存在するものということができるところ、本件の確認の対象は、このような条件付きの権利であると解されるから、現在の権利又は法律関係であるということができ、確認の対象としての適格に欠けるところはないというべきである。また、本件では、Yは、Xの主張する敷金交付の事実を争って、敷金の返還義務を負わないと主張しているのであるから、X・Y間で右のような条件付きの権利の存否を確定すれば、Xの法律上の地位に現に生じている不安ないし危険は除去されるといえるのであって、本件訴えには即時確定の利益があるということができる。したがって、本件訴えは、確認の利益があって、適法であり、これと同旨の原審の判断は是認することができる。」

●**解説**●　1　本判決は、敷金返還請求権につき、賃貸借契約継続中、すなわち返還請求権が未だ現実化していない段階で、確認の利益を認めたものである。従来あまり議論がなかったが、このような権利は将来の法律関係に属するとして確認の利益を否定する立場もあった（菊井・村松・全訂Ⅱ69頁など）ところ、最高裁がこのような訴えについても確認の利益を認めた点に実際上の意義がある。更に、本件は停止条件付権利とみて現在の法律関係として確認の利益を認めたが、その実質において将来（賃貸借契約終了時に）初めて顕在化する紛争につき、早期に紛争解決の途を開くものとして、確認訴訟の機能に関する新たな潮流を感じさせ、理論的にも注目に値する判決といえる。

2　本判決は、敷金返還請求権の性質として、停止条件付権利（平成29年改正後の民法622条の2第1項で明文化された）、すなわち現在の法律関係として整理した。ただ、その実質は、将来現実化する権利であるこ

とは否定できず（被担保債権が交付された敷金額より大きくなれば、結果として返還請求権は発生しないことも想定できる）、将来の法律関係という面ももつことは間違いない。しかるに、従来の判例は、将来の法律関係の確認の利益については一般に否定的態度を示してきた（遺言者生存中の遺言無効確認につき最1小判昭和31・10・4民集10-10-1229、被相続人生存中の推定相続人の地位につき最3小判昭和30・12・26民集9-14-2082など参照）。本判決は、このような判例を変更するものではなく、あくまでも条件付権利である点=実体法的位置づけを重視したものといえる（本件と同じ年の判決でも、遺言により受遺者となるべき地位については、事実上の期待にすぎないとして、依然として確認の利益を否定する立場が堅持されている（【61】参照））。また、本判決は即時確定の利益も認めている。本件の争点は敷金交付の事実の有無であり、この点を解決しておけば、将来明渡しの時点でも紛争解決の基礎とできる。換言すれば、その紛争解決に際しても既判力ある判断を基礎にできる点で、判決は無駄にはならないことになる。確かにその際に被担保債権の額（賃料不払いや家屋の損傷等）が争いになる可能性はあるが、その点は別途解決すればよく、その結果、仮に訴訟が2回になるとしても、そのこと自体は問題としない趣旨と考えられる。実際上は話合いによる解決が期待できるとみられ、その点が重要と考えられるが、これが主たる理由とされるわけではない（【65】参照）。以上の点で、本判決は「確認訴訟の紛争予防機能を重視したもの」と評価されるが（大坪・後掲11頁）、確かにそのような面が大きく、判例の新たな潮流を感じさせる。

3　ただ、将来の法律関係の確認の利益につき従来の判例が否定してきたことは前述の通りで、本判決もそれを変えるものではない。他方、学説上は、過去の権利関係と同様、紛争の抜本的解決に寄与し得るものであれば、将来の法律関係の確認も正面から肯定する見解が生じている。また、下級審裁判例として、将来にわたり雇用契約上の一定の地位にあることの確認を求める東京地判平成19・3・26判時1965-3もその一例である。結局、この問題は、将来の法律関係の変動可能性（その結果、訴訟が無駄になるリスク）と、現段階で当事者間に紛争が現に存在し、その解決の必要が強い点=当事者間の紛争解決のニーズ（紛争解決を先送りすれば、証拠散逸等により真実に基づく判断が困難になる点を含む）との比較衡量に基づく司法政策判断の問題といえよう。その意味では、ある程度早い段階で、人々の行動指針を形成して法的な予見可能性・安定性を与えることも司法の役割とする考え方は十分あり得る。特に従来行政指導等によりそのような機能を担っていた行政の役割が行政改革等によって限定されていくとすれば、司法への期待が高まってくる。その意味で、一定の無駄が生じることを織り込んでも、現在紛争解決ニーズが確かにある（即時確定の利益がある）のであれば、積極的に確認の利益を肯定し、司法が踏み込んでしかるべきではなかろうか。

●**参考文献**●　大坪丘・判解平11年度1、佐藤鉄男・［百］5版60

65 弁護士会照会報告義務確認

最 2 小判平成30年12月21日（民集72巻 6 号1368頁・判時2410号28頁）　　参照条文　弁護士法23条の 2

> 弁護士会照会に対する報告義務確認の利益はあるか。

●**事実**●　AのBに対する損害賠償請求権に係る強制執行の準備のため、Aの代理人弁護士は所属弁護士会Xに対し、B宛の郵便物に係る転居届の有無および転居届記載の新住所等につき、郵便事業会社Yに対し弁護士法23条の 2 に基づき本件照会をしたが、Yは回答を拒絶したため、Xは、Yに対し、不法行為に基づく損害賠償請求をした。差戻前上告審（最 3 小判平成28・10・18民集70-7-1725）は、弁護士会照会に対する回答拒絶は弁護士会の法律上保護される利益を侵害するものではないとして請求を棄却した。他方、上記事件の控訴審において、Xは予備的請求としてYに本件照会についての報告義務があることの確認を求める訴えを追加した。そこで、前掲上告審は、その点の審理のため本件を原審に差し戻したが、原審は、上記確認請求に係る確認の利益につき、Yの報告義務の任意履行が期待できること、Yは判決に従い報告をすれば、第三者からの損害賠償請求を違法性がないとして拒むことができること、Xは本件確認請求が棄却されれば本件照会と同一事項につき再度の照会をしないと明言していることから、本件照会に係る報告義務に関する紛争は判決により収束する可能性が高いとして、上記訴えが適法であることを前提として本件確認請求の一部を認容し、その余を棄却した。Yより上告。

●**判旨**●　原判決破棄・訴え却下。
　「弁護士法23条の 2 第 2 項に基づく照会（以下「23条照会」という。）の制度は、弁護士の職務の公共性に鑑み、公務所のみならず広く公私の団体に対して広範な事項の報告を求めることができるものとして設けられたことなどからすれば、弁護士会に23条照会の相手方に対して報告を求める私法上の権利を付与したものとはいえず、23条照会に対する報告を拒絶する行為は、23条照会をした弁護士会の法律上保護される利益を侵害するものとして当該弁護士会に対する不法行為を構成することはない……。これに加え、23条照会に対する報告の拒絶について制裁の定めがないこと等にも照らすと、23条照会の相手方に報告義務があることを確認する判決が確定しても、弁護士会は、専ら当該相手方による任意の履行を期待するほかはないといえる。そして、確認の利益は、確認判決を求める法律上の利益であるところ、上記に照らせば、23条照会の相手方に報告義務があることを確認する判決の効力は、上記報告義務に関する法律上の紛争の解決に資するものとはいえないから、23条照会をした弁護士会に、上記判決を求める法律上の利益はないというべきである。本件確認請求を認容する判決がされればYが報告義務を任意に履行することが期待できることなどの原審の指摘する事情は、いずれも判決の効力と異なる事実上の影響にすぎず、上記の判断を左右するものではない。」

●**解説**●　**1**　本判決は、弁護士会照会（弁護士23条の 2 ）に対して回答を拒否する相手方に対する回答義務の確認の利益を否定した最高裁判決である。弁護士会照会は、弁護士（およびその依頼人）にとって提訴・執行前の情報・証拠収集のための有力な手段である。ただ、解釈上相手方の回答義務は認められているものの、制裁は定められておらず、近時は個人情報保護の潮流との相克の中、回答拒絶の例も少なくない。そのため、依頼人・弁護士から回答拒絶者に対する損害賠償請求がされたが、照会主体は弁護士会であり、弁護士等は反射的利益を有するにすぎないなどとして棄却される例が多い。そこで、本件は弁護士会が原告となり当初は損害賠償請求をしたが、前掲最判平成28・10・18は、弁護士会には法律上保護される利益はないとしてこれを否定した。その結果、回答義務の存在確認を求めたのが本件であったが、これについても最高裁は否定したものである。
　2　本判決は確認の利益は確認判決を求める「法律上の利益」との定式を前提とする。本件確認判決が確定しても被告の任意履行を期待するほかなく、法律上の紛争の解決に資するとはいえない（その趣旨は紛争の事実上の解決ではなく、「法律上の解決」との趣旨と解される。内海・後掲121頁など）。例えば、所有権確認ではその後の給付訴訟等が観念でき、その場合に所有権に係る既判力により法律上の解決に資する。義務違反に刑事罰等がある場合も同様である。任意履行のみに期待することは、当事者の対応次第で制度として解決できない余地があり、確認判決が無駄になるおそれが残る。将来の法律関係の確認に対する判例の消極的態度と呼応する思想が看取できる。また、任意履行の期待等は「判決の効力と異なる事実上の影響」にすぎず確認の利益を基礎づけないとし、法律上の利益と事実上の影響の顕著な対比を示す。当該判決の存在により和解やADRによる解決が期待できる場合もそれだけでは確認の利益は基礎づけず、その後の強制的解決の基礎となる必要を求める（**[64]** も明渡し後の敷金紛争の和解による解決に寄与する部分はあるが、訴訟になった場合も敷金交付が既判力をもって前提になり得る点に差異があろう）。ただ、和解等の可能性につき他の要素と併せて、確認の利益の判断につきプラスアルファとして考慮する可能性まで否定する趣旨ではなかろう。
　3　なお、本件は強制執行準備のための債務者の責任財産の調査であったが、本判決後、令和元年民執法改正により第三者からの財産情報取得手続が創設された（民執204条以下）。本件のような場合も同法207条 1 項 1 号によりこの制度の対象となる。また、本判決は、弁護士会照会制度がこのままでよいのかという問題を提起する可能性もある。照会時の弁護士会によるチェックシステムを強化し、他方で一定の制裁を科す方向性もあり得るが、情報主体の手続保障や不服申立て等複雑な手続になる可能性は否定できない。

●**参考文献**●　内海博俊・令元年度重判120、伊藤眞・金法2115-14

66 株主総会決議取消訴訟

最1小判昭和45年4月2日（民集24巻4号223頁・判時592号86頁）　参照条文　なし

> 総会決議により選任された取締役の退任後も選任決議取消訴訟の訴えの利益はあるか。

●**事実**●　昭和40年5月開催のY社株主総会においてAらが取締役等に選任された。その後、Aらは任期満了により退任したが、昭和42年5月開催の株主総会においてAらが新たに取締役等に選任された。Y社の株主Xは、昭和40年総会の招集が取締役会の決議なしに行われた等の事由を主張し、Yを被告として上記株主総会における取締役等選任決議の取消しを請求した。原審は、取消しが求められている決議により選任された取締役等は現存していないので訴えの利益を欠くとして却下すべきものとした。Xより上告。

●**判旨**●　上告棄却。
「形成の訴は、法律の規定する要件を充たすかぎり、訴の利益の存するのが通常であるけれども、その後の事情の変化により、その利益を欠くに至る場合がある（最2小判昭37・1・19民集16-1-76参照）。しかして、株主総会決議取消の訴は形成の訴であるが、役員選任の総会決議取消の訴が係属中、その決議に基づいて選任された取締役ら役員がすべて任期満了により退任し、その後の株主総会の決議によって取締役ら役員が新たに選任され、その結果、取消を求める選任決議に基づく取締役ら役員がもはや現存しなくなったときは、右の場合に該当するものとして、特別の事情のないかぎり、決議取消の訴は実益なきに帰し、訴の利益を欠くに至るものと解するを相当とする。……本件につきかかる特別事情が存するか否かを見るに……Xらの取消を求める株主総会の決議によって選任された取締役らは、いずれもすべて任期終了して退任しているというのであるところ、所論は、取消し得べき決議に基づいて選任された取締役の在任中の行為について会社の受けた損害を回復するためには、今なお当該決議取消の利益があるものと主張し、そのいうところは、本件取消の訴は、会社の利益のためにすると主張するものと解されるところがある。しかして、株主総会決議取消の訴は、単にその訴を提起した者の個人的利益のためのみのものでなく、会社企業自体の利益のためにするものであるが、Xは……本件取消の訴が会社のためにすることについて何等の立証をしない以上、本件について特別事情を認めるに由なく、結局本件の訴は、訴の利益を欠くに至ったものと認める外はない。」

●**解説**●　**1**　本判決は、株主総会決議取消訴訟につき、取消しが求められた決議により選任された取締役等が既に任期満了により退任していることから、訴えの利益がないとしたものである。株主総会決議取消しの訴えのような形成訴訟は、給付訴訟や確認訴訟と比較してかなり特殊な訴訟類型である。法律関係の変動は通常、意思表示（契約等）や行為（不法行為等）によって直ちに生じるが、法は、身分関係、会社関係、行政関係など当該法律関係の重要性や画一性に鑑み、特別に確定判決の存在を法律関係の変動の要件としており、その場合に形成訴訟が認められる。したがって、形成訴訟は、それが可能である場面や要件が法定されており、本判決も指摘する通り、そのような要件等が認められる場合は当然に訴えの利益が肯定されるものである。ただ、例外的に訴えの利益が否定される場合がないかが問題となったのが本件である。

2　本判決は、形成訴訟であっても、事情変更により訴えの利益が失われる可能性があることを一般論として認める。この点は、前掲最判昭和37・1・19が既に、新株引受権を付与する決議の取消訴訟につき新株発行が既に行われていることを理由に訴えの利益を否定していた（更に行政訴訟との関係でこの理を認めるものとして、最大判昭和28・12・23民集7-13-1561があるが、この問題については【67】解説参照）。本判決は、取締役等の選任決議についても、選任された取締役等が任期満了で退任した場合は原則として同様とする。ただ、本判決が注目されるのは、「特別の事情のないかぎり、決議取消の訴は実益なきに帰し」と、訴えの利益が認められる例外を許容する点にある（後藤・後掲726頁も、この特別事情の説示は「例文的なものとして看過することは決して許されない」と強調する）。すなわち、決議取消しの効果の遡及を前提に（その意味では将来効のみが認められる離婚訴訟が協議離婚成立により訴えの利益を失うことと同列には論じられない）、決議によるその間の効果が失われることがなお訴えの利益に影響し得るということである。例えば、仮に本件で決議取消判決が確定すれば、当該取締役はその間取締役でなかったことになる結果、その行為の効果が会社に帰属しない可能性が生じ、そのことが訴えの利益を基礎づけ得る余地があろう。本判決は、そのような抽象的可能性（それによる例外的な訴えの利益の可能性）を認めながら、本件ではその点の具体的立証がないとして特別の事情を否定するが、立証があれば訴えの利益が認められる余地を許容する（なお、本判決は決議取消訴訟の共益性の意義も論じるが、この点は主に会社法の問題であるので、ここでは省略する）。

3　本判決以後、この特別の事情の存在を認めた判例はない。下級審裁判例でもこれが認められる場合は少なく、例えば役員報酬の返還や取引行為の瑕疵等は選任決議の取消しの有無により影響を受けないとされるが（東京高判昭和57・10・14判タ487-159など）、役員報酬の損害賠償または不当利得返還請求の意図がある場合には特別の事情を認める裁判例も存在する（東京高判昭和60・10・30判時1173-140）。また、他の決議との関係では、計算書類承認決議取消訴訟について、次期決算期の計算書類が承認されても、それは前期の違法性を承継している可能性があるので、当期の承認の再決議がされるなど特段の事情のない限り、訴えの利益を失わないとされる（最3小判昭和58・6・7民集37-5-517）。

●**参考文献**●　後藤静思・判解昭和45年度721、田頭章一・百5版66

67 行政処分取消訴訟

最2小判平成4年1月24日（民集46巻1号54頁・判時1425号53頁）　　参照条文　なし

土地改良事業認可処分の取消訴訟は、当該事業が実施された後は訴えの利益を失うか。

●事実●　Xは、本件土地改良事業が農業生産とは直接結びつかない国道バイパス新設のために土地改良法を流用するもので同法所定の事業には該当せず、また本件事業は農業生産拡大や農業構造改善には資するところがないから必要性等を欠く違法なものであるとして、Yがした本件事業施行認可処分の取消しを求めて訴えを提起した。第1審は、本件事業計画に係る工事および換地処分は全て完了しており、工事費等2億7千万円余の費用を投じ、42ヘクタールの区画・形質は既に変更され、関係権利者100人の換地処分による登記も完了し、Xも2筆の換地を得たとの事実を確定し、本件認可処分に係る事業施行地域を原状に回復することは、その社会的・経済的損失を考えると法的に不可能であるとし、本件認可処分を取り消してもXの主張する違法状態を除去できないから、これを取り消す実益はなく、訴えの利益はないとして本件訴えを却下し、原審もこれを支持した。Xより上告。

●判旨●　原判決破棄・第1審判決取消し・差戻し。
「本件認可処分は、本件事業の施行者であるAに対し、本件事業施行地域内の土地につき土地改良事業を施行することを認可するもの、すなわち、土地改良事業施行権を付与するものであり、本件事業において、本件認可処分後に行われる換地処分等の一連の手続及び処分は、本件認可処分が有効に存在することを前提とするものであるから、本件訴訟において本件認可処分が取り消されるとすれば、これにより右換地処分等の法的効力が影響を受けることは明らかである。そして、本件訴訟において、本件認可処分が取り消された場合に、本件事業施行地域を本件事業施行以前の原状に回復することが、本件訴訟係属中に本件事業計画に係る工事及び換地処分がすべて完了したため、社会的、経済的損失の観点からみて、社会通念上、不可能であるとしても、右のような事情は、行政事件訴訟法31条の適用に関して考慮されるべき事柄であって、本件認可処分の取消しを求めるXの法律上の利益を消滅させるものではないと解するのが相当である。」

●解説●　1　本判決は、土地改良事業につき、判決時点において原状回復が社会通念上不可能であるとしても、事業施行認可処分取消訴訟の訴えの利益が消滅することはないとした。形成訴訟の訴えの利益はそれを定める法律の規定により当然に認められるが、その後の事情変動等により形成判決をしても何ら実益がない場合には例外的に訴えの利益が否定されると解されている（[66]など参照）。本件でも、仮に認可処分を取り消しても、土地を事業前の状況に戻すことは事実上不可能であり、客観的状況に変動を生じえないことから、訴えの利益を欠くとの判断もあり得た（原審はそ

のように解した）ところ、処分の性質や事情判決制度を根拠にそのような理解を採らなかったものである。

2　行政処分取消・無効確認訴訟においても、例えば、建築確認処分は、工事完了後には訴えの利益が失われると解されているし（最2小判昭和59・10・26民集38-10-1169）、このような理解は、都市計画法による開発行為許可処分（最2小判平成5・9・10民集47-7-4955）や林地開発許可処分（最1小判平成7・11・9判時1551-64）において開発行為が完了した場合にも採用されている。そこでは、当該処分を受けなければ工事や開発ができないとの法的効果が付与されるもので、工事等の完了により処分の効果も既に完了しており、処分の違法を理由とする国家賠償請求においては処分の取消しは前提とされない点が指摘される。本件がこれらと異なるのは、本件認可処分の法的効力は施行者に施行地域内の土地に対する土地改良事業権を付与するもので、これが取り消されれば、これを前提とする換地処分等の法的効力も影響を受けることになる点にある。このような差異は観念的には理解できるが、本件でも、実際には仮に本件処分を取り消しても、原状回復が不可能であれば、換地処分等の効力も残存せざるを得ず、取消しに実益がない点は変わりがないようにも思われる。その意味で、前記のような判例との実質的差異は、上記建築や開発といった終期が一応明確な処分対象に比べ、土地改良事業はどこまで進めば社会通念上原状回復が不可能になるかが明確でないという点にあろう（高橋・後掲39頁参照）。そこで、裁判所は、この点を訴えの利益（訴訟の適法性）の問題とするのではなく、事情判決の要件の問題としたものと解される（本件同様、土地改良事業について（旧行訴特例法11条に関するものであるが）事情判決をした判例として、最2小判昭和33・7・25民集12-12-1847がある）。

3　事情判決の問題と考える大きな利点として、原告の立場からみて、請求自体は棄却されるものの、判決主文において処分の違法が確認される点があろう（行訴31条1項後段）。このような判断は、行政庁の将来の対応に対して大きな影響を与える可能性があり、このような行為規範への影響を重視するのであれば、他の行政処分で、更には会社の行為（株主総会決議取消訴訟等）においても、（個別の処分等の実益と離れて）なお訴えの利益の残存を認める余地があるかもしれない。しかし、このように、本案の結論には影響しない形で、抽象的に処分の違法性等を確認することは、司法の役割（法律上の争訟性）との緊張関係を常に孕むものでもある。少なくとも違法判断により将来の行為が法的に規制される行政庁（拘束力を定める行訴33条も参照）とは異なり、私人である会社に対して違法性を確認することには慎重であるべきであるし、また行政庁との関係であってもその処分の法的効果によって区分する判例の立場にも一定の合理性はある（ただ、執行不停止原則（行訴25条）との関係で、可及的に訴えの利益の喪失は慎重に判断すべきであろう）。

●参考文献●　高橋利文・判解平4年度28、阿部泰隆・民商107-2-260

68 入会団体の原告適格

最３小判平成６年５月31日（民集48巻４号1065頁・判時1498号75頁）　　参照条文　なし

> 入会団体は構成員全員に帰属する不動産の総有権確認訴訟の原告適格を有するか。

●事実●　A村の住民は江戸時代以来、共同財産の管理収益等の方法につき慣習が形成され、山林・田畑等の土地に関して入会地として管理収益してきた。これら住民は、昭和48年、全員の合意により、入会団体X組合を設立し、財産管理組合規約を制定した。本件土地は、戦前当時の戸主全員を共有者として所有権移転登記がされていたが、そのうちのBについては登記簿上数次の相続によりC名義となっており、Cの相続人であるYらは本件土地がX組合の構成員の総有に属することを争っている。そこで、Xは、Yらに対し、本件土地がX組合の構成員全員の総有に属することの確認を求めて訴えを提起した。なお、本件提訴に先立ち、X組合総会において構成員の全員により提訴が議決されていた。第１審は、X組合の当事者能力および原告適格を認め、請求を認容したが、原審は、入会権（総有権）確認訴訟は権利者全員の固有必要的共同訴訟であるとして訴えを却下した。Xより上告。

●判旨●　破棄差戻し。

　「村落住民が入会団体を形成し、それが権利能力のない社団に当たる場合には、当該入会団体は、構成員全員の総有に属する不動産につき、これを争う者を被告とする総有権確認請求訴訟を追行する原告適格を有するものと解するのが相当である。けだし、訴訟における当事者適格は、特定の訴訟物について、誰が当事者として訴訟を追行し、また、誰に対して本案判決をするのが紛争の解決のために必要で有意義であるかという観点から決せられるべき事柄であるところ、入会権は、村落住民各自が共有におけるような持分権を有するものではなく、村落において形成されてきた慣習等の規律に服する団体的色彩の濃い共同所有の権利形態であることに鑑み、入会権の帰属する村落住民が権利能力のない社団である入会団体を形成している場合には、当該入会団体が当事者として入会権の帰属に関する訴訟を追行し、本案判決を受けることを認めるのは、このような紛争を複雑化、長期化させることなく解決するために適切であるからである。そして、権利能力のない社団である入会団体の代表者が構成員全員の総有に属する不動産について総有権確認請求訴訟を原告の代表者として追行するには、当該入会団体の規約等において当該不動産を処分するのに必要とされる総会の議決等の手続による授権を要するものと解するのが相当である。けだし、右の総有権確認請求訴訟についてされた確定判決の効力は構成員全員に対して及ぶものであり、入会団体が敗訴した場合には構成員全員の総有権を失わせる処分をしたのと事実上同じ結果をもたらすことになる上、入会団体の代表者の有する代表権の範囲は、団体ごとに異なり、当然に一切の裁判上又は裁判外の行為に及ぶものとは考え

られないからである。」

●解説●　１　本判決は、入会権者全員を構成員とする入会団体が存在するときに、①当該入会団体が構成員の総有に属する不動産につき総有権確認訴訟を提起する原告適格を有し、②その場合に入会団体代表者が訴訟を追行する際の授権の要件につき判断したものである。従来、入会権の対外的主張に係る原告適格については帰属主体全員の固有必要的共同訴訟とされてきたが（最２小判昭和41・11・25民集20‑9‑1921）、問題は原告適格がそれに限られるかである。固有必要的共同訴訟によると送達の困難や死亡による中断など様々な不都合が生じるところ、入会権者で構成される団体に適格が認められるかが問題となる（団体が法人格を有しない場合、当事者能力も問題となるが、これについては【28】【29】等参照）。

２　本判決はまず入会団体の原告適格を肯定するが、その根拠として、紛争解決のための必要性・有意義性という観点から、紛争を複雑化・長期化させることなく解決するために適切である点を挙げる。このような手続的根拠（訴訟政策説）を実質論として強調する点に本判決の１つの特徴がある。そして、入会団体の原告適格の法律構成につき本判決は明言しない。団体固有の適格とみる見解もあるが（田中・後掲406頁は「入会団体固有の事件と捉える方が事の実体を反映している」と評する）、それでは団体構成員に対する判決効の正当化は難しく、やはり訴訟担当と解するのが相当であろう。そして、構成員の提訴に係る授権は認められず、団体成立時の包括的授権まで認めることは擬制的すぎるとすれば、本判決の強調する入会権の特質（「団体的色彩の濃い共同所有の権利形態」）から、入会団体の実質的管理処分権に基づき、明文規定なき法定訴訟担当を認めることになろうか。

３　次に、本判決は、入会団体の代表者の訴訟追行権の問題も論じる。団体が原告になれるとしても代表者が訴訟を追行するには一定の限定が課されるとの認識から、訴訟追行権の要件として「当該入会団体の規約等において当該不動産を処分するのに必要とされる総会の議決等の手続による授権を要する」とする。すなわち、全員一致の授権までは必要ないものの、代表者の当然の訴訟追行権が認められるわけではない。その理由としては、敗訴の場合の構成員に対する効果（入会権処分と同等の効果）と、団体ごとの代表権の範囲の差異を挙げる。前者は不動産処分（贈与等）に構成員全員一致の同意を要しないとすれば、裁判における最悪の事態である敗訴についても全員一致までは不要となろう。他方、やはり敗訴の場合を考えると、当然の訴訟追行権や保存行為との同視は妥当でなく、この点は結局、権限が法定されている会社や法人とは異なり、各団体の内部規則に委ねられることになる。その結果、訴訟追行権が認められない場合は原則に戻り、提訴を希望する入会権者が（場合によっては提訴を拒む入会権者を被告として）提訴すべきことになろう。

●参考文献●　田中豊・判解平６年度394、山本和彦・百Ⅴ版26

69 紛争管理権

最2小判昭和60年12月20日（判時1181号77頁・判タ586号64頁）　　参照条文　なし

> 近隣住民は紛争管理権に基づき発電所建設の差止め
> を求めることができるか。

●事実●　Y電力株式会社は一部海域を埋め立てて火力発電所を建設する計画を立て、公有水面埋立につきA県知事の埋立免許を得て、火力発電所の建設を完成し、操業中である。同発電所の近隣住民であるXらは、埋立工事により海を広範囲にわたり汚濁し、海底の生態系を変え、貝類を死滅させる等の被害を発生させること、海水浴場や水鳥の採餌場等が失われること、発電所操業による複合大気汚染のため呼吸器疾患その他の健康被害を生じさせることなど各種公害の発生が予測されまたは現実化するなどとして、Y社に対し、火力発電所の操業停止と埋立区域につき埋立前の水面の状態への原状回復を求めた。Xらの主張の法的根拠は憲法13条・25条に基づき良好な環境を享受し支配する権利、即ち環境権にあり、Xらの私的権利・私的利益を追求しているのではなく、地域の環境保持を目的とし、地域の代表として本訴の提起追行をしているものと主張した。第1審および原審は、環境権に基づく本訴請求は実定法上是認し得る特定の具体的な権利・法律関係の存否の主張ではなく審判対象としての適格性を欠くとして訴えを却下した。Xらより上告。

●判旨●　上告棄却。
「本件訴訟追行は、法律の規定により第三者が当然に訴訟追行権を有する法定訴訟担当の場合に該当しないのみならず、……右地域の住民本人らからの授権があったことが認められない以上、かかる授権によって訴訟追行権を取得する任意的訴訟担当の場合にも該当しないのであるから、自己の固有の請求権によらずに……地域住民の代表として、本件差止等請求訴訟を追行しうる資格に欠けるものというべきである。なお、講学上、訴訟提起前の紛争の過程で相手方と交渉を行い、紛争原因の除去につき持続的に重要な役割を果たしている第三者は、訴訟物たる権利関係についての法的利益や管理処分権を有しない場合にも、いわゆる紛争管理権を取得し、当事者適格を有するに至るとの見解がみられるが、そもそも法律上の規定ないし当事者からの授権なくして右第三者が訴訟追行権を取得するとする根拠に乏しく、かかる見解は、採用の限りでない。また、……Xらが他になんらかの自己固有の差止請求権に基づいて本件訴訟を追行し、当該権利主張に基づき当事者適格を有するものと解すべき余地もなく、結局、……本件差止請求訴訟につき当事者適格を欠くというに帰着し、Xらの本件訴えは、不適法として却下すべきものとするほかない。」

●解説●　1　本判決は、環境権に基づく火力発電所の操業差止請求において周辺住民の原告適格を否定して訴えを却下した。公害・環境訴訟が盛んになった昭和40年代以降、実体法学において（損害賠償に止まら

ない）差止請求の理論的基礎として環境権概念が提唱されたが、本件訴訟は原告がそれを主張し（他の根拠を拒絶して）環境権一本で最高裁まで闘った。第1審・原審は請求適格の問題、すなわちおよそ成立し得ない権利に基づく請求をいかに取り扱うかという問題として論じたが、学説での議論も熟しておらず、本判決は結局、より馴染み深い原告適格の問題として処理したものである（なお、将来給付との関係で請求適格を問題にしたとみられる判例として【39】があるが、他の訴訟類型では依然としてこの概念の究明は十分とは言い難い）。

2　本判決は、環境権がXらに帰属する固有の請求権ではないとの理解を前提に、訴訟担当の枠組みの中で原告適格が基礎づけられるかを論じる。まず法定訴訟担当の場合に該当しないことは当然とするが、明文規定がある場合に限るとの前提をとれば勿論、仮に解釈による法定訴訟担当を認めるとしても、実体法上の管理処分権で基礎づけることは困難であろう。また任意的訴訟担当であるとすれば、環境権の他の帰属主体からの授権が必要となるが、本件ではそれが欠けていることも明白である。その意味で、訴訟担当の伝統的な図式の中ではXらの適格は説明できないことになる。そこで、本判決は、別途、学説上有力に論じられていた紛争管理権論に言及する（伊藤・後掲参照）。これは、法定訴訟担当につき、実体法上の管理処分権のみではなく、手続的な活動（紛争過程における役割）をも考慮して、紛争管理権を取得した第三者に原告適格を認める考え方である。最高裁が判決の中で、このような（未だ定着しているとは言い難い）学説を正面から取り上げることは珍しいが（民事手続法の場面では、他に争点効を斥けた【175】が思い浮かぶ）、結論的には「根拠に乏しく」採用できないとする。実質的にみれば、このような第三者の適切な訴訟追行をいかに担保するかが課題として意識されたとみられる（判時コメント78頁参照。なお、伊藤説は本判決を受けて、紛争管理権で直接原告適格を根拠づけるのではなく、それを任意的訴訟担当の一要素とする方向に改説されることになる）。

3　現在ではこのような発電所等の操業差止請求の根拠としては、人格権に基づくことが完全に定着しており、その適法性はおよそ争われず、本件のような環境権に基づく請求は過去のものになったとの印象を与える。しかし、実質的には、原告個人の被害というより、周辺地域の被害全体が考慮されるのが一般的であり、そこでは一種の集団的利益が問題とされている点は否定し難い。その意味では、環境権の問題提起は依然として現在的意義をもつように思われるところ、手続法がそれを正面から受け止めるとすれば、環境団体訴訟の可能性が考えられよう。すなわち、立法論として、一定の地域を代表するものとして認定された環境団体に対して差止請求権を付与する可能性であり、このような形で環境権の問題意識を受け止めながら、適切な訴訟追行を担保する試みが検討に値しよう（環境団体訴訟に関しては、山本・後掲500頁以下参照）。

●参考文献●　伊藤眞『民事訴訟の当事者』113、山本・現代的課題479

70　相続財産管理人の原告適格

最1小判昭和47年11月9日（民集26巻9号1566頁・判時689号71頁）　　参照条文　民法936条

> 相続財産管理人は、法定代理人ではなく、当事者として訴訟を追行できるか。

●事実●　AはYに金員を貸し付けていたところ、死亡し、相続人としてBらがいた。相続人全員が家庭裁判所に限定承認の申述をしたところ、家裁は民法936条1項の規定に基づき相続財産管理人としてX（Aの子であり相続人の1人）を選任した。そこで、XはYを被告として貸金返還訴訟等を提起した。第1審ではXが勝訴したが、原審では、限定承認の場面では相続財産の権利義務の主体は共同相続人全員であって、相続財産管理人は相続人全員のための一種の法定代理人となるにすぎないとして、Xの原告適格を否定し、第1審判決を取り消し、訴えを却下した。Xより上告。

●判旨●　上告棄却。

「民法936条1項の規定により相続財産管理人が選任された場合には、同人が相続財産全部について管理・清算をすることができるのであるが、この場合でも、相続人が相続財産の帰属主体であることは単純承認の場合と異なることはなく、また、同条2項は、相続財産管理人の管理・清算が「相続人のために、これに代わって」行なわれる旨を規定しているのであるから、前記の相続財産管理人は、相続人全員の法定代理人として、相続財産につき管理・清算を行うものというべきである。したがって、相続人は、同条1項の相続財産管理人が選任された場合であっても、相続財産に関する訴訟につき、当事者適格を有し、前記の相続財産管理人は、その法定代理人として訴訟に関与するものであって、相続財産管理人の資格では当事者適格を有しないと解するのを相当とする。……最3小判昭和43・12・17判時545-63……も右と同旨の見解を前提とするものと解せられる。」

●解説●　**1**　本判決は、民法936条1項により選任された相続財産管理人は、相続財産に係る訴訟につき当事者適格を有するものではなく、相続人の法定代理人として訴訟に関与すべきことを明らかにした。前掲最判昭43・12・17は既に、訴訟係属中に当事者が死亡し、共同相続人が限定承認をして相続財産管理人が選任された場合、当該訴訟を受継する者は共同相続人であり、相続財産管理人が訴訟を承継するものではないとしていた。この判決は、限定承認の際に選任される相続財産管理人は相続財産に係る訴訟の当事者適格を有するものではない旨を前提にしていたと解されるが（柳川・後掲690頁参照）、本判決はその趣旨を踏襲し、明示したものといえる。ただ、学説上は、民法上の相続財産管理人の地位の多義性もあって、様々な見解が示されているところである。

2　共同相続人が限定承認をした場合、家庭裁判所は職権で相続人の中から相続財産管理人を選任し（民936条1項）、相続財産管理人は、共同相続人のために、これに代わって、相続財産の管理および債務の弁済に必要な一切の行為をする（同条2項）。同条は戦後の民法（相続法）改正により導入されたもので、戦前は共同相続人が限定承認をした場合も相続財産管理人が選任されることはなく、共同相続人が各々相続財産の管理や債務の弁済を行うものとされていた。そして、大審院判例は、限定承認があっても、被相続人の権利義務を共同相続人が承継することは単純承認の場合と異ならないとしていた（大判昭7・6・2民集11-1099など）。本判決は「相続人が相続財産の帰属主体であることは単純承認の場合と異なることはな」いとし、この趣旨が現行法下でも妥当することを確認する。そして、民法936条2項の「相続人のために、これに代わって」という文言と相まって、相続財産管理人を法定代理人と解すべき旨を結論づける。本判決の論旨はそれなりに素直なものであるが、必ずしも盤石とは言い難い。すなわち、民訴法は第三者が当事者「のために、これに代わって」訴訟を追行する枠組みとして訴訟担当という制度を別途用意しており、相続財産管理人を訴訟担当者と解することは、相続人が相続財産の帰属主体であることと矛盾しないからである。しかるに、最高裁が法定代理の枠組みを固守したことには、以下のような理由があるのではないかと想像される。すなわち、①実体法上は、第三者が本人のためにこれに代わって権限を行使する枠組みとしては、法定代理が普遍的なものであり、第三者が自己の名で権限を行使する授権という概念は馴染みが薄いため、実体法の規律と整合させるためには代理が便宜である点、②訴訟担当の概念が十分成熟していなかった本判決時点で、既に相続財産管理人の当事者適格の否定を前提とする判例があり、それを前提とすれば本判決の判旨が整合的である点などがあったのではないか。

3　判旨に対しては、訴訟担当説の立場（あるいは法定代理と訴訟担当の選択を認める立場）からの批判があり得よう。②は現段階での合理性は低いし、①も手続法の特殊性という説明は不可能ではない。より実質的に考えると、法定訴訟担当と法定代理の違いは、(i)担当者となれば当事者として位置づけられ、法定代理人と差異が生じ得る。法定代理人は様々な面で当事者本人と同一の扱いがされるが、例えば、除斥等の基準としては差異が生じよう。また、(ii)被担当者は当事者ではないのに対し、本人（被代理人）となれば当然（証人尋問ではなく当事者尋問の対象となり、被告住所地等の裁判籍の基準となるなど）当事者を基準とする様々な規律の適用対象となる。そして、いわゆる選択説は上記のような差異を考えればやや便宜的にすぎるように思われる。この点は民法936条の趣旨次第であるが、法律関係の単純化という趣旨があるとすれば訴訟担当として担当者のみを基準とする考え方もあり得よう（中断等の発生も阻止できる）。他方、本件のような場合は、単純承認と限定承認の差は小さいのに、前者は各相続人が当事者となり、後者はならないとするのはあまり合理的でないとの批判も生じ得よう。

●参考文献●　柳川俊一・判解昭47年度688、福永有利・民商69-1-105

71 遺言執行者の被告適格

最2小判平成10年2月27日（民集52巻1号299頁・判時1635号60頁）　　参照条文　民法1012条

> 遺言執行者は特定財産承継遺言に関する訴訟について当事者適格を有するか。

●事実●　本件土地の所有者Aが死亡し、B（長男）、C（二男）、X（三男）、D（長女）の4名が相続した。A作成の公正証書遺言の中では、本件土地の持分2分の1をCに、2分の1をXに相続させること、Cを遺言執行者に指定することが記載されていた。本件訴訟は、Xが、亡Aの遺言執行者であるCに対し、本件土地につきXがAとの間で締結した賃貸借契約に基づく賃借権を有することの確認を求めるものである（当初はC個人を被告として訴えを提起していたが、後に遺言執行者であるC（以下Yとする）を被告とした）。原審は、Yに被告適格があるものとして扱い、本件請求は理由があると判断して、これを認容した第1審判決の結論を維持してYの控訴を棄却した。Yより上告。

●判旨●　原判決破棄・第1審判決取消し、訴え却下。
　「特定の不動産を特定の相続人に相続させる趣旨の遺言をした遺言者の意思は、右の相続人に相続開始と同時に遺産分割手続を経ることなく当該不動産の所有権を取得させることにあるから（最2小判平成3・4・19民集45-4-477参照）、その占有、管理についても、右の相続人が相続開始時から所有権に基づき自らこれを行うことを期待しているのが通常であると考えられ、右の趣旨の遺言がされた場合においては、遺言執行者があるときでも遺言書に当該不動産の管理及び相続人への引渡しを遺言執行者の職務とする旨の記載があるなどの特段の事情のない限り、遺言執行者は、当該不動産を管理する義務や、これを相続人に引き渡す義務を負わないと解される。そうすると、遺言執行者があるときであっても、遺言によって特定の相続人に相続させるものとされた特定の不動産についての賃借権確認請求訴訟の被告適格を有する者は、右特段の事情のない限り、遺言執行者ではなく、右の相続人であるというべきである。……本件土地はAの死亡時にCとXが相続によりそれぞれ持分2分の1ずつを取得したものであり、……特段の事情も認められないから、本件訴訟の被告適格を有するのは、遺言執行者であるYではなく、Cであり、Yを被告とする本件訴訟は不適法なものというべきである……。」

●解説●　1　本判決は、いわゆる「相続させる遺言」（現行法の「特定財産承継遺言」。3参照）について、当該財産の賃借権確認訴訟に係る被告適格は遺言執行者ではなく、受益相続人にあるとしたものである。前掲最判平成3・4・19により相続させる遺言の法的性質が明らかにされた後、遺言執行者がいる場合に、その者がどこまで当該相続財産につき権限を有するかが議論されていたところ、本判決は、①遺言執行者の権限が一切否定されるわけではないが、②当該財産の占有に係る事項（財産の管理や引渡し等）については、原

則として遺言執行者は権限を有しない（よって当事者適格も有しない）旨を明らかにした。後述のように（3参照）、平成30年相続法改正により遺言執行者の法的地位が一定程度明確にされたが、本判決の趣旨は基本的に現行法の下でも妥当していると解される。
　2　本判決は、当事者適格の論点を実体法上の遺言執行者の権限の問題と理解しているとみられる（野山・後掲217頁も「この問題が難問とされる原因の多くは、遺言執行者の権限の内容如何という実体法の領域における問題点が十分に解明されていない点にあり、訴訟法固有の領域に原因があるのではない」とする）。そして、そのような観点から、遺言者の意思ないし期待という点で、「占有、管理についても、右の相続人が相続開始時から所有権に基づき自らこれを行うこと」が導き出され、被告適格を帰結するという論理構造となっている（それ故、遺言に反対の意思表示があったときはそれに従うことになる）。他方、本判決後、登記の問題については、遺言者名義である場合は遺言執行者の権限が潜在化しているが、第三者（他の相続人等）名義である場合には、遺言執行者が所有権抹消登記、更に受益相続人への真正名義回復のための移転登記を求める権限を有するとされた（最1小判平成11・12・16民集53-9-1989）。対抗要件具備行為（権利の完全な移転）までを遺言執行者の職責とし、それで遺言執行としては十分という考え方とみられる（野山・後掲237頁参照。登記についても受益相続人への移転登記が完了すれば、それで遺言執行は終了し、その後の第三者からの登記抹消請求等の被告適格は受益相続人にあると解される。遺贈との関連で、最2小判昭和51・7・19民集30-7-706参照）。占有をめぐって深刻な争いがある場合に登記移転のみで遺言執行の完了とみてよいかは議論の分かれるところであるが、1つの割り切りではあろう。いずれにせよ、この問題では当事者適格を定めるに当たり訴訟法上の考慮は出番がなく、遺言執行者の実体法上の地位が決定的なものとなるということであろう。
　3　この問題の背後には遺言執行者の地位の不透明さがあったが（野山・後掲216頁は「遺言執行者というのは、世間的には、なかなかとらえどころのない存在である」と評する）、平成30年相続法改正によりこの点の明確化が図られた（民1014条）。そこでは、まず特定財産承継遺言が定義されるとともに、遺言執行者の権限として対抗要件具備行為が含まれる点が明示された（同条2項）。相続における対抗要件主義が強化されたこと（民899条の2参照）などに鑑み、旧法下の判例は一部変更され、相続人名義の場合も移転登記は遺言執行者の権限とされた（堂薗＝野口編著・後掲116頁）。また、預貯金の払戻請求権限も原則として認められる（民1014条3項）。ただ、いずれも遺言による別段の定めは可能とされる（同条4項）。その結果、本判決同様、占有移転等の権限は「遺言の執行に必要な一切の行為」（民1012条1項）の解釈問題となり、本判決の趣旨は現行法下でもなお妥当するものと解される。

●参考文献●　野山宏・判解平10年度212、堂薗幹一郎＝野口宣大編著『一問一答新しい相続法〔第2版〕』

72 団体の内部紛争の被告適格

最1小判昭和44年7月10日（民集23巻8号1423頁・判時569号44頁）　　参照条文　なし

宗教法人の代表役員等の地位確認訴訟の被告適格は誰にあるか。

●事実●　Xは、宗教法人A寺の代表役員・責任役員で、A寺の住職であった。宗教法人Y₁は宗教法人A寺の包括宗教法人である。Xは、Y₁の管長に対し、A寺の住職および宗教法人A寺の代表役員等の退職願書を提出し、Y₁はそれを受け入れ、新たにY₂をA寺の住職に任命し、Y₂は宗教法人A寺の代表役員等に就任した旨の登記がされた。Xは上記退職願書の提出が無効であると主張し、Y₁およびY₂に対し、Xが宗教法人A寺の代表役員・責任役員およびA寺の住職の地位にあることの確認を求める訴えを提起した。第1審は請求を棄却したが、原審は住職たる地位につき訴え却下、代表役員・責任役員の地位につき請求認容の判決をした。後者の判断につき、Y₁およびY₂より上告。

●判旨●　原判決破棄・第1審判決取消し、訴え却下。
「Xは、本訴において、宗教法人A寺を相手方とすることなく、Yらに対し、Xが同宗教法人の代表役員および責任役員の地位にあることの確認を求めている。しかし、このように、法人を当事者とすることなく、当該法人の理事者たる地位の確認を求める訴を提起することは、たとえ請求を認容する判決が得られても、その効力が当該法人に及ばず、同法人との間では何人も右判決に反する法律関係を主張することを妨げられないから、右理事者の地位をめぐる関係当事者間の紛争を根本的に解決する手段として有効適切な方法とは認められず、したがって、このような訴は、即時確定の利益を欠き、不適法な訴として却下を免れないことは当裁判所の判例の趣旨とするところである（最2小判昭和42・2・10民集21-1-112、最3小判昭和43・12・24集民93-859参照）。法人の理事者が、当該法人を相手方として、理事者たる地位の確認を訴求する場合にあっては、その請求を認容する確定判決により、その者が当該法人との間においてその執行機関としての組織法上の地位にあることが確定されるのであるから、事柄の性質上、何人も右権利関係の存在を認めるべきものであり、したがって、右判決は、対世的効力を有するものといわなければならない。それ故に、法人の理事者がこの種の訴を提起する場合には、当該法人を相手方とすることにより、はじめて右理事者の地位をめぐる関係当事者間の紛争を根本的に解決することができることとなる。」

●解説●　1　本判決は、宗教法人の役員の地位確認訴訟は当該法人を被告とすべきであり、それ以外の者を被告としても確認の利益を欠くことを明らかにする。理由として、このような場合、宗教法人を被告として役員の地位が確認されれば、その判決は対世効をもち紛争の抜本的解決が図られる旨を指摘し、傍論であるが、判決効についても重要な判断を示す。なお、先例と

して、前掲最判昭和42・2・10は合資会社の社員たる地位の確認を他の社員に対し求めた訴えにつき不適法とした原判決を是認したが、明確な理由は述べていない。また、前掲最判昭和43・12・24は、寺院の主管者たる地位の確認を新主管者に対し求めた訴えにつき確認の利益を欠くとしたが、その理由として、そのような判決の効力は法人に及ばないため根本的解決が図られない点を挙げ、対世効には言及していない（判例集にも登載されていない）。その意味で、本判決は、（宗教法人に限らず）広く法人役員の地位確認訴訟の当事者適格および判決効を包括的に論じる画期的判決といえよう。

2　ある当事者との間で紛争があり、当該権利・法律関係についての確認判決により当該当事者との紛争が適切に解決されるのであれば、確認の利益が認められる。確認訴訟において当事者適格の問題は確認の利益に吸収されると言われる所以である。しかるに、法人役員の地位確認については、そのような考え方は妥当せず、法人を被告としない限り確認の利益が認められないという形で、被告適格を固定する考え方が採られる。これは、法人役員の地位には多数の者が利害関係を有するため、紛争の度にその前提問題として判断されるとすると判断が区々となり、法律関係に混乱をもたらすことが根底にある（柳川・後掲757頁参照）。それを避けるためには画一的判断が必要であるが、その実現方法としては、①固有必要的共同訴訟として関係者を全て当事者として判決効を及ぼすこと、②確定判決に対世効を認めることがある。しかるに、①は、利害関係人の範囲が限定され、全員を当事者としても提訴に問題がない場合は可能であるが、本件のように、利害関係人の範囲が不特定多数に上ることが想定される場合には現実的な解決策ではない。そこで、②の方法が相当ということになるが、これは当事者でない者に判決効を及ぼすことになるので、その者の手続保障を考える必要がある。その最も重要な点は、最も適切な者に当事者適格を付与して十分な攻撃防御を尽くさせる点にあろう（そのほか、利害関係人に訴訟参加の機会を与えることも重要になろう）。本判決は、そのような観点から、法人を被告とすることによって最も適切な攻撃防御が可能になると判断したものと解される。

3　本判決後、法人法制の整備が進み、特に会社法や一般法人法において会社・法人に関する訴訟手続規定が整備され、従来の判例法理を含めて明確化が図られてきた。しかるに、法人役員（取締役・理事等）の地位確認訴訟については、なお明文規定は置かれず（役員解任の訴えにつき、会社854条以下・一般法人284条以下があるに止まる）、本判決は現在も意義を有する。なお、本件訴訟では住職たる地位の確認も求められているが、代表役員等の地位の前提としての住職たる地位の確認は単に宗教上の地位の確認に止まるとして訴えの利益を否定する。この点はその後の判例の中で法律上の争訟の問題として位置づけられていくが（【7】など参照）、その萌芽を成すものである。

●参考文献●　柳川俊一・判解昭44年度751、日比野泰久・百5版36

73 選定当事者

最1小判昭和33年4月17日（民集12巻6号873頁）　　参照条文　民訴法30条

> 同一の保証人に対する保証債務に係る債権者は選定
> 当事者を選定する共同の利益を有するか。

●事実●　Xら17名はAに対する売掛代金債権を有していたが、Yらはその債権につき一括して連帯保証契約を締結していたと主張している。Xらは当初X₁を総員のため原告となるべき者に選定し、X₁は、弁護士Bに訴訟委任をした上、保証債務履行請求訴訟を提起し、Yらは被選定者X₁に対し金635万円を支払うべき旨を請求した。他方、Yらは、Xらは47条1項（現行30条）の要件を欠くので、訴えは却下されるべきと陳述した。その後、Xらは協議の上、Xら17名各自が原告となって訴訟を追行することに決定し、それぞれ上記弁護士Bに訴訟委任をし、「請求の趣旨訂正申立書」と題し、「Yらは連帯してXら17名に対し金3843円乃至133万7165円（総額635万円）を支払うことにその請求の趣旨を訂正する」旨および「従来は民訴法47条に基づき訴訟を進行してきたが、今般債権者全員が原告として訴訟に参加する」旨を記載した書面を提出した。Yらは、請求の趣旨の訂正には同意するが、当事者の訂正には異議がある旨を陳述した。原審は、X₁を選定当事者として提起された訴えは適法であることを前提に、Xらの請求を認容した。Yより上告。

●判旨●　上告棄却。
「本件の事実関係の下においては、原判決が本件訴訟の目的たる権利は、Xら全員につき同一の事実上及び法律上の原因に基づくものというべく、しかも、本訴における当事者双方の主要な攻撃防御の方法はXら全員につき共通であると認められるので、Xら17名は民訴47条1項〔現行30条1項〕にいわゆる「共同ノ利益ヲ有スル多数者」に該当するものと解すべきであるとの判示を正当としてこれを是認することができる。」

●解説●　1　本判決は選定当事者の選定要件である「共同の利益を有する多数の者」の充足を認めた事例判例である。この問題については、既に大判昭和15・4・9民集19-695が民訴法「47条に所謂共同の利益を有する多数者とは、相互の間に於て共同訴訟人と為り得べき関係を有し、且主要なる攻撃防御の方法を共通にする者を意味する」との一般論を示し、土地賃貸人から建物収去土地明渡請求等を受けた土地賃借人・土地転借人・家屋賃借人による選定当事者の選定を認めた。本判決は一般論を示すものではないが、基本的にはその考え方を踏襲するものといえる（三宅・後掲89頁参照）。選定当事者の制度の利用が少なく、判例も限定される中、ほぼ唯一の判例集登載の判例である。

2　本件では提訴時に選定行為が行われており、仮に本件選定が選定要件を満たさず無効であったとすれば、X₁が当初から（選定当事者ではなく）通常の原告として提訴していたことになり、選定の取消し（30条4項）も意味はなく、X₁以外の者が共同訴訟人となることはできず、別訴を提起して弁論の併合を求める

ほかはない。その結果、請求の趣旨訂正後の請求によれば、X₁以外の者の給付を求める部分は原告適格を欠き、訴えは却下されることになろう。他方、30条1項の要件を満たせば、X₁の当初の請求はそれ以外のXらとの関係で有効であり、その後の選定の取消しに基づき、Xらが有効に当事者になることができ、本案判決がされることになると解される（この場合、本件当事者の「参加」という表現を用いているが、正確には、選定の取消しにより、124条1項6号により訴訟手続がいったん中断し、Xらが受継することになろう）。そこで、Xらの当初の選定行為の有効性が問題となるが、本判決が前提とする大審院判例の基準は、①選定者が共同訴訟人となり得る関係にあって、②主要な攻撃防御方法が共通であることにある。かつては固有必要的共同訴訟の関係にある場合に限定するなど制限的に解する見解もあったが（選定当事者制度立法の直接の契機であった入会権が念頭に置かれていたとみられる）、その後の学説は、選定による訴訟単純化の要請がみられる場合に拡大適用する見解が多数となり、現行民訴法によるその拡大（30条3項の訴訟係属後の選定制度の導入による多数被害訴訟への拡大）の趣旨に鑑みても、正当と解される。①の共同訴訟の要件は、(a) 権利義務の共通、(b) 事実上・法律上の原因の同一、(c) 権利義務の同種および事実上・法律上の原因の同種である（38条）。このうち、(a) および (b)（つまり同条前段の場合）は、通常、主要な攻撃防御方法が共通となるので、選定の要件を満たすことになろう。他方、(c)についてはその点の保障はなく、②の要件を別途検討・充足する必要があることになろう。本件はXら17名の代理人に対する一括契約であり、事実上の原因の同一性があり、同一の主債務に係る保証契約であり、法律上の原因の同一性もあるので、上記 (b) に該当し、当然主要な攻撃防御方法も共通であり、上記要件を満たすものと解される。なお、本件では、当初はX₁に対する総額支払請求であったものを、中途でXら各人に対する支払請求に変更している。前者のような請求が認められるかは1つの問題であるが、訴訟物はXらそれぞれの有する債権であり、別個であるから、それぞれを特定する必要があることは否定し難い。加えて、X₁の執行担当が当然には認められないとすれば、Xら各人による執行申立ての観点からも後者のような請求の趣旨の特定が望ましいといえよう。

3　本判決以外の選定当事者関係の判例としては、最3小判昭和43・8・27判時534-48が注目される。選定当事者の和解権限につき、訴訟代理人のような特別委任（55条2項2号）は不要であり、選定者はその権限を制限できないとするものである。選定者はいつでも選定を取り消すことができるので問題はないとの見方もあるが、筆者は、選定行為を信託行為と把握し、選定当事者は信託受託者として善管注意義務および忠実義務を負い（信託29条2項・30条）、その行為に一定の制約を受けるものと解する（山本・後掲62頁）。

●参考文献●　三宅多大・判解昭33年度88、山本和彦・判タ999-60

74 任意的訴訟担当①──要件

最大判昭和45年11月11日（民集24巻12号1854頁・判時611号19頁）　参照条文　なし

任意的訴訟担当はいかなる場合に可能か。

●**事実**●　A建設工業共同企業体はXほか4名によって組織された民法上の組合であり、その規約上、代表者たるXは建設工事の施行に関し企業体を代表して発注者および監督官庁等第三者と折衝する権限や自己の名義で請負代金の請求・受領および企業体に属する財産を管理する権限を有するものと定められていた。A企業体はYと工事請負契約を締結し、その工事を施行するための工事費用を支出した。しかるに、Yが上記請負契約を一方的に解除したため、A企業体は工事費用から既に受領した請負代金を控除した差額相当の損害を蒙ったとして、代表者であるXがYに対して損害賠償を請求した。原審は、本件は、組合員たる企業体の各構成員が任意にXに訴訟追行権を与えたいわゆる任意的訴訟信託の関係にあるが、民法47条（現行30条）のような明文によらない任意の訴訟信託は許されず、Xは当事者適格を有しないとして、本件訴えを不適法却下した。Xより上告。

●**判旨**●　破棄差戻し。

「訴訟における当事者適格は、特定の訴訟物について、何人をしてその名において訴訟を追行させ、また何人に対し本案の判決をすることが必要かつ有意義であるかの観点から決せられるべきものである。したがって、これを財産権上の請求における原告についていうならば、訴訟物である権利または法律関係について管理処分権を有する権利主体が当事者適格を有するのを原則とするのである。しかし、それに限られるものでないのはもとよりであって、たとえば、第三者であっても、直接法律の定めるところにより一定の権利または法律関係につき当事者適格を有することがあるほか、本来の権利主体からその意思に基づいて訴訟追行権を授与されることにより当事者適格が認められる場合もありうるのである。そして、このようないわゆる任意的訴訟信託については、民訴法上は、同法47条〔現行30条〕が一定の要件と形式のもとに選定当事者の制度を設けこれを許容しているのであるから、通常はこの手続によるべきものではあるが、同条は、任意的な訴訟信託が許容される原則的な場合を示すにとどまり、同条の手続による以外には、任意的訴訟信託は許されないと解すべきではない。すなわち、任意的訴訟信託は、民訴法が訴訟代理人を原則として弁護士に限り、また、信託法11条〔現行10条〕が訴訟行為を為さしめることを主たる目的とする信託を禁止している趣旨に照らし、一般に無制限にこれを許容することはできないが、当該訴訟信託がこのような制限を回避、潜脱するおそれがなく、かつ、これを認める合理的必要がある場合には許容するに妨げないと解すべきである。そして、民法上の組合において、組合規約に基づいて、業務執行組合員に自己の名で組合財産を管理し、組合財産に関する訴訟を追行する権限が授与されている場合には、単に訴訟追行権のみが授与されたものではなく、実体上の管理権、対外的業務執行権とともに訴訟追行権が授与されているのであるから、業務執行組合員に対する組合員のこのような任意的訴訟信託は、弁護士代理の原則を回避し、または信託法11条の制限を潜脱するものとはいえず、特段の事情のないかぎり、合理的必要を欠くものとはいえないのであって、……これを許容して妨げないと解すべきである。」

●**解説**●　1　本判決は、任意的訴訟担当の適法要件を初めて明示し、組合の業務執行組合員につき原則として原告適格を認めた判例である。民法上の組合の清算人の任意的訴訟担当を否定する判例（最2小判昭和37・7・13民集16-8-1516）があったが、大法廷判決としてそれを明示的に変更して任意的訴訟担当の可能性を広げたものといえる（なお、大審院時代はむしろ組合の業務執行組合員に当事者適格を認める判例が多数であったし〔大判大正4・12・25民録21-2267など〕、最高裁でも任意的訴訟担当を認める判例があったこと〔最3小判昭和35・6・28民集14-8-1558〔頼母子講の講元〕〕に注意を要する）。

2　本判決は、任意的訴訟担当が認められる要件として、①弁護士代理の原則（民訴54条）や訴訟信託の禁止（信託10条）の回避・潜脱のおそれがないこと、②これを認める合理的必要があることを提示する。①は、第三者（特に反社会的集団）が他人の訴訟に介入して不当な利得を得る事態（いわゆる「三百代言の跳梁」〔宇野・後掲822頁参照〕）を防止する趣旨と解され、②として、本件では、（訴訟追行権単独ではなく）実体上の管理権や対外的業務執行権とともに訴訟追行権が授与されている点から、原則として合理的必要性を認める。本件のような場合は争いは少ないとみられるが、実体的管理権等と切り離された訴訟追行権のみの授与にどこまで合理的必要性が認められるかは残された課題である。例えば、判例は労働組合が任意的訴訟担当として労働者の労働契約上の権利を訴求することに消極的であったが（最大決昭和27・4・2民集6-4-387など）、今後の本判決の当てはめが注目される（下級審裁判例は、肯定例（東京高判平成8・11・27判時1617-94（クレジット債権回収を目的とした民法上の組合）等）、否定例（東京高判平成8・3・25判タ936-249（コンピュータ保守業者による保険金支払請求）等）に分かれる）。

3　本判決後、平成29年民法改正により、組合の業務執行方法に関する規定が改正され（民670条）、組合代理に関する規定が新設されたが（民670条の2）、本判決の趣旨は現行民法の下でも妥当するものと解される。また、組合自体の当事者能力について種々の議論があるが（【30】解説参照）、組合自体が当事者能力を有する場合であっても、組合員全員が当事者として訴訟追行することもでき、その場合には本判決に従い任意的訴訟担当の方途によることも妨げられないと解されよう（宇野・後掲823頁参照）。

●**参考文献**●　宇野栄一郎・判解昭45年度813、松原弘信・百
5版32

75 任意的訴訟担当②——授権の認定

最1小判平成28年6月2日（民集70巻5号1157頁・判時2306号64頁）　　参照条文　なし

任意的訴訟担当の授権はいかなる形で認められるか。

●事実●　Y（アルゼンチン国）は円建債券を発行していたが、その発行の際、Yは、債券の内容等をそれぞれ「債券の要項」で定めた上、X₁銀行らと本件管理委託契約を締結した。同契約には、債券管理会社は、本件債権者のために本件債券に基づく弁済を受け、債権の実現を保全するために必要な一切の裁判上または裁判外の行為をする権限および義務を有すること（本件授権条項）等の定めがあった。本件要項は本件管理委託契約の内容となっていたが、本件授権条項の内容も含み、本件債券の券面裏面に全文が印刷され、本件債権者に交付される目論見書にもその内容が記載されていた。その後、Yは本件債券の利息・元金の支払を怠ったので、Xらは上記債券を保有する債権者らから訴訟追行権を授与された訴訟担当者であると主張し、Yに対し、当該債券の償還等を求めた。原審は、Xらは、①本件債券等保有者による訴訟追行権の授与および、②本件において任意的訴訟担当を認める合理的必要性を否定し、任意的訴訟担当の要件を満たさず、原告適格を有するとはいえないから、本件訴えは却下すべきものとした。Xらより上告受理申立て（上告受理）。

●判旨●　原判決破棄、第1審判決取消し・差戻し。
　「任意的訴訟担当については、本来の権利主体からの訴訟追行権の授与があることを前提として、弁護士代理の原則（民訴法54条1項本文）を回避し、又は訴訟信託の禁止（信託法10条）を潜脱するおそれがなく、かつ、これを認める合理的必要性がある場合には許容することができると解される（【74】参照）。……YとXらとの間では、Xらが債券の管理会社として、本件債券等保有者のために本件債券に基づく弁済を受け、又は債権の実現を保全するために必要な一切の裁判上又は裁判外の行為をする権限を有する旨の本件授権条項を含む本件管理委託契約が締結されており、これは第三者である本件債券等保有者のためにする契約であると解される。そして、本件授権条項は、Y、Xら及び本件債券等保有者の間の契約関係を規律する本件要項の内容を構成し、本件債券等保有者に交付される目論見書等にも記載されていた。さらに、後記のとおり社債に類似した本件債券の性質に鑑みれば、本件授権条項の内容は、本件債券等保有者の合理的意思にもかなうものである。そうすると、本件債券等保有者は、本件債券の購入に伴い、本件債券に係る償還等請求訴訟を提起することも含む本件債券の管理をXらに委託することについて受益の意思表示をしたものであって、Xらに対し本件訴訟について訴訟追行権を授与したものと認めるのが相当である。そして、本件債券は、多数の一般公衆に対して発行されるものであるから、発行体が元利金の支払を怠った場合に本件債券等保有者が自ら適切に権利を行使することは合理的に期待できない。本件債券は、外国国家が発行したソブ

リン債であり、社債に関する法令の規定が適用されないが、上記の点において、本件債券は社債に類似するところ、……Xら及びYの合意により、本件債券について社債管理会社に類した債券の管理会社を設置し、……本件要項に旧商法309条1項の規定に倣った本件授権条項を設けるなどして、Xらに対して本件債券についての実体上の管理権のみならず訴訟追行権をも認める仕組みが構築されたものである。……Xらはいずれも銀行であって、銀行法に基づく規制や監督に服すること、Xらは、本件管理委託契約上、本件債券等保有者に対して公平誠実義務や善管注意義務を負うものとされていることからすると、Xらと本件債券等保有者との間に抽象的には利益相反関係が生ずる可能性を考慮してもなお、Xらにおいて本件債券等保有者のために訴訟追行権を適切に行使することを期待することができる。」

●解説●　1　本判決は、ソブリン債の償還請求訴訟において債券保有者の債権管理会社に対する授権を認め、任意的訴訟担当を肯定した判例である。任意的訴訟担当の適法性につき一般論を示した【74】判決以来、その判旨を適用した最初の最高裁判決であり、原審が否定した授権および合理的必要性を肯定したものとして、意義が大きい。

2　本判決はまず授権について、本件授権条項を含む管理委託契約を第三者のためにする契約と位置づけ、本件債券の購入に伴う受益の意思表示を肯定して授権を認めた。本件では明示の授権はないので、黙示の授権が問題となるが、本件授権条項が債権者の合理的意思に適うものであり、目論見書等にも記載されていることから、債券購入を受益の意思表示と評価したものである。授権の合理性が論じられているのは、授権条項が不特定多数の者を相手に画一的・集団的な法律関係を構築するための約款類似の性質を有するものである点に鑑み、黙示の意思を肯定するためにあえて確認されたものではないかとみられる（定型約款に関する民548条の2第2項参照。松永・後掲350頁も参照）。

3　また、本判決は、【74】の2要件、すなわち①弁護士代理原則等の回避・潜脱のおそれがないこと、②これを認める合理的必要があることをともに肯定した。判旨は必ずしも峻別して論じていないが、その根拠として、社債管理会社と本件仕組みの類似性を強調し、また債権管理会社が銀行等であり規制監督を受けること、管理委託契約上公平誠実義務等を負うことから、利益相反のおそれは抽象的なものに止まる点を挙げる（概ね前者が②、後者が①の考慮要素になるとするのは、松永・後掲357頁）。解釈論としては妥当な判断であるが、ソブリン債の債権者保護のためには契約による手当に限界があることも否定できず、本来は立法による手当が望ましい（山本・後掲59頁）。

●参考文献●　松永栄治・判解平28年度336、山本和彦・NBL1080-59

最新重要判例 250 民事訴訟法
審理

76 黙示の一部請求

最2小判昭和32年6月7日（民集11巻6号948頁・判時120号1頁）　参照条文　なし

一部請求である旨を前訴で明らかにしなかった場合、残部請求の後訴は許されるか。

●**事実**●　Xらの先代Aは、前訴で、YおよびBに対し、ダイヤモンド入帯留の45万円での売却を委任したが、後にその委任を合意解除したので、損害金45万円の支払を求めたところ、「Y等はAに対し45万円を支払え」との判決が確定した。Aは、上記45万円のうち22万5千円の支払を受けたが、Yらは前記契約当時骨董商で同契約は商行為であったから、Yらは45万円を連帯して支払う義務を負ったところ、前訴では45万円の連帯債務の2分の1に当たる22万5千円のみの支払を求めたものとして、残余22万5千円の支払を求めたのが本訴である。原審は、前訴確定判決はYらが本件契約に基づき負担した45万円の連帯債務の2分の1すなわち各自が負担する22万5千円の部分につきされたもので、既判力はその範囲に止まるから、残余の2分の1に当たる各自22万5千円の支払を求める本訴請求は理由があるとした。Yらから上告。

●**判旨**●　原判決破棄・控訴棄却。

「本来可分給付の性質を有する金銭債務の債務者が数人ある場合、その債務が分割債務または連帯債務かは、もとより二者択一の関係にあるが、債権者が数人の債務者に対して金銭債務の履行を訴求する場合、連帯債務たる事実関係を何ら主張しないときは、これを分割債務の主張と解すべきである。そして、債権者が分割債務を主張して一旦確定判決をえたときは、更に別訴をもって同一債権関係につきこれを連帯債務である旨主張することは、前訴判決の既判力に牴触し、許されない……。……Aは、前訴において、Yらに対し45万円の債権を有する旨を主張しその履行を求めたが、その連帯債務なることについては何ら主張しなかったので、裁判所はこれを分割債務の主張と解し、その請求どおり、Yにおいて22万5千円（すなわち各自22万5千円）の支払をなすべき旨の判決をし、右判決は確定するに至った……。しかるにAは、本訴において、右45万円の債権は連帯債務であって前訴はその一部請求に外ならないから、残余の請求として、Yらに対し連帯して22万5千円の支払を求めるというのである。……前訴判決が確定した各自22万5千円の債務は、その金額のみに着目すれば、あたかも45万円の債務の一部にすぎないかの観もないではない。しかしながら、Aは、前訴において、分割債務たる45万円の債権を主張し、Yらに対し各自22万5千円の支払を求めたのであって、連帯債務たる45万円の債権を主張してその内の22万5千円の部分（連帯債務）につき履行を求めたものでないことは疑がないから、前訴請求をもって本訴の訴訟物たる45万円の連帯債務の一部請求と解することはできない。のみならず、……Aは、前訴において、Yらに対する前記45万円の請求を訴訟物の全部として訴求したものであ

ることをうかがうに難くないから、その請求の全部につき勝訴の確定判決をえた後において、今更右請求が訴訟物の一部の請求にすぎなかった旨を主張することは、とうてい許されない……。」

●**解説**●　1　本判決は、ある債権につき前訴で分割債務を主張して確定判決を得た原告が後訴でそれを連帯債務であると主張して訴求することは既判力に反するとしたものである。判旨は2つの理由を述べ、第1に上記の請求が端的に既判力に反するとし、第2にそれが一部請求と解されるとしても、前訴で全部請求として勝訴判決を得た後に前訴が一部にすぎなかったとの後訴の主張は許されないとする。本判決はいわゆる黙示の一部請求につき残部請求が既判力に反する旨を明らかにした判例としてしばしば引用されるが、①判旨の中核は前訴請求が一部請求ではなかったとの点にあり、一部請求に関する部分の判示は傍論ともみられる点（ただ、判決要旨に引用はされている）、②残部請求排斥の理論として既判力は明示されていない点に注意を要する。

2　判旨前段は、前訴と本訴の訴訟物を同一とし、両者が一部請求と残部請求の関係にあることを否定する。そこでは、数名の債務者に対する金銭債権が分割債務か連帯債務かは全く別個の法律関係であることを前提とし、いったん前者と主張してそれに基づく確定判決を取得した場合に、後訴において後者と主張することは既判力に反するとする。例えば、売買代金債権の存在を認める確定判決がある場合に、同一の債権が請負債権であることを主張できるかは1つの問題であり、本判決によれば、それは前訴判決の既判力によって許されないことになろう。しかし、そのような認識は必ずしも一般的なものとは思われず、法的性質決定は判決理由中の判断という評価もあり得ないではない。

3　判旨後段は、前訴で全部請求と主張して認容されたものを、後訴で一部であったとして残部請求をすることは許されないとする。その理由は明確には述べられていないが、「今更……主張することは、とうてい許されない」との表現からは、禁反言ないし信義則に基づくものとも思われる（青山・後掲117頁は「禁反言法理の一適用と解することができる」とする）。仮に既判力だとすると、前訴判決では残部の不存在が判断されていたことになり、それは一部棄却の黙示の判決を前提にすることになり、不自然であろう。また、これを既判力の双面性から説明する見解もあるが、それは通常の意味での双面性とは異なり、結局、一部請求部分の存在の判決を一部請求部分しか存在しない判決と読み替えることになり、黙示の棄却を認めるのと同義になる。その意味で、既判力以外の説明の方が合理的に思われるが（山本・後掲119頁は請求失権効で説明する）、その後の判例は既判力による説明を志向するようにもみえる（【78】は既判力で説明する原判決を相当とする）。

●**参考文献**●　青山義武・判解昭32年度113、山本・基本問題103

77 明示の一部請求

最2小判昭和37年8月10日（民集16巻8号1720頁）　参照条文　なし

一部請求である旨を前訴で明らかにしている場合には、残部請求の後訴は許されるか。

●**事実**●　Xは、自己が所有する床板をY倉庫会社に寄託していた。Yは、受領権限のないAに当該床板を引き渡し、Aはこれを他に処分した。寄託物の返還を受けられなくなったXは、30万円の損害を受けたとして、その一部である10万円の支払を求めてYに対して前訴を提起し、前訴では、Xの過失による過失相殺を斟酌し、8万円の支払を命じる判決が確定した。その後、Xは、前訴で訴求した10万円を控除した残額20万円の支払を求めて本訴を提起した。第1審は訴えを却下したが、原審は一部請求に係る前訴判決の既判力は残部請求に係る本訴には及ばないとして、第1審判決を取り消し、差し戻した。Yより上告。

●**判旨**●　上告棄却。
「1個の債権の数量的な一部についてのみ判決を求める旨を明示して訴が提起された場合は、訴訟物となるのは右債権の一部の存否のみであって、全部の存否ではなく、従って右一部の請求についての確定判決の既判力は残部の請求に及ばないと解するのが相当である。」

●**解説**●　1　本判決は、いわゆる明示の一部請求がされた場合に、その判決の既判力は当該一部についてのみ及び、残部請求は妨げられない旨を明らかにしたリーディング・ケースである。ただ、極めて簡単な判示であり、理由も述べられておらず、なお一部請求後の残額請求に関する論争に完全に決着をつけるには程遠いものであった。また、明示の一部請求＝訴訟物とした本判決の理由づけは、既判力に止まらず、時効の問題等様々な影響を与えるものであったが、その後、信義則による判決効の事実上の拡大や裁判上の催告による時効の完成猶予の容認など様々な法理を用いた修正が図られている点にも注意を要する。

2　まず、本判決の適用範囲は「1個の債権の数量的な一部についてのみ判決を求める旨を明示して訴が提起された場合」である。すなわち、第1に、数量的一部請求の場合、つまり同質の債権の数量的にのみ区分された一部の請求の場合が前提とされる。他方で、例えば、1個の損害賠償債権であっても、異なる内容の損害の一部につきされた一部請求は、本判決の射程外となろう。第2に、一部請求が明示されている場合が前提とされる。主観的には一部請求であっても、それが明示されず黙示の場合には本判決の射程外となり、その場合は【76】の射程に含まれ、残部請求は許されないと解される。ただ、本件前訴は明確に一部請求が明示されていたようであるが、実際は明示の有無が微妙な場合はあり得よう。どこまでその趣旨が示されていれば明示になるのかという問題である（この点については、3参照）。以上のような条件を満たせば、訴訟物は「右債権の一部の存否のみであって、全部の存否で

はな」いという理解となる。そもそも処分権主義からすれば、どの範囲の権利を訴訟物とするかは、基本的に当事者の意思に委ねられる。ただ、ここでは、そのような表示で真に訴訟物が特定されているかに疑問が生じ得る。30万円の債権のうち10万円といっても、どの10万円かは明確でなく、訴訟物の特定がないとの理解もあり得るからである。しかし、判例は、このような金額による特定を認め、いわば1個の債権が訴訟法上は2個に分割されたのと同様に扱われることになる（ただ、1個の債権を少額多数に分割して訴求するなど過度な分割請求については、訴権の濫用という評価もあり得よう）。以上のように、一部請求と残部請求が訴訟物を異にするとすれば、前者に係る確定判決の既判力が後者に及ばないとの結論は、既判力が訴訟物の範囲にのみ及ぶという伝統的な見解を前提にすれば素直な帰結ということになる。前記のような訴訟物の理解を前提にする限り、残部請求否定説を既判力で正当化するには、既判力の範囲が訴訟物を超えて拡大するとの非伝統的な理解を前提にせざるを得ない。しかし、本判決の帰結は、あくまで残部請求の否定が既判力により根拠づけられないとするのみであり、それ以外の遮断効の可能性を否定したものとはいえない。事実、一部請求が一部または全部棄却されている場合には、残部請求は原則として信義則に反する旨が後の判例で明らかにされている（【79】参照）。また、全部認容の場合でも、一部請求に合理的な理由がない場合には、人訴法25条や民執法34条2項などを類推適用し、前訴において請求できた残部請求については提訴できないという解釈もあり得よう（山本・後掲117頁以下参照。なお、最3小判平成10・6・30民集52-4-1225も、二重起訴との関係であるが、1個の債権の訴訟上の分割行使について、「残部請求等が当然に許容されることになるものとはいえない」としていることが注目される）。なお、本件前訴は、過失相殺との関係で按分説を採用したものとみられ、これは現在の判例の理解（【78】など）によれば誤りである。ただ、その結果、本件では残部請求については実質的に判断されていないとすると、【79】の枠組みでも、本件後訴は信義則に反するとはいえないことになる（前訴で（現在では）正しい過失相殺がされていれば、30万円の20%の過失相殺がされ、債権は全部で24万円存在することになり、前訴は全部認容判決となったと考えられる）。その意味で、本判決は【79】と齟齬するものとはいえない。

3　以上のように、本判決は明示の一部請求の場合にその確定判決の既判力は残部請求に及ばないとしたが、どのような場合に一部請求の「明示」があったかは解釈問題となる。例えば、最1小判平成20・7・10判時2020-71は、前訴で不法行為に基づく損害賠償請求として弁護士費用の損害賠償を請求していたところ、後訴では同一不法行為に基づく買収金の受領遅延の遅延損害金賠償を求めた事案で、損害の発生事由の異別性、前訴における請求の期待可能性、相手方の認識可能性等の要素を考慮して、明示を認めたものである。

●**参考文献**●　三木浩一・民訴47-30、山本・基本問題103

78 一部請求と相殺

最3小判平成6年11月22日（民集48巻7号1355頁）　　参照条文　民訴法304条

一部請求に対して相殺の抗弁が出されたときはどの部分から相殺がされることになるか。

●事実●　XはYとの間の本件請負契約を債務不履行により解除した。Xは、Yに対し、損害賠償請求をしたが、Yは、未払請負代金債権に基づく相殺の抗弁を主張した。Xの請求債権額は957万余円のうち376万余円、Yの相殺の抗弁に係る自働債権額は680万余円であった。第1審判決は、Xの債権を401万余円、Yの債権を96万余円として、304万余円の支払を命じる判決をした。Yのみ控訴し、原審では、Xの債権を485万余円、Yの債権を157万余円として、327万余円の債権が認められるとしたが、不利益変更禁止原則によりYの控訴を棄却した。Yより上告。

●判旨●　上告棄却。

「特定の金銭債権のうちの一部が訴訟上請求されているいわゆる一部請求の事件において、被告から相殺の抗弁が提出されてそれが理由がある場合には、まず、当該債権の総額を確定し、その額から自働債権の額を控除した残存額を算定した上、原告の請求に係る一部請求の額が残存額の範囲内であるときはそのまま認容し、残存額を超えるときはその残存額の限度でこれを認容すべきである。けだし、一部請求は、特定の金銭債権について、その数量的な一部を少なくともその範囲においては請求権が現存するとして請求するものであるので、右債権の総額が何らかの理由で減少している場合に、債権の総額からではなく、一部請求の額から減少額の全額又は債権総額に対する一部請求の額の割合で案分した額を控除して認容額を決することは、一部請求を認める趣旨に反するからである。そして、一部請求において、確定判決の既判力は、当該債権の訴訟上請求されなかった残部の存否には及ばないとすること判例であり（【77】）、相殺の抗弁により自働債権の存否について既判力が生ずるのは、請求の範囲に対して「相殺ヲ以テ対抗シタル額」に限られるから、当該債権の総額から自働債権の額を控除した結果残存額が一部請求の額を超えるときは、一部請求の額を超える範囲の自働債権の存否については既判力を生じない。したがって、一部請求を認容した第1審判決に対し、被告のみが控訴し、控訴審において新たに主張された相殺の抗弁が理由がある場合に、控訴審において、まず当該債権の総額を確定し、その額から自働債権の額を控除した残存額が第1審で認容された一部請求の額を超えるとして控訴を棄却しても、不利益変更禁止の原則に反するものではない。」

●解説●　**1**　本判決は、一部請求に対し相殺の抗弁が提出された場合の判断につきいわゆる外側説の採用を明らかにするとともに、そのような場合の既判力につき一部請求額を超える部分の自働債権額には生じない旨を明らかにした。いずれも最高裁として初めての

判断であり、特に前者は学説でも十分に議論されていなかったが（判例では、大判大正4・3・17民録21-344が内側説を採るような判示をしていたが、趣旨は明確とは言い難かった。水上・後掲578頁参照）、本判決は外側説を確立したリーディング・ケースとなった。

2　第1点については、①外側説（債権総額から消滅額を控除して認容額を決める見解）、②内側説（請求額から消滅額を控除する見解）、③按分説（消滅額を請求額と非請求額双方に按分して認容額を決める見解）があり得るが、本判決は、請求額の現存を前提に請求する一部請求の趣旨から、②・③説を否定し、①説を採用した。確かに外側説が一部請求の趣旨に最も適合するが、それは原告の利益を重視するもので、被告の利益とバランスを欠く可能性がある。確かに提訴前に弁済や相殺がされている場合は、消滅していない部分を訴求していると考えることに合理性があり、外側説に優位性がある。他方、提訴後に弁済や相殺がされた場合は、提訴により債権は請求部分と非請求部分に分割されたとすれば、実体法上の充当の規律により、弁済では債務者の指定を優先し（民488条1項）、相殺では原則按分になる（民512条2項1号・488条4項4号）と解する余地があろう。判例は、提訴による債権分割を否定し（水上・後掲579頁参照）、結果として実体法上の考慮ではなく訴訟法上の考慮（一部請求の趣旨）を優先させる理解とみられるが、仮に判決確定後は債権の分割を肯定し、請求異議の形で内側説と同様の処理を認めるとすれば（水上・後掲583頁注7参照）、やや中途半端であり、債権の分割時点としては、債権者の意思を反映しない判決確定時ではなく、提訴時が合理的ではなかろうか。ただ、この点は既に確定判例といえ、実務上は外側説を基礎とすることになる。

3　第2点はやや複雑であるが、基本的な考え方は、明示の一部請求後の残部請求には既判力が及ばない（【77】）ことを前提に、請求（受働債権）に既判力が及ばない部分に相当する自働債権部分にも既判力を及ぼすべきではないとのバランス感覚による。本訴では、Xの総債権額（957万円）－請求債権額（376万円）＝581万円の自働債権額には既判力は及ばず、自働債権の残部（680万円－581万円＝99万円）の部分のみが既判力の対象になる。その結果、第1審判決の既判力は、請求債権につき304万円の存在、72万円の不存在、自働債権につき99万円の不存在（27万円は不存在、72万円は相殺による消滅）で生じ、原審判決の既判力は（認定通りの判決を前提にすれば）、請求債権につき327万円の存在、49万円の不存在、自働債権につき99万円の不存在（50万円の不存在、49万円は相殺による消滅）で生じることになる。原審のこの判断はYにとって不利益であるので、不利益変更禁止原則が妥当する。ただ、【79】によりXの残部請求が信義則に反することになるとすれば、Yの自働債権の主張も同様に信義則に反するとの判断がされることも予想される。

●参考文献●　水上敏・判解平6年度574、八田卓也・[百]5版
236

79 信義則による残部請求の遮断

最2小判平成10年6月12日（民集52巻4号1147頁・判時1644号126頁）　　参照条文　民訴法2条

> **明示の一部請求が全部または一部棄却された場合に残部請求をすることは可能か。**

●事実●　Xは、Yから本件土地の買収等の業務委託を受け、XとYは、本件業務委託契約の報酬の一部として、Yが本件土地を宅地造成して販売するときには宅地の1割をXに販売または斡旋させる旨の合意をした。結局、Yは、本件土地の宅地造成を行わず、Xの債務不履行を理由に本件業務委託契約を解除した。前訴において、Xは、本件業務委託契約に基づく本件土地買収等の業務を行った報酬請求権12億円のうち1億円の支払を求めたが、請求棄却の判決が確定した。Xは、前訴判決確定後、本訴を提起し、主位的請求として、本件合意に基づく報酬請求権のうち前訴で請求した1億円を除く残額2億9830万円の支払を求め、予備的請求①として、商法512条に基づく報酬請求権のうち同じく2億9830万円の支払を求め、予備的請求②として、本件業務委託契約の解除により報酬請求権を失うというXの損失においてYが本件土地の交換価値の増加という利益を得たと主張し、不当利得として報酬相当額2億6730万円の返還を求めた。第1審はXの各訴えを却下したが、原審は、本訴の主位的請求および予備的請求①は、前訴各請求と同一の債権の残部請求の関係にあるが、Xによる本訴提起が信義則に反するとの事情を認めるに足りない、予備的請求②は前訴とは訴訟物を異にし、前訴の蒸し返しとはいえないとして、第1審判決を取り消し、差し戻した。Yより上告。

●判旨●　原判決破棄・控訴棄却。
「1個の金銭債権の数量的一部請求は、当該債権が存在しその額は一定額を下回らないことを主張して右額の限度でこれを請求するものであり、債権の特定の一部を請求するものではないから、このような請求の当否を判断するためには、おのずから債権の全部について審理判断することが必要になる。すなわち、裁判所は、当該債権の全部について当事者の主張する発生、消滅の原因事実の有無を判断し、債権の一部の消滅が認められるときは債権の総額からこれを控除して口頭弁論終結時における債権の現存額を確定し【78】参照）、現存額が一部請求の額以上であるときは右請求を認容し、現存額が請求額に満たないときは現存額の限度でこれを認容し、債権が全く現存しないときは右請求を棄却するのであって、当事者双方の主張立証の範囲、程度も、通常は債権の全部が請求されている場合と変わるところはない。数量的一部請求を全部又は一部棄却する旨の判決は、このように債権の全部について行われた審理の結果に基づいて、当該債権が全く現存しないか又は一部として請求された額に満たない額しか現存しないとの判断を示すものであって、言い換えれば、後に残部として請求し得る部分が存在しないとの判断を示すものにほかならない。したがって、右

判決が確定した後に原告が残部請求の訴えを提起することは、実質的には前訴で認められなかった請求及び主張を蒸し返すものであり、前訴の確定判決によって当該債権の全部について紛争が解決されたとの被告の合理的期待に反し、被告に二重の応訴の負担を強いるものというべきである。以上の点に照らすと、金銭債権の数量的一部請求訴訟で敗訴した原告が残部請求の訴えを提起することは、特段の事情がない限り、信義則に反して許されないと解するのが相当である。」

●解説●　1　本判決は、明示の一部請求の全部・一部棄却判決確定後の残部請求は原則として信義則に反するとしたものである。明示の一部請求の場合、残部請求は訴訟物を異にし、既判力が及ばない旨の判例準則【77】）を前提にしながら、その審理判断の実質に鑑み、一部請求の棄却により残部請求の不存在が判断されており、残部請求は実質的に蒸し返しに当たり許されないとし、前記判例準則の帰結を事実上修正したものとして注目に値する（なお、予備的請求②の関係でも信義則を援用するが、これについては【176】参照）。
　2　本判決は、一部請求における債権消滅の抗弁の審理判断に関するいわゆる外側説（【78】参照）を前提に、一部請求を一部または全部棄却する場合は、非請求部分（残部）についても実質審理がされ、その部分の不存在を前提に棄却判決に至っていることから、残部請求は実質的に前訴で認められなかった請求ないし主張の蒸し返しであり、紛争解決に係る被告の合理的期待に反し、被告に二重応訴の負担を強いるもので信義則に反するとした。判旨の理由づけは合理的なものであるが、その結果、明示の一部請求後の残部請求について既判力による遮断を否定した従来の判例は、前訴が請求の全部・一部棄却の場合には事実上修正され、それが文字通り妥当して後訴に一切影響しないのは、前訴が請求の全部認容判決である場合に限られることになる（全部認容の場合も、債権消滅の抗弁が提出されたときは残部につき一定の審理がされている可能性はあるが、請求額以上であれば金額を厳密に特定せずに請求を認容できるので、その点の判断は傍論に止まる）。
　3　ただ、本判決は（例示もないものの）「特段の事情」による留保を認めており、その範囲が注目される。調査官解説は予想し難い後遺症や損害範囲を限定した場合を挙げる（山下・後掲617頁）。ただ、前者は一部請求論の「借用」に相当する場合であり【81】参照）、後者は数量的一部請求の場面ではない。その意味で、特段の事情はにわかに想定し難く、むしろ本判決の結論は（信義則というより）判決効自体で説明すべきものとも思われ、一部請求論の見直しを示唆する判決ともいえよう（山下・後掲618頁参照。なお、同619頁注20では「新たな視点から一部請求否定説を主張するもの」として拙稿が引用されている）。

●参考文献●　山下郁夫・判解平10年度602、山本和彦・民商

80 一部請求と時効の完成猶予

最1小判平成25年6月6日（民集67巻5号1208頁・判時2190号22頁）　　参照条文　民法147条、150条

> 明示の一部請求により残部の請求権について時効の完成猶予の効力は生じるか。

●**事実**●　Yは、平成12年6月24日、Xに対し本件未収金債権につき残高証明書を発行し、債務を承認した（なお、本件未収金債権は商行為によって生じた債権であり、消滅時効期間は5年である）。Xは、平成17年4月16日到達の内容証明郵便で、Yに対し本件未収金債権の支払催告をした。Xは、同年10月14日、Yを被告に本件未収金債権総額3億9761万円余のうち5293万円余の支払を求めて提訴した。これに対し、Yは、相殺の抗弁を主張したが、裁判所は上記抗弁を認め、現存する本件未収金債権は7528万円余であると認定し、Xの請求を全部認容し、同判決は平成21年9月18日確定した。Xは、同年6月30日、本件訴えを提起し、別件判決の認定に沿って別件訴訟で請求していなかった残部2235万円余の支払を請求した。これに対し、Yは、本件残部については消滅時効が完成していると主張して、これを援用した。原審は、本件残部が2235万円であると認定したものの、消滅時効が完成していると判断して、Xの請求を棄却した。Xより上告。

●**判旨**●　上告棄却。
　「数量的に可分な債権の一部についてのみ判決を求める旨を明示して訴えが提起された場合、当該訴えの提起による裁判上の請求としての消滅時効の中断の効力は、その一部についてのみ生ずるのであって、当該訴えの提起は、残部について、裁判上の請求に準ずるものとして消滅時効の中断の効力を生ずるものではない（最2小判昭34・2・20民集13-2-209参照）。そして、この理は、上記訴え（以下「明示的一部請求の訴え」という。）に係る訴訟において、弁済、相殺等により債権の一部が消滅している旨の抗弁が提出され、これに理由があると判断されたため、判決において上記債権の総額の認定がされたとしても、異なるものではないというべきである。なぜなら、当該認定は判決理由中の判断にすぎないのであって、残部のうち消滅していないと判断された部分については、その存在が確定していないのはもちろん、確定したのと同視することができるともいえないからである。したがって、明示的一部請求の訴えである別件訴えの提起が、請求の対象となっていなかった本件残部についても、裁判上の請求に準ずるものとして消滅時効の中断の効力を生ずるということはできない。」「明示的一部請求の訴えにおいて請求された部分と請求されていない残部とは、請求原因事実を基本的に同じくすること、明示的一部請求の訴えを提起する債権者としては、将来にわたって残部をおよそ請求しないという意思の下に請求を一部にとどめているわけではないのが通常であると解されることに鑑みると、明示的一部請求の訴えに係る訴訟の係属中は、原則として、残部についても権利行使の意思が継続的に表示されているものと

みることができる。したがって、明示的一部請求の訴えが提起された場合、債権者が将来にわたって残部をおよそ請求しない旨の意思を明らかにしているなど、残部につき権利行使の意思が継続的に表示されているとはいえない特段の事情のない限り、当該訴えの提起は、残部について、裁判上の催告として消滅時効の中断の効力を生ずるというべきであり、債権者は、当該訴えに係る訴訟の終了後6箇月以内に民法153条所定の措置を講ずることにより、残部について消滅時効を確定的に中断することができると解するのが相当である。」ただ、第1催告から6月以内に民法153条所定の措置を講じなかった以上、再び催告をしても消滅時効が完成するとして、本件残部につき消滅時効は完成しているとした。

●**解説**●　1　本判決は明示の一部請求における時効中断の範囲を明らかにする。すなわち第1に、請求による時効中断の範囲は、たとえ債務消滅の抗弁が出された結果、債権総額につき判断がされたとしても残部には及ばないとし、第2に、その場合は原則として残部につき裁判上の催告として時効中断効が生ずる旨を明らかにした。前者は前掲最判昭和34・2・20の趣旨を明確にし、後者は最高裁の新判断である。
　2　明示の一部請求につき、判例は当該一部のみを訴訟物としており（【77】参照）、訴訟物＝時効完成猶予の範囲と解する限り、残部に完成猶予効は生じないとの理解が素直である。訴訟物の範囲を超えて「請求と同視できるもの」に時効の完成猶予が認められる場合もあるが（【51】参照）、明示の一部請求では原告が自らの意思で残部を請求から除外しているのであり、それを請求されたのと同視して完成猶予効を認めることは相当でない。また、消滅の抗弁が出されて債権全額が審理されたとしても、前訴判決が全部認容である限り（残部の時効が問題となるのはこの場合に限られよう）、信義則による遮断効等も生じず、残部につき「確定したのと同視することができるともいえない」ので、完成猶予効を認める余地はない。他方、本判決は明示の一部請求により原則として残部にも裁判上の催告がされていると解する。一部請求の明示は残部請求の意思を有することの裏返しであり、素直な判断である。例外として、「将来にわたって残部をおよそ請求しないという意思の下に」一部請求をした場合が挙げられるが、「およそ」という言葉が示すように、稀有の場合といえよう（武藤・後掲324頁参照）。
　3　なお、本判決の判断は（時効中断が完成猶予となるものの）現行民法の下でも妥当する（裁判上の催告は、時効の完成猶予と更新の区分により一般には存在理由を失ったが、本件のような場合はなお意味をもち得る）。平成29年民法改正過程では一部請求により残部債権にも完成猶予効が生じる旨の提案がされたが、その過程で本判決が出たこともあり、結局、従来の規律が維持されている。

●**参考文献**●　武藤貴明・判解平25年度305、山本和彦・金法2001-18

81 基準時後の事情変更──後遺症

最3小判昭和42年7月18日（民集21巻8号1559頁・判時493号22頁）　　参照条文　民訴法114条

> **損害賠償請求の判決確定後に予期しない後遺症が発生した場合に再訴は可能か。**

●**事実**●　Xは、昭和28年、Yの子と喧嘩した際、Yの所持する硫酸入りの甕に突き当たり、その甕が割れて硫酸が流出し、それを浴びて火傷を負った。Xの火傷自体は治癒したが、その後遺症として患部に強直を来した。Xは、本件事故につき別訴を提起し、治療費20万円、逸失利益50万円、慰謝料30万円の合計100万円の支払を請求したところ、慰謝料30万円を認容し、その余の請求を棄却する判決が確定した。同判決の口頭弁論終結（昭和35年5月）後、Xの足の状態は更に悪化し、2度にわたり入院し、手術を受けた。Xは、上記入院・手術に要した費用31万円余の支払を求めて本訴を提起した。第1審は、Xの請求は前訴判決の既判力と抵触するとしたが、原審は、Xは、前訴口頭弁論終結日までの治療費を請求する旨明示して20万円を請求していたものと解すべきで、口頭弁論終結後の再手術に要した費用の賠償を求める本訴には前訴判決の既判力は及ばないとして、Xの請求を認容した。Yより上告（なお、本判決では、判決要旨として、不法行為により受傷した被害者が相当期間経過後に受傷当時には医学的に通常予想し得なかった治療が必要となった場合は、後日その治療を受けるまでは治療に要した費用につき消滅時効は進行しない旨の判断が示されている）。

●**判旨**●　上告棄却。
　「1個の債権の一部についてのみ判決を求める旨を明示して訴が提起された場合には、訴訟物は、右債権の一部の存否のみであって全部の存否ではなく、従って、右一部の請求についての確定判決の既判力は残部の請求に及ばないと解するのが相当である（【77】参照）。……前訴……におけるXの請求は、X主張の本件不法行為により惹起された損害のうち、右前訴の最終口頭弁論期日たる同35年5月25日までに支出された治療費を損害として主張しその賠償を求めるものであるところ、本件訴訟におけるXの請求は、前記の口頭弁論期日後にその主張のような経緯で再手術を受けることを余儀なくされるにいたったと主張し、右治療に要した費用を損害としてその賠償を請求するものであることが明らかである。……所論の前訴と本件訴訟とはそれぞれ訴訟物を異にするから、前訴の確定判決の既判力は本件訴訟に及ばないというべきであり、原判決に所論の違法は存しない。」

●**解説**●　1　本判決は、不法行為に基づく損害賠償請求において、前訴口頭弁論終結後に発生した治療費につき、前訴とは異なる訴訟物であり、前訴確定判決の既判力は及ばないとした。その理由づけは必ずしも鮮明なものではないが、明示の一部請求に係る判例【77】を引用している点から、前訴において一部請求の明示があったものと解し、その結果、訴訟物が別

異となり、既判力が及ばないとの結論を導出したものと解される。ただ、そのような帰結が本事案のいかなる特色により導かれるかは明確とは言い難い。
　2　まず、本判決は、前訴が口頭弁論終結時までの治療費を請求するものであった点から、治療費に関し明示の一部請求であったことを認めているようにみえる。通常、明示の一部請求は、請求権の総額を明示し、そのうちの金○○円を請求するとの形をとり、そのような総額明示がない場合は黙示の一部請求と解される。一般的な不法行為の損害論からすれば、治療費を含めた損害は不法行為時に一挙に発生しているはずであり、単にある特定日までの治療費を請求することは全部請求の趣旨とも考えられる。ただ、治療費の性質上、その総額明示は困難であり、将来の治療費を除外していなくても、常にその除外の明示があると見ることは不可能ではない。ただ、本判決がそこまで言う趣旨かは明らかではない。本件事案は受傷当時には医学的に予想し得なかった治療が必要となった場合であり、そのような予想し難い後遺症に係る治療費であったため明示の一部請求が認められたとの見方もあり得よう。そのような後遺症の予見不能性は時効に関する判示で明示されているが、既判力との関係でも、Xの請求が「口頭弁論期日後にその主張のような経緯で再手術を受けることを余儀なくされるにいたった」点を摘示していることから、そのような趣旨を読み取る余地もある。仮に治療費の場合は常に一部請求性が認められるとすれば、あえて本件における特殊事情、すなわち本訴治療費が前訴判決後の後遺症による再手術に基づくものである点を指摘する必要はないともいえるからである。そうすると、本判決の射程はあくまでも予期し難い後遺症の場合に限られるとも考えられる。そのような場合は、確かにその点を除外する原告の意思が明確であり、相手方にもその点の認識可能性はあると考えられるので、明示の一部請求として残部請求を認めることに異論は少ないであろう。
　3　ただ、学説上は、本判決のような場合を明示の一部請求論により解決することに異論もあり、むしろこれを既判力論として正面から解決すべきとの主張がある。第1に、既判力の時的限界の問題とする理解である。すなわち、予期し難い後遺症の発現はまさに前訴確定判決の既判力基準時後の新たな事由であり、既判力により遮断されないと解するものである。ただ、この考え方については、前述した損害論に関する実体法の理解との整合性が問題となり得る。第2に、既判力の客観的範囲の問題とする理解である。すなわち、予期し難い後遺症が発現したというのは、前訴においておよそ当事者の主張が期待できない事由であり、このような期待不可能な主張は既判力によって遮断されないと解するものである（期待可能性と自己責任による既判力の根拠の説明に基づく）。しかし、この考え方は既判力の効果を曖昧にするおそれがあり、既判力論の根本的な見直しが前提になろう。

●**参考文献**●　栗山忍・判解昭42年度321、高地茂世・[百]5版

82 期日変更の顕著な事由

最3小判昭和57年9月7日（判時1062号85頁・判タ485号84頁）　　参照条文　民訴法93条

> 口頭弁論期日の変更を可能とする顕著な事由はどのような場合に認められるか。

●**事実**●　本件訴訟の控訴審で、当初はX本人が訴訟を追行していたが、第1回口頭弁論期日がXの申立てにより、Xの健康上の理由により1度変更されている。その後、第2回口頭弁論（昭和56年3月16日）において裁判所より代理人を選任すべき旨の勧告を受けた。第3回口頭弁論期日は同年4月15日に指定されたが、Xの不出頭を理由に延期された（当日朝Xの病状が急変して出廷できなくなったが、欠席の事前連絡はできず、急遽代理人として長男等を出廷させた）。第4回口頭弁論期日は同年6月10日に指定されたが、Xは同月8日Aを訴訟代理人に選任したところ、Aは、同日、指定された期日は既に別途用務があり出廷できず、受任2日後では記録謄写や関係者との打ち合わせも至難であり、弁論ないし立証準備も時間的物理的に不可能であるとして、上記期日の延期を申請した。裁判長は、6月10日の第4回口頭弁論期日においてXの期日変更申請を却下し、弁論を終結して判決を言い渡した。Xより、裁判所がX側の事情の調査を実施することもなく、期日変更申請を却下したことは憲法11条に定める基本的人権の侵害であるなどと主張して、上告。

●**判旨**●　　上告棄却。
「所論の昭和56年6月10日の口頭弁論期日は、原審における第4回口頭弁論期日であるから、その変更は「顕著ナル事由」の存する場合に限り許されるところ（民訴法152条5項〔現行93条3項〕）、X代理人が同年6月8日付で原審に提出した口頭弁論期日変更申請書の記載は、「本日当職が訴訟委任を受けたが、弁論ないし立証準備のため右期日を変更されたい。」というものであって、本件における審理の経過を併せ考えれば未だ「顕著ナル事由」が存するものとはいえないから、原審が所論の口頭弁論期日の変更申請を却下して弁論を終結したことに違法はない。」

●**解説**●　1　本判決は、口頭弁論期日変更の申立てに顕著な事由が存しないとして、申立てを却下した措置を適法とした事例判例である。期日指定は、職権進行主義に基づき裁判長が裁量により行うが（93条1項）、いったん指定された期日の変更は、以下のように規律されている。すなわち、①第1回期日は当事者の合意があれば変更できる（同条3項但書）、②弁論準備手続を経た口頭弁論期日はやむを得ない事由がある場合に限り変更できる（同条4項）、③それ以外の口頭弁論期日や弁論準備手続期日は顕著な事由がある場合に限り変更できる（同条3項本文）。第1回期日は当事者の都合を斟酌せずに指定されるため比較的緩やかに変更を認める一方、弁論準備手続を経た場合は、想定される口頭弁論期日は通常集中証拠調べ期日であり、当事者や証人など利害関係人の都合も考慮して指定さ

れており、変更後の日程調整にも困難が伴うため、限定された要件が課されている。それ以外の通常の期日変更は「顕著な事由」というかなり一般的な要件であり（他の条項でもあまり類例のない要件である）、その解釈が問題となる。本判決は、一般的な解釈論を示すものではないが、最高裁がそれに該当しない事例を示した珍しい判断であり、下級審の運用に一定の示唆を与える（なお、民訴規37条は、期日変更が許されない（顕著な事由に該当しない）場合として、複数代理人の一部に変更事由が生じた場合および期日指定後に同一日時に他の事件の期日が指定された場合を挙げる）。

2　一般に「顕著な事由」としては、急病や不幸など突発事故で期日への出頭が困難な場合をいうとされるが、判例上はかなり厳格な解釈がされている。本人が単に病気で出頭困難であると陳述したり（最3小判昭和24・8・2民集3-9-312）、本人の妻から病気の連絡があっただけでは足りない（最3小判昭和27・5・6民集6-5-490）。また、単に当日出張のためとの届出では足りず（最1小判昭和55・2・14判時958-60）、代理人が他事件のために出頭できないとの事由も該当しない（大阪高判昭和25・8・9下民1-8-1229）。本件では、代理人の期日2日前の受任による訴訟準備の時間不足も顕著な事由に該当しないとした。ただ、本判決は「本件における審理の経過を併せ考えれば」としており、具体的な審理経過を考慮に入れる必要がある。その点、本件では訴訟の早い段階から本人による訴訟追行に困難な状況が生じており、裁判所から代理人選任を勧告されていたにもかかわらず、実際の選任が期日直前になっていること（しかも前回期日が本人の体調不良のため延期となっており、前々回の期日との間に3か月近い期間があったこと）などが重視されているものとみられる。その意味で、合理的な理由で代理人への委任が期日直前になり、その結果として準備が間に合わないような場合には、顕著な事由に該当する可能性はなお残るといえよう。

3　このほか、弁論準備手続を経た後の口頭弁論期日変更の要件である「やむを得ない事由」の解釈については、最2小判昭和28・5・29民集7-5-623が（旧法下の準備手続後の期日変更に係る判断であるが）、当事者が期日十数日前に脳溢血を発症し、3か月間絶対安静を要する旨の診断書を提出した事案につき、未だやむを得ない事由には該当しないとして、期日変更を認めなかった扱いを適法とした。判旨は、「その他の事情（例えば、訴訟代理人を選任することができないか等）については、これを明かにするに足りる何等の資料もない」とし、当事者の急病の場合も代理人による出頭の可能性を考慮すべき旨が示唆されている。ただ、予定されている期日が集中証拠調べ期日とすると、急遽弁護士を探して委任し、弁護士が事案を把握して証人尋問の準備をすること等を考えると、十数日で行うことは至難の業である。その意味で、当事者の手続保障を勘案した柔軟な判断を要する場面もあろう。

●**参考文献**●　　コンメⅡ2版301

83 訴訟行為の追完

最2小判昭和27年8月22日（民集6巻8号707頁）　　参照条文　民訴法97条

訴訟代理人が判決の送達に気づかずに上訴期間を徒過した場合に上訴の追完は認められるか。

●**事実**●　本件控訴審判決は、昭和25年12月28日、Y会社の訴訟代理人Aに送達されたが、送達名宛人であるA自身に交付されたものではなく、弁護士Bに交付されたものであった。弁護士BはA弁護士Aの主宰する法律事務所に常勤し、その指揮命令を受けて法律事務に従事しており、実際は控訴審裁判所書記官から予め交付を受けた判決正本送達のための送達報告書用紙を事務所に持ち帰り、受領者欄にAの記名押印をした上、これを控訴審裁判所に持参し係書記官から判決正本の交付を受けたものであった。判決正本の受領およびそのための印鑑使用についてBはAから明示の許諾を得ていなかったが、かねて同人から控訴審判決謄本の受領を命じられ印鑑使用を許されていたので、この印鑑を用いて控訴審判決正本を受領してもAの意に反するとは思われない状況であった。Yより本件上告申立書が裁判所に提出されたのは、送達日から2週間の上告期間経過後の昭和26年1月20日であった。

●**判旨**●　上告却下。
「本件につき東京高等裁判所が昭和25年12月28日言渡した判決は即日Yの訴訟代理人Aに対し民訴163条〔現行100条〕所定の方法により送達されたことが明かである。ところが本件上告申立書が当裁判所に提出されたのは右送達の日から2週間の上告申立期間を経過した後の昭和26年1月20日であるから、本件上告は不適法として却下すべきものである。……記名押印のある送達報告書用紙の持参者を送達名宛人自身と同視し、これに判決正本を交付して民訴163条の送達をすることは裁判所多年の慣行であるのみならず、同条の解釈として許されるものと解するのが相当であるから、Yに対する原判決正本は適法に送達されたものというべきである。然るに本件上告が右送達後法定の期間内になされ得なかったのは、前記BがB原判決正本受領の事実を送達名宛人たるAに告げなかったためであることは……明白であって、たとえその間、……原裁判所係書記官の誤った言明により右正本受領の事実の判明が遅れたという事情があったとしても、右Bの責を少しも軽減するものではない。されば本件上告期間の徒過は民訴159条〔現行97条〕にいわゆる「当事者が其の責に帰すべからざる事由により不変期間を遵守すること能わざりし場合」にはあたらないと解すべく、従って追完は許されない……。」

●**解説**●　1　本判決は、訴訟行為の追完につき、上訴期間との関係で、当事者の「責めに帰することができない事由」（97条1項）の要件の充足を認めず、追完を認めなかった事例判例である。不変期間については、（法定期間や裁定期間とは異なり）裁判所の判断により期間を伸長・短縮できないが（96条1項）、当事者が不変期間を遵守できなかったことにつき帰責事由がない場合には、その事由消滅後1週間以内に限り、訴訟行為の追完が認められる（97条1項本文）。不変期間としては特に上訴期間が重要であり、上訴期間を遵守できなかった当事者が、帰責事由がなかったとして追完を求める事例は多く、帰責事由の解釈が重要な問題となり得る。本判決は、同条項の解釈について一般論を述べるものではないが、最高裁が訴訟代理人たる弁護士事務所内の役割分担の問題で帰責事由を認めたものであり、事例判例ではあるが、本条項の解釈運用に大きな影響を与えたものとして注目される。

2　当事者が訴訟代理人を選任して訴訟を追行している場合、たとえ本人に帰責事由がなくても代理人に帰責事由があれば追完は認められない（最3小判昭和24・4・12民集3-4-97等）。そして、訴訟代理人である弁護士には、訴訟追行の専門家として一般に高度の注意義務が課されるものと解される。本判決は、訴訟代理人である弁護士の補助者（同一法律事務所において勤務する弁護士）に帰責事由があった（判決正本を受領したにもかかわらずそのことを訴訟代理人に告げなかった）場合に関し、帰責事由を認め、追完を許さなかった。学説上は、補助者の過失を理由に追完を否定することに批判的なものもあるようであるが（コンメⅡ〔第2版〕327頁参照）、このような場合には監督責任を含めて代理人に帰責事由があるということは十分可能であるし、相手方との利益衡量に鑑みれば、広い意味で代理人側の支配領域で起こった事柄に対しては、帰責事由が認められてもやむを得ないものと解されよう。その意味で、訴訟代理人または補助者に起因する事象で帰責事由が否定される場合は、極めて限られているといえよう（裁判例として、訴訟代理人が判決正本の送達を受けた直後に病気で意識不明となり、共同代理人や事務員もいない場合に、帰責事由なしとして追完を認めた例があるが（東京高判昭和40・6・29東高民時報16-6-126）、そのような限られた場合に当たろう）。

3　以上のような場合のほか、帰責事由が問題となる類型として、1つは天災その他不測の事故により書面提出が遅れた場合がある。代表例として、郵送の遅延に関し、当時の遅延多発の事情に照らし、遅延が当事者の想像できない程度のものではないとして、追完理由とならないとした判決がある（最1小判昭和23・5・6民集2-5-109）。地震や洪水、積雪なども追完理由となり得るし、将来的にオンライン送達が導入されれば通信トラブルもこれに該当する可能性がある。もう1つの類型として公示送達の場合がある。公示送達は送達名宛人に対する到達を基本的に想定しない擬制的制度であるので、通常は送達の事実を知らないことに帰責事由はないと解されるが、それで追完を許すとすれば公示送達は事実上意味を失うことになる。そこで、判例は、公示送達に至る前後の事情（住民票の移転の有無や相手方による住所の調査可能性等）も含め、より広い事情を考慮して具体的事案ごとに帰責事由の有無を判断している（詳細については、【86】解説参照）。

●**参考文献**●　コンメⅡ2版325

84 補充送達

最 3 小決平成19年 3 月20日（民集61巻 2 号586頁・判時1971号125頁）　　参照条文　民訴法106条 1 項、338条 1 項 3 号

補充送達が事実上利害関係の対立する同居人にされた場合にどのような効力を生ずるか。

●**事実**●　Yは、XおよびAを被告とする貸金請求の前訴を提起した。Yは、B₁およびB₂がAに対し、Xを連帯保証人として各500万円を貸し付け、YはBらから上記貸金債権を譲り受けたと主張し、XおよびAに対し、合計1000万円の連帯支払などを求めた。AはXの義父でXと同居していたが、自らを受送達者とする訴状および第 1 回口頭弁論期日呼出状等とともに、Xを受送達者とする訴状等についてもXの同居者として交付を受けた。XおよびAは第 1 回口頭弁論期日に欠席し、答弁書も提出しなかったため、口頭弁論は終結され、Yの請求を容認する前訴判決が言い渡された。裁判所書記官は、XおよびAの判決書に代わる調書の送達が受送達者不在によりできなかったため、XおよびAの住所宛に書留郵便に付する送達を実施したが、上記送達書類は受送達者不在のため配達できず、裁判所に返還された。XおよびAは前訴判決に対して控訴せず、前訴判決は確定した。その後、Xは本件再審の訴えを提起した。原審は、前訴におけるXに対する訴状等の補充送達は適法であり、前訴判決には338条 1 項 3 号の再審事由はないとして、再審請求は棄却すべきものとした。Xより抗告。

●**決定要旨**●　破棄差戻し。

「民訴法106条 1 項は、就業場所以外の送達をすべき場所において受送達者に出会わないときは、「使用人その他の従業者又は同居者であって、書類の受領について相当のわきまえのあるもの」……に書類を交付すれば、受送達者に対する送達の効力が生ずるものとしており、その後、書類が同居者等から受送達者に交付されたか否か、同居者等が上記交付の事実を受送達者に告知したか否かは、送達の効力に影響を及ぼすものではない（最 2 小判昭和45・5・22判時594-66参照）。したがって、受送達者あての訴訟関係書類の交付を受けた同居者等が、その訴訟において受送達者の相手方当事者又はこれと同視し得る者に当たる場合は別として……、その訴訟に関して受送達者との間に事実上の利害関係の対立があるにすぎない場合には、当該同居者等に対して上記書類を交付することによって、受送達者に対する送達の効力が生ずるというべきである。そうすると、……本件訴状等はXに対して有効に送達されたものということができる。……しかし、本件訴状等の送達が補充送達として有効であるからといって、直ちに民訴法338条 1 項 3 号の再審事由の存在が否定されることにはならない。同事由の存否は、当事者に保障されるべき手続関与の機会が与えられていたか否かの観点から改めて判断されなければならない。すなわち、受送達者あての訴訟関係書類の交付を受けた同居者等と受送達者との間に、その訴訟に関して事実上の利害関係の対立があるため、同居者等か

ら受送達者に対して訴訟関係書類が速やかに交付されることを期待することができない場合において、実際にもその交付がされなかったときは、受送達者は、その訴訟手続に関与する機会を与えられたことにならないというべきである。そうすると、上記の場合において、当該同居者等から受送達者に対して訴訟関係書類が実際に交付されず、そのため、受送達者が訴訟が提起されていることを知らないまま判決がされたときには、当事者の代理人として訴訟行為をした者が代理権を欠いた場合と別異に扱う理由はないから、民訴法338条 1 項 3 号の再審事由があると解するのが相当である。」

●**解説**●　**1**　本決定は、補充送達につき、同居者と受送達者の間にその訴訟に関する事実上の利害関係の対立があり、書類が受送達者に交付されなかった場合も有効とする一方、そのような場合は受送達者の訴訟手続に関与する機会が奪われたものとして338条 1 項 3 号の再審事由があるとした。同居者と受送達者との利害関係の対立という局面で、補充送達の有効性を広く解して手続の安定を確保しながら、再審事由を緩やかに解して事後的な救済を図ったものといえる。

2　決定要旨前段の補充送達につき、本決定は、書類が受送達者に交付されなくても送達は有効とする伝統的理解（前掲最判昭和45・5・22等）を踏襲する。そうでないと補充送達制度の意味がなくなるからである。そして、本決定は同居者との事実上の利害対立による不交付の場合も同様とする。そのような対立は送達実施者（郵便局員等）には明らかでないし、調査もできないからである（【245】も同旨とみられる）。なお、決定要旨は例外として送達が無効となる場合として「受送達者の相手方当事者又はこれと同視し得る者」を挙げる（後者の事由に該当するおそれが事前にわかる場合は、実務上、受送達者以外が受領できないよう注意書がされるようである。三木・後掲235頁参照）。そのような場合は、双方代理を禁じる民法108条の趣旨からも、さすがに送達を適法とは言い難いとする趣旨と解されるが、極めて例外的な場面に限られよう。

3　決定要旨後段の再審事由について、このような場合、受送達者救済のため338条 1 項 5 号を援用する説もあったが、有罪判決取得（同条 2 項）が困難との問題があり、3 号説が学説上有力化した。決定要旨は「当事者に保障されるべき手続関与の機会が与えられていたか否かの観点」と論じ、3 号が（無権代理の文言を超え）手続保障の一般的規律との理解を示し、その後の判例（【250】など）を嚮導した。その適用場面はあくまで当該事件に関する利害対立がある場合に限り、うっかり交付を忘れた場合や一般的に仲が悪く意地悪で書類を交付しなかった場合等は含まれず、書類が交付されなかったが、受送達者が他の方法で訴訟係属を知っていた場合も再審事由は適用されないと解される。

●**参考文献**●　三木素子・判解平19年度225、松下淳一・百 5版88

85 付郵便送達

最1小判平成10年9月10日（判時1661号81頁①事件・判タ990号138頁）　　参照条文　民訴法107条

付郵便送達の要件としての就業場所に関する裁判所書記官の調査義務はどのようなものか。

●事実●　A社は、昭和61年3月、Xに対し、Xの妻が同社発行のX名義のクレジットカードの利用による貸金および立替金合計34万円余の支払請求訴訟を札幌簡易裁判所に提起した。受訴裁判所の担当裁判所書記官は、Xの住所における訴状等の送達が不在によりできなかったため、A社に対し、当該住所におけるXの居住の有無およびXの就業場所等につき調査の上回答するよう求める照会書を送付した。当時XはB社の釧路営業所に勤務していたが、同年1月から東京に長期出張中で、同年4月20日頃帰ってくる予定であった。A社担当者は、裁判所からの照会に際し、勤務先に問い合わせ、Xが現在本州方面に出張中で4月20日頃帰ってくる旨の回答を受けたが、更にXの出張先や連絡方法等の確認などの調査をせずに、Xが訴状記載の住所に居住している旨およびXの就業場所が不明である旨回答した。担当書記官は、上記回答に基づき、Xの就業場所が不明と判断し、Xの住所宛に訴状等の付郵便送達を実施した。右送達書類はX不在のため配達できず、裁判所に還付された。第1回口頭弁論期日でX欠席のまま弁論が終結され、A社の請求を認容する判決が言い渡された。同判決正本はXの住所に送達され、Xの妻が受領したが、これをXに手渡さず、Xが控訴することなく上記判決は確定した。その後、A社はXに対する給料債権差押命令の申立てをしたところ、Xは、A社に対し、合計28万円を支払った。その後、Xは、上記訴訟における訴状等の付郵便送達が違法無効であったため訴訟関与の機会がないまま敗訴判決が確定し、損害を被ったとして、Y（国）に対し、国家賠償を求めた。原審は、担当書記官の国賠法上の過失を否定するとともに、裁判官の過失も否定し、請求を棄却すべきものとした。Xより上告。

●判旨●　上告棄却。
　「民事訴訟関係書類の送達事務は、受訴裁判所の裁判所書記官の固有の職務権限に属し、裁判所書記官は、原則として、その担当事件における送達事務を民訴法の規定に従い独立して行う権限を有するものである。受送達者の就業場所の認定に必要な資料の収集については、担当裁判所書記官の裁量にゆだねられているのであって、担当裁判所書記官としては、相当と認められる方法により収集した認定資料に基づいて、就業場所の存否につき判断すれば足りる。担当裁判所書記官が、受送達者の就業場所が不明であると判断して付郵便送達を実施した場合には、受送達者の就業場所の存在が事後に判明したときであっても、その認定資料の収集につき裁量権の範囲を逸脱し、あるいはこれに基づく判断が合理性を欠くなどの事情がない限り、右付郵便送達は適法であると解するのが相当である。これを本件についてみるに、……裁判所書記官は、Xの住所における送達ができなかったため、当時の……送達事務の一般的取扱いにのっとって、……Aに対してXの住所への居住の有無及びその就業場所等につき照会をした上、その回答に基づき、いずれもXの就業場所が不明であると判断して、本来の送達場所であるXの住所あてに訴状等の付郵便送達を実施したものであり、Aからの回答書の記載内容等にも格別疑念を抱かせるものは認められないから、認定資料の収集につき裁量権の範囲を逸脱し、あるいはこれに基づく判断が合理性を欠くものとはいえず、右付郵便送達は適法というべきである。」

●解説●　1　本判決は、付郵便送達につき、その要件である受送達者の就業場所の調査に係る裁判所書記官の裁量を認め、その認定資料の収集につき裁量権の範囲を逸脱し、またはこれに基づく判断が合理性を欠くなどの事情がない限り、付郵便送達を適法としたものである。民訴法は、受送達者の住所・就業場所において送達ができない場合、書留郵便等に付する送達（付郵便送達）を認めるが（107条1項）、これは郵便の到達を前提とせず、発送時に送達があったものとみなす（同条3項）点で、受送達者の手続保障を害するおそれがある一方、受送達者の住所や就業場所の調査に限界もあり（特に近年個人情報保護の観点からその調査はより困難となっている）、どこまでの調査が必要であるかが論点となるところ、本判決は裁判所書記官の裁量を比較的広く認めた点に実務上の意義が認められる。
　2　本判決の裁量審査の手法は行政訴訟等で一般的なもので、認定資料の収集についての裁量権逸脱およびそれに基づく裁量判断の合理性の審査を行うものである。そして、本件における当てはめとして、原告に対する照会を前提に、原告からの「回答書の記載内容等にも格別疑念を抱かせるものは認められない」点を重視する。実際はXは長期出張中で帰来時期も告知されていたことから、その情報が裁判所書記官に知らされていれば別途の対応も考えられたであろう。しかし、本件では単に就業場所不明との回答がされたもので、書記官が特段の疑問を抱かなかったのも無理はなかろう。翻って考えれば、送達不着（結果としての欠席判決）に利益をもつ原告に調査を委ねること自体に疑問があるが、裁判所は被告の住所や就業場所の調査のリソースを有しない点を考えれば、このような運用もやむを得ず、問題が生じた場合は最終的に当事者間で解決を図るほかなかろう（書記官の調査負担を大きくすると、訴訟全体が遅延するおそれが大きい）。
　3　本件ではAに対する損害賠償請求が問題となるが、本判決と同時に最高裁は、Xの請求を一部認容する判断を示した（最1小判平成10・9・10時1661-81②事件）。同判決は、確定判決の騙取に基づく弁済金の損害賠償は認めなかったが、Aの不法行為により訴訟手続に関与する機会を奪われたことによるXの精神的損害の賠償は、前訴判決の既判力に反するものではないとして認めている（山本和彦・後掲127頁参照）。

●参考文献●　山本和彦・リマ20-124、山本研・百5版86

86 公示送達と追完

最2小判昭和42年2月24日（民集21巻1号209頁・判時478号58頁）　　参照条文　民訴法97条、110条

> 公示送達により判決の送達がされた際に訴訟行為の追完はいかなる場合に認められるか。

●事実●　Yは未成年者であったが、法定代理人である母Aと本件住居に居住していた。Xおよびその代理人弁護士は、本訴提起前にYおよびAがその本籍地に居住せず本件住居に居住していることを知り、昭和31年9月頃その住居に母Aを訪問し、本件土地所有権移転登記の件で交渉したが、Aが承諾しなかったので、当時土地登記簿上の住所地であった前記本籍地をYの住所地と称してYに対して本訴を提起した。そして、受送達者の住所不明としてY（法定代理人A）に対する公示送達の申立てをし、原審においてこれが許容されて公示送達の方法により訴状が送達された。その結果、Y不出頭のまま審理がされ、本件第1審判決は、昭和32年3月22日言い渡され、同月26日公示送達の方法でY法定代理人Aに送達され、翌27日送達の効力を生じた。YおよびAはXの提訴および判決の存在について全く知らなかったが、たまたま昭和35年6月頃本件土地の登記簿を閲覧したところ、判決を原因としてYよりXに所有権移転登記がされていることを発見した。そこで、Yは、同年7月21日に至り、控訴の申立てをしたものである。原判決は、YおよびAは住民登録をした場所に居住しており、Xは提訴直前にYを訪問していることから、公示送達による送達がされるとは想定していなかったとして、Yの帰責事由を否定し、控訴の追完を認め、控訴を適法とし、本案についても原判決を取り消してXの請求を棄却した。Xより上告。

●判旨●　上告棄却。
「このような場合、Yの法定代理人Aが判示日時に判示の事情の下に漸く本件判決の公示送達の事実を知り、直ちに前記のように控訴提起に及んだ本件においては、Yがその責に帰することができない事由により不変期間を遵守することができなかった場合として本件控訴提起を適法と解すべきである。」

●解説●　1　本判決は、公示送達についても訴訟行為（控訴）の追完が可能である旨を確認するとともに、実際の事案でその適用を認めた事例判例である。被告の住所が知れない場合であっても原告の裁判を受ける権利を保障するためには、訴訟手続の進行を認め、判決の取得を可能にする必要がある。そのため、法は公示送達の制度を用意している（110条以下）。これは裁判所の掲示場に掲示して行う送達であり（111条）、被告がそれを実際に確知することを前提とせず、書類到達を擬制する制度である。そのため、被告が全く知らないうちに訴訟が進行し判決がされ、その裁判を受ける権利が侵害されることになる。つまり、公示送達制度は、原告の裁判を受ける権利と被告の裁判を受ける権利が正面から衝突する場面であり、基本的に前者を優先する制度となっているが、それに不当な点があった場合には事後的に被告の手続保障を確保する必要が

ある。本判決は、訴訟行為（控訴）の追完という制度にその役割を担わせることとしたものと評価できる。
2　訴訟行為の追完の要件は、当事者の「責めに帰することができない事由により不変期間を遵守することができなかった」ことである（97条1項）。公示送達の場合、単に公示送達の実施を知らなかっただけで帰責事由が否定されるとすれば、（前述のように、公示送達は到達の擬制にすぎないので）常に追完が認められ、実質上制度が無意味に帰する。そこで、この要件を満たすためには何らかの特段の事情が必要となる。本判決は一般論を述べていないが、原判決は、①住民登録の存在、②Xの悪意（訪問・交渉の事実）を挙げており、本判決もこれを（特に②の事実を）重視しているものとみられる（坂井・後掲52頁参照）。前述のように、事柄が原告の裁判を受ける権利と被告の裁判を受ける権利のバランスの問題であるとすれば、両者の事情を勘案すべきことになろう。本件の①はYがすべきことをしていたという事情であるが、②はYにとって公示送達を予想できなかった事情であるとともに、X側の背信性を示す事情ともいえる。その意味で、本判決は、原告側の行為態様も踏まえて、被告の帰責事由の有無につき判断するものといってよいであろう（坂井・後掲52頁は、本判決を「実務上稀に見受けられる「判決の詐取」を封ずることに役立つ判例ということができる」と評する）。いずれにせよ、本判決のような事案で控訴期間の追完を認め、被告の裁判を受ける権利を保障することに異論は少ないであろう。
3　本判決後の公示送達をめぐる判例として、いくつかのものがある。まず、最1小判昭和57・5・27判時1052-66は、原告が被告の住所を知りながら公示送達の申立てをしたとしても、338条1項3号による再審事由には当たらないとしたものである。公示送達は裁判長の判断に基づき行われるもので、当然無効はあり得ないという理解に基づくものと解されるが、現行法では公示送達も書記官事務となったこと（110条）、判例上同号の拡大解釈が普遍化していること（【84】参照）に鑑み、現在も維持されるべき判例かどうかには疑義もあろう。また、最3小判平成4・4・28判時1455-92は、原告が訴えの目的である移転登記義務の履行につき被告と継続的に和解交渉をし、和解成立も予想できる状況にありながら、被告から海外渡航により不在である旨告げられた期間中に提訴し、従前の経緯を伏せたまま公示送達の許可を受けた上で勝訴判決を得た事案で、被告もこのような訴えの提起は予想できず、被告が住民票の変更手続をしなかったのも原告の粗暴な言動を恐れたことによるなどの事情があるときは、被告の控訴の追完は許されるとしたものである。本判決の延長線上にある判断であるが、本判決の事案とは異なり被告が住民登録を変更していなかった点に特徴がある。実務上は住民登録が重視されるというが、本件ではその点についても被告の帰責事由がなく、原告の責任が認められる点が重要であろう。

●参考文献●　坂井芳雄・判解昭42年度48、コンメⅡ420

87 再相殺の抗弁

最1小判平成10年4月30日（民集52巻3号930頁・判時1637号3頁）　　参照条文　民訴法114条2項

被告の相殺の抗弁に対して原告が訴訟上の相殺の再抗弁を主張することは許されるか。

●事実●　Xは、Yに対し、貸付時に利息を天引きして貸し付けるという取引を繰り返していた。Xは、Yに対し、貸金債権の担保として振り出された手形債権を目的とする準消費貸借契約上の債権の支払を求めたところ、Yは、第1審口頭弁論期日で、天引利息が利息制限法所定の制限利率を超過していたことから、超過利息分相当額の不当利得返還請求権を自働債権として訴訟上の相殺の抗弁を主張した。他方、Xは同じ期日で、Yに対する別口手形債権を自働債権として前記不当利得返還請求権を対当額で相殺する旨の訴訟上の相殺の再抗弁を主張した。第1審判決は請求債権全額が相殺により消滅したとして請求を棄却したが、原審は、相殺の再抗弁により不当利得返還請求権の一部が消滅したとし、その残額を自働債権として請求債権との相殺を認め、Xの請求を一部認容した。Yより上告。

●判旨●　原判決破棄・控訴棄却。
「被告による訴訟上の相殺の抗弁に対し原告が訴訟上の相殺を再抗弁として主張することは、不適法として許されないものと解するのが相当である。けだし、⑴訴訟外において相殺の意思表示がされた場合には、相殺の要件を満たしている限り、これにより確定的に相殺の効果が発生するから、これを再抗弁として主張することは妨げないが、訴訟上の相殺の意思表示は、相殺の意思表示がされたことにより確定的にその効果を生ずるものではなく、当該訴訟において裁判所により相殺の判断がされることを条件として実体法上の相殺の効果が生ずるものであるから、相殺の抗弁に対して更に相殺の再抗弁を主張することが許されるものとすると、仮定の上に仮定が積み重ねられて当事者間の法律関係を不安定にし、いたずらに審理の錯雑を招くことになって相当でなく、⑵原告が訴訟物である債権以外の債権を被告に対して有するのであれば、訴えの追加的変更により右債権を当該訴訟において請求するか、又は別訴を提起することにより右債権を行使することが可能であり、仮に、右債権について消滅時効が完成しているような場合であっても、訴訟外において右債権を自働債権として相殺の意思表示をした上で、これを訴訟において主張することができるから、右債権による訴訟上の相殺の再抗弁を許さないこととしても格別不都合はなく、⑶また、民訴法114条2項……の規定は判決の理由中の判断に既判力を生じさせる唯一の例外を定めたものであることにかんがみると、同条項の適用範囲を無制限に拡大することは相当でないと解されるからである。」

●解説●　1　本判決は、訴訟上の相殺の再抗弁を不適法とした最高裁判例である。例えば、訴訟上、原告のA債権に対し、被告のB債権による相殺の抗弁が主張され、更に原告のC債権による相殺の再抗弁が主張

されるような場合、抗弁と再抗弁の発効の順序により結論が変わる。すなわち、再抗弁の方が先に効力を生じるとすれば、B債権が相殺により消滅し、被告の相殺の抗弁は成立せず、請求は認容されることになるが、抗弁の方が先に効力を生じるとすれば、A債権が相殺により消滅し、原告の請求は棄却されることになる。そこで、このような相殺の再抗弁の効力が問題となるが、従来この点につき判例・学説上ほとんど論じられていなかったところ、本判決が出された（なお、実体法上の再相殺については、意思表示の前後によって優劣が決まるとする最3小判昭和54・7・10民集33-5-533がある）。

2　本判決は再相殺を不適法とする理由を3点挙げる。すなわち、①訴訟上の相殺の再抗弁が条件付であることによる審理の錯雑、②訴え変更や別訴による対応の可能性、③114条2項の拡大の不当性である。まず、①の点は相殺の再抗弁が適法とされた場合の効果に関連する。実体法上の反対相殺の規律に倣って意思表示の先後で優劣を決めることは、訴訟上の相殺が条件付のものであり、本件のように同一期日で主張される場合など偶然的要素に左右され、相当でない。そこで、訴訟法上は抗弁優先説と再抗弁優先説が考え得る（訴訟上の相殺の条件の性質の関係で、前者が解除条件説、後者が停止条件説に親和的であるが、必然的な結びつきではない）。前者によれば、相殺の再抗弁は常に主張自体失当になる。他方、後者によると、債権A・B・Cにつき順次その存在・金額を審理判断し、最終的にまずB・Cを相殺することになるが、厳格な弁論の制限等がされない限り、Aが不存在の場合にはB・Cに関する審理が無駄になり、Bが不存在の場合にはCに関する審理が無駄になる。逆に、審理順序を厳格に規制すれば、審理の硬直化による訴訟遅延等を招くおそれがある。そのような意味で、相殺の再抗弁を認めることは審理の錯雑をもたらすおそれが強い。結局、上記いずれの理解をとっても本判決の結論は支持できよう。

3　本判決の③の理由も相当である。例えば、上記事例で、被告が更にD債権の相殺を再々抗弁として主張するなど訴訟上の相殺を繰り返す場合を考えると、それら債権の全てが審理判断され、その存在が認められると、再抗弁優先説ではそれらが全て対当額で消滅し、既判力で確定される。しかるに、訴えの変更は関連性ある請求に限定されていること（143条1項本文）から、このような形で無制約な審理の拡大の可能性を原告に認めることには疑問が大きい。そして、この点は②の理由とも関連し、この場合、A債権とC債権に関連性がなければ、原告としてはむしろ別訴でC債権を訴求すべきである。以上の点を考えれば、再抗弁優先説の立場をとっても、判旨の結論は相当と解される。なお、本判決はあくまでも訴訟上の相殺の再抗弁に関し、訴訟外の相殺を訴訟上主張することを制約するものではない。この場合、訴訟上の相殺の主張より前に再相殺がされていれば当然その効力が認められるが、主張後の再相殺の場合にはいずれの効力が優先するかという問題がなお残る。

●参考文献●　長沢幸男・判解平10年度497、山本和彦・百3版186

88 訴訟手続の当然終了①——行政処分取消訴訟

最3小判平成9年1月28日（民集51巻1号250頁・判時1592号34頁）　　　参照条文　民訴法124条1項1号

> 開発行為許可処分取消訴訟の係属中に原告が死亡した場合、その訴訟は当然に終了するか。

●事実●　本件は、Y（川崎市長）がした都市計画法29条（平成4年改正前）の開発行為の許可処分について、開発区域の近隣地に居住するXらが取消しを求めた行政訴訟である。本件許可処分は訴外AおよびBによるマンション建設のための開発行為についてされたもので、Xらは本件開発区域の近隣地に居住しているが、本件開発許可には都市計画法33条1項4号の関係権利者の相当数の同意を得ていない違法があると主張したほか、本件開発行為により起こり得るがけ崩れ、地滑り、土砂流出により、その生命・身体・生活等や有効な生活環境を享受する権利が侵害されるおそれがあると主張した。第1審および原審はいずれもXらの原告適格を否定し、訴えを却下した。Xらより上告されたが、上告審ではXらの原告適格が争われるとともに（この論点については、本判決は、がけ崩れ等により生命、身体等に直接的な被害を受けることが予想される範囲の地域に居住する者は、開発許可の取消訴訟の原告適格を有する旨判示し、原判決を破棄、第1審判決を取り消し、事件を第1審に差し戻した）、上告審係属中にX₁が死亡したところ、相続人の協議により、X₁の長男Cが権利を承継したとして受継の申立てがされた（以下、この論点のみを取り扱う）。

●判旨●　訴訟終了宣言。
「X₁の有していた本件開発認可の取消しを求める法律上の利益は、X₁の生命、身体の安全等という一身専属的なものであり、相続の対象となるものではないから、本件訴訟のうちX₁に関する部分は、その死亡により終了したものというべきである。」

●解説●　1　本判決は、都市計画法に基づく開発許可処分の取消訴訟において原告が死亡した場合に、原告の有する法律上の利益は一身専属的なものであるとして、相続人に訴訟承継を認めず、訴訟終了宣言判決をしたものである。当事者が訴訟係属中に死亡した場合、訴訟物が一身専属的な権利・法律関係であるため、それを承継する者がいないときは、訴訟は当然に終了することになる。問題は、当該訴訟物が一身専属的なものといえるかどうかであるが、本判決は、行政処分の名宛人以外の第三者が原告となっている場合において、行政訴訟における一身専属性を肯定して、訴訟の当然終了を認めた判決である。
　2　財産権が問題となる通常の民事訴訟であれば、訴訟物の一身専属性は比較的容易に判断できる（通常は一身専属性は否定される）。それに対し、行政訴訟の場合、訴訟物それ自体の一身専属性は判断が困難であるところ、本判決は「X₁の有していた本件開発認可の取消しを求める法律上の利益は、X₁の生命、身体の安全等という一身専属的なもの」と判示し、取消訴訟の原告適格を基礎づける法律上の利益の一身専属性

に基づいて判断する立場を宣明した。従来の判例も、選挙訴訟（公選203条以下。最2小判昭和38・3・15民集17-2-376、最1小判昭和46・4・15民集25-3-275）、住民訴訟（地自242条の2。最2小判昭和55・2・22判時962-50）などの民衆訴訟は勿論、生活保護受給権に基づく裁決取消訴訟（最大判昭和42・5・24民集21-5-1043）、生活保護申請却下処分取消訴訟（最3小判昭和63・4・19判タ669-119）、国民年金の未支給年金の支払請求訴訟（最3小判平成7・11・7民集49-9-2829）などには当然終了を認めていたし、本判決後も情報公開条例に基づく公文書非開示処分取消訴訟（最3小判平成16・2・24判時1854-41）は当然終了になるとしている。他方、公務員が免職処分取消訴訟中に死亡した場合（最3小判昭和49・12・10民集28-10-1868。最大判昭和40・4・28民集19-3-721参照）、じん肺管理区分決定の取消訴訟中に原告が死亡した場合（最1小判平成29・4・6民集71-4-637）、被爆者援護法に基づく被爆者健康手帳交付申請の却下処分等の取消訴訟中に原告が死亡した場合（最1小判平成29・12・18民集71-10-2364）などには、相続人が受継して訴訟手続は続行されるものとしている。特に、最後の2つの近時の最高裁判例は、労災保険給付や健康管理手当の受給権の承継性に着目し、受継を認めたものであり、承継の範囲を拡大する方向の判断として注目されよう。
　3　本判決は上記のような判例とはやや異なり、第三者の原告適格が認められる場合の法律上の利益の承継の問題であり、処分の名宛人の場合よりも更に承継の判別が困難であるものの、その判断方法は同様である（大橋・後掲153頁参照）。そこで、具体的な処分の中身ごとに判断されることになるが、本件で開発許可処分に対する隣接地居住者の原告適格が認められる根拠は「がけ崩れ等により生命、身体等に直接的な被害を受けること」にあると解される。そこで、保護法益とされた生命・身体等の承継が問題になるが、まず、生命・身体は最も典型的な一身専属的利益であり、生命・身体に係る法益（その安全）自体の承継がないことは明らかであろう。相続人が当事者と同居している場合は、生命・身体の安全につき同様の利益を有する場合はあり得るが、その場合もそれは相続人固有の利益であり、訴訟承継ではなく自ら別途訴訟を提起すべきものである。次に、「生命、身体等」の「等」に含まれる利益が何かが問題となるが、あり得るとすれば財産権であろう。しかし、本判決が原告適格を認めているのはあくまでも開発区域の隣接地の居住住民であり、仮に当該土地所有権を有していても、そこに居住していない者は含まれないものと解される（この点、建築許可処分の場合は財産権を保護している可能性があり、取消訴訟の原告適格の承継を認める余地があるかもしれない。大橋・後掲154頁以下参照）。したがって、本件において承継されるべき保護法益はなく、承継は認められないとする本判決は相当である。

●参考文献●　大橋寛明・判解平9年度134、山下竜一・平9年度重判35

89 訴訟手続の当然終了②──養子縁組取消訴訟

最3小判昭和51年7月27日（民集30巻7号724頁・判時827号49頁）　　参照条文 民訴法124条1項1号　人訴法41条、42条

> 養子縁組取消訴訟の係属中に原告である養親が死亡した場合、その訴訟は当然に終了するか。

●事実● XはAの妻であったが、Y₁およびY₂の夫婦を養子とする縁組の届出をした。A死亡後、XはY₁およびY₂を被告として、養子Y₁は養親Xよりも年長であるから養子縁組には取消原因があるとして（民739条）、養子縁組の取消しを求めて訴えを提起した。第1審判決は請求を認容したところ、Y₁およびY₂が控訴し、控訴審係属中にXは死亡した。Xの死亡後、Z₁（Xの兄）、Z₂（Xの弟）、Z₃（Xの妹）の3名が民法805条所定の親族としての縁組取消請求権に基づき共同参加の申立てをした。原審は、X死亡の事実を確定した上、養子縁組取消請求権は一身専属権であり、本件訴訟はXの死亡と同時に当然終了したとして、Zらの共同参加申立てを却下し、訴訟終了宣言判決をした。Zらより上告。

●判旨● 上告棄却。
「年長養子の禁止に違反する養子縁組の取消請求権は、各取消請求権者の一身に専属する権利であって、相続の対象となりうるものではないと解すべく、かつ、養親が養子を相手方として年長養子の禁止に違反した縁組の取消請求訴訟を提起した後原告である養親が死亡した場合には、相手方が死亡した場合におけるように検察官にその訴訟を承継させるものと解される趣旨の規定（人事訴訟手続法26条によって準用される同法2条3項参照）がないこと等の法意にかんがみると、当該訴訟は原告の死亡と同時に終了するものと解するのを相当とする。」

●解説● 1 本判決は、養親が養子を相手方とする養子縁組取消訴訟は原告の死亡により当然に終了する旨を明らかにしたものである。本件では、原告である養親には相続人ではないかと思われる親族（兄弟姉妹）があり、その者たちが訴訟の受継を希望した（訴訟参加という形式をとるが、実質的には受継の意図と思われる）。養子縁組の取消請求権（形成権）は一身専属権で、相続の対象にはならないとしている。他方、このような訴訟で被告が死亡した場合は、検察官が被告適格を有し（人訴12条3項）、検察官を被告として訴訟が続行される（人訴26条2項）。これは、養子縁組の取消し（身分関係の解消）を求める原告の利益は被告死亡後も存続するという理解から、公益の代表者である検察官を被告とする訴訟追行を例外的に許容したものである（このような趣旨は、現行人訴法で明文規定が設けられる前、旧法下でも判例上認められていた。【59】参照）。原告死亡の場合、そのような利益は誰にもないと解するものであろう。
2 本件のような問題について、従来の通説は訴訟物である実体法上の権利・法律関係が一身専属的なものか、相続による承継の対象となるものかによって区別し、前者の場合には、訴訟についても受継を否定し、

当然に終了するというものであった。他方、これに対し、積極説も存在し、必ずしも訴訟物、すなわち実体法上の権利関係の移転に拘泥せず、争いの実質的利益が主体を変えて存続する限り、紛争の新主体を当事者として訴訟の続行を認める見解もあった。確かに、行政訴訟における判例の考え方がそうであるように（【88】解説参照）、訴訟物たる形成権が一身専属的で譲渡等が認められないものであったとしても、その基礎にある法律上の利益が承継可能なものであれば、訴訟の受継を認めることは可能である。本件でも縁組の取消しを求める実質的利益が相続権（財産上の利益）であるとすれば、承継の余地はあり得よう。しかし、一般に養親子関係等の身分関係は相続上の法律関係に尽きるものではなく、行政訴訟等と同様に考えることは難しい。他方、年長養子に係る養子縁組取消しは、親族からの請求も認められている（民805条）。したがって、本件のZらも親族として独立の取消請求権を有することになる。そうであれば、仮に本件で受継を認めないとしても、結局、Zらは別訴で縁組取消しを求めることになり、紛争が継続する（振出しに戻って再開される）おそれが高い（実際、本件でもZらの子らが再度縁組取消しを求め、最終的には年長者であるY₁との養子縁組のみが一部取り消される（Y₂との間の取消請求は棄却）旨の判断がされている。最2小判昭和53・7・17民集32-5-980参照）。そうであれば、受継を認めて従前の訴訟資料を活かしながら紛争解決を図る政策判断もあり得るところである。しかし、固有の利益を有しながら自ら提訴していなかったZらの当然承継を肯定することは疑問があるし、仮にZらの選択による受継を認めると、いつまでそれを許すかを定める必要があるが、法はその旨の規定を欠いている（吉井・後掲293頁）。判旨は、以上のような理解の下、解釈論としては受継を認めることを否定したものである。
3 このような原告死亡後の受継の問題は、現行人訴法を制定する際にも議論の対象となった。まず、嫡出否認の訴えについては、夫のみが原告適格を有するが、夫死亡後には相続権を害される者その他夫の3親等内の血族は原告適格を有し（人訴41条1項）、提訴後の夫死亡の場合は6月以内に受継を可能とした（同条2項）。また、認知の訴えについては、子（非嫡出子）のほかその直系卑属も原告適格を有するが（民787条）、その提訴期間が父等の死亡日から3年以内に限られていることに鑑み、提訴後に子が死亡し、既に上記期間が経過しているため独立の提訴ができない場合に、例外的にやはり6月以内の受継を認めている（人訴42条3項）。これは、受継を認めないと、子に訴訟追行を委ねていた直系卑属等に酷な結果になることによる。それに比べると、本件の場合はもともと養親の親族は原告適格を有しており、かつ、提訴期間に制限も設けられていないので、受継を認めなくても、原告（養親）死亡後に独立の訴えを改めて提起することは可能であり、あえて認知の場合のように特別の受継制度を設ける必要はないと判断されたものと解される。

●参考文献● 吉井直昭・判解昭51年度285

90 訴訟代理人と中断──光華寮事件

最3小判平成19年3月27日（民集61巻2号711頁・判時1967号91頁）　　参照条文　民訴法37条、124条2項

外国国家の代表権が政府承認により消滅した場合には訴訟手続は中断するか。

●**事実**●　Xは、昭和42年9月本訴を提起したが、訴状の原告の表示として「中華民国」、原告代表者の表示として「中華民国駐日本国特命全権大使」と記載し、当該全権大使がXの訴訟代理人に代理権を授与した。Yらは、Xの自称する「中華民国」とは台湾にいる旧国民党の一部を指称し、いかなる意味においても中国人民により構成された国家ではない旨主張した。なお、「中華民国」は国家としての中国の国名として用いられてきたものの、本訴提起前の昭和24年には中華人民共和国政府の支配が中国大陸全域におよび、中華民国政府の支配は台湾島等に限定されていたが、本訴提起当時、日本政府は中国国家の政府として中華民国政府を承認しており、中国国家の日本における代表権は、中華民国駐日本国特命全権大使が有し、中華民国政府は自らが中国国家の唯一の政府であると主張していた。しかるに、日本政府は、本件が第1次第1審係属中の昭和47年9月、中国国家の政府として、中華民国政府に代えて中華人民共和国政府を承認した。第1次第1審は訴えを却下したが、同控訴審は訴えの利益を認め、第1審に差し戻した。その後、第2次第1審および控訴審は請求を認容した。Yより上告。

●**判旨**●　原判決破棄、第1審判決取消し・差戻し。
「訴訟代理人が外国国家の外交使節から訴訟代理権の授与を受けて訴訟を提起した後に、我が国政府が、当該外国国家の政府として、上記外交使節を派遣していた従前の政府に代えて新たな政府を承認したことによって、上記外交使節の我が国における当該外国国家の代表権が消滅した場合には、民訴法37条、124条2項、同条1項3号の規定にかかわらず、上記代表権の消滅の時点で、訴訟手続は中断すると解するのが相当である。なぜなら、上記規定は、訴訟代理人が選任されているときには、当該訴訟代理人が訴訟の実情に通暁しており、一般にそのまま訴訟を追行させたとしても、当事者の利益を害するおそれがないことから、訴訟手続の中断事由が生じたとしても、訴訟代理権は消滅しないものとして（同法58条1項4号参照）、訴訟手続の中断についての例外を定めたものと解されるところ、上記の場合、従前の政府の承認が取り消されたことにより、従前の政府が上記代表権の発生母体としての根拠を失ったために上記代表権が消滅したのであって、単に代表権のみが消滅した場合とは実質を異にする上、新たに承認された政府が従前の政府と利害の異なる関係にあることは明らかであるので、従前の政府から派遣されていた外交使節からの訴訟代理権の授与しか受けていない訴訟代理人がそのまま訴訟を追行することは、新たな政府が承認された後の上記外国国家の利益を害するおそれがあるというべきだからである。そうすると、本件の訴訟手続は、民訴法37条、124条1項3号の規定により、第1次第1審に係属していた昭和47年9月29日の時点で中断したものというべきである。」

●**解説**●　1　本判決はいわゆる光華寮事件と呼ばれる著名事件であり、中華民国と中華人民共和国という中国の国家分裂の狭間の中で昭和42年以来40年にわたり係属した訴訟事件につき、純粋に訴訟法の観点から一定の判断を示したものである（ただ、結論は第1審への差戻しであった）。以下で取り上げるのは訴訟手続の中断に関する判示であり、訴訟代理人がある事案でも当事者の手続保障の観点から例外的に中断を認めた事例として興味深い。

2　124条1項は訴訟手続の中断事由を定めるが、同条2項は、訴訟手続は訴訟代理人がある間は中断しないとし、その例外を規定している。これは、訴訟代理人は訴訟関係を熟知しており、仮に当事者が死亡等して訴訟追行ができなくなったとしても、訴訟代理人が引き続き訴訟を追行することで当事者本人の利益は保護できることによると説明される。その意味では、弁護士など訴訟代理人に対する信頼を前提とするが、この規律が妥当しない場面として当事者の倒産（破産・再生・更生手続の開始）による中断の場合がある（破44条1項等。124条2項に相当する規定は存しない）。この場合は、仮に破産者等が選任していた訴訟代理人があるとしても、新たな訴訟追行権者である破産管財人等と当該代理人との間に信頼関係があるとはいえず、破産者等と破産管財人等との間に定型的な利害対立が生じ得る結果、中断を認めないと破産管財人等（すなわち破産財団等）の利益を害するおそれがあるからである。本判決は、訴訟代理人を選任していた従前の政府の承認が取り消された（その結果当該政府の代表権が消滅した）場合も同様とする。このような政府交代の場合は、旧政府と新政府の利害関係は鋭く対立することが通常であり、前者の選任した訴訟代理人による訴訟追行は後者の利益を定型的に害するおそれがあるといえるため、このような場合は原則に戻って中断が認められる。ただ、当事者の死亡等の場合も従前の当事者と新当事者の利害関係が対立することはあり得るが、本判決の射程は、その対立が定型的に認められる場合に限定されるものと見るべきであろう。

3　なお、本判決は他にも、当事者の確定（【27】）および36条1項（37条による準用）の通知についての判断を示している。後者は、本件のように代表権消滅が公知の事実である場合には通知があったものと同視でき、代表権消滅が直ちに効力を生じると判断する。このような通知の要件が訴訟手続の安定を確保するとともに、相手方の利益を保護する趣旨であるとすれば、代表権消滅が公知の事実であればあえて通知を求める理由はないからである（但し、前者の趣旨もある以上、相手方の知不知により通知の要否は左右されないとする最2小判昭和38・5・31集民66-319は維持される）。

●**参考文献**●　絹川泰毅・判解平19年度289、植木俊哉・平19年度重判306

91 受継決定の破棄を求める上告

最2小判昭和48年3月23日（民集27巻2号365頁・判時702号56頁）　　参照条文　民訴法128条

> 控訴審の終局判決に対して受継決定のみの破棄を求めて上告することは可能か。

●事実●　Xは、Aを被告として金銭支払請求訴訟を提起し、第1審で勝訴判決を得た。原審は、昭和45年9月30日控訴棄却判決を言い渡したが、Aは判決正本の送達を受けないまま同年12月23日死亡したため、訴訟手続は原審において中断した。Xは、昭和46年6月7日、Yが亡Aの相続人であると主張し、Yに訴訟手続を受継させることを求める申立てをし、原審は127条所定の通知をせず、Xの提出した除籍謄本および住民票謄本により上記申立てを認め、受継決定をし、同月14日前記控訴棄却判決・前記受継決定の各正本および前記受継申立書副本を一括してYに送達した。Yより、自己は相続放棄をしており、亡Aの相続人ではなく訴訟手続を受継すべき者ではないとして、上告。

●判旨●　受継決定破棄・差戻し。
「控訴審の終局判決言渡後判決正本の送達前に訴訟当事者が死亡したため訴訟手続が中断した場合において、相手方当事者の受継の申立に基づき、新当事者に対し訴訟手続を受継すべきことを命ずる決定があったときは、右受継決定に不服のある新当事者は、終局判決に対する上告をもって適法に右受継決定のみの破棄を求めることができるものと解するのを相当とする。けだし、民訴法218条〔現行128条〕2項に定める受継決定に対しては、独立して抗告を申し立てることが許されず（大決昭和9・7・31民集13-1460参照）、民訴法396条〔現行313条〕、362条〔現行283条〕の規定に従い終局判決に対する上訴によってのみ上級審の判断を受けることができるにすぎないものと解すべきところ（大判昭和13・7・22民集17-1454参照）、右受継決定は、終局判決の名宛人たる当事者を新当事者に変更する効果を伴なうものであるから、受継決定のみの破棄を求める上告を許さないとすれば、終局判決は新当事者に対する関係において確定することとなり、受継決定に不服のある新当事者が受継決定の当否を争い、自己に対する終局判決の確定による不利益を免れる機会を失うこととなるからである。……受継の申立の当否については、裁判所は職権をもって調査すべきものであるから、原審が、Yにおいて民訴法208条〔現行124条〕2項にいう相続の放棄をなしうる期間を経過しているか否か、換言すればYが自己のために相続の開始があったことを知った日はいつであるか、またYの相続放棄を無効とすべき理由はないか等につき審理を尽くすことなく、たやすくYが本件訴訟手続を受け継ぐべき者であると認定し、Xの訴訟手続受継の申立を理由があると認めて本件受継決定をしたことは違法の措置であるといわなければならない。」

●解説●　1　本判決は、控訴審判決の言渡後送達前に当事者が死亡して訴訟手続が中断し、新たな当事者に対する受継決定がされたところ、当該当事者が自らの承継人資格を争う場合、受継決定のみの破棄を求めて上告ができるとした。なお、128条2項は判決書送達後の中断の場合に判決裁判所が受継決定をすべき旨を規定するが、新当事者を受継決定により明確にするという同条の趣旨は一般に判決言渡後の中断の場合にも妥当するとされ、判旨もそのような理解を前提にするものと解される（柳川・後掲469頁参照）。また、本判決は旧法下のものであるが、上告受理制度を導入した現行法下でも妥当し、最高裁判所が上告審の場合も受継決定の破棄を求める上告は可能と解される。

2　まず問題となるのは、Aの死亡（中断）は控訴審判決言渡後（すなわち事実審口頭弁論終結後）であるが、仮にYに対する受継決定が確定したとしても、それはYが口頭弁論終結後の承継人である点まで確定するものではなく、Yが改めて承継執行文付与異議訴訟等で自己の承継人資格を争い得るから、Yの上告の利益について疑義が生じる旨の指摘がある（柳川・後掲470頁。但し、判決効拡張を予防する利益として上告の利益を肯定する）。しかし、受継決定が確定すればYは当事者であったことになり、当事者として判決効を受けるものと解される。本判決の「終局判決の名宛人たる当事者を新当事者に変更する効果を伴なうもの」という言い回しもその趣旨を表すものと解されよう。したがって、受継決定を当事者が争わずそのまま確定した場合は、新当事者は自己が承継人ではない旨を執行手続等の中で主張することはできなくなると解される（それが、判旨のいう「自己に対する終局判決の確定による不利益を免れる機会を失う」ことの中身と考えられよう）。

3　また、Yが承継人でないと判断された場合、どのような判決をすべきかが問題となる。上告はあくまでも本案の判断に対するものと考えるとすれば、承継の有無は上告適格の前提問題となり、承継人でない者の上告は却下すべきこととなる。しかし、それでは受継決定を伴う原判決がそのまま確定してしまうことになり、前述のように、Yは執行手続等でも不服申立てができないとすれば極めて不当な結論になる。他方、受継決定と本案判決が一体となっているとすれば、Yに対する本案判決は不当であるとして原判決全体を破棄することも考えられる。しかし、これも終局判決の中身に問題がないのであれば、やや過剰な対応となろう（真の承継人が現れた場合、その者との関係でも判決が存在しない状況になり、問題である）。そこで、本判決はこの場合の上告の対象を受継決定に限定し、受継決定のみを破棄して原判決はそのまま残すことを可能にした。実質的に妥当な判断ということができよう。本件では、Yの相続放棄の有効性を更に審理する必要があるため、事件は原裁判所に差し戻されたが、仮に相続放棄が有効であれば受継申立てのみが却下されることになる（その結果、原判決は中断した状態に戻り、真の承継人につき別途受継の手続をとることになる）。

●参考文献●　柳川俊一・判解昭48年度466、中島弘雅・民訴百Ⅱ418

92 代理の主張

最3小判昭和33年7月8日（民集12巻11号1740頁）　　参照条文　民訴法246条

契約関係訴訟で当事者が主張しない代理人による契約締結の事実を裁判所は認定できるか。

●事実●　XはYとの間で、Yの買い受ける黒砂糖をXが斡旋し、斡旋料として一斤につき金10円宛をYがXに支払うことを約束した。そして、Xは、同約旨に基づき、黒砂糖4300斤をYに斡旋して買い受けさせたので、Yに対し、金4万3000円の斡旋料の支払を請求した。原審は、XとY代理人Aとの間で、X主張のような黒砂糖斡付の斡旋に関する契約がされ、同契約に基づき、Xは、その主張のような数量の黒砂糖の買付をYに斡旋したことを認定し、原告の請求を認容した。Yより、原審が当事者の主張しない代理人との間の契約締結を認定したことは、当事者の申し立てない事項に基づき判決した違法があるとして、上告。

●判旨●　上告棄却。
「民訴186条〔現行246条〕にいう「事項」とは訴訟物の意味に解すべきであるから、本件につき原審が当事者の申立てる事項に基いて判決をした所論の違法はない。なお、斡旋料支払の特約が当事者本人によってなされたか、代理人によってなされたかは、その法律効果に変りはないのであるから、原判決がXとY代理人Aとの間に本件契約がなされた旨判示したからといって弁論主義に反するところはなく、原判決には所論のような理由不備の違法もない。」

●解説●　1　本判決は、246条は処分権主義を定めた規定であることを確認するとともに、本件は弁論主義の問題であるが、代理人により契約が締結された旨の主張がないにもかかわらずその事実を認定したとしても弁論主義違反にはならないことを判示したものである。前段は現在では自明の内容といえるが、戦前の一時期までは処分権主義と弁論主義が截然と区別されておらず、弁論主義違反も同条の問題とする説明が多くされていたところ、最高裁においてそれを明確に否定した意義がある（大審院時代既に、大判昭和2・4・27民集6-209が、旧々訴訟231条の「事物」は訴訟物の意義である旨を明確にしていた）。後段が本判決の中心部分であるが、代理人による契約締結の事実が弁論主義の対象とはならない旨を明示したものであり、注目される（本判決以前既に、大判昭和9・3・30民集13-418があり、本判決後も、最2小判昭和39・11・13判時396-40が同旨を判示する。更に、最2小判昭和42・6・16判時489-50は、逆の例、すなわち代理人による契約締結が主張されている場合に本人による契約締結を認定することも弁論主義に反しないとする）。
　2　本件における弁論主義の問題は、当事者の主張しない事実を裁判所が証拠等から認定できるかという問題、すなわちいわゆる弁論主義の第1テーゼの問題である。弁論主義が適用される事実の範囲については様々な議論があるが、少なくとも主要事実がその対象

に含まれる点に争いはない。そして、代理人による契約締結の事実が（代理権発生原因事実とともに）主要事実である点にも争いはない。したがって、素直に考えれば本件事実は弁論主義の適用対象に含まれ、原判決に違法があることになりそうである。しかるに、本判決は弁論主義違反を否定したが、その理由としては、本人によっても代理人によっても「その法律効果に変りはない」点を挙げるに止まる。しかし、法律効果の同一性は直ちに主要事実性の否定を基礎づけないことは明白であろう（例えば、債務消滅という法律効果は同一であっても、債務消滅原因（弁済、相殺、免除等）は当然主要事実であり、弁論主義の適用がある）。他方、本判決に影響を与えたとみられる前掲大判昭和9・3・30は、当事者が詳細な事実を主張しない場合に、裁判所が証拠から「当該資料の輪郭内において事実上の判断を為すは裁判所に与えられたる自由の範囲に外ならない」とする点が注目される。すなわち、当事者の主張が概括的なもの（例えば単に「契約が成立した」との主張）に止まる場合、その枠内（「輪郭内」）に含まれる事実（「代理人により契約が成立した」との事実）を認定することは裁判所の自由との理解とも思われる（その意味で、前掲最判昭和42・6・16のように、代理人による契約の主張の場合に本人による契約を認定することには疑問があることになる。代理人によるとの明示的主張があれば、本人によることはその範囲内の事実とは言い難いからである）。そして、練達の裁判官の間にもこのような理解を支持する見解が一定数存在すること（堀・後掲103頁の引用文献参照）は、実務的にこのような理解が座りのよい場合があることを示唆する。ただ、これらの見解も、あくまでもそのような認定が相手方に不意打ちを与えないことを前提とする点に注意を要する。その意味で、契約の締結に実質的に争いがないか事案の性質上争い難いような場合に限られよう。
　3　筆者は、弁論主義につき、当事者の「主張しない自由の保護」の観点から考えるので、本件においてはXの黙示の主張が問題になることになる（同旨の考え方を兼子一教授が指摘していることにつき、三淵・後掲199頁参照）。Xにおいて代理人による契約を主張しない意思があるとは考え難いからである（そのような意味で、黙示の主張を相対的に広く認めることになろう）。他方、Yの手続保障については、別途、釈明義務の問題として捉えることになる。仮に代理人による契約であるとすれば、Xに新たな攻撃防御方法が考えられる（それにより勝ской転換の蓋然性がある）ような場合は裁判所の釈明義務が観念され、釈明がされていない場合は釈明義務違反により原判決が破棄される可能性があろう。いずれにしろ、現在では、契約締結の事実が争われている場合に、締結態様（本人によるか代理人によるか）が明確にされずに争点整理が終わるとは想定し難い。その意味で、本判決は争点整理が不十分な場合の救済判決と捉えられ、その射程は限定されたものと解されよう。

●参考文献●　三淵乾太郎・判解昭33年度197、堀清史・百5版102

93 譲渡担保の主張

最3小判昭和41年4月12日（民集20巻4号548頁・判時452号37頁）　参照条文 なし

当事者の主張がない所有権移転の事実を認定することは弁論主義に反するか。

●事実●　Xは、本件土地はXの所有であるが、Y₂らの被相続人であるAに対し代物弁済を原因とする所有権移転登記がされ、次いでY₁に対し売買を原因とする所有権移転登記がされているから、Yらに対し、抹消登記手続を請求した。他方、Yらは、Xの本件土地の所有権喪失原因として、AがXに65万円を貸与し、右貸付金に対する停止条件付代物弁済契約の条件成就または代物弁済予約契約に基づく予約完結の意思表示により、Xから本件土地の所有権取得および移転登記をし、その後AはBに本件土地を譲渡し、Y₁名義の所有権移転登記をした旨主張した。原判決は、本件土地所有権が代物弁済によりAに移転した旨認定したが、さらに進んで、Xは、その後Bより85万円を借り受けてAより本件土地を買い戻し、Bに対し本件土地を右借入金の売渡担保として譲渡し、2月内に95万円で買い戻すことができる旨を約したが、買戻期間を徒過したので、Bの子であるY₁名義に所有権移転登記がされたものであり、Xは、一旦取り戻した本件土地所有権を失ったものであるから、Xの請求は理由がないと判示した。Xより、Xが本件土地をBに対し売渡担保に供した旨の原判決認定事実は当事者の主張がなく、弁論主義違反の違法があるとして、上告。

●判旨●　破棄差戻し。
「原判決は、Xにおいて本件土地をAより買い戻した旨を認定した以上、Xが現に本件土地所有権を有しないのは、XよりBへ本件土地を譲渡したという理由によるものであって、AがXより本件土地を代物弁済により取得したという理由によるものではないといわなければならない。しかるに、XよりBへの本件土地譲渡の事実は、原審口頭弁論において当事者の主張のない事実であるから、原判決は、当事者の主張のない事実によりXの前記請求を排斥したものというべく、右の違法は判決に影響があること明らかである……。」

●解説●　1　本判決は、所有権移転の経過に関し、原告の所有権喪失原因事実（抗弁事実）につき主張がない事実を認定したとして、弁論主義違反を認めたものである。大審院以来、所有権移転経過の主張について、判例は当事者の主張がなくても比較的緩やかに事実を認定してきたと評価される中、本判決は弁論主義の適用を厳格に捉えたものとして注目される。従来の判例のいわば転換点になった判決といえ、その後、大審院判例を明示的に変更する【94】に繋がっていくことになる。ただ、本件における当事者の具体的事実（いわゆる「生の事実」）の主張をどのように認識するかによって、本判決の評価は分かれ得る。
2　本判決の整理によれば、本件においてYの主張する土地所有権移転の経過は、X⇒A⇒Bであり、他方、原判決の認定はX⇒A⇒X⇒Bということになる。つまり、Aからいったん所有権がXに戻っているかどうかが相違点であり、いずれにせよ、もともとXの所有であったものがBに移転しているという出発点・帰着点には差異がないことになり、このような場合も弁論主義違反になるかが本件の問題である。弁論主義の適用対象が主要事実であるとすれば、本件のような所有権訴訟においては、所有権の取得原因事実（請求原因）および喪失原因事実（抗弁）が主要事実となる。そして、本件ではXが元の所有者であること（X元所有）につき当事者間に争いがないとすれば、その点の権利自白が成立すると扱ってよく、問題は所有権の喪失原因事実ということになる。この点、Yの主張（抗弁）はX⇒Aの停止条件付代物弁済契約の条件成就または代物弁済予約契約に基づく予約完結の意思表示となる一方、原判決の認定はX⇒Bの売渡担保としての譲渡（および買戻期間の徒過）となり、両者は全く異なる事実であることは明らかである。したがって、本判決が弁論主義違反を認めたことは理論的に正当と評価できる。ただ、本件の実質的問題は、A⇒Bの所有権移転経過の中でいったんXに所有権が戻ったとみるかどうかであったように思われる。Yの主張は、直接Bに移転しているものの、Xが一定期間内に買い取る約束があったというものであったのに対し、原判決の認定は、いったんXに移転したが、すぐに売渡担保としてBに移転したというものであった。その意味で、生の事実としては同じ事実をどのように法的に評価するかの相違にすぎないとの見方も可能である。また、調査官解説が強調するように（坂井・後掲178頁以下）、原審が主位的にA⇒Bを認定し、仮定的にA⇒XだったとしてもX⇒Bが認定できると判示していれば（原審の主観的意図はその趣旨であった可能性もある）、破棄には至らなかったかもしれない。ただ、原判決は「どう好意的に読み直しても」そのような仮定的説示と解釈はできず、破棄はやむを得ないとされたものである。
3　筆者のように、弁論主義を当該事実を主張しない当事者の自由の保護の制度として捉えると、本件では、Yは（仮にいったん所有権がXに移転していたことを前提とすれば）X⇒Bの事実を主張しなかったとは考え難い。上記のような経過からすれば、Yにその事実の主張があったか、少なくとも黙示の主張が認められてよい事案であったように思われる。むしろ問題はXの側の攻撃防御の保障にあり、裁判所の釈明（法律問題指摘義務）の問題とも考えられるが、本件では上記のような生の事実関係が弁論に出ており、Xの手続権も保障されていたと解する余地は十分あるように思われる。その意味では、破棄差戻しの必要があったかには疑義もあるが、弁論主義にルーズな実務の傾向への警鐘としての意味は大きかった（坂井・後掲181頁も「前の判例が存在していたことによって醸し出された若干ルーズな実務の空気に対しては、かなり厳しい修正的な役割を果たすであろう」と評する）。

●参考文献●　坂井芳雄・判解昭41年度174、福永有利・昭41/42年度重判66

94 所有権喪失の主張

最1小判昭和55年2月7日（民集34巻2号123頁・判時960号40頁）　参照条文　なし

抗弁として主張されていない死因贈与を認定して相続による所有権取得を否定できるか。

●事実●　Xらは、本件土地はCがDから買い受けたものであるが、Bの所有名義で移転登記をしていたところ、Cの死亡により、XらおよびBは右土地を各共有持分5分の1の割合で相続取得したものの、登記名義をそのままにしていたため、Bの死亡に伴いその妻Yが単独で相続による移転登記を経由したものであり、Xらはその共有持分権に基づき各持分5分の1の移転登記手続を請求した。Yは、本件土地はBがDから買い受け、Bの死亡によりYが相続取得したのであるから、Xらの請求は理由がない旨主張した。原審は、本件土地はCがDから買い受けて所有権を取得したが、その後BはCから本件土地の死因贈与を受け、Cの死亡により本件土地所有権を取得し、その後Bの死亡に伴いYが相続取得したと認定し、結局、Xらの請求は理由がないと判示した。Xらより、原判決は弁論主義に反するとして、上告。

●判旨●　破棄差戻し。

「相続による特定財産の取得を主張する者は、(1)被相続人の右財産所有が争われているときは同人が生前その財産の所有権を取得した事実及び(2)自己が被相続人の死亡により同人の遺産を相続した事実の2つを主張立証すれば足り、(1)の事実が肯認される以上、その後被相続人の死亡時まで同人につき右財産の所有権喪失の原因となるような事実はなかったこと、及び被相続人の特段の処分行為により右財産が相続財産の範囲から逸出した事実もなかったことまで主張立証する責任はなく、これら後者の事実は、いずれも右相続人による財産の承継取得を争う者において抗弁としてこれを主張立証すべきものである。これを本件についてみると、Xらにおいて、CがDから本件土地を買い受けてその所有権を取得し、Cの死亡によりXらがCの相続人としてこれを共同相続したと主張したのに対し、Yは、……右Xらの所有権取得を争う理由としては、単に右土地を買い受けたのはCではなくBであると主張するにとどまっているのであるから（このような主張は、Cの所有権取得の主張事実に対する積極否認にすぎない。）、原審が……Dから本件土地を買い受けてその所有権を取得したのはCであってBではないと認定する以上、XらがCの相続人としてその遺産を共同相続したことに争いのない本件においては、Xらの請求は当然認容されてしかるべき筋合である。しかるに、原審は、……Yが原審の口頭弁論において抗弁として主張しないBがCから本件土地の死因贈与を受けたとの事実を認定し、……Xらは右土地の所有権を相続によって取得することができないとしてその請求を排斥しているのであって、右は明らかに弁論主義に違反するものといわなければならない。」

●解説●　1　本判決は、被相続人からの相続承継を主張する原告相続人に対し、原判決が当事者の主張しない所有権喪失原因を認定したことについて、弁論主義に反するとして破棄したものである。後述のような大審院・最高裁の判例によりこのような事実認定も許される旨の誤解を是正したものであり、【93】によって示された方向性を継承し、決定づけた重要な判例と評価することができる。

2　本判決により直接変更された大判昭和11・10・6民集15-1771は、原告が家督相続による取得を主張する不動産の所有権確認訴訟において、被告が当該不動産は自分が買い受けた旨主張して争った事案で、当該不動産は相続開始前に被相続人から被告に譲渡された事実を認定して原告敗訴としたもので、本件事案と近似する。しかし、兼子一教授は「否認と抗弁の錯倒に陥っている」として同判決を厳しく批判し（同『判例民事訴訟法』208頁）、学説もほぼ一致して兼子説の批判を支持した。その意味で、本判決がこの大審院判例を約半世紀ぶりに正面から変更したことは（遅きに失した感もあるが）相当なものである。また、最2小判昭和25・11・10民集4-11-551も論議のある判例であった。これは、被告Y名義の保存登記がされている建物につき原告Xが当初から自己所有と主張して所有権移転登記を求めたのに対し、YはAが原始取得し自己に贈与した旨主張したところ、原判決はX、Y、Aの3名が原始的に取得し、その3名がAに、Aが更にYに譲渡したとしてXの請求を棄却した。最高裁は、原判決認定の事実はAの所有権取得に至る経過に関する事実にすぎず、その点で当事者の主張と異なる事実を認定することも許されるとした。Xが建物を建てた事実と上記3名が建物を建てた事実を全く異なる事実と解すれば、単にXの請求原因事実を排斥しただけで弁論主義に反しないとの評価も可能であるが、3名の建築により少なくともXも共有持分権を取得したとすれば、その持分権喪失の関係ではAへの移転の主張はされておらず弁論主義に反するとの評価も可能であった。その意味で微妙な判決である（坂井・前掲【93】参考文献181頁は、判断内容が「はっきりしないので、これは参考とすべき判例ではない」と評する）。

3　本判決においては、Bへの死因贈与を基礎づける事実は弁論に出ておらず、弁論主義違反を認定したことは相当と考えられるが、問題の本質はXらの攻撃防御の機会であり、それは釈明義務の問題と位置づけるべきものであろう。まさに、本件では死因贈与はそもそも黙示の意思表示によるものであり、Xらの主張の仕方によっては認められない場合もなくはないとされていたところ（榎本・後掲93頁）、差戻審では、本件贈与は生前贈与であったとしてYが勝訴した。そこで、Xらが再度上告をしたが、上告審は、Yの抗弁には生前贈与の主張も包含されていたとして上告が棄却された（最3小判昭和57・4・27判時1046-41）。当事者の主張の抽象性に関する興味深い判断である（【92】解説参照）。

●参考文献●　榎本恭博・判解昭55年度79、山田文・[百]5版

95 公序良俗の主張

最1小判昭和36年4月27日（民集15巻4号901頁）　参照条文　なし

当事者が公序良俗違反の主張をしていない場合に裁判所は無効の判断をできるか。

●**事実**●　本件山林はXがAから買い受け、未登記のままとなっていた。Y₁はこのことを熟知しながら、Aの家督相続人Y₂から低廉な価格で買い受け、所有権移転登記を具備した。本件売買はY₁とY₂が共謀の上、X所有の事実を知りながら、Xのした処分禁止の仮処分を不正に取り消し、Y₂への移転登記を了したもので、Y₂は本件山林を横領したとして刑事訴追を受けた。Xは、上記仮処分取消決の取消しを求める再審請求をし、勝訴判決が確定した。そこで、Xは、Y₁・Y₂を被告として、所有権に基づき所有権移転登記手続および所有権移転登記抹消登記手続を求めて訴えを提起した（以下、Y₂に対する訴えのみを取り上げる）。原審は、本件山林につきY₁とY₂の間で締結された売買契約は、公序良俗に反して無効たるを免れず、Y₂は、民法177条にいわゆる「第三者」に該当しないとして、Xの請求を認容すべきものとした。Y₂より、当事者のいずれも公序良俗による無効を主張しておらず、原判決は弁論主義に違反するとして上告。

●**判旨**●　上告棄却。
「裁判所は当事者が特に民法90条による無効の主張をしなくとも同条違反に該当する事実の陳述さえあれば、その有効無効の判断をなしうるものと解するを相当とする。そして、Xは、1審以来Y₁とY₂は共謀の上本件不動産を横領して刑事訴追をうけその他原判示のごとき仮処分に関する不法行為をした旨の主張をしていることが明らかであるから、原審が判示事実認定の下にこれを公の秩序、善良の風俗に反し無効であると判断したからといって、所論の違法あるということはできない。」

●**解説**●　1　本判決は、当事者が公序良俗違反による無効の主張をしていなくても、その違反に相当する事実の陳述がされていれば、裁判所は公序良俗違反との判断をすることができる旨を明らかにした。弁論主義は事実の主張に関する原則であり、裁判所は当事者の主張しない事実を判決の基礎とはできない（弁論主義の第1テーゼ）。一般にここで言う「事実」とは主要事実を指すと解されているが、特にいわゆる一般条項においては何が主要事実かが問題となる。本判決はこの点につき一定の示唆を与える判断といえる。

2　いわゆる一般条項とは、本件の公序良俗（民90条）のほか、信義則（民1条2項）、権利濫用（同条3項）、過失（民709条）、正当事由（借地借家6条・28条）など一般的抽象的概念（不特定概念）を用いて法律要件を定めた規範である（規範的要件とも呼ばれる）。立法者があるルールを構想する場合、そのルールに包含される事態を予め網羅的に想定できるときは、当該事態を包摂する具体的法概念を設定して要件とする（すべきである）。しかし、そのルールに包含すべき基本

的な事態は想定でき、将来想定外の事態が生じることは予想できるとしても、それを具体的に特定し難い場合、立法者の選択肢として、新たな事態が現実化するごとに法改正で対応することも考えられるが、迅速・適切な立法が困難と思われるときは、具体的事案における裁判所の判断に期待して一般条項が用いられることになる。その意味で、一般条項はもともと裁判所による一定の裁量権の行使を前提とし、立法府がそれに期待したものといえるが、訴訟の具体的場面では、それは当事者の手続保障と緊張関係に立つことになる。その意味で、一般条項においてどの範囲で弁論主義の適用を認めるか（換言すれば、当事者の支配権を認めるか）は重要な問題となる。この点については、①一般条項自体を主要事実と捉え、それを根拠づける具体的事実は間接事実とする見解と、②一般条項を基礎づける具体的事実を主要事実と捉え、一般条項自体はそれに対する法的評価の問題とする見解があり得る。この点は特に過失に関して議論されてきたが、かつては①説が通説であった。そのような理解の下では、当事者が過失を主張すれば、具体的事実のレベルでは、証拠上認められる限り、脇見運転を認定することもスピード違反を認定することも（間接事実の認定として）裁判所の判断に委ねられることになる。しかし、このような理解は当事者に不意打ちを生じさせるとして批判が強まり、現在の通説は②説をとる。そのような理解に立てば、当事者が過失という主張をしていなくても、それを基礎づける事実（例えば脇見運転の事実）さえ主張していれば（それが証拠上認定できる限り）、裁判所は過失の判断をできることになる。本件は、公序良俗に関して極めて早い段階で（本判決の時点では、少なくとも過失については未だ①説が通説であったとみられる）②説の考え方を明確にしたもので、大きな意義を有する判断であったといえる。

3　ただ、過失をめぐる上記のような議論が、公序良俗の判断にも同様に妥当するかには疑義もあり得る。公序良俗のような一般条項は、特別な一般条項として狭義の一般条項とも呼ばれ、このようなものについては、③一般条項それ自体についてもそれを基礎づける事実についても当事者の主張は不要とする見解があり得る。様々な説があり得るが（水元・後掲105頁参照）、筆者は、当該条項が公益に関わり、当事者の処分権を排除する性質のものである場合には、③説を相当と考える（山本・後掲244頁以下）。例えば、賭博に基づく賭金支払を求める訴訟において、その事実が証拠上明らかになった場合は、裁判所は賭博の主張が当事者から一切なくてもやはりその事実を認定し、公序良俗に反するとして請求を棄却すべきである。弁論主義の根拠を私的自治に求めるとすれば、私的自治が及ばない公益事項に弁論主義を適用する根拠はないと解されるからである。ただ、どの一般条項が公益性を有するかは議論があり得、筆者は信義則や権利濫用は公益性を有する場合も私益（当事者保護）的な場合もあると考えており、局面ごとの判断が必要になると解される。

●**参考文献**●　水元宏典・百5版104、山本・現代的課題232

96 過失相殺の主張

最3小判昭和43年12月24日（民集22巻13号3454頁・判時547号37頁）　　参照条文　なし

> 当事者が過失相殺の主張をしていない場合に裁判所は職権で過失相殺をすることができるか。

●事実●　YはXとの間で裁判上の和解をし、Xは、Yに対し、150万円および完済までの遅延損害金の支払義務がある旨が確認された。その後、YはXから19万円を受領し、Xは、131万円を弁済供託した。Yは当該供託金の取戻請求権につき差押転付命令を取得した。Xは、上記和解調書に基づく強制執行の不許を求め、請求異議の訴えを提起した。これに対し、Yは、元本が既に弁済されているとしても、遅延損害金が完済されていないと主張した。Xは、遅延損害金の増加は、Yの代理人が転居の際に何らの通知もせず、Xもその転居先を知らなかったことおよびYから何らの請求もなかったことというY側の過失に起因するとして、過失相殺の主張がされた。原判決は、上記Xの主張につき、Yの過失を認めるに足りる何らの証拠もないとして、Xの請求を棄却した。Xより上告。

●判旨●　上告棄却。
「民法418条による過失相殺は、債務者の主張がなくても、裁判所が職権ですることができるが、債権者に過失があった事実は、債務者において立証責任を負うものと解すべきである。しかるに、本件にあっては、債務者であるXの債務不履行に関し債権者であるYに過失があった事実については、Xにおいてなんらの立証をもしていない……。されば、原審が本件について民法418条を適用しなかったのは当然であって、原判決には所論の違法はない。」

●解説●　1　本判決は、過失相殺につき、債務者の主張がなくても裁判所は職権で判断できるが、過失に係る事実は債務者が証明責任を負う旨を明らかにしたものである。ただ、本件では、原審でXから過失相殺の主張がされており、その意味で、判旨前段は傍論に止まる。また、「債務者の主張がなくてもできる」という場合の主張が何に関する主張を意味するのか、すなわち過失相殺適用の主張であるのか、過失相殺を基礎づける事実の主張であるのかについても必ずしも明らかでない。以上のように、本判決の意義は不分明な点が多いが、過失相殺、ひいては過失に係る弁論主義の適用につき判断した貴重な判例である。
　　2　過失相殺と弁論主義の第1テーゼ（主張責任法理）の関係については、①過失を構成する事実の主張とともに抗弁としての過失相殺の主張（過失相殺の意思表示）を必要とする見解、②過失の主張を必要とする見解、③過失を構成する具体的事実の主張を必要とする見解、④過失を構成する事実が証拠上認定できる限り、過失の主張や過失を構成する事実の主張を不要とする見解がある。このうち、①説は過失相殺を相殺などと同視し、一種の権利抗弁と理解する見解といえる。ただ、民法418条や722条2項の規定は債務者に過失があれば裁判所はそれを考慮できると規定しており、債務者の抗弁としての主張を前提とはしておらず、法文上の根拠を欠く。大審院判例も既にこのような条文の趣旨に鑑み、過失相殺の適用につき債務者の主張を要しない旨を明らかにしていた（大判昭和3・8・1民集7-648）。本判決も①説を否定していることは明らかである。そこで、通常の弁論主義の趣旨に鑑み、②説や③説が出てくるが、両者の違いは主要事実をめぐる理解の相違による。②説は過失自体を主要事実と解し、それを構成する具体的事実は間接事実にすぎない（よって弁論主義の適用はない）とするのに対し、③説は過失を構成する事実こそが主要事実であり、過失はその法的評価にすぎない（よって当事者の主張はいらない）とするものである。【95】の解説でも述べたように、かつての通説は②説であったが、それでは当事者に対する不意打ちが生じるので、現在では③説が通説になっている。他方、④説は、通常の弁論主義の法理は過失相殺には適用されないことを前提に、過失相殺が当事者間の公平を図る法理として信義則の一態様であり、裁判所が職権で適用し得ることに鑑み、例外的に当事者の主張を一切不要とするものである。本判決（および前掲大判昭和3・8・1など従来の判例）がいずれの見解を採るのかは定かでない。調査官解説は、本判決が④説を採用したと明言するが（豊水・後掲998頁参照。前掲大判昭和3・8・1も同旨とする）、単に①説を否定しただけとみることも可能であり、少なくとも過失ないしそれを構成する事実の主張の要否につき明言するものではないと解するのが自然であろう。筆者は、【95】解説で述べたように、一般条項につき弁論主義が妥当するかどうかは、当該法理の公益性（処分可能性）により決せられると考えている。その意味で、過失相殺という制度が「損害賠償制度を指導する公平の原則と債権関係を支配する信義則の一顕現であり、社会生活を支配する協同精神が適用される場であること」（豊水・後掲998頁）をいかに評価するかが問題である。しかるに、「公平」や「信義則」はこの場合、あくまでも当事者間の問題であり、その点の主張を当事者の処分に委ねることが第三者の利益を害するなど公益を害するものではない（過失を基礎づける事実の主張がなければ債務者の賠償額が増加するが、それにより何らかの社会的損失が発生するものではない）。また、これを「社会生活を支配する協同精神」というのはあまりに大仰であり、仮に加害者がこの制度に気づかず主張を怠っている場合は釈明による対処で十分であろう。
　　3　本判決は、「債権者に過失があった事実は、債務者において立証責任を負う」として、過失相殺にも証明責任法理は働き、債務者に証明責任がある旨を明言する（同旨、前掲大判昭和3・8・1参照）。弁論主義に関して仮に前記④説により職権探知を認めるとしても、真偽不明の際の負担を決する証明責任法理の妥当には疑義はない。その意味で、過失を構成する具体的事実（評価根拠事実）につき債務者の証明責任を認めた本判決は妥当である。

●参考文献●　豊水道祐・判解昭43年度994、上田徹一郎・昭44年度重判109

97 権利抗弁の主張

最1小判昭和27年11月27日（民集6巻10号1062頁）　　参照条文　民法295条　民訴法149条

> 留置権の抗弁を当事者が主張しない場合、裁判所はどのように判断すべきか。

●**事実**●　Xは、所有する本件土地をAに賃貸し、Aは本件土地上に建物を所有していた。その後、本件建物は、AからB、BからYに譲渡された。Xは、Yに対し、借地権の消滅による建物収去土地明渡訴訟を提起した。Yは建物買取請求権の行使を主張し、Xは予備的請求として本件土地建物の明渡請求を追加した。原審は、Yの建物買取請求権を認め、Xの主位的請求を棄却し、予備的請求を認容した。Yより、本件建物買取請求権の行使には、本件建物の時価相当代金の支払を受けるまで本件建物を留置する旨の抗弁も含まれているため、代金支払まで本件建物を明け渡す義務はないし、原審は同時履行の抗弁権または留置権の行使につき釈明すべき義務を怠ったとして、上告。

●**判旨**●　上告棄却。
「YはXに対し……借地法10条による建物買取請求の意思表示をしたことは認め得るけれど、その代金の支払あるまで当該建物を留置する旨の抗弁を主張したことを認むべき証跡は存在しない。さればたとい右建物の買取請求によりYとXとの間に当該建物につき売買契約をしたのと同様の法律上の効果を生じ、建物の所有権はXに移転し、YはXに対しこれが引渡義務を、またXはYに対しこれが代金支払義務をそれぞれ負担することとなり、従って当然にYにおいてXがその代金の支払をなすまで右建物の上に留置権を取得するに至ったとしても、……Yにおいて該権利を行使した形跡のない以上、原審がこれを斟酌しなかったのはむしろ当然であり原判決には……違法があるとはいえない。けだし、権利は権利者の意思によって行使され、その権利行使によって権利者はその権利の内容たる利益を享受するのである。それ故留置権のような権利抗弁にあっては、弁済免除等の事実抗弁が苟くもその抗弁を構成する事実関係の主張せられた以上、それがその抗弁により利益を受ける者により主張せられたと、その相手方により主張せられたとを問わず、常に裁判所においてこれを斟酌しなければならないのと異なり、たとい抗弁権取得の事実関係が訴訟上主張せられたとしても権利者においてその権利を行使する意思を表明しない限り裁判所においてこれを斟酌することはできないのである……。そしてまた当事者の一方が或る権利を取得したことを窺わしめるような事実が訴訟上あらわれたに拘わらず、その当事者がこれを行使しない場合にあっても、裁判所はその者に対しその権利行使の意思の有無をたしかめ、或はその権利行使を促すべき責務あるものではない。」

●**解説**●　1　本判決は、留置権取得の事実関係が主張されていても、権利行使の意思が明示されない限り、裁判所は考慮できないとする一方、その権利行使につき釈明する義務を負うものではない旨を明らかにした。本判決は権利抗弁の概念を初めて正面から認めたものとされ（酒井・後掲110頁）、大きな意義がある。ただ、その概念の内実については必ずしも明確でない部分が残っていることも否定できない。

2　裁判所は、事実の主張立証があれば、それに基づき法を適用し、法的効果を導出できる。また事実は通常、一方当事者から主張されれば、それがその者の有利に作用するか否かにかかわりなく、裁判所は顧慮できるという主張共通の原則が働く（**【98】**参照）。これに対し、権利抗弁は、その基礎となる事実の主張立証があっても、それが有利に働く当事者の権利行使の意思表示がない限り、判決の基礎とはできない。本件の留置権のほか、同時履行の抗弁（民533条）や対抗要件の抗弁等が権利抗弁に含まれる（民法改正の結果、危険負担の抗弁（民534条1項）も含まれようか）。また、権利行使につき当事者の意思表示が必要であるとしても、それが訴訟上される必要があるのか、訴訟外でされて訴訟上主張されることでもよいのかについては議論がある。権利抗弁は訴訟上の援用を要すると一般に解されているが、形成権などは、訴訟外で行使され、訴訟上主張されれば、裁判所はその効力を認めることができるとされる。実際は、権利者が訴訟上主張すれば、訴訟外の援用とその主張を同時にしているとも考えられ、両者の差はないが、訴訟外での権利者の援用を相手方が訴訟上主張した場合には差が生じる。この場合、前者であれば考慮されないが、後者であれば考慮できる。どのような規律が望ましいかは結局、権利抗弁の制度を認める趣旨によるが、これが権利行使に際して権利者の意思を強く尊重する趣旨だとすれば、両者の区別は必ずしも必要ないように思われる。いわゆる権利抗弁であれ、形成権であれ（更に時効の援用等であれ）訴訟外で明示の援用（意思表明）があり、それが訴訟で主張立証されればその効果を認めてよかろう。権利行使により初めて「その権利の内容たる利益を享受する」という判旨に鑑みれば、そこで重視しているのは権利行使の意思自体であり、訴訟における意思表明を前提とはするものの、それは訴訟外における意思表明がされていないと解される本件の事実関係に基づくものにすぎず、一般に訴訟外での援用を否定したものとまで解する必要はないと思われる。

3　本判決は、更に釈明との関係で、権利取得を伺わせる事実が認定できたとしても、権利行使の意思の有無を確かめたり、権利行使を促したりする釈明義務はないとする。前述のように、これを形成権や時効の援用などと同一の制度と解すれば、この問題も形成権の釈明や時効の援用の釈明と基本的に同じ問題ということになる。詳細は別の判決との関係で述べるが（**【100】**解説参照）、筆者は、この場合の釈明は当事者に対する法的情報の提供と考えており、その点で通常の事実の釈明と異なるところはなく、釈明義務発生の要件を満たす限りにおいて、釈明義務が認められるべきものと解している。

●**参考文献**●　酒井一・百5版110、山本克己・法教292-93

98 相手方の援用しない不利益事実の主張

最1小判平成9年7月17日（判時1614号72頁・判タ950号113頁）　　参照条文　なし

> 相手方の主張事実を援用しない当事者にとって有利に裁判所はその事実を斟酌できるか。

●**事実**●　Xは、Yらに対し、本件土地の賃借権および土地上の本件建物の所有権の確認等の請求をした。Y₁〜Y₄はXの異母妹であり、Y₁が本件建物の所有権の登記名義および占有を有している。Xは、Aから本件土地を賃借し、その地上に本件建物を建築したとの事実を主張したが、Yらはこれを否認し、本件土地を賃借して本件建物を建築したのは、Xではなく、Xの亡父Bであると主張した。第1審は、請求を認容したが、原審は、本件土地を賃借し、本件建物を建築したのはBであるとして、第1審判決を取り消し、請求を全部棄却した。なお、原判決は判決理由中で、Bの死亡時、Bには妻CおよびXを含む6人の子があったとの事実を認定している。Xより、原審の認定通り、本件土地を賃借し、本件建物を建築したのがBだとすれば、本件土地賃借権および本件建物所有権はBの遺産であり、Xの法定相続分は9分の1であるのに、Xの請求を全部棄却したのは不当であるなどとして、上告。

●**判旨**●　破棄差戻し。

「Xが、本件建物の所有権及び本件土地の賃借権の各9分の1の持分を取得したことを前提として、予備的に右持分の確認等を請求するのであれば、Bが本件土地を賃借し、本件建物を建築したとの事実がその請求原因の一部となり、この事実についてはXが主張立証責任を負担する。本件においては、Xがこの事実を主張せず、かえってYらがこの事実を主張し、Xはこれを争ったのであるが、原審としては、Yらのこの主張に基づいて右事実を確定した以上は、Xがこれを自己の利益に援用しなかったとしても、適切に釈明権を行使するなどした上でこの事実をしんしゃくし、Xの請求の一部を認容すべきであるかどうかについて審理判断すべきものと解するのが相当である（最1小判昭和41・9・8民集20-7-1314参照）。」

●**解説**●　1　本判決は、原告の請求の一部に関して予備的請求原因となるべき事実を被告が主張した場合、原告がこれを自己の利益に援用しなくても、裁判所はこの事実を斟酌し、判決の基礎とすべき旨を明らかにしたものである。判例は既に、原告が抗弁事実を主張している場合に、被告がその事実を自己の利益に援用しなくても、裁判所はその事実を斟酌すべき旨を明らかにしており（前掲最判昭41・9・8）、本判決は当該判決を引用しながら、予備的請求原因事実についても同旨を述べた。講学上、「相手方の援用しない自己に不利益な陳述」として古くから論じれてきた問題で（兼子一「相手方の援用せざる当事者の自己に不利なる陳述」『民事法研究(1)』199頁以下という1932年の論稿で既に詳論されている）、主張共通の原則に繋がる基本問題である。また、本判決は【173】の関連事案であり、

既判力論とも密接な関連性を有する点に注意を要する（本判決判時コメント73頁は、同判決と本判決は「いわばワンセットのものであり、既判力、弁論主義等の民訴理論の中核にかかわる問題について、最高裁の見解を明らかにするとともに、議論の素材を提供するものであるといえよう」と評している）。

2　弁論主義は裁判所と当事者の役割分担を規律するルールで、当事者間の役割分担に関するものではないので、弁論主義の第1テーゼについていえば、当事者が主張していない事実を裁判所が証拠から認定するのは違法であるが、当事者のいずれかが主張していれば足りるとするのが一般的な理解である。換言すれば、主張責任を負う当事者の（自己に有利な）主張がなくても、相手方がその（自己に不利益な）事実をあえて主張していれば、裁判所の認定は可能である。判例も、前掲最判昭和41・9・8は、所有権に基づく土地明渡請求訴訟の原告が、被告の時効取得に基づく土地の所有権移転登記手続請求との関係で土地の使用を許諾した事実（他主占有事実）を主張したところ、前記請求との関係で、被告が当該事実を自己の利益に援用しなくても裁判所はその事実を斟酌すべきとした（大審院時代は不利益陳述を斟酌できないとの理解があり（大判昭6・8・1民集10-642等）、判例の転換があったとされる）。本件も、所有権確認請求に共有持分権確認請求が包含されるとの理解（最1小判昭和42・3・23集民86-669）を前提とする限り、訴訟物は同一であり、その一部を基礎づける相続の事実の主張が相手方からある限り、上記の一般的理解からはXの主張は不要となろう（なお、本件は当該主張事実の立証を不要とまではしておらず、いわゆる等価主張の理論を認めたものではないと解される。松村・後掲108頁以下参照）。

3　他方、本判決は、前掲昭和41・9・8とは異なり、「適切に釈明権を行使するなどした上でこの事実をしんしゃくし」とし、裁判所の釈明を問題にする。この点、藤井正雄裁判官の補足意見がその趣旨を敷衍しており、本件は予備的請求原因があくまで一部認容に繋がるにすぎないため、Xに対し、共有持分権の限度としても請求を維持する意思の有無を釈明すべきものとされる（ただ、常に当然釈明義務を負うという意味ではなく、事案に応じた慎重な配慮を要するとされる）。確かに一部認容の根拠が原告の意思推定にあるとすれば、例外的にそれを拒否する意思表示の可能性はあり、その点を釈明すべきとの議論はあり得る。本件も、Xは自己の固有財産との主張に固執し、遺産共有の主張をする気配をみせていなかったという。しかし、それはあくまでも全部所有の主張が認められることを前提とした態度であり、その棄却が明確に分かった場合にまで共有の主張をしない意思とは解し難い（本件上告理由でその点を述べていることはそのような意思まではなかったことの傍証であろう）。問題はやはりYの不意打ちの点にあり（藤井補足意見もこの点を認める）、釈明の実質はYの手続保障の趣旨と解されよう（ただ、本件では具体的なYの主張は考え難いか）。

●**参考文献**●　松村和徳・[百]5版108、畑瑞穂・[百]3版120

99 釈明権の範囲

最1小判昭和45年6月11日（民集24巻6号516頁・判時597号92頁）　参照条文　民訴法149条

裁判所は具体的な法律構成を示唆して当事者に釈明をすることは許されるか。

●事実●　Xは、従来、A農業協同組合連合会に木箱類を納入していたY₁社から、会社の都合で納入できなくなったのでY₁に代って納入してほしい旨の依頼を受け、Aとの間で木箱類を売り渡す旨の契約を締結し、合計82万円余相当の木箱類を納入した。なお、上記取引については、Aの取引機構上、表面的にはY₁とAとの取引名義にしてほしいとされた。そして、Y₁およびその代表取締役Y₂は、Xに対し、XがY₁名義でAに商品を納入する限り、その代金支払につき連帯保証する旨を約した。そこで、Xは、Yらに対し、前記代金残額42万円余の支払を求めて本訴を提起した。他方、原判決で摘示された請求原因は、「Y₁は、Xに対し、代金はY₁においてXに支払い、Y₁の代表者たるY₂が右代金債務につき個人保証をするから、Y₁の名義を用いてXからAに木箱類を納入してもらいたい旨依頼したので、Xはこれを承諾し、合計82万円余相当の木箱類をAに納入したが、右代金のうち42万円余について未だ支払を受けていないので、Yらに対しその支払を求める」というものであった。上記請求原因の記載は、原審口頭弁論期日において、本件取引につき、木箱はY₁名義で納入し、Xに対する代金の支払義務は、Y₁において負担する約定であり、Y₂は右債務につき連帯保証をした旨のXの主張に基づく。原判決は、Y₁およびY₂は、Xを下請として使用することによりAに対する納入を継続するため、Xとの間に上記請求原因記載の内容の契約を締結し、Xは、Aから注文を受けたY₁の指図により、木箱類をAに納入したものと認定し、Xの請求を認容すべきものとした。Yらより、Xの前記主張は原審の釈明に基づくもので、その釈明に対し、Xの訴訟代理人は「そのとおりである」旨陳述したに止まるが、その釈明権行使は著しく公正を欠き、釈明権限の範囲を逸脱したとして、上告。

●判旨●　上告棄却。
「釈明の制度は、弁論主義の形式的な適用による不合理を修正し、訴訟関係を明らかにし、できるだけ事案の真相をきわめることによって、当事者間における紛争の真の解決をはかることを目的として設けられたものであるから、原告の申立に対応する請求原因として主張された事実関係とこれに基づく法律構成が、それ自体正当ではあるが、証拠資料によって認定される事実関係との間に喰い違いがあって、その請求を認容することができないと判断される場合においても、その訴訟の経過やすでに明らかになった訴訟資料、証拠資料からみて、別個の法律構成に基づく事実関係が主張されるならば、原告の請求を認容することができ、当事者間における紛争の根本的な解決が期待できるにかかわらず、原告においてそのような主張をせず、かつ、そのような主張をしないことが明らかに原告の誤解又は不注意と認

められるようなときは、その釈明の内容が別個の請求原因にわたる結果となる場合でも、事実審裁判所としては、その権能として、原告に対しその主張の趣旨とするところを釈明することが許されるものと解すべきであり、場合によっては、発問の形式によって具体的な法律構成を示唆してその真意を確めることが適当である場合も存するのである。」本件では、当初請求原因であるXA間の売買契約の保証債務履行から、原審では一種の請負代金支払およびその保証債務履行に請求原因が変更されたが、第1審以来の訴訟経過に鑑みると、それが原審の釈明の結果によるものとしても、その釈明権行使は相当であり、原審に釈明権行使の範囲逸脱の違法はない。

●解説●　1　本判決は、請求原因（訴訟物）の変更を結果する釈明権行使も許される旨を明らかにしたものである。判例は戦後の一時期釈明に対し消極的態度にあったとされるが、最高裁は徐々に積極的態度に移行していった。本判決は釈明の意義を積極的かつ理論的に位置づけ、その流れを決定づけた重要判例といえる（本判決には、小法廷構成員である松田二郎裁判官の1969年の司法研修所講演（「最高裁判所より見た民事裁判」判時600-5）が影響を与えたとされる。吉井・後掲299頁注2参照）。従来、釈明権逸脱を理由とする上告事件は少なく、違法性を否定する見解も有力であったが、本判決もそれが違法になり得ることを前提にするとまではいえず、むしろ本件における釈明権行使の相当性を積極的に示し、事実審に対するメッセージを意図したものと評価できる（吉井・後掲295頁参照）。
2　別個の請求原因に係る釈明については、そのまま放置したとしても当該判決の既判力はその点に及ばず、原告は再訴可能であるため、あえて釈明権を行使する必要はなく、過剰な弁論主義への介入であるとの批判はあり得る。しかし、本判決は「紛争の根本的な解決」を根拠に釈明権を肯定する。ここには当時盛んに議論されていた訴訟物論争の影響もあるように思われる。紛争の抜本的解決を旗印にする新訴訟物論に対し、旧訴訟物論を維持する判例は請求原因の変更を伴う釈明権行使によりその要請に応えるとの構図である。
3　判旨は請求原因の変更に繋がる釈明が許容される要素として、①別個の請求原因の主張により原告の請求が認容できること（勝敗転換の蓋然性）、②原告の不主張が明らかに誤解または不注意によること（原告の非故意性）を挙げる。また、本判決は、釈明の仕方として、発問により具体的法律構成を示唆することも（場合によっては）容認する。実務では俗に「謎かけ釈明」とも呼ばれる、趣旨不明瞭な釈明もされることがあるが、釈明という制度はあくまで裁判所の当事者に対する情報提供と解されるべきものであり、その趣旨が当事者に伝わるものでなければ意味がない。その意味でも、判旨は相当である。

●参考文献●　吉井直昭・判解昭45年度288、山本・審理構造論221

100 時効の釈明義務

最2小判昭和31年12月28日 （民集10巻12号1639頁・判タ67号68頁）　　参照条文 民訴法149条

> 時効取得について裁判所が釈明しないことは釈明義務違反として違法となるか。

●**事実**●　Xは、本件甲山林はAが国から払下げを受けた後順次転売され、昭和23年X先代が取得してXの所有に属するところ、Yが立木の不法伐採をしているとして、立木伐採等の禁止を求めて訴えを提起した。これに対し、Yは立木伐採の事実は認めたが、伐採箇所が甲山林ではなく、隣接する自己所有の乙山林（やはり国から払下げを受けたもの）に属し、上記払下げ後約25年間継続して占有し、植林や刈払等をしてきた旨主張した。原判決は、甲乙山林の境界につき鑑定結果その他の証拠を総合してXの主張を認め、請求を認容すべきものとした。Yより、時効取得の有無につき釈明権不行使の違法があるなどとして、上告。

●**判旨**●　上告棄却。
　「所論原審の陳述は、本件山林の客観的範囲を明らかならしめる事情を陳述したにとどまり、その取得時効完成の要件事実を陳述したものとは解されないのみならず、仮りに、その陳述の真意が後者を陳述するにあったとしても、時効を援用する趣旨の陳述がなかったのであるから、原審が時効取得の有無を判断しなかったのは不当でなく、その陳述の足らなかったことの責任を裁判所に転嫁し、釈明権不行使の違法をもって非難し得べき限りではない。」

●**解説**●　**1**　本判決は時効につき釈明義務違反を否定した事例判例である（なお、その他、本判決は原審における鑑定の違法性および合意による境界確定の可否についても判示する。山本・後掲204頁・208頁以下参照）。取得時効の成立には、①一定期間（10年または20年）の占有継続（民162条）、②時効の援用（民145条）が要件となる。本件ではそもそも②の援用がなく、裁判所が時効取得の有無を判断しなかったこと自体が違法でないことは明らかである。問題は、その点につき裁判所の釈明義務が認められるかである（なお、①についても、本判決は、Yの25年間の継続占有という主張の趣旨は、甲山林の客観的範囲を明らかにするものにすぎず、時効に係る要件事実の主張ではないとするが、当事者が間接事実として主張した事実を、裁判所が別の法律構成に基づき主要事実として認定できないかは1つの問題であり、（釈明義務の問題はあるものの）そのような認定も可能とする立場も十分あり得ると思われ、そのような立場からは、本件では①の主張はあったことになろう）。本判決は明確に釈明義務を否定した点で重要な意義を有する。
　2　本判決は、戦後の判例の釈明に対する消極傾向を反映した流れの中で位置づけられよう。すなわち、戦前（特に昭和初期以降）、大審院は積極的に釈明義務を肯定する立場をとっており、法律構成が明確でない場合に釈明義務違反を認めたもの（大判昭和2・9・29新聞2767-14、大判昭和2・9・27評論17-民訴188）、法律構成が明確であっても他の法律構成によれば請求認容

の可能性がある場合に釈明義務違反を認めたもの（大判昭和10・5・13民集14-876、大判昭和10・12・24裁判例9-民事351）などがあった。例えば、前掲大判昭和10・12・24は、代理権の存否が争点となっている訴訟で無権代理を認定する裁判所は表見代理につき釈明義務を負うとしたが、そのような訴訟で表見代理の主張をしておくことは「当事者宜く用ふべきの注意たるに論無く裁判所より釈明を求められて始めて遷遷然として其挙に出づるが如きは抑既に遅れたりと雖も、之が為に裁判所としての釈明義務が免除せらるる次第にも非ず。自家の不用意は姑く之を顧ること無く偏に咎を裁判所に帰するも、裁判所としては又其責を辞するに由無し」とする。当事者の不注意を厳しく弾劾しながらも、その結果裁判所の職責（釈明義務）の軽減が導かれるものではないことを明言する。これに対し、戦後、最高裁は釈明義務を消極に解する方向に大きく舵を切った。最2小判昭和27・6・27曹時37-67は、売買代金請求訴訟に対し被告が粗悪品の主張をしたが、その法律構成を明確にしなかったところ、商法526条の代金減額等の主張の釈明義務に関し、判例は「その主張を明確にしかつ適切な立証を為すべきはもとより上告人自身の責務であって、その足らざりしことの責任を裁判所に転嫁し、釈明権不行使の違法を以て非難し得べき限りではないことは当然である」とする。主張立証は当事者の責任で、それを果たさず釈明義務違反を主張することは責任転嫁であるとの厳しい姿勢を示す。本判決もその措辞において同様に、「その陳述の足らなかったことの責任を裁判所に転嫁し」と批判し、同じ潮流にあると評価できる。ただ、その後、判例の姿勢は再度転換し、釈明の意義の重要性を強調し（【99】参照）、釈明義務の範囲も拡大していくことになる（【101】～【103】参照）。その意味で、本判決はやや例外的な時期の歴史上の判断といってよい。
　3　ただ、時効援用に関する釈明という意味では、本判決はなお現代的意義を有するとの評価も可能である。すなわち、時効は単に一定期間の継続で当然に効果が発生するものではなく、当事者による援用が必要とされる。それが当事者の意思の尊重に対する民法の強い意図によるものとすれば、裁判所が釈明によりその意思に介入することは相当でないという評価はあり得、時効援用や形成権行使等に関する釈明は特別で、釈明義務（場合によっては釈明権）は認められないという理解もあり得る。しかし、筆者は、釈明という制度は、当事者の意思の自由を尊重する弁論主義の中で、当事者からみてブラックボックスである裁判所の法的観点や心証に係る情報を当事者に開示し、私的自治の基盤を整備するインフラストラクチャーとして位置づけるべきと解する。そうであれば、本件のように、当事者が時効という法的観点に気づいていないとみられる場面では、当事者の真の意味での自由意思の確保のためむしろ情報提供が不可欠と解され、釈明義務を肯定すべきものと考える。

●**参考文献**●　北村良一・判解昭31年度239、山本和彦・法協103-8-1670

101 主張の釈明義務

最3小判昭和44年6月24日（民集23巻7号1156頁・判時564号49頁）　参照条文　149条

当事者の主張が法律構成において不十分な場合に裁判所が釈明権を行使する義務はあるか。

●**事実**●　本件農地はもとX所有であったが、自作農創設特別措置法に基づき国が買収し、更にY₁名義で売渡しによる所有権保存登記がされている。その間の事情として、国Y₂に買収された本件農地はY₁に売り渡される予定であり、Y₁はこれを売却し自己の住宅資金を得ようとしたが、その売却につき農地委員会の承認が得られる見通しがなかったので、Xに対し、その保有地である別の農地甲を国に買収させその代金を自分にくれる代わりに、自分が売渡しを受ける予定の本件農地はXの保有地とするよう取り計らう旨申し入れた。Xはこの申入を了承し、農地委員会に働きかけ農地甲の買収処分を受け、その代金をY₁に交付し、Y₁はこれを自己の住宅資金に当てた。よって、Y₁はXに本件農地の返還を約したとして、Xは、Y₁に対し、本件農地につき県知事に対する農地法5条による所有権移転許可申請手続をし、その許可を前提にした所有権移転登記手続を求めた。原審は、Xの上記主張事実から当然にX主張のような請求権が発生するとは認め難く、また返還合意の事実も証拠上認めるに足りないとして、Xの請求を排斥した。Xより上告。

●**判旨**●　破棄差戻し。
「農地買収に関する右主張の如き措置は、自作農創設特別措置法の趣旨に照らしてその当否に疑がないとはいえず、これによって、本件農地の所有権が当然Xに復帰するものといえない……。しかし、……XとY₁が親族関係にあり、本件農地を含む財産の帰属について親族間で協定を結び、……関係者が所轄農地委員会とも協議した結果、右主張の如き本件農地に関するいわば交換的買収ともいうべき措置をとろうとしたものである事情がうかがわれるのであって、その背景をなす当事者の意思はこれを了解するに難くない。そして、かような事情を考慮したうえ、Xの前記主張事実を合理的に解釈するならば、……Y₁は……農地甲の買収代金を対価として、後に売渡によって取得すべき本件農地の所有権をXに移転することを約した旨、換言すれば、将来売渡を受けることを条件とした本件農地の売買契約を締結したことを主張し、これに基づいて右移転のためにする農地法所定の知事に対する許可申請手続および右許可のあった場合における本件農地に対する所有権移転登記申請手続を訴求しているものと解することができるのであり、本件記録中には、前記のとおりそのような事情を裏付けうる資料も存するのである。このように、当事者の主張が、法律構成において欠けるところがある場合においても、その主張事実を合理的に解釈するならば正当な主張として構成することができ、当事者の提出した訴訟資料のうちにもこれを裏付けうる資料が存するときは、直ちにその請求を排斥することなく、当事者またはその訴訟代理人に対してその主張の趣旨を釈明したうえ、これに対する当事者双方の主張・立証を尽くさせ、もって事案の真相をきわめ、当事者の真の紛争を解決することが公正を旨とする民事訴訟制度の目的にも合するものというべく、かかる場合に、ここに出ることなく当事者の主張を不明確のまま直ちに排斥することは、裁判所のなすべき釈明権の行使において違法がある……。」

●**解説**●　1　本判決は、法律構成の変更に係る釈明につき、裁判所の釈明義務を認めた判例である。戦後の一時期判例は釈明について消極的な態度をとっていたとされるが（【100】解説参照）、積極的方向に転換する契機となった判例の1つである。そこでは、「当事者の真の紛争を解決することが公正を旨とする民事訴訟制度の目的にも合する」という比較的大上段の議論が展開されており、この問題に関する最高裁の強い意図が読み取れる（その意味で、釈明権の範囲に関する【99】（本判決の翌年のもの）と呼応する）。釈明に関する判例の歴史を画した重要判決といえよう。
2　本判決は、Xが農地返還合意等を請求原因として主張したのに対し、これを合理的に解釈すれば、売渡しを条件とする停止条件付売買と構成できることを前提に釈明義務を肯定した。釈明義務の要件としては、①「主張事実を合理的に解釈するならば正当な主張として構成」できること、②「当事者の提出した訴訟資料のうちにもこれを裏付けうる資料が存する」ことを挙げる。「正当な主張」「裏付けうる資料」という表現から、主張の再構成による請求認容の蓋然性が要件とされているとみられる。換言すれば、その要件は、①主張の再構成の手掛かりがあること、②再構成により勝敗転換（請求認容）の蓋然性があることともいえる。ここでは、学説が積極的釈明の要件とすることの多い当事者の帰責性（無過失）を問題としていない点は注目されよう。これは、法律構成の問題は裁判所の責任が大きく、その意味で当事者の責任は問題になり難いとの理解を前提にするものかもしれない（千種・後掲926頁は「訴訟に現れた資料からみて、最も適切な法律構成をすることについても、裁判所に一端の責任を負わせたことになるといってよかろう」と評する）。
3　本判決が「真の紛争を解決する」という民事訴訟の目的に言及して、釈明義務の範囲を拡大したことは注目されてよい。そこには、原判決のような処理は「勝つべきものを勝たせないという不公正な結果を招来するかもしれないという疑懼の念」（千種・後掲926頁）があり、本判決は「民事裁判のあり方に対する反省の資を提供」する意図があったとされる（千種・後掲927頁）。これに対し、筆者は、釈明は当事者が真の意味で自己の意思に従った訴訟活動ができるようにするためのインフラとしての情報提供と位置づける（【100】解説参照）。方向としては共通するが、判例の制度理解はやや過剰な後見主義のようにも思われる。

●**参考文献**●　千種秀夫・判解昭44年度916、山本・審理構造論236

102 法律構成の釈明義務

最1小判昭和62年2月12日（民集41巻1号67頁・判時1228号80頁）　　参照条文　民訴法149条

| 譲渡担保の法律構成につき当事者の主張とは異なる構成を採用する場合、釈明義務があるか。 |

●**事実**●　Xは、Yに対し、本件土地につき譲渡担保目的でされたYを権利者とする所有権移転請求権仮登記の抹消登記手続を求めた。第1審は、債務弁済の事実を否定して請求を棄却した。Xは控訴し、原審において清算金支払請求に訴えを変更した。そして、Xは、本件譲渡担保が処分清算型譲渡担保であることを前提とし、昭和57年にYのAに対する本件土地売却によりYの清算金支払義務が確定したとして、その時点を基準時にYA間の真実の売買代金額または本件土地の客観的な適正価格に基づき清算金額を算定すべきと主張した。これに対し、Yは、右売却時を基準時として清算金額を算定すること自体は争わず、Aに対する売却価額7500万円が適正価額であるとし、同価額からYの債権額やXの負担すべき費用等の額を控除すると、清算金は存在しない旨主張した。そこで、原審においては専ら、①上記売却価額7500万円が適正価額かどうか、②YA間にX主張の裏契約があったか否か、③清算に当たり控除されるべき費用等の額につき主張立証が行われたが、本件譲渡担保が帰属清算型であることは当事者双方から主張もなく、原審がその点につき釈明をした形跡もない。原審は、本件譲渡担保はいわゆる帰属清算型の譲渡担保契約であるとした上、Yは、Xに対し、昭和46年に本件譲渡担保の被担保債権を返済するよう催告するとともに、期限までに支払がないときは本件土地をYの所有とする旨の意思表示をしたが、Xが期限までにその支払をしなかったので、譲渡担保権行使の意思表示がXに到達した日をもって本件土地所有権が終局的にYに帰属するに至ったとし、YA間の本件土地売買契約は、その権利が終局的にYに帰属した後にされたもので、譲渡担保権の行使としてされたものではなく、XとYの間の清算は、譲渡担保権行使の意思表示がXに到達した昭和46年を基準時として、当時の本件土地に関する権利の適正価格と貸金の元利金合計額との間でされるべきであるところ、この場合の清算金の有無および金額につきXは何らの主張立証をしないから、Xの請求は理由がないとして、これを棄却すべきものと判断した。Xより上告。

●**判旨**●　破棄差戻し。
「原審の右認定判断は、前示の審理経過に照らすと、いかにも唐突であって不意打ちの感を免れず、本件において当事者が処分清算型と主張している譲渡担保契約を帰属清算型のものと認定することにより、清算義務の発生時期ひいては清算金の有無及びその額が左右されると判断するのであれば、裁判所としては、そのような認定のあり得ることを示唆し、その場合に生ずべき事実上、法律上の問題点について当事者に主張・立証の機会を与えるべきであるのに、原審がその措置をとらなかったのは、釈明権の行使を怠り、ひいて審理不尽の違法を犯したものと

いわざるを得ない。」加えて、清算義務に関する原審の判断も是認できないとし、本来、原審としては、Yが本件土地をAに売却した時点における適正な評価額並びにその時点におけるYのXに対する債権額およびXの負担すべき費用等の額を認定して清算金の有無およびその額を確定すべきであったのに、漫然と請求を棄却した原判決は相当でないとする。

●**解説**●　1　本判決は、譲渡担保権の行使に伴う清算金に関し、当事者が処分清算型の譲渡担保であることを前提に攻撃防御していたところ、原審が帰属清算型であると判断した場合について、裁判所の釈明義務違反を認めたものである。昭和40年代以降最高裁が意図的に示していた釈明に対する積極的姿勢（【99】【101】など参照）が定着していることを示した判例といえる。また、本件は請求原因（訴訟物）の変動を伴うものではないが、法律構成の変更によって当事者の主張立証の態様が大きく異なってくる場合には、なお釈明義務が認められるとしたものであり、事例判例ではあるが、その意義は大きい。

2　本件原審では処分清算型譲渡担保である点に当事者に争いはなく、処分価額の当否が主たる争点とされていた（鑑定も行われたようである）。しかるに、原判決はこれを帰属清算型と認定した。その認定自体は裁判所の法的評価の問題であり、当事者の主張の拘束を受けず、その意味で弁論主義に反するものではないと解される（当事者が一致して売買としている契約につき、その内容に鑑み請負契約と認定するのと同断である）。ただ、帰属清算型であるとすれば、譲渡担保権者に完全な所有権が帰属した時点の適正価額が問題となるところ、本件でそれは昭和46年であり、処分時（昭和57年）と大きく異なるため、その点に関する攻撃防御が必要になってくる。しかるに、原審はその点の攻撃防御の機会を与えず、逆にその点の主張立証がないとの理由で請求を棄却している。これは、原告からみて明らかに不意打ち判決といえよう（魚住・後掲49頁は「肩透かし判決」と評する）。その意味で、これを釈明義務違反とした本判決は正当と評価できる。

3　釈明の積極的な適用に関して紛争の抜本的解決に論及してきた従来の判例に比して、本判決はむしろ当事者の不意打ち防止、主張立証の機会を重視しているようにみえる。これは、請求原因の変更を伴う場合は原告の再訴が可能であるため、当事者の手続保障よりも紛争全体の解決という視点が重要となるのに対し、本件のように、請求原因の変更がない場合は原告の再訴は既判力により不可能であり、その手続保障が前面に出てくることによるものかと思われる。また本判決は、「そのような認定のあり得ることを示唆」する、すなわち裁判所の想定する法律構成を明示して釈明を行う義務の余地を認めており、いわゆる「謎かけ釈明」に止まらず、当事者に分かりやすい情報提供を求めているものと解されよう。

●**参考文献**●　魚住庸夫・判解昭62年度34、中野貞一郎『過失の推認〔増補版〕』215

103 立証に関する釈明義務

最2小判昭和39年6月26日（民集18巻5号954頁・判時378号20頁）　　参照条文　民訴法149条

当事者の立証につき裁判所の釈明義務が認められるのはどのような場合か。

●事実●　Xは、自己の所有する本件土地上に生立する立木をYが不法に伐採したと主張し、本件土地の所有権確認および伐採による損害賠償を求めて本訴を提起した。第1審は請求を認容したが、原判決は、本件土地の一部（乙地）はYの所有であることを認め、X所有地（丙地）上の立木の伐採についてのみ不法行為が成立するとしたが、証拠によれば乙丙両地を合計した伐採本数とその価格を知り得るだけで、各地域の伐採木の価格の算出は不可能であり他にこれを明らかにする証拠がないとして、X所有地上の立木の伐採による損害額は証明不十分に帰するとして、この点の請求を棄却した。Xより、原審は、係争地の一部をY所有と認定するのであれば、X所有地上の立木の伐採による損害につきXに立証を促すべきであり、これをせずに請求を棄却した原判決は違法であるとして、上告。

●判旨●　破棄差戻し。

「ある地域を所有することを前提とし、同地域上に生立する立木の不法伐採を理由とする損害賠償の請求の当否を判断するに当り、当該地域の一部のみが請求者の所有に属するとの心証を得た以上、さらにその一部に生立する立木で伐採されたものの数量、価格等について審理すべきことは当然であり、この際右の点について……新たな証拠を必要とする場合には、これについて全く証拠方法のないことが明らかであるときを除き、裁判所は当該当事者にこれについての証拠方法の提出を促すことを要するものと解するのが相当である。けだし、当事者は裁判所の心証いかんを予期することをえず、右の点について立証する必要があるかどうかを知りえないからである。したがって、本件の場合、乙丙地域のうち後者のみがXの所有に属するとの判断に到達した以上、原審は、……同地域上の立木の伐採数量等についてXに立証を促すべきであったといわねばならない。」

●解説●　1　本判決は、立証につき証拠方法の提出を当事者に促す釈明義務を認めた事例である。具体的には、乙丙両地を自己の所有地としてその地上の立木伐採を不法行為と主張し、両地の立木の伐採本数や数額につき立証がされていたのに対し、裁判所が丙地のみ原告所有との心証に達したときは、その分の立木の伐採本数・数額につき立証を促す義務があるとしたものである。立証につき釈明義務を認めた最初の最高裁判例と思われ、後述のように、この問題に関する判例の流れを転換したものとして重要な意義を有する。

2　損害額の立証の釈明には、以下の5説があり得るとされる（枡田・後掲199頁参照）。すなわち、①既に取り調べた証拠が外形上十分であっても、他に証拠があると認められる限り、立証を促すべきとする説、②外形上十分な証拠申出がされていないときは立証を促すべきとする説、③外形上十分な証拠申出がされているときは立証を促すことを要しないとする説、④何らかの証拠を取り調べているときは、外形上不十分でも立証を促すことを要しないとする説、⑤全く証拠の申出がされないときでも立証を促すことを要しないとする説である。理論的に見れば、②説と③説は両立可能で、十分であれば釈明不要・不十分であれば釈明必要と考えれば1つの説に整理できるし、④説と⑤説も、証拠申出が全くない場合も外形上不十分な証拠申出の極端な場合とすれば1つの説になろう。結局は、外形上十分であっても釈明を要するか（A説）、不十分な場合のみに釈明を要するか（B説）、不十分でも釈明不要か（C説）と整理できよう。かつて、大判大正9・6・15民録26-880はB説と思われるが、大判昭和7・10・13裁判例6-民275はA説とされる。その後、最2小判昭和28・11・20民集7-11-1229は「損害賠償を請求する者は損害発生の事実だけでなく損害の数額をも立証すべき責任を負うものであることは当然であるから裁判所は請求者の提出した証拠を判断し損害額が証明せられたかどうかを判定すべきであり、もし損害額が証明せられないと認めたときはその請求を棄却すべき」として、C説に近い。それに対し、本判決は「従来の証拠のほかに、さらに新たな証拠を必要とする場合には、これについて全く証拠方法のないことが明らかであるときを除き」釈明義務を認め、B説によったと評価される（枡田・後掲200頁）。立証についても、積極的な昭和期の大審院判例から消極的な戦後初期を経て、（大審院ほどではないにしても）積極的方向に転じたものと評価できる。その意味で、本判決はその後の請求原因や主張の面における積極判例（【99】【101】等）の先駆と位置づけることができよう。特に、判旨が理由として、当事者による裁判所の心証予測の困難を挙げる点は核心を衝いたとみられる。弁論主義を補う釈明の制度は、当事者からみてブラックボックスである裁判所の法的観点や心証状況により攻撃防御が不十分になる事態を防止する点に主眼があると解されるからである（山本・審理構造論309頁）。

3　なお、損害額との関係では、その後現行民訴248条が制定され、性質上困難である場合には裁判所が損害額を認定できることになり、その点に係る当事者の証明責任自体が観念されなくなった結果、釈明義務も意味が少なくなったとはいえる。ただ、本件のような場合は、損害の認定がその性質上極めて困難とまではいえないとも思われ、そうだとすればなお釈明義務には意味がある。立証に関する釈明のその後の判例として、最1小判平成8・2・22判時1559-46は、筆跡鑑定の申出につき（第1審では申出をしていた等の状況を前提に）釈明義務を認め、最1小判平成17・7・14判時1911-102は、弁済の事実に対応する書証を提出したと当事者が誤解している場合にその立証につき釈明義務を認めたのである。立証に関する釈明についても最高裁判所の積極的姿勢は継続していると解されよう。

●参考文献●　枡田文郎・判解昭39年度197、川嶋四郎・百5版114

104 法的観点指摘義務

最1小判平成22年10月14日（判時2098号55頁・判タ1337号105頁）　参照条文　民訴法149条

> 裁判所が信義則違反との法的観点を採用する場合に
> 当事者にそれを指摘する義務はあるか。

●事実●　Yは大学等を設置している学校法人である。Xは昭和16年12月生まれで、Yに本件大学の助教授として雇用され、後に教授となった。Yには、教育職員の定年を満65歳とし、職員は定年に達した日の属する学年末に退職する旨を定めた定年規程があったが、現実には70歳を超えて勤務する教育職員も相当数存在していた。このような実態を踏まえ、Yの理事の1人は、昭和61年5月、Xに対し、定年規程はあるが、定年は実質上なきに等しく、80歳くらいまで勤務可能との趣旨の話をしたため、Xは80歳くらいまで本件大学に勤務が可能と認識していた。Xは、平成18年9月、本件大学の学長から定年規程により満65歳で定年退職となる旨伝えられ、翌年3月31日、定年により職を解く旨の辞令を受けた。Xは、Yとの間でXの定年を80歳とする旨の合意があったと主張し、Yに対し、雇用契約上の地位の確認および賃金等の支払を求めた。原審は、上記合意は認められないとして地位確認請求を棄却したが、賃金請求については、Xはそれまで事実上70歳定年制の運用をし、教育職員は長年その運用を前提に人生設計を立ててきたのであるから、Xがその運用を改め、本来の定年規程に沿った運用をするのであれば、少なくとも定年退職の1年前までに、Xに対し、定年規程を厳格に適用し、かつ、再雇用しない旨を告知すべき信義則上の義務があったと判断し、その一部を認容した。Yより上告。

●判旨●　破棄差戻し。
「本件訴訟において、Xは、前記の事実〔事実上70歳定年制の運用をしていた等の事実〕を、本件合意の存在を推認させる間接事実としては主張していたが、当事者双方とも、Yが定年規程による定年退職の効果を主張することが信義則に反するか否かという点については主張していない。かえって、記録によれば、本件訴訟の経過として、①本件は、第1審の第2回口頭弁論期日において弁論準備手続に付され、弁論準備手続期日において本件の争点は本件合意の存否である旨が確認され、第3回口頭弁論期日において、弁論準備手続の結果が陳述されるとともに、X本人及び2名の証人の尋問が行われ、第4回口頭弁論期日において口頭弁論が終結されたこと、②第1審判決は、本件合意があったとは認められないとしてXの請求を棄却するものであったところ、これに対し、Xから控訴が提起されたこと、③原審の第1回口頭弁論期日において、控訴状、Xの準備書面（控訴理由が記載されたもの）及びYの答弁書が陳述されて口頭弁論が終結されたところ、控訴理由もそれに対する答弁も、専ら本件合意の存否に関するものであったこと……が認められる。
　上記のような訴訟の経過の下において、……信義則違反の点についての判断をするのであれば、原審

としては、適切に釈明権を行使して、Xに信義則違反の点について主張するか否かを明らかにするよう促すとともに、Yに十分な反論及び反証の機会を与えた上で判断をすべきものである。とりわけ、原審の採った法律構成は、①Yには、Xに対し、定年退職の1年前までに、定年規程を厳格に適用し、かつ、再雇用をしない旨を告知すべき信義則上の義務があったとした上、さらに、②具体的な告知の時から1年を経過するまでは、賃金支払義務との関係では、信義則上、定年退職の効果を主張することができないとする法律効果を導き出すというもので、従前の訴訟の経過等からは予測が困難であり、このような法律構成を採るのであれば、なおさら、その法律構成の適否を含め、Yに十分な反論及び反証の機会を与えた上で判断をすべきものといわなければならない。」

●解説●　1　本判決は、当事者間で定年に関する合意の有無のみが争点とされていたところ、原審が従来の運用に鑑み、定年制の厳格な運用が信義則に反するという全く新たな法的観点に基づき、請求を認容したことが釈明義務に反するとしたものである。釈明義務の一種である法的観点指摘義務に違反することを認めた注目すべき判例ということができる。
　2　信義則はいわゆる一般条項（規範的概念）であり、弁論主義との関係について現在では、その主要事実は、信義則違反（あるいは違反しない）という評価を導く具体的事実であることに異論は少ない【95】解説参照）。そして、本件では、信義則違反を基礎づける事実の主張は一応あった（あくまでも定年合意の存否との関連で、間接事実として主張されていた）が、そのような法的構成については、当事者は全く主張しておらず、第1審でも問題になっていなかった（専ら定年合意の存在が争点であった）ところ、原審である控訴審が突如そのような法的構成を採用したものである（判時コメント57頁によれば、原審は1回結審をした上でこのような判断をしたようである）。本判決は、これを弁論主義の問題とはせず（本判決によれば、間接事実として主張された事実を主要事実として認定することに弁論主義違反はないと解される）、釈明義務違反の問題と解したものであり、正当な判断と評価できる。
　3　近時の学説では、裁判所が当事者の気づいていない法的観点を当事者に開示し、当事者との間でそれについて十分な議論をすることが求められるとし、これを法的観点（法律問題）指摘義務と捉える考え方が有力である。これについて、釈明義務と相対的に独立の義務と捉える考え方もあるが、多くの見解は釈明義務の一態様と解している。その意味で、本判決は「内容的には、学説のいう法的観点指摘義務の考え方を採り入れたものとも考えられる」（判時コメント57頁参照）。第1審が絞った争点が控訴審にとってしっくりこない場合はもちろんあろうが、当事者の手続保障に配慮した丁寧な審理が期待される。

●参考文献●　阿多麻子「法的観点指摘義務」判タ1004-26、山本・審理構造論169

105　間接事実の自白

最1小判昭和41年9月22日（民集20巻7号1392頁・判時464号29頁）　　参照条文　民訴法179条

間接事実に関する自白は自白をした当事者を拘束するか。

●**事実**●　Yらに対して30万円の貸金債権を有していたXの父Aが死亡し、Xは上記債権を相続により取得した。そこで、Xは、Yらに対し、上記貸金返還請求訴訟を提起した。Yらは、Aが上記債権をBに譲渡した旨の抗弁を主張し、当該債権譲渡の経緯につき、Aは、Bが所有する本件建物を代金70万円で買い受けたが、代金決済の方法として、20万円を即時払い、20万円を1週間後払いとし、残金30万円については、AがYらに対して有する本件貸金債権をBに譲渡し、その譲渡代金と相殺した旨を主張した。Xは、Yら主張の債権譲渡の事実を否認したが、上記売買の事実を認めた（本件自白）。ところが、Xは、原審において、本件自白は真実に反し（真実は売渡担保である）、錯誤に基づくもので、これを取り消す旨主張したが、Yらは本件自白の取消しに異議を述べた。原判決は、本件自白が真実に反し、錯誤に基づくものと認める証拠はないから、自白の取消しは認められないとし、本件自白により代金70万円とする本件建物売買の事実を確定し、当該事実と証拠により、上記売買代金の決済方法としてYら主張の債権譲渡がされた事実を認定し、Yらの抗弁を採用してXの請求を棄却すべきものとした。Xより、本件建物売買の事実は間接事実にすぎないのでこれに関する自白は自由に取り消し得るものであるにもかかわらず、その取消しを認めなかった原判決には自白に関する法令の解釈の誤りがあるとして、上告。

●**判旨**●　破棄差戻し。
　「Yらの前記抗弁における主要事実は「債権の譲渡」であって、前記自白にかかる「本件建物の売買」は、右主要事実認定の資料となりうべき、いわゆる間接事実にすぎない。かかる間接事実についての自白は、裁判所を拘束しないのはもちろん、自白した当事者を拘束するものでもないと解するのが相当である。しかるに、原審は、前記自白の取消は許されないものと判断し、自白によって、AがBより本件建物を代金70万円で買い受けたという事実を確定し、右事実を資料として前記主要事実を認定したのであって、原判決には、証拠資料たりえないものを事実認定の用に供した違法があり、右違法が原判決に影響を及ぼすことは明らかである……。」

●**解説**●　1　本判決は、間接事実の自白につき、裁判所に対する拘束力がないことを前提に、当事者に対する拘束力もなく、自白の取消し（撤回）は許されるものとした。本判決の約10年前、判例は既に間接事実の自白が裁判所を拘束しない旨を明らかにしていた（最2小判昭和31・5・25民集10-5-577）。ただ、自白の裁判所拘束力（審判排除効）の根拠と当事者拘束力（不可撤回効）の根拠とは、後述のように、必ずしも同じとはいえないので、自白が裁判所を拘束しないとの

命題から、直ちに自白は当事者をも拘束しないとの命題を導出はできない。したがって、論理的には当事者拘束力を認める余地はなお残されていたが、本判決はそれを否定し、両者の帰結を揃え、主要事実の場合とは異なり、裁判所拘束力も当事者拘束力も否定したもので、重要な判決といえる。なお、本判決は、本件の主要事実は債権譲渡であり、建物売買は間接事実であることを前提とするが、債権譲渡の有因行為性を前提に、譲渡原因を構成する建物売買の事実も主要事実と解する見解も存在する（伊東・後掲117頁参照）。ただ、原判決の認定は債権譲渡代金と建物売買代金の相殺であり、両者は別契約であることを前提にすれば、やはり厳密には間接事実という評価になろうか。

2　間接事実の自白に裁判所拘束力を認めるかは、自由心証主義の理解と関連する。前掲最判昭和31・5・25は、主要事実の判断は裁判所の自由な心証に委ねられることから、間接事実の自白が裁判所を拘束すると、自由心証主義が害されるとの理解を前提にしたものとされる。ただ、自白という制度はもともと自由心証とは対立して当事者の処分権を認める制度であるから、自白を認めれば一定範囲で自由心証が制約を受けるのは当然のことである。問題は自由心証と処分権のバランスをどうとるかということである。その意味で、仮に自白を認めても間接事実は一定の経験則を媒介に主要事実の認定に働くのであり、当該間接事実と両立する他の間接事実が証拠上認定でき、結果として主要事実の心証が抱けないのであれば主要事実は否定されることになる。他方、自白された間接事実と抵触する事実は裁判所が認定できなくなるが、そのことは（主要事実でも全く同じで）自由心証主義にとって致命的とはいえない。筆者は、自白制度を争点減縮に係る当事者の意思の尊重から理解するが、そのような立場からは間接事実の自白についても裁判所拘束力を認める立場は十分あり得ると考えている。なお、学説上、裁判所拘束力までは認めず、当事者の自白があれば、それ以上立証がなくてもその事実を認定できるという効果（不要証効）を認める見解があるが、これはまさに自由心証の働きの1場面として整理できよう。

3　他方、本判決が扱う間接事実の自白の当事者拘束力は、（本判決は特段の理由を述べていないが）禁反言の問題と理解される（川嵜・後掲378頁参照）。確かに裁判所は自白された事実とは異なる事実を自由に認定できるとしても、当事者は、いったん自白した以上、抵触する事実の主張は禁反言となり信義則上許されないとの理解は十分あり得よう。しかし、仮に裁判所拘束力を否定すれば、当事者拘束力を認めたとしても、反対証拠の提出により自白と異なる事実認定を容易に導くことができ（反対証拠の提出禁止まで、禁反言から導くことは困難であろう）、あまり意味はないことになる。他方、裁判所拘束力を肯定する場合、当事者拘束力の否定は（主要事実の自白の場合と同様）バランスを欠くことになろう。

●**参考文献**●　川嵜義徳・判解昭41年度377、伊東俊明・百5版116

106 補助事実の自白

最2小判昭和52年4月15日（民集31巻3号371頁・判時857号75頁）　　参照条文　民訴法179条

> 補助事実に関する自白は裁判所を拘束するか。

●事実●　Aは、Yの代理人と称するBとの間で200万円を貸し付け、その担保として、Y所有の本件土地につき抵当権設定および代物弁済予約契約を締結し、本件土地上に抵当権設定登記および所有権移転請求権仮登記を具備した。その後、上記貸金の弁済がされなかったので、Aは代物弁済を原因とする上記仮登記の本登記を経由し、その後本件土地をXに売却した。そこで、Xは、Yに対し、本件土地所有権に基づき、本件土地上の建物収去および土地明渡し等を求めて本件訴えを提起した。Xは、第1審において、YのBに対する代理権付与を証明するため、Y名義の委任状を書証として提出した。Yは、上記書証が提出された期日において、その成立を認める旨の陳述をした。ただ、その後、Yは、上記書証につき、代理人名欄、委任事項欄、日付欄を白紙にしたまま、印鑑証明書とともに交付した、いわゆる白紙委任状であり、Bがそれを利用して勝手に空白欄を現実の通り補充したものである旨主張した。原判決は、Yは、第1審において上記書証の成立を認める旨述べていながら、原審においてその成立の自白を撤回したものと認められるが、書証の成立の真正に係る自白は自由にこれを撤回できると解するのが相当であるとして、上記書証は、白紙委任状についてY以外の誰かが無断で空白部分を補充したものであると認定し、書証の成立の真正を認めず、Xの請求を棄却すべきものとした。Xより上告。

●判旨●　上告棄却。
「論旨は、……各書証の成立の真正についてのYの自白が裁判所を拘束するとの前提に立って、右自白の撤回を許した原審の措置を非難するが、書証の成立の真正についての自白は裁判所を拘束するものではないと解するのが相当であるから、論旨は、右前提を欠き、判決に影響を及ぼさない点につき原判決を非難するに帰し、失当である。」

●解説●　1　本判決は、書証の成立の真正に関する当事者の自白、つまり補助事実に係る自白につき裁判所拘束力（審判排除効）を否定したものである。訴訟で問題となる事実としては、一般に主要事実、間接事実、補助事実の別があるが、弁論主義がこのうち、いかなる事実に適用があるかについては議論がある。主要事実について弁論主義の適用がある（自白の拘束力を認める）点に異論はないが、判例は、間接事実に関しては比較的古くから自白の裁判所拘束力を否定していた（【105】解説参照）。他方、補助事実については従来判例がなかったが、学説の多数および実務においては弁論主義の適用対象を主要事実に限定し、補助事実に関しても適用対象外としていたが、本判決は、そのような学説・実務の動向を受け、補助事実についても自白の裁判所拘束力を否定した重要な判断である。ただ、本件事案ではYは必ずしも本件書証の成立の真正

を自白したものではなく、白紙委任状の署名押印をYがしたことを認めていたにすぎず、そもそも自白の撤回の問題ではないとの見方も可能であった（吉田豊裁判官の意見はその趣旨である）点には注意を要する。

2　本判決は、書証の成立の真正（補助事実）につき自白の成立（裁判所拘束力）を明確に否定するが、その理由は述べていない。この点で、間接事実の自白につき裁判所拘束力を認めると、自由心証主義と抵触することが否定論の根拠とされる。すなわち、主要事実の認定については自由心証主義が妥当することを前提に、間接事実の自白の裁判所拘束力を認めると、自由心証に基づく主要事実の認定が害されるとの趣旨である（自白された間接事実の不存在との心証を裁判所が有していると、自白の拘束力を認めることにより裁判所は自己の心証に反する事実認定を強要されることになる）。この点が間接事実の自白を否定する根拠だとすると、補助事実の自白についても同旨が妥当することになろう（東條・後掲166頁もこのような理解を前提に、間接事実の自白と補助事実の自白を区別する合理的根拠はないとする）。ただ、この議論は、主要事実以外では自由心証主義（＝真実に基づく裁判）の要請が弁論主義（＝当事者の処分権の尊重）の要請を凌駕することをアプリオリの前提とした結論先取りの議論であり、一種のトートロジーであろう。本来は、上記2つの要請につき、どの場面でどちらを優先させるかを正面から論じる必要がある。この点、確かに補助事実は裁判所の心証に直接関わる問題であり、その点で裁判所拘束力を認めると、不自然な事実認定を強いるおそれがある。例えば、ある証人が（真実はそうでないのに）当事者の親友である旨の自白があると、他の事情からその証人は十分信用できると裁判所が判断した場合も、その証言を信用すべきか否か困難な判断を迫られよう。その意味で、仮に間接事実について自白の裁判所拘束力を認める立場に立つとしても、補助事実についてはなお否定説によることはあり得る解釈であろう。

3　本判決は、補助事実の自白の当事者拘束力（不可撤回効）については何も述べていない（東條・後掲168頁も「にわかには、いずれとも決し難い問題である」と評する）。間接事実の場合（【105】解説参照）と同様、当事者拘束力は禁反言（信義則）に基づき、裁判所拘束力とは一応別の問題として理解される。その意味で、裁判所拘束力を否定しても、当事者拘束力を認める議論はなおあり得るが、前者が否定されれば、結局、裁判所は、あらゆる事情を考慮して当該補助事実の存否を認定できることになるので、自白が残ろうが撤回されていようが、あまり違いはないことになる。もちろん自白がされているという事実は裁判所の認定に一定の（あるいは大きな）影響をもち得るが、裁判所拘束力を認めない以上、それは結局、自白が不利に働く当事者が認めている以上、その事実はあったに違いないという経験則に基づくとすれば、法的にその自白を維持するかはあまり関係ないものであろう。

●参考文献●　東條敬・判解昭52年度161、飯倉一郎・民訴百I212

107 権利自白

最3小判昭和30年7月5日（民集9巻9号985頁）　　参照条文　民訴法179条

> 消費貸借が成立したという法律上の効果の一致した陳述は自白となるか。

●**事実**●　Xは本件貸金に係る執行証書についてYに対し請求異議の訴えを提起した。Xは、第1審において、本件公正証書記載の13万円につき消費貸借の成立を認めたが、控訴審においては、消費貸借に際し1万9500円を天引されたから、消費貸借は11万500円につき成立したにすぎないと主張するに至った。なお、上記金額が天引されたことについては、既にXが第1審に提出・陳述した訴状や準備書面にも記載されており、第1審から弁論に顕れていた。原審は、上記Xの主張につき、消費貸借の成立を一部否認するものであり自白の取消しと解した上、自白の取消しに必要な要件のうち錯誤に基づくことの証明がないとして、その取消しを認めず、Xの請求を棄却した。Xより上告。

●**判旨**●　破棄差戻し。
「Xの第1審における金13万円につき消費貸借の成立したことを認める旨の陳述も、第2審における金11万500円につき消費貸借が成立した趣旨の陳述も、ともに本件消費貸借が成立するに至った事実上の経過に基いてXが法律上の意見を陳述したものと認めるのが相当であって、これを直ちに自白と目するのは当らない。けだし消費貸借に際し、利息の天引が行われたような場合に、幾何の額につき消費貸借の成立を認めるかは、具体的な法律要件たる事実に基いてなされる法律効果の判断の問題であるから、天引が主張され、消費貸借の法律要件たる事実が明らかにされている以上、法律上の効果のみが当事者の一致した陳述によって左右されるいわれはないからである。従って法律上の意見の陳述が変更された場合、直ちに自白の取消に関する法理を適用することは許されないといわなければならない。なお本件消費貸借において天引利息があったとすれば、天引利息中旧利息制限法の制限の範囲内の金額と現実の交付額との合算額につき消費貸借が成立すると解するのは、当裁判所の判例とするところであるから……、まずXが現実に交付を受けた金額を確定し、その上で本件消費貸借は金何円につき成立したかを判示すべきものであって、原審は、自白に関する法律の適用を誤った違法があるとともに理由不備審理不尽の違法がある……。」

●**解説**●　1　本判決は、消費貸借が成立した旨の陳述につき、当事者が法律上の意見を陳述したものにすぎず、自白とはならないとしたものである。自白は一般に事実を対象とするものであるが（179条参照。但し、どの範囲の事実が対象となるかには議論がある。【105】【106】参照）、それを超えて、事実に法的評価を加えた結果、すなわち法的概念（法律要件）への該当性の陳述もその対象になるかには議論がある。いわゆる権利自白の問題である。所有権や過失などを当事者が認め

る場合に、自白としての効力（裁判所拘束力、当事者拘束力等）が生じるのかという問題である。本判決は、この問題に決定的な解答を示すものではないが、一定の示唆を与えるものといえる。

2　本判決は、天引きがある場合の消費貸借の成立につき、「消費貸借が成立するに至った事実上の経過に基いてXが法律上の意見を陳述したもの」と整理し、消費貸借の成立は「具体的な法律要件たる事実に基いてなされる法律効果の判断の問題であるから」、「法律上の効果のみが当事者の一致した陳述によって左右されるいわれはない」とする。これは、消費貸借の成否を導くに十分な事実を当事者が主張している以上、それに法を適用し消費貸借の成否を判断するのは裁判所の権能かつ責務であり、当事者の法律上の意見は意味がないとする趣旨と解される。その意味で、「裁判所は法を知る（iura novit curia）」や「我に事実を与えよ、汝に法を与えん（da mihi factum, dabo tibi ius）」という伝統的法格言に忠実な判断といえる。逆にいえば、当事者からそのような前提事実の主張がなく、法律要件を認める陳述のみがある場合、例えば、所有権取得原因についての陳述なしに元所有を認める陳述や過失を基礎づける事実の陳述なしに自己の過失を認める陳述（東京地判昭和49・3・1判時737-15）等には本判旨は妥当しないと解される。これらの場合は、例外的に権利自白を認める見解や、むしろ事実の自白として認める見解など肯定説も有力である。ただ、筆者は、事実自白の問題が自由心証と当事者の処分権尊重のバランスの問題であるように（【106】解説参照）、権利自白の問題は裁判所の法的判断権尊重と当事者の処分権尊重のバランスの問題と考える。そうだとすれば、権利自白についても、その自白が①当事者の法的理解の不十分さ故の誤解に基づく場合や、②第三者の利益や公益に反する結果をもたらす場合等を除き、当事者の処分権を原則尊重してよいものと解される。法概念が対象でも、当事者が真意に基づきその点を判決の基礎にすることを欲しているならば、他に迷惑をかけない限り、その意思を尊重すべきであるからである。本件はまさに①の観点から問題があった自白と解され、本判決のいう「天引利息があったとすれば、天引利息中旧利息制限法の制限の範囲内の金額と現実の交付額との合算額につき消費貸借が成立する」との規範を当事者が誤解した結果の陳述だとすれば、自白を認めなかった判旨は正当と解される（三淵・後掲90頁も「法律判断を伴う事実の自白が自白として効力を有すべき範囲は、その陳述者の有する法律知識如何に左右せられる」とする）。

3　権利自白を認める場合の効果についても、反真実＋錯誤という事実自白の撤回要件を適用するのは相当でなく、むしろ錯誤の要件を重視すべきとの見解が有力である（齋藤・後掲119頁参照）。これは上記のような私見からも肯定できるが、むしろ自白の撤回の問題と考えるよりは、①の要件を欠き、そもそも自白が成立していないものと整理できよう。

●**参考文献**●　三淵乾太郎・判解昭30年度88、齋藤哲・百5版118

108 自白の撤回①──詐欺による自白

最２小判昭和33年３月７日（民集12巻３号469頁・判時147号20頁）　　参照条文　民訴法179条

> 自白が第三者の詐欺行為に基づくものである場合は
> それを撤回することができるか。

●事実●　Xは、Y振出しの約束手形の裏書譲渡を受け、その所持人となったとして、Yに対し、手形金の支払を求めて訴えを提起した。Yは、第１審において、上記手形振出しの事実は認めるが、既に受取人に対し原因債務を弁済したから、支払義務はない旨を記載した答弁書を提出し、口頭弁論期日には出頭しなかった。第１審裁判所は、Yが上記答弁書を陳述したものとみなし、YはXの主張事実を自白したものとして、X勝訴の判決を言い渡した。原審では、Yは、本件手形は訴外AがY代表者名義を冒用して作成した偽造手形であるから、Yに支払義務はないと主張し、第１審のYの答弁書は、Aが自己の非行を隠蔽し、Xの利益を図る目的で、自ら作成の上、Y代表者に対し、「自分には顧問弁護士もいるので、この訴訟は自分の方でやる、Yには決して迷惑をかけない」旨欺罔し、Y代表者に、Aが本件紛争を解決するものと誤信させて答弁書に押印させ、YをしてA自ら第１審に提出したものであas して、上記自白を取り消すと主張した。原審は、本件手形はAが偽造した旨の事実を認定したが、第１審でY代表者はXの主張事実を真実に反することを知りながらあえて自白したのであるから、上記自白は錯誤に基づくものではなく、その取消しは許されない旨判示し、Xの請求を認容した。Yより上告。

●判旨●　破棄差戻し。
「Yが原審に提出した所論の準備書面には……「Yが陳述したものと看做された答弁書記載の自白は、Yの代表者が訴外Aの刑法246条２項に該当する詐欺行為に因りなされた点において無効であり少くとも取消し得るものである」旨の記載があり、右準備書面は原審……で陳述されていることは明白である。そして、右Aの「刑法246条２項に該当する詐欺行為」により自白するに至った旨の主張は民訴420条〔現行338条〕１項５号の事由を主張するのであると認められるから、もし、証拠上右主張事実が肯認されるならば、原審としては本件自白の効力を認むべきでなかったものといわねばならぬ（大判昭和15・9・21民集19-1644参照）。しかるに、原判決の事実摘示にはYの右主張についての記載があるものとは解し難く、……この点について判断を与えているものとは認め難いから原判決はYの右主張について判断遺脱の違法があり破棄を免れない。」

●解説●　1　本判決は、当事者の自白が第三者の詐欺行為（刑事上罰すべき他人の行為）によってされたものである場合、自白の効力は認められない旨を明らかにしたものである。既に前掲大判昭和15・9・21は、当事者の法定代理人が自己または第三者の利益を図り本人の不利になり、かつ、真実に反することを知りながら、その任務に反して相手方主張の事実を認めても

裁判上の自白としての効力を生じない旨を明らかにしていた。これは、明示はされていないものの、背任罪（刑247条）に該当する行為（刑事上罰すべき行為）に基づきされた自白の効力を否定するという趣旨で、本判決の先例とされたものと解される。本判決はそのような趣旨を確認し、最高裁として初めて338条１項５号の事由に基づき自白の効力を否定したものとして重要な意義を有する。

2　本判決は、自白について、刑事上罰すべき他人の行為に基づく旨の主張がされ、それが証拠上認められる場合、自白の効力は認められないと判示する。刑事上罰すべき他人の行為による自白に基づく判決がされたときは、当該判決には原則として再審事由があることになる。この規律は、当該自白は訴訟上効力を有しないとの認識を論理的前提とするものと解されよう。けだし、その自白が有効だとすれば、裁判所はそれに拘束され、それに基づき判決せざるを得ないが、その判決が再審により取り消されるという帰結は、裁判所に無駄な作業を強い、無意味だからである。その意味で、前掲大判昭和15・9・21や本判決が示すように、そのような自白は、単に撤回可能なものに止まらず、無効の訴訟行為とする考え方もあり得よう（これらの判決が当然無効説をとるとの理解として、土井・後掲47頁参照）。ただ、このような理解は必然ではない。けだし、338条１項但書は、再審事由の存在を当事者が知りながら上訴により主張しなかったときは、再審の訴えは提起できないとするところ、当該自白が刑事上罰すべき他人の行為によることを当事者が知りながらそれを撤回しない場合はこの但書に該当し、再審事由に当たらなくなるとも解されるからである。無効説と撤回説の差異は、裁判所だけが当該罰すべき行為を認識し、当事者が認識していないため自白の撤回がされないような場合に表れるが（無効説では裁判所は拘束されないが、撤回説では拘束される）、稀有の場面であり、通常は裁判所の釈明がされるので、議論の実益は小さい。その意味で、現在の通説がこの場面を自白の撤回の問題として論じていることは、（判例の理解と異なる可能性はあるが）不当なことではなかろう。

3　以上のように、この問題を再審事由との関連で捉えると、338条２項の要件、すなわち当該行為に係る有罪判決等の具備が問題となる。本判決はそのような要件を特に問題とせず、不要説によると解されるが、その要件はあくまでも再審訴訟の適法要件であり、判決を違法とする事由自体ではないとの理解が前提とされているとみられる（土井・後掲47頁も、ドイツの判例・多数説も不要説をとるとし、「自白の無効取消については、同条２項の要件を具備する必要はない」とする）。一旦確定した判決を取り消すには慎重な要件の具備を求めることは自然であるが、係属中の訴訟で自白の違法性が問題になる場合にもあえて刑事手続の先行を求める必要性はないだろう。逆にそれが必要になると、刑事手続に要する時間を考えると、係属中の訴訟で自白の無効撤回を主張できなくなるおそれが強い。

●参考文献●　土井王明・判解昭33年度44、コンメⅣ65

109 自白の撤回②──反真実の自白

最3小判昭和25年7月11日（民集4巻7号316頁）　　参照条文　民訴法179条

> 自白が真実に反すると認定された場合にはその撤回
> を認めることができるか。

●事実●　Xは、Yに対し、Y振出しの額面3万円の約束手形金の支払請求訴訟を提起した。第1審は、Yの欠席によりXの請求を認容した。Yは控訴し、控訴審において、この手形はYがXに砂糖購入のための資金4万6500円のため交付した小切手が書き換えられていく中、Xの手元に残った3万円の小切手が更に手形に書き換えられたものであるところ、前記砂糖の購入・転売の企ては結局頓挫したのであるから、Yに支払義務はないと主張した。Xは当初、Y主張の3万円の小切手は前記4万6500円の小切手の一部であると陳述したが、その後、Yとの間には他にも小切手取引があり、本件約束手形は他の取引で決済されずに残った3万円の小切手の決済のため振り出されたものと主張した。原判決は上記小切手に係るYの主張を認めず、Xの主張は、Yの主張事実を一部自白した形でもあるが、錯誤に出たことが明らかであるから、その撤回は有効であるとして、Yの控訴を棄却した。Yより、訴訟上の自白の撤回は、自白が錯誤に基づくことおよびその撤回を主張することの2つの事実があって初めて裁判所はその撤回の適否を判断すべきものとして、上告。

●判旨●　上告棄却。
　「Xは所論3万円の小切手について従前の主張を徹回し之と相容れない事実を主張したことが明らかであるからXは右3万円の小切手についての自白の取消を主張したものと解すべきは当然である。そして原審においては、Xが右3万円についての主張を徹回したのは錯誤に出でたるものであることが明らかであると認定して居り其の認定は相当であると認められるから、原審において自白の取消につき所論のように判断をしたことは当然であって何等違法はない。」「当事者の自白した事実が真実に合致しないことの証明がある以上其の自白は錯誤に出たものと認めることができるから原審においてXの供述其他の資料によりXの自白を真実に合致しないものと認めた上之を錯誤に基くものと認定したことは違法とはいえない。」

●解説●　1　本判決は、自白の撤回につき当事者の錯誤を要件とする従来の判例法理を確認しながら、自白事実が真実に合致しないこと（反真実）の証明があれば、その自白は錯誤に基づくと認めることができる旨を明らかにしたものである。自白がいかなる要件の下で撤回（取消し）できるかについては、大審院以来の判例の集積がある。大審院の基本的考え方は、一度された裁判上の自白は撤回できないことが原則であるが、例外的に、自白した当事者の側で、自白された事実が真実に反し、かつ、その自白が錯誤に基づくものであることを証明した場合に限り、撤回が許されると

いうものである。この法理は、大判大正4・9・29民録21-1520等により確立されたものであるが、錯誤の要件と反真実の要件の関係については不明確な部分があった。すなわち、反真実の立証があれば錯誤の立証を必ずしも要しないとするように読める判例がある（大判大正9・4・24民録26-687など）一方、反真実の立証のみで錯誤の立証がない場合は撤回を認めない判例も存在した（大判大正11・2・20民集1-52など）。本判決は、最高裁判所として、前者の考え方を採用する旨を明らかにしたものであり、その後の判例の方向を決定づけたものとして意義が大きい。

　2　自白の撤回要件として、錯誤と反真実を求める考え方は、ドイツ法の明文規定に由来するといわれる。ただ、前述のように、その両者の位置づけは明確なものではなかった。自白の撤回を原則として認めないという発想には、一旦自白した当事者にはその事実を再度争わせる必要はない一方、相手方当事者は自白を信頼して手持ち証拠を破棄等するおそれがあることがあると考えられる。換言すれば、自白当事者の保護不要性と相手方当事者の要保護性の観点である。そして、例外的に自白の撤回を認める場合、この2つの観点からすると、錯誤は自白当事者の例外的な要保護性を基礎づけ、反真実は相手方当事者の例外的な保護不要性（その事実が真実でないと証明されれば、相手方の証拠保存等は問題にならない）を基礎づけることになろう。しかるに、反真実が中核的要件とされたことについては、錯誤の立証が（当事者の内心に関する要件であるため）困難であるという実際上の理由に加えて、相手方が十分保護される限り、自白の撤回を認めることに支障はないとの理解があったのではないかと思われる（ただ、自白を信頼した証拠の破棄という現象が実際上現実的なものか疑問もあるし、実際そのような破棄がされれば、反証が困難となり、反真実要件のみで真に相手方保護に十分かなお疑義は残る）。本判決は、必ずしも明確ではないが、反真実の証明があった場合は錯誤の存在が事実上推定されるとしたものと解される。したがって、錯誤の証明責任は依然として自白当事者にあるが、反真実が証明できればそれ以上の立証は不要になる。確かに当事者の自白の動機としては対象事実を真実と考えることが通常とはいえようが、その真偽はともかく他の点で勝訴可能と信じて戦術的に自白する場合等もあり得るとすれば、このような経験則が常に妥当するかについてはなお疑問もあり得よう。

　3　筆者は、現行法下の自白については、当該事実を争点から排除する意思表示という形で、争点整理の観点から理解することを提唱している（高田・後掲121頁参照）。そのような理解からすれば、撤回要件としてはむしろ（当事者の意思の瑕疵としての）錯誤を重視すべきということになる（錯誤があれば自白自体取消し可能であるが、重過失があれば取消しは認められない）。反真実の要件は証明責任の転換をもたらすだけで、争点排除効という自白の最も基本的な作用が没却されることになり、相当ではないからである。

●参考文献●　高田賢治・固5版120、山本・基本問題158

110　擬制自白

最1小判昭和43年3月28日（民集22巻3号707頁・判時515号57頁）　　　参照条文　民訴法159条

> 弁論の全趣旨により主張を争っているとして擬制自白が否定されるのはどのような場合か。

●**事実**●　立木の売主Xは、買主Yに対し、未払代金の支払請求訴訟を提起した。第1審は、Xの請求を認容したところ、Yは控訴し、控訴審においてYは新たに本件立木売買契約は錯誤により無効である旨および本件売買契約はXの詐欺によるとして本件買受けの意思表示を取り消す旨の抗弁を主張したところ、Xは控訴審の口頭弁論に終始出頭せず、準備書面も提出しなかった。原判決はYの抗弁を排斥し、控訴を棄却した。Yより、本件売買契約の錯誤無効および詐欺取消しにつきXの擬制自白が成立しているとして、上告。

●**判旨**●　上告棄却。
　「Yの意思表示に所論の錯誤があれば、Xの本訴請求にかかる売渡代金債権はほんらい発生せず、またこれが詐欺による意思表示であれば、取消権の行使が本訴提起後であるにせよ、右権利の発生につき原始的な瑕疵が存することとなる筋合であるが、これに対し、Xの本訴請求は右売買契約が有効に成立したことを前提とするものであるから、Xが本訴を提起維持している等弁論の全趣旨に徴すれば、Yの原審における新たな主張をXにおいて争っているものと認め、民訴法140条〔現行159条〕3項の適用を否定した原審の判断は相当である。」

●**解説**●　1　本判決は、当事者が弁論の全趣旨によれば相手方の主張を争っているとして、擬制自白の成立を否定したものである。当事者が口頭弁論において相手方の主張した事実を争うことを明らかにしない場合は、その事実を自白したものとみなされ（159条1項本文）、それは当事者が口頭弁論期日に出頭しない場合に準用される（同条3項）。擬制自白と呼ばれる制度である。当事者が口頭弁論に出頭しない事情は種々あると思われるが、この規定は、当事者が出頭しないのは相手方の主張を争う意思がないか、争っても無駄と認識しているとの前提の下、自白を擬制したものといえよう（実務上、被告が第1回口頭弁論期日に欠席して擬制自白が成立し、原告全部勝訴の結論になる事件が多数あるが、これを欠席判決と呼ぶ。ただ、当事者が口頭弁論に出頭しない場合であっても、弁論の全趣旨によりその事実を争ったものと認めるべきときは、擬制自白は成立しないとされる（同条3項による同条1項但書の準用）。その場合は上記のような前提は妥当しないからである。本判決は、いかなる場合に弁論の全趣旨により、その事実を争ったものと認めるべきかを判例が示したものであり、重要な意義を有する（ただ、実務上は、審理途中から当事者が欠席に転じ、爾後の口頭弁論期日に出頭しないという本件のような事態は稀有とみられる）。
　2　本判決は、錯誤無効および詐欺取消しの被告の主張に対し、原告が本訴を提起維持していることなど

を弁論の全趣旨として考慮し、原告がその主張を争っているものと認め、159条1項但書の準用により擬制自白の成立を否定した。Yは、Xの本訴の提起維持自体から錯誤や詐欺の主張を争っていることになるとすれば、原告側の訴訟提起や訴え取下げがないことにより常に被告側のあらゆる抗弁を争っている結果になり、擬制自白制度の趣旨は没却されることになると批判していた。もっともな面もある批判であるが、本判決も全ての抗弁につき同旨を認める趣旨ではなかろう。すなわち、本判決は、錯誤につき「錯誤があれば、Xの本訴請求にかかる売渡代金債権はほんらい発生」しない点、詐欺につき「権利の発生につき原始的な瑕疵が存することとなる筋合である」点を確認し、他方で、「本訴請求は右売買契約が有効に成立したことを前提とするものである」点を指摘しているからである。すなわち、本判決の趣旨は、錯誤や詐欺のほか虚偽表示や強迫等にも妥当すると解されるが、他方、契約の「原始的な瑕疵」をもたらさない場合、例えば、相殺の抗弁などには妥当せず、原告の訴訟提起維持により相殺の抗弁についても、弁論の全趣旨により当然に争っていることにはならないと解される（実際、本判決より前の最3小判昭和32・12・17民集11-13-2195は相殺に関する事案で擬制自白の成立を認めたが、本判決は「論旨引用の判例は事案を異にし、本件に適切でない」としている。可部・後掲175頁参照）。また、弁済や債務免除の抗弁については、その時期が関係する可能性もある。提訴前の弁済等については訴訟提起がその弁済等の事実を争っている弁論の全趣旨となり得ると解されるが、提訴後の弁済等については議論があり得よう。訴訟提起は当然提訴後の弁済を争う趣旨にはならないが、訴訟の維持はそれを争う趣旨と考えることも可能であろう（本判決が「本訴を提起維持している等弁論の全趣旨」として、あえて本訴の維持も弁論の全趣旨の内容とすることの理解に関する）。更に、取消権のような形成権行使については、形成原因（詐欺行為）が提訴前にあり、形成権行使が提訴後の場合が問題となるが、本判決も「取消権の行使が本訴提起後であるにせよ」とするように、取消原因が提訴前にあれば、それにもかかわらずあえて提訴しているところから、当事者の争う意図を看取することは自然であろう。
　3　本件では、Xが原審の13回にわたる口頭弁論期日に終始出頭しなかったにもかかわらず、擬制自白を認めなかったものである（可部・後掲176頁参照）。Xのこのような態度の理由は定かでないが、現在の実務では考えにくいものと思われる。現行法下の実務では、争点整理の充実による争点中心主義の審理という観点から擬制自白の位置づけにも変化がみられよう。欠席判決の場合を除き、安易にその成立を認めることは減少し、少なくとも重要な事実については当事者の認否を明示的に確認する運用が一般であろう（なお、不熱心訴訟追行については、審理の現状に基づく判決（244条）の活用も考えられる）。

●**参考文献**●　可部恒雄・判解昭43年度172、賀集唱・民商59-5-139

111　唯一の証拠方法の却下

最大判昭和30年4月27日（民集9巻5号582頁）　　参照条文　民訴法157条、181条

時機に後れた証拠申請は唯一の証拠方法であっても却下することができるか。

●事実●　昭和26年9月8日、Xは、Yに対し、選挙無効訴訟を提起した。原審は、同年10月20日の第1回口頭弁論期日以来、昭和28年4月28日の最終口頭弁論期日に至るまで、12回の口頭弁論期日を経た審理をした。上記最終口頭弁論期日に至って、Xは新たに無効投票中落選人Aの有効投票と認めるべきものが11票ある旨を主張し、無効投票の検証を求めたが、裁判所はそのまま口頭弁論を終結し、請求棄却の判決を言い渡した。原判決の理由では「本件選挙の選挙管理委員会が無効投票と判定した投票中の11票がAのための有効投票であると認むべき証拠なく」と判示した。Xより、原審が唯一の証拠方法である本件検証を採用せずX敗訴の判決を言い渡したのは違法であると主張して、上告。

●判旨●　上告棄却。
　「右訴訟の経緯に徴すれば、原審は時機におくれた攻撃方法として該申請を却下し弁論を終結したものと認めるのを相当とすべく、しかも時機におくれた攻撃方法である以上、たとえ一定の要証事項に対する唯一の証拠方法であっても、これを却下し得べきことは勿論であるから、右原審のなした措置は首肯し得る。」

●解説●　1　本判決は、唯一の証拠方法であっても、時機に後れた攻撃防御方法は、これを却下することができることを明らかにしたものである。判例上、唯一の証拠方法の法理といわれるルールが形成されている。一般には、当事者の申請した証拠方法を取り調べるかどうかは、当該証拠の必要性に鑑み、裁判所が裁量により判断することができ、その判断には不服申立てができないとされているが、そのような原則の例外として、ある要証事実につき当該証拠方法が唯一のものであれば、裁判所は取調べの義務を負うと解されている（最3小判昭和35・4・26民集14-6-1064、【121】など参照）。これは、唯一の証拠方法を取り調べずに事実を認定すること（必然的に弁論の全趣旨で認定することになる）は、当事者の攻撃防御の機会を奪い、手続保障に反するとの考え方に基づくものと解される。ただ、この取調義務があらゆる場合に妥当するかについては疑問があり、本件では当該証拠申請が時機に後れたものである場合になお取調べの義務があるかが問題になったが、最高裁はそのような義務を否定し、当該証拠申請を却下できる旨を明らかにした。なお、本判決は大法廷判決であるが、それは、ここで取り上げた判示事項の重要性を示すものではなく、他の判示事項（昭和27年の公選法改正法附則第2項が改正により新たに設けられた規定（公選209条の2）を現に裁判所に係属している事件に適用すべきものとしたことが憲法31条に違反しないとした判示）の関係で（裁10条1号参照）、大法廷において判断されたものと考えられる。ただ、それでも本件判断も大法廷の判断である（大法廷判決としての意義を有する）点に変わりはない。

2　本判決は、原審での審理経過の評価に関し、原審では、Xの検証申請につき裁判所は特に判断を示さないまま弁論を終結しているところ、「訴訟の経緯に徴すれば、原審は時機におくれた攻撃方法として該申請を却下し弁論を終結したものと認めるのを相当と」し、黙示的な申請却下と評価した。黙示の却下は本来望ましいものではないが、時機に後れた攻撃防御方法の却下については独立の上訴（抗告）は認められておらず、いずれにしろ終局判決に対する控訴においてその点の不服が主張されるので、当事者にとっては問題はないといえよう。そして、本判決は、唯一の証拠方法であっても、時機に後れた攻撃防御方法に当たる場合には、なお却下が可能であるとする。本件は、選挙無効訴訟として高等裁判所が第1審であった事件であるが（公選204条）、その第12回口頭弁論期日で初めて無効投票中に落選人の有効投票と認めるべきものが11票ある旨を主張し、無効投票の検証が求められた。確かに当該有効投票の事実認定については、投票用紙の検証が唯一の証拠方法といえよう。ただ、本件ではそもそも有効投票の事実の主張自体が時機に後れたものではなかったかとの疑問がある。事実関係は必ずしも明瞭ではないが、そのような事実が第12回期日で新たに主張されていたとすれば、当該主張自体が時機に後れたものとして却下の対象となり、証拠調べはそもそも問題にならないともみられる（客観訴訟である選挙訴訟でも弁論主義の適用自体はあると解される）。いずれにしても、本判決は、証拠方法として本件検証の却下が可能としているが、唯一の証拠方法であるからといって、いつまでも申請可能と解する必然性はなく、手続の遅滞をもたらす場合には却下できるとの理解は相当なものであろう（【121】解説も参照）。唯一の証拠方法の法理は真実発見および手続保障を目的とするものであっても、それが迅速な裁判の要請の下で一定の制約を受けることは当然あり得るからである。

3　本判決は、結論的にも原審の措置を相当とした。原判決は明示的に却下の裁判をしたものではないので、157条の要件を検討していないが、本判決はその要件具備を肯定したものと解されよう。第12回口頭弁論期日において初めて主張されたものとすれば、「時機に後れて提出した」ものといえるし、当該期日が最終口頭弁論期日（つまり弁論終結が予定されていた期日）であるとすれば、その後に検証を実施するとすれば、「訴訟の完結を遅延させることとなる」であろう。他方、本件において、Xに「故意又は重大な過失」があったかどうかは必ずしも明らかでないように思われる。この点は、何故にこの段階になって11票の無効票が問題とされるに至ったかという事実関係に依存すると思われるが、裁判所は審理の経緯に鑑み、故意または重過失を認定できると解したものであろうか。

●参考文献●　田中真次・判解昭30年度51、コンメ Ⅲ383

112 時機に後れた攻撃防御方法の却下

最2小判昭和46年4月23日（判時631号55頁）　　参照条文　民訴法157条

いかなる場合に攻撃防御方法は時機に後れたものとして却下されるか。

●事実●　　Aは、Xらの先代Bから本件土地を賃借し、本件土地上に本件建物を所有していた。Aは本件土地賃借権および建物所有権をY₁に譲渡し、Y₁は本件建物をY₂に賃貸した。BはAのY₁に対する賃借権譲渡を承諾していないと主張し、Y₁に対し建物収去土地明渡しと損害金支払、Y₂に対し建物退去土地明渡しと損害金支払を求める訴えを提起した。第1審ではY₁およびY₂が欠席し、一部認容判決がされた。Y₁およびY₂は控訴し、控訴審の第2回口頭弁論期日において賃借権譲渡につきBの承諾があった旨の事実を主張し、更に第11回口頭弁論期日において建物買取請求権を行使する旨主張した。控訴審は、上記建物買取請求権行使の主張は時機に後れたものとして却下し、控訴を棄却した。Y₁・Y₂より上告。

●判旨●　上告棄却。
「原審は、Y₁が原審第11回口頭弁論期日……に提出した所論建物買取請求権に関する主張を……民訴法139条〔現行157条〕1項により却下して弁論を終結し、原判決を言い渡したことが認められ、右却下の決定が右民訴法の規定の定める要件の存在を認めたうえでなされたことも明らかである。そして、Y₁が第1審において口頭弁論期日に出頭せず、本件建物収去、土地明渡等を含む一部敗訴の判決を受けて控訴し、原審第2回口頭弁論期日……に、抗弁として、Y₁がAから地上の建物を買い受けるとともに、Bの承諾を得て本件土地の賃借権の譲渡を受けた旨主張したが、Xら先代Bにおいてこれを争っていたこと、その後証拠調等のため期日を重ねたが、……第11回口頭弁論期日にいたってようやく建物買取請求権行使の主張がなされるにいたった等本件訴訟の経過によってみれば、右主張は、少なくともY₁の重大な過失により時機におくれて提出されたものというべきである。原審においては2度和解の勧告がなされたが、口頭弁論期日もこれと並行して進められたのみならず、和解の試みが打ち切られたのちも、第8回以降の口頭弁論期日が重ねられ、Y₁において十分抗弁を提出する機会を有していたことから考えると、和解が進められていたから前記主張が提出できなかったという所論は、にわかに首肯することができない。つぎに、……所論建物買取請求権の行使に関する主張は、Xらが借地法10条所定の時価として裁判所の相当と認める額の代金を支払うまで、Yらにおいて本件建物の引渡を拒むために、同時履行等の抗弁権を行使する前提としてなされたものであることを窺うことができるが、所論指摘の各証拠によっては到底右時価を認定するに足りるものとは認められず、かくては右時価に関する証拠調になお相当の期間を必要とすることは見やすいところであり、一方、原審は、本件において、前述

のように右主張を却下した期日に弁論を終結しており、さらに審理を続行する必要はないとしたのであるから、ひっきょう、Y₁の前記主張は、訴訟の完結を遅延せしめるものであるといわなければならない。それゆえ、原審が右主張を民訴法139条1項により却下したのは相当である。」

●解説●　　1　本判決は、第1審で欠席した当事者の控訴に基づく控訴審でされた建物買取請求権行使の主張を時機に後れた攻撃防御方法として却下した原判決を相当とした事例判例である。控訴審における157条の適用については一般論として、「第1審における訴訟手続の経過をも通観して時機に後れたるや否やを」判断するのが判例である（最3小判昭和30・4・5民集9-4-439参照）。したがって、控訴審は第1審の経緯も考慮して157条の要件を判断すべきであるが、建物買取請求権というやや特殊な形成権の行使につき、前掲最判昭和30・4・5が157条の適用を否定したのに対し、本判決は適用を肯定した興味深い事例を示す。
　　2　本判決は、控訴審第11回口頭弁論期日で初めて主張された建物買取請求権を時機に後れたものと判断した。第1審が欠席判決であった点を考慮しても、時機に後れたことは否定し難いであろう（前掲最判昭和30・4・5は、第1審が欠席判決でない場合に、控訴審第2回口頭弁論での建物買取請求権の主張を時機に後れたとする）。当事者の故意重過失については、借地契約終了を争いながら建物買取請求権を行使する場合、借地権不存在を前提にするため、その行使は遅れがちになるし、本件では2度にわたる和解勧試が並行していたようで、Yらは無重過失を主張したが、和解打切後の第8回期日以降も抗弁提出の機会は十分あったとして重過失を肯定した（前掲最判昭和30・4・5も、第1審で賃借権譲渡不承諾の事実を認めており、建物買取請求権を第1審で行使しなかった点に重過失ありとした）。
　　3　前掲最判昭和30・4・5と本判決の結論を分けた最大の理由は訴訟完結遅延のおそれの点である。前者は、建物買取請求権行使の効果として当然に家屋所有権が移転し、特段の証拠調べを要しないので、訴訟の完結を遅延させる結果にはならないとしたのに対し、本判決は、建物時価相当額の支払と建物引渡しの同時履行の抗弁権の前提としての主張であり、当該時価の証拠調べになお相当の期間を要するため、（弁論終結が想定された期日における行使は）訴訟の完結を遅延させると判断した。判決理由としては同時履行の主張の有無が結論を分けた形であるが、実質は、前掲最判昭和30・4・5では却下後も4回の期日が重ねられており、仮に建物価格を審理しても訴訟の完結を遅延させなかったとみられる点が大きいとされる（工藤・後掲99頁）。なお、建物買取請求権の主張を却下しても、判決確定後に請求異議訴訟でその主張は可能と解されるが（【179】参照）、却下には、早期に判決を確定させ、起訴責任を転換する意義がなおある。

●参考文献●　　工藤敏隆・百5版98、竹下守夫=伊藤眞編『注釈民事訴訟法(3)』278〔山本克己〕

113 口頭弁論の必要①──不適法な訴え

最3小判平成8年5月28日（判時1569号48頁・判タ910号268頁）　　参照条文　民訴法87条、140条

不適法な訴えにつき訴状を送達せず口頭弁論を開かずに訴えを却下することができるか。

●事実●　Xは、通算老齢年金の支給裁定の変更を求めて前訴を提起したが、請求棄却判決が確定した。そこで、Xは、Y（国）を被告に、当該最高裁判決の無効確認および上記裁定の変更を求めて再訴を提起した。第1審および控訴審はともに口頭弁論を開かず訴えおよび控訴を却下し、訴状・控訴状および判決正本をYに送達しなかった。Xより、これらの判断および措置が違法違憲であるとして、上告。

●判旨●　上告棄却。

「確かに、訴えが不適法な場合であっても、当事者の釈明によっては訴えを適法として審理を開始し得ることもあるから、そのような可能性のある場合に、当事者にその機会を与えず直ちに民訴法202条〔現行140条〕を適用して訴えを却下することは相当とはいえない。しかしながら、裁判制度の趣旨からして、もはやそのような訴えの許されないことが明らかであって、当事者のその後の訴訟活動によって訴えを適法とすることが全く期待できない場合には、被告に訴状の送達をするまでもなく口頭弁論を経ずに訴え却下の判決をし、右判決正本を原告にのみ送達すれば足り、さらに、控訴審も、これを相当として口頭弁論を経ずに控訴を棄却する場合には、右被告とされている者に対し控訴状及び判決正本の送達をすることを要しないものと解するのが相当である。けだし、そのような事件において、訴状や判決を相手方に送達することは、訴訟の進行及び訴えに対する判断にとって、何ら資するところがないからである。……最高裁判所まで争って判決が確定した後、更に右判決の無効確認を求める訴えは、民事訴訟法上予定されていない不適法な訴えであって、補正の余地は全くないから、このような訴えにつき、訴状において被告とされている者に対し、訴状を送達することなく口頭弁論を経ないで訴えを却下し、その判決を右被告に送達しなかった第1審裁判所の判断及び措置並びに同様に控訴状の送達をせずに口頭弁論を経ないで控訴を棄却し、その判決を被控訴人とされている者に送達しなかった原審の判断及び措置は、いずれもこれを正当として是認することができる。」

●解説●　1　本判決は、訴えが不適法でその不備が補正できない場合、裁判所が口頭弁論を経ずに訴えを却下するに際し、被告に訴状・判決正本の送達を要しないとしたものである。140条は、不適法でその不備を補正できない訴えについて口頭弁論を経ずに却下できるものとして、判決をする場合は口頭弁論を開かなければならない（87条1項本文）という必要的口頭弁論の原則の例外を定める。判旨は、確定判決の無効確認は民訴法上予定されていない不適法な訴えで補正の

余地がないとする（他方、裁定変更を求める訴えに言及はないが、これも既に棄却された請求の再訴であり、濫訴として不適法とされたものであろうか）。ただ、そのような場合も訴状等の送達を不要とする規定はなく、送達の要否は別途問題となるが、実務上は、このような場合の訴状等の送達は意味がなく、かつ被告に無用な負担を及ぼすとして、（本件第1審等がそうであったように）送達をしない運用がされているという（判時コメント48頁参照）。本判決はそのような運用を正面から認めたものといえる（以下では、最も問題となる訴状の送達に限定して論じる）。

2　不適法で不備の補正ができない場合も訴状の送達を要するとの見解の根拠は、形式論と実質論に分かれる。まず形式論としては、訴状の送達を必要とする138条は140条の場合を例外としていないし、訴え却下であっても判決の前提としては訴訟係属が必要であり、訴訟係属は訴状送達によって生じる点が挙げられる。他方、実質論としては、このような場合でも訴訟提起を被告に知らせ、特に本案判決を得るための主張の機会を与えるべき点が挙げられる。他方、本判決は、このような場合「訴状や判決を相手方に送達することは、訴訟の進行および訴えに対する判断にとって、何ら資するところがない」点を指摘する。上記形式論については、140条却下はかなり特殊な場面であり、法が明文で例外を設けていなくても、実質に鑑み、解釈で例外を認める（138条1項に「140条により却下する場合はこの限りでない」との但書を設ける）ことは可能との考えではないかと思われる。これに対し、実質論として、被告は訴え却下より請求棄却判決を求める利益を有し、その尊重のため訴状送達の必要があるという議論は一応可能である。しかし、不適法が明らかな訴えで、どの裁判所であっても紛れなく訴えを却下できるものとすれば、訴え却下判決の既判力により後訴も却下されることは必然であり、再訴のリスクはない（その意味で請求棄却判決と同じ）といってよい（判決正本の送達を要しないとした点も、このような理解に基づき被告には上訴の利益がないと解することもできよう）。また、このような場合は口頭弁論を開かず却下されるのであるから、仮に訴状を送達しても被告は防御活動をすることがおよそできず、意味がないとの評価も可能である。以上の趣旨が「訴訟の進行及び訴えに対する判断にとって、何ら資するところがない」という文言に表れているものと考えられよう。

3　なお、本判決はこのような扱いの対象につき「裁判制度の趣旨からして、もはやそのような訴えの許されないことが明らかであって、当事者のその後の訴訟活動によって訴えを適法とすることが全く期待できない場合」とするので、訴えの適法性が微妙である場合や当事者の主張立証により適法性が左右される場合は本件のような措置は許されない。その意味で、安易な送達省略等は許されず、判旨は上記のような形で適用対象を限定することで実務に一定の警鐘を鳴らしたとも評価できよう（判時コメント49頁参照）。

●参考文献●　後藤勇・判タ945-256、コンメⅢ149

114 口頭弁論の必要② —— 上告審の場合

最3小判平成14年12月17日（判時1812号76頁・判タ1115号162頁）　　参照条文　民訴法140条

> 訴えを却下するため原判決を破棄する場合に上告審は口頭弁論を開く必要があるか。

●事実●　Xは、A社から買い受けた土地につき7年間特別土地保有税を申告納付してきたが、上記土地売買契約が詐害行為として取り消されたことから、各年度の税額を0円とする更正請求をした。Y市長が更正をすべき理由がない旨の本件各処分をしたため、Xがその取消しを求めて訴えを提起した。第1審はXの請求を棄却し、Xは控訴したが、原審において、Xは、本件各処分の取消しに加えて、そのうちの一部の年度に係る取消事由を新たに追加主張して本件各処分のうち当該年度分に係る部分の取消しを予備的に請求した。原判決は、これを取消事由の追加的主張ではなく、追加的予備的請求の訴えの提起として扱い、当該請求を棄却した。Xより上告（以下、上記予備的請求のみにつき取り扱う）。

●判旨●　原判決破棄・訴え却下。
「上記予備的請求に係る訴えは、上記主位的請求に係る訴えと重複するものであるから、不適法であって（民訴法142条）、却下すべきである。これと異なり予備的請求を棄却した原判決には、判決に影響を及ぼすことが明らかな法令の違反があり、原判決中予備的請求を棄却した部分は破棄を免れない。なお、Xの予備的請求に係る訴えは、上記のとおり不適法でその不備を補正することができないものである。このような訴えについては、民訴法140条が第1審において口頭弁論を経ないで判決で訴えを却下することができるものと規定しており、この規定は上告審にも準用されている（民訴法313条、297条）。したがって、当裁判所は、口頭弁論を経ないでXの予備的請求に係る訴えを却下する判決をすることができる。そして、これらの規定の趣旨に照らせば、このような場合には、訴えを却下する前提として原判決を破棄する判決も、口頭弁論を経ないですることができると解するのが相当である。」

●解説●　1　本判決は、原判決が本案判決をしている場合も、上告審が口頭弁論を経ないで訴えを却下できるときは（140条）、却下判決の前提として原判決を破棄する判決も口頭弁論を経ずにできることを明らかにしたものである。上告審については、必要的口頭弁論の原則（87条1項本文）の例外として、上告棄却判決につき口頭弁論を経ずにできるとされているが（319条）、そのような例外は破棄判決には認められておらず、原判決を破棄する場合には口頭弁論を経なければならない。他方、140条は、不適法な訴えでその不備が補正できない場合は、口頭弁論を経ずに訴えを却下することが認められており、その規定は上告審にも準用されている（313条・297条による第1審規定の包括準用）。したがって、上告審において当該訴えがこの条項に該当するものと判明した場合も口頭弁論を経ずに訴え却下ができるが、原判決が本案判決をしている場合にはその前に原判決の破棄が前提になるところ、前記のように、その場合は口頭弁論を経ることが明文で求められている。しかるに、本判決はこのような場合も140条の趣旨を重視し、前提となる破棄判決との関係でも口頭弁論を不要としたものである。後述のように（3参照）、その後判例は本判決の趣旨を更に拡大しているが、その嚆矢となった判断である。

2　本件は、（請求の追加かどうか自体につき疑義もあり得るが）原審で予備的に追加された請求が元の請求と訴訟物が同一で、二重起訴に当たる場合に、本案判決をした原判決を破棄して訴えを却下すべきものとした。そして、このような二重起訴に当たる訴えは「不適法でその不備を補正することができない」ことから、破棄判決の前提としても口頭弁論を不要とした。その理由は必ずしも明らかではないが、140条の趣旨を挙げていることから、無用な事項につき口頭弁論を省略し、より効率的な審理を可能にするという同条の趣旨が、破棄判決という重要な判断をする前提として口頭弁論という慎重な手続を要求する319条の趣旨を上回るという理解かと思われる。法律審である上告審における口頭弁論の役割は、事実審の場合とは異なり、口頭主義や直接主義の要請が強いものではないこと等にも鑑み、口頭弁論の開催によってもその結果がおよそ左右されない（不備を補正できない）場合には、その省略により審理の効率性を優先すべきと解したものと思われる。

3　本判決後、最高裁の運用はより積極的な方向に向かい、直接140条が適用される場合を超えて実質的にその趣旨が妥当する場合にも広く本判決と同様の取扱いをするに至っている。すなわち、①訴訟終了宣言の前提として原判決を破棄する場合（最2小判平成18・9・4判時1948-81）、②口頭弁論に関与していない裁判官による署名押印を理由に原判決を破棄する場合（最3小判平成19・1・16判時1959-29）、③中断事由の存在により原判決を破棄する場合（【90】〔光華寮事件〕）、④固有必要的共同訴訟につき判断を誤り区々の判決をしている原判決を破棄する場合（最3小判平成22・3・16民集64-2-498）などに、口頭弁論を不要としている。以上のように、口頭弁論を開かず上告棄却以外の判決をする場合を拡大することには、学説上批判もある（坂原・後掲など参照）。しかし、当事者におよそ実質的な攻撃防御がない場面に限定すれば、現行法により法令の解釈適用の統一の役割が強化された最高裁の機能をより発揮するとの観点から、妥当な判決といえよう（コンメⅥ367頁参照）。319条の文理上は疑義があり本来は立法が望ましいが、140条を1つの手掛かりとしたこのような運用もギリギリ認められよう。ただ、不要な場面で口頭弁論を省略するのであれば、それが必要とされる場面では口頭弁論を活性化する工夫も同時に求められる。ややもすれば形骸化が指摘されるが、当事者と裁判所が真に実質的議論を戦わせる場としての上告審の口頭弁論の運用が望まれよう。

●参考文献●　坂原正夫・法研82-12-1、コンメⅥ365

115 弁論の併合

最3小判昭和41年4月12日（民集20巻4号560頁・判時447号58頁）　参照条文　民訴法152条

> 弁論の併合がされた場合、併合前の証拠調べの結果
> は他の事件でも当然に証拠資料となるか。

●**事実**●　Xは、Y₁・Y₂を共同被告に売買無効確認等請求訴訟を提起した。本件第1審の第2回口頭弁論期日においてX・Y₁間の事件（乙事件）とX・Y₂間の事件（甲事件）の弁論が分離され、Y₂はXの請求原因事実を全部認める旨陳述したため、甲事件について弁論が終結され、判決言渡期日は追って指定とされた。その後、乙事件においてのみ弁論・証拠調べ等の手続が続行された。その後、甲事件につき弁論が再開され、Y₁は、甲事件においてX・Y₂を相手方として71条（現行47条）の規定により、本件物件がY₁所有であることの確認およびXに対しその明渡しを求める旨の参加申出をした（丙事件）。そこで、第1審裁判所は乙事件に甲事件および丙事件を併合したが、Y₁は前記参加申出の趣旨を陳述し、XからY₁への所有権移転登記が有効である旨の乙事件における主張・立証を援用する旨陳述した。一方、Xも乙事件における主張・立証を援用する旨陳述したが、Y₂はY₁の主張を全て争う旨陳述し、Y₁は、更にY₁の主張に反する部分は争う旨述べた。第1審裁判所はXの請求を認容し、Y₂の請求を斥ける判決を言い渡した。その後、控訴審第1回口頭弁論期日にY₁およびXの訴訟代理人出頭の下（Y₂は不出頭）、控訴状および第1審口頭弁論の結果が陳述され、その後、Y₂の陳述が何ら訂正されないまま、各訴訟の弁論が分離されることなく手続が進められた上、控訴審口頭弁論が終結され、Y₂勝訴の判決が言い渡された。Xより上告。

●**判旨**●　上告棄却。
「数個の事件の弁論が併合されて、同一訴訟手続内において審理されるべき場合には、併合前にそれぞれの事件においてされた証拠調の結果は、併合された事件の関係のすべてについて、当初の証拠調と同一の性質のまま、証拠資料となると解するのが相当である。けだし、弁論の併合により、弁論の併合前にされた各訴訟の証拠資料を共通の判断資料として利用するのが相当だからである。したがって、XとY₁の訴訟においてされた証拠調の結果が、併合された他の事件についても、……そのまま証拠資料とすることができることを前提としてした原審の訴訟手続は相当であって、この点に違法はない。」

●**解説**●　1　本判決は、口頭弁論が併合された場合、併合前の各事件でされていた証拠調べの結果は、併合後の事件の全てについて、そのまま証拠資料となる旨を明らかにした。弁論併合後にされた証拠調べについては、それが全ての事件との関係で証拠資料となることは自明であるが、併合前のある事件との関係でされた証拠調べの結果については明文規定がなく、種々議論のあったところである。本判決は、それが他の事件との関係でも当然証拠資料となる旨を明らかにした点

で、実務上も理論上も極めて重要な判断といえ、現在では実務運用の大前提とされているところである。また、その後改正された現行民訴法の下では、上記のような規律の存在、すなわち併合前の証人尋問の結果が併合後の事件についても当然証拠資料となることを前提に、当事者を異にする事件の併合の場合は、尋問機会がなかった当事者の手続保障を図るため、当該当事者が尋問申出をした場合は、証人尋問を再施しなければならない旨を明らかにしている（152条2項）。

2　本判決前は、このような場合の証拠調べの結果の扱いについて意見が分かれていた（奈良・後掲140頁参照）。すなわち、①調書書証説（証人尋問や検証結果が記載された調書を書証として提出することを要するとの見解）、②援用説（併合後の口頭弁論で当事者が援用して証拠資料となるとの見解）、③当然証拠資料説（援用という訴訟行為等を要せず、併合後は当然に証拠資料となるとの見解）などが存在したが、本判決は③説を採用したことになる。このうち、①説はそもそも実務で支持がなかったとされるが、全くの別事件の証人尋問の結果等についてはそのような扱いがされており、それを弁論併合の場合にも及ぼす趣旨と解される。他方、②説における「援用」という行為の意味は必ずしも明瞭でないが、少なくとも当事者の処分権を認める立場といえよう。これらの見解に立てば、当事者の行為態様に応じ、併合前の証拠資料が全て併合後の事件につき証拠資料となる保障はなく、結局、併合後の事件について共通の心証が形成される保障はなくなる。

3　本判決は、結論として③説を採るが、その理由として、「弁論の併合により、弁論の併合前にされた各訴訟の証拠資料を共通の判断資料として利用するのが相当だから」とする。その実質的根拠としては、併合後の各訴訟において心証が共通となることが望ましいという考え方があるように思われる。証拠資料が共通にならないと、各事件ごとに同じ事実につき異なる心証に至り、不自然な事実認定を強いられるおそれがあるからである。加えて、理論的にも、口頭弁論の一体性から、弁論併合により各事件は訴訟の最初に遡って同一の口頭弁論で行われたと擬制されるとすれば、証拠資料化につき当事者の処分権を認めるべきではなく、当然に共通の証拠資料になると解するのが相当と解されよう。他方、このような考え方の問題点としては、当事者が異なる事件に関する弁論併合の場合、当事者の手続保障が不十分になる懸念があろう。自己が立ち会っていない証拠調べの結果が自動的に証拠資料となるという問題である。このような場合、当事者は改めて証拠調べの申出をすることはできるが、その採否は裁判所の裁量に委ねられる。ただ、当事者に十分な防御の機会が与えられていない証拠方法に関しては、裁判所はその採否に当たりその防御権に十分な配慮を払う必要があろう（152条2項はその趣旨を実定法化したものであるが、その他の証拠調べについても同様の配慮は必要となろう。奈良・後掲142頁注1参照）。

●**参考文献**●　奈良次郎・判解昭41年度137、新堂幸司『判例民事手続法』262

116 弁論の更新

最3小判昭和33年11月4日（民集12巻15号3247頁・判時167号11頁）　参照条文　民訴法249条

> 裁判官が交替した場合の弁論の更新の事実はどのように証明されるか。

●事実●　本件原審の口頭弁論の大部分は、裁判長A、裁判官B、同Cの3名の合議体で行われていたが、第2回口頭弁論期日にはAは立ち会わず、裁判長B、裁判官C、同Dが関与した。第3回・第4回の口頭弁論期日は延期されたが、第5回口頭弁論期日はABCの構成で実施されたので、本来、弁論の更新が必要であった。同期日の調書には、Xは出頭せず、Y代理人のみが出頭し、「Y代理人は、従前の口頭弁論の結果を陳述し、続いて本日付準備書面に基づき陳述した」旨の記載がされている。そして、第6回口頭弁論期日において弁論は終結され、ABCの構成で判決が言い渡された。Xより、原審では裁判官の交代があったにもかかわらず、弁論の更新がされず、原判決は交代後の裁判官によってされたものであるから、395条（現行312条2項）1号に反するとして、上告（なお、上告審口頭弁論において、X代理人から、高裁判決の際にはなかった更新の字句が後に口頭弁論調書に加筆された旨の主張がされ、最高裁判所が職権調査をしたところ、更新がされた旨の記載は立会書記官Eの下僚であるF書記官が加筆したもので、その時期は事件記録を最高裁に送付した頃と推認されるとの事実関係が明らかになっている）。

●判旨●　破棄差戻し。
「（第5回）口頭弁論調書中、「被控訴代理人は」の次に「従前の口頭弁論の結果を陳述し続いて」と記載されたのは、右調書の完成後おそらくは記録を当裁判所に送付した頃において、立会書記官E以外の者によってなされたものであることが認められる。そして弁論の更新がなされたか否かは、民訴147条〔現行160条3項〕にいわゆる口頭弁論の方式に関するものとして調書によってのみ証することをうるものと解すべきであるから、本件においては、適法に弁論の更新が行われたものと認めるをえない。そうとすれば、原判決は、法律に従い判決裁判所を構成せざりし者によってなされたものというべく、論旨は理由があり、原判決は……破棄を免れない。」

●解説●　1　本判決は、裁判官が交代した場合の弁論の更新について、口頭弁論の方式に関するものとして口頭弁論調書によってのみ証明できるものであるにもかかわらず、当該調書が無権限者により作成されていたことに鑑み、弁論の更新が立証されないとしたものである。おそらくは弁論更新に関する記載が失念された調書を事後的に改変したとみられるが、そのような調書に法定の証明力を否定し、弁論更新の認定ができず、違法な手続になると解したものである。稀有な事例に関する判断であるが、弁論の更新の意義および調書の証明力に関する重要な判示といえよう。
2　民事訴訟手続においては一般に直接主義が働く。判決をすることのできる裁判官は、全ての審理に自ら

関与した裁判官に限られるとの原則であり、249条1項は「判決は、その基本となる口頭弁論に関与した裁判官がする」とする。ただ、訴訟手続の途中で裁判官が転勤、定年、死亡、病気等で退任・交代することは避け難い。その際、直接主義の要請を忠実に履行しようとすれば、訴訟手続を新たな裁判官の下で最初からやり直すことになるが、それは当事者にとってあまりに負担が大きい。そこで、法は弁論の更新という制度を用意し、「裁判官が代わった場合には、当事者は、従前の口頭弁論の結果を陳述しなければならない」ものとし（249条2項）、その陳述がされた場合は、新たな裁判官は従前の口頭弁論にも関与していたと擬制することとした。これにより直接主義と裁判官交代の要請のバランスを制度的に図ったものである（弁論更新の手続が適式にとられていなければ、原則に戻り、判決裁判官は弁論に関与していなかったことになり、絶対的上告理由（312条2項1号）および再審事由（338条1項1号）に該当する）。ただ、実務上は、弁論の更新（従前の口頭弁論の結果の陳述）といっても、当事者（代理人）が「従前の口頭弁論の結果を陳述します」と述べるだけで、実際にその結果が要約陳述等されるわけではなく、新裁判官は訴訟記録によりその内容を確認することが一般的とされる。その意味で、弁論の更新は擬制的な手続であり、その意義を過度に重視することには疑問も否めず、本件で調書への記載が失念されていたとしても、それにより差戻しがされ、更に長期間当事者を訴訟手続に拘束することに対しては疑問も否めない（ただ本件は、担当書記官以外の者による調書の改竄という（やや考えにくい）悪質な行為が前提となっており、最高裁としては、実務に対する警鐘という観点を重視した可能性はあろう）。
3　本件では、実際に弁論の更新手続はされていたが、それが口頭弁論調書に記載されていなかっただけという可能性もある。その場合、弁論に出頭していた当事者の尋問や傍聴人等の証人尋問でその点を明らかにできる可能性もあるが、本判決は、これは「口頭弁論の方式に関する規定の遵守」であるとし、調書によってのみ証明できる事項と解した（160条3項本文）。そうだとすれば、当事者は、調書の記載の誤りに気付いた場合は、異議を述べ、異議を調書に留めてもらう必要があったことになろう（同条2項）。本件でも、実際に弁論の更新がされていたが、その点につき調書の記載漏れがあったとすれば、それに気づいた書記官等から当事者に連絡し、当事者が当該記載漏れに対し異議を述べておくという方法はとり得たように思われる。ただ、一般には調書に対する異議は事実審口頭弁論終結時までしかできないと解されており（三淵・後掲297頁参照）、本件ではその点に気づいたのが上告がされた後（つまり原審の弁論終結後）であった可能性も高く、既に異議を述べる時機を失していたため、裁判所側で上記のような改竄がされたのかもしれない。

●参考文献●　三淵乾太郎・判解昭33年度295、萩澤達彦・民訴百I 180

117 弁論の終結

最3小判昭和41年11月22日（民集20巻9号1914頁・判時469号40頁）　　参照条文　民訴法243条、244条

当事者双方が口頭弁論期日に出頭していない場合でも弁論を終結することはできるか。

●**事実**●　Xは、Yに対し、土地所有権移転登記抹消登記手続請求訴訟を提起した。第1審はXの請求を認容し、Yが控訴した。控訴審は、第7回口頭弁論期日で当事者双方が欠席の下で口頭弁論を終結し、控訴棄却の判決を言い渡した。上記期日はY代理人に差支えが生じて出頭できないため一応休止にし、後日期日を指定する旨をX代理人へ申し出たので、これを承諾し、双方不出頭にしたものとされる。Yより、このような場合は3月内に期日指定申立てをしなければ訴え取下げとなるもので、法律上訴訟は休止となり訴訟の進行は許されないところ、原審が当事者双方不出頭の状態において弁論を終結して判決の言渡しをしたことは法律の解釈を誤った違法があるとして、上告。

●**判旨**●　上告棄却。
「訴訟が裁判を為すに熟するときは、裁判所は口頭弁論を終結して終局判決をすることができることは民訴法182条〔現行243条1項〕により明らかであって、当該口頭弁論期日に当事者の双方が出頭していないことは、裁判所の右職権の行使を妨げるべき理由とならない。所論は、民訴法238条〔現行263条〕を根拠として右見解を争うが、民訴法238条は、当事者双方が口頭弁論の期日に出頭せず、または弁論を為さないで退廷した場合において、裁判所が口頭弁論を終結せずかつ新期日の指定をもなさないで当該口頭弁論期日を終了した場合における取扱を規定したものと解すべく、この制度があるからといって直ちに所論のように解しなければならないものではない。」

●**解説**●　1　本判決は、当事者双方が出頭しない口頭弁論期日においても弁論を終結し、終局判決ができる旨を明らかにした。口頭弁論期日において当事者双方が出頭しない場合の措置として、①次回期日を指定して当該期日を終了すること、②次回期日を指定せず当該期日を終了することは当然可能であるが、③口頭弁論を終結することが可能かが問題となったのが本件である（坂井・後掲459頁参照）。①が通常の対応であるが、②は実務上いわゆる休止といわれ（大正15年改正前の旧々法が明文で休止制度と呼んでいたことに由来する）、この場合、当事者から期日指定申立てがなく3月を徒過したときは、訴え取下げが擬制されるものとされ、実務上は休止満了と呼ばれていた（旧民訴238条。なお、現行263条は訴え取下げ擬制の期間を1月に短縮したが、基本的な制度は維持している）。本件でも、当事者はこのような休止の取扱いを期待していたようであるが、原審は③の措置を採用し、弁論を終結したので、そのような扱いの当否が正面から問題となった。

2　訴訟が裁判をするのに熟したときは、裁判所は弁論を終結し、終局判決をすることができる（243条）。

問題は、このような弁論終結に係る規律が、当事者双方不出頭の期日では例外的に制約されるか否かにある。消極説の論拠として、(1)263条は双方不出頭の場合は休止を前提とすること、(2)当事者双方不出頭の場合に裁判所の訴訟行為が可能な場面（証拠調べ：183条、判決言渡し：251条2項）に弁論終結が規定されていないこと、(3)準備的口頭弁論（166条）や弁論準備手続（170条5項）のような当事者双方不出頭の場合の終了の明文規定がないことという形式的根拠が挙げられる（大阪高決昭和32・1・31高民10-1-22参照）。しかし、(1)は、本判決も指摘する通り、当事者双方不出頭の場合に②の措置をとることができ、かつ、その場合に取下げ擬制という効果が生じることを示したにすぎず、そのような措置を取らなければならない（弁論終結が許されない）ことまで含意するものでないことは明らかである。また、(2)は、当事者の関与が想定されている訴訟行為（証拠調べ）や審級を終了させる重要な訴訟行為（判決言渡し）であることに鑑み、当事者双方欠席の場合に可能か疑義が生じないよう、明文規定を設けていると説明できるが、弁論終結はそのようなものではないといえる。(3)も争点整理手続の終了要件を定めたもので（当事者双方不出頭でも終了できるというより、不出頭を要件として終了できるとの定めである）、意味合いを異にするといえよう。以上のような形式的根拠に加えて、より実質的には職権進行主義の趣旨が指摘できよう（坂井・後掲460頁以下参照）。旧々法が正面から認めていた当事者の合意による休止の制度を改め、旧法および現行法のような規律が採用された背景には、当事者の意思による訴訟進行（当事者進行主義）を排除し、職権進行主義を徹底するという考え方があったものと解され、そうであれば、③の可能性も排除すべきではないことになろう。

3　なお、裁判所がいったん続行期日を指定したということは、その時点では裁判に熟していないとの判断があったと考えられ、そうだとすれば、次回期日に両当事者が欠席し、審理が一歩も前に進んでいないのに、裁判に熟した状態に変わるのはおかしいという疑義は生じ得る。仮にそうであれば、既にその前の期日で弁論は終結できたし、すべきであったのではないかという疑問である。しかし、裁判に熟したか否かは総合的判断であり、当該期日に当事者が欠席したという点も判断の一要素になりえ、その点も加味すれば裁判に熟したと判断できる余地もあろう（坂井・後掲460頁）。いずれにせよ、この点は裁判所の裁量に委ねられることになる。ただ、この点に疑義が生じることは事実であるので、現行法は新たに審理の現状に基づく裁判の制度を導入した（244条）。これによれば、当事者双方欠席の場合も、裁判所は「審理の現状及び当事者の訴訟追行の状況を考慮して相当と認めるときは、終局判決をすることができる」ものとされ、本件のような場合は、必ずしも裁判に熟したことが要件とされず、終局判決の可能性が開かれたものと解される。

●**参考文献**●　坂井芳雄・判解昭41年度458頁、新注釈(4)921
〔中西正〕

118 弁論の再開

最1小判昭和56年9月24日（民集35巻6号1088頁・判時1019号68頁）　　参照条文　民訴法153条

> 裁判所はいかなる場合に一旦終結した口頭弁論を再開する義務を負うか。

●**事実**　Aは、本件不動産登記が実体上の権利関係に適合しないとして、Yを被告にその抹消登記手続請求訴訟を提起した。Yは、①Aを代理して本件不動産につき譲渡担保設定・抵当権設定契約等を締結したBに代理権が授与されていたこと、②仮にBが代理権を有しなかったとしても、AまたはAの代理人XがBに代理権を与えた旨表示したこと、③仮にそうでなくても、Aの代理人Xは、Bに対し、A所有土地をC株式会社に売り渡す契約の締結等を委任しており、Bがその権限を超えて前記契約を締結したもので、YにはBに権限があると信ずる正当な理由があったことを主張した。Aは本件訴訟が原審係属中に死亡したが、訴訟代理人がいたため訴訟手続は中断せず、訴訟はAを当事者として進められ、原審は弁論を終結した。その後、Yは、口頭弁論再開申立書およびAの死亡により同人の権利義務一切を承継したから自己ないしBの行為につき責任を負うべき旨を記載した準備書面を提出した。原審は、口頭弁論を再開せず、AはXに対し本件不動産に担保権を設定する権限を委任したことはなく、Bに対しても代理権を付与しておらず、BがAの実印および本件不動産の権利証を所持していた事実をもって授権の表示とみることはできない旨判示し、請求を認容した。Yより上告。

●**判旨**　破棄差戻し。
「いったん終結した弁論を再開すると否とは当該裁判所の専権事項に属し、当事者は権利として裁判所に対して弁論の再開を請求することができない……。しかしながら、裁判所の右裁量権も絶対無制限のものではなく、弁論を再開して当事者に更に攻撃防禦の方法を提出する機会を与えることが明らかに民事訴訟における手続的正義の要求するところであると認められるような特段の事由がある場合には、裁判所は弁論を再開すべきものであり、これをしないでそのまま判決をするのは違法であることを免れないというべきである。」「YはAが原審の口頭弁論終結前に死亡したことを知らず、かつ、知らなかったことにつき責に帰すべき事由がないことが窺われるところ、本件弁論再開申請の理由は、……XがAを相続したことにより、XがAの授権に基づかないでBをAの代理人として本件不動産のうちの一部をC社に売却する契約を締結せしめ、その履行のために同人の実印をBに交付した行為については、Aがみずからした場合と同様の法律関係を生じ、ひいてBは右の範囲内においてAを代理する権限を付与されていたのと等しい地位に立つことになるので、……Bの前記無権代理行為に関する民法109条ないし110条の表見代理の成否について更に審理判断を求める必要がある、というにあるものと解される……。右の主張は、本件において判決の結果に影響を及ぼす可能性のある重要な攻撃防禦方法ということができ、Yにおいてこれを提出する機会を与えられないままY敗訴の判決がされ、それが確定して本件各登記が抹消された場合には、たとえ右主張どおりの事実が存したとしても、Yは、該判決の既判力により、後訴において右事実を主張してその判断を争い、本件各登記の回復をはかることができない……のであるから、……自己の責に帰することのできない事由により右主張をすることができなかったYに対して右主張提出の機会を与えないままY敗訴の判決をすることは、明らかに民事訴訟における手続的正義の要求に反するものというべきであり、したがって、原審としては、いったん弁論を終結した場合であっても、弁論を再開してYに対し右事実を主張する機会を与え、これについて審理を遂げる義務がある……。」

●**解説**　1　本判決は、当事者に更に攻撃防禦方法を提出する機会を与えることが明らかに民事訴訟における手続的正義の要求であると認められるような特段の事由がある場合には、裁判所に弁論再開の義務を認めた。いったん終結した弁論を再開するか否かは訴訟指揮として裁判所の裁量に委ねられており、当事者には弁論再開の申立権はないとするのが確定判例である（最2小判昭和23・4・17民集2-4-104、最1小判昭和23・11・25民集2-12-422など）。ただ、そのような裁判所の裁量権に限界がないかは問題となり得、本判決はまさに一定の場合にそのような限界を認めたものである。
2　弁論再開につき当事者の申立権を認めていないことは職権進行主義に基づき、訴訟遅延防止の趣旨に出たものといえる。ただ、それも絶対的要請ではなく、より優先すべき価値の実現のためには弁論再開が義務付けられる場合はあると解される。本判決は「当事者に更に攻撃防禦の方法を提出する機会を与えることが明らかに民事訴訟における手続的正義の要求するところである」場合がそれに当たるとした。攻撃防御の機会の付与はまさに当事者の手続権の中核を占め、その重要性は言うまでもないが、本判決は、それが「手続的正義」の要求するところで、かつ、それが明らかであるとの厳格な要件を求めたといえる。
3　本件では、①Yが弁論終結前にA死亡およびX相続の事実を帰責事由なく知らなかった点、②A死亡およびX相続の事実は表見代理の主張に関し判決結果に影響を及ぼす可能性のある重要な攻撃防御方法である点、③上記攻撃防御方法を提出できずにY敗訴判決がされるとその既判力により後訴で当該判断を争えなくなる点から、その提出機会の付与が明らかに手続的正義の要求するところと解されたものとみられる（②も踏まえると、手続的正義といいながら、実体的正義の要求も勘案されたとみる余地はある）。弁論を再開しないことが違法となる場面は限定されると解されるが、裁判所に法律問題指摘義務違反がある場合等も含まれる余地があろう（山本・審理構造論325頁以下参照）。

●**参考文献**　遠藤賢治・判解昭56年度541、小野寺忍・百5版90

119 口頭弁論調書の効力

最2小判昭和45年2月6日（民集24巻2号81頁・判時585号51頁）　　参照条文　民訴法160条

口頭弁論調書に記載のない準備書面の陳述を裁判所は認めることができるか。

●**事実**●　土地所有者Xは、土地賃借人であるYに対し、賃料支払がないことを理由に賃貸借契約を解除したとして建物収去土地明渡し並びに未払賃料および賃料相当損害金の支払を求めて訴えを提起した。Yは、賃料の弁済の提供および供託を主張し、Xの契約解除は効力を生じていないとして争った。第1審判決は、Yの抗弁を認め、Xの請求を棄却した。控訴審でも第1審と同様の主張がされたが、それに加えて、Yは、口頭弁論期日において準備書面を提出し、本件賃料の支払方法はYの住所における取立債務であるから、本件未払賃料の支払催告および不払による賃貸借契約解除は無効であること、また契約解除は権利の濫用であるから無効であることを新たに主張した。控訴審は、上記主張を口頭弁論期日の調書に記載せず、判決においてもその主張につき判断を示さなかった。控訴審は、結論としてXによる契約解除の有効性を認め、第1審判決を取り消し、Xの請求を認容した。Yより上告。

●**判旨**●　上告棄却。
「第2審においてYから提出された準備書面が陳述された旨口頭弁論調書に記載がなく、かつその記載のないことにつき当事者から異議の述べられた形跡のない場合においては、特段の事情のないかぎり、右準備書面は第2審の口頭弁論期日に陳述されなかったものといわなければならないところ、本件記録によれば、所論の準備書面が陳述された旨の記載は原審口頭弁論調書にないばかりか、その記載のないことにつき当事者から異議の述べられた形跡も認められず、そして右準備書面が陳述されたことを認めることのできる証拠もない。したがって、所論準備書面は結局原審口頭弁論期日に陳述されなかったものといわざるをえない。」

●**解説**●　1　本判決は、準備書面の陳述につき口頭弁論調書に記載がなく、その点について当事者からの異議もなかった事案において、その陳述を否定したものである。民事訴訟では口頭主義がとられ、準備書面はあくまでも口頭弁論を準備するため提出されるものであるので（161条1項）、準備書面が裁判所に提出されたとしても、口頭弁論において陳述がなければ訴訟資料にはなり得ない。そして、口頭弁論が開かれれば、裁判所書記官は口頭弁論調書を作成しなければならず（160条1項）、調書は口頭弁論の方式に関する規定の遵守について唯一の証拠方法としての効力を有する（同条3項。この規定については、【116】も参照）。ただ、本件のような弁論の実質的内容につき口頭弁論調書がいかなる証明力を有するかについては、民訴法は特段の規定を有しない。本件ではまさにこの点が問題となったが、本判決は、口頭弁論の記載および当事者の異議の不存在から、特段の事情のない限り、調書の記載

通りの事実が認定できるとする。本判決は、事例判例ではあるが、口頭弁論の実質的内容に係る調書の証明力につき判断を示した重要な判例である。

2　本件で前提となるのは、準備書面の陳述の有無が口頭弁論調書の記載事項かどうかという点である。旧民訴法は調書の記載事項を「弁論ノ要領」としており（旧民訴144条）、現行民訴規則も同様に「弁論の要領」を記載すべきものとする（民訴規67条1項）。この「弁論の要領」については、旧々法が弁論の進行に関する要領としていたことから（旧々民訴130条）、旧法下でもやはり進行に関する事項に限る見解も有力であったが、実務上は準備書面の陳述など弁論の実質的内容も記載する取扱いが慣例であったとされる（鈴木・後掲95頁参照）。口頭弁論調書の作成の主たる目的は、当該口頭弁論に基づきされた判決の適法性の検証の基礎とする点にあると考えられる。口頭主義がとられるとすれば、ある訴訟行為が口頭弁論期日でされたかどうか（つまりは弁論の実質的内容）が訴訟手続の適法性に関し決定的な重要性をもつ事態がしばしば生じ得るところ、それを常に証拠で立証することは困難であり、特に上級審で審理を遅延させ、混乱を招く結果となる。そのような事態を予め避けるため、期日に立ち会っている裁判所書記官に調書を作成させることにしたものだとすれば、調書に一定の証明力をもたせることが制度の前提になっているものと解されよう。

3　以上のように、口頭弁論の実質的内容についても調書に記載することが求められ、かつ、調書の記載に一定の証明力が認められるとしても、それがどの程度のものであるかが次に問題となる。口頭弁論の進行など形式的事項（民訴規66条）については、調書の記載が独占的証明力を有する旨が法定されているが（民訴160条3項）、その実質的内容（弁論の要領）には規定がない。そこで、本判決は、記載につき当事者の異議がないことを前提に、特段の事情がない限り、記載通りの事実が証明されたと解してよいとした。一種の事実上の推定を認める趣旨と解される。このうち、当事者の異議があれば口頭弁論調書に記載されることになっており（同条2項）、事実上の推定は覆されよう。他方、異議がない場合は、調書の記載は期日に実際に立ち会った裁判所書記官の報告文書として極めて強い推定力を有する結果になろう。本判決は、「特段の事情のないかぎり」とし、事実上の推定が覆る可能性を認めるが（この点が弁論の形式的内容の場合との相違である）、極めて例外的場合に限られよう。例えば、問題の準備書面が陳述されたことを前提に当事者の陳述がされた旨が口頭弁論調書に記載されている場合などがあろう（鈴木・後掲98頁参照）。なお、現行法下では準備書面の陳述は弁論準備手続でされることが一般的であろうが、この判例は弁論準備手続の期日調書の証明力にも同様に妥当しよう（弁論準備手続の期日調書については攻撃防御方法等準備書面の記載事項を記載すべき旨が明定されており（民訴規88条1項）、弁論の要領に関する上記の議論は明文で解決されるに至っている）。

●**参考文献**●　鈴木重信・判解昭45年度89、コンメⅢ415

最新重要判例 250　民事訴訟法
証明

120　顕著な事実

最2小判昭和31年7月20日（民集10巻8号947頁・判タ62号54頁）　　参照条文　民訴法179条

> 裁判所に顕著な事実に反する自白は真実に反するものとして撤回することができるか。

●**事実**●　Xは、Yに対し、生イカを引き渡してするめの製造を委託し、製品をXに引き渡す約定であったが、Yがするめを勝手に売却処分し、Xに14万円余の損害を被らせたとして、不法行為に基づく損害賠償訴訟を提起した。第1審ではY本人がX主張の事実を全部認める旨答弁し、第1審はXの請求を全部認容した。Yは代理人を選任して控訴し、控訴審において上記自白を取り消し、本件するめ製造委託契約には、金銭の支払によりするめの引渡しに代えることができる旨の特約があったので、Yがするめを売却しても直ちに不法行為とはならない旨主張した。原判決は、自白が真実に反しかつ錯誤に出たものとは認められず、自白の取消しは認められないとして、控訴を棄却した。Yより、以下の理由で上告。すなわち、本件民事事件と併行して、本件取引に関しYを被告人とする業務上横領被告事件の審理がされ、同事件では本件民事事件の口頭弁論終結前に甲乙丙各裁判官を構成員とする裁判所が被告人無罪の第1審判決を維持する判決を言い渡し、その理由中で、するめ加工契約の精算方法としてYは製品または現金をもってすることができると定められており、その選択権は債務者であるYに存し、必ずしも製品の引渡しによる履行を要するものではないので、Yの製品売却につき不法領得の意思があるとは認められない旨判示していたところ、本件原裁判所の構成員は甲乙丁の各裁判官であり、前記刑事裁判所と構成員の過半数を同じくするから、Yの前記自白が真実に反することは裁判所に顕著であると主張された。

●**判旨**●　破棄差戻し。

「民事訴訟において刑事判決の理由において認定された事実に反する事実を認定することは、もとよりこれを妨げないものと解すべく、このことはたとえ構成員の過半数が同一の両裁判所に同一取引に関する民事、刑事の両事件が同時に係属する場合においても、その理を異にしないものといわなければならない。しかし、この場合右裁判所の一が先ず刑事事件につき判決をしたときは、右刑事判決をした事実および右刑事判決の理由中において一定の事実を認定したことは、構成員の過半数を同じくする他の裁判所に顕著であるといわなければならない。そして右刑事判決において認定した事実が契約の内容に関するものである場合、民事事件において他の証拠に基いてこれと異る事実を認定することを妨げないことは前記のとおりであるが、当該契約の内容として一定の事実を認定したことが裁判所に顕著である以上、当事者がこれと異る相手方主張の事実についての自白を取消し右刑事判決の認定に沿う事実を真実に合致するものと主張する場合、裁判所は、これが真実に適合するや否やを判断するについては、前記裁判所に顕著な事実をも資料としてこれを判断す

るを要するものと解するを相当とする。」

●**解説**●　1　本判決は、同一事件について民事訴訟と刑事訴訟が係属し、同一の裁判所（過半数の裁判官が同一の合議体）が異なる事実認定をすることはできるが、先にされた刑事判決およびそこでの事実認定が裁判所に顕著な事実に当たるとしたものである。小規模な裁判所においては、民事事件と刑事事件が同一の裁判官によって審理されることがあり得るところ（本件は控訴事件であったが、高等裁判所の支部が扱ったものであった）、法的には異なる裁判体であり、かつ、手続的には相互に既判力等は及ばないので、異なる事実認定・法適用になることは十分にあり得る。本判決もそれを前提にはするが、刑事事件における事実認定は裁判所に顕著な事実になり、それを民事事件の判決の事実認定の前提にしなかった場合は違法になる旨を明らかにしたものである。

2　本判決は、民事事件と刑事事件で（同一裁判官で構成された裁判体であっても）その心証は異なり得、事実認定が異なる結果になり得ることを前提とする。民事と刑事は別の手続であり、提出される主張や証拠も異なるとすれば、この結論は自明のことといえよう（刑事訴訟の結果を民事に反映させる制度として損害賠償命令手続が導入されているが（犯罪被害者保護23条以下）、そこでも訴訟資料の完全な統一まではされていない）。また、一方の手続における判決は他方の手続に対して既判力その他判決効をもつものとはされていない。この点、民事と刑事の証明度の相違が論点としてあり得る。すなわち、仮に刑事の証明度が高いとすれば、刑事における無罪判決は当然に民事で不法行為が成立しないことを意味しないからである。ただ、（本件とは逆に）証明度が高い刑事で有罪判決の場合、民事で不法行為の存在を確定する制度はあり得ないではないが、日本法はそのような立場はとっていない（前述のように、損害賠償命令手続で事実上その結果を流用できるに止まる）。

3　そこで、本判決は、刑事で認定された事実を顕著な事実として、民事では証明不要とする理解を採用した。確かに刑事判決の存在および刑事訴訟における審理の中身は顕著な事実といってよいが、その結果を民事の事実認定に流用することは、当事者の手続保障の観点から疑問があり得る。確かに被告人には刑事訴訟において十分な手続保障が付与されたと考えてよいが、それはあくまでも刑事訴訟との関係であり、制度上判決効が及ばない民事の損害賠償は別の問題であり、再度手続保障を与えられる権利を本来有するはずである。特に本件では、裁判官の1人が交代していることから直接主義の観点からの問題も否定できないし、また仮に刑事判決が2対1の判断であり、無罪に賛成した裁判官と新たに加わった裁判官が民事では多数派を構成した可能性も否定できないこと等をも考えれば、顕著な事実のみで自白を反真実と認定できたか、疑問は残る（大場・後掲128頁以下も参照）。

●**参考文献**●　大場茂行・判解昭31年度126、コンメIV71

121　唯一の証拠

最1小判昭和53年3月23日（判時885号118頁）　　参照条文　民訴法181条

要証事実についての唯一の証拠方法を取り調べないでよいのはどのような場合か。

●事実●　Xは、Y₁～Y₅に対し、本件土地の所有権に基づき建物収去土地明渡しを求める訴えを提起した。Xは、本件土地はY₃の所有であったところ、競売手続に付されXが競落したものと主張したが、Y₁らは、本件土地はY₁ら先代Aが所有していたものをY₁らが共同相続したものであり、現在はY₃の共有持分を競落したXとY₁らの共有であると主張した。そこで、争点は、自作農創設特別措置法により国から本件土地の売渡しを受けたのがY₃であるか、Y₁ら先代Aであるかという点にあった。Y₁らがこの争点に関する唯一の証拠方法として、Y₁の本人尋問を申請したが、原審はその採否を明らかにしないままY₁の尋問をせずに弁論を終結し、請求認容を相当とする判決をした。Yらより上告。

●判旨●　破棄差戻し。
「Y₁本人尋問の申出は、本件土地につきXが完全な所有権でなく共有持分を有するにすぎないとのYらの主張に関する唯一の証拠方法の申出であるから、特段の事情のないかぎりこれを取り調べることを要するところ、原審はこれに対する採否を明示することなく弁論を終結したことが明らかである。そうして本件において右特段の事情があったことは記録上窺われない。もっとも、……原審の口頭弁論終結にあたって当事者双方が「他に主張立証はない。」と述べたことが認められるが、このことを以て前記唯一の証拠方法を取り調べることを要しない特段の事情とすることはできない。」

●解説●　1　本判決は、いわゆる唯一の証拠方法について、その取調べの義務があるとする従来の判例法理を確認しながら、特段の事情がある場合はその限りでない旨を明らかにしたが、弁論終結に際し当事者が他に主張立証はないと陳述したことは特段の事情に当たらないとしたものである。当事者が申請した証拠調べを実施するかどうかは原則として裁判所の裁量に委ねられており、裁判所の心証に鑑み取調べの必要がない証拠調べは行う必要がない（181条1項）。ただ、例外的に証拠調べの実施が裁判所の義務となる場合があり、それがこの唯一の証拠方法の法理であり、争点とされる主要事実を立証するため当事者が申し出た唯一の証拠方法は、裁判所は原則として必ず取り調べなければならないとされる。

2　唯一の証拠方法の法理は既に大審院時代から繰り返し判示され（大判明治31・2・24民録4-2-48、大判明治42・11・12民録15-874、大決大正3・9・25民録20-687、大判大正15・12・6民集5-781など）、最高裁もこの法理を認めている（最3小判昭和35・4・26民集14-6-1064、最2小判昭和56・11・13判時1024-55など）。このような法理の根拠としては、①唯一の証拠方法であるにもかかわらず、それを取り調べず裁判所が事実認定をすることは誤っ

た事実認定となる可能性があること、②当該証拠方法の申出をした当事者にとって不利な事実認定をすることはその当事者の手続権を害し、予断に基づく事実認定との不信感を抱かせることが挙げられる（コンメⅣ84頁など参照）。仮に唯一の証拠方法を取り調べないとすると、事実認定の基礎は弁論の全趣旨となるところ（247条）、弁論の全趣旨だけで事実認定をすること自体は禁じられないものの、証拠が存在する場合は、やはりそれを踏まえて事実認定をすることが真実発見や手続保障の観点から望ましいとの考え方といえよう。なお、職権証拠調べが可能である場合や裁判所の知見を補充する証拠調べである鑑定については唯一の証拠法理が適用されないとする大審院判例もあるが、上記の根拠からすれば、このような場合も除外する必然性はないように思われる（実際、判例も、職権証拠調べが可能な当事者尋問についてもこの法理の妥当を認めている）。

3　以上のように、唯一の証拠方法の法理が認められるとしても、それはあくまでも原則であり、例外の存在が許容されている。すなわち、本判決が明示するように、特段の事情がある場合には唯一の証拠方法も取り調べる必要はない（実際、このような特段の事情を認め、唯一の証拠方法を取り調べなかった原審の取扱いを是認する判例も多い）。このような特段の事情を分類すると、①当該証拠方法を取り調べる必要がおよそない場合、②当事者に懈怠がある場合、③証拠調べが実際上困難である場合に分けられよう。①は、いかに唯一の証拠方法であっても、それが事実認定に寄与しないものである場合はおよそ無意味な証拠調べになるからである。もちろん証拠調べの必要は一般に証拠採否の基準となるが、通常の場合は、その時点の裁判所の心証に鑑みて判断されるが、唯一の証拠方法の場合は原則証拠調べが必要であり、（証拠調べの前から）およそ証拠価値がないと判断される場合のみが排除されることになろう。②は、当事者が証拠申請書を提出しない場合、証拠調べ費用を予納しない場合、時機に後れた証拠申請である場合（【111】参照）など当事者に懈怠がある場合には、その手続権を考慮する必要はなく、取調べを要しない。③は、証人尋問で証人が出頭しない場合などである。本判決は、口頭弁論終結に際し当事者が「他に主張立証はない」と陳述したものであるが、それは特段の事情にならないとした。この点は上記のような陳述の趣旨によるものと思われる。もちろん、上記陳述がそれまでの当事者の証拠申請を撤回する趣旨であるとすれば（従来の判例として、最1小判昭和26・3・29民集5-5-177、最1小判昭和27・11・20民集6-10-1015など）、そもそも証拠申出はなくなる（当事者尋問については職権証拠調べが可能であるが（207条1項参照）、前述のように、この点は唯一の証拠方法の法理の適用に影響しないと解される）。他方、Y₁の当事者尋問の申請は前提にしながら、それ以外に立証がないとの趣旨であれば、唯一の証拠方法であるY₁の当事者尋問をしないまま弁論を終結することは違法になる。判旨は後者の理解を採ったものと解される。

●参考文献●　新注釈(4)110〔佐藤鉄男〕、コンメⅣ84

122 証明度①——ルンバール事件

最2小判昭和50年10月24日（民集29巻9号1417頁・判時792号3頁）　　参照条文　民訴法247条

> 訴訟上の因果関係の証明度はどのような水準のものか。

●**事実**●　Xは、化膿性髄膜炎のためYの経営する病院に入院し、A医師らの治療を受け、次第に軽快しつつあったが、B医師によりルンバール（腰椎穿刺による髄液採取とペニシリンの髄腔内注入）の施術を受けたところ、その直後嘔吐、けいれんの発作等を起し、後遺症として知能障害や運動障害等が残った。Xは、Yに対し、損害賠償請求訴訟を提起したが、上記ルンバールと本件発作および後遺症との因果関係が争点になった。原判決は、本件訴訟における証拠によっては、本件発作とその後の病変の原因が脳出血によるか化膿性髄膜炎もしくはこれに随伴する脳実質の病変の再燃によるかは判定し難く、本件発作とその後の病変の原因が本件ルンバールの実施にあることを断定し難いとして、請求を棄却した。Xより上告。

●**判旨**●　破棄差戻し。

「訴訟上の因果関係の立証は、一点の疑義も許されない自然科学的証明ではなく、経験則に照らして全証拠を総合検討し、特定の事実が特定の結果発生を招来した関係を是認しうる高度の蓋然性を証明することであり、その判定は、通常人が疑を差し挟まない程度に真実性の確信を持ちうるものであることを必要とし、かつ、それで足りるものである。」「(1)（中略：本件各証拠）は、Xの本件発作後少なくとも退院まで、本件発作とその後の病変が脳出血によるものとして治療が行われたとする前記の原審認定事実に符合するものであり、また、鑑定人Cは、本件発作が突然のけいれんを伴う意識混濁で始り、後に失語症、右半身不全麻痺等をきたした臨床症状によると、右発作の原因として脳出血が一番可能性があるとしていること、(2)脳波研究の専門家である鑑定人Dは、結論において断定することを避けながらも、Xの脳波記録につき「これらの脳波所見は脳機能不全と、左側前頭及び側頭を中心とする何らかの病変を想定せしめるものである。即ち……、病巣部乃至は異常部位は、脳実質の左部にあると判断される。」としていること、(3)……本件発作は、Xの症状が一貫して軽快しつつある段階において、本件ルンバール実施後15分ないし20分を経て突然に発生したものであり、他方、化膿性髄膜炎の再燃する蓋然性は通常低いものとされており、当時これが再燃するような特別の事情も認められなかったこと、以上の事実関係を、因果関係に関する前記に説示した見地にたって総合検討すると、他に特段の事情が認められないかぎり、経験則上本件発作とその後の病変の原因は脳出血であり、これが本件ルンバールに因って発生したものというべく、結局、Xの本件発作及びその後の病変と本件ルンバールとの間に因果関係を肯定するのが相当である。」

●**解説**●　1　本判決は、訴訟上の因果関係の証明度につき、一点の疑義も許されないものではなく、高度の蓋然性が必要であり、それで足りるとしたものである。民事訴訟における証明度としてどの程度のものが必要かについては、かねてから議論があった。特に、本件で問題となったような科学的裁判における因果関係については（他にも公害訴訟・薬害訴訟等で問題となる）、一方ではまさに科学のレベルで求められる厳格な証明を求める傾向もあった。ただ、それでは不法行為において因果関係の証明責任を負う被害者が救済されることは困難になるので、より緩和された証明度、すなわち因果関係の蓋然性が証明されれば十分であるとの見解も示されていた。本判決は、前者のような科学的に一点の疑義も許されないものではないとしながら（「本判旨は、ともすれば科学裁判の弊害を招きがちな医療過誤訴訟にある指針を与えたもの」との評価につき、牧山・後掲476頁参照）、後者のような単なる蓋然性の証明では足りず、高度の蓋然性を必要としたものである（刑事訴訟において既に同旨の判断をしていた判例として、最1小判昭和23・8・5刑集2-9-1123参照）。

2　本判決は高度の蓋然性を証明度と設定し、具体的内容として、「通常人が疑を差し挟まない程度に真実性の確信を持ちうるものであることを必要とし、かつ、それで足りる」ものとする。この基準は、まず「通常人」を基準とすることで、医療専門家の判断ではなく、素人の判断で足りるとする点で特徴的である。また、「真実性の確信」を問題とするものの、それは審理をしている個々の裁判官の主観的確信ではなく、あくまでも「通常人が」「確信を持ちうる」ものとし、証明度の判断が客観的で再検証可能なものであることを示した点も重要である。その意味で、自由心証主義による判断（247条）は完全な自由裁量ではなく、客観的基準に基づき判断されるべきことが明らかにされた。訴訟手続上は、そのような客観的証明度に達していないにもかかわらず事実が認定されていれば、そのような事実認定は違法なものとなり、上訴審（上告審も含めて）の介入が可能となる。

3　具体的な事案との関係では、本判決は多様な間接事実を認定し、それらを経験則に照らしてルンバールと本件病変（後遺症）の因果関係を肯定した。すなわち、本件ルンバール時の様々な不手際（昼食後20分以内の実施や何度もやり直して時間を要したこと等）、施術と本件発作の時間的接着等からルンバールと脳出血の間に因果関係を認め、更に脳波の所見等と脳出血を原因とする理解に矛盾はない一方、化膿性髄膜炎が再燃するような特別事情も認められないことなどから脳出血と本件病変の因果関係を認め、結局ルンバールとの因果関係を認定している。特に時間的接着性による因果関係認定や他原因（化膿性髄膜炎再発）の排除による因果関係認定は、必ずしも科学的観点からは正当化できないとも思われるが、前述のような通常人の視点からの認定を体現するものと評価できよう。

●**参考文献**●　牧山市治・判解昭50年度471、上原敏夫・百5版122

123 証明度②——原爆放射線起因性

最3小判平成12年7月18日（判時1724号29頁・判タ1041号141頁）　参照条文 民訴法247条

行政処分の要件として因果関係の証明が求められる場合の証明度はどの程度のものか。

●**事実**●　原子爆弾の被爆者であるXは、原子爆弾被爆者医療法に基づき、Xの右半身不全片麻痺および頭部外傷が原子爆弾の傷害作用に起因する旨の認定申請をY（国）が却下したため、本件却下処分の取消しを求めて訴えを提起した。上記法律の規定によれば、当該認定をするには、被爆者が現に医療を要する状態にあることのほか、現に医療を要する負傷・疾病が原子爆弾の放射線に起因するものであるかまたは放射線以外の原子爆弾の傷害作用に起因するものであってその者の治癒能力が原子爆弾の放射線の影響を受けているためその状態にあること（放射線起因性）を要するとされる。原審は、上記認定には放射線起因性の証明が必要であるが、原子爆弾被害の甚大性、原爆後障害症の特殊性、法の目的・性格等を考慮すると、放射線起因性の証明の程度については、物理的・医学的観点から「高度の蓋然性」まで証明されなくても、被爆者の被爆時の状況、その後の病歴、現症状等を参酌し、被爆者の負傷・疾病が原子爆弾の傷害作用に起因することについて「相当程度の蓋然性」の証明があれば足りるとして請求を認容した。Yより上告。

●**判旨**●　上告棄却。

「行政処分の要件として因果関係の存在が必要とされる場合に、その拒否処分の取消訴訟において被処分者がすべき因果関係の立証の程度は、特別の定めがない限り、通常の民事訴訟における場合と異なるものではない。そして、訴訟上の因果関係の立証は、一点の疑義も許されない自然科学的証明ではないが、経験則に照らして全証拠を総合検討し、特定の事実が特定の結果発生を招来した関係を是認し得る高度の蓋然性を証明することであり、その判定は、通常人が疑いを差し挟まない程度に真実性の確信を持ち得るものであることを必要とすると解すべきであるから、法8条1項の認定の要件とされている放射線起因性についても、要証事実につき「相当程度の蓋然性」さえ立証すれば足りるとすることはできない。なお、放射線に起因するものでない負傷又は疾病については、その者の治ゆ能力が放射線の影響を受けているために医療を要する状態にあることを要するところ、右の「影響」を受けていることについても高度の蓋然性を証明することが必要であることは、いうまでもない。そうすると、原審の前記判断は、訴訟法上の問題である因果関係の立証の程度につき、実体法の目的等を根拠として右の原則と異なる判断をしたものであるとするなら、法及び民訴法の解釈を誤るものといわざるを得ない。」ただ、本件では「放射性起因性があるとの認定を導くことも可能であって、それが経験則上許されないものとまで断ずることはできない。……本件において放射性起因性が認められるとする原審の認定判断は、是認し得ないものではないから、原審の訴訟上の立証の程度に関する前記法令違反は、判決の結論に影響を及ぼすことが明らかであるとはいえない。」

●**解説**●　1　本判決は、因果関係（被爆者医療法における放射線起因性）の証明につき高度の蓋然性が必要であるとの判例法理を確認し、相当程度の蓋然性で足りるとした原判決の判断を否定したものの、本件では高度の蓋然性が認められるとして原判決の結論を維持したものである。因果関係の証明度に関する高度の蓋然性の法理（【122】参照）を維持したが、下級審が高度の蓋然性なしとした事案で最高裁が高度の蓋然性を肯定したもので、「高度の蓋然性」の判断自体に裁判所ごとの差異が生じる可能性を示した。高度の蓋然性という概念の下に過剰に証明度を求める下級審の運用に最高裁が警鐘を鳴らしたものとも評価できよう。

2　高度の蓋然性法理は、因果関係のみならず、訴訟上の事実の証明一般に妥当する法理として確立してきたといえる。ただ、他方でそのような法理に対する批判も根強く残ってきた。すなわち常に高度の蓋然性を求めることは相当でなく、一定の事案では証明度引下げの可能性を認める見解や、より一般的に民事訴訟における証明度は相当程度の蓋然性で足りるとの見解である。原判決はいずれの見解によったかは定かでないが（実体法の趣旨に基づくとすれば、前者の見解に近いか）、具体的事案の関係でより低い証明度を認めたものである。証明度が究極的には誤判リスクの分配の問題とすれば、原被告が対等の立場にある民事訴訟では、相当程度の蓋然性ないし証拠の優越を基準とする後者の見解にも理由がある（換言すれば、高度の蓋然性を求める立場は証明責任を負う当事者に誤判リスクを過剰分配すると評価する。伊藤ほか・後掲142頁以下参照）。ただ、判例法理が確立して半世紀を経た現状では、高度の蓋然性を基本としながら、事案に応じて証明度引下げの可能性を探る解釈論が穏当といえようか。

3　本判決は、証明度引下げは認めなかったが、結論として原判決を維持した。放射線量の評価システムの国際的基準によれば、本件では放射線起因性が否定されるようであり、その点が原判決の証明度引下げの動機になったといえよう。ただ、既に【122】が指摘するように、因果関係の判断においては科学的基準だけではなく、Xの頭部外傷の程度やその後の症状の経過、治癒の困難などの諸事情を考慮して、「通常人」が判断するとすれば、高度の蓋然性をもって因果関係を認定できる可能性があったと評価できよう（ただ、本判決の「経験則上許されないものとまで断ずることはできない」との表現は微妙で、「高度の蓋然性があったと断ずるにはなお問題が残されている」（判時コメント30頁）ともいえる）。本件のような行政処分における判断はしばしば画一的になりがちであるが、具体的事案につき通常人の判断によりそれを是正する途を開くものとして、本判決は注目されてよい。

●**参考文献**●　伊藤眞・法教254-33、伊藤眞=加藤新太郎=山本和彦『民事訴訟法の論争』141

124 択一的認定

最2小判昭和32年5月10日（民集11巻5号715頁・判タ72号55頁）　参照条文　なし

> 裁判所は異なる態様の過失行為を選択的に認定することができるか。

●**事実**●　Xは、脚気の治療のためY医師の診察を受けたが、Xの右腕にされた皮下注射の結果、注射部位が化膿腫脹し、重労働に堪え難い機能障害を残したとして、Yに対し、不法行為に基づく損害賠償を請求した。第1審および原審ともにYの過失を認め、慰謝料5万円の支払義務を認めた。Yより上告。

●**判旨**●　上告棄却。

「当事者の主張した具体的事実と、裁判所の認定した事実との間に、態様や日時の点で多少のくい違いがあっても、社会観念上同一性が認められる限り、当事者の主張しない事実を確定したことにはならない。本件において、Xは昭和24年……10月26日施した皮下注射の直後、発熱疼痛を訴え、その後化膿して切開手術を行ったが、ついに機能障害を残したこと、及び右はYが皮下注射に当り、医師としての注意を怠ったことに基くものであるとの趣旨の主張をなしたのに対し、原審は、数回目の皮下注射の日を、X主張の昭和24年10月26日と異り、同年同月23日頃となした外、右Xの主張事実を認容したのであるが、右日時の違いがあっても、本件ではX主張の事実と判示認定事実との間に、その同一性を認め得ること明らかである……。原審は、……「Xの心臓性脚気の治療のため注射した際にその注射液が不良であったか、又は注射器の消毒が不完全であったかのいずれかの過誤があった」と認定したけれども、注射液の不良、注射器の消毒不完全はともに診療行為の過失となすに足るものであるから、そのいずれかの過失であると推断しても、過失の認定事実として、不明又は未確定というべきでない。又Xの主張しない「注射液の不良」を、過失認定の具体的事実として挙げたからと云って、民訴186条〔現行246条〕に違背するということにはできない。けだし同条は、当事者の主張しない、訴訟物以外の事実について、判決することができないことを定めたものであって、前記注射液不良という事実の如きは、X主張の訴訟物を変更する事実と認められないからである。」

●**解説**●　1　本判決はいくつかの訴訟上の問題について注目すべき判示をする。具体的には、①当事者の主張する事実と裁判所の認定する事実の間に齟齬があったとしても、社会観念上同一性が認められる限り、弁論主義に反しない、②異なる過失態様を選択的に認定することは（それぞれが過失を構成する以上）許される、③当事者が主張しない過失の具体的事実を裁判所が認定したとしても違法ではないといった点である。このうち、①および③は弁論主義に関する命題であり簡単にコメントし（3参照）、②を中心に論じる。

2　本判決は、②において注射液の不良または注射器の消毒不完全のいずれかの過失があったとする原判決の認定を「過失の認定事実として、不明または未確定というべきでない」と判示する。いわゆる択一的認定または概括的認定の問題である。このような認定は、裁判所の心証が注射液不良の事実も消毒不完全の事実も証明度に達していない結果と解されるが（証明度に達していれば、そのいずれかまたは両方を確定的に認定すれば足りる）、そのいずれかの存在は高度の蓋然性で認められる場合、過失を認定できるかが問題となる（同旨、最3小判昭和39・7・28民集18-6-1241参照）。例えば主要事実aとbがあり、証明度は80%だとして、aの存在確率が60%、bの存在確率が60%でともに証明度を満たさないとしても、aとbが相互に独立した事象だとすれば、いずれかが存在した確率は84%（1－0.4×0.4）となり、証明度を満たす。つまり、a・bがそれぞれ当該法的効果を導き得るもので、かつ、aまたはbが存在する高度の蓋然性がある場合は、その法的効果を認定できると解されよう（垣内・後掲68頁以下の詳細な分析を参照）。aまたはbの存在が証明度を満たすというのは、結局、それ以外の可能性が排除できることを意味する。本件でいえば、注射液不良または消毒不完全はいずれも過失を構成し（損害賠償義務を基礎づけ）、両者いずれかの存在の蓋然性が高度のもの（患部の内部的病変や注射後の患者による不潔な行為等他原因の蓋然性が低い）と認定できれば、択一的認定も許されよう。ただ、更に注意を要するのは相手方の防御可能性であり、主要事実が選択的に広げられ相手方の防御範囲が拡大されることを考えれば、その許容条件がなお必要である。具体的には当事者による事実の特定が不十分であってもなお十分に防御できる被告の能力が必要と解され、本件では原告が患者で事実特定が困難であり、被告が医師で防御能力がある点が重要と解される（高橋・後掲440頁参照）。

3　①については、主張事実と認定事実が異なっていても、それが社会通念上同一性を維持していれば弁論主義の問題はないとする。弁論主義（第1テーゼ）は、当事者の処分権を尊重するとともに、相手方の不意打ちを防止するものであるから、その目的を達する上で問題がなければ、その間の齟齬を問題にする必要はないといえる。本件は皮下注射の日付に齟齬があったが、当該注射が複数回されていたのであればともかく、1回の注射であるとすれば、Xの処分権の観点からもYの防御権の観点からも、日付の齟齬は問題にならないと考えられる。③については、確かに訴訟物の変更を問題にする246条の問題でないことは明らかであるが、原判決の認定には（今日の観点からすれば）弁論主義の問題は生じる。本判決は、当時の一般的理解に基づき「過失」自体を主要事実と捉えたとみられるが、現在では過失を構成する具体的事実を主要事実とするのが一般的理解であるので（【96】解説参照）、原判決が「Xの主張しない「注射液の不良」を、過失認定の具体的事実として挙げた」とすれば、弁論主義に反することは明らかであると解されよう。

●**参考文献**●　高橋・重点講義（上）438、垣内秀介・民事事実認定66

125 弁論の全趣旨

最2小判昭和36年4月7日（民集15巻4号694頁）　　　参照条文　民訴法247条

> 裁判所が事実認定の基礎とできる口頭弁論の全趣旨
> とはどのようなものか。

●事実●　XのYに対する売買代金の支払請求訴訟において売買契約の成立および売買目的物の引渡しの有無が争われたところ、原判決は、書証、人証、本人尋問の結果「並に弁論の全趣旨を総合すれば」売買契約の成立および目的物の引渡しが認められるとして、請求を認容した。これに対し、Yから、本件証拠調べの結果だけでは上記事実の認定はできず、弁論の全趣旨はいずれも日時に関するものにすぎず本件事実の認定には無意味なものであるので原判決には採証法則違反があり、そうでないとすれば原判決のいう弁論の全趣旨は何を指すかが記録を精査しても不明であるから原判決には理由不備の違法があるとして、上告。

●判旨●　上告棄却。
「原審は、その挙示する各証拠調の結果並に弁論の全趣旨をそう合して原判示事実……を認定しているのであって、右弁論の全趣旨が何を指すのかは、本件記録を照合すればおのずから明らかであるから、原判決には……理由不備の違法はない。」

●解説●　1　本判決は、247条にいう口頭弁論の全趣旨につき、それが何を指すかが記録上明らかであれば理由不備の違法はないと判示した。弁論の全趣旨の判決理由への記載の問題については、既に最3小判昭和30・11・8集民20-373が「民訴法185条〔現行247条〕にいわゆる弁論の全趣旨の内容は頗る微妙に亙りこれによって裁判所が事実の確認を得るに至った理由を理性常識ある人が首肯できる程度に判決理由中に説示することは至難ないし不可能の場合が多い」とし、その内容を判決理由中に判示すべきものとすることは裁判官に難きを求める場合を生じ、合理的でないとして、理由不備の違法を否定した。本判決は同判決の趣旨を受けながら、説示不要の基準として「記録を照合すればおのずから明らかである」場合として明確化したものと評価することができる。弁論の全趣旨をめぐる問題としては、事実認定過程における問題と判決における説明過程の問題に大きく分けられると解されるので、以下では順次この2つの問題を考えてみる。
2　まず、事実認定過程における弁論の全趣旨の問題である。これは更に弁論の全趣旨の内容としていかなるものがあり得るかという問題と、弁論の全趣旨によりいかなる事実が認定可能かという問題に区分できる。まず、弁論の全趣旨の内容としては証拠調べ以外で口頭弁論に現れた一切の訴訟資料と解するのが判例である（大判昭和3・10・20民集7-815参照）。具体的には、当事者の陳述内容（主張の矛盾等）、陳述態度（積極否認でなく単純否認を繰り返す、裁判所の釈明を無視する等）、攻撃防御方法の提出時期（提出の遅れ等）のほか、陳述時の顔色や当事者・代理人の印象等も含まれるとされる。実務上はしばしば相手方の争う態度の真

剣さが問題とされ、事件の中心的争点でない事実を簡単に認定する手段として用いられている（例えば、大阪高判昭和59・10・5判タ546-142は、原告が本人尋問期日等に全く出頭せず呼出状が不送達に終わった事実を弁論の全趣旨とする）。他方、弁論の全趣旨により認定できる事実は、理論上は無制限と解されている。実際の例としては、文書成立の真正（最3小判昭27・10・21民集6-9-841）、自白の撤回要件（大判大正4・9・29民録21-1520）、訴えの変更要件（大判昭和15・12・20民集19-2215）等がある。実務上も、文書成立の真正、損害賠償における相続関係、弁護士選任の事実など相手方が不知とする事実（強くは争っていない事実）で、事件の中心的争点でない事実に関し、弁論の全趣旨のみで認定される例が多いように見受けられる。逆に当事者間で真剣に争われ、訴訟の帰趨を決するような事実、すなわち事件の中心的争点については、理論的には弁論の全趣旨のみで認定することは可能であっても、証拠調べの結果と総合的に（あるいは付加的に）弁論の全趣旨が考慮される場合が通例である。
3　次に、本判決でも問題となった判決における説明過程の弁論の全趣旨の問題である。この場合も理論的には、弁論の全趣旨の内容自体の説示の問題と、それにより認定される事実の特定の問題に分かれるが、実際上は両者の区分が不明瞭である場合も多い。例えば、本件のように、列挙した証拠「と弁論の全趣旨によれば」とし、認定事実を物語式に記述する場合などである。ただ、認定事実自体は特定されているが、弁論の全趣旨の内容に関する説示が欠如している場合も多くみられる。確かに陳述時の顔色や印象等を考えると弁論の全趣旨を全てにわたり摘示することは困難な場合もあろうが、それが概略的にどのような内容のものかを示すことは可能ではないかと思われる（例えば、「第○回口頭弁論における当事者Aの陳述態度によると」といった記載）。これができないとすれば、結局事実認定過程での弁論の全趣旨が不明確であり、違法な事実認定であった可能性が高いと言わざるを得ない。その意味で、甲◎号証等と同列のものとして弁論の全趣旨自体が証拠原因となるとの見方（川添・後掲109頁）は無理があり、いつの陳述態度やどの主張の撤回など、より具体的なレベルで初めて証拠原因となり、その旨の説示が必要となろう。特に認定事実が特定されている場合はまだそこから弁論の全趣旨の内容を推測する余地もあるが、認定事実も不特定・概括的であるときは、記録を精査してみても弁論の全趣旨の内容を推測する手掛かりは皆無に等しく、その場合は弁論の全趣旨の中身を具体的に記載すべきである。少なくとも中心的争点に関する場合は、裁判所は弁論の全趣旨の内容をできるだけ弁論過程で開示し、当事者に意見表明の機会を与える扱いが望ましく、その内容からそれが困難な場合は、判決理由中にできるだけ具体的にその内容を記載し、当事者に上訴審での攻撃防御の機会を実質的に保障すべきと解される（山本・後掲267頁参照）。

●参考文献●　川添利起・判解昭36年度108、山本和彦・民訴
百II 266

126 証拠共通の原則

最1小判昭和28年5月14日（民集7巻5号565頁）　参照条文　なし

> 証拠調べの結果はどのような場合に相手方に有利な
> 事実認定の基礎とすることができるか。

●**事実**●　XらとYの間の売買契約の成立に関し、第2審においてYの申請に基づき証人AおよびBの嘱託尋問が行われた。第2審最終口頭弁論期日には、Y代理人が期日変更申請をして出頭しなかったところ、Xら代理人がその申請に同意せず口頭弁論終結を求めた際、裁判所の求めに応じ上記嘱託証人尋問の結果をXが陳述し、口頭弁論期日調書には上記証拠調べの結果をXらにおいて利益に援用した旨の記載がある。原判決はこの証拠調べの結果に基づきXらに不利な事実を認定し、請求を棄却すべきものとした。Xらより、上記原審の取扱いは誤っており、Xらは上記証拠調べの結果を利益に援用したことはないとして、上告。

●**判旨**●　上告棄却。
「嘱託証人訊問の結果については、原審最終の口頭弁論において適法に弁論がなされている。すなわち裁判長は該嘱託証人訊問の調書を当事者に掲示し、Xら代理人はその証拠調の結果につき演述していることが認められる。従って、これによって右証拠調の結果は証拠として適法に顕出されたのである。それ故証拠共通の原則に従い、裁判所は自由な心証によってこれを事実認定の資料となすことができるのであって、必ずしもその証拠調の申出をなし、若しくはその証拠調の結果を援用する旨を陳述した当事者の利益にのみこれを利用しなければならないものではない。当事者は訴訟の実際において屡々一定の証拠を自己の利益に援用する旨を陳述することがあるけれども、それは裁判所が職責としてなす証拠判断につき、その注意を喚起する程の意義を有するに過ぎないのであって、裁判所はかかる陳述の有無を問わず、適法に提出されたすべての証拠については、当事者双方のために共通してその価値判断をなさなければならないのである。」

●**解説**●　1　本判決は、証拠調べ（嘱託証人尋問）がされた場合に一方当事者がその結果を陳述したときは、証拠調べの結果は適法に弁論に顕出され、当該陳述をした当事者に不利益な資料とすることもできる旨を判示した。証拠調べの結果の「援用」という実務上の行為は意味をもたず、いわゆる証拠共通の原則が妥当することを明らかにした判例である。
2　本件では、証人尋問が嘱託により行われている（185条1項）。この場合、当該証人尋問の結果を証拠資料とするには、直接主義の要請からその結果を口頭弁論に顕出する必要がある。他方、この場合、更に当事者による援用が必要かについて議論がある。援用を必要とすると解される判例もあるが（最3小判昭和35・2・9民集14-1-84〔受託裁判官による証人尋問の結果につき、当事者に援用の機会が与えられたのに援用しなかった場合はそのまま弁論を終結できるとする〕参照）、本判

決は援用を否定する趣旨と解される。嘱託尋問であっても、既に尋問が行われ、証拠調べが終了している以上、当事者はそれを撤回できない。しかるに、援用の有無により証拠資料となるかが異なってくるとすると、援用しないことで証拠調べの撤回を事実上肯定することになり、相当でない（一旦口頭弁論に鑑定意見が提出された以上、鑑定申出の撤回は無意味とするのは、最1小判昭和58・5・26判時1088-74）。したがって、援用を否定する見解が相当である（近時はそのような見解が多数である。コンメIV121頁以下など参照。また調査嘱託（186条）との関係で、【138】参照）。一般に「援用」といわれる訴訟行為は、証拠調べの結果に対する当事者の意見陳述と解すれば足りよう。いずれにせよ、本判決は、援用にかかわらず、証拠共通の原則により証拠調べの結果は援用当事者の有利にのみ証拠資料となるものではない旨を明らかにした点で意味がある。
3　証拠共通の原則とは、証拠調べの結果が当該証拠調べを申請した当事者やそれを援用した当事者の不利益にも証拠原因となり得ることを意味する。この原則は自由心証主義の表れと解される。けだし、証拠調べの結果が申請または援用した当事者の有利にしか考慮できないとすれば、そこに当該当事者に不利益な事実が顕れていても証拠原因とはできず、裁判官の自由な心証に反する結果になるからである。本判決における「裁判所が職責としてなす証拠判断」という表現はその趣旨を表し、証拠調べの結果から事実を認定することは裁判所の職責であり、その自由心証に委ねられるべき旨が示されている。したがって、当事者による証拠調べの結果の援用は裁判所「の注意を喚起する程の意義を有するに過ぎ」ず、訴訟法上は意味をもたない。裁判所としては、援用の有無にかかわらず、「当事者双方のために共通してその価値判断をなさなければならない」ものと解される。以上のような証拠共通の原則は、証拠申出に関する弁論主義（弁論主義の第3テーゼ）や職権証拠調べの禁止と矛盾するものではない。すなわち、ある証拠を提出するか否かは当事者の自由（処分権）に委ねられ、裁判所はその自由を侵害することはできないので、例えば、ある書証の一部を証拠として提出すれば裁判所はその一部のみに基づき心証を形成するし、ある証人につき自己に有利な点のみを尋問事項とすることも可能である。しかし、一旦書証の全体を証拠として提出した以上、その記載の全体から裁判所が心証をとることは申請当事者も覚悟すべきであり、その点を裁判所の心証から「消す」ことを要求はできない。また、ある証人が尋問対象になった以上、相手方の反対尋問や裁判所の補充尋問の中で（場合により申請当事者の主尋問の中ですら）申請当事者に不利な証言が飛び出すことは避け難く、やはりそれを裁判所の心証から「消す」ことはできない。証拠が裁判所の心証に至る前の段階の弁論主義（処分自由）と一旦そこに至った段階の自由心証主義（証拠共通の原則）は厳格に区分される必要がある。

●**参考文献**●　門口正人編集代表『民事証拠法大系(2)』1〔大竹たかし〕、コンメIV49

127 自由心証主義

最2小判昭和27年12月5日（民集6巻11号1117頁）　　参照条文　民訴法247条

裁判所がどの証人のどのような証言については採用してはならないとのルールはあるか。

●事実●　Xは、Yに対し、ミシンの引渡請求訴訟を提起した。Xは、本件ミシンはYに無償で貸し付けたものと主張したが、YはXから贈与を受けたと主張した。原判決は、一部の証人の証言を信用し、他の証人の証言を排斥して、Yの主張を認めたが、信用した証言の中には「自分はXと直接会ったことはないが、Yから聞いたところによるとこのミシンは預かったものではなく確かにもらったといっていた」旨の伝聞証言も含まれていた。そこで、Xより、完全な第三者である証人の証言を排斥し、利害関係ある証人の証言を採用した事実認定は違法である、現行法が交互尋問制を採用した以上、それと不可分の関係にある伝聞証拠の取扱いも採用すべきであり、伝聞証拠を事実認定の資料としたことは採証法則に反するなどとして、上告。

●判旨●　上告棄却。
「訴訟当事者と身分上その他の密接な関係がある者の証言よりも、そのような関係のない者の証言が、常に一層信用できるという条理若くは実験則は存在しない。それ故右いずれを信用するかは、事実審裁判所が自由な心証に従って決すべきところである。されば、原審が論旨摘録のように、証人A、Bの各証言を排斥し、Yの実母C、伯父Dの各証言を採用して事実を認定しても、所論のような違法はなく、論旨は理由がない。……民事訴訟法294条〔現行202条〕が一種の交互尋問制を採用したものであること及び交互尋問制の長所は挙証者の相手方に与えられたいわゆる反対尋問権の行使により、証言の信憑力が十分吟味される点にあることは、いずれも所論のとおりである。しかし、証拠を、原則として右のような反対尋問を経たものだけに限り、実質的にこれを経ていない、いわゆる伝聞証言その他の伝聞証拠の証拠能力を制限するか、或はこれ等の証拠能力に制限を加えることなく、その証明力如何の判断を、専ら裁判官の自由な心証に委せるかは、反対尋問権の行使につきどの程度まで実質的な保障を与えるかという立法政策の問題であって、交互尋問制のもとにおいては必ず伝聞証拠の証拠能力を否定しなければならない論理的な必要があるわけではない。それ故わが現行民事訴訟法は、私人間の紛争解決を目的とする民事訴訟法においては、伝聞証言その他の伝聞証拠の採否は、裁判官の自由な心証による判断に委せて差支えないという見解のもとに、この他の証拠能力制限の規定を設けなかったものと解するのが相当である。されば原審が……証人Dの伝聞による証言を採って所論の事実認定の資料としても、何等採証の法則に違背するものではなく、論旨は結局、原審が適法にした証拠の取捨判断を攻撃するに帰するから、採用し得ない。」

●解説●　1　本判決は自由心証主義の基本的理解を明らかにした事例判例である。そこでは、①いかなる証人を信用し、いかなる証人を信用しないかは裁判所の自由心証に委ねられること（すなわち証拠評価の自由）、②伝聞証拠にも証拠能力が認められること（すなわち原則的な証拠能力の肯定）が示されている。特に後者については、戦後刑事訴訟において米国の伝聞証拠排除法則が採用されたことで（刑訴324条1項参照）、民事訴訟にも同様の原理が妥当するのではとの疑義が呈されていたが、本判決はそれを明確に否定した。

2　自由心証主義の一要素として、証拠の証明力に関する自由な評価がある。どの証拠方法がどの程度信用でき、どの程度事実認定に寄与するかについては、裁判所は自由に判断できる。ただ、この自由な証拠評価も無制限なものではなく、適切な経験則に支えられるものでなければならない。一般論でいえば、利害関係の全くない第三者の証言は利害関係ある者の証言より相対的に信用できる旨の経験則が認められると解される（利害関係ある者は利害に歪められた事実認識をしやすく、また偽証の誘惑に負けやすいとの経験則は存在する）。仮に何ら他の事情がないにもかかわらず、漫然と利害関係ある証人の証言を採用し、中立証人の証言を排斥したとすれば、その事実認定には経験則違反の可能性がある。ただ、本判決が指摘するように、単に親族等身分関係ある者が当然に利害関係を有するとはいえないし、仮に利害関係があるとしてもその他の事情を総合してその者の証言の方が信用できる場合も否定できない。その意味で、原判決がより丁寧な説明をする必要はあったかもしれないが、当然に経験則違反の違法な事実認定になるわけではないと解されよう。

3　自由心証主義の他の面として、証拠能力の基本的な肯定がある。証拠能力を否定することは一般に心証形成手段を限定する結果になり、裁判所の自由な事実認定を保障する自由心証主義にそぐわないからである。本判決は、そのような観点から、交互尋問制（反対尋問権保障）の趣旨に鑑み、伝聞証拠の証拠能力を否定する制度はあり得るとしながらも、現行法はそのような立場を採っておらず、伝聞証拠であっても、証拠評価の問題として裁判所の自由心証に委ねれば足りるとした。確かに伝聞証拠は当該陳述をした本人に対する反対尋問ができないので、一般に証明力は低いと考えられるが、当該陳述がされた状況や相手方等によっては信用ができる場面もあり得る（刑事法も一般には伝聞証拠の証拠能力を否定するが、いわゆる特信情況があれば証拠能力を例外的に認める）。その意味で、一般に証拠能力を否定するのではなく、その信用性の判断は裁判所に委ね、反対尋問を経ていないとの前提で証拠評価をすれば足りるものといえよう。そして、このような考え方の延長線上で、反対尋問を経ていない証言についても当然に証拠能力は否定されるものではないし（【144】）、いわゆる陳述書の証拠能力も肯定される（【145】）。ただ、運用としては可及的に反対尋問権の保障が望ましいことはいうまでもない。

●参考文献●　新注釈(4)975〔山本和彦〕、コンメV57

128 損害額の立証──鶴岡灯油訴訟

最2小判平成元年12月8日（民集43巻11号1259頁・判時1340号3頁）　参照条文　民訴法248条

> 独禁法違反の損害額の認定について裁判所はどの程度の心証が必要とされるか。

●**事実**●　公正取引委員会は、石油元売業者が石油製品価格の値上協定を締結実施したこと等が独占禁止法に違反するとして協定破棄等の勧告審決をした。消費者Xらは、石油連盟と元売業者Yらを被告に、価格協定等のため高い灯油の購入を余儀なくされたとして民法709条に基づき損害賠償を請求した。第1審は原告の請求を全部棄却したが、原審は価格協定と最終小売価格上昇との因果関係を認め、Yらに対する請求を概ね認容した。Yらより、損害額の判断につき経験則違反があるなどとして、上告（他にも、原告適格、勧告審決の推定力等も争われ、判断が示されているが、以下では損害額の立証の論点のみを取り上げる）。

●**判旨**●　原判決破棄・控訴棄却。
　「元売業者の違法な価格協定の実施により商品の購入者が被る損害は、当該価格協定のため余儀なくされた支出分として把握されるから、……石油製品の最終消費者が石油元売業者に対し損害賠償を求めるには、当該価格協定が実施されなかったとすれば、現実の小売価格……よりも安い小売価格が形成されていたといえることが必要であり、このこともまた、被害者である最終消費者において主張・立証すべきものと解される。もっとも、この価格協定が実施されなかったとすれば形成されていたであろう小売価格……は、現実には存在しなかった価格であり、これを直接に推計することに困難が伴うことは否定できないから、現実に存在した市場価格を手掛かりとしてこれを推計する方法が許されてよい。そして、一般的には、価格協定の実施当時から消費者が商品を購入する時点までの間に当該商品の小売価格形成の前提となる経済条件、市場構造その他の経済的要因等に変動がない限り、当該価格協定の実施直前の小売価格……をもって想定購入価格と推認するのが相当であるということができるが、協定の実施当時から消費者が商品を購入する時点までの間に小売価格の形成に影響を及ぼす顕著な経済的要因等の変動があるときは、もはや、右のような事実上の推定を働かせる前提を欠くことになるから、直前価格のみから想定購入価格を推認することは許されず、右直前価格のほか、当該商品の価格形成上の特性及び経済的変動の内容、程度その他の価格形成要因を総合検討してこれを推計しなければならない……。更に、想定購入価格の立証責任が最終消費者にあること前記のとおりである以上、直前価格がこれに相当すると主張する限り、その推認が妥当する前提要件たる事実、すなわち、協定の実施当時から消費者が商品を購入する時点までの間に小売価格の形成に影響を及ぼす経済的要因等にさしたる変動がないとの事実関係は、やはり、最終消費者において立証すべきこととになり、かつ、その立証ができないときは、右推

認は許されないから、他に、前記総合検討による推計の基礎資料となる当該商品の価格形成上の特性及び経済的変動の内容、程度その他の価格形成要因をも消費者において主張・立証すべきことになると解するのが相当である。」本件においては、「前記推計の基礎資料とするに足りる民生用灯油の価格形成上の特性及び経済的変動の内容、程度等の価格形成要因（ことに各協定が行われなかった場合の想定元売価格の形成要因）についても、何ら立証されていないのであるから、本件各協定が実施されなかったならば現実の小売価格よりも安い小売価格が形成されていたとは認められない……。」

●**解説**●　1　本判決は、価格カルテルが行われた場合に消費者が受ける損害は現実購入価格と想定購入価格の差額であるとし、想定購入価格はカルテル直前価格であるとの事実上の推定が働くが、協定実施後に価格変動の特別要因があるときは経済的要因の変動等の価格形成要因を総合検討することが必要であり、前記推定を働かせるためには消費者側で上記特別要因がなかったことを立証する必要があるとした。本判決は、以上のような前提に基づき、本件ではXらが上記特別要因の立証をしていないとして、請求を棄却した。

2　ただ、実際は消費者にそのような要因の立証を求めることは極めて困難といわざるを得ない。そのため、本件原審は上記要因につき被告側に証明責任を課して請求を認容したが、本判決は、損害額算定に係る伝統的通説（差額説）に鑑み、この点の証明責任を転換することはできず、Xらの証明責任を維持した。理論的には穏当な判断であるが、原判決が危惧するように、それでは原告（消費者）の救済は極めて困難になってしまう。実際、本判決の補足意見でも、（独禁法25条の訴訟に関してではあるが）立法的措置を講じるべきとするもの（島谷六郎裁判官）や立法的不備を補うべきとするもの（香川保一裁判官）が示されている。

3　上記意見や本判決への批判も受けて、現行法で導入されたのが248条であり、損害額につき証明度の軽減ないし裁判所の裁量判断を認め、その認定を容易にした。ただ、同条は「損害が発生したと認められる場合」を要件とし、その点は通常の証明度での証明が求められると解される。そうだとすれば、本件のような場合、そもそも損害発生が認定できるかが問題となる。この点につき学説は分かれるが、差額説を前提とすれば、行為の前後の経済状態に差があること（換言すれば損害額が1円以上であること）の立証はやはり必要と解される（山本・後掲1028頁以下参照）。ただ、一部裁判例のように、それを過度に厳格に捉えるのは相当でなく、本件のような場合も、価格につき専門性を有するYらがあえて価格協定をしたことは、協定がなければ価格がより低くなっていた（損害が発生していた）ことが強く推認され、同条の適用を肯定してよかろう（山本・後掲1035頁参照）。

●**参考文献**●　小倉顕・判解平元年度455、新注釈(4)1027〔山本和彦〕

129　損害額の認定義務

最3小判平成20年6月10日（判時2042号5頁・判タ1316号142頁）　　　参照条文　民訴法248条

損害の発生が認められる場合には、裁判所は必ず損害額を認定する義務を負うか。

●**事実**●　　採石業者Xは、平成7年7月20日当時、本件土地1および土地2の採石権を有していたが、Y₁は、同月20日から27日頃までの間、本件各土地の岩石を採石した。Xは、同月27日、Y₁を債務者として、本件各土地における採石の禁止等を求める仮処分を申し立てたところ、次の内容の和解が成立した。①本件土地2を含む甲地についてはXに採石権があり、甲地に接する本件土地1を含む乙地についてはY₁に採石権があることを確認する。②但し、上記①の合意は、本件和解時までに発生した採石権侵害等に基づく損害賠償請求を妨げるものではないことを確認する。Y₁は、本件和解後も本件土地1において採石を行った。そこで、Xは、Y₁の採石行為によりXの採石権が侵害されたので、Y₁および同社代表者であるY₂は連帯して不法行為責任を負うと主張して、Yらに対し、不法行為に基づく損害賠償を求めた。原審は、XのY₁に対する損害賠償請求のうち、本件土地2の採石権侵害に基づく請求につき一部認容したが、本件土地1の採石権侵害に基づく損害賠償請求については、Y₁が本件土地1において本件和解前に採石した量については、本件和解後もY₁が本件土地1を含む乙地につき採石権を取得して実際に採石を行っており、Y₁が本件和解前に採石した量と和解後に採石した量とを区別し得る明確な基準を見出すことができず、本件和解前の本件土地1におけるY₁による採石権侵害に基づく損害額は算定できないとして請求を棄却した。Xより上告。

●**判旨**●　　破棄差戻し。
「Xは本件和解前には本件土地1についても採石権を有していたところ、Y₁は、本件和解前の平成7年7月20日から同月27日ころまでの間に、本件土地1の岩石を採石したというのであるから、上記採石行為によりXに損害が発生したことは明らかである。そして、Y₁が上記採石行為により本件土地1において採石した量と、本件和解後にY₁が採石権に基づき同土地において採石した量とを明確に区別することができず、損害額の立証が極めて困難であったとしても、民訴法248条により、口頭弁論の全趣旨及び証拠調べの結果に基づいて、相当な損害額が認定されなければならない。そうすると、Y₁の上記採石行為によってXに損害が発生したことを前提としながら、それにより生じた損害の額を算定することができないとして、……採石権侵害に基づく損害賠償請求を棄却した原審の上記判断には、判決に影響を及ぼすことが明らかな法令の違反がある。」

●**解説**●　　1　本判決は、248条の適用につき、損害の発生が認められる場合には、裁判所は必ずそれを適用して損害額を認定する必要があり、損害額を算定不能として請求を棄却することは許されない旨を明らかにした点で重要な意義を有する。本判決前、既に最3小判平成18・1・24判時1926-65は、特許庁の担当職員の過失により特許権を目的とする質権を取得できなくなったことを理由とする国家賠償請求事件において、質権を取得できなかったことによる損害が発生したといえるので、仮に損害額の立証が極めて困難であるとしても、248条により相当な損害額を認定しなければならないとしていた。ただ、同判決は、原審が損害の発生自体を否定していたため、この部分の判旨は厳密には傍論に止まっていたが、本判決は、損害の発生が立証されたときは、同条の適用が裁判所の義務となることを正面から再確認したものといえる。

2　248条は、損害の発生が認められた場合には「裁判所は、口頭弁論の全趣旨及び証拠調べの結果に基づき、相当な損害額を認定することができる」とする。この「できる」が権限規定を意味する（本来できないものを本条が許容したにすぎず、要件を満たす場合には本条を適用しなければならない）のか、裁量規定を意味する（本条の要件を満たす場合であっても、裁判所は本条を適用しなくてよい場合がある）のかが解釈として問題となる。本条による被害者の救済および当事者間の公平確保の趣旨に鑑みれば、その適用を裁判所の裁量に委ねるものではなく、損害の発生という要件が認められる以上、裁判所にその適用を義務付けるもの、すなわち権限規定として理解するのが相当と解され、本判決は相当である。したがって、損害の発生が認められる以上、損害額がノンリケットになったとしても、裁判所は請求を棄却することができず、常に本条によって損害額を認定して判決しなければならなくなり、損害額について原告が証明責任を負うとした旧法下の判例（最2小判昭和28・11・20民集7-11-1229など）は意義を失ったものと解される。

3　その後の248条をめぐる判例で注目されるものとして、有価証券届出書の虚偽記載の場合の損害額の認定について同条の類推適用を認めた最1小判平成30・10・11民集72-5-477がある。これは、金商法18条1項に基づく損害賠償請求において、請求権者の受けた損害が、有価証券届出書の虚偽記載等により生ずべき値下がり以外の事情により生じたことが認められる場合には、裁判所は、本条の類推適用により、賠償の責めに任じない損害額として相当な額を認定できるとしたものである。この判決は、248条の趣旨として、立証負担に係る当事者間の公平を重視し、同様の価値判断が認められる金商法上のいわゆる他事情値下がり（損害額からの控除額）の認定にも妥当すると判断したものである。オール・オア・ナッシングの解決に馴染まず、具体的立証が極めて困難な場合に、一方当事者の請求を斥けることが当事者間の公平に反すると認められるような紛争類型における本条の類推適用の可能性を示したもので、注目される（更に、土地の所有権界の確認訴訟についても本条の類推適用の可能性を示す議論につき、山本・後掲1021頁以下参照）。

●**参考文献**●　　新注釈(4)1039〔山本和彦〕、井上治典先生追悼『民事紛争と手続理論の現在』416〔三木浩一〕

130 準消費貸借の証明責任

最2小判昭和43年2月16日（民集22巻2号217頁・判時512号40頁）　参照条文　なし

> 準消費貸借の目的とされた旧債務の存否については
> いずれの当事者が証明責任を負うか。

●**事実**●　AはYに対し数回にわたり金員を貸し付け、残元金が98万円になっていたところ、AはYに上記債務の存在を承認させた上、Yとの間で上記金額を1口の貸金とする準消費貸借契約を締結した。その後、Aは上記債権をXに譲渡したが、Yは約定金員を完済しなかったので、XはYに対し貸金返還請求訴訟を提起した。原判決は、Yは準消費貸借契約を締結したのであるから、たとえ当該契約の目的とされた金98万円の債権の詳細が不明であるとしても、その不存在が証明されない以上、準消費貸借契約の効力に消長を来すものではないとして、Xの請求を認容すべきものとした。Yより、準消費貸借の目的とされた旧債権の詳細が不明であるときは、その存在を争う債務者に旧債権不存在の証明責任があるとした原判決には、証明責任に関する法律の解釈の誤りがあるとして、上告。

●**判旨**●　上告棄却。
「準消費貸借契約は目的とされた旧債務が存在しない以上その効力を有しないものではあるが、右旧債務の存否については、準消費貸借契約の効力を主張する者が旧債務の存在について立証責任を負うものではなく、旧債務の不存在を事由に準消費貸借契約の効力を争う者においてその事実の立証責任を負うものと解するを相当とするところ、原審は……AとY間に従前の数口の貸金の残元金合計98万円の返還債務を目的とする準消費貸借契約が締結された事実を認定しているのであるから、このような場合には右98万円の旧貸金債務が存在しないことを事由として準消費貸借契約の効力を争うYがその事実を立証すべきものであり、これと同旨の原審の判断は正当であり、論旨は理由がない。」

●**解説**●　1　本判決は、準消費貸借契約における旧債務の存否について、債務者側に旧債務不存在の証明責任がある旨を明らかにした判例である。証明責任とは、その事実の存否が不明の場合に事実の存在または不存在が擬制されて判決がされることにより当事者の一方が被る不利益のことをいう。事実の存否が不明の場合も必ず判決をして紛争解決を図るとともに、その所在を予め明確にすることで証明責任を負う当事者に証拠の確保・保存等を動機づけるものである。そして、証明責任の分配については法律要件分類説が通説である。これは、実体法規の構造から、権利根拠規定、権利障害規定、権利消滅規定に規範を区分し、当該規範の適用を求める側が証明責任を負うとする考え方である。ただ、このような実体法規の構造が明確でない場合あるいはそれに基づく証明責任の分配が必ずしも適切でない場合があり得るところ、そのような場合の取扱いが問題となる。本件はそのような場面の1つとみられるが、判例は法律要件分類説に一定の修正を加え

たものと評価できよう。
2　準消費貸借につき、民法588条は「金銭その他の物を給付する義務を負う者がある場合において、当事者がその物を消費貸借の目的とすることを約したときは、消費貸借は、これによって成立したものとみなす」と定める。法律要件分類説からの素直な理解は、債務者が「金銭その他の物を給付する義務を負う」ことが準消費貸借成立の要件となる（これは通常の消費貸借における目的物交付に代わる要件である）点から、旧債務の存在は権利根拠規定に係る事実であり、債権者が証明責任を負うというものである。しかし、このような帰結に対しては本判決前から様々な批判があった。第1に、準消費貸借の合意が成立している以上、むしろ旧債務が存在していることが通常であり（さもなければそのような合意をすること自体不自然である）、債務者がその不存在を主張する、その例外性に鑑み債務者側が証明帰結を負担すべきであるとの主張がある。第2に、準消費貸借が成立すれば、旧債務に関する証書（契約書等）は廃棄されることも多く、その場合、債権者が旧債務の存在を証明することは困難とも指摘される。このような中、大審院判例（大判大正6・11・5民録23-1752など）は旧債務不存在の事実については債務者が立証すべきものと解してきたとされる（宇野・後掲270頁以下参照）。ただ、これら判例は、旧債務不存在の証明責任を債務者に課したのか、旧債務存在は事実上の推定に止まり、債務者に反証を挙げる必要があるとしたにすぎないのか、必ずしも明確でないとされていた。その中で、最高裁が明確に前者の見解を採用した意義は大きい。
3　最高裁がいかなる理由で旧債務不存在の証明責任を債務者に課したのかは明らかでない。ただ、いずれにしても、法律要件分類説の理解からすれば、その例外を認めたと評価できよう。このように、当事者間の公平等の実質的見地から必ずしも法律要件分類説の帰結を貫けないとすれば、むしろ当初からそのような実質的見地に基づき証明責任を分配すべきではないかとの議論が生じる。いわゆる利益衡量説である。この見解は、立証の難易、証拠との距離、蓋然性の程度など当事者間の公平の観点や立法趣旨等を考慮して、証明責任の分配を決しようとするものである。そこには、民法等の実体法規定は必ずしも常に証明責任分配を考慮して条文を定めているわけでなく、むしろ分かりやすさの観点が重視されているとの理解もあった。しかし、条文を手掛かりにせずいきなり実質判断によると、判断があまりに不安定になり妥当でないとして、この説は多くの支持を得られなかった（また近時の条文は証明責任を意識する度合いが強まっている。例えば、民415条の規定ぶりを参照）。ただ、法律要件分類説も上記のような観点に基づき個々的な修正を要する点では認識の一致があり、現在では修正法律要件分類説という考え方が多数の支持を得ている。その意味で、本判決はまさにそのような修正の一例と評価できよう。

●**参考文献**●　宇野栄一郎・判解昭43年度265、森勇・民訴百
Ⅱ276

131　背信行為の証明責任

最1小判昭和41年1月27日（民集20巻1号136頁・判時440号32頁）　　参照条文　なし

賃貸借契約解除に係る背信行為と認めるに足りない
特段の事情の証明責任は誰が負うか。

●事実●　Xは、本件土地をYに賃貸し、Yは本件土地上に建物を所有している。その後、Yは本件土地の一部をAに転貸し、Aは同土地上に建物を建築した。そこで、Xは、Yに対し、無断転貸を理由に本件土地賃貸借契約解除の意思表示をし、本件建物収去・本件土地明渡しを求めて訴えを提起した。これに対し、Yは上記転貸にはXの承諾があったと抗弁した。本件における争点はX名義の承諾書の真正な成立いかんであり、当事者双方の訴訟活動もこの点に集中していた。第1審・原審はともに鑑定結果等により上記承諾書の成立を否定し、Yの抗弁を排斥し、請求を認容した。Yより、無断転貸を背信行為と認めるに足りる事情につき審理を尽くさずXの請求を理由ありとした原判決には釈明権不行使の違法があるとして、上告。

●判旨●　上告棄却。
「土地の賃借人が賃貸人の承諾を得ることなくその賃借地を他に転貸した場合においても、賃借人の右行為を賃貸人に対する背信行為と認めるに足りない特段の事情があるときは、賃貸人は民法612条2項による解除権を行使し得ないのであって、そのことは、所論のとおりである。しかしながら、かかる特段の事情の存在は土地の賃借人において主張、立証すべきものと解するを相当とするから、本件において土地の賃借人たるYが右事情について何等の主張、立証をなしたことが認められない以上、原審がこの点について釈明権を行使しなかったとしても、原判決に所論の違法は認められない。」

●解説●　1　本判決は、土地の無断転貸に基づく解除権行使につき、当該転貸を背信行為と認めるに足りない特段の事情の存在は借地人側に主張・証明責任がある旨を明らかにした。民法は、賃貸借目的物の賃借人による無断転貸を契約解除事由と定めているが（民612条2項）、判例は土地賃貸借については、無断転貸（あるいは賃借権の無断譲渡）があった場合も、それが賃貸人に対する背信行為と認めるに足りない特段の事情があるときは、賃貸人は解除権を行使し得ないものと解してきた（最2小判昭和28・9・25民集7-9-979など）。ただ、その場合の法律構成をどのように理解するかとも関連し、「特段の事情」につきいずれの当事者が主張証明責任を負うかについては必ずしも明らかでなかった。本判決は、最高裁として、「特段の事情」につき賃借人側が証明責任を負う旨を明らかにしたものであり、その理論上・実務上の意義は大きい。

2　従来、判例の理解として、背信行為と認めるに足りる特段の事情が解除権発生の要件であり、その証明責任は原告にあるとの理解も示されていた。しかし、賃借権の無断譲渡や無断転貸自体が違法なもので、それ自体が賃貸人の背信性の象徴であるとすれば、更に

特段の事情を賃貸人側が主張立証しなければならないとするのは公平に反し、特段の事情を解除権発生の消極要件とする見解が多かった。例えば、既に最3小判昭和35・9・20民集14-11-2227は、「およそ転貸又は賃借権譲渡は一応背信性あるが故に民法612条の解除原因になっているのであり、それが已むを得ない事情にいでた場合或は少くとも社会通念上恕すべき事情ありと認められる場合にはじめて背信性が失われる」としていた。本判決はまさにこの点を正面から「ポリシーの問題」と解し（川嵜・後掲42頁参照）、賃借人側が特段の事情の主張証明責任を負う旨を明示した点で意義がある。ただ、「背信行為と認めるに足りない特段の事情」はそれ自体事実ではなく、様々な事実を包含する規範的要件である。換言すれば、主張責任および証明責任の対象となるのは、より具体的な事実のレベル、すなわち上記特段の事情を構成する具体的事実であるといえよう。そこで、現在の一般的な考え方によれば、特段の事情それ自体につき証明責任を観念するのではなく、特段の事情を基礎づける具体的事実をその評価根拠事実として賃借人に証明責任を課し、逆に特段の事情を阻却する事実（背信性を基礎づける事実）を評価障害事実として賃貸人に証明責任を課す考え方が主流となっている。この考え方によれば、賃貸人側が転貸の事実を証明すれば、賃借人側は転貸につき承諾があった事実を証明するか、あるいは当該転貸が背信行為と認めるに足りないことを示す事実（無断転貸がやむを得なかったことを示す事実や社会通念上汲むべき事実）を証明することになる。そして後者の場合、更に賃貸人側が背信行為と認めるに足りることを示す事実を証明し、最終的には背信行為性を否定する評価根拠事実と肯定する評価障害事実を総合的に考慮し、裁判所は当該無断転貸等につき背信行為と認めるに足りない特段の事情の有無を判断すべきことになろう。

3　以上のような判断枠組みを前提とすると、本判決のいう特段の事情の証明責任自体無意味なものとなる。それでは、このような論争は既に過去のものとなったのであろうか。筆者はそうは考えておらず、ここで論じられているのは「論証責任」の問題として理解する（山本・後掲208頁以下参照）。すなわち、上記の評価根拠事実・評価障害事実等を総合しても、それが「特段の事情」に該当するかが裁判所にとって明らかでない場合があり、そのような場合に裁判所が特段の事情ありと判断するか、なしと判断するかを分ける概念として論証責任を観念すべきと解する。そのような観点からは、本判決はまさに特段の事情の論証責任が賃借人側にあると解したもの、すなわち事実関係から背信行為か否かが裁判官にとって判断不能の場合に背信行為あり＝解除有効との結論を導くものと解されることになろう。なお、このような理解に立つとしても特段の事情の主張責任は観念できず、裁判所の法適用の問題として釈明義務（法的観点指摘義務）による不意打ち防止の必要が残るに止まる。

●参考文献●　川嵜義徳・判解昭41年度39、加藤新太郎先生古稀祝賀『民事裁判の法理と実践』193〔山本和彦〕

132 　傷害保険の証明責任

最2小判平成13年4月20日（民集55巻3号682頁・判時1751号163頁）　参照条文　なし

災害死亡保険金契約において事故の偶発性について
はいずれの当事者が証明責任を負うか。

●**事実**●　X社は、Y社との間で被保険者を代表取締
役Aとする生命保険契約を締結していたが、当該契約
に適用される本件保険約款によれば、災害割増特約に
おける災害死亡保険金の支払事由として不慮の事故を
直接の原因とする被保険者の死亡が定められ、不慮の
事故とは「偶発的な外来の事故」をいうとされていた。
また本件約款によれば、被保険者の故意により災害死
亡保険金の支払事由に該当したときは保険金を支払わ
ないとされていた。Aは建物屋上から転落して死亡し
たので、XはYに対し、保険金支払請求訴訟を提起し
た。本件では、Aの死亡が保険金支払の免責事由とな
る自殺かが争われた。第1審および原審判決はともに
本件転落が不慮の事故に当たる（自殺でない）ことの
証明責任はXにあるものとし、本件転落は不慮の事故
か自殺かいずれとも断定し難いとして、Xの請求を棄
却した。Xより、不慮の事故による旨の証明責任がX
にあるとした判断は不当であるとして、上告。

●**判旨**●　上告棄却。
　「本件約款に基づき、保険者に対して災害割増特
約における災害死亡保険金の支払を請求する者は、
発生した事故が偶発的な事故であることについて主
張、立証すべき責任を負うものと解するのが相当で
ある。けだし、本件約款中の災害割増特約に基づく
災害死亡保険金の支払事由は、不慮の事故とされて
いるのであるから、発生した事故が偶発的な事故で
あることが保険金請求権の成立要件であるというべ
きであるのみならず、そのように解さなければ、保
険金の不正請求が容易となるおそれが増大する結果、
保険制度の健全性を阻害し、ひいては誠実な保険加
入者の利益を損なうおそれがあるからである。本件
約款のうち、被保険者の故意により災害死亡保険金
の支払事由に該当したときは災害死亡保険金を支払
わない旨の定めは、災害死亡保険金が支払われない
場合を確認的注意的に規定したものにとどまり、被
保険者の故意により災害死亡保険金の支払事由に該
当したことの主張立証責任を保険者に負わせたもの
ではないと解すべきである。」

●**解説**●　1　本判決は、生命保険の災害割増特約に
係る事故の偶発性につき保険金請求者側に証明責任が
あることを明らかにした。災害割増特約は傷害保険に
分類される保険契約であるが（保険の分類については、
志田原・後掲450頁以下参照）、保険法には傷害保険に
ついて明文規定は存在しない。したがって、明文規定
がある生命保険や損害保険とは異なり、傷害保険の保
険金支払事由に係る証明責任については、基本的に
個々の保険約款の解釈問題となる（なお、本件のよう
に生命保険の中に傷害保険が組み込まれているものでは
ない、いわゆる普通傷害保険についても、本判決と同旨が妥

当することについては、本判決と同日の判決（最2小判平
成13・4・20判時1751-171）が判示している）。本判決は、
保険契約において一般に使用されている保険約款にお
いて事故の偶発性の証明責任が保険契約者側にあると
した点で、実務上の意義は大きなものがある。
　2　傷害保険において証明責任が問題となるのは、
被保険者の死亡が事故か自殺か明確でない場合の約款
の定めが必ずしも明瞭でない点に起因する。すなわち、
一方で約款は保険事故の定義として事故の偶発性を要
素とし、偶発性が権利根拠事由とされているようにみ
えるが、他方では自殺（すなわち故意＝事故の非偶発性）
を保険金不払事由とし、偶発性を権利障害事由とする
ようにもみえる。その意味で、本件約款の規定は矛盾
を内包しているともいえる。そこで、下級審裁判例も、
保険金請求者が不慮の事故である旨を証明すべきとす
るもの（高松高判平成10・6・15判タ986-286、福岡高判
平成10・1・22判時1670-81等）と、逆に保険者が被保険
者の故意（自殺）を証明すべきとするもの（東京地判
平成11・5・17金判1099-21等）に分かれていた（学説も
同様に分かれていたが、保険金請求者説に立ちながら、そ
の立証は一応の証明で足りるとする折衷説もあった）。
　3　本判決は保険金請求者説を採用したが、その理
由として、まず契約の文理解釈が挙げられる。保険事
故の概念の中に偶然性が取り込まれていることからす
れば、保険金請求権者が権利根拠事由として立証する
ことが自然である。ただ、そうすると、自殺が不払事
由として規定されていることの意義が問題となるが、
保険契約者は必ずしも保険に通暁していないことから、
重要な不払事由は明示しておくことが望ましいため確
認的注意的に規定したに止まり、証明責任を左右する
ものではないと判断された。更に、より実質的な根拠
としてモラルリスクの防止も指摘される。この点、保
険契約は一般に情報の非対称性から不正請求が生じや
すく、実際もモラルリスク事案が多発しており、特に
傷害保険は保険料が低く保険金が高いため、モラルリ
スクが高い保険分野であることなどから、モラルリス
ク防止の観点が重要とされる。仮に保険会社に証明責
任を負わせると、契約者としては事故か自殺かを真偽
不明に持ち込めば多額の保険金を取得でき、相当でな
いと考えられる。本判決はそのような一種の政策的判
断を証明責任の分配の根拠としたものとして注目され
よう。なお、本判決は立証の難易には言及しないが、
それはこの場合、どちらに証明責任を課しても困難な
証明になる（契約者は自殺でないとの消極的事実の証明
が求められるし、保険会社は証明手段が限られている）点
に配慮したものという（志田原・後掲467頁参照）。結
局は間接事実を積み重ねて判断せざるを得ないが、契
約者が外形的に事故とみられる事実を証明すれば事実
上の推定が働き、今度は保険者が自殺を推認させる事
実を証明し、最後は総合判断で決せざるを得ないであ
ろう（志田原・後掲469頁も「事実上の推定を用いる手法
は1つの方向性を示すもの」とされる）。

●**参考文献**●　志田原信三・判解平13年度442、甘利公人・判
時1773-197

133　車両保険の証明責任

最1小判平成18年6月1日（民集60巻5号1887頁・判時1943号11頁）　参照条文　なし

自動車保険の保険金請求において事故発生の偶然性
の証明責任はいずれの当事者にあるか。

●事実●　Xは、Y社との間で自家用自動車総合保険
契約を締結した。本件保険契約に適用される保険約款
には、「当社は、衝突、接触、墜落、転覆、物の飛来、
物の落下、火災、爆発、盗難、台風、こう水、高潮そ
の他偶然な事故によって保険証券記載の自動車に生じ
た損害に対して、この車両条項および一般条項に従い、
被保険自動車の所有者に保険金を支払う」旨の本件条
項があった。本件車両が海中に水没する本件事故が発
生したので、XがY社に対し、主位的にはY社からの
保険金支払に関する回答が遅れたため本件車両の早期
修理が不能になったなどと主張して不法行為に基づく
損害賠償の支払を求め、予備的には本件保険契約に基
づき車両保険金の支払を求めた。原審は、本件保険契
約に基づき車両保険金の支払を請求する者は、事故が
偶然のものであることを主張立証すべきところ、本件
事故を偶然の事故と認めることは困難であり、本件に
おいては保険金請求権の請求原因事実の立証がないと
して請求を棄却すべきものとした。Xより上告。

●判旨●　破棄差戻し。
「商法629条が損害保険契約の保険事故を「偶然
ナル一定ノ事故」と規定したのは、損害保険契約は
保険契約成立時においては発生するかどうか不確定
な事故によって損害が生じた場合にその損害をてん
補することを約束するものであり、保険契約成立時
において保険事故が発生すること又は発生しないこ
とが確定している場合には、保険契約が成立しない
ということを明らかにしたものと解すべきである。
同法641条は、保険契約者又は被保険者の悪意又は
重過失によって生じた損害については、保険者はこ
れをてん補する責任を有しない旨規定しているが、
これは、保険事故の偶然性について規定したもので
はなく、保険契約者又は被保険者が故意又は重過失
によって保険事故を発生させたことを保険金請求権
の発生を妨げる免責事由として規定したものと解さ
れる。本件条項は、「衝突、接触、墜落、転覆、物
の飛来、物の落下、火災、爆発、盗難、台風、こう
水、高潮その他偶然な事故」を保険事故として規定
しているが、これは、保険契約成立時に発生するか
どうか不確定な事故をすべて保険事故とすることを
分かりやすく例示して明らかにしたもので、商法
629条にいう「偶然ナル一定ノ事故」を本件保険契
約に即して規定したものというべきである。本件条
項にいう「偶然な事故」を、商法の上記規定にいう
「偶然ナル」事故とは異なり、保険事故の発生時に
おいて事故が被保険者の意思に基づかないこと（保
険事故の偶然性）をいうものと解することはできな
い。……したがって、車両の水没が保険事故に該当
するとして本件条項に基づいて車両保険金の支払を
請求する者は、事故の発生が被保険者の意思に基づ

かないものであることについて主張、立証すべき責
任を負わないというべきである。」

●解説●　1　本判決は、損害保険の一種である車両
保険に関して、事故の偶発性の証明責任は保険者側に
あり、保険契約者が保険金を請求する場合、事故発生
が被保険者の意思に基づかない旨の主張立証は要しな
いとしたものである。保険事故の偶発性の証明責任の
所在は、どちらが証明するとしてもその証明が困難で
あるため、様々な議論のあるところである。この点、
傷害保険については保険金請求者側に証明責任がある
とされた一方（【132】参照）、火災保険については保険
者側に証明責任があるとされ（最2小判平成16・12・13
民集58-9-2419）、紛争案件が多い盗難保険について
どのような判断がされるか注目されていたが、本判決
は、傷害保険の場合とは異なり、この点の証明責任が
保険者側に課されることを明らかにした点で、理論的に
も実務的にも極めて注目される判決である。
　2　本判決は、まず法律の規定の趣旨について論じ
る。そこでは、旧商法629条の保険事故の定義（現行
保険2条6号も同旨）は個別の事故の偶然性というよ
りも、不確定性（契約時に保険事故の有無が未確定であ
ること）を指すものとし、他方、旧同641条（現行保険
17条1項と同旨）は保険契約者等の故意・重過失を免
責事由として規定したものと整理した。これにより、
法律の規定は事故の偶然性を権利根拠規定としている
わけではなく、むしろ契約者等の故意（非偶発性）を
権利障害規定としているものと解する。そして、本件
約款条項も、上記商法（保険法）の規定を分かりやす
くしたものに止まり、証明責任について別異の規律を
設けたものとは解されないとする。その意味で、本判
決は基本的に文理解釈によって決着をつけたとみら
れるが、実質論としては、①傷害保険がモラルリスクの
特に高い保険である（【132】解説参照）のに対し、車両
保険は（火災保険同様）そのような特徴はないこと、
②間接事実の認定の積み重ねにより、不正請求への対
応は一定程度可能であることなどが根拠としてあるも
のとみられる（太田・後掲676頁以下参照）。
　3　本判決後、その射程が問題となった。本件は水
没事故であったが、他の事故類型に及ぶことは当然と
しても（車両のひっかき傷の事故につき、最3小判平成
18・6・6判時1943-14参照）、最大の問題は盗難事案で
あった。盗難事案では、「盗難」という言葉自体に、
非故意性（偶発性）が内包され、偶発性が権利根拠規
定になるのではないかとの見方もあったからである。
しかし、判例はその場合にも本判決の趣旨を及ぼし、
被保険者以外の者による車両の所在場所からの持ち去
りという外形的事実を保険金請求者が証明すれば、
保険者側でそれが被保険者の意思に基づくものである旨
を証明する必要があるとした（最3小判平成19・4・17民
集61-3-1026参照。更に、上記外形的事実の意義を敷衍
するものとして、最1小判平成19・4・23判時1970-106参照）。

●参考文献●　太田晃詳・判解平18年度663、肥塚肇雄・平18
年度重判111

134 事案解明義務——伊方原発事件

最1小判平成4年10月29日（民集46巻7号1174頁・判時1441号37頁）　参照条文　なし

> 原子炉設置許可処分の取消訴訟における主張証明責任はどのように分配されるか。

●**事実**●　伊方原子力発電所の建設を予定するA電力会社に関して、周辺住民であるXらは原子炉等規制法に基づく内閣総理大臣Yの原子炉設置許可処分が違法であると主張し、その取消しを求めた。本件訴訟では、本件処分の適法性の主張証明責任の問題が争点とされた。原判決は、公平の見地から原子炉の安全性を争う側においてYの判断の不合理な点を指摘し、Yにおいてその指摘を踏まえて自己の判断が不合理でない旨を主張立証すべきものとするのが妥当であるとし、本件ではYの判断が不合理でない旨が証明されたとして、Xらの請求を棄却した。Xらより上告。

●**判旨**●　上告棄却。
「原子炉施設の安全性に関する判断の適否が争われる原子炉設置許可処分の取消訴訟における裁判所の審理、判断は、原子力委員会若しくは原子炉安全専門審査会の専門技術的な調査審議及び判断を基にしてされたYの判断に不合理な点があるか否かという観点から行われるべきであって現在の科学技術水準に照らし、右調査審議において用いられた具体的審査基準に不合理な点があり、あるいは当該原子炉施設が右の具体的審査基準に適合するとした原子力委員会若しくは原子炉安全専門審査会の調査審議及び判断の過程に看過し難い過誤、欠落があり、Yの判断がこれに依拠してされたと認められる場合には、Yの右判断に不合理な点があるものとして、右判断に基づく原子炉設置許可処分は違法と解すべきである。」「原子炉設置許可処分についての右取消訴訟においては、……Yがした右判断に不合理な点があることの主張、立証責任は、本来、Xが負うべきものと解されるが、当該原子炉施設の安全審査に関する資料をすべてYの側が保持していることなどの点を考慮すると、Yの側において、まず、その依拠した前記の具体的審査基準並びに調査審議及び判断の過程等、Yの判断に不合理な点のないことを相当の根拠、資料に基づき主張、立証する必要があり、Yが右主張、立証を尽くさない場合には、Yがした右判断に不合理な点があることが事実上推認される……。」

●**解説**●　1　本判決は、原子炉設置許可処分取消訴訟における主張証明責任のあり方につき判示したものであるが、証明責任自体は原告側にあるとしながら、本件のような処分の特殊性に鑑み、行政庁側においてまず判断に不合理な点がない旨を主張立証する必要があり、その主張立証が尽くされない場合は、不合理な点があることが事実上推認されるとした。このような判断は、証明責任は転換させずに行政庁側の主張立証の負担を重視した点で、このような訴訟の実務運営上重要な意義を有する。また、このような判例の姿勢は、従来学説で議論されてきた事案解明義務を事実上認めたものとも評価され、理論的意義も大きい。

2　原子炉設置許可処分取消訴訟の主張証明責任については、まず当該処分の性質が問題となるが、行政庁の専門技術的裁量が認められる。原子炉の安全審査については高度の専門的知見が必要であり、専門機関として原子力委員会や原子炉安全専門審査会が設置され、専門家の審議が予定されているからである。他方、行政法においては従来、裁量処分については被告行政庁が裁量権の範囲を逸脱しまたは濫用したことにつき、原告側に主張証明責任があると解されてきた。そうすると、原子炉の安全審査に係る専門技術的裁量についても、原告に裁量権の逸脱・濫用につき証明責任を課すことが自然ということになる。ただ、原子炉設置認可のような高度の専門性が前提となる処分の場合、素人である周辺住民にそのような主張立証を求めることは、困難（場合によっては不可能）を強いることになる。加えて、原子炉の安全性に係る資料は全て行政庁側が保持していることも考慮すれば、その安全性についてはまず被告側で主張立証すべきと解するのが当事者の公平に適うと考えられる。そして、そのような主張立証が不十分な場合は行政庁の裁量判断の逸脱・濫用が事実上推認されると解してよい。従来の下級審裁判例も概ねそのような立場に立ってきたとみられるが、本判決はその趣旨を明確化し追認したものと評価できる（高橋・後掲426頁参照）。以上の見解は、従来の主張証明責任の考え方に準拠しながら、このような処分の特殊性（専門技術性に加え、政策判断性も問題となる）に鑑み、公平かつ穏当な判断と評価できよう（このような考え方は、その後の下級審では被告を電力会社等とする原発稼働差止めの民事訴訟にも及んでいる）。

3　以上のような考え方は、実際上、客観的証明責任と（当初の）主張・立証の必要を切り離すものであり、証拠偏在の局面で従来学説上（ドイツ法等を参考に）論じられていた事案解明義務論と近似性を有する。そのような観点からすれば、本判決の述べたような対処法は、原子炉設置認可処分など専門的・裁量的行政処分の取消訴訟に限定されず、より広い射程をもち得るものと評価されることになる（その後の国籍訴訟において父母がともに知れないとき（国籍2条3号）の要件が問題とされた事案に関する最2小判平成7・1・27民集49-1-56についても、争いはあるが、同様の評価が可能である）。そして、そのような方向性は立法の場面でも活用されてきているといえる。例えば、民事訴訟一般の関係で、相手方の主張する事実を否認する場合には理由を述べること（つまり積極否認）を求める規律（民訴規79条3項）は、証明責任を負わない側（否認する側）にも一定の事実の説明を求めているし、特許訴訟においては、より明確に特許侵害訴訟における具体的態様の明示義務が求められており（特許104条の2）、広がりを有し得る議論といえよう。

●**参考文献**●　高橋利文・判解平4年度399、垣内秀介・百5版132

135 証明妨害

東京高判平成 3 年 1 月30日 （判時1381号49頁）　　参照条文　なし

**当事者が相手方の証明を妨害した場合にどのような
要件の下でどのような効果が生じるか。**

●**事実**●　Xは、Y社と自家用自動車総合保険契約を
締結していたところ、保険事故が生じたため保険金の
支払請求をした。Xは同契約に基づく保険料の支払を
遅滞していたが、その後、当該保険料全額およびそれ
に対する遅延損害金を支払っていた。本件訴訟で問題
となったのは当該支払が保険事故の発生前にされたか
否かであり、事故前の保険料等支払の主張証明責任の
所在およびY代理人Aが受領日時の記載をせずに上記
保険料等の受領書をXに交付した行為が証明妨害に該
当するか否かが争点とされた。第 1 審は、保険事故発
生前に保険料等の支払をしたことについてはXに証明
責任があるとした上、Y側が受領日時を明記した受領
書を交付すべき義務を懈怠し、それを記載しないまま
交付した場合は、その懈怠がY側の故意過失に基づく
ものでないといえない限り、Yは保険料等の支払日時
につき上記Xの立証を妨害したことになり、Yが上記日時
の主張証明責任を負うとした。ただ、本件では、Xの
支払が保険事故発生後にされたことが推認されるとし
て、Xの請求を棄却した。Xより控訴。

●**判旨**●　控訴棄却。
　「保険金を支払おうとする保険契約者の無知に乗
じて保険の効力の及ぶ期間を曖昧にする等の故意で、
あるいは、それと同視し得る程度の重大な過失によ
って、遅滞分割保険料等を受領した日時を記載しな
い弁済受領書を交付した場合には、保険者は、遅滞
分割保険料等の支払日時について、被保険者の証明
妨害をしたこととなるものと解すべきである。この
ような証明妨害があった場合、裁判所は、要証事実
の内容、妨害された証拠の内容や形態、他の証拠の
確保の難易性、当該事案における妨害された証拠の
重要性、経験則などを総合考慮して、事案に応じて、
(1)挙証者の主張事実を事実上推定するか、(2)証明妨
害の程度等に応じ裁量的に挙証者の主張事実を真実
として擬制するか、(3)挙証者の主張事実について証
明度の軽減を認めるか、(4)立証責任の転換をし、挙
証者の主張の反対事実の立証責任を相手方に負わせ
るかを決すべきである。」「本件において、Yの代理
人であったAが、Xから本件小切手等を受領した際、
Xに受領日時の記載のない『分割払団体扱契約保険
料領収書』を交付したことは当事者間に争いがない
が、右の受領日時の記載がされないままに弁済受領
書が交付されたことについて、Y又はAに前述のよ
うな故意、あるいは、重大な過失があったと判断す
べき事実は、本件全証拠によっても認められない。
したがって、Y側に、本件分割保険料の支払の日時
について、証明妨害があったとはいえず、本件にお
いて証明妨害の効果を論ずる必要はない。」

●**解説**●　　1　本判決は、いわゆる証明妨害について

その要件・効果を一般論として明示して適用した数少
ない裁判例である。主張証明責任を負わない当事者が
相手方の証明活動を妨害した場合、どのような要件の
下どのような効果が生じるかにつき法は規定を有しな
い。ただ、これを放置し、証明を妨害された当事者が
主張証明責任を果たさないとして敗訴させることは当
事者間の公平にそぐわず、訴訟上の信義則に反する。
そこで、学説や下級審裁判例は証明妨害の法理を認め
ようとするが、未だ最高裁判所の判例は存しない。
　2　証明妨害法理の根拠としては、経験則（証明を
妨害することから妨害者に不利な事実の存在が経験則上推
認される）や当事者間の信義則などが挙げられる。多
くの場合は上記経験則で説明可能と解されるが、それ
だけでは独立の法理を定立する必要はなく、また過失
による場合（本件はその可能性がある）や他の考慮から
妨害する場合もあり、これだけでは説明ができない。
訴訟上の真実発見に協力する当事者の義務を背景に、
それに反する行為をした当事者が事後にそれを訴訟上
有利に援用することは一種の禁反言であり、訴訟上の
信義則違反が根拠と考えられよう（山本・後掲24頁参
照）。その要件としては、①妨害者が（提訴の前後を問
わず）証拠方法の作成・保存義務に反していること、
②当該違反行為により事実解明が著しく困難となった
こと、③妨害者に主観的要件が存することが挙げられ
る。①は実体法等により明示的に義務が認められる場
合に限らず、当該証拠方法の重要性や作成保存の容易
性等に鑑み、信義則上義務が観念される場合もあろう。
②は事実解明との因果関係がなければ制裁を科す必要
がないことによる。妨害者に当該証拠の提出義務がな
い場合は事実解明との因果関係がないことになる
（224条 2 項参照）。③の主観的要件につき、故意過失
で足りるか（第 1 審判決の立場）、故意重過失を要する
か（本判決の立場）に争いがある。この点は証拠の作
成保存義務の特定性と関連し、当該義務が特定的であ
る場合（本件のような場合）は故意過失で足りるが、
信義則等に基づく抽象的義務を前提とする場合は故意
重過失を要するとも解されよう（山本・後掲24頁）。
　3　証明妨害の効果につき、本判決は、①証明度軽
減、②事実上の推定、③証明責任転換、④真実擬制の
可能性を指摘する。学説上論じられる多様な効果の余
地を認め、事案ごとに裁判所の裁量に委ねるものと評
価できる。他方、近時の学説は証明度軽減（①または
②）に止める見解も有力である。しかし、問題となる
証拠が当該事実認定に決定的なものである場合を想定
すると、やはり証明度軽減だけでは十分でなく、③証
明責任転換、更には④真実擬制まで認め得る場合もあ
ると解される。すなわち、証明妨害があった場合、裁
判所は当該証拠が被妨害者にとって最も有利なもので
あることを前提に事実認定ができ、仮に他の証拠で事
実不存在の心証を得ても、当該証拠が相手方に最も有
利なものであれば事実存在に確信をもち得る場合であ
れば、④の効果も認められよう（山本・後掲25頁）。

●**参考文献**●　山本和彦・民事事実認定21、河野憲一郎・百
5 版130

136　違法収集証拠

東京高判昭和52年7月15日（判時867号60頁・判夕362号241頁）　参照条文　なし

当事者が違法に収集した証拠には証拠能力が認められるか。

●事実●　広告会社Xは、テレビドラマの制作を企画し、製薬会社Yのもとに企画を持ち込み、Yとの間でドラマ制作放映に関する契約が成立したが、Yが当該スポンサー契約上の債務を履行しないとして損害賠償を請求した。第1審では請求が棄却され、Xが控訴したが、控訴提起前、Yの担当者Aを料亭に招き、X代表者Bは酒食を饗応の上、自己の後援者に本件を有利に説明してほしいなどと依頼し、本件の経緯につき誘導的に質問してAには単に諾否を答えさせるような方法で会話を交わし、その間襖を隔てた隣室で密かにこの問答を録音テープに収録し、その内容（YがXの申込みを承諾ないしは黙示的に了承したことを推認させるような事実をAが供述した部分がないでもないとされる）を文書化した上で控訴審に書証として提出した。

●判旨●　控訴棄却。
「民事訴訟法は、いわゆる証拠能力に関しては何ら規定するところがなく、当事者が挙証の用に供する証拠は、一般的に証拠価値はともかく、その証拠能力はこれを肯定すべきものと解すべきことはいうまでもないところであるが、その証拠が、著しく反社会的な手段を用いて、人の精神的肉体的自由を拘束する等の人格権侵害を伴う方法によって採集されたものであるときは、それ自体違法の評価を受け、その証拠能力を否定されてもやむを得ないものというべきである。そして話者の同意なくしてなされた録音テープは、通常話者の一般的人格権の侵害となり得ることは明らかであるから、その証拠能力の適否の判定に当っては、その録音の手段方法が著しく反社会的と認められるか否かを基準とすべきものと解するのが相当であり、これを本件についてみるに、右録音は、酒席におけるAらの発言供述を、単に同人ら不知の間に録取したものであるにとどまり、いまだ同人らの人格権を著しく反社会的な手段方法で侵害したものということはできないから、右録音テープは、証拠能力を有するものと認めるべきである。そこで右録取にかかるAの供述……は、……Bからその後援者に自己の立場を有利に説明して欲しいとの要請をうけたAらが酒食の饗応を受ける席上においてなされたものであって、Bの誘導的の発問に迎合的に行われた部分がないでもないと認められるので、右録音テープに録取されたAの供述部分はにわかに信用しがたいものがあり、……X主張の契約の成立を認めさせるには足りない。」

●解説●　1　本判決は、いわゆる違法収集証拠の証拠能力を認める基準を明らかにした数少ない裁判例であり、爾後の裁判例の動向に大きな影響を与えた。本判決も指摘の通り、「民事訴訟法は、いわゆる証拠能力に関しては何ら規定するところがなく」、一般には

自由心証主義に基づき広く証拠能力が認められ、後は裁判所の証拠評価の問題とされる。しかし、違法な態様で取得した証拠を訴訟で利用可能とすると、違法行為を助長する結果となり、当事者間の公平や信義則に反するのみならず、司法に対する信頼を損なうおそれがある。そこで、違法収集証拠の証拠能力を否定する根拠や基準が学説上論じられているが、未だ最高裁判例がない中、本判決は下級審ながら重要性を有する。

2　現行法には証拠能力を制限する規定はなく、違法収集証拠の証拠能力も原則として認められるが、一定の場合は証拠能力が否定されると解されている。証拠能力を肯定する判例として、既に大判昭和18・7・2民集22-574が机に放置されていた被告の日記を原告が無断で証拠とした場合も証拠能力を肯定していた。同様の判断は多くの下級審裁判例で示されている（名古屋高決昭和56・2・18判時1007-66（手帳の無断コピー）、盛岡地判昭和59・8・10判時1135-98（無断録音テープ）、名古屋地判平成3・8・9判時1408-105（無断で持ち出された信書）、知財高判平成24・9・26判時2172-106（秘密保持義務に反して入手した書類）等）。他方、例外的に証拠能力を否定したものとして、東京地判平成10・5・29判夕1004-260は、不倫関係訴訟で夫の作成した陳述書の原稿や大学ノートを妻が無断で持ち出した場合に信義則に反するとして証拠能力を否定した（無断録音テープにつき、大分地判昭和46・11・8判時656-82も参照）。一般に違法収集証拠の証拠能力を否定する根拠としては信義則が挙げられることが多い（上記裁判例のほか、神戸地判昭和59・5・18判時1135-140等）。本件のように、証拠収集の違法性が証拠の信用性にも関わる場合は自由心証主義によっても適正な判断が図られるが、その違法性が証拠の信用性に影響しない場合は（例えば窃取した文書等）、自由心証主義によれば違法行為をした当事者に有利な判断がされる結果になり、クリーンハンドの原則といった観点から信義則に反することになる。ただ、どのような場合に信義則に反するかは困難な問題であり、本判決は「人格権を著しく反社会的な手段方法で侵害した」場合という基準を提示した（この基準を踏襲するものとして、前掲東京地判平成10・5・29、名古屋地判平成15・2・7判時1840-126等）。結局、裁判における真実発見の要請と違法行為の抑止や制裁など上記の信義則の観点を比較衡量するほかない問題であり、その点で、収集された証拠の性質や重要性、違法行為の悪質性等も勘案しながら、事案ごとの判断にならざるを得ない性格のものであろう。

3　録音機器の性能の飛躍的向上、不倫関係訴訟など身近な当事者間の訴訟の増大（その場合のパソコンやスマホの情報の無断収集等）、当事者の対立の先鋭化などから、近時、違法収集証拠が問題となる事案が増大しているという（林・後掲140頁以下では、判例集未登載事件も含め多くの裁判例が引用されている）。そのような現状に鑑みれば、上記のように困難な問題ではあるが、何らかの立法措置を検討すべき時期が来ているのかもしれない。

●参考文献●　我妻学・民事事実認定91、林昭一・百5版140

137　証拠調べ終了後の申請の撤回

最3小判昭和32年6月25日（民集11巻6号1143頁・判タ72号64頁）　参照条文　民訴法180条

> 証拠調べの申出は証拠調べが終了した後も撤回することができるか。

●**事実**●　本件事案の内容は明らかでないが、判示事項との関係で、以下のような事実関係がある。控訴審においてYはAの証人尋問を申請したが、その後の調査の結果、AはXと通謀して虚偽の証言をするおそれがあると判断するに至ったため、Aの証人申請を撤回する意図であえてその証人尋問の費用を予納しなかった。しかるに、裁判所は、Xに当該費用を予納させ、尋問を実施した。尋問終了後、Yはその申請を撤回したが、原判決は、Aの証言を1つの資料としてYに不利な事実を認定し、Xを勝訴させた。Yより上告。

●**判旨**●　上告棄却。
「証人訊問の申請をした当事者が、その費用を予納しなかった場合、相手方が予納したときは、裁判所は、右証人訊問の手続を採り得ると解するのが相当である。なお、当事者の一方が適法に呼出を受けながら在廷しない場合においては、当該期日に証人訊問をなし得ることはいうまでもないし、またYは、所論証人訊問の終了後、右証人訊問の申請を撤回したのであるが、証人訊問終了後は、その申請を撤回することを得ない。」

●**解説**●　1　本判決は、証拠調べがいったん終了したときは、それを申し出た当事者がその申出を撤回したい場合であっても、撤回は許されない旨を明らかにする。弁論主義の要請から（いわゆる第3テーゼ）、民事訴訟では原則として職権証拠調べは禁じられ、証拠調べをするには当事者の申出を要するが、当事者は一旦した証拠調べの申出を後に（理由なく）撤回することも認められると解されている。ただ、その申出の撤回がいつまで可能かは問題となるところ、本判決はその証拠調べが終了した後の撤回は許されないと判示した。弁論主義の要請と自由心証主義の要請のせめぎあいの中、撤回の時的限界につき明らかにしたものといえる。なお、本判決では、更に証人尋問の費用の予納についても問題となっている。証人尋問を実施するには、証人の旅費・日当等の費用を要するところ（民訴費18条・22条等。実際は、証人は旅費・日当を放棄することも多いとされる）、その費用は当事者等が納めるものとされ（民訴費11条1項1号）、費用を納めるべき当事者等は申立人とされる（同条2項）。そして、費用を要する行為について、裁判所は費用の概算額を予納させなければならず（民訴費12条1項）、予納がない場合はその行為を行わないことができる（同条2項）。問題は費用の予納を命じる相手方であるが、法律は「当事者等」としており（同条1項。「当事者等」の意義については、民訴費2条4号参照）、納付義務を定める民訴費11条2項のように、申立人に限定する規定はない。また、申立人でない相手方等が予納したとしても、実際上特に不都合はない。そこで、本判決は相手方も証人尋問の費用を予納できるとしたものであり、正当な判断といえる（この場合、相手方に当該証人の尋問の申出をさせ、申立人として費用を予納させることも考えられるが、あえてそこまでする必要はないと考えられよう）。

2　本判決は、証人尋問の撤回の終期につき「証人訊問終了後は、その申請を撤回することを得ない」とするが、その理由は特に述べていない。前述のように、弁論主義の下では、特定の証拠調べを求めるかは当事者の判断に委ねられるので、一旦ある証拠調べの申出をしたとしてもその撤回は自由と解されている。ただ、この撤回自由も、相手方当事者の利益を害したり、他の訴訟原則に反したりする場合は、一定の制約を受ける。一般に、この撤回時期を3段階に分け、①証拠調べ開始前の撤回は申出人が自由にでき、②証拠調べ開始後終了前の撤回は、相手方の利益（当該証拠調べにおいて相手方に有利な証拠資料が取得された場合の利益）を保護するため相手方の同意を要するが、③証拠調べ終了後の撤回は、既に形成された裁判所の心証を覆し、自由心証主義に反することになるため許されないと整理されている。本判決は③を確認したものといえるが、これについては異論もあり得（中野・後掲906頁など参照）、一旦取調べの済んだ証拠でも後にこれを除外して心証を形成し直すことも不可能ではないとされる（土井・後掲137頁）。例えば、刑事訴訟では取調べ済みの証拠の排除決定の制度があるし〔刑訴規205条の6第2項・207条〕、民事訴訟でも証拠調べに違法があるときは同様の措置が必要となる場面はある（②の場合も、相手方の同意があれば、証拠調べの既に終わった部分（既にされた証言等）を心証から排除する必要が生じる）。撤回を許さない根拠として自由心証主義が強調されるが（土井・後掲138頁）、その趣旨は、この問題を自由心証主義と弁論主義の調和の問題と捉え、証拠調べ終了までは弁論主義を優先し、その後は自由心証主義を優先するとの価値判断であろう。証拠調べ終了後、その内容に鑑み一方当事者がその撤回を望み、他方が同意しても（実際上、証拠は相対的には一方に有利、他方に不利になると考えられるので、このような事態は稀有と思われるが）、それをなかったことにするのは、裁判所の適切な心証形成の妨げになるとの価値判断は（必然ではないとしても）あり得るものであろう。

3　なお、本件の実質からは、むしろ（費用の予納をしないという形で）証人尋問開始前にYが申出を黙示的に撤回していたか、少なくともその意思を有していたとみられ、裁判所の釈明が必要であったのではないかとの指摘がある（中野・後掲905頁）。正当な指摘といえよう。また、本判決の判示は証拠調べ一般に妥当するものと解されるが、書証の撤回については、上記のような趣旨に鑑み、証拠調べが開始したか終了したかは、裁判所の心証に影響を生じる時点、すなわち文書の閲読の時点が基準になるものと解される（したがって、上記②の事態が生じる可能性は基本的になく、閲読前は①の規律によってよい）。

●**参考文献**●　土井王明・判解昭32年度136、中野貞一郎・民商36-6-905

138 調査嘱託

最1小判昭和45年3月26日（民集24巻3号165頁・判時591号66頁） 参照条文 民訴法186条

調査嘱託がされた場合、その結果はどのような手続により証拠資料となるか。

●**事実**● Xは、Yに商品の先物取引を委託し、その証拠金をYに預託していたが、取引関係が終了したとして、Yに対し、証拠金の返還等を請求した。原審は、Xの負担に帰すべき取引上の損失を控除して証拠金返還を認めるべきものとしたが、当該損失の発生に関して、Xの委託に基づき買付をした建玉の一部については、Xが受渡しも売付委託もしなかったところ、このような場合は当該建玉についての限月の納会値段（つまり委託契約上の履行期における取引所取引価額）をもって反対売買をしたものとみなし、その損益を委託者に帰すべきものとし、東京繊維取引所に上記建玉の限月の納会値段の調査嘱託をし、当該嘱託に基づく回答結果をもって上記値段を認定した。Yより、上記嘱託の回答については、訴訟当事者において証拠としての援用の手続がとられておらず、かつ、口頭弁論において意見陳述の機会すら与えられなかったもので、違法な手続によるものであるとして、上告。

●**判旨**● 上告棄却。
「民訴法262条〔現行186条〕に基づく調査の嘱託によって得られた回答書等調査の結果を証拠とするには、裁判所がこれを口頭弁論において提示して当事者に意見陳述の機会を与えれば足り、当事者の援用を要しないものと解すべきところ、所論の東京繊維商品取引所に対する照会の回答は原審の……口頭弁論期日において弁論に顕出されていることが記録上明らかであるから、原判決が、右回答に基づいて所論の取引の受渡期限における同取引所の取引価格を認定したことも、正当ということができる。」

●**解説**● 1 本判決は、調査嘱託の証拠調べの手続につき明らかにした判例である。186条は「裁判所は、必要な調査を官庁若しくは公署、外国の官庁若しくは公署又は学校、商工会議所、取引所その他の団体に嘱託することができる」と規定する。この規定は、民訴法第2編第4章「証拠」の第1節「総則」の規定群の中に置かれているが、その法的性質や各則の証拠調べ方法との関係、あるいはその具体的な手続などは必ずしも明らかではない。特に、調査嘱託に基づき回答があった場合、その内容がどのような手続で証拠資料となり、裁判所の心証の根拠となり得るのかが問題となるが、本判決は、その点につき、当該回答結果を当事者が援用する必要はなく、口頭弁論に顕出して当事者に意見陳述の機会を与えれば足りる旨を明らかにした点で、理論上も実務上も意義が大きい。
2 調査嘱託の性質について、それが証拠調べそれ自体なのか、あるいは証拠調べの準備行為（証拠収集方法）にすぎないかが問題となる。後者の理解は、調査嘱託によって得られた回答につき、当事者の一方がそれを書証として提出して初めて証拠資料となり得ると解するものである。したがって、当事者は得られた

回答の中から自己に有利な部分を書証として提出することになる。しかし、一般にはこのような理解はとられておらず、通説は、調査嘱託は特別な証拠調べの方法であり、嘱託への回答内容がそのまま直接証拠資料となると解している。このような通説によった場合、この規定は裁判所の職権による特別の証拠調べ方法を認めたものということになる。次に問題となるのは、嘱託への回答内容を証拠資料とする手続である。本判決でまさに問題となった点であるが、考え方としては、当事者による証拠の援用があって初めて証拠資料となるとの説と、裁判所がそれを口頭弁論に顕出し、当事者に意見陳述の機会を与えれば足りるとの説があり得る（なお、当事者による援用と弁論への顕出の関係については、【126】も参照）。実務上は、前説により当事者の援用を求める運用も（少なくとも本判決前は）存在したという。このような考え方は、嘱託自体は裁判所の職権で可能であるが、（書証説のように当事者による選別は認めないとしても）嘱託による回答を証拠資料とする際には当事者の意思を要するとして、職権証拠調べ禁止（弁論主義の第3テーゼ）の趣旨と整合させるものと理解できよう。しかし、本判決は、そのような意味での援用を明確に不要とした。これは、調査嘱託の対象事項の限定性が関係しているものと考えられる（野田・後掲26頁以下参照）。すなわち、簡易な証拠調べである調査嘱託の対象は、そもそも手元の資料で容易に回答できる客観的事項であり、回答の公正性や真実性が通常担保されている場合に限られるとすれば、その点につき当事者の処分権をあえて認める必要はなく、手続保障の観点から当事者の攻撃防御（反論）の機会を確保しておけば足りるとの判断は十分あり得よう。また、裁判所の依頼で回答したにもかかわらず、当事者が援用しないと証拠資料にならず、結局無駄な行為になってしまうというのは、回答した相手方に対しても相当でないとみられる。以上のような点が考慮されて、当事者の援用は不要とし、弁論における意見陳述の機会で十分としたものとすれば、相当な判断ということができよう。なお、以上のように、調査嘱託の対象の限定性が本判決のような扱いの実質的根拠であるとすれば、調査嘱託を安易に多用することは問題であり、複雑困難な内容や客観性の担保されない事項については、鑑定や証人尋問という正規の証拠調べの方法が用いられるべきことになろう（野田・後掲27頁）。
3 近時は、調査嘱託に対して相手方が個人情報や営業秘密の観点から応じない場合が増えているとされる。簡易な証拠調べとして制裁を有しない方法の限界といえよう。立法論としては、弁護士会照会【139】参照）や文書送付嘱託・提出命令等も含めて証拠収集方法として整理し、その要件・効果を整合的に考えていく必要があろう（現行法下の証拠収集方法として、提訴前の証拠収集処分（132条の4以下）や、特殊なものとして特許訴訟の査証手続（特許105条の2）があるが、これらの手続との関係の整理も必要となろう）。

●**参考文献**● 野田宏・判解昭45年度23頁、門口正人編集代表『民事証拠法大系(5)』149〔小海隆則〕

139　弁護士会照会

最3小判昭和56年4月14日（民集35巻3号620頁・判時1001号3頁）　　参照条文　弁護士法23条の2

弁護士会照会に応じて回答した者はその回答結果につき損害賠償義務を負うことはあるか。

●事実●　XはA社から解雇されたが、解雇の効力を裁判所や労働委員会で争っていた。この係争中、A社代理人のB弁護士は、所属弁護士会に対し、Xの前科等につきY市区長に対する照会の申出をしたが、申出書には照会を必要とする事項として、「中央労働委員会、京都地方裁判所に提出するため」とのみ記載されていた。同弁護士会がこれに基づき照会したところ、上記区長は照会に応じ、弁護士会に対し、Xには道交法違反、業務上過失傷害、暴行の前科がある旨報告した。この結果、A社はXの前科を知り、それを事件関係者等に摘示し、Xがこの前科を秘匿して入社したのは経歴詐称に当たるとして予備的の解雇の通告をした。Xは、Yの報告はXのプライバシー権を違法に侵害するものであるとして、損害賠償および謝罪文交付を求めて訴えを提起した。原審は、弁護士会照会に対する報告義務自体は認めたが、前科照会については報告を拒否すべき正当な事由があるとして、本件報告を違法とし、請求を一部認容すべきとした。Yより上告。

●判旨●　上告棄却。
「前科及び犯罪経歴……は人の名誉、信用に直接にかかわる事項であり、前科等のある者もこれをみだりに公開されないという法律上の保護に値する利益を有するのであって、市区町村長が、本来選挙資格の調査のために作成保管する犯罪人名簿に記載されている前科等をみだりに漏えいしてはならないことはいうまでもないところである。前科等の有無が訴訟等の重要な争点となっていて、市区町村長に照会して回答を得るのでなければ他に立証方法がないような場合には、裁判所から前科等の照会を受けた市区町村長は、これに応じて前科等につき回答をすることができるのであり、同様な場合に弁護士法23条の2に基づく照会に応じて報告することも許されないわけのものではないが、その取扱いには格別の慎重さが要求されるものといわなければならない。本件において、……京都弁護士会が訴外B弁護士の申出によりY市C区役所に照会し……たXの前科等の照会文書には、照会を必要とする事由としては、……B弁護士の照会申出書に「中央労働委員会、京都地方裁判所に提出するため」とあったにすぎないというのであり、このような場合に、市区町村長が漫然と弁護士会の照会に応じ、犯罪の種類、軽重を問わず、前科等のすべてを報告することは、公権力の違法な行使にあたると解するのが相当である。」

●解説●　1　本判決は、弁護士法23条の2に基づく弁護士会照会について、それに応じて前科の報告をした地方公共団体が報告の対象となった個人に損害賠償義務を負う場合があることを示したものである。弁護士会照会は、個々の弁護士が受任した事件の処理のための事実の調査等を容易にするため、弁護士の申出に基づき弁護士会が主体となって、官公署等に対して照会をすることを可能にした制度である。ただ、そこでは、官庁等の保有する個人情報やプライバシーとの調整が問題となるところ、本判決は、最もセンシティブな個人情報といえる前科情報に係る報告がされた場合の官庁の責任が問題となったものである。

2　本判決は、前科情報の報告が許される場合がなくはないとしながら、「その取扱いには格別の慎重さが要求される」とし、具体的には、①前科等の有無が訴訟等の重要な争点となっていること、②市区町村長に照会して回答を得る以外に立証方法がないことを要件とし、本件では単に「中央労働委員会、京都地方裁判所に提出するため」とする照会書に基づき漫然と報告をしたYの責任を認めた。前科情報がプライバシー権として特に重要なものである点に着目した判断ということができる（伊藤正己裁判官の補足意見はこの点を詳論する）。ただ、本判決は（原判決とは異なり）、弁護士会照会が基本的人権を擁護し社会正義を実現するという弁護士の使命（弁護士1条1項）の公共性を背後に有する公益上の制度であることを前提に、前科照会を一律に否定するのではなく、照会に応じてよい場合を認めた。その結果、照会をする弁護士会としては、当該前科情報が訴訟の争点の解明に重要な意味をもち、他に立証方法はない旨を具体的に説明する必要があり、その説明に合理性があれば、市町村長はその照会に応じるべきことになろう（本件も、解雇理由中、経歴詐称の点が労働委員会で証明なしとされたことによる照会であり、特定の前科に限った照会で、十分な説明があれば、報告は違法でないとされる余地もあったものと思われる）。

3　本件は、一定の場合に被照会者が照会に応じたことの責任が問われた事案であるが、逆に被照会者が照会に応じないことの責任、すなわち回答義務の存否が問題となった判例として、最3小判平成28・10・18民集70-7-1725がある。同判決は、照会した弁護士会が報告を拒絶した団体（郵便会社）に対して不法行為に基づく損害賠償請求をした事案において、「23条照会を受けた公務所又は公私の団体は、正当な理由がない限り、照会された事項について報告をすべきものと解される」として報告義務を承認したが、他方、「23条照会について報告を受けることについて弁護士会が法律上保護される利益を有するものとは解されない」として、損害賠償義務を否定した。その意味で、被照会者の報告義務を正面から認めた点で大きな意義があるが、なお、①報告を拒絶する「正当な理由」としていかなるものがあるのか、②不法行為が否定されたことで、回答義務を担保する方法が存在するのかといった点について、問題が残されたものといえよう（なお、②との関係で、同事件では予備的請求として回答義務の確認請求がされたが、その確認の利益を否定したものとして、【65】参照）。今後は、この制度に何らかの制裁を設けるかという立法論や照会の際の説明・手続の在り方の運用論を含めた議論が期待されよう。

●参考文献●　平田浩・判解昭56年度252、椎橋邦雄・百5版156

140　模索的証明

東京高決昭和47年5月22日（高民25巻3号209頁・判時668号19頁）　　参照条文　なし

> 文書提出命令の申立人が要証事実を十分に明らかに
> しないで申立てをすることはできるか。

●**事実**●　Xらは、Yに対し、Yが設置した原子炉（臨界実験装置）の撤去を請求したが、その訴訟においてXらは、Yが内閣総理大臣に提出した臨界実験装置設置許可申請書等の写しの提出を求めた。原審は、本件文書は312条（現行220条）3号後段の法律関係文書に当たるとして、提出命令を発した。Yより抗告。

●**決定要旨**●　原決定取消し・申立て却下。
「Xらは右申立に当って民事訴訟法第313条〔現行221条〕に定める事項を一応明にしているが、そのうち、当該文書によって「証すべき事実」としては、要するに、本案訴訟で却却または運転の停止を求めている原子炉（臨界実験装置）には構造上本質的な危険性が内在し、平常時運転においても常時放射能が照射される危険があり、また、操作上、技術上の過誤に伴う事故の発生を免れないために事故時の安全装置に欠陥があるので、事故時の爆発的な核分裂の連鎖反応に伴う発射、放射能の照射等の危険が大きく、Xらはその危険にさらされていること、を掲げるに止まっている。しかし、右に掲げられた事項は……「証すべき事実」とはなりえない。右主命題は、前記原子炉（臨界実験装置）の構造、運転、安全装置等に関する具体的な事実が確定され、それが前提となって判断されるものであって、証拠をもって証すべき対象は、右具体的な事実であり、しかも、その事実の指摘すなわち主張があり、その主張を対立当事者において争う場合に限られるのである。」「文書提出命令の申立は、証拠方法としての書証申立の一方式である（同法第311条〔現行219条〕）。証拠の申出は、一般的にも要証事実を表示してなされるべきであり（同法第258条第1項〔現行180条1項〕）、これを欠くか不明確かであれば、すでに証拠申出は不適法なものといえるのであるが、弁論の全趣旨からして要証事実が或る程度推測できるか、対立当事者において強いて異議を申出でないかぎり、右の方式が必ずしも厳守されていないのみか、争いのない事実に関する証拠申出も許容されているのが現状である。この現状は法制上その他諸般の事情から、訴訟外で十分な訴訟資料を収集、整理することがなく、これを口頭弁論の場に求め、真実発見の目標のもとに当事者も裁判所も証拠手続の不備に寛容となる事情に基く。しかし、本件のように対立当事者において手続の厳格な運用に固執し、しかも弁論の全趣旨からしても右要証事実が分明でなく、とくに文書提出命令としてこれに応じない場合の法的効果の定めがある場合（同法第316条〔現行225条〕）には、その本来の建前に従う厳格性が要求される。」「以上によって、Xらの本件文書提出命令申立には、法の要求する証すべき事実の明示を欠くことになり、同申立はその点で不適法であるというべきである。」

●**解説**●　**1**　本決定は、文書提出命令につき、当該文書により「証明すべき事実」（221条1項4号）が不特定であるとして申立てを却下したものである。証拠調べを申し出る当事者が証明すべき事実を特定することが困難な状況において、その特定を厳格には求めない、いわゆる模索的証明を容認する見解が学説上は有力である。しかるに、本決定は、少なくとも相手方当事者がその厳格な運用を認める場合には、その緩和はできないとして、模索的証明を許容しなかった下級審裁判例の一例となる（これに対し、模索的証明により積極的な見解を示したものとして、大阪地決昭61・5・28判時1209-16など参照）。

2　本決定は、証明すべき事実は具体的な事実である必要があり、本件申出が摘示する点は、本件原子炉の危険性や安全装置の欠陥という法的結論ないし抽象的事実にすぎないので、証明すべき事実の特定としては不十分なものとする。そして、仮にこれを証明すべき事実とすると、Yが提出命令に応じない場合は、その点が真実と擬制されることになり、不合理であるとする。ただ、常にこのような理解をすることが現実的でない点は本決定も認めているところであり、弁論の全趣旨から要証事実が推測できる場合や相手方に異議がない場合には、その特定を緩和する可能性が示唆されている。しかし、そのような場合でなくても、特に証拠偏在型といわれる訴訟においては、証拠調べを求める当事者が要証事実を十分に特定できない場合は考えられる。翻って考えると、要証事実の特定を要求する趣旨は、当該証拠調べの必要性を裁判所や相手方に示すことにあるとすれば、その必要性が具体的事案の中で判断できるのであれば、要証事実の摘示が抽象的なものでも足りると解してよいことになろう。特に要証事実の特定が困難である場合（当該当事者にはその点に関する十分な情報がなく、他の方法によっては情報収集が困難であるような場合）において、当該証拠調べの必要性が一定程度合理的に認められるときには、証拠調べを許容してもよいものと解される（なお、立法論としては、証拠収集の手続を明示的に規定し、その場合には要証事実との「関連性」等の緩やかな要件で収集を認めることも考えられてよかろう）。

3　なお、本決定は、文書提出命令に応じない場合の制裁との関係でも要証事実の厳格な特定の必要性を論じるが、この点は、現行民訴法で規律が変容していることに注意を要する。すなわち、旧法では文書の記載に関する相手方の主張を真実と認めることができるだけであったが（現行224条1項に相当する規定）、現行法は加えて要証事実の真実擬制を正面から認めた（同条3項）。これによって、要証事実の特定がより重要になったという評価が可能であるが、それでも前述のような事情がある場合にはなお要証事実の緩和を認め、提出命令に応じない場合にはその真実擬制の制裁を認めるべきであろう。

●**参考文献**●　平野哲郎・百5版152、鈴木正裕先生古稀祝賀『民事訴訟法の史的展開』607〔畑瑞穂〕

141　本案におけるインカメラ審理

最1小決平成21年1月15日（民集63巻1号46頁・判時2034号24頁）　　参照条文　民訴法223条6項

> 本案の要証事実について裁判所はインカメラ審理に基づき事実認定をすることができるか。

●**事実**●　Xは情報公開法に基づき本件行政文書の開示を請求したが、外務大臣から、情報公開法の不開示事由に該当するとして不開示決定を受けたため、Y（国）を被告として、その取消しを請求した。Xは、本件不開示文書の検証の申出をするとともに、これを目的物としてYに対する検証物提示命令の申立てをした。なお、Xは、本件検証の申出等をするに当たり、検証への立会権を放棄し、検証調書の作成についても本件不開示文書の記載内容の詳細が明らかになる方法での検証調書の作成を求めない旨陳述した。原審は、本件検証の申出等は、立会権放棄等を前提としたもので、実質的にはいわゆるインカメラ審理（裁判所だけが文書等を直接見分する方法により行われる非公開審理）を意図したものであり、情報公開法はインカメラ審理を全く許容しない趣旨ではないとし、本件検証物提示命令の申立てのうち、一部の不開示文書に係る部分を認容した。Yより許可抗告の申立て（抗告許可）。

●**決定要旨**●　原決定破棄・検証申立て却下。
「情報公開法に基づく行政文書の開示請求に対する不開示決定の取消しを求める訴訟（以下「情報公開訴訟」という。）において、不開示とされた文書を対象とする検証を被告に受忍させることは、それにより当該文書の不開示決定を取り消して当該文書が開示されたのと実質的に同じ事態を生じさせ、訴訟の目的を達成させてしまうこととなるところ、このような結果は、情報公開法による情報公開制度の趣旨に照らして不合理といわざるを得ない。したがって、被告に当該文書の検証を受忍すべき義務を負わせて検証を行うことは許されず、上記のような検証を行うために被告に当該文書の提示を命ずることも許されないものというべきである。立会権の放棄等を前提とした本件検証の申出等は、上記のような結果が生ずることを回避するため、事実上のインカメラ審理を行うことを求めるものにほかならない。」「しかしながら、訴訟で用いられる証拠は当事者の吟味、弾劾の機会を経たものに限られることは、民事訴訟の基本原則であるところ、情報公開訴訟において裁判所が不開示事由該当性を判断するために証拠調べとしてのインカメラ審理を行った場合、裁判所は不開示とされた文書を直接見分して本案の判断をするにもかかわらず、原告は、当該文書の内容を確認した上で弁論を行うことができず、被告も、当該文書の具体的内容を援用しながら弁論を行うことができない。また、裁判所がインカメラ審理の結果に基づき判決をした場合、当事者が上訴理由を的確に主張することが困難となる上、上級審も原審の判断の根拠を直接確認することができないまま原判決の審査をしなければならないことになる。」「このように、情報公開訴訟において証拠調べとしてのインカメラ審理を行うことは、民事訴訟の基本原則に反するから、明文の規定がない限り、許されないものといわざるを得ない。」「現行法は、民訴法の証拠調べ等に関する一般的な規定の下ではインカメラ審理を行うことができないという前提に立った上で、書証及び検証に係る証拠申出の採否を判断するためのインカメラ手続に限って個別に明文の規定を設けて特にこれを認める一方、情報公開訴訟において裁判所が不開示事由該当性を判断するために証拠調べとして行うインカメラ審理については、あえてこれを採用していないものと解される。」

●**解説**●　1　本判決は、情報公開訴訟において、不開示とされた文書につき原告が自己の立会権を放棄して検証物提示を命じる、いわゆるインカメラ審理が許されないことを明らかにした。情報公開訴訟の場合、適切な判断のため裁判所が文書の記載内容を閲読することが必要になる場合があり得るが、この場合、通常の検証手続では原告も文書の内容を知ることができ、実質的に請求が認容されたのと同じ結果になるため、検証が認められない。そうだとすれば、原告が自己の立会権を放棄しても裁判所に文書の内容を閲読してほしいと考える場合がある。本判決は、そのような証拠調べの方法は、民事訴訟の基本原則に反するため、明文規定がない現行法下では許されないと判示した。

2　本判決においてインカメラ審理がそれに反するとされた民事訴訟の基本原則とは、「訴訟で用いられる証拠は当事者の吟味、弾劾の機会を経たものに限られる」というものであり、双方審尋主義を意味するものと解される（鎌野・後掲20頁以下）。この点は当事者の手続保障の根幹をなし、裁判を受ける権利（憲32条）の実質的部分を構成すると解される。ただ、それでも当事者が立会の権利をあえて放棄するのであれば処分は可能であるとの考え方もありうるが、本判決は、これが相手方の弁論内容や上訴審における適切な判断にも影響することを指摘し、処分可能とはいえないとしたものと解される。このような事態を克服する工夫がないとはいえないが、それは立法によるべきというのが本判決の趣旨であろう。

3　本判決は、明示の立法があれば、インカメラ審理も可能とする（その意味で、インカメラ審理の禁止は憲法上の要請ではないと解する。この点は本判決の泉徳治・宮川光治両裁判官の補足意見で論じられている）。ただ、民訴法のインカメラ手続は文書提出命令や検証物提示命令といった証拠申出の採否の決定についてのみ導入され（223条6項・232条1項）、本案審理からは排除されているし、情報公開法も情報公開審査会の審理のみにインカメラを導入した。これらの規律は、本案に係る裁判所の手続についてはインカメラ審理を認めない旨の立法者の判断を示すものであり、現行法上はやはり許されないといえ、実務上の工夫（鎌野・後掲27頁）に限界がある中、問題は立法論の場に委ねられたものといえよう。

●**参考文献**●　鎌野真敬・判解平21年度12、伊東俊明・平21年度重判143

142 証言拒絶権——職業の秘密

最3小決平成18年10月3日（民集60巻8号2647頁・判時1954号34頁）　　参照条文　民訴法197条

> 報道機関の取材源の秘密はいかなる場合に証言拒絶権の対象となり得るか。

●事実●　NHKはA社が所得隠しをして日本の国税当局から追徴課税を受けた等のニュース報道をしたが、YはNHK記者として本件報道に関する取材活動をした。Xらは、合衆国国税当局の職員が、日本の国税庁税務官に対し、虚偽の内容を含むAおよびXらの徴税に関する情報を無権限で開示したことにより、国税庁税務官が情報源となって本件報道がされ、その結果、Xらが株価下落、配当減少等による損害を受けたと主張して、合衆国を被告に、米国連邦地方裁判所に本件基本事件の訴えを提起した。本件基本事件が開示（ディスカバリー）手続中に、上記連邦地裁は、今後の事実審理のため必要であるとして、国際司法共助により、我が国裁判所に対し、上記連邦地裁の指定する質問事項につきYの証人尋問の実施を嘱託した。上記嘱託に基づき、原々審でYの証人尋問が実施されたが、Yは、本件報道の取材源の特定に関する質問事項につき職業の秘密に当たるとして証言を拒絶した。原々審は本件証言拒絶に正当な理由があると認める決定をした。Xらは本件証言拒絶に理由がないとして抗告したが、原審は、報道関係者の取材源は197条1項3号の職業の秘密に当たるなどとして、抗告を棄却した。Xらより許可抗告申立て（抗告許可）。

●決定要旨●　抗告棄却。
「民訴法は、公正な民事裁判の実現を目的として、何人も、証人として証言をすべき義務を負い（同法190条）、一定の事由がある場合に限って例外的に証言を拒絶することができる旨定めている（同法196条、197条）。そして、同法197条1項3号は、「職業の秘密に関する事項について尋問を受ける場合」には、証人は、証言を拒むことができると規定している。ここにいう「職業の秘密」とは、その事項が公開されると、当該職業に深刻な影響を与え以後その遂行が困難になるものをいうと解される（【152】参照）。もっとも、ある秘密が上記の意味での職業の秘密に当たる場合においても、そのことから直ちに証言拒絶が認められるものではなく、そのうち保護に値する秘密についてのみ証言拒絶が認められると解すべきである。そして、保護に値する秘密であるかどうかは、秘密の公表によって生ずる不利益と証言の拒絶によって犠牲になる真実発見及び裁判の公正との比較衡量により決せられるというべきである。」「報道関係者の取材源は、一般に、それがみだりに開示されると、報道関係者と取材源となる者との間の信頼関係が損なわれ、将来にわたる自由で円滑な取材活動が妨げられることとなり、報道機関の業務に深刻な影響を与え以後その遂行が困難になると解されるので、取材源の秘密は職業の秘密に当たるというべきである。そして、当該取材源の秘密が保護に値する秘密であるかどうかは、当該報道の内容、性質、その持つ社会的な意義・価値、当該取材の態様、将来における同種の取材活動が妨げられることによって生ずる不利益の内容、程度等と、当該民事事件の内容、性質、その持つ社会的な意義・価値、当該民事事件において当該証言を必要とする程度、代替証拠の有無等の諸事情を比較衡量して決すべきことになる。」「当該報道が公共の利益に関するものであって、その取材の手段、方法が一般の刑罰法令に触れるとか、取材源となった者が取材源の秘密の開示を承諾しているなどの事情がなく、しかも、当該民事事件が社会的意義や影響のある重大な民事事件であるため、当該取材源の秘密の社会的価値を考慮してもなお公正な裁判を実現すべき必要性が高く、そのために当該証言を得ることが必要不可欠であるといった事情が認められない場合には、当該取材源の秘密は保護に値すると解すべきであり、証人は、原則として、当該取材源に係る証言を拒絶することができると解するのが相当である。」

●解説●　1　本決定は、報道機関の取材源の秘密に関する証言拒絶権につき、職業の秘密の一般論から、保護に値する秘密である場合に限り、証言拒絶が認められるとしながら、報道の自由の重要性に鑑み、特段の事情がない限り、取材源の秘密は保護に値するとした。証言拒絶権（更には文書提出義務）における職業の秘密の一般論として理論的に重要であることに加え、取材源の秘密の保護を強く打ち出したものとして実務上の意義も大きい。

2　本決定は、単に職業の秘密（その意義は【152】参照）というだけでは証言拒絶権を認めず、更に「保護に値する秘密」である必要があるとし、いわゆる比較衡量説を採用した。すなわち、「秘密の公表によって生ずる不利益」と「証言の拒絶によって犠牲になる真実発見及び裁判の公正」の比較衡量を求め、職業の秘密を絶対的に保護するのではなく、裁判における真実発見の要請から証拠の重要性や本案訴訟の重要性を衡量すべきものとした。換言すれば、秘密開示による不利益が大きい場合でも、それが重要な訴訟における唯一の証拠であるような事案では、なお開示の余地を認めるものである。民事訴訟における真実発見の重要性に鑑み、妥当な判断といえよう。

3　ただ、本決定は、取材源の秘密にこの一般論を適用するに際しては、そのような秘密の特殊性・重要性に鑑み、取材対象者の同意や刑罰法規違反の取材など極めて例外的な場面を除き、①訴訟の社会的意義・重要性、②証拠調べの必要不可欠性がなければ、原則は証言拒絶を認める。取材源の秘密の意義に鑑み妥当な判断であるが、今後は①の具体的適用等が問題となろう（戸田・後掲1032頁は、被害者多数の薬害事件や公害事件を重要な訴訟の例として挙げるが、消費者集団訴訟や一定の行政訴訟等も含まれる余地があろうか）。

●参考文献●　戸田久・判解平18年度1006、岡田幸宏・百5版142

143　宣誓能力

最 1 小判昭和40年10月21日（民集19巻 7 号1910頁・判時430号29頁）　　参照条文　民訴法201条

> 宣誓能力を欠く者に宣誓をさせて証言をさせた場合、
> その証言の効力は認められるか。

●事実●　　Yらの子Aが遊戯中に投げた鉄線がたまたま付近に居合わせたX（当時 5 歳）に誤って命中し、Xは左眼失明の障害を負ったので、XはYらに対し慰謝料等を請求した。第 1 審裁判所は当時13歳の証人Bを宣誓させて尋問し、控訴審はBの証言を証拠として採用し、事実認定の資料とした。Xより、Bは289条 1 項（現行201条 2 項）により宣誓をさせずに尋問すべきであるにもかかわらず、第 1 審は宣誓させた上で尋問を行い、原判決はその証拠調べ手続の瑕疵を考慮せず判断資料とした違法があるとして、上告。

●判旨●　　上告棄却。
「民訴法289条による宣誓能力のない者に誤って宣誓させた上なした証人尋問は、違法な手続によるものではあるが、宣誓させて尋問すべき証人を誤って宣誓させずして尋問した場合と異なり、訴訟法上有効であるから、責問権の放棄を論ずるまでもなく、裁判所はその証言が虚偽の陳述であると認める限り、これを証拠として採用するを妨げないと解するを相当とする。」「第 1 審が証拠調の当時13才の証人Bに対し民訴法289条 1 号に違反して宣誓させた上なした証人尋問を原審が証拠として採用したことは認められるけれども、原審が右証言を虚偽の陳述でないと評価して採用したことは原判文上明らかであるから、右証言を証拠として採用したからといって、何ら所論違法は存しない。」

●解説●　　1　本判決は、宣誓無能力者に対して宣誓させて証人尋問がされた場合の証言の効力について最高裁が示した最初の判決である。本判決は、そのような証人尋問は違法の手続であることを前提にしながら、その違法は証人尋問の効力を失わせるまでの違法ではなく、当該証人尋問は有効であり、その尋問により得られた証言は証拠能力を有するとし、あとは裁判所の自由心証に委ねたものである。このような証人尋問の効力については様々な議論があったところ、最高裁が判断を明らかにしたことの実務上の意義は大きい。
2　証人は原則として宣誓義務を課されるが（201条 1 項）、それは、宣誓により証言の真実性を担保し、裁判の公正を確保する趣旨である。宣誓したにもかかわらず、証人が虚偽の陳述をしたときは偽証罪となり、3 月以上10年以下の懲役に処される（刑169条）。このように、宣誓は法律上重要な意味を有する行為であるので、宣誓をする証人は十分その意味を理解して宣誓するものでなければならない。そこで、法は、宣誓の趣旨を理解できない者につき個別に宣誓能力を否定するとともに、16歳未満の者については包括的に宣誓能力を否定している（201条 2 項）。したがって、証人尋問をする場合、宣誓能力のある者には宣誓をさせなければならない一方、宣誓能力のない者に宣誓をさせ

てはならない。換言すれば、宣誓をさせるか否かについては裁判所の裁量は存しない。そこで、宣誓能力のない証人に対し、宣誓をさせて尋問した場合の効力が問題となる。このような尋問手続が201条 2 項に反して違法であることは明らかであり、古い判例には、そのような証人尋問において得られた証言は裁判資料にできないとするものがあった（大判明治31・3・18民録 4 -3-54参照。但し、旧々民訴310条 5 号にあった宣誓させずに参考のため尋問できる証人に関する、やや特殊な事案である）。その後、判例は、そのような証言の証拠能力を一律には否定せず、当事者の責問権に委ねる方向に転じ、それが大審院の確定判例となった。すなわち、そのような証人尋問は違法であるが、責問権の放棄または喪失があるときは、証拠資料とできるとするものである（大判明治39・3・7 民録12-332、大判大正4・4・17民録21-510、大判大正11・7・5 民集 1 -367など）。これによれば、証人尋問後当事者が遅滞なく異議を述べた場合に限り、その証言が証拠資料から排除されることになる。しかるに、学説上はそのような判例を批判し、むしろそのような証言の証拠能力を認め、裁判所の自由心証に委ねる立場も有力であった（兼子一原著『条解民事訴訟法〔第 2 版〕』764頁など）。本判決はそのような批判を採用し、（本件では当事者の異議はなかったようにみえるにもかかわらず）「責問権の放棄を論ずるまでもなく」と明示し、責問権の問題とはせず、当然に証言の効力を認めた。本判決はその理由を述べていないが、その趣旨は以下のように考えられる（後藤・後掲404頁参照）。すなわち、宣誓とは証言の真実性を担保する制度であるから、一般に宣誓がある場合の方がない場合よりも陳述の真実性は高められると解される。そうだとすれば、原則としては、誤った宣誓があった場合の証言にも証拠能力を認める方が真実に近づけることになろう（後藤・後掲404頁は「宣誓がなされたことによって、証言の信用は増しこそすれ、その証拠能力を否定すべき根拠はたやすく見出しがたいのではなかろうか」とする）。その趣旨は、刑訴法においては明示されており（刑訴155条 2 項は、宣誓無能力者が宣誓した場合の供述も「証言としての効力を妨げられない」と明定する）、本判決の判示は妥当なものと解される。
3　他方、宣誓能力のある者につき宣誓させずに尋問した場合については、大審院は上記と同様に、責問権の放棄・喪失の問題とし（大判昭和15・2・27民集19-239など）、最高裁もそれを維持している（最 1 小判昭和29・2・11民集 8 -2-429）。この場合、宣誓なしでされた証言はその証拠価値が低いことは明らかであるので、証言の効力に影響が及び得るが、やはり自由心証の問題とすることもあり得ないではない。しかし、証言における宣誓の重要性に鑑みると、そのような解釈は実質上宣誓義務を訓示規定化するものであり、相当ではないと解されるので、少なくとも当事者から遅滞なく異議が出された場合は、その証拠能力を否定し、証人尋問の再施を求めることが相当と解されよう。

●参考文献●　　後藤静思・判解昭40年度400、新注釈(4)269
〔安西明子〕

144　反対尋問権

最2小判昭和32年2月8日（民集11巻2号258頁・判タ71号52頁）　　参照条文　民訴法202条

> 反対尋問の機会がなかった当事者尋問の結果は証拠資料となるか。

●事実●　Xは、Yらに対し、建物明渡訴訟を提起した。Yらは、賃貸借の合意解除や建物明渡しの約束をした事実はないとして争った。Y₁は本訴提起後脳溢血に罹り、寝たきりの状態になったため、第1審におけるY₁本人尋問は臨床尋問として実施されたが、Y側の主尋問が終わった段階で立会医師の勧告により尋問が途中で打ち切られ、X側にはその後も反対尋問の機会が与えられなかった。第1審は、Y₁本人尋問の結果を措信せず、Xの請求を認容したが、控訴審は、「Y₁本人の供述並びに当審証人の証言を総合すれば」「明渡の請求に対する承諾があったものとは到底認められない」として、請求を棄却した。Xより、原審が反対尋問の機会を欠いたY₁の当事者尋問の結果を採用したことは違法であるとして、上告。

●判旨●　上告棄却。
　「第1審におけるY₁に対する臨床訊問が途中で、立会の医師の勧告によって打ち切られ、X側に反対訊問の機会が与えられなかったことは、所論のとおりである。しかし、右の場合、裁判所が本人訊問を打ち切った措置を違法と解し得ないことは、民訴260条〔現行181条2項〕の趣旨からして当然であり、その後、再訊問の措置を採らなかったのも、右本人の病状の経過に照らし、これを不相当と認めたためであることが、記録上窺い得られるところである。従ってこのように、やむを得ない事由によって反対訊問ができなかった場合には、単に反対訊問の機会がなかったというだけの理由で、右本人訊問の結果を事実認定の資料とすることができないと解すべきではなく、結局、合理的な自由心証によりその証拠力を決し得ると解するのが相当である。（なお、Xが第1、2審において異議を述べ、またはY₁の再訊問を申請したような事実は記録上認められない。）」

●解説●　1　本判決は、当事者尋問につき、反対尋問ができなかったときも証拠資料とできる場合があることを明らかにしたものである。当事者尋問も、証人尋問（202条1項）と同様、交互尋問制がとられ（210条）、尋問申出の相手方当事者には反対尋問権が保障されている。本件で問題とされたのは、反対尋問権が絶対的に保障されたものか、それとも一定の事由がある場合は制限され得るのかという点である（小谷勝重裁判官の反対意見は「反対訊問の機会を与えない供述は、その後の再訊問と相俟つか、または反対訊問権者において積極的にその訊問権を放棄したものと認められる場合でない限り、主訊問による供述だけでは、一方的な訊問でいまだ完結しない、供述としては未完成なものと解すべきであり、したがって該供述はいまだ裁判の資料となし得ない」とする）。本判決は、「やむを得ない事由によって反対訊問ができなかった場合には」当事者尋問の結果は証拠資料となり得、裁判所の自由心証の問題として処理すべき旨を明らかにしたものである。

2　本判決は、反対尋問ができないことに「やむを得ない事由」がある場合に、尋問結果を証拠資料とすることができるとする。したがって、反対尋問をしないことにやむを得ない事由がない場合は、尋問結果は証拠資料となり得ない。これは、202条1項は反対尋問権を当事者の権利として認めていることを前提に、反対尋問権を違法に剥奪した場合は、尋問手続は違法になると解したものと解される（土井・後掲38頁参照）。学説上は、伝聞証拠につき無制限に証拠能力を肯定する判例の立場からは、反対尋問を経ない尋問結果も全て証拠能力を認めることが整合的であるとの見解もあるが、判例がそのような趣旨でないことは明らかである（これは証拠調べ手続の規定がない伝聞証拠と規定がある（反対尋問権が保障されている）人証調べとの相違であろう）。そこで、反対尋問を省略できる要件が問題となるが、「やむを得ない事由」に限定する判例の態度は正当であろう。やむを得ない事由とは法制的に最も限定された要件であり、真に例外的な場合に限定する趣旨と解されるからである。そのような場合は、結局それまでの陳述を証拠資料とするかしないかの選択で、この点はまさに伝聞証拠等の趣旨に鑑み、それまでの陳述だけであっても証拠資料とすることがより真実に適う裁判を可能にすると考えられ、証拠評価には慎重を要するものの、証拠能力を認めることが相当と解される（土井・後掲39頁は「もし事件の鍵を握る唯一の証人が、重要な証言をした後、反対訊問を受けないうちに頓死した場合、その証言に絶対に証拠能力なしと解するのは如何なものであろうか」とする）。そこで、やむを得ない事由の具体例が問題となるが、本判決は病気に関する例ということになる。本件では臨床尋問の立会医師が尋問打ち切りを勧告しており、証拠調べに不定期間の障害（181条2項）が生じたものと解され、その打ち切りはまさにやむを得ない措置であろう。その他の場合として、主尋問後の証人の行方不明など適用範囲は限定的に解するべきであろう（証人の期日不出頭の場合に反対尋問を経ない尋問結果の証拠能力を認めた東京高判昭和51・9・13判時837-44には疑問もある。ただ、このような事態は集中証拠調べが一般化して主尋問と反対尋問が連続する現行法下では稀有であろう）。

3　本判決は、最後に括弧書で、「Xが第1、2審において異議を述べ、またはY₁の再訊問を申請したような事実は記録上認められない」とする。これは、仮に本件尋問手続が違法だったとしても、Xの責問権の放棄または喪失により適法となり得る趣旨と解される（土井・後掲39頁）。反対尋問を認めない措置については裁判長に異議を申し立てることができるし（民訴規117条参照）、被尋問者の病気快復や行方不明の被尋問者の所在判明の場合は、裁判所は職権でも反対尋問を実施すべきであろう（弁論主義が妥当する証人尋問においても、既に主尋問を終えた場合に反対尋問権を保障する措置は職権でも可能と解される）。

●参考文献●　土井王明・判解昭32年度37、石田秀博・[百]5版138

145 提訴後作成文書の証拠能力

最2小判昭和24年2月1日（民集3巻2号21頁）　参照条文　なし

提訴後に作成された文書は書証としての証拠能力を有するか。

●**事実**●　X社が、同社の元代表取締役Yに対し、建物明渡しを求めた仮処分命令に対してYが異議訴訟を提起したが、争点は当該建物の所有者（すなわち建物の払下げを受けた者）がXかYかにあった。原判決は、本件仮処分申請後にYがXに宛てて出した内容証明郵便をも根拠として、本件建物の払下げを受けたのはYであるとして、仮処分命令を取り消し、申請を却下すべきものとした。Xより、原判決が上記書証を事実認定の根拠としたとすれば、仮処分後の証拠力のない書証を証拠とした誤判であるとして、上告。

●**判旨**●　上告棄却。
「Xが原審において疎明方法として提出した〔書証〕は、いずれも、本件仮処分申請提起の後に、Y自ら、X社に宛てて本件係争の事実関係について、差出した書面（内容証明郵便）である……。しかしながら、訴訟提起後に当事者自身が、係争事実に関して作成した文書であっても、それがために、当然に、証拠能力をもたぬものではない。裁判所は自由の心証をもって、かかる書類の形式的、実質的証拠力を判断して、これを事実認定の資料とすることができるのである。本件において、右書証の成立については、当事者間に争いのないところであり、原審はその自由裁量によって、右書証の証拠価値を判断した上で、その挙示する他の疎明方法と総合して判示のごとき事実関係疎明の資料に供したのであって、この点において、少しも、所論のごとき違法はないのである。」

●**解説**●　1　本判決は、提訴後に作成した文書も書証として証拠能力を有し、裁判所の自由心証により証拠価値が判断されるべき旨を判示したものである。提訴後に作成された文書は、当該訴訟の存在を意識して作成されたものと考えられ、定型的に信用性の乏しいものとして、また本来そこに記載されている事項は証人尋問や当事者尋問で立証すべき事柄であり、そのような証拠調べ方法（特に反対尋問）を潜脱するものとして、証拠能力を有しないのではないかとの疑義も生じる。実際、かつての大審院判例は口頭主義や直接主義の観点から一貫して証拠能力を否定していた（大判明治39・1・18民録12-55、大判大正10・2・2民録27-172、大判大正12・2・3民集2-42など参照）。ただ、その後、第三者が係争事実につき提訴後に作成した文書の証拠能力を肯定する判決が出され（大判昭和14・11・21民集18-1545参照。最高裁においても最2小判昭和25・5・18判タ13-63参照）、当事者の提訴後作成文書に関する判断が注目されていたところ、本判決は当事者作成文書についても大審院判例は継承せず、証拠能力を認める旨を明らかにした（その後のものとして、最3小判昭和32・7・9民集11-7-1203参照）。これにより、提訴後文

書も一般に証拠能力が肯定され、あとは自由心証主義に委ねられることが確定するとともに、いわゆる陳述書の証拠能力も肯定する基礎が構築されたという意味で、重要な意義を有する判決といえる。

2　本判決は、提訴後に作成された書証につき証拠能力を肯定する理由を必ずしも明示しないが、証拠能力を広範に肯定する判例の流れ（例えば、伝聞証拠に関する【127】、反対尋問を経ない証言に関する【144】等）を汲むものと評価できよう。証拠能力を否定する議論としては、かつての大審院判例のように、それは人証に関する手続を潜脱することになる点、より具体的には相手方の反対尋問権を奪う結果になる点や尋問に代わる書面の提出の原則禁止（205条）を潜脱することになる点がある。その意味で、近時はそのような文書の証拠能力を否定する見解も有力になっている（山本和彦・後掲997頁引用の文献参照）、実務上は、本判決に基づき、効率性の観点から証拠能力を認め、自由心証に委ねる理解が一般的である。ただ、反対尋問機会の保障は民事訴訟の手続保障として根本的なものであるので、①当事者が当該証人や当事者の尋問申出をしなかった場合や②実際にそれらの者の尋問がされた場合は、提訴後にそれらの者が作成した文書にも証拠能力を認めてよいが、③それらの者の尋問申出がされたにもかかわらず却下された場合は、その文書の証拠能力も否定すべきである。この場合は、いかに書証の方が効率的であるとしても、反対尋問権を否定した形での証拠方法は許容すべきではないと解されるからである（但し、【144】で問題とされているような証人・当事者の尋問ができないような特別の事情（病気・行方不明等）がある場合は例外的に証拠能力を肯定する余地はあろう）。

3　提訴後作成文書の一種として、近時実務上活用されているものに、陳述書がある。陳述書には大きく、争点整理目的で提出される場合と主尋問を代替すると短縮することを目的で提出される場合があるとされる（以下につき、山本和彦・後掲998頁以下参照）。特に集中証拠調べとの関係で、陳述書は相手方に当該証人や当事者の陳述の主たる内容を事前に開示し、反対尋問等の準備を可能にするものとして不可欠の存在といえる。ただ、それを書証として提出することの当否には議論があり、本来準備書面や尋問事項書で足りるとの批判もある。ただ、本判決を前提にすれば、陳述書も当然に証拠能力が認められ、その証拠価値の判断は裁判所の自由心証に委ねられることになろう（本判決は文書の作成目的（裁判所に提出することを目的に作成されたか否か）で証拠能力を区別しない）。しかし、反対尋問権保障の観点（2参照）からは、相手方当事者の異議がない場合や実際に当該証人等の尋問がされた場合は陳述書にも証拠能力は認められるが、陳述者の尋問の申出が却下された場合には、原則として（陳述者の病気や行方不明等で尋問ができないような場合を除く）その証拠能力は否定されるべきであろう（山本和彦・後掲999頁など参照）。

●**参考文献**●　新注釈(4)996以下〔山本和彦〕、山本克己・判タ938-71

146 法律関係文書──刑事文書①

最3小決平成16年5月25日（民集58巻5号1135頁・判時1868号56頁）　　　参照条文　民訴法220条3号・4号ホ

> 刑事事件の共犯者の供述調書等は民事訴訟で文書提出命令の対象とすることができるか。

●事実●　A保険会社は、Xを被告に、Xとその共犯者らが共謀して故意に交通事故を作出して保険金を詐取したと主張し、不法行為に基づき保険金相当額の損害賠償請求訴訟を提起した。本件は、上記本案訴訟において、Xが、Y（国）の保管する上記保険金詐欺等被疑事件で共犯者とされた者の検察官または司法警察員に対する供述調書のうち、Xを被告人とする詐欺等被告事件の公判に提出されなかったものにつき、文書提出命令の申立てをした事件である。なお、Xは、刑事事件において共犯者らとの共謀の事実を否認して詐欺罪の成立を争ったが、有罪判決が確定している。Xは、本件本案訴訟でも上記共謀の事実を否認し、不法行為の成立を争っている。原々審は、本件各文書は220条3号の法律関係文書に該当するが、刑訴法47条によりYは提出義務を負わないとして、本件申立てを却下したが、原審は、本件文書は法律関係文書に該当し、刑訴法47条の制約を考慮しても本件各文書を提出すべき義務があるとして、原々決定を取り消し、本件申立てを認容した。Yより許可抗告申立て（抗告許可）。

●決定要旨●　原決定破棄・抗告棄却。
　「刑訴法47条は、その本文において、「訴訟に関する書類は、公判の開廷前には、これを公にしてはならない」と定め、そのただし書において、「公益上の必要その他の事由があって、相当と認められる場合は、この限りでない」と定めている。同条所定の「訴訟に関する書類」には、本件各文書のように、捜査段階で作成された供述調書で公判に提出されなかったものも含まれると解すべきである。同条本文が「訴訟に関する書類」を公にすることを原則として禁止しているのは、それが公にされることにより、被告人、被疑者及び関係者の名誉、プライバシーが侵害されたり、公序良俗が害されることになったり、又は捜査、刑事裁判が不当な影響を受けたりするなどの弊害が発生することを防止することを目的とするものであること、同条ただし書が、公益上の必要その他の事由があって、相当と認められる場合における例外的な開示を認めていることにかんがみると、同条ただし書の規定による「訴訟に関する書類」を公にすることを相当と認めることができるか否かの判断は、当該「訴訟に関する書類」を公にする目的、必要性の有無、程度、公にすることによる被告人、被疑者及び関係者の名誉、プライバシーの侵害等の上記の弊害発生のおそれの有無等諸般の事情を総合的に考慮してされるべきものであり、当該「訴訟に関する書類」を保管する者の合理的な裁量にゆだねられているものと解すべきである。そして、民事訴訟の当事者が、民訴法220条3号後段の規定に基づき、刑訴法47条所定の「訴訟に関する書類」に該当する文書の提出を求める場合においても、当該文書の保管者の上記裁量的判断は尊重されるべきであるが、当該文書が法律関係文書に該当する場合であって、その保管者が提出を拒否したことが、民事訴訟における当該文書を取り調べる必要性の有無、程度、当該文書が開示されることによる上記の弊害発生のおそれの有無等の諸般の事情に照らし、その裁量権の範囲を逸脱し、又は濫用するものであると認められるときは、裁判所は、当該文書の提出を命ずることができるものと解するのが相当である。」
　本件では、Xの主張事実を立証するためには、本件各文書が提出されなくても、共犯者らの証人尋問や本件刑事公判において提出された証拠等を書証として提出すること等が可能であり、本件各文書の取調べが、立証に必要不可欠とはいえないこと、本件各文書の開示によって、本件共犯者らや第三者の名誉、プライバシーが侵害されるおそれがないとはいえないこと等から、「X及び本件共犯者らの有罪判決が既に確定していることを考慮に入れても、本件各文書を開示することが相当でないと……したYの判断が、その裁量権の範囲を逸脱し、又はこれを濫用したものであるということはできない。」

●解説●　1　本決定は、刑事関係文書につき文書提出義務の判断基準を明らかにしたリーディング・ケースである。刑事関係文書については220条4号ホが一般提出義務を否定しており、1号から3号による提出義務、とりわけ3号後段の法律関係文書性が中心的に争われるところ、その判断基準を明示したものとして実務上も理論上も重要な判断である。
　2　本決定は、法律関係文書性の判断は留保し（この点は、【147】参照）、仮に法律関係文書に該当するとしても、刑訴法47条で認められる文書所持者の裁量権尊重を前提に、裁量権の範囲逸脱や濫用がある場合に限り、提出義務を認める。そこでは、一方では文書取調べの必要性、他方では文書開示による弊害（被告人・被疑者・関係人の名誉・プライバシーの侵害、捜査・刑事裁判への不当な影響等）が比較衡量すべき事由とされた。そして、本件では、①証拠調べの必要性が小さいこと（代替証拠が十分存すること）、②第三者の名誉・プライバシーの侵害のおそれが否定できないことを重視し、裁量権行使の違法は認められないとした（なお、本件申立ての実質的理由が刑事再審事件における有利な証拠の獲得にあったとの特殊事情も考慮された可能性がある。加藤・後掲358頁参照）。
　3　本決定の基本的枠組みは概ね支持されているとみられる。すなわち、文書開示の弊害等に関する文書所持者の裁量を尊重しながら、証拠としての取調べの必要性等の観点から、当該裁量の適法性を裁判所がチェックするとの判断枠組みである。このような枠組みは、文書所持者（検察等）が捜査・公判等に関する専門的知見を有する一方、裁判所は証拠調べの必要性につき適切な判断ができる立場にあることに基づく。

●参考文献●　加藤正男・判解平16年度337、山本・現代的課題441以下

147 法律関係文書——刑事文書②

最 2 小決平成17年 7 月22日（民集59巻 6 号1837頁・判時1908号131頁）　　参照条文　民訴法220条 3 号・ 4 号ホ

刑事事件の捜索差押令状等は民事訴訟で文書提出命令の対象とすることができるか。

●事実●　Xらは、国Y（警視庁）に対し、Xらについて行った捜索差押えが違法であること等を理由に国家賠償請求訴訟を提起し、XらがYの所持する本件捜索差押請求書および許可状等につき文書提出命令の申立てをした。Xらは、文書提出義務の原因として、220条 1 号および 3 号に該当する旨主張している。なお、本件各請求書および許可状はいずれも被疑者不詳とされており、本件各被疑事件については現在も捜査が継続中である。原々審は、一部の捜索差押えに係る本件許可状の提出を求める限度で認容し、その余を却下したが、原審は、本件各許可状および本件各請求書はいずれも法律関係文書に該当し、本件文書の公開を不相当とするYの判断には裁量権の範囲逸脱ないし濫用があるとして、原々決定を変更し、本件各請求書および許可状の提出を命じた。Yより許可抗告申立て（抗告許可）。

●決定要旨●　原決定破棄・原原決定一部取消し・申立て却下。
　「本件各許可状は、これによってXらが有する「住居、書類及び所持品について、侵入、捜索及び押収を受けることのない権利」（憲法35条 1 項）を制約して、Y所属の警察官にXらの住居等を捜索し、その所有物を差し押さえる権限を付与し、Xらにこれを受忍させるというYとXらとの間の法律関係を生じさせる文書であり、また、本件各請求書は、本件各許可状の発付を求めるために法律上作成を要することとされている文書である……から、いずれも法律関係文書に該当する……。」他方、「本件各被疑事件は、いずれも現時点においてなお捜査が継続中であるから、本件各請求書及び本件各許可状は、いずれも同条〔刑訴47条〕により原則的に公開が禁止される「訴訟に関する書類」に当たることは明らかである。」そして、【146】の判旨を確認し、その当てはめとして、「本件各請求書及び本件各許可状は、上記Xらの主張の立証のために不可欠な証拠とはいえないが、本件各捜索差押えが刑訴法及び刑訴規則の規定に従って執行されたことを明らかにする客観的な証拠であり、本件各捜索差押えの執行に手続違背があったか否かを判断するために、その取調べの必要性が認められる」こと、「本件各許可状には、Xら以外の者の名誉、プライバシーを侵害する記載があることはうかがわれないし、本件各許可状は、本件各捜索差押えの執行に当たってXら側に呈示されており……、Xらに対して秘匿されるべき性質のものではないから、本件各許可状が開示されたからといって、今後の捜査、公判に悪影響が生ずるとは考え難い」ことから、「本件各許可状の提出を拒否したYの判断は、裁量権の範囲を逸脱し、又はこれを濫用したものというべき」とした。他方、捜索差押令状請求書については、「処分を受ける者への呈

示は予定されていない上、犯罪事実の要旨や夜間執行事由等が記載されていて、一般に、これらの中には、犯行態様等捜査の秘密にかかわる事項や被疑者、被害者その他の者のプライバシーに属する事項が含まれていることが少なくない」こと、「本件各被疑事件については、……現在も捜査が継続中であるが、……本件各被疑事件は……時限式の発火装置や爆発物を用いた組織的な犯行であることがうかがわれ、このような事件の捜査は一般に困難を伴い、かつ、長期間を要する」ことから、「本件各請求書を開示することによって、本件各被疑事件の今後の捜査及び公判に悪影響が生じたり、関係者のプライバシーが侵害されたりする具体的なおそれがいまだ存するものというべきであって、これらを証拠として取り調べる必要性を考慮しても、開示による弊害が大きい」ため、「本件各請求書の提出を拒否したYの判断が、その裁量権の範囲を逸脱し、又はこれを濫用したものということはできない」。

●解説●　1　本決定は、刑事関係文書につき【146】の一般論を確認しながら、実際に提出義務を認めた最初の判例である。①法律関係文書該当性も肯定している点、②裁量権の範囲逸脱・濫用が認められる場合を示した点において、実務的・理論的意義は大きい。
　2　本決定はまず、法律関係文書性につき、本件許可状につき国に捜索・差押えの権限を付与し、相手方にそれを受忍させるという法律関係を発生させる文書であり、本件請求書はその許可状作成のため法律上必要とされる文書であるとして、法律関係文書と認めた。これによれば、判例は、国と相手方との「捜査法律関係」といった抽象的法律関係を前提にするのではなく、事案における個別的関係を精査する姿勢を示したものといえる（そのような姿勢は、鑑定のために必要な処分として死体解剖に係る写真情報につき当該遺族との法律関係を肯定した最 3 小決令 2・3・24判時2474-46等その後の判例にも表れている）。したがって、判例の射程は限定されており（本件は法律上作成を要する文書である点を根拠にするが、最 2 小決平成19・12・12民集61- 9 -3400は、請求の資料として裁判所に提出された文書（勾留請求の資料とされた被害者の告訴状・供述調書）でも足りるとする）、任意捜査において作成された記録や犯罪被害者が申立人になるような場合になお法律関係が認められるかは、判例の展開を注視する必要がある。
　3　更に、本決定は、刑訴法47条の関係で、文書取調べの必要が（不可欠とはいえないまでも）認められる一方、許可状にはプライバシー等の記載はなく、既に相手方に開示されているとして裁量権逸脱・濫用を認めたが、請求書は捜査の秘密やプライバシー等に関する記載が含まれる蓋然性が高いとして裁量の範囲内とした。利益衡量という性質上必然的に個別判断とならざるを得ないが、判例の集積による基準の明確化が引き続き望まれよう。

●参考文献●　加藤正男・判解平17年度499、山本・現代的課題443以下

148 法律関係文書／引用文書──刑事文書③

最3小決平成31年1月22日（民集73巻1号39頁・判時2415号20頁）　　参照条文　民訴法220条1号・3号・4号ホ

> 刑事事件の捜査報告書等は民事訴訟で文書提出命令
> の対象とすることができるか。

●**事実**●　Xは、警察の違法捜査により逮捕されたな
どとして、Y（大阪府）に対し国家賠償請求訴訟を提
起し、Yが所持する本件傷害事件の捜査に関する報告
書等の写し（本件文書1）並びに上記の逮捕に係る逮
捕状請求書、逮捕状請求の疎明資料および逮捕状の写
し（本件文書2）につき、220条1号・3号に基づき
文書提出命令の申立てをした。本件事件の捜査は大阪
府警が担当し、Xは起訴され、確定有罪判決を受けた
が、本件各文書は本件事件の公判に提出されなかった。
原審は、本件文書1は220条1号の引用文書に、本件
文書2は同条3号の法律関係文書に該当するとしたが、
本件各原本は大阪地検検察官が保管しており、刑訴法
47条但書の適用を決定する権限は当該検察官が有し
ており、Yは本件各原本の写しである本件各文書を公
にするか否かの決定権限を有しないとして申立てを却
下すべきとした。Xより抗告許可の申立て（抗告許可）。

●**決定要旨**●　破棄差戻し。
　「刑訴法47条……ただし書の規定によって「訴訟
に関する書類」を公にすることを相当と認めること
ができるか否かの判断は、当該「訴訟に関する書
類」が原則として公開禁止とされていることを前提
として、これを公にする目的、必要性の有無、程度、
公にすることによる被告人、被疑者及び関係者の名
誉、プライバシーの侵害、捜査や公判に及ぼす不当
な影響等の弊害発生のおそれの有無等の諸般の事情
を総合的に考慮してされるべきものであり、当該
「訴訟に関する書類」を保管する者の合理的な裁量
に委ねられている」とした後、まず3号後段の法律
関係文書について【147】の趣旨を確認する。そして、
「民事訴訟の当事者が、民訴法220条1号の規定に
基づき、上記「訴訟に関する書類」に該当する文書
の提出を求める場合においても、引用されたこと
により当該文書自体が公開されないことによって保
護される利益の全てが当然に放棄されたものとはいえ
ないから、上記と同様に解すべきであり、当該文書
が引用文書に該当する場合であって、その保管者が
提出を拒否したことが、上記の諸般の事情に照らし、
その裁量権の範囲を逸脱し、又はこれを濫用するも
のであると認められるときは、裁判所は、当該文書
の提出を命ずることができるものと解するのが相当
である」とする。そして、「公判に提出されなかっ
た、刑事事件の捜査に関して作成された書類の原本
及びその写しは、いずれも刑訴法47条により原則
的に公開が禁止される「訴訟に関する書類」に該当
するところ、同法その他の法令において、当該原本
を保管する者と異なる者が当該写しを保管する場合
に、当該原本を保管する者のみが当該写しについて
公にすることを相当と認めることができるか否かの
判断をすることができる旨の規定は存しない。そし

て、当該写しをその捜査を担当した都道府県警察を
置く都道府県が所持する場合には、当該都道府県は、
当該警察において保有する情報等を基に、前記の諸
般の事情を総合的に考慮して、同条ただし書の規定
によって当該写しを公にすることを相当と認めるこ
とができるか否かの判断をすることができるといえ
る。したがって、この場合には、上記の判断は、当
該都道府県の合理的な裁量に委ねられているものと
解すべきである」。したがって、「当該原本を検察官
が保管しているときであっても、当該写しが引用文
書又は法律関係文書に該当し、かつ、当該都道府県
が当該写しの提出を拒否したことが、前記……諸般
の事情に照らし、その裁量権の範囲を逸脱し、又は
これを濫用するものであると認められるときは、裁
判所は、当該写しの提出を命ずることができるもの
と解するのが相当である。」

●**解説**●　1　本決定は、刑事関係文書に関する従来
の判例準則を受け継ぎながら、①引用文書（220条1
号）についても同様の準則が妥当すること、②当該文
書の原本を保管する者がいる場合であっても、文書所
持者は文書開示につき独自の裁量権・判断権が認めら
れることを明らかにしたものである。判例準則の明確
化が図られたものと評価できよう。
　2　本決定は、220条1号の引用文書についても刑
事関係文書所持者の裁量権は妥当し、比較衡量の判例
準則が適用される旨を明らかにした。「引用されたこ
とにより当該文書自体が公開されないことによって保
護される利益の全てが当然に放棄されたものとはいえ
ない」ことがその理由である。非公開による保護法益
として、私人の名誉やプライバシー、捜査の秘密など
があるが、前者はそもそも文書所持者が処分権をもつ
ものではないし、後者も公益に関わるもので、放棄は
認め難い（この点は所持者が国であっても変わりはなか
ろう）。その結果、引用されたことは確かに提出を基
礎づける事由にはなり得るが、実際に提出を命じるか
は文書所持者による裁量権の範囲逸脱や濫用の有無に
より決せられることになる。
　3　本決定はまた、刑事関係文書を複数の者が所持
する場合、それぞれがその開示の判断権を有し、裁量
権行使に問題があるときは文書提出命令の対象になる
旨を明らかにした。刑事関係文書の場合、通常は検察
庁（国）において原本が保存されているとみられるが、
警察（都道府県）にもその写しがあることが少なくな
いところ、開示の判断権を国のみが有するか、都道府
県も判断権を有するかにつき、本決定は後者の理解を
採用した。判断権を一元化する法令上の根拠がないこ
とが理由とされるが、開示によって害される利益と開
示によって得られる利益は共通しており、実質的な判
断内容は共通するものと解されよう。

●**参考文献**●　須藤典明・令元年度重版122、林昭一・判時
2461-149

149 公務秘密文書①——外交関係文書

最2小決平成17年7月22日（民集59巻6号1888頁・判時1907号33頁）　　参照条文　民訴法220条4号ロ

公務秘密文書で外交に関係するものについてはどのような要件で提出が命じられるか。

●事実● パキスタン国籍のXは難民であることなどを主張して、Y（法務大臣）による出入国管理法上の異議申出棄却裁決等の取消しを請求した。Xは、パキスタン国内の政治活動を理由に警察に手配されたと主張し、これを裏付ける証拠としてパキスタン官憲による逮捕状等の写しを提出した。他方、Yは、外務省国際社会協力部長が法務省入国管理局長にあて作成した本件各調査文書を証拠として提出したが、本件各調査文書には本件逮捕状等の写しの真偽につきパキスタン政府に照会したところ偽造である旨の回答を得たこと等が記載されている。Xは控訴審において、本件逮捕状等の写しの原本の存在および成立の真正等を証明するため、Yらに対し、本件各調査文書の提出命令の申立てをした。Yらは、223条3項に基づく監督官庁の意見聴取手続において、本件文書の提出により他国との信頼関係が損なわれることから、本件文書が220条4号ロに当たる旨の意見を述べた。原審は、Yに対し、法務省が外務省を通じてパキスタン政府に本件逮捕状等の写しの原本の存在および成立の真正に関し照会を行った際に外務省に交付した依頼文書の控え、上記照会に関して外務省が作成してパキスタン政府に交付した照会文書の控えおよび外務省がパキスタン政府から交付を受けた上記照会に対する回答文書の提出を命じた。Yより許可抗告の申立て（抗告許可）。

●決定要旨● 破棄差戻し。

「本件依頼文書には、本件逮捕状等の写しの真偽の照会を依頼する旨の記載のほか、調査方法、調査条件、調査対象国の内政上の諸問題、調査の際に特に留意すべき事項、調査に係る背景事情等に関する重要な情報が記載されており、その中にはパキスタン政府に知らせていない事項も含まれているというのである。そうであるとすれば、本件依頼文書には、本件各調査文書によって公にされていない事項が記載されており、その内容によっては、本件依頼文書の提出によりパキスタンとの間に外交上の問題が生ずることなどから他国との信頼関係が損なわれ、今後の難民に関する調査活動等の遂行に著しい支障を生ずるおそれがあるものと認める余地がある。また、Yらの主張によれば、本件照会文書及び本件回答文書は、外交実務上「口上書」と称される外交文書の形式によるものであるところ、口上書は、国家間又は国家と国際機関との間の書面による公式の連絡様式であり、信書の性質を有するものであることから、外交実務上、通常はその原本自体が公開されることを前提とせずに作成され、交付されるものであり、このことを踏まえて、口上書は公開しないことが外交上の慣例とされているというのである。加えて、……発出者ないし受領者により秘密の取扱いをすべきことを表記した上で、相手国に対する伝達事項等が記載され

ているというのである。そうであるとすれば、本件照会文書及び本件回答文書には、……公開されないことを前提としてされた記載があり、その内容によっては、本件照会文書及び本件回答文書の提出により他国との信頼関係が損なわれ、我が国の情報収集活動等の遂行に著しい支障を生ずるおそれがあるものと認める余地がある。したがって、……Yらの主張する記載の存否及び内容、……これらが口上書の形式によるものであるとすればYらの主張する慣例の有無等について審理した上で、これらが提出された場合に我が国と他国との信頼関係に与える影響等について検討しなければ、民訴法223条4項1号に掲げるおそれがあることを理由として同法220条4号ロ所定の文書に該当する旨の当該監督官庁の意見に相当の理由があると認めるに足りない場合に当たるか否かについて、判断することはできない……。」

●解説● 1 本決定は、公務秘密文書の中でもいわゆる高度秘密文書（223条4項所定の文書）に係る提出義務について初めて判断した最高裁判例である。このような高度秘密文書については、情報公開法（5条3号・4号参照）の規律を参考に、文書所持者の判断権をより強く尊重し、裁判所は、秘密性（公益侵害性・公務遂行阻害性）を直接判断するのではなく、監督官庁の意見に相当な理由があるか否かのみを間接的に判断することとしている。本決定では、その判断権の尊重の具体的な在り方が問われたものといえる。

2 本決定は、開示により「他国との信頼関係が損なわれるおそれ」があるか（223条4項1号）につき、①本件文書中には相手国に知らせていない相手国の内政や背景事情に関する分析等が記載されており、その開示により相手国と外交上の問題が生じ、将来の難民調査に著しい支障を生じる余地があること、②本件文書が口上書に該当する可能性があり、その場合はそれを公開しない旨の外交上の慣例があり、その開示により将来の情報収集活動等に著しい支障を生じる余地があることから、その「意見に相当の理由があると認めるに足りない場合」とは言い切れないとして、提出を命じた原決定を破棄した。その判断においては、監督官庁の意見は尊重されるが、その意見は具体的なものである必要があり、抽象的な信頼関係の喪失等の主張では足りない旨を明らかにした点が注目される。

3 なお、本件では原審の意見聴取段階では監督官庁の意見は抽象的なものに止まり、抗告審段階で初めて詳細な理由が示されたようであるが、本決定はその場合も223条4項の適用を認めた。このような場合は同項の適用を否定し、220条4号ロの要件を直接審査するとの考え方もあり得なくはないが、高度秘密の重要性と行政の第1次判断権の尊重からなお4項の枠組みを維持したものであろう（ただ、滝井繁男裁判官補足意見の指摘するように、今後の運用としては当初の意見聴取段階から具体的な支障を明確にすべきであろう）。

●参考文献● 山本・現代的課題429以下、森英明・判解平17年度536

150 公務秘密文書②──労災事故調査復命書

最3小決平成17年10月14日（民集59巻8号2265頁・判時1914号84頁）　　参照条文　民訴法220条4号ロ

> 労災事故の災害調査復命書は公務秘密文書に当たり提出義務から除外されるか。

●事実●　Xらは、A社に対し、Xらの子がA社工場で就業中に本件労災事故に遭い死亡したとして、安全配慮義務違反等に基づく損害賠償を求めた。Xらは、本件労災事故の事実関係を明らかにするために、220条3号または4号に基づき、Yに対し、本件労災事故の災害調査復命書の提出命令の申立てをした。Yは、本件文書は同条4号ロ所定の文書に該当し、提出義務を負わないと主張した。原審は、本件文書の公開により調査担当者との信頼関係が損なわれ、ひいては同種災害調査における関係者からの聴取に支障を来すおそれがあるなど労働災害の発生原因究明や再発防止策策定等に著しい支障を来すおそれがあり、公務の遂行に著しい支障を来すおそれが具体的に存在すると認められるとして、原々決定を取り消し、本件申立てを却下した。Xらより許可抗告の申立て（抗告許可）。

●決定要旨●　破棄差戻し。
「民訴法220条4号ロにいう「公務員の職務上の秘密」とは、公務員が職務上知り得た非公知の事項であって、実質的にもそれを秘密として保護するに値すると認められるものをいうと解すべきである（最2小決昭和52・12・19刑集31-7-1053、最1小決昭和53・5・31刑集32-3-457参照）。そして、上記「公務員の職務上の秘密」には、公務員の所掌事務に属する秘密だけでなく、公務員が職務を遂行する上で知ることができた私人の秘密であって、それが本案事件において公にされることにより、私人との信頼関係が損なわれ、公務の公正かつ円滑な運営に支障を来すこととなるものも含まれると解すべきである。……本件文書は、①本件調査担当者が職務上知ることができた本件事業場の安全管理体制、本件労災事故の発生状況、発生原因等のA社にとっての私的な情報……と、②再発防止策、行政上の措置についての本件調査担当者の意見、署長判決及び意見等の行政内部の意思形成過程に関する情報……が記載されているものであり、かつ、厚生労働省内において組織的に利用される内部文書であって、公表を予定していないものと認められる。……②の情報に係る部分は、公務員の所掌事務に属する秘密が記載されたものであると認められ、また、①の情報に係る部分は、公務員が職務を遂行する上で知ることができた私人の秘密が記載されたものであるが、これが本案事件において提出されることにより、調査に協力した関係者との信頼関係が損なわれ、公務の公正かつ円滑な運営に支障を来すこととなるということができるから、①、②の情報に係る部分は、……民訴法220条4号ロにいう「公務員の職務上の秘密に関する文書」に当たるものと認められる。次に、民訴法220条4号ロにいう「その提出により公共の利益を害し、又は公務の遂行に著しい支障を生ずるおそれ

がある」とは、単に文書の性格から公共の利益を害し、又は公務の遂行に著しい支障を生ずる抽象的なおそれがあることが認められるだけでは足りず、その文書の記載内容からみてそのおそれの存在することが具体的に認められることが必要であると解すべきである。……②の情報に係る部分は、……行政内部の意思形成過程に関する情報が記載されたものであり、その記載内容に照らして、これが本案事件において提出されると、行政の自由な意思決定が阻害され、公務の遂行に著しい支障を生ずるおそれが具体的に存在することが明らかである。しかしながら、①の情報に係る部分は、……本案事件において提出されると、関係者との信頼関係が損なわれ、公務の公正かつ円滑な運営に支障を来すこととなるということができるものではあるが、」本件文書にはA社労働者等から聴取した内容がそのまま記載されてはいないこと、労働基準監督署長等には立入権、質問・検査権、出頭命令権等があり、応じない場合は罰金の制裁もあること等に鑑みると、「①の情報に係る部分が本案事件において提出されても、関係者の信頼を著しく損なうことになるということはできないし、以後調査担当者が労働災害に関する調査を行うに当たって関係者の協力を得ることが著しく困難となるということもできない。……したがって、①の情報に係る部分が本案事件において提出されることによって公務の遂行に著しい支障が生ずるおそれが具体的に存在するということはできない。」

●解説●　1　本決定は、220条4号ロの公務秘密につき初めて一般的に明らかにした（先行の事例判例として、最2小決平成16・2・20判時1862-154参照）。公務秘密についても実質的な秘密性や公務支障性を求めるものであり、真実発見と公開による実害とを比較衡量する判断枠組みを確立したものと評価できよう。
　2　本決定は、公務秘密について、刑事訴訟との関係で確立した判例準則（決定要旨引用の判例参照）および学説の大勢を踏襲し、いわゆる実質秘説を採用した。そして、公務秘密文書には2種類のものがあることを示す。すなわち、①公務員の所掌事務に属する秘密と、②公務員が職務遂行する過程で知り得た私人の秘密であり、①は当然に公務秘密性が認められるが、②については、それが公にされることにより私人との信頼関係が損なわれ、公務の公正円滑な運営に支障が生じるという実質的な秘匿利益が必要とされた。
　3　また、4号ロの公務遂行支障性については、その具体性が求められることを前提に、この関係でも上記分類が援用され、①は行政内部の自由な意思決定を尊重する観点から公務遂行支障性が当然認められる一方、②については、私人の秘密に関して公務の将来の遂行の観点から、それを著しく困難とするものではないと判断している点が注目されよう。

●参考文献●　山本・現代的課題424以下、松並重雄・判解平17年度696

151　公務秘密文書③──全国消費実態調査

最3小決平成25年4月19日（判時2194号13頁・判タ1392号64頁）　　参照条文　民訴法220条4号ロ

基幹統計情報の基礎データは公務秘密文書に当たり提出義務から除外されるか。

●**事実**●　生活保護法に基づく生活扶助の支給を受けているXらは、同法に基づき厚生労働大臣が定めた保護基準の改定により生活扶助の加算が減額等されたことにより福祉事務所長らから生活扶助支給額を減額する旨の保護変更決定を受けたため、保護基準の上記改定は違憲違法であるとして、上記福祉事務所長らの属する地方公共団体Aを被告に上記各保護変更決定の取消し等を求めた。Xらは控訴審において、厚生労働大臣が保護基準改定の根拠とした統計に係る集計手法等が不合理である旨立証するため、Yの所持する全国消費実態調査の調査票である家計簿、年収・貯蓄等調査票および世帯票の提出命令を申し立てた。Yの監督官庁である総務大臣は意見聴取手続において、本件文書が提出されると統計行政に対する信頼を損ない、今後の統計調査の実施に著しい支障が生ずることなどを理由として、本件文書が220条4号ロ所定の文書に当たる旨の意見を述べた。原審は、本件文書のうち一部記載事項を対象から除外すれば、被調査者の特定可能性はないし、統計行政の運営に支障を来すおそれはなお抽象的なものに止まるとして、世帯番号・世帯区分など一部の欄の記載を除く本件文書の提出を命じた。Yより許可抗告（抗告許可）。

●**決定要旨**●　原決定破棄・申立て却下。
「基幹統計調査について、統計法は、所轄行政庁に個人又は法人その他の団体に対する報告の徴収に加えて立入検査等の調査の権限を付与し……、その報告や調査の拒否等につき罰金刑の制裁を科す……などの定めを置いているが、全国消費実態調査のように個人及びその家族の消費生活や経済状態等の詳細について報告を求める基幹統計調査については、事柄の性質上、上記の立入検査等や罰金刑の制裁によってその報告の内容を裏付ける客観的な資料を強制的に徴収することは現実には極めて困難であるといわざるを得ないから、その報告の内容の真実性及び正確性を担保するためには、被調査者の任意の協力による真実に合致した正確な報告が行われることが極めて重要であり、調査票情報の十全な保護を図ることによって被調査者の当該統計制度に係る情報保護に対する信頼を確保することが強く要請される……。全国消費実態調査に係る調査票情報である本件準文書に記録された情報は、個人の特定に係る事項が一定の範囲で除外されているとはいえ、……被調査者の家族構成や居住状況等に加え、月ごとの収入や日々の支出と物の購入等の家計の状況、年間収入、貯蓄現在高と借入金残高及びそれらの内訳等の資産の状況など、個人及びその家族の消費生活や経済状態等の委細にわたる極めて詳細かつ具体的な情報であって、……被調査者としては通常他人に知られたくないと考えることが想定される類型の情報で

あるといえる。このような全国消費実態調査に係る情報の性質や内容等に鑑みれば、仮にこれらの情報の記録された本件準文書が訴訟において提出されると、当該訴訟の審理等を通じてその内容を知り得た者は……守秘義務等を負わず利用の制限等の規制も受けない以上、例えば被調査者との関係等を通じてこれらの情報の一部を知る者などの第三者において被調査者を特定してこれらの情報全体の委細を知るに至る可能性があることを否定することはできず、このような事態への危惧から、……被調査者が調査に協力して真実に合致した正確な報告に応ずることに強い不安、懸念を抱くことは否定し難く、こうした危惧や不安、懸念が不相当なものであるとはいい難い。」「仮に本件準文書が本案訴訟において提出されると、……調査票情報に含まれる個人の情報が保護されることを前提として任意に調査に協力した被調査者の信頼を著しく損ない、ひいては、被調査者の任意の協力を通じて統計の真実性及び正確性を担保することが著しく困難となることは避け難いものというべきであって、これにより、基幹統計調査としての全国消費実態調査に係る統計業務の遂行に著しい支障をもたらす具体的なおそれがある……。」

●**解説**●　1　本決定は、全国消費実態調査という基幹統計情報に係る基礎データにつき、220条4号ロを適用して提出義務を否定した事例判例である。【150】で確立した具体的な公務遂行支障という判断枠組みの適用を行った具体例であり、文書の具体的性質や開示により公務に生じ得る具体的な影響の可能性等を詳細に検討した上で、結論として公務遂行支障性を肯定して提出義務を否定した例として重要である。

2　本決定はまず、本件における公務遂行支障性の根拠として、被調査者の特定への危惧に基づき「被調査者が調査に協力して真実に合致した正確な報告に応ずることに強い不安、懸念を抱くこと」を挙げる。この点、原審はこのような特定可能性への懸念等は、被調査者の特定に繋がる情報を部分的に削除することで回避可能と判断したものであるが、本決定は、そのような一部情報の削除でもなお僅かに残る懸念を重視したものといえよう。その背後には、この情報に基づき作成される基幹統計業務が国の施策に関して重要な位置を占め、その正確性が強く求められるとの高度の公益性の理解があったものと解される。

3　その関係で、本決定が任意の情報収集の重要性に言及している点も注目される。【150】は、公務支障性の判断に際して情報収集の強制可能性に言及し、強制権限が認められていれば将来の公務遂行は可能とも読めたが、本決定は、任意による情報収集が不可欠な分野では、強制権限の有無にかかわらず公務遂行支障が生じることを明らかにした点でも重要である（この点は租税情報等の判断にも影響を及ぼし得るであろう。山本ほか編・後掲12頁注12参照）。

●**参考文献**●　山本ほか編・理論と実務9、伊東俊明・平25年度重判132

152 　職業秘密文書①／証拠調べの必要と即時抗告

最1小決平成12年3月10日（民集54巻3号1073頁・判時1078号115頁）　　参照条文 民訴法220条4号ハ、197条1項3号、223条7項

> 文書はどのような場合に技術職業秘密文書として提出義務の除外事由が認められるか。

●**事実**●　電話機器類を購入し利用しているXらは、本件機器にしばしば通話不能になる瑕疵があるなどと主張し、Yに対し、不法行為等に基づく損害賠償を請求した。Xらは、取次店の住所を調査するためYと取次店との取次店契約書（①文書）、本件機器の瑕疵を立証するため本件機器の回路図および信号流れ図（②文書）につき文書提出命令の申立てをした。Yは、①文書は本件訴訟に直接関係なく、②文書は220条4号ハの職業秘密文書および同号ニの自己利用文書に当たるとして、文書提出義務を負わないと主張した。原審は、①文書につき、本件訴訟に直接関係なく取調べの必要性を欠くとして文書提出命令申立てを却下し、②文書につき、本件機器の製造メーカーがもつノウハウ等の技術情報が記載されており、これが開示されると同メーカーが著しい不利益を受けることが予想されるから、220条4号ハ所定の文書に当たり、また同メーカーが外部の者への開示は全く予定せず専ら当該メーカーおよびY等の利用に供するための文書であるから、同号ニ所定の文書にも当たり、Yは②文書の提出義務を負わないとして、文書提出命令申立てを却下した。Xらより許可抗告の申立て（抗告許可）。

●**決定要旨**●　①文書について抗告却下、②文書について破棄差戻し。

①文書につき、「証拠調べの必要性を欠くことを理由として文書提出命令の申立てを却下する決定に対しては、右必要性があることを理由として独立に不服の申立てをすることはできないと解するのが相当である。」②文書につき、「民訴法197条1項3号所定の「技術又は職業の秘密」とは、その事項が公開されると、当該技術の有する社会的価値が下落しこれによる活動が困難になるもの又は当該職業に深刻な影響を与え以後その遂行が困難になるものをいうと解するのが相当である。本件において、Yは、本件文書が公表されると本件機器のメーカーが著しい不利益を受けると主張するが、本件文書に本件機器のメーカーが有する技術上の情報が記載されているとしても、Yは、情報の種類、性質及び開示することによる不利益の具体的内容を主張しておらず、原決定も、これらを具体的に認定していない。したがって、本件文書に右技術上の情報が記載されていることから直ちにこれが「技術又は職業の秘密」を記載した文書に当たるということはできない。」

●**解説**●　1　本決定は、①文書提出命令に係る証拠調べの必要性に関する事実審裁判所の判断については独立して不服申立てをすることができないことを明らかにするとともに、②220条4号ハにおいて文書提出義務の除外事由とされている「技術又は職業の秘密」（197条1項3号）の意義を明確にした点で、重要な決定である。前者の判断は、証拠調べの必要性一般に関する通説や下級審裁判例の理解を踏襲するものであり、後者の判断は除外事由となる秘密について実質判断を求めたものと評価できる。

2　まず、①の判断であるが、証拠調べ一般につき証拠調べの必要性が要件となり、それを欠く申出は却下されるが（181条1項）、それに対する独立の不服申立てを認める規定はない。一般にこれに不服のある当事者は本案判決に上訴を申し立て、その中で再度証拠調べ申出をすべきものとされる。けだし、証拠調べの必要性の判断は本案審理をし、心証を形成する裁判所の専権に委ねられ、上級審が代わって判断することはできないし、適当でないと解されるからである。この点は文書提出命令の判断においても異なるところはないと解される。文書提出命令申立ても書証の申出の趣旨が含まれており（219条）、その範囲で同旨が妥当するからである。その点で、①の判旨は異論がないとみられる。なお、後述のように、文書提出義務の判断に部分的に証拠調べの必要の判断が含まれ、その点については上級審の判断が及ぶとしても、それはあくまでも提出義務の判断要素として上級審の判断が及ぶに止まり、本決定と矛盾するものではない。

3　次に、②の判断であるが、そこでは、「技術の秘密」とは「その事項が公開されると、当該技術の有する社会的価値が下落しこれによる活動が困難になるもの」をいい、「職業の秘密」とは「その事項が公開されると、当該職業に深刻な影響を与え以後その遂行が困難になるもの」をいうとする。いずれも文書所持者の単なる主観的秘密では足りず、実質秘であることを要するという旧法下の通説や下級審裁判例の立場を、現行法制定直後に最高裁が確認したものである。技術の秘密でも職業の秘密でも、その秘密による活動や職業の遂行が困難になるほどの秘密でなければならないとして、秘密該当性を限定解釈した点は、訴訟における文書開示の範囲を拡大するものとして重要な意味をもつ。そして、具体的当てはめでも、本件機器メーカーが受ける不利益の具体的内容の主張・認定がないとして、破棄差戻しとしたものである。その意味で、提出義務を争う当事者の側からそのような秘密の意義に関する主張立証が求められることが明らかにされたといえる（なお、本件では、市販の電話機器から回路分析等をすることは容易で、そもそも「秘密」といえるかも問題であり、開示によるメーカーの不利益の発生自体に疑問があり得る。長沢・後掲302頁参照）。なお、本決定後に、本決定の意味での職業の秘密等に該当しても、更にそれが「保護に値する秘密」でなければ除外事由にならないことが明らかにされ、いわゆる比較衡量説が採用された（【142】により証人尋問においてこの考え方が示され、【155】により文書提出命令にも妥当することが確認された）。その意味で、本決定は職業の秘密が認められる前提にすぎず、更に具体的事案における比較衡量により開示が認められる場合があることになる。

●**参考文献**●　長沢幸男・判解平12年度291、山本ほか編・理論と実務16

153　職業秘密文書②──調査委員会報告書

最2小決平成16年11月26日（民集58巻8号2393頁・判時1880号50頁）　　参照条文　民訴法220条4号ハ、197条1項2号

弁護士等が参加した調査委員会の報告書は民訴法197条1項2号により提出義務を免れるか。

●**事実**●　生命保険会社X社は、損害保険会社Y社を被告として、YからYに関する虚偽の会計情報を提供されたためYに対し300億円の基金を拠出させられたなどとして不法行為による損害賠償を求めたところ、YはXを被告として、Xの株主たる地位に基づく配当金の支払を求める反訴を提起した。Xは、Yの旧役員らが故意または過失により虚偽の財務内容を公表したという事実を証明するため、Yが所持する本件調査報告書につき文書提出命令を申し立てた。Yは、本件文書は、220条4号ニの自己利用文書および同号ハの職業秘密文書に当たると主張した。本件で、Yは、金融監督庁長官により、保険業法に基づき、業務の一部停止命令および保険管理人による業務財産管理命令の処分を受け、公認会計士Aおよび弁護士Bが保険管理人に選任された。金融監督庁長官は、保険業法に基づき、本件保険管理人に対し、Yの破綻につき旧役員等の経営責任を明らかにするため、第三者による調査委員会を設置し、調査の実施を命じた。これを受けて本件保険管理人は、弁護士および公認会計士による本件調査委員会を設置し、本件調査委員会は、Yの従業員等からの資料提出や事情聴取などの調査を進め、その調査結果を記載した本件文書を作成して本件保険管理人に提出した。本件保険管理人は、本件文書等に基づき、旧役員に対し、損害賠償請求をすることを公表した。その後、Yは保険契約の全部を他に移転して解散した。原審は、本件文書は220条4号ニ所定の文書に当たらないし、本件保険管理人が本件文書等に基づき旧役員に対する損害賠償請求をする旨公表したことにより本件文書に記載された事実につき黙秘の義務が免除されたため同号ハ所定の文書にも当たらない等とし、Yに対し本件文書の提出を命じた。Yより許可抗告の申立て（抗告許可）。

●**決定要旨**●　抗告棄却。

「民訴法197条1項2号所定の「黙秘すべきもの」とは、一般に知られていない事実のうち、弁護士等に事務を行うこと等を依頼した本人が、これを秘匿することについて、単に主観的利益だけではなく、客観的にみて保護に値するような利益を有するものをいうと解するのが相当である。……本件文書は、法令上の根拠を有する命令に基づく調査の結果を記載した文書であり、Yの旧役員等の経営責任とは無関係なプライバシー等に関する事項が記載されるものではないこと、本件文書の作成を命じ、その提出を受けた本件保険管理人は公益のためにその職務を行い、本件文書を作成した本件調査委員会も公益のために調査を行うものであること、本件調査委員会に加わった弁護士及び公認会計士は、その委員として公益のための調査に加わったにすぎないことにかんがみると、本件文書に記載されている事実は、客観的にみてこれを秘匿することについて保護に値するような利益を有するものとはいえず、同号所定の「黙秘すべきもの」には当たらないと解するのが相当である。」

●**解説**●　1　本決定は、職業秘密文書のうち、197条1項2号所定のいわゆるプロフェッション秘密文書につき、最高裁として初の判断を示した判例である。同号の定める要件は、①弁護士・医師など同号所定の職業に該当すること、②当該文書にその者が職務上知り得た事実が記載されていること、③当該事実が黙秘すべきものであること、④当該事実につき黙秘の義務が免除されていないことである。なお、これは当該弁護士等が自身で所持している文書に限らず、依頼人等が所持する文書にも適用される（本件は、Yの代理人とみられる保険管理人が依頼した調査に基づきYが所持する文書に関する）。所持者が誰であれ、弁護士等を信頼して秘密を開示した依頼者の利益を保護する必要があるからである。

2　本決定は、まず上記①の要件に関連して、公認会計士も同号の主体となり得ることを前提にする（中村・後掲763頁）。公認会計士については、公認会計士法27条により守秘義務の定めがあることがその根拠とされたとみられる。したがって、他にも法令上守秘義務が認められている資格で、本号に列挙されたものと比肩されるような職種（司法書士、介護福祉士等）にも同旨が妥当すると解される。次いで、②につき、本件では、第三者委員会の委員として知り得た事実が弁護士等が「職務上知り得た」事実といえるかが問題となり得る。このような職務は弁護士等の本来的職務（法律相談、訴訟受任等）とはやや異なるものである点は否定できないものの、弁護士等が単なる有識者ではなく、その専門的知見を活用して調査等を行うことが期待されている点から、肯定されたものであろう（中村・後掲763頁参照）。政府の審議会委員等その境界が微妙な場合はあろうが、弁護士等の専門性に期待されているかどうかがメルクマールとなる。

3　最後に、③の要件については、本決定により、依頼者の秘匿について主観的な利益だけでは足りず、客観的にみて保護に値する利益が必要であることが明らかにされた。具体的には、本件文書が法令上の根拠に基づく調査結果を記載した文書であること、経営責任とは無関係な調査対象者のプライバシー等が記載されるものではないこと、調査委員会は公益のために職務を行うものであること、調査委員会に加わった弁護士等は公益のために調査に加わったものであることなどから、客観的な秘匿の保護利益の存在を否定した。本件はかなり特殊な文書に関するものであり（特にその開示を認めないと、弁護士等を調査委員に加えることにより、容易に開示を免れることができる。中村・後掲765頁参照）、依頼者の私的依頼に基づき作成された文書は通常③の要件を満たすことになるとみられる。

●**参考文献**●　中村也寸志・判解平16年度750、山本・現代的課題434

154 職業秘密文書③——金融機関顧客情報

最3小決平成19年12月11日（民集61巻9号3364頁・判時1993号9頁）　　参照条文　民訴法220条4号ハ、197条1項3号

> 金融機関の保有する顧客情報につき顧客が開示義務を負う場合にも職業上の秘密となるか。

●**事実**●　Aの相続人Xらは、同じく相続人であるBに対し、遺留分減殺請求権を行使したとして、Aの遺産に属する預貯金につき金員の支払等を求めたが、BがAの生前にその預貯金口座から払戻しを受けた金員がAのための費用に充てられたのか、Bが取得したのかが争われた。Xらは、BがA名義の口座から預貯金の払戻しを受けて取得したのはAからBへの贈与による特別受益に当たるか、上記払戻しによりBはAに対する不当利得返還債務または不法行為に基づく損害賠償債務を負ったと主張し、Bが取引金融機関Yに開設した預金口座に上記払戻金を入金した事実を立証するため必要があるとして、Yに対し、BとYのC支店との間の取引明細表の提出命令の申立てをした。Yは、本件明細表の記載内容が220条4号ハ、197条1項3号所定の「職業の秘密」に該当するので、提出義務を負わない旨主張して争った。原々審はXらの申立てを認容したが、原審は、本件明細表が職業の秘密を記載した文書に当たることは明らかであるが、本件申立ては探索的なものといわざるを得ず、本件明細表が真実発見および裁判の公正を実現するため不可欠のものとはいえないので、Yは、220条4号ハ、197条1項3号に基づき本件明細表の提出を拒否できると判断して、原々決定を取り消し、本件申立てを却下した。Xらより許可抗告申立て（抗告許可）。

●**決定要旨**●　原決定破棄・抗告棄却。

「金融機関は、顧客との取引内容に関する情報や顧客との取引に関して得た顧客の信用にかかわる情報などの顧客情報につき、商慣習上又は契約上、当該顧客との関係において守秘義務を負い、その顧客情報をみだりに外部に漏らすことは許されない。しかしながら、金融機関が有する上記守秘義務は、上記の根拠に基づき個々の顧客との関係において認められるにすぎないものであるから、金融機関が民事訴訟において訴訟外の第三者として開示を求められた顧客情報について、当該顧客自身が当該民事訴訟の当事者として開示義務を負う場合には、当該顧客は上記顧客情報につき金融機関の守秘義務により保護されるべき正当な利益を有さず、金融機関は、訴訟手続において上記顧客情報を開示しても守秘義務には違反しないというべきである。そうすると、金融機関は、訴訟手続上、顧客に対し守秘義務を負うことを理由として上記顧客情報の開示を拒否することはできず、同情報は、金融機関がこれにつき職業の秘密として保護に値する独自の利益を有する場合は別として、民訴法197条1項3号にいう職業の秘密として保護されないものというべきである。これを本件についてみるに、本件明細表は、Yとその顧客であるBとの取引履歴が記載されたものであり、Yは、同取引履歴を秘匿する独自の利益を有するも

のとはいえず、これについてBとの関係において守秘義務を負っているにすぎない。そして、本件明細表は、本案の訴訟当事者であるBがこれを所持しているとすれば、民訴法220条4号所定の事由のいずれにも該当せず、提出義務の認められる文書であるから、Bは本件明細表に記載された取引履歴についてYの守秘義務によって保護されるべき正当な利益を有さず、Yが本案訴訟において本件明細表を提出しても、守秘義務に違反するものではないというべきである。そうすると、本件明細表は、職業の秘密として保護されるべき情報が記載された文書とはいえないから、Yは、本件申立てに対して本件明細表の提出を拒否することはできない。」

●**解説**●　1　本決定は、金融機関が保有する顧客情報について、顧客自身が民事訴訟の当事者として開示義務を負っている場合には、顧客に対する守秘義務を根拠としてその開示を拒否できないとしたものである。職業秘密文書に関する文書提出義務について、問題となる秘密が第三者の秘密である場合の判断枠組みを明らかにしたものとして重要な判例といえる（なお、そこに別途、所持者の独自の秘密＝ノウハウ等が認められる場合には、その点の判断は【152】および【155】等の準則に基づき行われることになる）。

2　本決定は、まず金融機関は、顧客情報につき、商慣習上または契約上、当該顧客との関係で守秘義務を負い、それをみだりに外部に漏らすことは許されないことを確認する。ただ、この守秘義務は「個々の顧客との関係において認められるにすぎない」とし、顧客自身が当該情報の開示義務を負っている場合は、当該顧客は金融機関の守秘義務により保護されるべき正当な利益を有さず、金融機関が顧客情報を開示しても守秘義務には反しないとした。これにより、守秘義務に基づく職業の秘密が問題となる場合は、秘密保持者よりも秘密情報主体の利益が重視される点が明確にされた（筆者はこのような理解を本決定以前に立法論として述べていた。山本和彦「民事裁判における情報の開示・保護」民訴54-115以下参照）。銀行の守秘義務が職業の秘密に繋がるのは、それが開示されれば銀行から自己の財産に係る秘密が第三者に知られることになる結果、銀行に秘密を預ける者が少なくなり、顧客資産に関する秘密を預かることを不可欠の前提とする銀行業務が成立し難くなるためであろう。しかるに、顧客自身が情報開示を拒めない場合は、銀行を経ずとも情報開示がされることになり、銀行に情報を預けていてもいなくても結果は同じであるから、合理的行動をとる顧客が銀行の利用を回避する現象は生じないからである。

3　なお、本決定は、顧客＝訴訟当事者、金融機関＝訴外第三者の場合につき、上記定式が妥当することを明らかにしたものであるが、顧客＝訴外第三者、金融機関＝訴訟当事者の場合にも同旨が妥当するものと予想されたところ、【155】が現にその点を明確にした。

●**参考文献**●　山本ほか編・理論と実務19、高橋譲・判解平19年度902

155 職業秘密文書④──自己査定資料

最3小決平成20年11月25日（民集62巻10号2507頁・判時2027号14頁）　　参照条文　民訴法220条4号ハ、197条1項3号

> 金融機関の自己査定資料は対象顧客が倒産手続に入った場合にも職業上の秘密となるか。

●事実●　XらはA社に対し売掛金債権を有しており、YはAのいわゆるメインバンクであったが、Aは民事再生手続開始決定を受けた。Xらは、Yに対し、不法行為に基づく損害賠償請求訴訟を提起し、Yは、Aの経営破綻の可能性が大きいことを認識し、同社を全面的に支援する意思がなかったにもかかわらず、全面支援すると説明してXらを欺罔し、または、Aの経営状態につきできる限り正確な情報をXらに提供すべき注意義務を負っていたのにこれを怠ったため、XらはAと取引を継続したが、同社が再生手続開始決定を受けたため売掛金が回収不能になり、損害を被ったなどと主張した。Xらは、Yの上記欺罔行為および注意義務違反を立証するため必要があるとして、Yが所持するAに対する貸出金管理および債務者区分の決定等を行う目的で作成・保管していた自己査定資料一式につき文書提出命令を申し立てた。Xは、本件文書は220条4号ハまたはニ所定の文書に該当する旨主張した。差戻前は同号ニ該当性が争われたが、第1次許可抗告審はその点を否定し、同号ハに該当するかどうか等の審理を尽くさせるため原審に差し戻した（【160】参照）。差戻後の第2次抗告審である原審は、本件文書のうち、Yが守秘義務を負うことを前提にAから提供された非公開財務情報およびそれらを基礎にY自身が行った財務状況・事業状況についての分析等（Aの取引先等の第三者に関するものが記載されている部分を除く）につき4号ハに該当しないとして、その提出を命じた。Yより許可抗告申立て（抗告許可）。

●決定要旨●　抗告棄却。
　本件財務情報について、「金融機関は、顧客との取引内容に関する情報や顧客との取引に関して得た顧客の信用にかかわる情報などの顧客情報について、商慣習上又は契約上の守秘義務を負うものであるが、上記守秘義務は、上記の根拠に基づき個々の顧客との関係において認められるにすぎないものであるから、金融機関が民事訴訟の当事者として開示を求められた顧客情報について、当該顧客が上記民事訴訟の受訴裁判所から同情報の開示を求められればこれを開示すべき義務を負う場合には、当該顧客は同情報につき金融機関の守秘義務により保護されるべき正当な利益を有さず、金融機関は、訴訟手続において同情報を開示しても守秘義務には違反しないと解するのが相当である……。民訴法220条4号ハにおいて引用される同法197条1項3号にいう「職業の秘密」とは、その事項が公開されると、当該職業に深刻な影響を与え以後その遂行が困難になるものをいうが……、顧客が開示義務を負う顧客情報については、金融機関は、訴訟手続上、顧客に対し守秘義務を負うことを理由としてその開示を拒絶することはできず、同情報は、金融機関がこれにつき職業の

秘密として保護に値する独自の利益を有する場合は別として、職業の秘密として保護されるものではないというべきである。」本件財務情報はAの再生手続前の信用状態に関する情報にすぎず、Xらは再生手続中で本件情報を得ることも可能であること等から、その開示によりAの業務に深刻な影響を与え以後その遂行が困難になるとはいえないから、職業の秘密には当たらず、Aは財務情報部分の提出を拒絶できないので、Yも提出を拒絶できない。
　本件分析評価情報について、「文書提出命令の対象文書に職業の秘密に当たる情報が記載されていても、所持者が……文書の提出を拒絶することができるのは、対象文書に記載された職業の秘密が保護に値する秘密に当たる場合に限られ、当該情報が保護に値する秘密であるかどうかは、その情報の内容、性質、その情報が開示されることにより所持者に与える不利益の内容、程度等と、当該民事事件の内容、性質、当該民事事件の証拠として当該文書を必要とする程度等の諸事情を比較衡量して決すべきものである……。一般に、金融機関が顧客の財務状況、業務状況等について分析、評価した情報は、これが開示されれば当該顧客が重大な不利益を被り、当該顧客の金融機関に対する信頼が損なわれるなど金融機関の業務に深刻な影響を与え、以後その遂行が困難になるものといえるから、金融機関の職業の秘密に当たると解され、本件分析評価情報もYの職業の秘密に当たると解される。」本件分析評価情報は再生手続前の財務状況等に関するものであるから、開示によるAの不利益は小さく、Yの業務に対する影響も通常は軽微である一方、本案訴訟は必ずしも軽微な事件とはいえず、本件文書は、Aの経営状態に対するYの率直かつ正確な認識が記載されていると考えられ、証拠価値は高く、これに代わる客観的な証拠の存在は窺われないとして、保護に値する秘密には当たらないとした。

●解説●　本決定は、職業の秘密に関する従来の判例準則を確認し、事案として金融機関の顧客企業の非公開財務情報および分析評価情報に適用したものであり、顧客が再生手続開始決定を受けた場合に職業秘密性を否定したものである。まず、非公開財務情報については、顧客＝訴外第三者、金融機関＝訴訟当事者の場合につき、【154】の趣旨が妥当し、顧客にとって秘密性が認められるかが基準となる旨を明らかにし、また職業秘密に関して実質秘を要するとした【152】を確認して、本件では顧客が既に再生手続に至っており、対象情報がそれ以前のものであることを理由に職業秘密を否定した。他方、分析評価情報については、【152】の趣旨から職業秘密性を認めたが、【153】の比較衡量の観点から、やはり顧客が再生手続下にある一方、訴訟・証拠の重要性等から保護に値する秘密性を否定した。

●参考文献●　山本ほか編・理論と実務18・20、中村心・判解平20年度559

156　自己利用文書①──貸出稟議書

最2小決平成11年11月12日（民集53巻8号1787頁・判時1695号49頁）　　参照条文　民訴法220条4号ニ

金融機関の貸出稟議書は自己利用文書に該当し、文書提出義務を除外されるか。

●事実●　亡AがYからの融資資金で有価証券取引を行い、多額の損害を被ったとして、Aの承継人Xが、Yの支店長はAが貸付金利息を有価証券取引の利益から支払う以外ないことを知りながら過剰な融資を実行したもので、金融機関が顧客に対して負う安全配慮義務に反すると主張して、Yに対し、損害賠償を求めた。Xは、有価証券取引により貸付金利息を上回る利益が上げられるとの前提で貸出しが行われたこと等を証明するため、Yが所持する貸出稟議書および本部認可書につき文書提出命令を申し立てた。Xは、本件文書は220条3号後段に該当し、また同条4号ハ（現行4号ニ）に該当すると主張した。原審は、銀行の貸出業務に関して作成される稟議書や認可書は4号ハ所定の文書に当たらず、その他、同号に基づく文書提出義務を否定すべき事由は認められないから、本件申立てには理由があるとして、本件文書の提出を命じた。Yより許可抗告申立て（抗告許可）。

●決定要旨●　原決定破棄・申立て却下。

「ある文書が、その作成目的、記載内容、これを現在の所持者が所持するに至るまでの経緯、その他の事情から判断して、専ら内部の者の利用に供する目的で作成され、外部の者に開示することが予定されていない文書であって、開示されると個人のプライバシーが侵害されたり個人ないし団体の自由な意思形成が阻害されたりするなど、開示によって所持者の側に看過し難い不利益が生ずるおそれがあると認められる場合には、特段の事情がない限り、当該文書は民訴法220条4号ハ所定の「専ら文書の所持者の利用に供するための文書」に当たると解するのが相当である。」「銀行の貸出稟議書とは、支店長等の決裁限度を超える規模、内容の融資案件について、本部の決裁を求めるために作成されるものであって、通常は、融資の相手方、融資金額、資金使途、担保・保証、返済方法といった融資の内容に加え、銀行にとっての収益の見込み、融資の相手方の信用状況、融資の相手方に対する評価、融資についての担当者の意見などが記載され、それを受けて審査を行った本部の担当者、次長、部長など所定の決裁権者が当該貸出しを認めるか否かについて表明した意見が記載される文書であること、本件文書は、貸出稟議書及びこれと一体を成す本部認可書であって、いずれもYがAに対する融資を決定する意思を形成する過程で、右のような点を確認、検討、審査するために作成されたものであることが明らかである。右に述べた文書作成の目的や記載内容等からすると、銀行の貸出稟議書は、銀行内部において、融資案件についての意思形成を円滑、適切に行うために作成される文書であって、法令によってその作成が義務付けられたものでもなく、融資の是非の審査に当た

って作成されるという文書の性質上、忌たんのない評価や意見も記載されることが予定されているものである。したがって、貸出稟議書は、専ら銀行内部の利用に供する目的で作成され、外部に開示することが予定されていない文書であって、開示されると銀行内部における自由な意見の表明に支障を来し銀行の自由な意思形成が阻害されるおそれがあるものとして、特段の事情がない限り、「専ら文書の所持者の利用に供するための文書」に当たると解すべきである。そして、……本件において特段の事情の存在はうかがわれないから、いずれも「専ら文書の所持者の利用に供するための文書」に当たるというべきであり、……Yに対し民訴法220条4号に基づく提出義務を認めることはできない。また、本件文書が、「専ら文書の所持者の利用に供するための文書」に当たると解される以上、民訴法220条3号後段の文書に該当しないことはいうまでもない……。」

●解説●　1　本決定は、現行法制定後文書提出義務に関する最初の最高裁判例であり、自己利用文書に関する判例準則を示すとともに、立法時以来激しく争われていた金融機関の貸出稟議書が原則として自己利用文書に該当する旨を明らかにしたものとして意義は大きい（なお、3号の法律関係文書に関する主張を簡単に斥けている点も、その後の判例において、4号が提出義務の主戦場となる道筋をつけたものとして評価できる）。

2　本決定はまず自己利用文書の一般論を確立した（その内容は、【157】以下その後の全ての最高裁および下級審で継承されている）。すなわち、自己利用文書の要件は、①内部文書性（内部利用目的・外部非開示性）、②不利益性（看過し難い不利益の存在）、③特段の事情の不存在となる。このうち、①は4号ニの文言上も素直に導かれるものであるが、本決定は、作成者の作成目的という主観的要素だけでなく、記載内容や所持経緯など客観的事情も勘案して判断すべきとしている点が注目されよう。また、②は条文の文言上は全く想定できない要件であり、一種の法創造に近い作用を判例が果たしたものと評価できる。文書提出義務の一般義務化という立法趣旨に適合的であり、この除外事由の限定解釈を説く学説の影響を受けたものとみられる（小野・後掲783頁参照）。最後に、③は、以上の一般的要件を満たした場合もなお事案の個別事情により義務を否定できる余地を残したものである（その範囲は本決定では明確でなかったが、爾後の展開は【157】解説参照）。

3　本決定は以上の一般論を金融機関の貸出稟議書に適用し、自己利用文書性を肯定した。特にその開示により「銀行内部における自由な意見の表明に支障を来し銀行の自由な意思形成が阻害されるおそれがある」とした点は重要である。貸出稟議書に係る当てはめについては異論があり得るとともに、法人の「自由な意思形成」をどこまで保護するかは、自己利用文書をめぐる大きな解釈論的課題となっている。

●参考文献●　山本和彦・NBL679-6、小野憲一・判解平11年度772

157　自己利用文書②──特段の事情

最1小決平成12年12月14日　（民集54巻9号2709頁・判時1737号28頁）　　参照条文　民訴法220条4号ニ

民訴法220条4号ニの自己利用文書とは認められない特段の事情とはどのようなものか。

●**事実**●　Y信用金庫の会員であるXは、Yの元理事らに対し、善管注意義務・忠実義務に違反し、十分な担保を徴しないで本件各融資を行い、Yに損害を与えたと主張し、信用金庫法39条が準用する商法267条に基づき、会員代表訴訟として損害賠償を求めた。Xは、理事らの善管注意義務違反等を証明するため、Yが所持する本件各融資に係る稟議書およびそれに添付された意見書につき文書提出命令を申し立てた。Xは、本件各文書は民訴法220条3号後段の文書に該当し、同条4号ハ（現行4号ニ）の自己利用文書に当たらない旨主張した。原々審は本件申立てを却下したが、原審は、信用金庫が所持する貸出稟議書は、本来対外的利用を予定していないが、理事等の責任の所在を明らかにすることが作成目的に含まれており、会員代表訴訟の訴訟資料として使用されることは予定されており、信用金庫自身が理事の責任追及の訴えを提起するときにはこれを証拠として利用することに制約があるとは考えられないから、信用金庫が代表訴訟を提起した会員に対して稟議書が内部文書である旨主張することは許されないとして原々決定を取り消し、本件を原々審に差し戻した。Yより許可抗告申立て（抗告許可）。

●**決定要旨**●　原決定破棄・抗告棄却。
「本件各文書は、Yが本件各融資を決定する過程で作成した貸出稟議書であることが認められるところ、信用金庫の貸出稟議書は、特段の事情がない限り、民訴法220条4号ハ〔現行4号ニ〕所定の「専ら文書の所持者の利用に供するための文書」に当たると解すべきであり……、右にいう特段の事情とは、文書提出命令の申立人がその対象である貸出稟議書の利用関係において所持者である信用金庫と同一視することができる立場に立つ場合をいうものと解される。信用金庫の会員は、理事に対し、定款、会員名簿、総会議事録、理事会議事録、業務報告書、貸借対照表、損益計算書、剰余金処分案、損失処理案、附属明細書及び監査報告書の閲覧又は謄写を求めることができるが……、会計の帳簿・書類の閲覧又は謄写を求めることはできないのであり、会員に対する信用金庫の書類の開示範囲は限定されている。そして、信用金庫の会員は……会員代表訴訟を提起することができるが……、会員代表訴訟は、会員が会員としての地位に基づいて理事の信用金庫に対する責任を追及することを許容するものにすぎず、会員として閲覧、謄写することができない書類を信用金庫と同一の立場で利用する地位を付与するものではないから、会員代表訴訟を提起した会員は、信用金庫が所持する文書の利用関係において信用金庫と同一視することができる立場に立つものではない。そうすると、会員代表訴訟において会員から信用金庫の所持する貸出稟議書につき文書提出命令の申立て

がされたからといって、特段の事情があるということはできないものと解するのが相当である。したがって、本件各文書は、「専ら文書の所持者の利用に供するための文書」に当たるというべきであり、本件各文書につき、Yに対し民訴法220条4号に基づく提出義務を認めることはできない。」

●**解説**●　1　本決定は、【156】において確立された自己利用文書の要件とされていた「特段の事情」に関して事例判断をしたものであり、信用金庫の会員代表訴訟において特段の事情は認められない旨を明らかにした。なお、本件は会員代表訴訟に関する判断であるが、その趣旨は同旨の制度である株式会社の株主代表訴訟にも妥当するものと解される。

2　【156】が確立した自己利用文書（220条4号ニ）の要件は、①内部文書性、②不利益性、③特段の事情の不存在となるが、このうち、③特段の事情の範囲については議論があった。すなわち、(1)例外的事例に備えて一種の決まり文句ないし安全弁を置いたもの、(2)証拠としての重要性等各訴訟の個別事情を勘案する手掛かりを残したもの、(3)株主代表訴訟など訴訟類型の差異を勘案する手掛かりを残したもの等の解釈の可能性が指摘されていた（山本・NBL679-10参照）。本決定は、このうち(3)の可能性を否定したものである（但し、本決定には特段の事情を肯定する町田顯裁判官の反対意見があり、最高裁の中でもその理解に異論があったことが示されている）。本決定は、会員代表訴訟（すなわち株主代表訴訟）という訴訟類型自体は特段の事情を基礎づける要素になり得ない旨を明確にした。加えて、証拠としての重要性を検討する原決定の判断を採用していないことから、上記(2)の解釈の可能性にも否定的態度を示唆するように見受けられる。本決定では、申立人が所持者と同一視できる立場に立たないとして特段の事情を否定しているところからすれば、(1)のような立場に立ち、本件では内部文書性（上記①の要件）を例外的に阻却する事情として、申立人と所持者の実質的同一性が問題になり得る点に鑑み、上記のような判断を示したものと解される（福井・後掲931頁参照）。

3　本決定後に特段の事情を肯定した最初の判例として、最2小決平成13・12・7民集55-7-1411がある。これは、経営破綻した信用組合から事業を譲り受けてその貸付債権に係る貸出稟議書を所持するに至った整理回収機構に対する文書提出命令が認められたものである。そこでは、文書提出により自由な意思形成が阻害されるおそれはないことから特段の事情を認めている。特段の事情が事案の特殊性の中で例外的に自己利用文書性を否定する機能を有することを明示したものであり、具体的には、文書所持者の特殊性（債権回収目的の公的機関）、文書作成者の現状の特殊性（経営破綻による清算中）、所持者交代事由の特殊性（破綻処理としての事業譲渡）等を勘案し、結果として特段の事情を認めた判例といえる。

●**参考文献**●　山本和彦・金法1613-14、福井章代・判解平12年度921

158 自己利用文書③──議会調査研究報告書

最 1 小決平成17年11月10日（民集59巻 9 号2503頁・判時1931号22頁）　　参照条文　民訴法220条 4 号ニ

地方議会の政務調査費に基づき作成された調査研究報告書等は自己利用文書といえるか。

●事実●　仙台市内の団体Xは、市長に対し、市議会の会派Yらに受領した政務調査費に相当する額の不当利得返還請求をすることを求める住民訴訟を提起した。Xらは、Yらの所属議員が政務調査費を用いてした調査研究の内容および経費の内訳を記載した調査研究報告書等につき、Yらに対し、文書提出命令を申し立てた。本件各文書は、Yらの所属議員等が行った調査研究に関し、仙台市条例の委任に基づき議長が定めた交付要綱に基づき作成され、各会派に提出された調査研究報告書およびその添付書類である。原審は、本件各文書は専ら当該会派および議長の利用に供する目的で作成され、それ以外の者に対する開示が予定されていない文書であり、220条 4 号ニ所定の自己利用文書に当たるとして、本件申立てを却下すべきものとした。Xより許可抗告申立て（抗告許可）。

●決定要旨●　抗告棄却。

「ある文書が、その作成目的、記載内容、これを現在の所持者が所持するに至るまでの経緯などの事情から判断して、専ら内部の者の利用に供する目的で作成され、外部の者に開示することが予定されていない文書であって、開示されると個人のプライバシーが侵害されたり個人ないし団体の自由な意思形成が阻害されたりするなど、開示によってその文書の所持者の側に看過し難い不利益が生ずるおそれがあると認められる場合には、特段の事情がない限り、当該文書は民訴法220条 4 号ニ所定の「専ら文書の所持者の利用に供するための文書」に当たると解するのが相当である……。」本件調査報告書は、所属会派の代表者にのみ提出され、議長や市長への送付は想定されていないが、それは調査研究報告書の各会派内部での使用とその自律を促すとともに、議員の調査研究に対する執行機関等からの干渉を防止する点にあること、政務調査費の交付を受けた会派が議長に提出すべきものとされる収支状況報告書及び執行状況報告書については、使途の適正及び透明性の確保のために議長の検査等が予定されており、その証拠書類等の資料に調査研究報告書が当たる場合があり得るとしても、それは、例外的に、議長の求めに従い、議長に対してのみ提示されるにすぎないこと、調査研究に協力するなどした第三者の氏名、意見等が調査研究報告書に記載されている場合は、これが開示されると、調査研究への協力が得られにくくなって以後の調査研究に支障が生ずるばかりか、第三者のプライバシーが侵害されるなどのおそれもある。以上から、「本件各文書は、本件要綱に基づいて作成され、各会派に提出された調査研究報告書及びその添付書類であるというのであるから、専ら、所持者であるYら各自の内部の者の利用に供する目的で作成され、外部の者に開示することが予定されていない文書であると認められる。また、本件各文書が開示された場合には、所持者であるYら及びそれに所属する議員の調査研究が執行機関、他の会派等の干渉等によって阻害されるおそれがあるものというべきである。加えて、……本件各文書には調査研究に協力するなどした第三者の氏名、意見等が記載されている蓋然性があるというのであるから、これが開示されると、調査研究への協力が得られにくくなって以後の調査研究に支障が生ずるばかりか、その第三者のプライバシーが侵害されるなどのおそれもあるものというべきである。そうすると、本件各文書の開示によってYら各自の側に看過し難い不利益が生ずるおそれがあると認められる。」

●解説●　1　本決定は、【156】で確立された自己利用文書（220条 4 号ニ）概念の当てはめの例として、地方議会の政務調査費に関して作成された調査研究報告書等につき、内部利用性に加え、不利益性要件を認め、提出義務を否定したものである。なお、横尾和子裁判官の反対意見では、政務調査費の使途の透明性確保の趣旨が強調され、内部利用性が否定されており、最高裁の中でなお具体的要件の当てはめに意見の違いがみられる点は興味深い。

2　まず内部文書性につき、本件は議会会派内部で作成される文書であり、専ら会派内での利用が想定されたものであるが、議会内の公金支出に係る公的性格を有するものでもあり、いずれの趣旨を重視するかで考えが分かれる可能性があろう。透明性確保の観点から内部文書性を否定する見解もあり得るが、本決定は、本条例の趣旨を子細に検討し、結論としてそれを肯定した（本決定の論旨を敷衍するものとして、長屋・後掲836頁以下参照）。また、不利益性に関しても、本決定は議員の調査研究に対する議長や他会派の介入のおそれや第三者の氏名等の開示による以後の調査研究の支障のおそれを指摘する。ただ、これに対しては、そのような介入は抽象的なおそれに止まるし、第三者の氏名等はその部分のみ非開示にすることで対処可能との批判はあり得よう（山本・後掲439頁など参照）。

3　政務調査費関係の文書については、その後も判例が相次いでいる。最 2 小決平成22・4・12判時2078-3 は、本決定同様内部文書性を認めるが、須藤正彦裁判官の反対意見がある。他方、最 2 小決平成26・10・29判時2247-3 は、条例が 1 万円を超える支出に限って領収書の写し等の添付を求めている事案において、1 万円以下の支出に係る領収書等について内部文書性を否定して提出義務を肯定したものである。そこでは、過度の一般論は相当ではなく、当該文書の保存・提出に係る個別の条例の趣旨いかんが重要であるとの考え方を示すものといえよう（このほか、内部文書性を認めるものとして弁護士会の綱紀委員会議事録に関する最 3 小決平成23・10・11判時2136-9 等があり、否定するものとして介護サービス事業の利用チェックリストに関する最 2 小決平成19・8・23判時1985-63等がある）。

●参考文献●　山本・現代的課題438以下、長屋文裕・判解平17年度817

159 自己利用文書④──社内通達文書

最2小決平成18年2月17日（民集60巻2号496頁・判時1930号96頁）　　参照条文　民訴法220条4号ニ

社内通達文書は自己利用文書の要件である開示による看過し難い不利益をもたらすか。

●**事実**●　Y銀行は、Xらに対し、消費貸借契約および連帯保証契約に基づき11億円余の支払を求めた。Xらは、①YとXらの本件取引は融資一体型変額保険に係る融資契約上の債務を旧債務とする準消費貸借契約であるところ、同融資契約は錯誤無効である、②仮に本件取引が消費貸借契約としても、上記の融資契約は錯誤無効であり、同契約に関してXらがYに支払った金員につき、Xらは不当利得返還請求権を有するので、同請求権とYの本訴請求債権とを対当額で相殺すると主張した。Xらは、上記変額保険の勧誘をYが保険会社と一体で行っていた事実を証明するため、Yが所持する社内通達文書（「一時払い終身保険に対する融資案件の推進について」等と題する文書）につき文書提出命令を申し立てた。Yは、本件各文書は220条4号ニの自己利用文書に当たると主張して争った。原審は、本件各文書は社内利用目的のものであるが、その開示によって看過し難い不利益は生じないとして、自己利用文書には当たらないとして、その提出を認めるべきものとした。Yより許可抗告申立て（抗告許可）。

●**決定要旨**●　抗告棄却。
「ある文書が、その作成目的、記載内容、これを現在の所持者が所持するに至るまでの経緯、その他の事情から判断して、専ら内部の者の利用に供する目的で作成され、外部の者に開示することが予定されていない文書であって、開示されると個人のプライバシーが侵害されたり個人ないし団体の自由な意思形成が阻害されたりするなど、開示によって所持者の側に看過し難い不利益が生ずるおそれがあると認められる場合には、特段の事情がない限り、当該文書は民訴法220条4号ニ所定の「専ら文書の所持者の利用に供するための文書」に当たると解するのが相当である……。本件各文書は、いずれも銀行であるYの営業関連部、個人金融部等の本部の担当部署から、各営業店長等にあてて発出されたいわゆる社内通達文書であって、その内容は、変額一時払終身保険に対する融資案件を推進するとの一般的な業務遂行上の指針を示し、あるいは、客観的な業務結果報告を記載したものであり、取引先の顧客の信用情報やYの高度なノウハウに関する記載は含まれておらず、その作成目的は、上記の業務遂行上の指針等をYの各営業店長等に周知伝達することにある……。このような文書の作成目的や記載内容等からすると、本件各文書は、基本的にはYの内部の者の利用に供する目的で作成されたものということができる。しかしながら、本件各文書は、Yの業務の執行に関する意思決定の内容等をその各営業店長等に周知伝達するために作成され、法人内部で組織的に用いられる社内通達文書であって、Yの内部の意思が形成される過程で作成される文書ではなく、そ

の開示により直ちにYの自由な意思形成が阻害される性質のものではない。さらに、本件各文書は、個人のプライバシーに関する情報やYの営業秘密に関する事項が記載されているものでもない。そうすると、本件各文書が開示されることにより個人のプライバシーが侵害されたりYの自由な意思形成が阻害されたりするなど、開示によってYに看過し難い不利益が生ずるおそれがあるということはできない。」

●**解説**●　1　本決定は、【156】が示した自己利用文書の判断基準の一般論に依拠しながら、最高裁として初めて不利益性要件（「看過し難い不利益」）を否定し、内部文書につき提出義務を認めた。【156】は、220条4号ニの文言から素直に導かれる内部文書性のみならず、実質的な秘匿利益があるかどうかを不利益性要件で判断する枠組みを提示した。ただ、同決定自体は不利益性を肯定し、提出義務を否定したものであったので、その要件がどれほど実質的なものか疑義も生じ得た。しかるに、本決定はその要件が実質的にも機能し得るものである旨を示した点で重要な意義がある。
2　本決定は、①「開示により直ちにYの自由な意思形成が阻害される性質のものではない」こと、②「個人のプライバシーに関する情報やYの営業秘密に関する事項が記載されているものでもない」ことから、不利益性を否定している。換言すれば、不利益性要件の関係で検討対象となるのは所持者の自由な意思形成の問題とプライバシー・営業秘密の問題であることが示され、特別の類型の文書を除き、概ねこのような実質的利益を4号ニの保護法益とすることが判例準則であると評価できよう（山本ほか編・理論と実務27頁は、この決定を「不利益性要件について、ある程度「中間まとめ」的な性格を有する判例」と評価）。企業（特に銀行のような公益企業）において、その内部における自由な意思形成と裁判における真実発見をどのような形で比較衡量すべきかについては、なお議論があり得よう。個人的には、完全な民間企業はやむを得ないにしても、銀行や更には弁護士会のような公的団体については、意思形成の自由を切り札的に重視する態度には疑問を有している（その意味で、弁護士会の綱紀委員会議事録につき不利益性を認めた最3小決平成23・10・11判時2136‐9には疑問があり、綱紀委員会のような公的な場での発言は、それが開示されるとしても、委員が忌憚のない意見を述べることが期待されてもよいように思われる）。
3　最後に、本決定が不利益性要件を否定するにつき、本件文書が「法人内部で組織的に用いられる」文書である点を指摘したことも注目される。これは、公務文書につき「公務員が組織的に用いるもの」が自己利用文書から除かれていること（220条4号ニ括弧書）に照応しているようにみえ（国立大学法人との関係で、最1小決平成25・12・19民集67‐9‐1938も参照）、今後この概念の内実がどのように形成されていくのか、興味深い。

●**参考文献**●　山本・現代的課題440、土谷裕子・判解平18年度256

160 自己利用文書⑤──自己査定資料

最2小決平成19年11月30日（民集61巻8号3186頁・判時1991号72頁）　　参照条文　民訴法220条4号ニ

金融機関の自己査定資料は民訴法220条4号ニの自己利用文書となるか。

●事実●　Xらは、自己の取引先であるA社に融資をしていたYに対し、不法行為に基づく損害賠償を請求した。Xらは、AのいわゆるメインバンクであったYはAの経営破綻の可能性が大きいことを認識し、そのような意思は有していなかったにもかかわらず、Aを全面的に支援すると説明してXらを欺罔したため、またはAの経営状態につきできる限り正確な情報を提供すべき注意義務を負っていたのにこれを怠ったため、XらはAとの取引を継続し、その結果、Aに対する売掛金が回収不能となり、損害を被ったなどと主張した。Xらは、Yの上記欺罔行為および注意義務違反の立証のため、Yが所持するAの債務者区分の決定等の目的で作成・保管していた自己査定資料一式につき、文書提出命令を申し立てた。Yは、本件文書は220条4号ハまたはニの文書に当たる旨主張した。原審は、本件文書は、専らYの内部の者の利用に供する目的で作成され、外部の者に開示することが予定されていない文書であって、開示されるとYの内部における自由な意見の表明に支障を来し、Yの自由な意思形成が阻害されるおそれがあるなどの理由で、同号ニの自己利用文書に該当するとして、本件申立てを却下した。Xらより許可抗告申立て（抗告許可）。

●決定要旨●　破棄差戻し。
「ある文書が、その作成目的、記載内容、これを現在の所持者が所持するに至るまでの経緯、その他の事情から判断して、専ら内部の者の利用に供する目的で作成され、外部の者に開示することが予定されていない文書であって、開示されると個人のプライバシーが侵害されたり個人ないし団体の自由な意思形成が阻害されたりするなど、開示によって所持者の側に看過し難い不利益が生ずるおそれがあると認められる場合には、特段の事情がない限り、当該文書は民訴法220条4号ニ所定の「専ら文書の所持者の利用に供するための文書」に当たると解するのが相当である……。……Yは、法令により資産査定が義務付けられているところ、本件文書は、Yが、融資先であるAについて、前記検査マニュアルに沿って、同社に対して有する債権の資産査定を行う前提となる債務者区分を行うために作成し、事後的検証に備える目的もあって保存した資料であり、このことからすると、本件文書は、前記資産査定のために必要な資料であり、監督官庁による資産査定に関する前記検査において、資産査定の正確性を裏付ける資料として必要とされているものであるから、Y自身による利用にとどまらず、Y以外の者による利用が予定されているものということができる。そうすると、本件文書は、専ら内部の者の利用に供する目的で作成され、外部の者に開示することが予定されていない文書であるということはできず、民訴法220条4号ニ所定の「専ら文書の所持者の利用に供

するための文書」に当たらない……。」

●解説●　1　本決定は、金融機関が融資先の資産査定の前提としての債務者区分を行うため作成・保存している資料につき、内部利用性を否定し、4号ニの自己利用文書性を否定したものである（本件では4号ハの職業秘密文書性も併せて問題にされて差戻しとなったが、差戻後更に許可抗告がされ、【155】は職業秘密性も否定し、最終的に提出義務が確定した）。本決定は、資産査定が法令上義務づけられていること、本件文書は資産査定のために必要な資料であること、監督官庁による資産査定に関する検査における裏付け資料となるものであることなどから、所持者以外の者が予定される利用が予定されているとして、内部文書性を否定した。【156】の示した自己利用文書要件のうち、内部文書性の意義を示す事例判断といえる（特に貸出稟議書との差異から、【156】の事例に関する判断の射程も示唆する）。

2　本件では、自己査定資料自体は法令上作成が義務付けられているものではないが、それが内部文書性を基礎づけるかが問題となる（原決定はその点を自己利用文書と認める理由の1つとする）。しかし、法令上の作成義務の存在は（その結果何らかの形での外部開示が想定されていることになり）自己利用文書性を否定する根拠となり得るものの、その逆、すなわち法令上の作成義務の不存在は直ちに自己利用文書性を基礎づけるものではない。作成義務がなくても、外部開示が想定される文書は多々あるからである。そして、本決定は資産査定に関する金融庁検査に備えるという作成目的もある点を重視している。この点は内部文書性が認められる貸出稟議書（【156】参照）との相違であり、稟議書も検査における資料とはなり得るが、それを目的に作成されるわけではない（あくまでも銀行内部での融資の可否の審査が目的である）のに対し、自己査定資料は当初から外部検査に備える目的、すなわち外部開示が想定されている点が重視されたものと解される。また、本決定は、開示の相手方が公務員で守秘義務を負う点は考慮されていない（原決定は金融庁に開示されても第三者への公表は想定されない点も理由としていた）。守秘義務を負う主体であっても、その者への開示が想定されていれば「専ら」自己の利用に供するとはいえないということであろう（中村・後掲815頁参照。この点、既に介護サービス事業者の利用チェックリストに関する最2小決平成19・8・23判時1985-63も、やはり守秘義務を負うと解される介護保険審査支払機関への開示が予定されていた点から自己利用文書性を否定していた）。

3　本決定は、不利益性要件の判断は明示していないが、融資先に関する一定の評価が記載される文書であり、貸出稟議書との類似性はあるものの、法令上求められる資産査定の前提となることから、その評価が開示されたとしても、看過し難い不利益は生じないと判断されたものとみられ（中村・後掲816頁）、その点でも貸出稟議書との違いが認められる。

●参考文献●　山本和彦・銀法685-4、中村さとみ・判解平19年度802

161　文書の一部提出命令

最1小決平成13年2月22日（判時1742号89頁・判タ1057号144頁）　参照条文　民訴法221条1項、222条、223条

文書中氏名・住所等一部の記載を除外して文書提出命令を発することはできるか。

●**事実**●　A社株式を購入したXらは、A社が有価証券報告書に貸倒引当金を過少に計上する虚偽記載をしたことにより、株式を高値で購入させられて損害を被ったとして、A社の財務書類につき適正とする監査証明をしたY監査法人らに対し、証券取引法に基づき損害賠償を求めた。Xらは、A社の不良債権額を明らかにする必要等があるとして、Yらに対し、会計監査等に際して作成して所持する監査調書の提出命令を申し立てた。原審は、本件申立ての対象となっている監査調書中、返済が滞っていることが明らかでないA社の貸付先に関する書面についてはその氏名・会社名等の部分を除き、全ての文書の提出を命ずべきものとした。Yらより、①本件申立ての対象文書が特定されていない、②対象文書中、貸出先の氏名・会社名等のみを除き文書提出を命じたことが223条1項後段に違反するなどと主張して、許可抗告申立て（抗告許可）。

●**決定要旨**●　抗告棄却。

「財務諸表等の監査証明に関する省令……6条によれば、証券取引法193条の2の規定による監査証明を行った公認会計士又は監査法人は、監査又は中間監査……の終了後遅滞なく、当該監査等に係る記録又は資料を当該監査等に係る監査調書として整理し、これをその事務所に備え置くべきものとされているのであるから、特定の会計監査に関する監査調書との記載をもって提出を求める文書の表示及び趣旨の記載に欠けるところはなく、個々の文書の表示及び趣旨が明示されていないとしても、文書提出命令の申立ての対象文書の特定として不足するところはないと解するのが相当である。」「一通の文書の記載中に提出の義務があると認めることができない部分があるときは、特段の事情のない限り、当該部分を除いて提出を命ずることができると解するのが相当である。そうすると、原審が、本件監査調書として整理された記録又は資料のうち、A社の貸付先の一部の氏名、会社名、住所、職業、電話番号及びファックス番号部分を除いて提出を命じたことは正当として是認することができる。」

●**解説**●　**1**　本決定は、文書提出命令の手続に関し、文書の特定の程度および一部提出命令の可否が論点となったところ、それらの点につき事例判断を示したものである。現行法による文書提出命令制度の改正後比較的早い段階で、最高裁が一定の指針を示し、（判例集非登載ながら）その後の実務に対して大きな影響を与えた決定ということができる。

2　文書提出命令の申立てをするには、文書の表示および趣旨を明らかにする必要があり（221条1項1号・2号）、それにより対象文書を特定することが求められる。ただ、文書提出命令が問題となるのは相手方や第三者が文書を所持する場面であり、申立人にその厳密な特定を求めることは困難な場合も少なくない。そこで、現行法は新たに文書特定の手続（222条）を設け、文書の特定が著しく困難であるときは、所持者が文書を識別できる事項を明らかにし、裁判所から相手方に文書の表示・趣旨を明らかにすることを求める制度を創設した。旧法下では概括的な特定で文書提出命令を認める下級審裁判例もあったところ、文書特定の手続を設けながら提出命令に際しては文書の特定を求めたものと評価される。ただ、現行法下でも、相手方がその求めに応じて十分な特定をしない場合やそもそも識別事項すら明示できない場合は、なおどの程度の特定を必要とするかが問題となり得る。本決定は、「特定の会計監査に関する監査調書との記載をもって提出を求める文書の表示及び趣旨の記載に欠けるところはな」いとし、「個々の文書の表示及び趣旨が明示されていないとしても」特定を認めた事例判例であるが、一種の概括的特定を許容したものとも評価される。本決定は、財務諸表等の監査証明に関する省令に基づく監査調書の整理・備置義務を根拠としており、法令上文書の範囲が明確になる場合に関する判断であり、一般的にカテゴリーによる特定を認めたと解するのはやや過剰な評価ではあるが、方向性としては文書の特定の緩和に親和性のある判断と言うことはできよう。

3　次に、文書の一部に取調べの必要のない部分や提出義務が認められない部分が存する場合に、その余の部分については提出義務があり、取調べの必要があるときは、文書全体の提出を否定するのではなく、文書の一部提出命令を認めるのが旧法下の下級審裁判例や学説の立場であった。一部提出により真実発見や挙証者の手続保障を図る一方、必要性や提出義務のない部分は提出を否定して文書所持者等の利益を保護する趣旨である。現行法は明文で、「文書に取り調べる必要がないと認める部分又は提出の義務があると認めることができない部分があるときは、その部分を除いて、提出を命ずることができる」とした（223条1項後段）。ただ、この一部提出命令に関しては、どこまで文書を区分し、小刻みな形で提出を命じることができるかにつき、現行法制定当初議論があった。2頁の文書のうち1頁のみの提出を認めたり、複数項目から構成されている文書のうち一部項目のみの提出を認めたりすることが可能であることに異論はないが、問題は、1つの文章等の一部をマスキングないし黒塗りする等の方法によりみえない形にして提出するような扱いが認められるのかにあった。この点、削除により文書の意味が変わってしまう場合や文書として意味をなさなくなるような場合には否定的な意見が多いが、それ以外の場合には肯定説が多数であった。本決定も、原審が貸付先の一部の氏名や会社名等を除いて文書提出命令を認めたことは是認できるとし、このような形の一部提出命令を容認しており、その後の実務も緩やかな運用をしているといえる。

●**参考文献**●　松本博之・判時1764-175、三木浩一・講座新民訴II92

162 文書提出命令に対する即時抗告権者

最1小決平成12年12月14日（民集54巻9号2743頁・判時1737号34頁）　　参照条文　民訴法223条7項

> 文書提出命令に対して本案事件の当事者は即時抗告
> を申し立てることができるか。

●**事実**●　　A信用金庫の会員Xは、同信用金庫の元理事Yに対し、信用金庫法39条が準用する商法267条に基づき、会員代表訴訟として損害賠償を求めた。Xは、Yの善管注意義務違反等を証明するため、Aが所持する文書につき文書提出命令を申し立てた。原々審は、文書提出義務を否定して申立てを却下したが、原審は、証拠としての必要性や重要性を検討して文書提出義務の存否を判断すべきとして、原々決定を取り消し、差し戻した。Yより許可抗告申立て（抗告許可）。

●**決定要旨**●　　抗告却下。

「文書提出命令は、ある事実を立証しようとする当事者が自ら証拠を提出する代わりに、裁判所の命令により文書の所持者にその提出を求めるものであり、文書提出命令が発せられた場合には、これに従わない所持者は、文書の記載に関する相手方の主張を真実と認められるなどの不利益を受け、あるいは過料の制裁を受けることがある。そこで、民訴法223条4項〔現行同条7項〕は、文書提出命令の申立てについての決定に対しては、申立人とその名あて人である所持者との間で文書提出義務の存否について争う機会を付与したものと解される。また、文書提出命令は、文書の所持者に対してその提出を命ずるとともに、当該文書の証拠申出を採用する証拠決定の性質を併せ持つものであるが、文書提出命令に対し証拠調べの必要性がないことを理由として即時抗告をすることは許されない（【152】）。そうすると、文書提出命令の申立てについての決定に対しては、文書の提出を命じられた所持者及び申立てを却下された申立人以外の者は、抗告の利益を有せず、本案事件の当事者であっても、即時抗告をすることができないと解するのが相当である。本件においては、Yは、文書の提出を命じられた所持者ではなく本案事件における当事者にすぎず、原決定に対する不服の利益を有しないから、本件抗告は、不適法なものとして却下を免れない。」

●**解説**●　　1　本決定は、文書提出命令に対する抗告権者につき、文書提出命令事件の当事者（命令の申立人および相手方（文書所持者））でない者は、本案訴訟の当事者であっても、抗告権を有しないことを明らかにした。文書提出命令が本案訴訟の当事者間でされる場合は、本案事件の当事者＝文書提出命令事件の当事者であり、誰が即時抗告をすることができるかは紛れがない。それに対し、本案事件の当事者以外の第三者が文書を所持する場合は、本案訴訟の当事者と文書提出命令事件の当事者が異なることになり、即時抗告権者が問題となり得る。文書提出命令事件の当事者（申立当事者および文書所持第三者）が即時抗告できることに異論はないが、申立人でない本案訴訟の当事者の即

時抗告権の有無が問題である。本決定は、現行法制定直後にこの問題の解決を図った重要判例である。

2　旧法下においても文書提出命令に対して本案訴訟の当事者（文書提出命令事件の当事者でない者）が即時抗告できるかという問題は存在し、この点について学説や下級審裁判例の考え方は分かれていた。まず、肯定説は、第三者が所持する文書であっても、当事者はその記載内容に利害関係を有することがあるので、本案事件の当事者にも抗告権が認められると解していた。学説上多数説と呼べる考え方であり、裁判例にもこれを支持するものがあった（大阪高決昭和53・5・17判時904-72など）。これに対し、否定説は、①提出義務の存否は文書提出命令の当事者の間で争われるべき事項であること、②文書を証拠調べの対象から排除することについて正当な法律上の利益は認められないことなどを理由に、本案事件の当事者には抗告権は認められないと解していた。学説上有力説の見解であり、下級審裁判例にもこれを支持するものが存在した（広島高決昭和52・12・19高民30-4-456など）。以上のように、旧法下では、文書提出命令については最高裁判所に対する上訴が認められていなかったため、この点の理解は分かれたままになっていた。

3　本決定は、許可抗告制度により決定手続についても判例統一が可能になった中、比較的早い段階で最高裁がこの点の解釈を明らかにしたものである。結論として否定説を採用したものであるが、その理由として、①223条4項は文書提出命令による所持者の不利益に鑑み、所持者に対し申立人との間で上訴の機会を付与する趣旨のものである点、②証拠調べの必要がないことは抗告の理由とはならない点を指摘する。このうち、①は、ここでの即時抗告の趣旨が所持者以外の第三者の利益を保護するものではない旨を含意しているものとみられる。第三者による抗告の実質的利益としては、文書提出義務の除外事由等につき第三者の利益が保護されるべきこと（第三者の秘密やプライバシー等が記載されていること）や当該証拠が第三者（相手方当事者）に不利な証拠となること等が考えられよう（福井・後掲944頁参照）。しかし、前者は、除外事由の多くは第三者の利益であっても所持者の利益に還元する形で保護するに止まるし（例えば、自己利用文書における第三者の秘密等の記載はあくまでも所持者の看過し難い不利益の中で考慮される）、直接第三者の利益を保護するものがあるとしても（プロフェッションの秘密はそのような趣旨とも解される）、第三者に抗告権まで付与するかは政策判断の問題であり、現行法はそこまでの保護を第三者に付与していないとの最高裁の判断は正当であろう。また、後者は、自己に不利な証拠の提出を阻む権利は相手方にはなく、正当な利益とはいえない。更に、②は、証拠調べの必要の有無はそもそも即時抗告の理由になり得ないとするのが判例であり（【152】参照）、本案事件の当事者の即時抗告権を基礎づける事由とはなり得ない。

●**参考文献**●　　福井章代・判解平12年度940、コンメⅣ509

163　文書提出命令の効果

知財高判平成21年1月28日（判時2045号134頁・判タ1300号287頁）　　参照条文　民訴法224条

> 当事者が文書提出命令に応じない場合にどのような
> 事実が真実と認められるか。

●**事実**●　　Xは、Yによる本件物件の製造販売行為が
Xの特許権を侵害するとして、Yに対し、その製造販
売等の差止めのほか、損害賠償を請求した。Xは、同
物件の販売台数を立証するため、Yに対し、その売上
台帳、売上一覧表等の文書または電子ファイルのプリ
ントアウト（本件文書）につき、特許法105条1項に
より文書提出命令を申し立てた。原審は本件文書の提
出命令を発したが、Yはこの命令に応じなかった。原
判決は、Yによる本件物件の製造販売行為がXの特許
権の侵害に当たるとした上で、Xにおいて本件文書の
記載に関し具体的主張をすることが著しく困難であり、
本件文書により立証すべき事実を他の証拠により立証
することも著しく困難であるとして、224条3項を適
用し、Yによる本件物件販売数につきXの主張事実を
真実と認め、Xの請求を認容した。Yより控訴。

●**判旨**●　　原判決変更。
　「真実擬制の可否について検討するに、本件文書
……は、Yの日常業務の過程で作成される帳簿書類
等であるから、それらの記載に関して、Xが具体的
な主張をすることは著しく困難である。また、Xが、
本件文書により立証すべき事実（Yによるハ号物件の
販売台数）を他の証拠により立証することも著しく
困難である。そうすると、Yのハ号物件の販売台数
については、民事訴訟法224条3項により、Xの主
張、すなわちYが……合計30台のハ号物件を販売し
たことを真実であると認めるのが相当である。」

●**解説**●　　1　本判決は、当事者が文書提出命令に違
反した場合の制裁につき、現行法が新たに規定した
224条3項を適用した下級審裁判例である。当事者が
文書提出命令に従わない場合の制裁につき、民訴法は
真実擬制という考え方をとる（第三者が従わない場合の
制裁は過料という金銭支払である。225条参照）。すなわ
ち、当事者が文書提出命令に従わないときは、裁判所
は「当該文書の記載に関する相手方の主張を真実と認
めることができる」ことが基本となる（224条1項）。
これにより、当事者は通常自己に有利な内容が記載さ
れている文書の提出を求めるとすれば、その記載内容
が真実と認められて有利に訴訟を追行できることにな
る。問題は、当該文書が相手方の手中にあること
から、文書提出命令申立人はその記載内容につき詳
細を主張できない場合がある点である。この主張がで
きなければ真実擬制の基礎を欠くため、制裁が機能し
ないおそれがある。そこで、旧法下の下級審裁判例は
一部、真実擬制の対象を文書の記載内容だけではなく、
当該文書により当事者が立証しようとする事実（要証
事実）にまで拡張し（東京高判昭和54・10・18判時942-17
（自衛隊機墜落事故で国が航空事故調査報告書の提出に応
じなかった事例）、東京地判平成6・3・30判時1523-106
（証拠保全の検証に応じなかった事例）等）、学説もこれ

を支持していた。そこで、現行法は新たに224条3項
を設け、文書の記載内容の具体的主張および他の証拠
による要証事実の立証が著しく困難であるとの要件に
基づき、裁判所は「その事実に関する相手方の主張を
真実と認めることができる」こととした。ただ、この
点については現行法下で未だ最高裁判例はないようで
あり、下級審であっても、その適用場面を明示した高
裁段階の裁判例として本判決の意義は大きい。
　2　本項の適用要件は、前述の通り、①当該文書の
記載内容の具体的主張が著しく困難であること、②他
の証拠による要証事実の立証が著しく困難であること
である。本判決は、①について、受注管理表、売上台
帳、売上一覧表、請求一覧表など「Yの日常業務の過
程で作成される帳簿書類等である」ことから、Xによ
るその記載内容の具体的主張が著しく困難であるとし
た。文書の記載に関する情報が申立人のアクセスでき
る範囲にはなく、その合理的な推論も困難であるとす
れば、①の要件を満たすものと解され、本件はまさに
そのような場合に該当しよう。他方、②の要件につい
ては、本判決は特に具体的な事情を述べていないが、
Yの販売担当者等を証人として尋問しても十分な心証
が得られないと考えられることが前提とされているも
のとみられる。そのような場合は、あえて証人尋問等
を実際に実施しなくても、本項の制裁を発動する余地
はあるものと解される。
　3　本項の適用における最大の問題は、その効果で
ある「真実と認めることができる」との意義である。
まず、真実擬制の対象は「文書による証明すべき事
実」に関する相手方の主張である。事案によっては、
このような事実も具体的主張が困難である場合もある
が、そのような場合は、過失や欠陥、因果関係などあ
る程度概括的な事実でも真実擬制の対象となり得ると
解される。本件は、対象物件の販売台数という具体的
な事実主張であるので、問題はない。また、この規定
は「真実と認めることができる」権限を裁判所に付与
したもので、真実と認める義務を課すものではない。
他の証拠や弁論の全趣旨から当該事実主張が真実でな
いことが明らかな場合や当該事実を当該文書によって
は立証できないことが明らかな場合等には、当該事実
を真実と認める必要はない。その意味で、この規定は、
理論的には信義則に基づく自由心証主義の例外（法定
証拠法則）を定めたもので、証明妨害法理の明文化と
解される（そのため、真実発見が重視される人事訴訟等
には適用されない。人訴19条1項参照）。具体的には、
当該文書の記載内容が想定される中で申立人に最も有
利と仮定したとしても、他の証拠等と総合判断してな
お反対の心証が形成できるかが問題となり、そのよう
な仮定を置いてもなお反対心証に至る場合は真実と認
めることはできないと解される（【135】解説参照）。本
件では、30台という販売台数が一定の合理性を有す
ると考えられたものであろう（例えば、数百台という主
張についても真実擬制がされるものではなかろう）。

●**参考文献**●　　山本和彦・民事事実認定21、坂田宏・講座新民
訴II95

164　文書成立の真正

最３小判昭和39年５月12日（民集18巻４号597頁・判時376号27頁）　　　参照条文　民訴法228条

> 文書の成立の真正の推定（いわゆる２段の推定）は
> どのような場合に働くか。

●**事実**●　YのA信金に対する借入金につき保証した
X信用保証協会が代位弁済した金員の求償をYに対し
て請求した。Yは、保証委託契約書等に係るYの押印
につき自己の印章が盗用された旨主張した。原判決は、
Y名下の印影がYの印をもって顕出されたことは争い
がないので、反証がない限り、真正なものと推定され
る、Y援用の人証は反証と認められず、印章盗用の事
実も認める証拠がないとして、Xの請求を認容した。
Yより、326条の規定の適用には作成者による押印を
要し、単に作成者名下の印影が同人の印をもって顕出
されただけでは要件を満たさないとして、上告。

●**判旨**●　　上告棄却。
　「民訴326条〔現行228条４項〕に「本人又ハ其ノ
代理人ノ署名又ハ捺印アルトキ」というのは、該署
名または捺印が、本人またはその代理人の意思に基
づいて、真正に成立したときの謂であるが、文書中
の印影が本人または代理人の印章によって顕出され
た事実が確定された場合には、反証がない限り、該
印影は本人または代理人の意思に基づいて成立した
ものと推定するのが相当であり、右推定がなされる
結果、当該文書は、民訴326条にいう「本人又ハ其
ノ代理人ノ（中略）捺印アルトキ」の要件を充たし、
その全体が真正に成立したものと推定されることと
なるのである。原判決が、〔保証委託契約書等〕に
ついて、右各証中Y名下の印影が同人の印をもって顕
出されたことは当事者間に争いがないので、右各証
は民訴326条により真正なものと推定されると判示
したのは、右各証中Y名下の印影が同人の印章によ
って顕出された以上、該印影はYの意思に基づいて、
真正に成立したものと推定することができ、したが
って、民訴326条により文書全体が真正に成立した
ものと推定されるとの趣旨に出でたものと解せられ
る……。」

●**解説**●　　1　本判決は、私文書の成立の真正につき、
いわゆる２段の推定の法理を確立した判例として極め
て重要な意義を有する。文書が証拠調べの対象となり
得る（すなわち形式的証拠力を有する）のは、当該文書
が真正に成立したことが証明された場合に限られる。
そして、228条４項は「私文書は、本人又はその代理
人の署名又は押印があるときは、真正に成立したもの
と推定する」と規定する。ここで言う「押印」とは文
書の作成名義人とされるものが、自らの意思に基づき
当該印影を顕出した場合と解されている（判例はこれ
を押印が真正である必要があると表現する。大判昭和７・
２・22新聞3378-12など）。ただ、この点の立証は実際上
困難であり、この点につき何らの手当てもないと上記
規定の意義は半減するところ、当該印影が本人の印章
によって顕出された場合には、その者の意思に基づき

押印されたものと推定するとの考え方が示されていた。
本判決はそのような考え方を採用したものである。
この場合、本人の印章の使用⇒本人の意思による押印の
推定を第１段の推定、本人の意思による押印⇒文書の
成立の真正の推定を第２段の推定と呼ぶ。
　2　本判決が明らかにした第１段の推定は、経験則
に基づく事実上の推定と解されている。本判決のいう
「反証がない限り」との文言はその趣旨を示すものと
される（蕪山・後掲113頁参照。仮に法律上の推定であれ
ば証明責任が転換し、相手方に求められるのは本証となる
はずである。その点を明示する判例として、最２小判昭和
43・6・21判時526-55等参照）。人は自らの所有する印章
を大事に保管・使用し、みだりに他人に使用させない
措置をとっているはずであるとの経験則に基づき、当
該印章に基づく印影がある場合は、特段の事情のない
限り、その印章の所有者の意思に基づき当該印影が顕
出されたと考えてよいとの趣旨である。その意味で、
このような経験則は、いわゆる実印（印鑑登録をした印
章）と認印のいずれにも適用されるが（認印への適用に
つき、最１小判昭和50・6・12判時783-106参照）、その強
度には差があるものと考えられる（蕪山・後掲113頁参
照）。実印についてはその経験則は強く、第三者による
使用の反証は極めて困難である一方、認印について
は比較的容易に反証が認められる可能性があろう。ま
た、上記「反証」の中心は前記のような印章の管理・
使用の経験則が妥当しない場面ということなり、例え
ば、同居親族が当該印章を勝手に使える状況にあった
場合や本人が第三者にその印章を預けていた場合は推
定が破られ、本人の意思に基づく押印が否定され得る。
　3　以上の第１段の推定が認められると、次に第２
段の推定、すなわち228条４項が発動される。この規
定の性質については、法律上の推定とする見解もある
が、通説は一種の法定証拠法則を定めたものに止まる
と解し、証明責任の転換は認めない。法が「推定」と
規定している以上、前者のような理解がむしろ素直で
あるが、仮にそれが認められると、保証契約の白紙委
任状であっても、本人が押印している以上、その者が
白紙に押印した旨を証明しない限り、保証契約の成立
が認められてしまう結果になる。実際はそのような態
様の押印が跡を絶たない日本の現状に鑑みれば、その
ような扱いは酷であり、本人としては反証で足りる
（つまり押印後に文書の記載内容が変えられた等の合理的
疑いを呈すれば足りる）とされているものであろう。
なお、新型コロナウイルス禍の下、テレワークや文書
のデジタル化等を積極的に推進する観点から、ハンコ
の廃止が議論されており、民事裁判のIT化でも、電
磁的記録が直接証拠調べの対象となる旨の規律が検討
されている。その中で、本条またはそれに代わる規律
がいかなる機能を果たしていくかは今後の重要な課題
である（電磁的記録に電子署名が付された場合の本項と
同旨の規律として、電子署名３条参照。ただ、電子署名は
使い勝手の悪さが問題とされ、その普及等も課題となる）。

●**参考文献**●　　蕪山巖・判解昭39年度111、近藤隆司・百５版

165　コンピュータ磁気テープの証拠調べ

大阪高決昭和53年3月6日（高民31巻1号38頁・判時883号9頁）　　参照条文　民訴法231条

コンピュータの磁気テープはいかなる手続により証拠調べの対象となるか。

●**事実**●　Xらは、Y社の火力発電所から排出される大気汚染物質により健康被害を被ったとして、Yに対し、火力発電所運転差止等請求訴訟を提起した。Xらは、大気汚染物質のYによる排出を立証するため、降下ばいじん量の測定記録や火力発電所の出力等の記録をインプットし、Yが所持する磁気テープとこれを取り出すのに不可欠な資料につき文書提出命令の申立てをした。原決定は申立てを認めたが、Yより即時抗告。

●**決定要旨**●　原決定取消し・文書提出命令申立棄却。

「民訴法312条〔現行220条〕にいう文書とは、文字その他の記号を使用して人間の思想、判断、認識、感情等の思想的意味を可視的状態に表示した有形物をいうところ、一般的にみて磁気（電磁的記録）自体は通常の文字による文書とはいいえない。しかし、磁気テープの内容は、それがプリントアウトされれば紙面の上に可視的状態に移しかえられるのであるから、磁気テープは同条にいう文書に準ずるものと解すべく、本件……測定記録をインプットした磁気テープは、多数の情報を電気信号に転換しこれを電磁的に記録した有形物であって、それをプリントアウトすれば可視的状態になしうるから、準文書というべきであって、磁気テープがその内容を直接視読できないこと、あるいは直接視読による証拠調の困難なことをもって、その準文書性を否定することができない。即ち、磁気テープにインプットされた情報・記録……の内容を、人間の認識に供するためには、専門家により、知ろうとする情報・記録の内容形態に応じたプログラムを作成し、当該磁気テープに適合したコンピュータ装置を用いて、プログラムの指示した形式に従い、数字、アルファベット、カタカナによりプリントアウトする等の方法によるほかなく、この限りにおいて、磁気テープそれ自体は、紙面等に文字を記載して作成された通常の文書のように、その物自体において文書としての内容形態を視読しうるものとは異なることはいうまでもない。しかしながら、種々の情報ないし記録を磁気テープにインプットして保存する方法は、近年急速に発達した技術の所産であり、大企業等においてこの方法が急速に採用されているのは、膨大な情報・記録を極度に圧縮して収録しうる利点にあると考えられるところ、このような方法を採用して情報・記録を磁気テープにインプットした者としては、その当初から、インプットした情報・記録を将来利用する必要が生じたときは、これに要するプログラムを作成……使用し、磁気テープに適合したコンピュータ装置を用いてアウトプットすることを当然のこととして予定し……、このようにしてプリントアウトされたときにおいて、それは通常の文書として顕出されるに至るのであって、ここに磁気テープ利用の本来の効果

が生ずるのである。情報ないし記録を磁気テープにインプットするのは、将来必要となった場合にこれを見読可能なものとして紙面等に顕出することを目的としているものであって、インプットした情報・記録等を見読不能の状態で保存することのみを目的としているものではないから、これをインプットした者は、将来訴訟上相手方との間において、その者の要求により磁気テープにインプットされている情報・記録を相手方に示す必要が生じ、裁判所からその提出を命じられた場合には、単に磁気テープを提出するのみでは足りず、少くともその内容を紙面等にアウトプットするに必要なプログラムを作成してこれを併せて提出すべき義務を負っている……。」

●**解説**●　1　本決定は、現行民訴法に明文規定のないコンピュータに係る電磁的記録の証拠調べの方法を明らかにした下級審裁判例である。この点については未だ明言した最高裁判例がない中で、準文書としての証拠調べを可能にしたものとして、その意義は大きい（なお、録音テープにつき準文書として文書提出命令の対象となるとする裁判例として、東京地決平成元・6・2判タ709-262など参照）。

2　本決定は、電磁的記録は「文字その他の記号を使用して人間の思想、判断、認識、感情等の思想的意味を可視的状態に表示した有形物」ではないので、「通常の文字による文書とはいいえない」としながら、「磁気テープの内容は、それがプリントアウトされれば紙面の上に可視的状態に移しかえられるのであるから、磁気テープは」「文書に準ずるものと解すべ」きとし、準文書（231条）に当たるとする。そして、文書提出命令においては、当該準文書（電磁的記録）だけではなく、「少くともその内容を紙面等にアウトプットするに必要なプログラムを作成してこれを併せて提出すべき義務を負っているもの」とした。現在、企業等において重要な文書は全てコンピュータで作成され、ハードディスクやUSBメモリー等の形で保存されている。そこで、このデータを証拠として調べる場合の方法が問題となるところ、それを紙に出力して写しを（証拠法上の）原本として書証の形で取り調べることが一般的と考えられるが（この場合、原本（電磁的記録）との同一性が争われる場合は、原本データの検証や鑑定が必要になる）、原本（電磁的記録）を（一般的なまたは特殊なソフトウエアにより）可読な状態にして準文書として取り調べることも認められる。

3　現在議論されている裁判のIT化に関する立法の中では、電磁的記録自体を直接証拠調べの対象とし、書証に準じた規律を設けることが提案されている。そこでは、電磁的記録について、それがメタデータを含めて改変が行われていないものをオンラインで直接提出し、ディスプレー等に表示された文書を閲読する方法により直接取り調べることを可能にする旨の規律が想定されているものである。

●**参考文献**●　コンメⅣ562、商事法務編『民事訴訟法（IT化関係）等の改正に関する中間試案』16

166　証拠保全の要件

広島地決昭和61年11月21日（判時1224号76頁・判タ633号221頁）　　参照条文　民訴法234条

医療記録について、どのような要件で提訴前の証拠保全が認められるか。

●**事実**●　Xは病院で治療を受けていたが、Yらの所属するA病院に入院した後、病状が急激に悪化した。そこで、Xの家族がXに対する治療方法や病状悪化の理由をYらに再三尋ねたのに対し、Yらは詳しい事情を説明しようとせず、逆に説明を求めるXの家族を叱りつけたり、更には入院中にXの身体障害者等級が3級になったことから、「身体障害者手帳が3級になったんだからいいじゃあないか」との発言をしたとされる。Xは、Yらに対し、損害賠償請求訴訟の提起の準備中であるが、これに先立ってカルテの証拠保全を申し立てたところ、証拠保全の事由につき疎明不十分として却下され、抗告も棄却された。そこで、Xは再度証拠保全の申立てをしたが、原審はやはり申立てを却下した。Xより即時抗告。

●**決定要旨**●　原決定取消し・検証物提示命令。
　「裁判所は、特定の証拠方法について、本来の証拠調べの時期を待っていたのではその証拠を使用することが困難となる事情（証拠保全の事由）があると認める場合には、本来の証拠調べの時期以前に証調べをなしうる（民事訴訟法343条〔現行234条〕）ものとされ、右事由は、申立てにおいて明らかにするとともに、これを疎明することを要する（同法345条〔現行民訴規153条3項〕）とされているところ、右事由の疎明は当該事案に即して具体的に主張され、かつ疎明されることを要すると解するのが相当であり、右の理は診療録等の改ざんのおそれを証拠保全の事由とする場合でも同様である。これを敷衍するに、人は、自己に不利な記載を含む重要証拠を自ら有する場合に、これを任意にそのまま提出することを欲しないのが通常であるからといった抽象的な改ざんのおそれは足りず、当該医師に改ざんの前歴があるとか、当該医師が、患者側から診療上の問題点について説明を求められたにもかかわらず相当な理由なくこれを拒絶したとか、或いは前後矛盾ないし虚偽の説明をしたとか、その他ことさらに不誠実又は責任回避的な態度に終始したことなど、具体的な改ざんのおそれを一応推認させるに足る事実を疎明することを要する……。」本件では、「Yらは、Xの家族から診療上の問題点について説明を求められたのに相当な理由なくこれを拒絶し、不誠実かつ責任回避的な態度に終始しており、右によれば、YらがXに関する診療録等を改ざんするおそれがあると一応推認することができる……。」

●**解説**●　1　本決定は、証拠保全の要件である「あらかじめ証拠調べをしておかなければその証拠を使用することが困難となる事情」（234条）の意義を明らかにするとともに、実務上最も証拠保全が問題となる医事訴訟におけるカルテにつき証拠保全を現に認めた下

級審裁判例である。この問題については未だ最高裁の判断がない中で、地裁レベルの決定ではあるものの、本決定は1つの重要な先例と位置づけられている一方で、その要件の主張および疎明につきやや厳格な要求をしたものとして学説上の批判も受けている。

2　証拠保全は、本来の訴訟手続における証拠調べまで待っていると証拠調べが困難になる事情がある場合に予め証拠調べを行い、その結果を本来の訴訟手続のために確保しておく手続である。証人予定者が瀕死の重病であるとか、検証予定の山林が近々開発される予定であるとかの場合が挙げられるが、実務上最も多いのは本件のような医療事故における診療録（カルテ）の証拠保全である。ただ、このような場合、証拠保全の本来の機能（証拠保存機能）に加えて、証拠偏在のため提訴に際して情報が不足している原告が情報開示を求める機能（情報開示機能）も実際には期待されている。すなわち、被害者がカルテを閲覧して医療事故の請求原因を特定し、訴状の作成が可能になる（逆に医療過誤のないことに納得して提訴を諦める）効果をもつ。そして、このような効果の評価が証拠保全の要件の解釈を左右することになる。すなわち、証拠保全が証拠保存機能に特化するとすれば、本決定のように、カルテ改竄の具体的危険を要求することになる（その危険がなければ、本来の証拠調べまで待っても問題はない）。他方、情報開示機能を正面から証拠保全の制度目的と理解すれば、要件は緩やかに解され、改竄の抽象的危険で足りるとされる（そして、紛争が生じている状況に鑑み、改竄のおそれが常に抽象的にはあるとすれば、危険性不要説にも近づく）。ただ、情報開示機能を正面から認める解釈論は困難であり、証拠収集手続の充実を図る立法論が筋であろう（3参照）。その意味で、問題は具体的危険の要求の程度であり、本決定は「診療上の問題点について説明を求められたのに相当な理由なくこれを拒絶し、不誠実かつ責任回避的な態度に終始し」た点から改竄の具体的危険を認定する。不誠実な説明拒否⇒責任回避⇒責任原因の改竄という推論を経験則上認めるもので、証拠保全を回避するため医療側の責任で事故原因の解明および説明を要求する結果となろう（医療事故調査制度および医療側の院内調査の責任につき、山本・後掲8頁以下参照）。

3　提訴前の情報収集という点では、平成15年改正が提訴前の当事者照会や提訴前証拠収集制度を導入している（132条の2以下）。ただ、これらは強制力を有しておらず、証拠保全に代替する機能はもたない（強制力を有する提訴前証拠収集制度としては、特許訴訟の査証（特許105条の2以下）があるが、適用対象は限定されている）。他方、カルテに関しては、厚生労働省の「医療情報の提供等に関する指針」等が、医療機関の患者に対する原則的なカルテ等の開示義務を定めている（畑・後掲155頁参照）。加えて、電子カルテの普及とその改竄を困難にしているとの指摘もあり、カルテに対する証拠保全の意義は相対的には低くなってきており、本決定の意義も減少しているとみられる。

●**参考文献**●　畑宏樹・百5版154、山本和彦・ひろば67-11-8

最新重要判例 250 民事訴訟法

訴訟の終了

167 引換給付判決──立退料

最1小判昭和46年11月25日（民集25巻8号1343頁・判時651号68頁）　　参照条文　民訴法246条

> 立退料と引換えに建物明渡請求がされた場合、立退料を増額して請求を認容できるか。

●事実●　Xは、自己所有の本件建物が老朽化したので、それを取り壊し、跡地に高層ビルを建築することを目論んだ。本件建物は、Yが昭和23年から賃借し、果物商を営んでいたが、契約は2年ごとに更新され、最後は昭和32年12月、期間2年、賃料月2万5千円と約定されていた。Xは、期間満了2月前の昭和34年10月、Yに対し、正当事由に基づく解約告知をし、本件建物の明渡しを求める訴えを提起した。Xは当初無条件の明渡しを求めたが、その後予備的に300万円の立退料提供と引換えに建物明渡しを求めた。第1審は、予備的請求を認容し、300万円の支払と引換えに建物明渡しを命じた。原審は、正当事由に係る事実を認定した上で、無条件の明渡しはYに酷すぎるが、Xが相当の立退料を提供する場合は、Yにある程度の損害が生じても、衡平の観念上、請求を認容すべきとし、諸般の事情を考慮して補強条件を満たす立退料は500万円をもって相当とし、500万円と引換えに建物の明渡請求を認容すべきものとした。Yより上告。

●判旨●　　上告棄却。
「XがYに対して立退料として300万円もしくはこれと格段の相違のない一定の範囲内で裁判所の決定する金員を支払う旨の意思を表明し、かつその支払と引き換えに本件係争店舗の明渡を求めていることをもって、Xの右解約申入につき正当事由を具備したとする原審の判断は相当である。所論は右金額が過少であるというが、右金員の提供は、それのみで正当事由の根拠となるものではなく、他の諸般の事情と総合考慮され、相互に補充しあって正当事由の判断の基礎となるものであるから、解約の申入が金員の提供を伴うことによりはじめて正当事由を有することになるような場合であっても、右金員が、明渡によって借家人の被るべき損失のすべてを補償するに足りるものでなければならない理由はないし、また、それがいかにして損失を補償しうるかを具体的に説示しなければならないものでもない。原審が、右の趣旨において500万円と引き換えに本件店舗の明渡請求を認容していることは、原判示に照らして明らかである……。」

●解説●　　1　本判決は、300万円の立退料と引換えに建物明渡請求がされた事案において、500万円の立退料と引換えに明渡しを認めた原判決を相当とした事例判例である。その意味で、立退料につき原告の請求の範囲を超えて判断できる旨を明らかにしたものと解されている。ただ、本件においては、原告の請求の理解として「300万円もしくはこれと格段の相違のない一定の範囲内で裁判所の決定する金員を支払う旨の意思を表明し」たことが認定されており、そもそも請求段階で原告が300万円を超える立退料を認容する意思

が示されていたとされる（その意味で、厳密には原告の申立てを超えた判決ではない）点、その結果として最高裁においてもこの問題は争点とされていない点には注意すべきである。その意味で、本判決の理解および射程には注意を要するが、少なくとも立退料を一定の範囲で引き上げる判断の余地が認められた点で実務上重要な意義を有する判決である。

2　246条は「裁判所は、当事者が申し立てていない事項について、判決をすることができない」と定める。処分権主義の表れである。ただ、100万円の給付請求に対し、70万円の給付判決をするという一部認容判決は許容されると解されている。この場合、全部棄却判決をすると、既判力により後訴で70万円の支払も求められなくなるところ、原告は一部でも認容されるのであれば、通常それを求めると解され、原告の意思に反しないと考えられるからである。引換給付判決の場合、原告の提示する給付額を超える額と引換えに請求を認容することが一部認容判決となる。論理的には、その額がいくらであっても一部認容の範囲内と解することは可能である（引換え部分は被告から給付を求めることはできないので、原告がその額に不満があれば執行しなければ足り、それでも全部棄却判決よりは原告に有利のはずである）。ただ、前述のように、一部認容判決の許容性が原告の推定的意思にあるとすれば、その通常の意思から全く外れた額を認めることは許容されないであろう。本判決の「格段の相違のない一定の範囲内」とは、そのような趣旨と解される。ただ、この「一定の範囲」は、立退料の「非訟的性格」（千種・後掲545頁参照）に鑑み、比較的大きな範囲と考えられよう。なお、上記は推定的意思に基づくものであるので、訴訟で原告の具体的意思が明示されている場合は、それによることになる（実務上は、そのような意思を明示させる釈明等がされることが望ましい）。原告がその額を固定的なものとする場合（例えば300万円を上限に支払う旨の意思表示がある場合等）は、裁判所はそれを超えた額の立退料の引換給付判決をすることはできない。他方、原告の申立てと「格段の相違」があっても、裁判所の考える適正立退料を示してほしい旨の原告の明示の求めがある場合は、裁判所は、全部棄却ではなくて引換給付判決をすべきものと解されよう。

3　更に、原告から立退料の申出がない場合にも、裁判所が立退料による引換給付を命じる判決ができるかが問題となる。実体法上、正当事由の補完として考慮するには「財産上の給付をする旨の申出」（借地借家28条）が要件となっているので、その主張が必要になる。立退料について黙示の申出も存しない場合には、それを考慮することは借地借家法に照らして違法である。他方、そのような黙示の申出が（弁論の全趣旨等から）認定されるのであれば、訴訟法上、処分権主義の問題は2で述べた場合と基本的に同一であり、金額の提示が原告からないとすれば、裁判所が相当な額を認定すれば足りることになろう。

●参考文献●　　千種秀夫・判解昭46年度537、我妻学・百5版
160

168 債務不存在確認訴訟の申立事項

最2小判昭和40年9月17日（民集19巻6号1533頁・判時425号29頁）　　参照条文　民訴法246条

> 債務の一部の不存在確認訴訟において裁判所はどのような判決をすることができるか。

●事実●　AがYから110万円を借り受けたが、その後死亡し、Xらが相続し、その債務を承継した。Xらは、上記債務はX₁が単独で引き受け、その後、（イ）83万3535円、（ロ）5万円、（ハ）7万円を順次弁済した結果、残元金が14万6465円になったと主張し、Yに対し、「X₁のYに対する債務は14万6465円を超えて存在しないことを確認する。XらのYに対するその余の債務は存在しないことを確認する」旨を求めて訴えを提起した。原審は、X₁の主張する弁済のうち、（イ）は本件貸金債権の利息等に弁済されたものとし、仮に（ロ）・（ハ）の弁済がXら主張の通りにされたとしても、本件貸金の残元本債権がX₁の自認する14万6465円を超えることは明らかであり、しかもXらが主張する債務引受の事実は認め難いとして本訴請求は全部棄却すべきものとした。Xらより上告。

●判旨●　破棄差戻し。

「Xらが……本件貸金債務について不存在の確認を求めている申立の範囲（訴訟物）は、X₁については、その元金として残存することを自認する金14万6465円を本件貸金債権金110万から控除した残額95万3535円の債務額の不存在の確認であり、その余のXらにおいては、右残額金95万3535円の債務額について相続分に応じて分割されたそれぞれの債務額の不存在の確認であることが認められる。したがって、原審としては、右の各請求の当否をきめるためには、単に、前記（イ）の弁済の主張事実の存否のみならず、（ロ）および（ハ）の弁済の各主張事実について審理をして本件申立の範囲（訴訟物）である前記貸金残額の存否ないしその限度を明確に判断しなければならないのに、ただ単に、前記（イ）の弁済の主張事実が全部認められない以上、本件貸金の残債務として金14万6465円以上存在することが明らかである旨説示したのみで、前記（ロ）および（ハ）の弁済の主張事実について判断を加えることなく、残存額の不存在の限度を明確にしなかったことは、Xらの本件訴訟の申立の範囲（訴訟物）についての解釈をあやま」るものである。

●解説●　1　本判決は、債務不存在確認請求における申立事項（訴訟物）の範囲を明らかにし、判決の在り方を示した。「債務がX円を超えては存在しないことを確認する」との請求の趣旨において、原審のように、これは「債務がX円を超えるか超えないか」が訴訟物（審判対象）であり、X円を超える旨が証明されれば直ちに請求を棄却する立場も確かにあり得る。しかし、本判決は、この場合の訴訟物は「主張されている債務総額（Y円）－X円」であり、残債務がX円以下であれば請求認容となるものの、X円より多ければ請求は全部認容（Y円の場合）または一部認容・一部棄却となるので、その残額を明らかにする必要がある旨を判示したものである。現在では自明の結論と考えられているが、当時は「未開拓の分野が多い」とされていた債務不存在確認訴訟（奈良・後掲320頁参照）の基本を明らかにした点で意義の大きい判断であった。

2　本判決はまず、債務不存在確認の訴訟物が「主張されている債務総額（Y円）－X円」であることを前提とする（債務の全部不存在確認の場合、X＝0円となる）。これを前提とすれば、上限額が示されない場合には訴訟物不特定となり、不適法な訴えになる。ただ、本判決はあくまでも本件の具体的な請求等を前提としたもので、全ての債務不存在確認にそれが妥当するとは言っていないと解されよう。例えば、交通事故が存在しないにもかかわらず、その存在を前提に損害賠償を求められている者が損害賠償債務の不存在確認をする場合は、その債務が存在するかしないかが訴訟物であり、交通事故の存在により債務が1円以上存在すると裁判所が判断する場合には、直ちに請求を棄却すれば足りよう（東京地判平成4・1・31判時1418-109も参照）。このような請求に該当するかは、原告の意思、被告の対応、債務の性質等を総合的に考慮して決することになろう（新注釈(4)965頁〔山本和彦〕参照）。仮に原告が上記のような趣旨で請求を定立していたとしても、債務の性質によっては、債務の存否の審理が自動的にその額の確定に至ることもあり（例えば単純な貸金債務に関して特定額の弁済のみが争点になっている場合等）、そのような場合に単に請求を単純棄却するだけでは、債権額を確定できず、紛争解決の効率性を阻害するからである（他方、被告の利益は、給付の反訴を提起すれば足りるのであり、あまり問題とはならない）。

3　訴訟物が以上のように解されるとすれば、本判決が示すように、裁判所としては、残債務額がX円を超える場合はその金額を確定し、一部または全部棄却の判決をすべきことになる。仮に債務額がY円とX円の中間であるZ円の場合には、「債務はZ円を超えては存在しない。その余の請求を棄却する」との一部認容一部棄却判決となり、その判決の既判力は「Y円－Z円」の債務不存在および「Z円－X円」の債務存在につき生じることになる。これに対し、X円の部分の債務は訴訟物になっていないので、既判力が生じることはない（学説上、自認額につき請求放棄を認める見解もあるが、そもそも訴訟物になっていない以上、無理があろう）。ただ、債務がZ円であるという裁判所の認定は、当然X円についても債務の存在を前提にしており、後訴で債務者がX円の部分を争うことは信義則に反して許されないものと解される（一部請求の全部・一部棄却後の残額請求に関する【79】と同旨が妥当しよう。菅原・後掲163頁参照）。他方、請求が全部認容された場合、「Y円－X円」の債務不存在が既判力をもって確定されるが、X円の存否は確定されず、債務者は後訴でその不存在を主張することは妨げられないものと解される。

●参考文献●　奈良次郎・判解昭40年度317、菅原郁夫・百5版162

169 一時金賠償の申立てと定期金給付判決

最2小判昭和62年2月6日（判時1232号100頁・判タ638号137頁）　　参照条文　民訴法117条、246条

> 原告の一時金による損害賠償請求に対し、裁判所は定期金賠償を命じることができるか。

●**事実**●　Xは、学校における体育の授業中に負傷し、頚椎損傷等の障害を負い、四肢麻痺等のため、常時看護人の介護がなければ日常生活を送れない状態になった。そこで、Xおよびその両親は、国賠法1条1項に基づき、学校設置者であるY市に対し、1億7千万円余の損害賠償を請求して訴えを提起した。第1審および原審は、Xらの請求の大部分を認容した。Yより、本件損害賠償のうち、付添看護費用については一時金方式ではなく定期金方式による支払が命じられるべきであるなどと主張して、上告。

●**判旨**●　上告棄却。
「原審の適法に確定した事実関係のもとにおいて、原審の付添看護費用に関する損害額の算定方法は、正当として是認することができる。また、損害賠償請求権者が訴訟上一時金による賠償の支払を求める旨の申立をしている場合に、定期金による支払を命ずる判決をすることはできないものと解するのが相当であるから、定期金による支払を命じなかった原判決は正当である。」

●**解説**●　1　本判決は、損害賠償訴訟において原告が一時金賠償の請求をしている場合、裁判所は定期金賠償を命じる判決をすることができない旨を明らかにした。不法行為に基づく損害賠償において、その損害の費目の中に、被害者の介護に係る介護費用や将来収入に係る逸失利益のように将来に向けて継続的に生じるようなものも存在する。このような損害は、将来にわたって継続的に発生するものであるから、その原状回復を図るにおいても将来にわたって継続的に賠償させること（定期金賠償）がその趣旨に適うとの見方も可能である。しかし、民法の損害論に関する一般的理解によれば、不法行為による損害は不法行為の時点で全て発生しているとされ、その意味では、上記のような損害費目についても一時金として賠償させることが実体法の性質に適うとの見方も可能である。本判決は、少なくとも原告が介護費用につき一時金賠償を求めているときは、裁判所が定期金賠償を命じることができない旨を明らかにした点で重要な判断といえる（ただ、原告が定期金賠償を求めている場合については判断の対象外である）。また、本判決後、民訴法が改正され、定期金賠償が命じられた確定判決の変更を求める訴えの制度（117条）が導入された点が本判決の判例的価値に影響する可能性もあり、なお議論が続いている。

2　この問題については、まず実体法の考え方が前提となる。ありうる考え方としては、①ある場面では（あるいは全ての場面につき）いずれかの方法しか認められないとの見解、②ある場面では両方の賠償方法が成立し、被害者側に賠償方法の選択を認める見解、③ある場面では両方の賠償方法が成立し、裁判所にその選択を認める見解などがあり得よう（加害者側に選択権を認める考え方は実際上あり得ないであろう）。このうち、①説を採れば、そもそも実体法上いずれかの方法しか認められないので、原告が異なる方法を求めてきた場合、その請求は棄却されることになろう。他方、②説によれば、原告が選択した賠償方法に裁判所は実体法上拘束されるので、異なる方法を命じられないことは当然である。更に、③説によれば、裁判所は裁量で原告の申立てとは異なる方法で請求を認容できることになる（この場合、処分権主義の観点からの訴訟法上の制約が別途問題となる）。本判決は少なくとも③説を否定した可能性があるが（ただ、理由が付されていないので実体法上の理由かどうかは定かでない）、近時、最1小判令和2・7・9民集74-4-1204はこの点につき、交通事故被害者が後遺障害による逸失利益につき定期金賠償を求めている場合に、相当と認められるときは定期金賠償を認め、一定の場面で②説に近い判断を示した。この判決は、将来の逸失利益につき一時金賠償の対象になることを当然の前提としながら、被害者の求めを要件に一定の場合には定期金賠償の可能性を認め、結果として被害者による賠償方法の選択の余地を認めたと解されるからである。他方、それ以外の場面では原則に戻って一時金賠償によるほかないとすれば、そこでは①説となろう（逆に必ず定期金賠償によらなければならない場面は、判例は認めないものと解されよう。ただ、東京高判平成15・7・29判時1838-69は、将来の介護費用につき一定の場合には、原告が一時金賠償を求めても、裁判所が定期金賠償の判決をできるとし、①説によるともみられるが、以下では検討対象としない）。

3　実体法上の関係を以上のように整理できるとして、次に訴訟法上の処分権主義との関係が問題となる。まず、①説では、原告が誤って定期金賠償を求めてきた場合、一時金賠償として請求を認容できるかが問題となるが、これは処分権主義に反すると解される。けだし、一時金賠償は、弁済期が猶予されない分、定期金賠償より定型的に原告に有利な賠償方法と解されるので、定期金請求に対して一時金判決をすることは原告の申立ての範囲を超え、246条に反すると解されるからである。したがって、この場合は一時金賠償判決の余地はなく、裁判所は請求を棄却することになる（反対、大阪地判平成17・6・27判タ1188-282参照。なお、前掲最判令和2・7・9の示す要件は抽象的であり、裁判所の釈明義務を認める余地はあろう）。他方、①説で一時金賠償の申立てに対し定期金賠償判決を認める場合や③説を認める場合には、原告の一時金請求を相当でないとして裁判所が定期金賠償により請求を認容できるかが問題となり、これは一部認容の範囲内と考えることが可能である（山本・後掲960頁参照。原告としては全部棄却され、再訴不能になるよりは定期金判決を求めるのが通常の意思と解されよう）。ただ、前述の検討（2参照）からは、判例の考え方によれば、実体法上そもそもこのような場面は生じないことになろうか。

●**参考文献**●　瀬戸正義・J890-56、新注釈(4)959〔山本和彦〕

170　不執行の合意

最1小判平成5年11月11日（民集47巻9号5255頁・判時1541号88頁）　　参照条文　民執法35条

不執行の合意がある債権につき請求を認容する場合、どのような判決主文となるか。

●**事実**●　XはYに対し貸金債権の公正証書に基づき強制執行の申立てをしたところ、YがXに対し請求異議の訴えを提起した。XとYは上記訴訟において、YはXに対して582万円の本件支払債務がある旨を確認する訴訟上の和解をし、その際、Xは本件債権に基づく破産申立てをしないこと等の覚書を交わした。Xは、Yに対し、上記訴訟上の和解でYが約した582万円の支払を本訴で請求した。Yは、上記和解の成立は認めたが、和解に際してXとの間で本件債務については強制執行をしない旨の合意が成立したと主張した。第1審は不訴求の合意を認め、本件債務は自然債務であるとして訴えを却下したが、原審は不執行の合意を認め、本件債務はいわゆる責任のない債務であるから、Xはこれに基づき強制執行をすることはできないが、このような場合も裁判所は給付判決をすべきであるとして、第1審判決を取り消し、Yに対し582万円の支払を命じたが、本件債務につき強制執行ができない旨を判決主文において明示しなかった。Yより上告。

●**判旨**●　原判決変更・第1審判決取消し。
「Yは、Xに対し、金582万円を支払え。前項については強制執行をすることができない」とする自判。
「給付訴訟の訴訟物は、直接的には、給付請求権の存在及びその範囲であるから、右請求権につき強制執行をしない旨の合意（以下「不執行の合意」という。）があって強制執行をすることができないものであるかどうかの点は、その審判の対象にならないというべきであり、債務者は、強制執行の段階において不執行の合意を主張して強制執行の可否を争うことができると解される。しかし、給付訴訟において、その給付請求権について不執行の合意があって強制執行をすることができないものであることが主張された場合には、この点も訴訟物に準ずるものとして審判の対象になるというべきであり、裁判所が右主張を認めて右請求権に基づく強制執行をすることができないと判断したときは、執行段階における当事者間の紛争を未然に防止するため、右請求権については強制執行をすることができないことを判決主文において明らかにするのが相当であると解される（【172】参照）。」

●**解説**●　1　本判決は、特定の債務につき債権者・債務者間で強制執行をしない旨の合意（不執行の合意）がある場合は、裁判所は判決主文においてその旨を明らかにすべき旨判断した。従来学説が分かれており、また原判決が示すように実務上も必ずしも一致していなかった点について明確な判示をしたもので、理論上も実務上も重要な意義を有する。
2　債権者・債務者間の特定債務につき強制執行をしない旨の合意（不執行の合意）は執行制限契約の一種として有効であり、そのような債務は一般に責任なき債務となる。不執行の合意がある債務につき給付訴訟が提起された場合、裁判所はいかなる判決をすべきかが本判決の論点である。原判決は（不執行の合意の存在を認めながら）単純な給付判決をしたのに対し、本判決は主文で強制執行できない旨を明示すべきものとした。本判決は、①執行可能性の問題（責任の問題）は通常、給付訴訟の訴訟物には含まれず、審判対象にはならない（当事者は執行段階でその点を争うことができる）、②当事者から不執行の合意の主張がされた場合は、その点が訴訟物に準じて審判対象となる、③裁判所が不執行の合意を認めるときは、執行段階の紛争を予防するため、その点を主文において明示すべきであるとした。本来は訴訟物には含まれないが、当事者が主張すれば訴訟物に準じて審判の対象になるとの構成はやや異例であるが、判旨の引用する限定承認の抗弁に係る判例（【172】）に前例があり、それを参考にしたものであろう（八木・後掲983頁参照）。全ての給付訴訟で責任の問題を審判しなければならないとするのは、（多くの場合、責任の問題は独立して問題にならないとすれば）実務上あまりに煩項で、当事者にも不意打ちとなる可能性がある一方、当事者が主張する場合はそれが重要な争点になり、強制執行における執行機関の便宜も考慮すれば、主文での判断が相当というプラクティカルな判断といえよう（その結果、理論的にはやや不透明な「訴訟物に準ずるもの」という概念が用いられている）。その結果、裁判所が判断すれば、（やはり限定承認の場合と同様）その判断には既判力に準じた効力が生じることになろう。不執行の合意を認めた場合はもちろん、その存在を否定した判断も同様であり、執行段階で債務者は再度不執行の合意を持ち出すことはできなくなるものと解される。
3　他方、仮に不執行の合意があるとしても債務者が訴訟でその点を主張しなければ、審判対象には含まれないこととなり、債務者は執行段階でその点を争うことが許される。その意味で、債務者は不執行の合意について訴訟段階で主張するか執行段階に留保するかを選択できることになり、審判対象の理解としてやや異例ではあるが、前述のような実際的観点から正当化できよう。そして、この点の争い方については、執行異議（民執11条）ないし執行抗告（民執10条）によるべきとする見解と、請求異議（民執35条）によるべきとする見解が従来分かれていた（前者が大審院判例であったとされるが（大判大正15・2・24民集5-235等）、この点の判例・学説については、八木・後掲980頁以下参照）。本判決はこの問題を実体法上の債務の属性（責任なき債務）とするので、請求異議によるべきことになる。訴訟段階で争われれば判決手続で審判されるのに対し、執行段階で争われれば決定手続になるという帰結は明らかに不均衡であるので、本判決によれば請求異議によるべきことは必然といえる（その意味で、前記大審院判例は変更されたものと解される）。

●**参考文献**●　八木良一・判解平5年度976、福山達夫・平5年度重判134

171　訴え却下判決の既判力

最2小判平成22年7月16日（民集64巻5号1450頁・判時2098号42頁）　　　　参照条文　民訴法114条

訴えを不適法却下する判決は既判力を有するか。

●**事実**●　大阪市職員を組合員とする各互助組合が大阪市から支出を受けた本件補給金を組合員のための企業年金保険の保険料に充てたことにつき、大阪市の住民Xらは、地方自治法242条の2第1項4号に基づき、Yら（大阪市長等）に対し、互助組合等に損害賠償請求等をするよう求める住民訴訟を提起したところ、大阪市の住民であるZらが、各互助組合から構成される団体の理事らは大阪市の支出権限者と共同で違法な本件補給金の支出をさせたとして、同号に基づき、Yらに対し、上記理事らおよび同人らを理事とするA団体に損害賠償請求をするよう求めて共同訴訟参加の本件申出をした。他方、Zらは、上記理事らが大阪市の支出権限者と共同で違法な本件補給金の支出をさせたとして、Yらに対し、上記理事らおよびA団体に損害賠償請求をするよう求める別訴を提起していた。別訴および本件申出における請求の趣旨および原因は同一であり、第1審では同一の裁判体で審理された。別訴については適法な住民監査請求の前置がなく不適法として訴えを却下する判決が言い渡され、確定した（控訴審では本件申出とは別の裁判体が審理し、先に控訴棄却の判決がされ、更に上告不受理決定がされた）。第1審は本件申出を却下したが、原判決は本件申出を適法として第1審判決を取り消し、事件を第1審に差し戻した。Yらより上告受理申立て。

●**判旨**●　原判決破棄・控訴棄却。
　「本件申出に係る当事者、請求の趣旨及び原因は、Zらに関する限り、別件訴訟と同一であるところ、別件訴訟において適法な住民監査請求を前置していないことを理由に訴えを却下する判決が確定しているから、本件申出はその既判力により不適法な申出として却下されるべきものである。……また、本件申出は不適法でその不備を補正することができないものであるから、当裁判所は、口頭弁論を経ないで上記の判決をすることとする。」

●**解説**●　1　本判決は、訴訟判決（訴え却下の判決）にも既判力があることを初めて正面から認め、訴訟物を同一とする後訴を不適法却下すべきものとした（なお、最2小判昭和47・1・21集民105-13は、訴訟上の和解の成立による訴訟終了宣言判決につき、訴訟上の和解の有効性に関し既判力を有しないと判示したものであり、当該訴訟判決の既判力の有無を直接論じたものではない）。訴訟判決の既判力については、かつては既判力本質論とも絡んで否定説も有力であったが、現在では肯定説が通説であり、本判決は通説を明示的に採用したものである。なお、本判決は、原判決を破棄する上告審判決においては必ず口頭弁論を経なければならない旨の規律（上告審において口頭弁論を経ずに判決できる例外は上告棄却判決に限定され（319条）、破棄判決については、原則通り、87条1項本文の必要的口頭弁論の原則が妥当す

る）にもかかわらず、訴えが「不適法でその不備を補正することができない」場合は口頭弁論を経ずに訴えを却下できるとする140条の趣旨に鑑み、口頭弁論を経ることを要しないとする判例準則（【114】参照）の適用例でもある。

　2　既判力の本質について確定判決により実体法の状態（実体上の権利・義務）が変容すると解するいわゆる実体法説の立場からは、実体法（本案）について判断していない訴訟判決に関しては既判力を否定する見解が自然であり、かつては既判力否定説が有力であった。しかし、その後、既判力により実体法状態が変容することはなく、既判力は訴訟法上同一訴訟物の後訴裁判所を拘束し、当事者の攻撃防御を制約するにすぎないとする見解、すなわち訴訟法説が通説化し、そのような理解によれば訴訟判決に既判力を認めてもおかしくはないし、実質的にみても、ある訴訟要件を欠くとして訴えが却下された後、同一状況の下での再訴を防止する観点からは、訴訟判決にも既判力を認める実益がある（このような再訴を既判力以外の別の法理で排斥することも考えられるが、既判力によることがより自然である）。以上のような点から、現在では既判力肯定説が通説となっている。ただ肯定説に立っても、訴訟判決の既判力は本案判決の既判力とは異なる側面を有しているとされることがある（中山・後掲486頁など）。けだし、本案判決の既判力は訴訟物について生じるのに対し、訴訟判決の既判力は（訴訟物の同一性は前提にするものの）あくまでも訴訟要件の判断に生じるに止まるからである。そして、訴訟判決の既判力は個々の訴訟要件ごとに生じ、訴訟要件一般に生じるものではないとされる。しかし、ある訴訟要件が（本件のように）同一訴訟物の再訴を確定的に不適法にする性質のもの（他にも裁判権欠缺や当事者適格欠缺等）であれば、後訴は当然不適法になるし、訴え提起行為の有効要件（訴訟能力、代理権欠缺等）のように事後的に補正可能なものであれば、その補正は基準時後の新たな事由となり、その点から補正による適法性が検討されることになる。これらの点は基本的に本案判決の場合と大差はなく、その意味で既判力の性質が異なるとまではいえないであろう。

　3　本件上告受理申立てでは、二重起訴禁止（142条）との関係が問題にされている。本件の事実審口頭弁論終結時には、別件訴訟は未だ上告審に係属中であり、むしろ本件申出（別件訴訟の提起に後れるもの）はそのような観点から却下されるべきとも考えられるからである。しかし、上告審係属時に先行訴訟の取下げ等で二重起訴状態が解消されていれば、後訴をあえて却下する必要はないと考えられ、その判断の基準時を事実審口頭弁論終結時に固定する必要はなく、その後の事実も考慮し得ると解されよう（この問題については、中山・後掲487頁以下参照）。

●**参考文献**●　中山雅之・判解平22年度482、畑宏樹・平22年度重判165

172　留保付判決と既判力

最2小判昭和49年4月26日（民集28巻3号503頁・判時745号52頁）　参照条文　民訴法114条

限定承認に基づく確定給付判決後の訴えで単純承認を主張することはできるか。

●**事実**●　前訴において、Aの破産管財人Xは、Bに対し、否認権を行使し、原状回復のため400万円の償還請求の訴えを提起した。当該訴訟係属中にBが死亡し、その相続人Yらは限定承認をし、Y₁が相続財産管理人に選任されて訴訟を承継し、限定承認の抗弁を提出した。またXも控訴審で請求を拡張するに当たり相続財産の限度で支払を求める旨の留保を付したところ、相続財産の限度で478万余円の支払を命じる判決が確定した。その後、Xは、本件訴訟を提起し、Yらに対し、相続財産の限度にかかわらず、478万余円の支払を求めた。Xは、再訴の理由として、Yらが限定承認の際に相続財産の一部を隠匿し、悪意で財産目録に記載しなかったので、単純承認したとみなされる旨主張した。第1審は限定承認の無効の主張は前訴確定判決の既判力に反し許されないとして訴えを却下し、原審は控訴を棄却した。Xより上告。

●**判旨**●　上告棄却。

「被相続人の債務につき債権者より相続人に対し給付の訴が提起され、右訴訟において該債務の存在とともに相続人の限定承認の事実も認められたときは、裁判所は、債務名義上相続人の限定責任を明らかにするため、判決主文において、相続人に対し相続財産の限度で右債務の支払を命ずべきである。ところで、右のように相続財産の限度で支払を命じた、いわゆる留保付判決が確定した後において、債権者が、右訴訟の第2審口頭弁論終結時以前に存在した限定承認と相容れない事実（たとえば民法921条の法定単純承認の事実）を主張して、右債権につき無留保の判決を得るため新たに訴を提起することは許されないものと解すべきである。けだし、前訴の訴訟物は、直接には、給付請求権即ち債権（相続債務）の存在及びその範囲であるが、限定承認の存在及び効力も、これに準ずるものとして審理判断されるのみならず、限定承認が認められたときは前述のように主文においてそのことが明示されるのであるから、限定承認の存在及び効力についての前訴の判断に関しては、既判力に準ずる効力があると考えるべきであるし、また民訴法545条2項〔現行民執35条2項〕によると、確定判決に対する請求異議の訴は、異議を主張することを要する口頭弁論の終結後に生じた原因に基づいてのみ提起することができるとされているが、その法意は、権利関係の安定、訴訟経済及び訴訟上の信義則等の観点から、判決の基礎となる口頭弁論において主張することのできた事由に基づいて判決の効力をその確定後に左右することは許されないとするにあると解すべきであり、右趣旨に照らすと、債権者が前訴において主張することのできた前述のごとき事実を主張して、前訴の確定判決が認めた限定承認の存在及び効力を争うことも同様に

許されないものと考えられるからである。そして、右のことは、債権者の給付請求に対し相続人から限定承認の主張が提出され、これが認められて留保付判決がされた場合であると、債権者がみずから留保付で請求をし留保付判決がされた場合であるとによって異なるところはないと解すべきである。」「Xが本訴で主張する法定単純承認の事由は、前訴の第2審口頭弁論終結時以前に存在していた事実であるというのであるから、Xの右主張は前訴の確定判決に牴触し、またこれに遮断されて許され」ない。

●**解説**●　1　本判決は、限定承認により相続財産の限度でされた確定給付判決につき、後訴で前訴判決基準時前の法定単純承認の事実を主張して無留保判決を求めることはできないとした。その前提として、給付判決における責任財産の問題は伝統的に訴訟物には含まれないと解されているが、限定承認が認められたときは判決主文において相続財産の限度で支払命令をすべき旨が判示されている。この点は大審院判例（大判昭和7・6・2民集11-1099等）を確認したもので、債務の問題に加えて責任の問題も主文で扱うことができることを示す嚆矢となった（その後、不執行の合意にその趣旨を拡大するものとして、【170】参照）。

2　本判決は、限定承認が前訴で審判されている場合は、①限定承認の存在・効力も訴訟物に準じたものとして審理され、その判断は既判力に準じた効力を生じる点、②基準時前の事由で限定承認の効力を争うことは、権利関係の安定、訴訟経済および訴訟上の信義則等に反する点を理由とする。これらの理由のいずれを重視すべきかは事案により（債権者が自ら留保付判決を求めている場合は信義則構成に馴染みやすい）、効果にも影響し得る（既判力に準じるとすれば、事情にかかわらず単純承認の主張は排斥されやすいが、信義則とすれば、事情により認められる可能性もある）。その意味で、本判決は明確でないが（田尾・後掲306頁は「判決理由に未完のきらいはある」と評する）、抗弁に基づく場合も同視していること、単純承認不主張の事情を考慮していないことなどから、①の点が重視されていると思われる（他方、田尾・後掲306頁は本判決の「基本的理由は訴訟上の信義則に求められるべきではないか」とする）。

3　本判決とは逆に、限定承認が前訴で審判されないまま無留保判決がされた後、債務者が強制執行を争うため限定承認を主張できるかが論じられる。大判昭和15・2・3民集19-110は、債務者は請求異議の訴えを提起できるとするが、多数説はこれを特殊な事案に関する判断として一般化には否定的である。ただ、本判決同様、責任に関する問題（不執行の合意）を扱った【170】が明示的に請求異議を認める立場をとったため、判例内在的にはこの点は執行段階の問題と解するのが整合的であろう（田尾・後掲304頁は第三者異議によるべきとするが、判決主文に関わる問題とすればやはり請求異議が相当と思われる）。

●**参考文献**●　田尾桃二・判解昭49年度298、菱田雄郷・百

173 既判力の範囲

最2小判平成9年3月14日（判時1600号89頁・判夕937号104頁）　　参照条文　民訴法114条

> 所有権確認請求棄却判決の確定後、基準時前の相続による共有持分権の確認請求はできるか。

●事実● 亡Aの相続人は、X、B、Yの3名である。本件土地は、Aが所有者Cから賃借していたが、Aの生前に売買を原因としてCからYに所有権移転登記がされている。Xは、A死亡後、Yに対し、本件土地につきXの所有権確認等を求める訴えを提起し、Xの本件土地のCからの買受けまたは時効取得を主張した。これに対し、Yは、本件土地を買い受けたのはAであり、Aは同土地をYに贈与したと主張した。前訴判決は、本件土地所有権の帰属につき、本件土地をCから買い受けたのはXではなく、Aであり、YがAから本件土地の贈与を受けた事実は認められないとし、Xの所有権確認等の請求を棄却した。前訴判決確定後、Aの遺産分割調停においてYが本件土地所有権を主張し、同土地がAの遺産であることを争ったため、XおよびBは、本訴を提起し、本件土地はAの遺産であって、XおよびBは相続によりそれぞれ当該土地の3分の1の共有持分を取得したと主張し、本件土地がAの遺産であることの確認および上記各共有持分に基づく所有権一部移転登記手続を求めた。これに対し、Yは、前訴と同じくAから本件土地の贈与を受けたと主張するとともに、Xが相続による共有持分権取得の事実を主張することは前訴判決の既判力に抵触して許されないと主張し、反訴請求としてXが本件土地の3分の1の共有持分を有しないことの確認を求めた。原判決は、本件土地はAの遺産に属し、Xが相続による共有持分を有するが、Xは前訴において相続の事実を主張しないまま敗訴確定判決を受けたため、Yとの関係ではその既判力により所有権を主張できないとして共有持分権確認請求を棄却したが、前訴判決は相続人全員の間で本件土地の遺産帰属性を確定したものではないから遺産確認の訴えは許されるとして、その請求を認容した。前者の判断につきXらより、後者の判断につきYより上告（以下では、前者のみを扱う）。

●判旨● 上告棄却。
「所有権確認請求訴訟において請求棄却の判決が確定したときは、原告が同訴訟の事実審口頭弁論終結の時点において目的物の所有権を有していない旨の判断につき既判力が生じるから、原告が右時点以前に生じた所有権の一部たる共有持分の取得原因事実を後の訴訟において主張することは、右確定判決の既判力に抵触するものと解される。……Xは、前訴において、本件土地につき売買及び取得時効による所有権の取得のみを主張し、事実審口頭弁論終結以前に生じていたAの死亡による相続の事実を主張しないまま、Xの所有権確認請求を棄却する旨の前訴判決が確定したというのであるから、Xが本訴において相続による共有持分の取得を主張することは、前訴判決の既判力に抵触するものであり、前訴においてAの共同相続人であるX、Yの双方が本件土

地の所有権の取得を主張して争っていたこと、前訴判決が、双方の所有権取得の主張をいずれも排斥し、本件土地がAの所有である旨判断したこと、前訴判決の確定後にYが本件土地の所有権を主張したため本訴の提起に至ったことなどの事情があるとしても、Xの右主張は許されない……。」

●解説● 1 本判決は、単独所有権確認の前訴において請求棄却判決が確定した後、前訴において審理に顕れていた相続の事実を主張して共有持分権（所有権の一部）の確認を求めることは既判力に反して許されない旨を判示したものである。伝統的な既判力理解からは自然な判決ではあるが、両当事者および裁判所のいずれも相続の存在（それによるXの共有持分権の取得）を当然の前提としながら、その点が判決に表されなかった場合にもなお既判力による遮断を認めてよいかという既判力の本質にも関わる判決と評価できる。

2 本判決の理由は単純で、前訴確定判決はXの所有権の不存在を確定しており、後訴におけるその一部である共有権の取得原因である相続の事実の主張は既判力により遮断されるとする。これ自体はその通りであるが、別訴では本件土地が相続財産に属する旨が確定しており（この判断は上告審でも維持されている）、本件土地は相続財産にもかかわらず相続人Xは持分権を有しないという奇異な事態が現出する結果になった。その原因は、前訴においてXY双方が自己の所有権を主張し、その中で相続の事実が出ていたにもかかわらず、Xに加えて裁判所も共有持分権による一部認容という法律構成に思い至らなかった点にある。確かにその法律構成を明示しないXにも問題はあったが、より大きな問題は裁判所にあり（共有持分の判断は弁論主義に反せず、裁判所に判断義務があった）、判断してもYには不意打ちはなかったと解される。本判決の福田博裁判官の反対意見は信義則による既判力の制限を認めるが、多数意見はそれを一蹴した（根岸重治裁判官の補足意見は伝統的立場から反対意見を批判し、「民事訴訟制度の根幹にかかわる既判力の本質と相容れないものであって、到底容認することができない」とする）。

3 筆者はこの問題を法的観点指摘義務違反による既判力の縮小の問題と位置づける（山本・後掲293頁以下参照）。筆者は一般に、法的観点指摘義務違反の効果として、訴訟係属中は上告理由等になるが、判決確定後も一定の場合には既判力縮小の根拠となり得ると解している。本件では、裁判所は、前訴で本来一部認容判決をすべきであったが、A死亡のもつ法的意味を看過し、その点を訴訟の俎上に上らせて十分な議論をさせるため、法的観点指摘義務を負っていたところ、それを怠り、Xらの法的地位に大きな影響を与えたといえる。そして、両当事者は遺産共有を最低ラインとして攻撃防御を展開していたとすれば、Xらの過失も否定でき、その請求を認めるべきであったと解される（山本・後掲313頁以下参照）。

●参考文献● 山本・現代的課題284、高橋・重点講義（上）
733

174 判決理由中の判断と既判力

最1小判昭和30年12月1日（民集9巻13号1903頁・判時65号9頁）　　参照条文　民訴法114条

所有権に基づく登記手続請求に係る確定判決の既判力は所有権の存否に及ぶか。

●**事実**●　本件土地については、先に本訴当事者間において所有権移転登記の無効を理由とする抹消登記手続請求訴訟が係属し、本件土地所有権が原告Yにあることを確認し、被告Xが同土地につきAに贈与した所有権移転登記を無効と認め、Y主張に係る物権的請求権としての抹消登記請求を認容すべきとしてY勝訴の確定判決がされた。本訴では、Xは、Yに対し、当該土地の引渡請求をした。原審は、前訴につき、訴訟全体の趣旨としては、まず所有権の確認を求め、その所有権に基づく物権的請求権としての登記請求権を主張していたと解すべきであり、Xも裁判所も所有権の存否に最も重点をおいて審理したのであるから、所有権は表面的な訴訟物である登記請求権と表裏一体で不可分の関係にあるとして、前訴確定判決の主文において登記請求権が確定された以上、その裏面の訴訟物たる本件土地所有権についても本件当事者間に既判力あるものと認め、Xの請求を棄却した。Xより上告。

●**判旨**●　破棄差戻し。
「判決の主文とは本案判決についていうならば、裁判所が当事者によって訴訟物として主張された法律関係の存否に関してなした判断の結論そのものを外形上他の記載殊に理由の記載から独立分離して簡明にしかも完全に掲記するものをいうのである……。法律がかかる形態における主文を判決の必要的記載事項とした所以のものは、右199条〔現行114条1項〕等の規定と相俟ってその判決書を一見して訴訟物たる法律関係につき、如何なる裁判がなされたかを明確にし、これによってその判決が既判力等如何なる効力を如何なる範囲において有するかを一見明瞭ならしめようとしたに外ならないのであるから、判決の既判力は主文に包含される訴訟物とされた法律関係の存否に関する判断の結論そのもののみについて生ずるのであり、その前提たるに過ぎないものは大前提たる法規の解釈、適用は勿論、小前提たる法律事実に関する認定、その他一切の間接判断中に包含されるに止まるものは、たといそれが法律関係の存否に関するものであっても……既判力を有するものではない。そして如何なる法律関係が訴訟物として主張されているかは、原告が訴を提起するに当り請求の趣旨において明確にすべきところである。すなわち訴訟物の如何は一に訴を提起する原告の意思に基づいて定まるのであり、相手方たる被告の答弁又は裁判所の審判の如何により左右されるものではない。しかもかかる原告の意思は請求の趣旨で明確にされなければならないのであって、もとより黙示的表示でも足り、また請求原因の記載と相俟って明確にされるのでも足るであろうけれど、請求の趣旨で明確にされない限り、ただ請求原因中においてその訴求するが如き内容の判決を受け得べき必須の

前提として一定の法律関係を主張しただけでは、かかる法律関係を訴訟物とする意思が表明されたものということはできない。……原告がかかる前提問題たる法律関係の存否についても既判力を得んと欲するならば、単に請求原因として主張するに止まらず、その請求の趣旨において……これを主張しなければならないのである。このことは民訴234条〔現行145条〕が……中間確認の訴を提起し得べきこと及びその方法等を特に規定したことに徴しても容易に了解し得るであろう。……所有権に基づく物上請求権による訴において、原告がその基本たる所有権をも訴訟物たらしめんとする意思をその請求の趣旨で黙示的に表明し、裁判所も亦主文において黙示的にその存否について裁判をしている場合、その判決が当該所有権の存否につき既判力を有すべきことは勿論であるが、原判決が……登記請求事件の確定判決に、請求の趣旨にも又主文にも何等表明されていない本件土地の所有権の存在についてまで既判力のあるものとしたことは失当であり破棄を免れない。」

●**解説**●　1　本判決は、所有権に基づく登記請求訴訟の訴訟物は当該登記請求権であり、その背後にある所有権の存否自体は訴訟物にならず、当該確定判決の既判力は及ばない旨を明らかにした。現在ではほぼ疑われることのない判断であるが、この判決時点では議論があった問題に決着を付けた重要な判決である。
2　大判昭和12・4・7民集16-398は、物権的登記請求につき背後にある物権自体も訴訟物で、その判断に既判力が及ぶとし、理論的にも兼子教授が登記請求では背後の権利関係の存否自体が請求の主内容をなし、登記請求は技術的にこれに付随するに止まるので、登記請求のみを独立の訴訟物とするのは概念的すぎるとして、背後にある物権の存否が判断された限り、これに既判力が生じるとした（兼子・後掲289頁）。このような判例学説を前に、本判決はかなり慎重に詳細な理由を展開し、伝統的見解を支持した（長谷部・後掲235頁は「既判力に関する物的限界について間然するところがないまでに詳細な理論を展開しているから、解説としても特に附加すべき何物もない」とする）。その理由は、既判力は訴訟物の範囲にのみ及ぶこと、訴訟物とするためには請求の趣旨で明示すべきこと、前提問題たる法律関係に既判力を及ぼすには中間確認が必要であることである。極めて当然の（ある意味平凡な）論旨で登記請求も例外でないとするが、その根拠は必ずしも明確でない（長谷部・後掲236頁はやや不満げに、登記請求は「その中に当然に物権の存否についての確定請求を包含すると解せられるような気がしないでもない」とする）。
3　本判決は、傍論であるが、黙示の請求の趣旨・主文における黙示の裁判の可能性を示唆する。裁判の形式性を危うくする可能性のある判示であったが、その後の判例は必ずしもこの点を積極的に展開せず、慎重な態度を維持していることは正当と評価できよう。

●**参考文献**●　長谷部茂吉・判解昭30年度234、兼子一『判例民事訴訟法』100事件

175　争点効

最3小判昭和44年6月24日（判時569号48頁・判タ239号143頁）　　参照条文　なし

> 確定判決の理由中の判断について争点効として拘束力が認められる場合があるか。

●**事実**●　X所有の本件建物敷地の売買契約がXY間で締結され、XからYへ所有権移転登記を経由したが、Xが本件建物を明け渡さないので、Yは、当該契約の履行として本件建物の明渡しおよび契約不履行による損害賠償請求訴訟を提起した。この訴訟においてXは上記売買契約の詐欺による取消しの抗弁を主張したが、裁判所はその抗弁を排斥し、請求認容判決が確定した。他方、XはYを被告として、やはり上記売買契約の詐欺による取消しを主張し、本件不動産の所有権に基づき上記所有権移転登記の抹消登記手続請求訴訟を提起した（本件訴訟）。原審は、Xの詐欺取消しの主張を認め、その請求を認容した。Yより上告。

●**判旨**●　上告棄却。
　前訴「確定判決は、その理由において、本件売買契約の詐欺による取消の抗弁を排斥し、右売買契約が有効であること、現在の法律関係に引き直していえば、本件不動産がYの所有であることを確認していても、訴訟物である本件建物の明渡請求権および右契約不履行による損害賠償としての金銭支払請求権の有無について既判力を有するにすぎず、本件建物の所有権の存否について、既判力およびこれに類似する効力（いわゆる争点効……）を有するものではない。一方、本件訴訟におけるXの請求原因は、右本件不動産の売買契約が詐欺によって取り消されたことを理由として、本件不動産の所有権に基づいて、すでに経由された前叙の所有権移転登記の抹消登記手続を求めるというにあるから、かりに、本件訴訟において、Xの右請求原因が認容され、X勝訴の判決が確定したとしても、訴訟物である右抹消登記請求権の有無について既判力を有するにすぎず、本件不動産の所有権の存否については、既判力およびこれに類似する効力を有するものではない。以上のように、別件訴訟の確定判決の既判力と本件訴訟においてX勝訴の判決が確定した場合に生ずる既判力とは抵触衝突するところがなく、両訴訟の確定判決は、ともに本件不動産の所有権の存否について既判力およびこれに類似する効力を有するものではないから、論旨は採るをえない。なお、右説示のとおり、両訴訟の確定判決は、ともに本件不動産の所有権の存否について既判力およびこれに類似する効力を有するものではないから、Yは、別にXを被告として、本件不動産の所有権確認訴訟を提起し、右所有権の存否について既判力を有する確定判決を求めることができることは、いうまでもない。」

●**解説**●　1　本判決は、確定判決の理由中の判断の拘束力、いわゆる争点効を正面から否定した判例である。最高裁が学説の論じる概念を正面から取り上げて採否を明言する例は少なく（他の例として【69】の紛争管

理権論等がある）、珍しい例である。下級審で争点効を肯定する例が一定程度集積していたこと（京都地判昭和40・7・31判時423-21、東京地判昭和41・4・20判時444-76等）から、最高裁の姿勢を明確にしたものであろう。
　2　争点効とは、①前訴の主要な争点であったこと、②その争点につき当事者が十分な攻撃防御を展開したこと、③裁判所が実質的判断をしたこと、④前訴と後訴の係争利益がほぼ同一であることといった要件を満たす場合に、当該争点に関する前訴の判断が後訴裁判所を拘束するとの理論である（新堂・後掲725頁以下）。本件は、前訴Y⇒X建物等明渡請求、後訴X⇒Y登記抹消請求で、いずれも所有権に基づく物権的請求であり、争点は売買契約の詐欺取消の成否と共通していた。したがって、仮に争点効理論をとれば、前訴における主要な争点が争った結果としての詐欺不存在という前訴判決理由中の判断に、後訴裁判所は拘束されることになる（明渡請求と登記請求の係争利益はほぼ同一と解されよう）。しかるに、本判決は既判力を否定することは勿論、判決理由中の判断に関して争点効も生じないとしたものである（その後の同旨の判決として、最1小判昭和48・10・4判時724-33、最2小判昭和56・7・3判時1014-69等）。本判決はその理由を明らかにしていないが、推測すれば、争点効には民訴法上の明文規定がないことに加え、この理論は結局、「「理由の既判力」を否定する大審院以来の伝統的見解に挑戦するものである」点にあるようにみられる（本判決判時コメント48頁参照）。ただ、伝統的見解に対する挑戦が一切許されない理由はなく、立法による解決のみを指向することの正当性には疑義もあろう。
　3　本判決の結果、本件不動産の占有＝Y、登記＝Xという実体法がおよそ想定しない分属状態が発生してしまった。本判決は所有権確認の別訴による問題解決を示唆し、実際、本件ではXから所有権確認・建物明渡しを求める別訴が提起され、最終的にX勝訴で決着したという（大阪高判昭和59・2・16判タ525-111）。しかし、そこに至る期間の長さは勿論、常にこのような最終解決が図られるか、疑問も否めない（本件でも詐欺取消しの形成権行使が前訴判決の既判力で排除されるとすれば【178】参照）、このような解決の正当性には疑義もある）。そのような観点から注目されるのは、信義則を用いて後訴を遮断するその後の判例の展開である。すなわち、最判昭和51・9・30（【176】）以降、判例は信義則論によって実質的な紛争の蒸し返しに当たる後訴を遮断する傾向にある。本件をそれに当てはめてみると、建物明渡しの関係で所有権（詐欺の存否）を争い敗訴しながら、再度登記の関係で所有権を争うXの態度は紛争の蒸し返しとみる余地が十分にある。そうすると、本件のような問題に対する議論は、前述のような要件に基づき判決効（争点効）としての効力を認めるべきか、多様な要素を考慮に入れて柔軟な形で信義則による対応を図るべきかという対立軸となろう（なお前者の可能性につき、高田・後掲179頁参照）。

●**参考文献**●　新堂幸司『新民事訴訟法〔第6版〕』718、高田裕成・**百**5版178

176　信義則による遮断

最1小判昭和51年9月30日（民集30巻8号799頁・判時829号47頁）　　参照条文　民訴法2条

前訴確定判決の既判力が及ばない後訴が信義則に反するとして却下される場合はあるか。

●事実●　昭和23年6月頃、Xらの先代Aの所有する本件各土地につき自作農創設特別措置法による買収処分がされ、昭和24年7月頃、Yらの先代Bへの売渡処分がされた。Aの死後相続人の1人であるX₁は、昭和32年5月、Bとの間で、X₁が本件各土地を買い受ける旨の売買契約が成立したとして、Bの死後、相続人Yらおよび妻Cに対し、上記各土地につきX₁のため農地法所定の許可申請手続および許可を条件とする所有権移転登記手続等を求める前訴を提起したが、昭和41年12月上告審で請求棄却判決が確定した。昭和42年4月にAの共同相続人Xらが本訴を提起し、主位的に前記買収処分の無効等を理由にBおよび訴訟係属中死亡したCの相続人Yらおよび訴訟係属中にYらから本件土地の一部の売渡しを受けたZ社のためにされた本件各土地に係る所有権移転登記抹消登記に代わる所有権移転登記手続、予備的には前記買収処分直後にBがAに対し土地の返還約束をしていたとして所有権移転登記手続等を請求した。なお、X₁は前訴でも前記買収処分が無効である旨主張し、本来本件各土地は当然その返還を求め得るものであるが、その実現方法として、土地返還約束を内容とする、実質は和解契約の性質をもつ前記売買契約を締結し、これに基づき前訴を提起したものである旨を一貫して陳述していた。第1審は取得時効の抗弁を認めてXの請求を棄却したが、原審はXらの本訴提起は信義則に反するとして、第1審判決を取り消し、訴えを却下した。Xらより上告。

●判旨●　上告棄却。
「前訴と本訴は、訴訟物を異にするとはいえ、ひっきょう、Aの相続人が、Bの相続人及び右相続人から譲渡をうけた者に対し、本件各土地の買収処分の無効を前提としてその取戻を目的として提起したものであり、本訴は、実質的には、前訴のむし返しというべきものであり、前訴において本訴の請求をすることに支障もなかったのにかかわらず、さらにXらが本訴を提起することは、本訴提起時にすでに右買収処分後約20年も経過しており、右買収処分に基づき本件各土地の売渡をうけたB及びその承継人の地位を不当に長く不安定な状態におくことになることを考慮するときは、信義則に照らして許されないものと解するのが相当である。」

●解説●　1　本判決は、前訴と後訴の間で既判力が及ばない（訴訟物を異にする）場合でも、実質的にみて後訴が前訴の蒸し返しに当たるようなときは、信義則に反して後訴が許されない場合があるとしたものである。既判力＝訴訟物という考え方を厳格に貫き（【174】参照）、学説のいう争点効理論を否定する（【175】参照）判例において、訴訟物の範囲を超えて後訴を否定するスキームを始めて認めたものとして注目

すべき判決である。この判断が示された当初は、その意義について議論があり、極めて特殊な場面に関する特別な判断であるとの評価もあったが、その後の判例の展開（3参照）はこの法理が一般的射程を有するものである旨を示しており、現在では判例準則として定着したものと評価できる。

2　本件では、X₁のYらに対する所有権移転登記手続請求を訴訟物とする前訴に対し、後訴は、①買収処分を無効とする所有権移転登記抹消に代わる移転登記手続請求（主位的請求）や土地明渡請求（予備的請求）という異なる訴訟物が加わり、②原告もX₁以外のAの相続人が加わり、③被告もYら以外にZが加わっている点から、前訴判決の既判力は客観的範囲・主観的範囲双方で及ばない部分が多い。その意味で、訴訟物および当事者を基礎に判決効を捉える伝統的見解を前提にすれば、再訴の多くは本案審理が必要になる（仮に争点効理論をとっても、②や③の当事者の相違は勿論、前訴では買収処分の有効性は主要な争点ではなく、①も遮断できないと解される）。しかるに、本判決は紛争の実質的側面を重視し、信義則違反による再訴遮断を肯定した。本判決は信義則違反を認める要素として、(1)前訴と後訴の目的の同一性（紛争の蒸し返し）、(2)前訴で後訴請求をする支障の不存在、(3)紛争発生後長期の経過による当事者の地位の不安定を挙げる。本判決が出された当初は、権利失効という信義則の類型から、(2)や(3)の要素を重視する（特に紛争発生後の期間経過を重視する）見方も有力であった。ただ、その後の判例や下級審裁判例の展開に鑑みると、そのような要素も決定的ではなく、短期間に同趣旨の訴訟を連続提起するなど期間は長くなくても当事者の行動態様や主観的要素など様々な点に鑑み、紛争の蒸し返しといえれば信義則違反を認めているようにみえる。学説上も本判決の帰結を支持する見解が多いが、信義則の内実をより明確化する方向やこれを判決効の一般論に吸収する方向（手続事実群による正当な決着期待争点につき判決の遮断効を認める新堂説等）など未だ帰一をみない（学説については、高田・後掲169頁など参照）。

3　本判決後の判例として、最1小判昭52・3・24金判548-39は、事案は明確でないものの、本判決を引用しながら、「後訴の請求又は後訴における主張が前訴のそれのむし返しにすぎない場合には、後訴の請求又は後訴における主張は、信義則に照らして許されない」との一般的判示で信義則による後訴遮断を認める。また、最1小判昭59・1・19判時1105-48も、やはり本判決の枠組みを前提に、前訴で贈与の事実を否定して抹消登記を求めて敗訴した原告が、後訴で贈与の負担の不履行による贈与契約解除を理由に移転登記を求めることは信義則に反するものではないとする。更に、【79】は、一部請求の棄却後の残部請求につき、紛争の実質的な蒸し返しに当たるとして却下する判断を示している（更に下級審裁判例等の分析として、コンメⅡ472頁以下など参照）。

●参考文献●　岨野悌介・判解昭51年度316、高田昌宏・百5版168

177 時的限界①──相殺権

最2小判昭和40年4月2日（民集19巻3号539頁・判時414号25頁）　　参照条文 民執法35条2項

給付判決確定後に請求異議の訴えにおいて相殺の抗弁を主張することは許されるか。

●事実●　Aは、内縁関係にあったXに対し、本件土地所有権の移転を約していたが、それが履行されないうちに、XがAに100万円を支払う旨を含む内縁解消に関する合意がされた。Xが上記支払のうち50万円の支払を遅滞したので、Aは上記債権をYに譲渡し、Yは、Xに対し、上記50万円の支払請求訴訟を提起し、請求認容判決が確定した。その後、Xは、Yに対し、Aがその責めに帰すべき事由により本件土地のXに対する給付義務を履行不能にしたことによる損害賠償債権（80万円）をもって相殺を主張し、請求異議の訴えを提起した。Yは、Xが相殺の自働債権として主張する損害賠償債権は本件確定判決の控訴審口頭弁論終結前に生じていたものであるから、本訴請求異議の原因として主張できないとして争ったが、原審は、Xの相殺の意思表示がYに到達したのは、上記口頭弁論終結後であるので、Yの抗弁は理由がないとして、Xの請求を認容すべきものとした。Yより上告。

●判旨●　上告棄却。
「相殺は当事者双方の債務が相殺適状に達した時において当然その効力を生ずるものではなくて、その一方が相手方に対し相殺の意思表示をすることによってその効力を生ずるものであるから、当該債務名義たる判決の口頭弁論終結前には相殺適状にあるにすぎない場合、口頭弁論の終結後に至ってはじめて相殺の意思表示がなされたことにより債務消滅を原因として異議を主張するのは民訴法545条〔民執35条〕2項の適用上許されるとする大連判明治43・11・26民録16-764の判旨は、当裁判所もこれを改める必要を認めない。」

●解説●　1　本判決は、既判力の時的限界の問題に関し、相殺権については、相殺適状が前訴確定判決の口頭弁論終結前にあったとしても、相殺の意思表示が同終結後である場合は、請求異議事由となり得ることを明らかにしたものである。後述のように（2参照）、既判力の時的限界の問題として様々な形成権が議論されているところ、相殺についてはほぼ一致して基準時後の行使が認められており、本判決はその趣旨を明らかにしたものということができる。ただ、その根拠については本判決は明らかにしておらず、様々な説明があり得るところであり、その説明如何により他の形成権に関する判断にも影響し得る。

2　確定判決の既判力は事実審口頭弁論終結時の訴訟物に関する判断に生じ、同終結後に生じた新たな事由を後訴で主張することを遮断するものではない。この点は実定法上明確であるし（民執35条2項参照）、理論的にも、既判力の根拠が当事者の攻撃防御の可能性（手続保障）を前提とした自己責任にあるとすれば、事実審口頭弁論終結時に存在した事由は主張立証の可能性があり遮断されるとしても、主張立証の可能性がないその後の事由を遮断することは当事者の裁判を受ける権利を侵害することになろう。ただこの点、形成権行使は微妙な問題を孕む。形成権については、行使の基礎となる事由（形成原因）は基準時前にあるが、行使自体（意思表示）は基準時後という場合、全体として基準時後の事由と考えてよいかが問題となるからである。この相殺権の問題については、大審院はかつて相殺適状（形成原因）時点で異議原因が生じたものと扱い、基準時前の事由と解していた（大判明治39・11・26民録12-1582、大判明治40・7・19民録13-827参照）。しかるに、前掲大連判明治43・11・26が明確に判例を変更し、相殺の意思表示時を基準とする旨を明らかにした（その後の同旨判例として、大判大正11・7・15新聞2033-20、大判昭和5・11・5新聞3204-15等）。本判決は、最高裁においても大審院判例を踏襲することを明確にしたものである。なお、上告理由は、最高裁としてこの形成権の問題につき初めて判示し、書面によらない贈与の取消権につき基準時後の行使を認めなかった最3小判昭和36・12・12民集15-11-2778を援用したが（大審院は取消権についても相殺権同様、基準時後の行使を認めていた。大判大正14・3・20民集4-141）、本判決は形成権行使を一律には考えない旨を示唆した点でも注目される。

3　本判決の実質的根拠して、調査官解説は、大審院判例を支持する当時の学説を援用しながら、①訴訟物たる請求権自体に関する瑕疵ではない点、②自己の債権を消滅させる不利益を甘受する効果を伴う点、③その行使は債務者の自由に委ねられている点を挙げ、取消権との差異化を図る。このような理解はやがて判例自体の中でも明示されるに至るが（【179】参照）、既に早い段階から判例の基礎としてあったとみられることは注目される。ただ、このような根拠には批判もありえ、③は全ての形成権に共通する論点といえるし、②は主位的に債権の存否を争い、予備的に相殺権行使をすることまで期待できないかには異論もあり得よう（①は比喩的表現であり、行使により請求権自体が消滅する点では取消権や解除権と法的に差異はない）。筆者自身は、相殺権の特殊性は相殺適状が基準時後も存続する形成権（状況型形成原因）である点にあると考える。一般論としては、形成原因が基準時前にあればその行使は一挙手一投足であり、既判力に求められる紛争解決の実効性に鑑みれば、形成権は後訴で遮断されると解するのが筋である。ただ、基準時前の形成原因を根拠とする基準時後のその行使が遮断されるとしても、基準時後の形成原因を根拠とする行使は当然認められるはずであり、相殺の場合は基準時後も相殺適状が継続しているとすれば、それに基づく相殺権行使は何ら問題ない。以上から、原則として本判決の立場は支持できる（例外的に基準時後に相殺適状が失われている場合（基準時前に自働債権が時効消滅している場合等）は、基準時後の行使はできないと解される。山本・後掲208頁参照）。

●参考文献●　安倍正三・判解昭40年度159、山本・基本問題
207

178　時的限界②──取消権

最1小判昭和55年10月23日　（民集34巻5号747頁・判時983号73頁）　　参照条文　なし

売買契約に基づく判決確定後の後訴で売買契約の詐欺取消権を主張することはできるか。

●**事実**●　　Xは、国所有の本件土地につき、国から払下げを受けると同時に同価額でY市に売り渡す旨の売買契約をY市との間で締結した。Xは国から本件土地の払下げを受けたが、Y市に売買契約上の条件違反があるとして移転登記義務を履行しなかった。YはXに対し、本件土地の所有権確認および移転登記手続請求訴訟を提起し、Y勝訴の判決が確定し、それに基づきYへの移転登記がされた。Xは、その後Yを被告として、本件土地の移転登記抹消登記手続請求訴訟を提起し、Yとの売買契約につき、通謀虚偽表示による無効、詐欺による取消し等を主張した。第1審および原審は、Xの主張はいずれも既判力に反して許されないとして、Xの請求を棄却した。Xより上告。

●**判旨**●　　上告棄却。
「売買契約による所有権の移転を請求原因とする所有権確認訴訟が係属した場合に、当事者が右売買契約の詐欺による取消権を行使することができたのにこれを行使しないで事実審の口頭弁論が終結され、右売買契約による所有権の移転を認める請求認容の判決があり同判決が確定したときは、もはやその後の訴訟において右取消権を行使して右売買契約により移転した所有権の存否を争うことは許されなくなるものと解するのが相当である。」「Yを原告としXを被告とする……事件においてYがXから本件売買契約により本件土地の所有権を取得したことを認めてYの所有権確認請求を認容する判決があり、右判決が確定したにもかかわらず、Xは、右売買契約は詐欺によるものであるとして、右判決確定後……これを取り消した旨主張するが、前訴においてXは、右取消権を行使し、その効果を主張することができたのにこれをしなかったのであるから、本訴におけるXの上記主張は、前訴確定判決の既判力に抵触し許されないものといわざるをえない。」

●**解説**●　　**1**　本判決は、既判力の時的限界と形成権の問題につき、詐欺取消権に関して基準時後の行使は既判力によって遮断される旨を明らかにした。形成権は形成原因と形成権行使（意思表示）により実現する権利であるが、形成原因が既判力の基準時前、意思表示が基準時後という場合、それが遮断されるかが問題となる（一般的問題状況は、【177】解説参照）。最高裁においては、既に相殺につき基準時後の行使を認める判例が確立していたが（【177】）、本判決は詐欺取消権につき異なる立場に立つ旨を明らかにし、形成権ごとに問題を考える立場が示された点で重要な判示である。ただ、（相殺の場合同様）本判決もその根拠を明示しておらず、様々な説明があり得るところである。

2　この問題について、大審院判例はほぼ一貫して基準時後の取消権行使を認めていた。リーディング・ケースである大判明治42・5・28民録15-528は、親族会の同意の欠缺による親権者の契約の取消権の事例につき、「債務者が其判決の口頭弁論終結前之を取消すことを得べかりし場合に於ても取消の意思表示なき間は依然として法律行為の効力を有する」ことを根拠に、取消権行使時を基準時と判断したものである（その後の同旨判例として、大判大正14・3・20民集4-141、大判昭和8・9・29民集12-2408など）。しかるに、最高裁となって、最3小判昭和36・12・12民集15-11-2778は、書面によらない贈与の取消権（民旧550条）につき、前訴確定判決の基準時後の行使を既判力により許されないと明言した。これは大審院判例を変更するものと理解された（宮田信夫・判解昭36年度431頁は「本判決は大審院判例の考え方を棄てて学説に従ったもの」とする）。本判決はこの立場を詐欺による取消権に拡張し、取消権全体に一般化したものと評価してよいであろう（本判決後更に、手形の白地補充権につき基準時後の行使を否定する判例として、最3小判昭和57・3・30民集36-3-501が出されており、本判決の延長線上にあるものとみられる）。

3　本判決自体は理由を明言していないが、その実質的根拠として、調査官解説は、①取消権は、相殺権と異なり、権利自体に付着する瑕疵とみて差し支えない点、②瑕疵がより重大とみられる錯誤無効の主張が遮断されることとの権衡も無視できない点、③意思表示に瑕疵のない場合の取消権行使も遮断する前掲最判昭和36・12・12との関係も考慮すべき点を挙げる（塩崎・後掲329頁参照）。これは、取消権が訴訟物たる権利に付着する瑕疵であり、当該訴訟中で決着すべき問題である旨を強調する説明であり、筆者自身も、訴訟の紛争解決機能を維持するという観点から、一挙手一投足にすぎない取消権行使を、訴訟を契機に強制すること自体に異論はなく、原則として既判力による遮断を認めるべきと解する（山本・後掲207頁参照）。ただ、詐欺取消しの場合は、（仮に詐欺が実体的に存在したとすれば）詐欺という不法行為の被害者による権利行使であり、それを一律に遮断してしまうことには抵抗感もある。その観点では、本判決が「詐欺による取消権を行使することができたのにこれを行使しないで事実審の口頭弁論が終結され」たことを指摘する点は注目される。これは取消権の行使可能性がなかった場合には既判力による遮断が及ばない旨を示唆している可能性があるからである。調査官は、この文言は当事者の主観的・具体的事情を問題にする趣旨ではなく、法律上取消権を行使できない場合が全くないと断言できないことを慮ったか、あるいは単に一般的な用語例に従ったにすぎないと説明する（塩崎・後掲330頁参照）。ただ、取消権の消滅時効の起算点が追認可能時とされており（民126条）、取消権者が取消権の存在を知った時を原則的追認可能時としている（民124条1項）実体法の趣旨に鑑みれば、被害者に詐欺の認識がなく、その点に過失もないような場合は、事案によっては「詐欺による取消権を行使することができた」とはいえない場合もあり得るように思われる。

●**参考文献**●　　塩崎勤・判解昭55年度319、山本・基本問題207

179　時的限界③──建物買取請求権

最2小判平成7年12月15日（民集49巻10号3051頁・判時1553号86頁）　　　参照条文　民執法35条2項

> 土地明渡判決確定後の請求異議訴訟において建物買取請求権を主張することは許されるか。

●**事実**●　土地賃借人X₁とその土地上に建物を所有する転借人X₂に対し、土地所有者Yから提起された建物収去土地明渡訴訟において、期間満了による賃貸借契約終了を理由に請求を認容する判決が確定した。その後、X₁およびX₂は、前訴口頭弁論終結後に建物買取請求権を行使し、本件各建物および土地を既にYに明け渡したと主張し、請求異議の訴えを提起した。原審はXらの建物買取請求権の行使を認め、請求を認容した。Yより上告。

●**判旨**●　上告棄却。
「借地上に建物を所有する土地の賃借人が、賃貸人から提起された建物収去土地明渡請求訴訟の事実審口頭弁論終結時までに借地法4条2項〔借地借家法13条1項〕所定の建物買取請求権を行使しないまま、賃貸人の右請求を認容する判決がされ、同判決が確定した場合であっても、賃借人は、その後に建物買取請求権を行使した上、賃貸人に対して右確定判決による強制執行の不許を求める請求異議の訴えを提起し、建物買取請求権行使の効果を異議の事由として主張することができるものと解するのが相当である。けだし、(1)建物買取請求権は、前訴確定判決によって確定された賃貸人の建物収去土地明渡請求権の発生原因に内在する瑕疵に基づく権利とは異なり、これとは別個の制度目的及び原因に基づいて発生する権利であって、賃借人がこれを行使することにより建物の所有権が法律上当然に賃貸人に移転し、その結果として賃借人の建物収去義務が消滅するに至るのである、(2)したがって、賃借人が前訴の事実審口頭弁論終結時までに建物買取請求権を行使しなかったとしても、実体法上、その事実は同権利の消滅事由に当たるものではなく（最2小判昭和52・6・20民集121-63）、訴訟法上も、前訴確定判決の既判力により同権利の主張が遮断されることはないと解すべきものである、(3)そうすると、賃借人が前訴の事実審口頭弁論終結時以後に建物買取請求権を行使したときは、それによって前訴確定判決により確定された賃借人の建物収去義務が消滅し、前訴確定判決はその限度で執行力を失うから、建物買取請求権行使の効果は、民事執行法35条2項所定の口頭弁論の終結後に生じた異議の事由に該当するものというべきであるからである。」

●**解説**●　1　本判決は、既判力の時的限界と形成権の問題につき、建物買取請求権に関してその基準時後の行使は既判力によって遮断されない旨を明らかにした。形成権行使については既判力の時的限界が問題となるところ（その意義については、【177】解説参照）、これまで最高裁は必ずしも明確な理由を示してこなかったが、相殺権については遮断を否定し（【177】）、取消

権については遮断を肯定する（【178】）という異なる結論をとり、形成権ごとに個別に判断する姿勢を示唆していたところ、本判決は初めて一定の理由を示し、建物買取請求権につき遮断を否定する立場を採用することを明らかにしたものである。その意味で、判旨は、判例準則が未だ明らかではない他の形成権（例えば解除権）に係る判例の態度を一定の範囲で示唆する面を有しており、その意義は大きい。
　2　本判決が建物買取請求権について遮断否定説をとる最も重要な根拠は、それが前訴請求権「の発生原因に内在する瑕疵に基づく権利とは異なり、これとは別個の制度目的及び原因に基づいて発生する権利であ」る点にある。その趣旨は、前者のような請求権に内在する瑕疵に係る形成権（取消権など）は前訴訴訟物と密接に関連しており、前訴で主張されなければ遮断されてもやむを得ないのに対し、後者のような請求権とは別個の原因に基づく形成権（相殺権など）は、前訴訴訟物との関連は希薄であり、またその形成権を認めた制度趣旨を尊重する必要も大きいことから、既判力による遮断を否定する理由があるとするもののように思われる（このような理解が既に調査官解説で示されていたことは、【177】【178】解説参照）。このような区別には確かに一定の合理性はあるが、ある形成権が請求権に内在する瑕疵か、それとも別個の制度目的等に基づく権利かを判別することは（「瑕疵」という言葉が比喩的なものに止まることもあり）、必ずしも容易ではない。例えば、解除権は、相手方の債務不履行に基づき契約の拘束力から解放するという面で、契約の履行請求権との関係では「瑕疵」と見る余地はあるが、前訴時点では債務不履行が治癒して契約の継続を希望していたところ、その後その見込みが失われて解除権を行使するといった事案を想定すれば、「瑕疵」とは言い切れない面もあるように思われる。この「瑕疵」という比喩的表現をマジックワード的に用いることには疑問もあり、より実質的な根拠が重要であろう。その意味では、遮断を否定する実質的必要性として、建物買取請求権の予備的主張を要求することが酷であること、法律的な知識の不足等により執行段階でその行使を許す必要が大きいといった実情（井上・後掲1034頁参照）等が重要性をもとう。
　3　筆者自身は、形成権を事実型形成原因か状態型形成原因かで区別するという観点（山本・後掲204頁参照）から、建物買取請求権は前者であり、既判力により遮断されるとの立場を相当と解する。ただ、本判決も指摘する通り、実体法上は当該請求権は消滅しないので、判決確定後もなおその行使は可能であり、その行使によって売買契約は成立するので、借地人が売買代金の支払を求めることはできる。その意味で、土地賃貸人は建物代金を支払ってもなお建物収去を求めるか、建物の明渡しに止めるかを判断することになり、建物買取請求権を遮断することによる前述のような不都合は回避できるのではないかと解される。

●**参考文献**●　井上繁規・判解平7年度1017、山本・基本問題
210

180 主観的範囲──承継人①

最2小判昭和26年4月13日（民集5巻5号242頁）　　参照条文　民訴法115条

> 建物収去土地明渡判決確定後に建物を賃借した者も
> 承継人として既判力を受けるか。

●**事実**●　Yは、所有地上に建物を建てて占有する賃借人Aに対し、建物収去土地明渡訴訟を提起し、Aが建物収去土地明渡義務を負う裁判上の和解が成立した。その後、Xらが当該建物をAから賃借占有していたので、Aの承継人に当たるとしてXらに対する承継執行文を取得したが、XらはYに対し、請求異議の訴えを提起した。原判決は上記裁判上の和解の効力はXらにも及ぶとして、請求を棄却した。Xらより上告。

●**判旨**●　上告棄却。

「裁判上の和解により建物を収去しその敷地たる土地を明渡すべき義務のある者から建物を借受け建物の敷地たる土地を占有する者は民訴201条1項〔現行115条1項3号〕にいわゆる承継人と解するを相当とする。論旨は建物賃借人の敷地に対する占有は建物占有の効果であって賃貸人からその敷地の占有の引渡を受けこれを承継したがためではない、このことは賃貸人が賃借人に建物を引渡した後も依然建物所有者としてその敷地に対する占有を失わないのをみても極めて明瞭であると主張する。なるほど建物賃借人の敷地に対する占有が建物占有の結果であること及び賃貸人が建物所有者としてその敷地に対する占有を失わないことは所論のとおりであるが建物賃借人の敷地に対する占有は賃貸人の敷地に対する占有と無関係に原始的に取得せられるものではなく、賃貸人の敷地に対する占有に基き取得せられるものであるから占有の関係からみると一種の承継があるとみることができるのであり賃貸人が建物所有者としてその敷地に対する占有を失わない場合でもこの種の占有の承継を認めることを妨げるものではないのである。然らば原判決がXらはAから本件建物を賃借居住することによってその敷地を占有するものであるから……敷地に対するAの占有を承継したものというべく従って……本件和解調書の効力はXらが右調書の存在を知っていたか否かに係りなく承継人としてのXらに及ぶものと解したことは正当であって論旨はその理由がない。」

●**解説**●　1　本判決は、土地を占有し建物を所有する者に対する建物収去土地明渡判決の既判力の基準時後に、その者から建物を賃借した者も承継人に該当し、既判力の拡張を受ける旨を明らかにした。確定判決の既判力は訴訟当事者にのみ及ぶことが原則であるが（既判力の相対性）、民訴法は例外的にそれ以外の第三者にも拡張する場合があることを認める（115条）。そのうち、最も大きな解釈上の問題を生じるのが口頭弁論終結後の承継人に対する既判力の拡張である（同条1項3号）。承継人に既判力が及ぶ根拠としては、仮に既判力が拡張しなければ、せっかく当事者が勝訴しても、相手方が係争物を第三者に譲渡することにより容易に既判力を潜脱でき、民事訴訟の紛争解決機能が大きく減退してしまう点にある。その意味で、このような既判力拡張は民事訴訟制度の存在意義にも関わるものといえるが、他方で、前訴において攻撃防御を展開できずに既判力のみを受ける承継人の手続保障を害するおそれも否定できない。そこで、承継人の範囲を考えるに当たっては、上記のような既判力拡張の要請と承継人の手続保障の侵害を勘案する必要がある。本判決は建物収去土地明渡判決の既判力の建物賃借人への拡張を肯定したもので、比較的初期の最高裁の考え方を示すものとして意義が大きい（なお、和解調書は確定判決と同一の効力を有するところ（267条）、本判決はこの効力の内容を既判力と捉える立場（既判力肯定説または限定的肯定説）を前提にするものと考えられる）。

2　本件の論点としては、①建物所有者を相手方とする訴訟で建物賃借人という異なる属性の者が承継人となり得るか、②物権的請求権においても承継はあり得るか、③当該訴訟ないし判決に善意の者も承継人となり得るかといった点がある。本判決が主に論じるのは①の問題である。本件のような事案で、建物譲受人が承継人となることは明らかであろう。それに対し、本件では建物所有者は依然として当事者の地位を失わず、それに賃借人が追加される関係にあるので、純粋の「承継」とは（日本語的にも）異質である点は否定できない。しかし、本判決も指摘する通り、建物賃借人の土地占有は建物所有者と無関係に生じたものではなく、所有者の占有に基づくものであるし、承継人に対する既判力拡張の趣旨である紛争解決機能の観点からみれば、仮に建物賃借人に既判力が及ばないと、土地所有者は再度賃借人に訴えを提起しないと事実上建物収去が実現できず、前訴の目的を達成できない点で、建物自体の譲渡があった場合と同断である。その意味では、既判力拡張の必要性および許容性は同様に認められよう。なお、②は、実体法の論理としては確かに物権的請求権において義務を承継するということは観念し難いが、訴訟法的には上記のような既判力拡張の必要性および許容性は同様に働き、請求権の性質を区別しない判旨は相当であろう（既判力拡張のより詳細な意義については、【181】解説参照）。最後に、③は、確かに善意の承継人にすれば既判力拡張が不意打ちになることは否定し難いが、結局、この制度は、勝訴者の既得権保護（それを通じた訴訟制度の機能確保）と承継人の不利益の比較衡量の中、前者の要請を重視し、善意の承継人の利益が不意打ち的に害されることもやむを得ないとの政策判断がされたものと解され、特に承継人保護の必要が大きい場合には、権利濫用等による個別的救済によらざるを得ないものであろう。

3　以上が口頭弁論終結後の承継人に関するが、口頭弁論終結前の承継人についても、同旨の判断が妥当するものと解され、判例もその点を明確にしている（【227】参照）。ただ、理由の表現ぶりには差異があり、後者がより分かりやすいので、参照してもらいたい。

●**参考文献**●　田中ひとみ・法研58-7-91、木川統一郎・新報66-12-50

181 主観的範囲──承継人②

最1小判昭和48年6月21日（民集27巻6号712頁・判時722号61頁）　参照条文　民訴法115条

前訴口頭弁論終結後の承継人で独自の攻撃防御方法を有する者は既判力の拡張を受けるか。

●**事実**●　本件土地はAの所有名義で登記されていたが、Bの破産管財人Yは、この登記はAとBの通謀虚偽表示によるものであり、本件土地はBの所有に属するとして、Aに対し真正な登記名義回復のため本件土地の所有権移転登記手続請求訴訟を提起し、昭和43年4月17日口頭弁論終結の上、請求認容判決がされ、確定した。他方、Xは、このような事情を知らず、Aに対する不動産強制競売において、同年6月27日本件土地を競落し、所有権移転登記を経由した。Yは、Xが前訴口頭弁論終結後の承継人であるとしてXに対する承継執行文の付与を受け、本件土地の所有権移転登記を経由した。Xは、上記承継執行文は違法であり、Yが経由した所有権移転登記も無効であると主張し、Yに対し、本件土地の所有権確認および所有権に基づく移転登記手続請求訴訟を提起した。第1審および原審は、口頭弁論終結後の承継人は口頭弁論終結時における前主と相手方の権利関係につき確定判決に抵触する主張はできないが、その後に生じた新たな事実に基づく主張はできるとし、Xは民法94条2項の善意の第三者に当たるとして請求を認容した。Yより上告。

●**判旨**●　上告棄却。

「Yは、本件土地につきA名義でなされた前記所有権取得登記が、通謀虚偽表示によるもので無効であることを、善意の第三者であるXに対抗することはできないものであるから、Xは本件土地の所有権を取得するに至ったものであるというべきである。このことはYとAとの間の前記確定判決の存在によって左右されない。そして、XはAのYに対する本件土地所有権移転登記義務を承継するものではないから、Y が、右確定判決につき、Aの承継人としてXに対する承継執行文の付与を受けて執行することは許されないといわなければならない。ところが、……Yは右確定判決につきXに対する承継執行文の付与を受けて、これに基づき、本件土地の所有名義を自己に回復するための所有権移転登記を経由したというのである。Yの右行為は違法であって、右登記の無効であることは前説示に照らし明らかである。結論において右と同趣旨に帰する原審の判断は正当であって、原判決に所論の違法はな」い。

●**解説**●　1　本判決は、承継人概念につき、その者が固有の攻撃防御方法を有する場合は口頭弁論終結後の承継人には該当しないことを前提に、その者には前訴確定判決の効力は及ばない旨を明らかにしたものである（本件は直接には執行力拡張に関する事案であるが、執行力固有の論点については3で論じ、以下では主に既判力拡張の問題を扱う）。承継人に対する既判力拡張の意義については、学説は実質説と形式説に分かれる。前者は固有の攻撃防御方法を有する第三者は承継人に該

当せず既判力の拡張を受けないとする見解であり、後者は固有の攻撃防御方法を有する第三者も承継人に該当し既判力の拡張を受けるが、別途固有の攻撃防御方法を提出できるとする見解である。当該第三者が勝訴するという結論は両説で同じであるが、その理論構成が異なる。原審は形式説によるようにみえるのに対し、本判決は（「結論において右と同趣旨に帰する原審の判断は正当」との文言に理由の差異が示唆されている）、少なくとも執行力との関係では実質説を採用したものと解され、理論的に重要な意義を有する（但し、本判決の理解については様々な見解が示されている）。

2　形式説と実質説では既判力の作用の理解を異にする部分がある。すなわち、形式説はあくまで拡張される既判力の内容は前主と相手方の間の権利関係（本件でいえばAY間でのAの所有権移転登記義務）であり、承継人固有の攻撃防御方法（Xが善意の第三者であること）の主張は何ら既判力に抵触しないので、主張可能と説明される。他方、実質説は拡張される既判力は直接承継人の権利関係（Xの所有権移転登記義務）を確定すると解するため、固有の攻撃防御方法を主張できる者はそもそも承継人ではないと説明される。判例は従来も、不動産買主が売主に対する所有権移転登記請求訴訟に勝訴後、口頭弁論終結後に所有権移転登記を経由した二重譲受人は115条1項3号の承継人に当たらないとしたものがあり（最1小判昭41・6・2判時464-25）、一貫して実質説を維持しているとされる一方、学説は大多数が形式説を支持しており（山本・後掲185頁参照）、両者の差が際立っている。理論的にみれば、実質説は固有の攻撃防御方法を有する第三者が（その者も権利義務を承継していることは間違いないにもかかわらず）何故承継人でないかを十分説明できず、「形式説の方がより洗練された説明を行っている」（山本・後掲185頁）ことは間違いない（なお、本件は前訴が物権的請求権である場合の承継人の意義の問題もあるが、これについては山本・後掲185頁参照。また【180】解説も参照）。

3　ただ、以上のような判例と学説の差異は既判力の拡張については実益がない点に争いはない。実益という観点からみれば、より注目されるのは、民事執行との関係、つまり執行力の拡張の問題である。本件がまさにそうであるように、この場面で形式説をとると、まず執行がされてしまい、第三者は自ら提訴して固有の攻撃防御方法を主張することを強いられる一方、実質説によると、承継執行文付与の段階で固有の攻撃防御方法が審理されることになり、債権者側が提訴責任（執行文付与の訴え提起の負担）を負うことになる。実質論として後者の方が妥当だとすれば、「Xに対する承継執行文の付与を受けて執行することは許されない」とする本判決の結論自体は支持できることになろう。学説上も既判力と執行力を分けて論じる見解は有力である（ただ、115条1項3号と民執23条1項3号の承継人概念に差違を設けることは、解釈論上やや無理があることも否定できない）。

●**参考文献**●　山本克己・百5版184、新堂幸司監修『実務民事訴訟講座第3期(3)』301〔越山和広〕

182　主観的範囲──法人格否認

最 1 小判昭和53年 9 月14日（判時906号88頁・金法880号59頁）　　　参照条文　民訴法115条

法人格否認の法理は当事者以外の第三者に判決効の拡張を認める根拠となり得るか。

●**事実**●　Xは、A社に対し損害賠償請求の確定判決（昭和48年 4 月弁論終結）を有していた。A社は養豚業を営んでいたが、昭和46年 2 月頃経営困難となり、しかもXとの前記訴訟で早晩敗訴を免れない状況にあった。そのような状況の下、A社代表取締役Bは義兄Cに資金援助を求めたが、A社には多額の債務があったのでCが難色を示したため、A社役員らは、上記債務履行を事実上免れる意図の下、Cの出捐する資金で新会社を設立し、養豚業の継続を計画した。その結果、Cは1000万円を出資し、昭和46年 3 月Y社を設立し、同社がA社から営業設備一切および飼育中の豚を無償で譲り受け、従業員をそのまま引き継ぎA社の従前の事業場で養豚業を営み、A社は有名無実の存在となった。なお、Y社がA社の商号「株式会社上田養豚」に類似する「上田養豚株式会社」なる商号を自己の営業活動に利用するのは、A社の取引上の信用等を自己の営業活動に利用するためであった。また、A社の代表取締役はB・D、取締役はE・F・Gであり、他方、Y社の設立時の代表取締役はC・E、取締役はF・Hであったが、B〜FおよびHはいずれも親族関係にあり、Cには養豚業の経験がなく、Y社の経営は事実上A社の役員であった者に委ねられていた。Xは、上記債務名義に基づき、Y社に対する承継執行文付与の訴えを提起した。原審は、A社とY社は同一の法人格であり、その設立登記は同一会社につきされた二重の登記とみるべきであるから、XはA社に対する前記確定判決を債務名義としてY社に対し強制執行することができるとし、両社の人格の同一性は執行文付与の訴えで判断できるとの見解の下、Xの請求を認容した。Yより上告。

●**判旨**●　破棄差戻し。

　「Y社がA社とは別個の法人として設立手続、設立登記を経ているものである以上、上記のような事実関係から直ちに両会社が全く同一の法人格であると解することは、商法が、株式会社の設立の無効は一定の要件の下に認められる設立無効の訴のみによって主張されるべきことを定めていること（同法428条〔会社828条 1 項 1 号〕）及び法的安定の見地からいって是認し難い。もっとも、右のようにY社の設立がA社の債務の支払を免れる意図の下にされたものであり、法人格の濫用と認められる場合には、いわゆる法人格否認の法理によりXは自己とA社間の前記確定判決の内容である損害賠償請求をY社に対しすることができるものと解するのが相当である。しかし、この場合においても、権利関係の公権的な確定及びその迅速確実な実現をはかるために手続の明確、安定を重んずる訴訟手続ないし強制執行手続においては、その手続の性格上A社に対する判決の既判力及び執行力の範囲をY社にまで拡張することは許されないものというべきである（最 1 小判昭和

44・2・27民集23- 2 -511参照）。」

●**解説**●　**1**　本判決は、いわゆる法人格否認の法理について、その実体法上の存在は認めながら、手続法上それに基づき既判力および執行力の拡張を正当化することはできない旨を明らかにした。学説上、従来から、法人格が形骸にすぎない場合や濫用された場合等につき、その法人格を否認し、他の法主体に責任を認め得る場合があることが一般に承認されてきた。他方、訴訟法律関係において同様の法理を認めて判決効の拡張を認め得るかが議論されていたが、本判決はそれを明確に否定したものとして重要である（なお、上記実体法理を前提に、原審でXが訴えを変更し、再度の給付請求をY社に対して行う可能性のあることに配慮し、本判決は自判をせず、事件を原審に差し戻している）。

　2　本判決前既に、前掲最判昭和44・2・27があった。この判決は実体法の問題として法人格否認の法理を認めた最初の最高裁判例であるが、その傍論において当該法理による既判力や執行力の拡張は認められない旨を判示していた。本判決はそのような理解を正面から確認し、判決手続・執行手続における「手続の明確、安定」という性格上、一般的な形で既判力・執行力の範囲の拡張は認められないとした。確かに法人格否認の法理という実体法理をそのままの形で訴訟法に導入することは相当でないとしても、判決効拡張を認めてよい場合もあるように思われる。学説上いくつかの考え方が示されているが（三木・後掲187頁）、本来の法主体（本件のY社）が否認される法主体（本件のA社）と異なる法人格である旨の主張が訴訟上の信義則（ 2 条）に反すると認められるような特段の事情がある場合は、そのような主張が許されず、訴訟法上は当事者（A社）と同視され、判決効を受ける（115条 1 項 1 号、民執23条 1 項 1 号）ものと解されよう。その結果、Y社はA社の支払義務を争えなくなり、他方、実体法上、Y社はA社との法人格の別異を主張できないため、固有の抗弁も出せず、支払義務が認められる帰結となる（執行法上は民執27条 2 項を類推適用して執行文付与の訴えが認められる）。

　3　その後の判例の展開として注目されるのは、第三者異議訴訟において、原告の異なる法人格の主張を斥けるために、法人格否認の法理の援用を認めた最 2 小判平成17・7・15民集59- 6 -1742である。同判決は、第三者異議の訴えは「債務名義の執行力が原告に及ばないことを異議事由として強制執行の排除を求めるものではなく」、「強制執行の目的物について原告が所有権」を有すること等を異議事由とするものであるから、本判決とは事案を異にするとした。この判決は、第三者異議訴訟の性質が実質的には実体法に関するものである点、すなわち、それが異議者による所有権等実体権の確認（それに基づく強制執行の排除）である点を重視し、実体法上の法人格法理の適用を可能としたものと解される。

●**参考文献**●　三木浩一・百 5 版186、江頭憲治郎・J754-116

183　反射効①──保証人

最1小判昭和51年10月21日（民集30巻9号903頁・判時836号49頁）　　参照条文　民法448条

> 主債務者勝訴の判決が確定した場合、保証人は自己
> の訴訟でその判決を援用できるか。

●**事実**●　Yは、亡Aに対し金員を貸し付け、Xが連帯保証したと主張し、Aの相続人BらおよびXを共同被告として債務の履行請求訴訟を提起した。BらはYの主張を争ったが、Xはこれを認めたので、Xに関する弁論が分離され、YのXに対する請求の認容判決がされ、確定した。他方、Bらに対する関係では、弁論分離後の審理の結果、YのBらに対する請求の棄却判決がされ、確定した。なお、Bらに対する請求が棄却された理由は、証拠調べの結果、AのYに対する債務の成立が否定されたためである。その後、Xは、Xに対する前記判決は連帯保証債務の履行を命ずるものであるところ、当該判決確定後、YとBらの間の確定判決によりその主債務が不存在と確定されたから、Xは、連帯保証債務の附従性に基づき自己に対する前記判決の執行力の排除を求めることができると主張し、請求異議の訴えを提起した。原審は、既に保証人に対する給付判決がある場合、保証人はその後にされた債権者と主債務者の間の確定判決を援用して、自己の保証債務の履行を拒絶することはできないとして、Xの請求を棄却した。Xより上告。

●**判旨**●　上告棄却。
　「一般に保証人が、債権者からの保証債務履行請求訴訟において、主債務者勝訴の確定判決を援用することにより保証人勝訴の判決を導きうると解せられるにしても、保証人がすでに保証人敗訴の確定判決を受けているときは、保証人敗訴の判決確定後に主債務者勝訴の判決が確定しても、同判決が保証人敗訴の確定判決の基礎となった事実審口頭弁論終結の時までに生じた事実を理由としてされている以上、保証人は右主債務者勝訴の確定判決を保証人敗訴の確定判決に対する請求異議の事由にする余地はないものと解すべきである。けだし、保証人が主債務者勝訴の確定判決を援用することが許されるにしても、これは、右確定判決の既判力が保証人に拡張されることに基づくものではないと解すべきであり、また、保証人は、保証人敗訴の確定判決の効力として、その判決の基礎となった事実審口頭弁論終結の時までに提出できたにもかかわらず提出しなかった事実に基づいてはもはや債権者の権利を争うことは許されないと解すべきところ、保証人敗訴判決の確定後において主債務者勝訴の確定判決があっても、その勝訴の理由が保証人敗訴の確定判決の基礎となった事実審口頭弁論の終結後に生じた事由に基づくものでない限り、この主債務者勝訴判決を援用して、保証人敗訴の確定判決に対する請求異議事由とするのを認めることは、実質的には前記保証人敗訴の確定判決の効力により保証人が主張することのできない事実に基づいて再び債権者の権利を争うことを容認するのとなんら異なるところがないといえるからである。」

●**解説**●　1　本判決は、主債務者・保証人間のいわゆる反射効に関する判例である。反射効とは、当事者間に存する判決効が当事者の一方と実体法上特別な関係にある第三者に働く作用である。保証の場合、保証債務の付従性（民448条1項）により主債務者勝訴の確定判決を保証人が援用できるかが問題となる。本判決は、反射効の存在につき結論を留保しながら、少なくとも主債務者勝訴判決が確定した保証人敗訴判決の既判力の基準時前の事由に基づく場合は、主債務者の勝訴判決を援用できない旨を明らかにした。

2　反射効の存否および性質については様々な議論がある（議論の概要については、川口・後掲381頁以下）。本判決は、「保証人が、債権者からの保証債務履行請求訴訟において、主債務者勝訴の確定判決を援用することにより保証人勝訴の判決を導きうると解せられるにしても」と仮定形で論じ、この点の結論を留保する（川口・後掲383頁も「反射効を認めるか否かについての本判決の態度は未定とみるべき」とする）。ただ、反射効否定説をとれば不要の記載をあえてしている点は、肯定説を示唆しているとの見方も可能である（山本・後掲190頁は「傍論であるが、反射効……につき肯定的な態度を示していると理解できよう」と評価する）。主債務者勝訴判決につき「その勝訴の理由が保証人敗訴判決の基礎となった事実審口頭弁論の終結後に生じた事由に基づくものでない限り」援用できないとするのは、保証人敗訴判決の口頭弁論終結後の事由に基づく主債務者勝訴判決の援用を認めたとも反対解釈できるからである（保証人敗訴判決の基準時後の事由の主張が認められること自体は当然としても、本来はその立証が必要になるが、反射効を認めれば主債務者勝訴判決の直接援用が認められ、立証は不要となる）。ただ、いずれにせよ本件では保証人敗訴の確定判決が既にある以上、保証人敗訴判決の基準時前の事由に基づく主債務者勝訴判決の援用を許せば、間接的に基準時前の事由による保証人敗訴判決の既判力の転覆を認め、反射効を既判力に優先させることになり相当でないとしたものである。

3　筆者は反射効の本質を実体法的なものと理解し、主債務者勝訴判決により主債務が（不存在ではないとしても）強制執行等により実現できないもの（一種の自然債務）になったとすれば、保証債務もそのようなものに実体法上変質したと解することが可能ではないかと考える（山本・基本問題180頁以下）。けだし、民法は、保証債務の付従性につき、債務の態様（民448条1項）の付従性も承認しているところ、強制執行により実現できなくなったという点は（既判力の拡張の有無を問わず）客観的に（対世的に）生じている事実だからである。反射効の内容をこのように捉えるとすれば、そのような債務態様の変動は、保証人敗訴判決の既判力の基準時後の新たな事由となるので、同確定判決の存在にもかかわらず、保証人はなお請求異議事由として主張することができるものと解されよう。

●**参考文献**●　川口冨男・判解昭51年度378、山本弘・百5版

184　反射効②──連帯債務者

最 1 小判昭和53年 3 月23日（判時886号35頁・金法864号30頁）　　参照条文　民法439条

連帯債務者勝訴判決が確定した場合、他の債務者は自己の訴訟でその判決を援用できるか。

●事実●　Aの運転する自動車とB社が運行の用に供し、Cの運転する自動車の衝突でAが死亡した事故につき、Aの妻子XらがYの道路管理の瑕疵が事故原因であるとしてYに対し損害賠償を請求した。第 1 審ではB社もYとともに被告とされたが、B社は同一事故により生じたB社のXらに対する損害賠償請求権を自働債権とする相殺の抗弁を提出し、第 1 審は、その一部を容れてXらの損害額から相殺の認められる金額を控除した残額につきXらのB社に対する請求を認容する判決をし、確定した。ところが、XらとYの間では上記相殺の主張がされなかったため、XらのYに対する請求の認容額はその総額においてB社に対する認容額よりも前記相殺額分だけ高額となった。Yは、控訴して、XらとB社の間では前記のような内容の第 1 審判決が確定したが、YとB社はXらに対し不真正連帯債務を負う関係にあるから、YのXらに対する賠償義務も前記相殺額の限度で消滅した旨主張したところ、原審はこれを容れて第 1 審判決を変更し、結局Yに対してもB社と同額の損害賠償を命じた。原審は、上記判決に当たって、本件事故につきYとともに不真正連帯債務を負担するB社とXらの間で前記のような内容の第 1 審判決が確定した旨を認定したのみで、相殺の自働債権とされたB社の損害賠償請求権の存在を認定することなく、上記確定判決の存在から直ちにYの損害賠償義務が同判決で認められた相殺額の限度で消滅したものと判断した。Xらより上告。

●判旨●　破棄差戻し。

「不真正連帯債務者中の一人と債権者との間との間の確定判決は、他の債務者にその効力を及ぼすものではなく、このことは、民訴法199条〔現行114条〕 2 項により確定判決の既判力が相殺のために主張された反対債権の存否について生ずる場合においても同様であると解すべきである。もとより、不真正連帯債務者の 1 人と債権者との間で実体法上有効な相殺がなされれば、これによって債権の消滅した限度で他の債務者の債務も消滅するが、他の債務者と債権者との間の訴訟においてこの債務消滅を認めて判決の基礎とするためには、右相殺が実体法上有効であることを認定判断することを要し、相殺の当事者たる債務者と債権者との間にその相殺の効力を肯定した確定判決が存在する場合であっても、この判決の効力は他の債務者と債権者との間の訴訟に及ぶものではないと解すべきであるから、右認定判断はこれを省略することはできない。したがって、XらとB社の間に前記のような内容の確定判決が存在することから、直ちにYの債務が右判決によって認められた相殺の金額の限度で消滅したものとした原判決は、判決の効力に関する法の解釈を誤ったか、理由不備の違法を犯したものであり、右法解釈の誤

りが判決に影響を及ぼすことは明らかであるから、原判決は破棄を免れない。そしてB社が相殺に供したXらに対する反対債権が実体法上有効に存在するものであるならば、右反対債権を以てする相殺が民法509条により許されないものであるにせよ……、民訴法199条 2 項による確定判決の既判力の効果として、B社は右反対債権を行使することができなくなり、その反面としてXらはそれだけの利益を受けたことになるのであって、右事実はB社が弁済等その出捐によりXらの債権を満足させて消滅せしめた場合と同視することができるから、YのXらに対する損害賠償債務もその限度で消滅したことになるものと解すべきである。」

●解説●　1　本判決は、連帯債務者間の反射効を基本的には否定しながら、相殺の抗弁に関しては実質的には弁済等と同視できるので、その効果を他の債務者が主張できると判断した。やや難解な判決であるが、前訴判決が不法行為に係る相殺禁止（民509条）の規定の解釈を誤ったとも思われる場面で（最 3 小判昭和49・6・28民集28-5-666は同一事故に基づく損害賠償請求権相互の相殺を否定するが、前訴判決は同判決の前にされたものであった）、相殺が認められたB社に対し再度Yからの求償に晒すのは相当でないことなどに鑑み、関係者の利害調整を図る救済判決と評価できよう。

2　本判決が連帯債務に関して反射効を否定したことについては、異論は少ない。保証債務の反射効の根拠とされる付従性に比して、連帯債務者間の関係（連帯債務の絶対効）は相対的に弱い効果に止まるからである。連帯債務については、ある債務者により相殺がされれば、それによる債務消滅効が全ての連帯債務者に及ぶのは当然である（民439条 1 項）。しかし、判決効拡張を認めない限り、他の債務者との関係では当該債務は消滅したわけではない（せいぜい強制的に実現できなくなったに止まる）ので、筆者の見解によっても、他の連帯債務者はその判決を援用して自己の債務の履行を拒むことはできないことになる（山本・後掲187頁）。その結果、連帯債務者は再度相殺の成立を主張立証しなければならないところ、本件では、法律上相殺が認められないという帰結になると考えられよう。

3　以上を前提にしながら、本判決は、B社がXらに対して反対債権を主張できなくなったという本件の特殊性に着目し、そこからXらのYに対する損害賠償債権の消滅（損害の消滅）との構成を導き、実体法的ロジックの中で実質的にYの利益（ひいては求償を免れるB社の利益）を保護する。B社の自働債権の存在の立証を求める点で反射効肯定説と相違があるが（この点が「中途半端な処理」との批判を生んでいることは、畑・後掲189頁参照）、救済判決の限度に射程を止めようとする判旨の苦心の産物といえようか（通常は反対債権が立証できれば当然相殺は肯定される）。B社の債権の強制的実現が不可能になった事実に着目する点で、筆者の理解（【183】解説参照）とも通底する側面がある。

●参考文献●　畑瑞穂・百 5 版188、山本・基本問題186

185　確定判決の騙取と不法行為

最3小判昭和44年7月8日（民集23巻8号1407頁・判時565号55頁）　　参照条文　民法709条

確定判決に基づく強制執行の結果が不法行為として
損害賠償の対象となることがあるか。

●事実●　YのXに対する貸金等請求事件において請求債権を一部免除して訴えを取り下げる旨の裁判外の和解が成立し、Xが和解金を支払った。しかるに、Xは自己の訴訟代理人にこの事実を告げなかったため、訴えは取り下げられなかった。その結果、Y不出頭のまま弁論は終結され、請求認容判決がされた。Xは当該判決に基づく強制執行によりYに13万円余を支払った。Xは、Xが口頭弁論に出頭しなかったのは、Xとしては上記和解の趣旨に従った弁済をし、Yが訴え取下げを約した結果であり、Yが上記和解の約旨に反して確定判決を不正に取得し、当該判決を不正に利用した悪意過失ある強制執行によりYに損害を負わせたとして不法行為による損害賠償請求訴訟を提起した。原審は、上記判決は有効に確定しているから、その既判力の作用により、Xは以後同判決に表示された請求権の不存在を主張できず、当該判決が再審で取り消されない限り、当該確定判決に基づく強制執行は違法とはいえないので、Xの請求は理由がないとして請求を棄却した。Xより上告。

●判旨●　破棄差戻し。
「判決が確定した場合には、その既判力によって右判決の対象となった請求権の存在することが確定し、その内容に従った執行力の生ずることはいうをまたないが、その判決の成立過程において、訴訟当事者が、相手方の権利を害する意図のもとに、作為または不作為によって相手方が訴訟手続に関与することを妨げ、あるいは虚偽の事実を主張して裁判所を欺罔する等の不正な行為を行ない、その結果本来ありうべからざる内容の確定判決を取得し、かつこれを執行した場合においては、右判決が確定したからといって、そのような当事者の不正が直ちに問責しえなくなるいわれはなく、これによって損害を被った相手方は、かりにそれが右確定判決に対する再審事由を構成し、別に再審の訴を提起しうる場合であっても、なお独立の訴によって、右不法行為による損害の賠償を請求することを妨げられないものと解すべきである。」本件では、「Xは、和解によって、もはや訴訟手続を続行する必要はないと信じたからこそ、その後裁判所の呼出状を受けても右事件の口頭弁論期日に出頭せず、かつ、判決送達後もなお控訴の手続をしなかったものであり、その後に、Yが真に右請求権について判決をうるために訴訟手続を続行する気であることを知ったならば、自らも期日に出頭して和解の抗弁を提出し、もって自己の敗訴を防止し、かりに敗訴してもこれを控訴によって争ったものと推認するに難くない。しかも、……Yは、他に特段の事情のないかぎり、Xが前記和解の趣旨を信じて訴訟活動をしないのを奇貨として、……右確定判決を取得したものと疑われるのである。そし

て、その判決の内容が、右和解によって消滅した請求権を認容したものである以上、Yとしては、なお、この判決によりXに対して前記強制執行に及ぶべきではなかったものといえるのである。しからば、本件においては、Yとしては、右確定判決の取得およびその執行にあたり、前示の如き正義に反する行為をした疑いがある……。」

●解説●　1　本判決は、確定判決に基づく強制執行であっても、その結果につき不法行為に基づく損害賠償請求をすることが確定判決の既判力に反せず可能な場合がある旨を明らかにした。本来、確定判決の既判力は、その判決が再審手続によって取り消されない限り、否定されないはずであるので、確定判決の基礎とされた法律関係（債権等の存在）を否定し、その判決に基づく執行結果を損害賠償として取り戻すことは、既判力に直接抵触しないとしても、実質的には矛盾する行為といえ、既判力制度を揺るがすことは明らかである。しかし、確定判決の瑕疵があまりに大きい場合は、再審を経ずに既判力を実質的に否定し、直接損害賠償請求を可能にして相手方保護を図る必要があることも否定できない。本判決はそのような救済を容認する余地があることを示したものといえる。

2　本判決は確定判決の既判力が機能しない要件として、①相手方の権利を害する意図、②相手方の手続への関与の妨害または裁判所の欺罔等の不正行為、③あり得ない内容の確定判決の取得・執行を挙げる。ただ、これは本事案に即した判断とみられ、「一般的に損害賠償請求をすることのできる限界については、なお今後の事例の積み重ねにまたなければなるまい」（千種・後掲748頁参照）。本件では、①Xが相手方の信義に悖る行為により前訴に関与できなかったこと、②確定判決の執行がXとの約束に反することの2点が重要であり（千種・後掲749頁）、このような場合は既判力による法的安定を相手方に保障しなくても、司法の紛争解決機能に対する社会的期待を害することはないとの実質判断が背景にあろう。

3　その後の判例は損害賠償を認める要件をより抽象化・厳格化する方向に進んでいるようにみえる。最1小判平成10・9・10判時1661-81②事件は、本判決を引用しながら、「当事者の一方……の行為が著しく正義に反し、確定判決の既判力による法的安定の要請を考慮してもなお容認し得ないような特別の事情がある場合に限って」許されるとし、重過失による付郵便送達に基づく確定判決の結果を覆さなかった（最3小判平成22・4・13裁時1505-12も同旨として、虚偽の主張立証による裁判所の欺罔につき要件該当を認めなかった）。意図的な相手方の手続関与妨害という本件のような場合はともかく、虚偽主張による裁判所の欺罔を安易に認めることは既判力制度と正面から抵触するため、慎重な判断が相当であり、判例の基本的方向性は支持できよう（山本和彦・リマ20-126参照）。

●参考文献●　千種秀夫・判解昭44年度736、加波眞一・百5版182

186 相互の保証

最3小判昭和58年6月7日（民集37巻5号611頁・判時1086号97頁）　　参照条文　民訴法118条

外国判決はどのような場合に相互の保証があるとして日本で承認執行の対象となるか。

●**事実**●　米国法人Xは、日本在住のYに対し、米国コロンビア特別行政区地方裁判所に5万ドル余の売掛金請求訴訟を提起したところ、同地裁は、Yに対し宣誓供述のための出頭命令を発した上、正当な理由なく出頭しなかったYに対し、上記金員の支払を命じる判決を言い渡し、その判決が確定した。Xは、上記米国判決につき、日本で執行判決を求めた。本訴訟では、日本と米国との間に相互の保証があるかなどが争点とされたが、第1審・原審ともに外国判決承認要件の充足を認め、Xの請求を認容した。Yより上告。

●**判旨**●　上告棄却。
「民訴法200条〔現行118条〕4号に定める「相互ノ保証アルコト」とは、当該判決をした外国裁判所の属する国……において、我が国の裁判所がしたこれと同種類の判決が同条各号所定の条件と重要な点で異ならない条件のもとに効力を有するものとされていることをいうものと解するのが相当である。けだし、外国裁判所の判決……の承認（外国判決が判決国以外の国において効力を有するものとされていることをいう。……）について、判決国が我が国と全く同一の条件を定めていることは条約の存する場合でもない限り期待することが困難であるところ、渉外生活関係が著しく発展、拡大している今日の国際社会においては、同一当事者間に矛盾する判決が出現するのを防止し、かつ、訴訟経済及び権利の救済を図る必要が増大していることにかんがみると、同条4号の規定は、判決国における外国判決の承認の条件が我が国における右条件と実質的に同等であれば足りるとしたものと解するのが、右の要請を充たすゆえんであるからである。のみならず、同号の規定を判決国が同条の規定と同等又はこれより寛大な条件のもとに我が国の裁判所の判決を承認する場合をいうものと解するときは（大判昭和8・12・5新聞3670-16）、判決国が相互の保証を条件とし、しかも、その国の外国判決の承認の条件が我が国の条件よりも寛大である場合には、その国にとっては我が国の条件がより厳しいものとなるから、我が国の裁判所の判決を承認しえないことに帰し、その結果、我が国にとっても相互の保証を欠くという不合理な結果を招来しかねないからでもある。以上の見解と異なる前記大審院判例は、変更されるべきである。なお、我が国と当該判決国との間の相互の保証の有無についての判断にあたっても、同条3号の規定は、外国裁判所の判決の内容のみならずその成立も我が国の「公ノ秩序又ハ善良ノ風俗」に反しないことを要するとしたものと解するのが相当である。……アメリカ合衆国コロンビア特別行政区においては、外国裁判所の金銭の支払を命じた判決は、原判示の条件のもとに承認されており、その条件は民訴法200条が外国裁判所の右と同種類の判決の承認の条件として定めるところと重要な点において異ならないと認められるから、アメリカ合衆国コロンビア特別行政区地方裁判所の原判示判決につき、同条4号所定の「相互ノ保証」の条件が充足されている……。」

●**解説**●　1　本判決は、外国判決の承認要件である相互の保証（118条4号）につき初めて判示した最高裁判例である。相互の保証を承認要件としているのは、外国が日本の判決を承認しないのであれば、日本もその外国判決の承認執行を拒否し、そのような態度を日本がとることで外国にも日本の判決の承認の誘因を与える（日本判決の通用力を拡大する）政策に基づくとされる。本判決は相互の保証につき、「判決国における外国判決の承認の条件が我が国における右条件と実質的に同等であれば足りる」とし、比較的緩やかに認め、外国判決承認の可能性を広げたものと評価できる（なお、本判決は承認要件としての公序に手続的公序を含む点も明らかにするが、現行118条3号で明文化された）。

2　この点に関する大審院判例として、前掲大判昭和8・12・5がある。同判決は、米国カリフォルニア州における相互の保証が問題となった案件につき、本判決も引用するように、「判決国が民訴118条の規定と同等又はこれより寛大な条件のもとに我が国の裁判所の判決を承認する場合をいう」と解した（同旨の裁判例として、東京地判昭和35・7・20下民11-7-1522、東京地判昭和45・10・24判時625-66参照）。これは学説上も多数説であったといえるが、本判決も指摘する通り、仮にそれを額面通り同じ条件での承認が必要とすると、①日本の承認要件の方が寛大な場合（外国の方が厳格な場合）には承認できず、②外国の承認要件の方が寛大な場合（日本の方が厳格な場合）には、外国で日本の判決が承認されない結果、日本でも承認できないという、いわゆる両すくみ状態が発生する。結果としては、外国と日本の承認要件が全く同一の場合しか相互に承認されないことになるが、それは（条約等で調整されない限り）現実には期待できず、承認執行制度の目的が達成できない。そこで、本判決は大審院判例を明示的に変更し、承認要件の実質的同等性に基づき相互の保証を認める見解を採用した。このような見解はその後の学説においても広く支持されており、現在では異論がない状況にあるといえよう。

3　ただ、承認要件の実質的同等性といってもその基準は抽象的で、「ケース・バイ・ケースの判断によりその具体的内容を明らかにして行くほかない」（加藤・後掲238頁）。本件でも米国の承認要件は外観上日本法とは相当異なるものであったとされるが、手続的公序の中に読み込み承認を認めており、緩やかに同等性を認める姿勢を示している（加藤・後掲238頁）。この基準の下、多くの国との間で相互の保証が認められている（但し、中華人民共和国との間で相互の保証を否定するのは、大阪高判平成15・4・9判時1841-111）。

●**参考文献**●　加藤和夫・判解昭58年度232、高田裕成・民訴
百 I 52

187　懲罰的賠償と公序

最2小判平成9年7月11日（民集51巻6号2573頁・判時1624号90頁①事件）　　参照条文　民訴法118条

> 米国の懲罰的損害賠償判決は日本の公序に反して承認執行されないか。

●事実●　米国カリフォルニア州法では、契約に起因しない義務違反を理由とする訴訟において被告に欺罔行為等があった場合、原告は、実際に生じた損害の賠償に加え、見せしめと被告に対する制裁のための損害賠償を受けることができる旨の規定がある。同州裁判所は、Y社の子会社であるカリフォルニア州法人との間の賃貸借契約締結につきYらがXに対して欺罔行為を行ったことを理由に、Yらに対し、補償的損害賠償として42万ドル余および訴訟費用として4万ドル余に加え、上記規定に基づく懲罰的損害賠償として112万ドル余をXに支払うよう命ずる判決を言い渡し、確定した。そこで、Xが本件外国判決につき執行判決を求める本件訴訟を提起した。第1審および原審は、本件外国判決のうち、Yに対し懲罰的損害賠償の支払を命ずる部分を除き、請求を認容した。Xより上告。

●判旨●　上告棄却。
「執行判決を求める訴えにおいては、外国裁判所の判決が民訴法200条〔現行118条〕各号に掲げる条件を具備するかどうかが審理されるが（民事執行法24条3項）、民訴法200条3号は、外国裁判所の判決が我が国における公の秩序又は善良の風俗に反しないことを条件としている。外国裁判所の判決が我が国の採用していない制度に基づく内容を含むからといって、その一事をもって直ちに右条件を満たさないということはできないが、それが我が国の法秩序の基本原則ないし基本理念と相いれないものと認められる場合には、その外国判決は右法条にいう公の秩序に反するというべきである。カリフォルニア州民法典の定める懲罰的損害賠償……の制度は、悪性の強い行為をした加害者に対し、実際に生じた損害の賠償に加えて、さらに賠償金の支払を命ずることにより、加害者に制裁を加え、かつ、将来における同様の行為を抑止しようとするものであることが明らかであって、その目的からすると、むしろ我が国における罰金等の刑罰とほぼ同様の意義を有するものということができる。これに対し、我が国の不法行為に基づく損害賠償制度は、被害者に生じた現実の損害を金銭的に評価し、加害者にこれを賠償させることにより、被害者が被った不利益を補てんして、不法行為がなかったときの状態に回復させることを目的とするものであり……、加害者に対する制裁や、将来における同様の行為の抑止、すなわち一般予防を目的とするものではない。もっとも、加害者に対して損害賠償義務を課すことによって、結果的に加害者に対する制裁ないし一般予防の効果を生ずることがあるとしても、それは被害者が被った不利益を回復するために加害者に対し損害賠償義務を負わせたことの反射的、副次的な効果にすぎず、加害者に対する制裁及び一般予防を本来的な目的とする懲罰的損害賠償の制度とは本質的に異なるというべきである。我が国においては、加害者に対して制裁を科し、将来の同様の行為を抑止することは、刑事上又は行政上の制裁にゆだねられているのである。そうしてみると、不法行為の当事者間において、被害者が加害者から、実際に生じた損害の賠償に加えて、制裁及び一般予防を目的とする賠償金の支払を受け得るとすることは、右に見た我が国における不法行為に基づく損害賠償制度の基本原則ないし基本理念と相いれないものであると認められる。」

●解説●　1　本判決は、懲罰的賠償の支払を命じた米国判決は日本の公序に反するとして承認を拒絶した。懲罰的賠償は英米法国に特有の制度で、加害者の懲罰や不法行為の一般予防を目的とし、実際にも陪審等で巨額の賠償が命じられる例もあり（その制度の沿革や実情等については、佐久間・後掲856頁以下参照）、日本での承認の可否が問題とされてきた。本判決はそれが一般に日本の公序に反するとの重要な判断を示した。

2　懲罰的賠償判決の承認については、何らかの形で否定する見解が一般的であったが、①そもそも民事判決ではなく、118条の「外国裁判所の確定判決」に該当しないとの説（承認対象否定説）、②日本の公序（118条3号）に反するとの説（公序違反説）、③高額の賠償金の支払を命ずる場合にその高額部分が公序に反するとの説（一部承認説）等があった（佐久間・後掲862頁以下）。原判決は①説に、本判決は②説によった。懲罰的賠償判決も外観上は民事判決の形態をとり、民事判決であることを前提に公序違反性を検討する本判決の態度は穏当なものであろう。そして、本判決は公序違反の判断基準として「我が国の法秩序の基本原則ないし基本理念と相いれない」かどうかで決する。この基準は爾後の判例でも踏襲されている（【188】など参照）。これに基づけば、日本の損害賠償の基本原則は損害填補であり（本判決は最大判平成5・3・24民集47-4-3039を引用する）、実損害を超えて制裁または一般予防のために賠償を認めることは、そのような基本原則に反することになる。妥当な判断であろう。

3　ただ、以上のような日本法の基本原則も時代に応じて変遷する可能性はある（現行法下でも、例えば労働法上の付加金（労基114条）等が問題となるが、これは損害賠償ではなく公法上の制裁と解されている）。特に近時の特許法においては、特許権侵害に対する損害賠償額につき特許権保護の観点から様々な推定規定が設けられているが（特許102条）、それを超えて懲罰的賠償を認めるべき旨の意見も多い。ただ、本判決によれば、損害賠償を損害填補に限定することは日本不法行為法の基本原則と解されるので、立法で制裁性を有する損害賠償を容認することはそのような基本原則の転換となる点に注意を要しよう。

●参考文献●　佐久間邦夫・判解平9年度840、横山潤・国際私法[百]2版224

188 手続的公序

最2小判平成31年1月18日（民集73巻1号1頁・判時2409号31頁）　参照条文　民訴法118条

敗訴当事者に対して送達がされなかった外国判決は日本の公序に反して承認されないか。

●**事実**●　米国カリフォルニア州では、判決は裁判所に登録され、原則として当事者の一方が他方に対し判決登録通知を送達することとされ、判決に対する控訴期間は判決登録日から180日とされている。Xらは、米国カリフォルニア州オレンジ郡上位裁判所（本件外国裁判所）に対し、Yらを被告として損害賠償請求訴訟を提起した。Yは弁護士を代理人として応訴したが、訴訟手続の途中で同弁護士が本件外国裁判所の許可を得て辞任し、Yがその後の期日に出頭しなかったため、本件外国裁判所は、Yに対し、27万ドル余の支払を命ずる欠席判決（本件外国判決）を言い渡し、本件外国判決は本件外国裁判所において登録された。Xらの代理人弁護士は、Yに対し、本件外国判決に関し、判決書の写しを添付した判決登録通知を誤った住所に普通郵便で発送したが、Yには届かなかった。Yは、本件外国判決の登録の日から180日の控訴期間内に控訴せず、その他の不服申立てもしなかったことから、本件外国判決は確定した。XらはYに対し上記外国判決につき執行判決を求めた。原審は、敗訴当事者に対する判決の送達は118条3号にいう公序の内容をなすが、本件外国判決はYに対する送達がされないまま確定したから、その訴訟手続は公序に反するとして、Xらの請求を棄却すべきものとした。Xらより上告受理申立て（上告受理）。

●**判旨**●　破棄差戻し。

「外国裁判所の判決……が民訴法118条により我が国においてその効力を認められるためには、判決の内容及び訴訟手続が日本における公の秩序又は善良の風俗に反しないことが要件とされているところ、外国判決に係る訴訟手続が我が国の採用していない制度に基づくものを含むからといって、その一事をもって直ちに上記要件を満たさないということはできないが、それが我が国の法秩序の基本原則ないし基本理念と相いれないものと認められる場合には、その外国判決に係る訴訟手続は、同条3号にいう公の秩序に反するというべきである（【187】参照）。我が国の民訴法においては、判決書は当事者に送達しなければならないこととされ……、判決に対する不服申立ては判決書の送達を受けた日から所定の不変期間内に提起しなければならず、判決は上記期間の満了前には確定しないこととされている……。そして、送達は、裁判所の職権によって、送達すべき書類を受送達者に交付するか、少なくとも所定の同居者等に交付し又は送達すべき場所に差し置くことが原則とされ、当事者の住所、居所その他送達をすべき場所が知れないなど上記の送達方法によることのできない事情のある場合に限り、公示送達等が例外的に許容されている……。他方、外国判決が同法118条により我が国においてその効力を認められる

要件としては、「訴訟の開始に必要な呼出し若しくは命令の送達」を受けたことが掲げられている（同条2号）のに対し、判決の送達についてはそのような明示的な規定が置かれていない。さらに、以上のような判決書の送達に関する手続規範は国ないし法域ごとに異なることが明らかであることを考え合わせると、外国判決に係る訴訟手続において、判決書の送達がされていないことの一事をもって直ちに民訴法118条3号にいう公の秩序に反するものと解することはできない。もっとも、我が国の民訴法は、上記の原則的な送達方法によることのできない事情のある場合を除き、訴訟当事者に判決の内容を了知させ又は了知する機会を実質的に与えることにより、当該判決に対する不服申立ての機会を与えることを訴訟法秩序の根幹を成す重要な手続として保障しているものと解される。したがって、外国判決に係る訴訟手続において、当該外国判決の内容を了知させることが可能であったにもかかわらず、実際には訴訟当事者にこれが了知されず又は了知する機会も実質的に与えられなかったことにより、不服申立ての機会が与えられないまま当該外国判決が確定した場合、その訴訟手続は、我が国の法秩序の基本原則ないし基本理念と相いれないものとして、民訴法118条3号にいう公の秩序に反するということができる。」

●**解説**●　1　本判決は、敗訴当事者に送達がされなかった外国判決につき、それだけでは手続的公序（118条3号）に反するとはいえないが、実際にその了知可能性および不服申立ての機会がなかった場合は公序に反し、承認されないとした。手続的公序の内容を明らかにし、判決に対する不服申立機会の付与が含まれる点を明らかにしたものである。

2　本判決は、実体的公序に関する判例（【187】）を援用し、手続的公序についても、「我が国の法秩序の基本原則ないし基本理念と相いれない」場合に限り公序違反になるとする。そして、判決の送達それ自体は公序に含まれないものの、それは判決を敗訴当事者に了知させる手段であり、その判決に不服申立ての機会を付与することは手続的公序に含まれる旨を明らかにする。本件の判決登録とその通知という仕組みは、日本でも将来裁判手続のIT化が進展するとあり得る判決の告知方法であり、実質的に不服申立ての機会さえ担保されていれば、手続的公序に反することはないとの本判決の趣旨は相当なものと考えられる。

3　本判決は「外国判決の内容を了知させることが可能であった」場合に限定するが、これは日本でも、当事者の住所不明の場合等には、公示送達や付郵便送達など実質的な了知可能性が認め難い送達方法も許容されていることによる。また、通知等がされても、「不服申立ての機会が与えられ」たといえるためには、その通知の内容や時期（不服申立期限までの余裕等）が実質的に考慮される必要があるものと解される。

●**参考文献**●　土井文美・曹時72-11-199、芳賀雅顕・国際私法百3版196

189　間接管轄

最1小判平成26年4月24日（民集68巻4号329頁・判時2221号35頁）　　参照条文　民訴法118条

> 外国判決はいかなる場合に国際裁判管轄の要件が認められて日本で承認執行されるか。

●**事実**●　Xは米国カリフォルニア州法人で、眉のトリートメント技術等の営業秘密を有していたが、日本国内における本件技術等の独占的使用権等を日本法人A社に付与する契約を締結した。Xは、同契約に基づき、カリフォルニア州内のX施設で、Aの従業員Y₁らに本件技術等を開示した。Aは、その後、日本国内で眉のトリートメントサロンを開設したが、Y₁らはAとは別にY₂社を設立し、Aを退職した。Y₂社は日本国内で眉のトリートメントサロンを開設するなどし、Y₁らはY₂社の取締役として当該技術を使用した。Xは、Yらによる本件技術等の不正な開示および使用を理由に、カリフォルニア州連邦地方裁判所に、Yらを被告として損害賠償および差止めを求める訴えを提起した。同裁判所は、Yらに対し、損害賠償のほか、日本および米国内における本件技術等の不正な開示および使用の差止めを命ずる本件米国判決をした。Xは、本件米国判決につき執行判決請求訴訟を提起した。原審は、Yらの行為地は日本国内にあり、これによるXの損害が米国内で発生したことを証明できていないから、本件米国判決につき間接管轄は認められないとして、Xの請求を棄却すべきものとした。Xより上告受理申立て（上告受理）。

●**判旨**●　破棄差戻し。
「人事に関する訴え以外の訴えにおける間接管轄の有無については、基本的に我が国の民訴法の定める国際裁判管轄に関する規定に準拠しつつ、個々の事案における具体的事情に即して、外国裁判所の判決を我が国が承認するのが適当か否かという観点から、条理に照らして判断すべきものと解するのが相当である。そこで、まず、我が国の民訴法の定める国際裁判管轄に関する規定をみると、民訴法3条の3第8号は、「不法行為に関する訴え」については「不法行為があった地」を基準として国際裁判管轄を定めることとしている。民訴法3条の3第8号の「不法行為に関する訴え」は、民訴法5条9号の「不法行為に関する訴え」と同じく、民法所定の不法行為に基づく訴えに限られるものではなく、違法行為により権利利益を侵害され、又は侵害されるおそれがある者が提起する差止請求に関する訴えをも含むものと解される……。そして、このような差止請求に関する訴えについては、違法行為により権利利益を侵害されるおそれがあるにすぎない者も提起することができる以上は、民訴法3条の3第8号の「不法行為があった地」は、違法行為が行われるおそれのある地や、権利利益を侵害されるおそれのある地をも含むものと解するのが相当である。ところで、民訴法3条の3第8号の規定に依拠して我が国の国際裁判管轄を肯定するためには、不法行為に基づく損害賠償請求訴訟の場合、原則として、被告が日本国内でした行為により原告の権利利益について損害が生じたか、被告がした行為により原告の権利利益について日本国内で損害が生じたとの客観的事実関係が証明されれば足りる……。そして、判決国の間接管轄を肯定するためであっても、基本的に民訴法3条の3第8号の規定に準拠する以上は、証明すべき事項につきこれと別異に解するのは相当ではないというべきである。そうすると、違法行為により権利利益を侵害され、又は侵害されるおそれがある者が提起する差止請求に関する訴えの場合は、現実の損害が生じたことは必ずしも請求権発生の要件とされていないのであるから、このような訴えの場合において、民訴法3条の3第8号の「不法行為があった地」が判決国内にあるというためには、仮に被告が原告の権利利益を侵害する行為を判決国内では行っておらず、また原告の権利利益が判決国内では現実に侵害されていないとしても、被告が原告の権利利益を侵害する行為を判決国内で行うおそれがあるか、原告の権利利益が判決国内で侵害されるおそれがあるとの客観的事実関係が証明されれば足りるというべきである。」

●**解説**●　1　本判決は、違法行為の差止めに係る外国判決の承認について、①間接管轄の判断の基準、②「不法行為に関する訴え」（3条の3第8号）および不法行為地の意義、③不法行為地に係る要件の証明の程度について明らかにしたものである。平成23年の国際裁判管轄立法後に間接管轄の問題について最初に判断した重要な最高裁判例である。
2　まず①について、本判決は、直接管轄の規定に準拠しつつ、具体的事情に即して条理に照らして判断すべきとの一般論を示す。これ自体は国際裁判管轄立法前の判例（最3小判平成10・4・28民集52-3-853）と同旨であるが、同立法後は明文の国際裁判管轄規定が基礎となる。条理による修正がどの程度及ぶかについては、最新の直接管轄規定の存在が一定の影響を及ぼす可能性があろう。次に②については、不法行為に関する訴えに差止訴訟が含まれることは国内管轄の判例が明らかにしており（【16】）、一般に支持されているが、同旨が国際裁判管轄にも妥当するものとした。そして、その場合の不法行為地の理解に関し、差止めの場合は未だ現実に違法行為がされているとは限らないので、違法行為のおそれがある地を含むものとされた。いずれも異論は少ないであろう。
3　最後に、本判決は③の不法行為地の証明に関し、「被告がした行為により原告の権利利益について日本国内で損害が生じたとの客観的事実関係が証明されれば足りる」とし、直接管轄の関係での判例（【6】）の定式が間接管轄にも妥当する旨を明らかにした。被告を裁判権に服させるための必要最小限の牽連性が客観的事実関係の証明であるとすれば、外国判決の承認要件としてもそれで十分と解したものである。

●**参考文献**●　廣瀬孝・判解平26年度180、道垣内正人・平26年度重判300

190　仮執行宣言と損害賠償

最3小判昭和52年3月15日（民集31巻2号289頁・判時849号75頁）　　参照条文　民訴法260条

仮執行によって被告に損害が生じた場合に賠償の対象となる範囲には制限があるか。

●**事実**●　Yは、XがY所有の部屋を不法占拠したとして、Xに対し賃料相当損害金の支払請求訴訟を提起した。Yは第1審で全部勝訴の仮執行宣言付判決を取得し、同判決に基づきX所有不動産の競売開始決定を得た。ところが、控訴審は第1審判決を取り消し、Yの請求を棄却する旨の判決を言い渡し、確定した。そこで、Xは、YはXの上記部屋の占有使用の事実がないことを知りながら前訴を提起したもので、Yの前訴の提起・追行および仮執行は不法行為となると主張し、仮執行に基づく損害については198条（現行260条）2項に基づき、応訴のための弁護士費用および仮執行により取引銀行から貸付を拒絶されるなどの信用毀損による損害の賠償を請求した。原審は、Yの故意過失が認められないとして不法行為の成立を否定したが、同項によるXの損害については無過失の賠償責任が成立するとして、仮執行による信用毀損の損害の一部につき請求を認容した。Yより、同条項により賠償すべき損害の範囲には仮執行による間接損害は含まれないなどと主張して、上告。

●**判旨**●　上告棄却。
「民訴法198条〔現行260条〕2項にいう仮執行により被告の受けた損害とは、仮執行と相当因果関係にある財産上及び精神上のすべての損害をいうものと解するのが、相当である。けだし、この条項が仮執行をした原告の原状回復義務及び損害賠償義務につき特に定めを設けたのは、原告が判決未確定の間に仮執行をするという特別な利益を与えられていることに対応して、右判決が変更された場合、仮執行を利用した原告に対し、被告が仮執行により被った不利益を回復させる義務を課することとするのが公平に適するとの考慮に出たものと認めるべきであり、したがって、同条項にいう仮執行により被告の受けた損害とは、損害のうちの特定のものに限定されるものではなく、仮執行と相当因果関係にある全損害をさすものと解するのが叙上の法意にそうものというべきであるからである。」

●**解説**●　1　本判決は、仮執行により被告に損害が生じた場合、仮執行の基礎となった本案判決が上訴により変更されたときに原告に賠償義務を負わせる260条2項による賠償の範囲について制限はなく、仮執行と相当因果関係にある全損害が含まれる旨を明らかにしたものである。仮執行は、給付判決が出されたにもかかわらず被告の上訴によりその確定に時間がかかる場合があることを考慮し、勝訴判決を取得した原告の権利の早期実現を図るための制度である。ただ、それが未確定の判決であることから、当然上訴等により事後的にその判決が変更されることは制度上想定され、その場合は仮執行を受けた被告の損害を賠償する必要

がある。そこで、同項は、そのような場合には仮執行をした原告の無過失責任を認め、被告の救済に配慮し、原告と被告の利害のバランスを図ったものといえる。ただ、同条項は、「仮執行によりまたはこれを免れるために被告が受けた損害」とするだけで、どのような損害が賠償の対象になるのかを明示していないところ、本判決はその点を最高裁として初めて明らかにした判決と評価できる。

2　従来、多数説および下級審裁判例は本条項に基づく賠償における損害の範囲には特段の制限がないとしていたが、本判決前、一定の制限を設けるべき旨の見解が提唱されていた（詳細は、島田・後掲110頁以下参照）。その問題意識は、本条項による責任が、前述のように、無過失責任である点に由来する（過失責任とする少数説として、伊藤613頁参照）。すなわち、本条項は、不法行為の原則とは異なり、仮執行に基づく損害につき簡易な復元的措置を定めたものであり、賠償範囲の拡大は仮執行制度による権利実現機能を阻害するおそれがあるとして、本条項による賠償の範囲を制限する趣旨である。その制限された賠償範囲としては、①原状の回復（執行目的物の復帰）のほか権利移転に要した直接の失費に限定する説、②逸失利益を含む財産上の損害に限定する説、③直接損害に限定する説などが示されていた（裁判例として、大阪高判昭和37・11・19判時322-28参照）。これらの説によれば、本件のような仮執行による信用毀損損害は含まれない可能性がある。しかし、本判決は、仮執行が原告に付与された利益（未確定の判決に基づき権利を実現できるという特典）に対応して、被告に不利益の回復を認め、当事者間の公平を図ったものとの理解から、上記の説のいうように、260条2項が被告に特典を与えたとの位置づけを否定し、賠償範囲に特段の制限はないとして、信用毀損損害の賠償も認められると解したものである。現在ではこの判例の考え方は広く支持されており、少数説はほぼ存在しない状況にある。

3　本判決は旧法下のものであるが、現行法は上訴に伴う執行停止要件（403条1項）を厳格化し、実質的に仮執行による早期の権利実現機能を強化した。これは第1審の充実（無意味な上訴の防止）という理念が背景にあり、実務上も給付判決には多くの場合に仮執行宣言が付されることにより実現されている（控訴審判決については、310条により仮執行宣言が原則化された）。ただ、現行法の仮執行制度の重視という政策の下でも、本判決の考え方はなお妥当するものと解される。けだし、仮執行の一般化は1審強化（それによる権利救済の実効化）という政策的考慮に基づくものであるとすれば、本判決が示すように、仮執行が誤っていた場合の被告の不利益救済という対抗利益もより重要性を増し、本条項による救済は重要になるものといえるからである。その意味で、本条項による救済の要件（無過失責任）および効果（全面賠償）はより正統性を増したものと評価できよう。

●**参考文献**●　島田禮介・判解昭52年度107、清田明夫・昭52年度重判121

191　仮執行宣言付判決の強制執行の効力

最2小判平成24年4月6日（民集66巻6号2535頁・判時2155号53頁）　　参照条文　民訴法260条

> 仮執行宣言付給付判決の控訴審において仮執行の結果を考慮すべきでないのはどの範囲か。

●**事実**●　Xは、Y₁に対し、所有する本件建物を賃貸し、Y₂がこれを連帯保証していた。Xは、Y₁の賃料不払いにより上記賃貸借契約を解除する旨の意思表示をした。その後、Y₃およびY₄が本件建物の占有を開始したので、XがY₁、Y₃およびY₄に本件建物の明渡しを求め、Yらに賃料相当損害金の支払を求めて訴えを提起した。第1審でXは全部勝訴の仮執行宣言付判決を取得したところ、Yらは控訴した。控訴審係属中、本件建物は仮執行によりXに明け渡された。控訴審では、Yらは、本件建物は既に明け渡されているから明渡義務を負わず、Y₁は明渡しにより敷金返還請求権を得ているので賃料相当損害金と相殺するなどと主張した。控訴審は、Yらの建物明渡しは仮執行に基づくもので、任意に義務を履行したものではないから、上記明渡しはXの明渡請求を妨げるものではなく、敷金返還請求権は未だ発生していないなどとして、控訴を棄却した。Yらより上告受理申立て（上告受理）。

●**判旨**●　上告棄却。

「仮執行宣言付きの第1審判決に対して控訴があったときは、控訴審は、当該仮執行宣言に基づく強制執行によって給付がされた事実を考慮することなく、請求の当否を判断すべきである（最1小判昭和36・2・9民集15-2-209参照）。このことは、第1審判決の仮執行宣言に基づく強制執行によって建物が明け渡されているときに、当該建物の明渡請求の当否を判断する場合はもちろん、これと併合されている賃料相当損害金等の支払請求の当否や同請求に対する抗弁において主張されている敷金返還請求権の存否を判断する場合でも、異なるところはない。上記の給付がされた事実を控訴審が考慮しなかった結果第1審判決が確定したとしても、上記の給付がされたことにより生じた実体法上の効果は、仮執行宣言が効力を失わないことを条件とするものであり、当該確定判決に基づく強制執行の手続において考慮されるべきことであるから、上記の給付をした者の権利が害されるとはいえない。」

●**解説**●　1　本判決は、仮執行による給付の事実を本案の請求の判断につき考慮すべきでない旨の従来の判例法理に関し、仮執行の対象となっている請求のみならず、併合審理されている請求や抗弁等についても同様に妥当する旨を明らかにした。仮執行に基づく給付の法的性質につき、判例は仮執行宣言付判決が上訴審で取り消される可能性を考慮して解除条件付のものとする（最2小判昭和53・2・24民集32-1-43。大審院の同旨判例として、大判大正15・4・21民集5-266）。他方、仮執行による給付の事実を本案で考慮できるかという問題に関して、前掲最判昭和36・2・9はこれを否定する判示をする。ただ、同判決は結論だけを示す簡略

なものであり、その根拠および射程は明らかでなかった。本件では、仮執行の対象請求だけでなく、併合した別の請求との関係でも仮執行の事実の考慮が認められるかが問題となったが、この点の判例準則は明らかでなく、本判決はそのような場合も仮執行の考慮が認められないとする重要な判断といえる。

2　本判決の理由は必ずしも明らかでないが、仮執行による給付の効果は、実体法上、仮執行宣言の失効を解除条件とすること、すなわちそれが本案手続と密接に関連することから、本案手続中では訴訟法上その効果を考慮すべきでない点を根拠とするものと思われる（廣瀬・後掲487頁以下参照）。この点は判例準則を支持する学説でも従来同様の説明がされ、本案判決および仮執行制限取消しが解除条件とすれば、解除条件成就について審理する上訴審で仮執行の結果を考慮すべきでないことは論理必然である等と論じられていた。そうだとすれば、そのような考慮禁止の趣旨は、仮執行の対象となっている請求との関係に限られず、それと併合されている請求との関係でも同様に及ぶことになろう（また、客観的併合のみならず、本件もそうであるように、主観的併合についても妥当する。他方、そのような考慮禁止は他の訴訟手続との関係では生じず、例えば本件で賃料相当損害金請求が別訴でされていた場合は、仮執行による明渡しが考慮される余地もあろう）。実際、仮執行の対象請求につき上記のような考慮禁止が及び、併合請求には及ばないとすると、同一判決において実質的内容を異にする判決主文が生じ、違和感が否めない（例えば、元本と遅延損害金の併合請求がされている場合、元本の一部が仮執行により給付されたときは、前者ではそれが考慮されず全額の給付が命じられる一方、後者ではそれが考慮され、一部の元本に対応した給付命令のみがされ、主文が矛盾する外観を呈する。様々な例につき、廣瀬・後掲492頁注13参照）。以上のような観点から、本判決の帰結は実務感覚にも適合した穏当なものと評価できよう（伊藤ほか・判タ1386-88〔加藤新太郎〕参照）。

3　仮執行の結果について、併合請求を含めて上訴審で考慮できないというのが本判決の趣旨であるが、本判決は、仮執行による給付の実体法上の効果につき、「仮執行宣言が効力を失わないことを条件とする」こと、すなわち仮執行宣言の失効を解除条件として生じる旨を明らかにしている。その結果、本件で建物明渡しが既にされているとすれば、その後の賃料相当損害金は実体法上生じない（ただ、上訴審でその点を考慮できないに止まる）という結果になり、そのような実体法上の効果は執行手続中で考慮されることになる。すなわち、Xは、建物明渡しを求められないことは勿論、仮執行後の賃料相当損害金についても強制執行を求めることができず、Yらは請求異議によりその排除を請求できることになる（仮執行による給付は基準時前の事由であるが、それは上訴審で主張できないものであったため、解除条件成就後の主張は既判力によって妨げられないものと解される。廣瀬・後掲489頁参照）。

●**参考文献**●　廣瀬孝・判解平24年度482、松下淳一・判タ1386-103

192　訴えの取下げ①──刑事上罰すべき行為

最2小判昭和46年6月25日（民集25巻4号640頁・判時637号40頁）　　参照条文　民訴法261条、338条

> 刑事上罰すべき他人の行為によってされた訴えの取下げは効力を有するか。

●事実●　XはYに対して認知の訴えを提起したところ、第1審は親子関係を認めて請求を認容した。控訴審係属中にXの母で法定代理人であるAの名義で訴え取下書が提出されたが、その翌日、当該取下げはYの強迫に基づくもので、これを取り消す旨のAの上申書が提出され、その後の口頭弁論期日でもX訴訟代理人から訴え取下げが無効であるとの主張がされた。控訴審はそのまま審理を続行し、その判決において、Yが自己の自動車にAから疵を付けられたことを理由に警察に告訴する旨をAに告げ、Aに対し本訴の取下げを要求し、Aは幼児を抱えて警察の取調べ等を受けることを畏怖し、やむなくYの用意した取下書に署名押印し、Yから裁判所にその取下書が提出されたものであり、本件訴え取下げはYの刑事上罰すべき強要行為によりされたもので、このような場合はその無効の主張を許すべきであるとして、Yの控訴を棄却した。Yより上告。

●判旨●　上告棄却。
　「訴の取下は訴訟行為であるから、一般に行為者の意思の瑕疵がただちにその効力を左右するものではないが、詐欺脅迫等明らかに刑事上罰すべき他人の行為により訴の取下がなされるにいたったときは、民訴法420条〔現行338条〕1項5号の法意に照らし、その取下は無効と解すべきであり、また、右無効の主張については、いったん確定した判決に対する不服の申立である再審の訴を提起する場合とは異なり、同条2項の適用はなく、必ずしも右刑事上罰すべき他人の行為につき、有罪判決の確定ないしこれに準ずべき要件の具備、または告訴の提起等を必要としないものと解するのが相当である。そして、X法定代理人のした本件の訴の取下が、Yの刑事上罰すべき強要行為によってなされたものであるとした原判決の事実認定・判断は、挙示の証拠に照らして肯認することができる。したがって、本件訴の取下は無効であるとして本案につき審理判断をした原判決は正当であって、その認定・判断に所論の違法はなく、論旨は採用することができない。」

●解説●　1　本判決は、刑事上罰すべき他人の行為によってされた訴えの取下げは無効であり、有罪判決の確定等がなくても、当該訴訟手続においてその無効が主張できる旨を明らかにした判例である。一方で、法律行為（意思表示）については、それが他人の詐欺または強迫によってされたときは取り消すことができ（民96条1項）、他方で、判決については、刑事上罰すべき他人の行為による自白や攻撃防御方法の提出妨害によるときは再審事由となる（338条1項5号）。本件で問題とされた訴え取下げは訴訟行為であり、法律行為でも判決でもないので、上記規律は直接には適用さ

れないが、それではその無効主張が許さないのかがここでの問題である。本判決前も、下級審裁判例でそれを肯定するものがあり（東京高判昭39・4・28高民17-3-196、大阪地判昭39・10・15時434-50など）、通説も同旨を説いていた。本判決は、最高裁として初めてそれを肯定したものである。
　2　本判決と同旨の結論を採るとしても、法律構成として、法律行為の類推によるのか、再審事由の類推によるのかにより、その範囲や効果が異なる可能性がある。すなわち、前者によれば、詐欺・強迫の場合の効果は（無効でなく）取消しになる可能性がある一方、更に錯誤等の場合にも適用対象が広がる可能性がある。他方、後者によれば、あくまでも「刑事上罰すべき他人の行為」であるので、範囲は限定されることになろう。本判決は「訴の取下は訴訟行為であるから、一般に行為者の意思の瑕疵がただちにその効力を左右するものではない」とし、前者のような理解を否定し、338条1項5号の「法意に照らし、その取下は無効と解すべき」として、後者の理解による旨を明らかにする。確かに、訴え取下げであっても、本件のように上訴審での取下げの場合は再訴禁止効（262条2項）が働くし、そうでなくても時効等により実質的に敗訴判決と同一の効果を生じる場合があるので、再審事由の類推適用には妥当性がある。他方、法律行為の類推の否定は、判例が一般的に採用する法律行為・訴訟行為峻別論に基づき、訴訟行為に要請される明確性や安定性の観点から説明されよう（野田・後掲275頁参照）。特に効果面で取消しとすると、取り消されるまでの法律関係が不安定になり（訴えが取り下げられたかが長期にわたり確定しない）、相当でなく、確定無効と解すべきであろう。ただ、適用対象として錯誤を排除すべきかは1つの問題である。訴訟上の和解につき錯誤無効の主張を認めるのが一般的であるとすれば（【195】参照）、訴え取下げについても、錯誤を認める余地は十分あり得よう。下級審裁判例には本判決後も訴え取下げの錯誤無効を認めるものがあり（東京高判昭54・10・8判タ402-78、東京地判昭63・8・29判時1314-68等）、刑事上罰すべき行為（再審類推）と意思表示の瑕疵（民法類推）の2段階の判断となっているようにみえる。
　3　本判決は、338条1項5号の法意に従い訴え取下げを無効とするが、同条2項は類推せず、刑事判決等は不要とする。「いったん確定した判決に対する不服の申立である再審の訴を提起する場合とは異なり」とするように、同条項を再審訴訟の適法要件ないし濫訴防止策と理解し、新たな訴訟提起ではなく係属中の訴訟で訴訟行為の無効を主張する場合は、その要件は不要と解したものであろう（野田・後掲277頁参照。刑事上罰すべき行為による自白の無効を係属中の訴訟で主張する場合につき同旨、最1小判昭36・10・5民集15-9-2271）。ただ、民事訴訟の中での可罰行為の認定は慎重である必要があり、本判決も「詐欺脅迫等明らかに刑事上罰すべき他人の行為」とし、明白な可罰性を求めている。

●参考文献●　野田宏・判解昭46度年273、石渡哲・百5版192

193 訴えの取下げ②——取下げの合意

最2小判昭和44年10月17日（民集23巻10号1825頁・判時575号36頁）　　参照条文　なし

> 裁判外で訴え取下げの合意がされている場合に当該訴えはどのように扱われるか。

●**事実**●　XはAと事実上の婚姻をし、YはAの娘（先妻との子）である。Xは、本件家屋をAから贈与されたが、Yが勝手に所有権保存登記をしているとして、同家屋の所有権確認および保存登記抹消手続請求訴訟を提起した。第1審はXが勝訴したが、Yは控訴審において、YがXに示談金を提供し、Xは本訴を取り下げる旨の和解が成立し、YはXに上記金員を支払ったのでXは本訴を取り下げるべき旨主張した。原審はYの上記主張を認め、Xは本訴追行の利益がなくなったとして訴えの利益がないとして、第1審判決を取り消し、訴え却下の判決をした。Xより上告。

●**判旨**●　上告棄却。
「X申請の証人AおよびX本人は、所在不明のためその呼出ができず、原裁判所の催告にもかかわらず、右本人らの住所が補正されぬまま放置されており、また、Yの所論の主張を記載した準備書面がX代理人に送達されているにもかかわらず、同代理人はその後開かれた原審の口頭弁論期日に出頭せず、右準備書面記載の主張に対する認否ならびに反証の申出をもしなかったことが明らかである。かかる事情のもとにおいては、原審がさらに弁論を続行して、Xに右の点に対する反論および反証の申出をさせなかったとしても、その手続になんら所論の違法があるとはいえない。しかして、原判示のような訴の取下に関する合意が成立した場合においては、右訴の原告は権利保護の利益を喪失したものとみうるから、右訴を却下すべきものであり、これと結論を同じくする原審の判断は相当である。」

●**解説**●　1　本判決は、裁判外で訴え取下げの合意がされている場合に、当該訴えは「権利保護の利益を喪失したもの」、すなわち訴えの利益が喪失したとして、訴えを却下すべきものとした。このような合意の有効性および効果については様々な議論があるが、本判決は合意の有効性を認めながら、その効果として訴え却下とすべき旨を明らかにした点で、重要な実務上・理論上の意義を有する。なお、上告理由では、上記合意に基づく金員の支払が未だ履行されていないにもかかわらず、上記合意に対するXの認否や反証もされずに判決がされた点が審理不尽として問題とされたが、本判決は、その点につき、Xの住所補正の懈怠や代理人の不出頭など不熱心な訴訟追行を指摘して手続に問題がなかった旨を判示している。このような訴訟要件を基礎づける事実について弁論主義が妥当するかどうかはともかく、本件におけるXの訴訟追行に係る態度に鑑みれば、妥当な判断といえよう。
2　裁判外の訴え取下げの合意について、かつては無効説も有力であった。例えば、大審院のリーディング・ケースである大判大正12・3・10民集2-91は、

「訴訟上の契約は民事訴訟法の規定に依り之を為すに非れば其の効力を生ぜざるもの」という一般論を前提に、訴え取下げ合意については、それを有効と認める訴訟法上の規定がなく、強制する手段もないとして、「裁判外に於て当事者が取下を為すべき契約を為すも、其の契約は無効」としていた。他方、学説上もかつては無効説があったが、本判決当時は有効説が支配的な状況にあった（千種・後掲795頁以下参照）。いわゆる訴訟契約について任意訴訟禁止を強調する見解は徐々に後退し、処分権主義や弁論主義の妥当する範囲では当事者が自己の権利を処分する合意も適法であり、それについて必ずしも法律上の根拠を要しないとする理解が一般的となっていた。現在では、訴え取下げの合意を無効とする見解は存在しないといえる。
3　裁判外の訴え取下げの合意の有効性が認められるとして、問題はその効力（およびそれに伴う法的性質）である（千種・後掲797頁以下、松下・後掲194頁以下参照）。かつては、このような合意につき純粋に私法上の効力のみを認める見解（私法契約説）が有力であった。それによれば、訴え取下げの合意にもかかわらず原告が訴えを取り下げない場合は債務不履行になるので、被告は別訴により訴えの取下げを強制でき（最終的には間接強制により強制執行がされる）、その執行が不可能な場合は債務不履行に基づく損害賠償を請求できるとされた。しかし、この見解に対しては、訴え取下げを強制するため再度訴えを要することはあまりに迂遠であり、被告の負担が大きいとの批判がされた。そこで、このような私法上の契約について何らかの形で訴訟上の効果を認める見解が多数になった。法律構成としては、①訴え取下げの合意をしているにもかかわらず原告が訴訟を続行することは信義則に反するとして訴えを却下できるとする見解、②訴え取下げの合意がある以上、原告には権利保護を求める利益が失われており、訴えの利益を欠くとして訴えを却下できるとする見解があった。②説が通説であり、本判決もその見解によった。①の見解は、何故に信義則違反が訴えを不適法とするかの論証が不十分とされた（ただ、その後の判例の展開は信義則違反による不適法却下を他の場面では認めるに至っており【176】等）、①説も現代的観点から見直す余地はあろう）。ただ、更に近時は、訴え取下げ合意をする当事者の意思は訴訟係属の消滅を直接もたらすことである点に鑑み、訴訟上もそのような効果を認めてよいとの見解も有力である。この説によれば、合意の存在が訴訟上立証されれば、訴え取下げの効果が発生する（当事者間に争いがあれば訴え取下げによる訴訟終了宣言判決がされる）ことになる（裁判例として、大阪地判昭和40・7・16下民16-7-1247参照）。この点は訴訟契約の意義に関わる問題であるが、仲裁合意や不起訴合意など他の類似する合意が（訴えの利益という中間項を介することなく）直ちに訴えを不適法とする効果を認めている趣旨に鑑みれば、訴え取下げという法的効果を直接導くことも十分可能であろう。

●**参考文献**●　千種秀夫・判解昭44年度793、松下祐記・百5版194

194 訴えの取下げ③──再訴の禁止

最3小判昭和52年7月19日（民集31巻4号693頁・判時865号49頁）　参照条文　民訴法262条

上訴審における訴え取下げによる再訴禁止効が及ぶ範囲はどのようなものか。

●事実●　YはX所有地上に権原なく建物を所有していた。そこで、Xは、Yを被告として建物収去土地明渡訴訟を提起したが、控訴審で、Yが建物賃借人らの増改築により建物の現状は著しく変更され、建物が実在しなくなったと主張したため、Xは訴訟の維持は困難と考え、敷地の賃借権不存在確認請求に訴えを変更し、X勝訴の判決が確定した。その後、Yは上記増改築後の建物（本件建物）につき自己の所有であると主張するに至ったので、Xは、Yらを被告として改めて本件建物収去土地明渡訴訟を提起した。Yらは、本訴は前訴の取下げによる再訴の禁止に反すると争ったが、第1審および原審は、本訴は新たに訴えの利益ないし必要が生じているので、同一の訴えには当たらないとして、Xの請求を容認した。Yらより上告。

●判旨●　上告棄却。
「民訴法237条〔現行262条〕2項は、終局判決を得た後に訴を取下げることにより裁判を徒労に帰せしめたことに対する制裁的趣旨の規定であり、同一紛争をむし返して訴訟制度をもてあそぶような不当な事態の生起を防止する目的に出たものにほかならず、旧訴の取下者に対し、取下後に新たな訴の利益又は必要性が生じているにもかかわらず、一律絶対的に司法的救済の道を閉ざすことをまで意図しているものではないと解すべきである。したがって、同条項にいう「同一ノ訴」とは、単に当事者及び訴訟物を同じくするだけではなく、訴の利益又は必要性の点についても事情を一にする訴を意味し、たとえ新訴が旧訴とその訴訟物を同じくする場合であっても、再訴の提起を正当ならしめる新たな利益又は必要性が存するときは、同条項の規定はその適用がないものと解するのが、相当である。……控訴審においてされた訴の交換的変更の場合には旧訴については訴の取下があったものと認めるべきであるから……、XのYに対する……請求は、前記別件訴訟において取下げられた請求とその訴訟物を同一にするものといわなければならない。しかしながら、……Xが建物の附合関係等につき誤認して前記のように訴の変更をしたのには無理からぬところがあったものというべく、しかも、別件訴訟の確定後に至って、Yが従前の主張を変えて本件建物は自己の所有であると主張するに至った以上、Xとしては、Yを相手方として、本件建物を収去してその敷地を明渡すべきことを求めるため本訴を提起し維持する新たな必要があるものというべきである。してみれば、本件建物収去土地明渡請求が民訴法237条2項により許されないものであるとはいえないとした原審の判断は正当として是認することができ」る。

●解説●　1　本判決は、上訴審における訴え取下げの場合の再訴禁止効（262条2項）につき、再訴が禁止される「同一の訴え」とは、当事者および訴訟物のほか、訴えの利益や必要性についても同一である場合に限られるとした。なお、本件は控訴審における訴えの交換的変更の場合であるが、訴えの交換的変更は訴えの追加的変更（敷地賃借権不存在確認請求の追加）＋旧訴の取下げ（建物収去土地明渡請求の取下げ）と解されるので、旧訴は控訴審で取り下げられていたことになり、上記条項が適用されたものである。

2　262条2項の趣旨としては、①国家（裁判所）が紛争解決案を判決として示したにもかかわらず、訴え取下げによりそれを徒労に帰させたことに対する公益的観点からの制裁規定であるとの理解（制裁説）と、②前訴が取り下げられた事情と後訴が提起されるに至った事情とを総合的に考慮し、再訴が濫用とみられる場合に濫訴を禁止する趣旨の規定であるとの理解（濫用防止説）がある。ただ、両説は必ずしも矛盾するものではなく、濫用防止説の方がより柔軟な判断を可能にするとの見方もあり得るが、制裁説に立っても、制裁に値しない事情がある場合は規定の適用が排除されるとの理解も十分成立し得よう。本判決も、「裁判を徒労に帰せしめたことに対する制裁的趣旨の規定」と制裁説の口吻を示しながらも「同一紛争をむし返して訴訟制度をもてあそぶような不当な事態の生起を防止する目的」として濫用防止説の趣旨をも取り込んでいる。いずれにしろ、当事者・訴訟物の同一という形式的基準のみにより「一律絶対的に司法的救済の道を閉ざすことをまで意図しているもの」ではなく、訴えの利益や必要性という紛争の実質にも配慮し、新たな利益や必要性があれば本条項の適用を排除し、再訴を許容する例外を認めた点が重要である。その意味で、この規定は、原告の訴え取下げという処分権主義と判決に要した納税者等や被告の負担との調和を図る趣旨のものと理解でき、そのような観点から具体的事案に応じた柔軟な適用を図るべきであろう。

3　本判決は、以上のような一般論の下、本件では、控訴審において原告が「訴の変更をしたのには無理からぬところがあった」こと、別件訴訟の確定後に被告が「従前の主張を変えて本件建物は自己の所有であると主張するに至った」ことを指摘し、再訴を提起する新たな必要が生じているとして、再訴を許容した。すなわち、前訴の取下げについて原告に合理的な理由があったこと、再訴提起において被告に信義則に反するともいえる事情があったことを指摘し、原告・被告の一種の利益衡量の中で、再訴の新たな必要を認めたものと言うことができる。特に再訴禁止は被告にとって再度の応訴の負担を免れさせるという保障を与えるものであるので、その例外を認めるについては、「再訴に対する応訴義務を被告に課しても不公平とはいえない事情が被告側に存する」ことが重要であり（牧山・後掲246頁参照）、その意味で被告の信義則違反という点は重要な判断要素となろう。

●参考文献●　牧山市治・判解昭52年度240、角森正雄・民訴
百 I 170

195 訴訟上の和解の既判力

最大判昭和33年3月5日（民集12巻3号381頁）　　参照条文　民訴法267条、114条

> 訴訟上の和解の効力としての「確定判決と同一の効力」は既判力を含むか。

●事実●　　X先代は本件土地を所有者Yから賃借し、その上に建物を所有していたが、昭和19年上記建物は強制疎開命令により除却され、本件土地賃借権も喪失した。その後、昭和22年上記命令が解除され、本件土地がYに返還された後、Xは本件土地につき罹災都市借地借家臨時処理法（以下「処理法」という）に基づく優先賃借の申出をしたが、Yから拒絶された。そこで、Xは、上記拒絶が正当な理由に基づくものではないので、本件土地賃借権を取得したと主張して、Yを相手方として賃借権設定および条件確定の申立てをしたところ、裁判所は、上記拒絶が正当な理由に基づくものとしてXの申立てを却下した。Xは上記裁判に対して不服申立てをせず、借地権確認請求訴訟を提起した。第1審および原審は、前記申立却下決定に既判力を認め、Xの請求を棄却した。Xより上告。

●判旨●　　上告棄却。
「処理法25条は、同法15条の規定による裁判は裁判上の和解と同一の効力を有する旨規定し、裁判上の和解は確定判決と同一の効力を有し（民訴203条〔現行267条〕）、既判力を有するものと解すべきであり、また、特に所論の如く借地権設定の裁判に限って既判力を否定しなければならない解釈上の根拠もなく、更に、本件の如く実質の理由によって賃借権設定申立を却下した裁判も処理法25条に規定する同法15条の裁判であることに疑いなく、従って、これについて既判力を否定すべき理由がなく、この裁判に既判力を認めたからといって、憲法の保障する裁判所の裁判を受ける権利を奪うことにならないことは多言を要しないところである。してみれば、原判決が本件賃借権設定および条件確定の申立は処理法15条、18条に従い……裁判されたものであって同法25条により、その裁判は裁判上の和解と同一の効力を有するのであるから……申立却下の決定には既判力があり、Xの右申立事件で主張したと同一事実を請求原因とする本訴請求は理由がないとして排斥したことは正当であって、……憲法違反又は処理法の解釈を誤った違法はない。」

●解説●　　1　本判決は、（処理法の準用規定との関係で）訴訟上の和解が有する「確定判決と同一の効力」に既判力が含まれる旨を明示したものである（大審院の同旨判断として、大判明治37・7・8民録10-1068、大判昭和14・8・12民集18-903等。ただ、否定説と解される判例も存在した。大判大正13・8・2民集3-459等。本判決の下飯坂潤夫裁判官の反対意見も、267条は執行力を認めたにすぎず、既判力を与えたものではないとする）。本判決は（上記法律の合憲性についても判断した関係で）大法廷判決であり、その意義は大きい。ただ、本判決は、そのような解釈をとる実質的な根拠は述べておらず、

またそのような解釈に例外があるのか（例外的に訴訟上の和解に既判力を否定すべき場合があるのか）等についても（本件では問題となっていないこともあり）論じていないので、判決の射程には不透明な部分もあった。ただ、その後の判例は、本判決の既判力肯定説を前提にその射程を限定し、いわゆる制限的肯定説の趣旨を明らかにしている。

2　訴訟上の和解の有する「確定判決と同一の効力」に執行力および訴訟終了効が含まれる点に争いはないが、既判力も含まれるかは議論がある。この点は訴訟上の和解の法的性質の議論とも関連し、これを純粋に実体法上のものと理解すれば、既判力は否定される（和解契約として実体的確定力のみ有する）ことになる。他方、訴訟法上のものあるいは訴訟法的性質を含むもの（併存説・両性説等）とすれば既判力を肯定することになるが、そこで認められる既判力が確定判決と全く同一とは限らない。すなわち、訴訟上の和解の前提となる和解契約に何らかの瑕疵がある場合、判決と同視すればその瑕疵が再審事由に相当する場合にのみ効力を否定できることになるが、再審事由に至らない瑕疵（例えば錯誤）が存する場合も、効力を否定できるとの理解もあり得る。前者が純粋の既判力肯定説であるのに対し、後者は制限的肯定説と呼ばれる。本判決自体はこの点の判断は留保したと解されるが（三宅・後掲40頁は、既判力の客観的範囲や合意解約を認め得るか等種々の問題につき結論を留保し、「本判決は唯裁判上の和解に原則として既判力を認めるを相当とするとの趣旨を表明したに過ぎ」ないとする）、爾後の判例は後者の解釈を示すに至っている。すなわち、最1小判昭和33・6・14民集12-9-1492は「原判決は、本件和解は要素の錯誤により無効である旨判示しているから、所論のごとき実質的確定力を有しないこと論をまたない」とし、錯誤による和解は既判力を有しない旨を明らかにした（大審院として同旨、大判昭和6・4・22民集10-380等）。訴訟上の和解の効力の基礎が当事者の意思にあるとすれば、それが実体法上無効である場合には既判力も否定するのが素直な理解といえよう。

3　以上のように、制限的既判力説を採用する場合、実体法上の無効事由（特に錯誤）が常に訴訟上も和解の効力（既判力）を否定する理由になるかは1つの問題である（この点は、高田・後掲197頁参照）。元来民法上の和解の錯誤もその範囲は限定されており、和解の確定効が及ばない部分（当事者が争いの目的としていた部分以外の部分）に限られるとされており、この規律は訴訟上の和解にも妥当しよう。ただ、既判力を有する訴訟上の和解の特殊性に鑑みれば、実体法上の無効事由の全てが訴訟上の和解でも主張可能とはならず、その無効事由を限定する理解もあり得ないではない。しかし、それは、特別の効力を有する訴訟上の和解という局面の特殊性に基づき、裁判外の和解に比べて、錯誤の認定がより厳格になる、あるいは錯誤者の重過失の認定が容易になるということではなかろうか。

●参考文献●　　三宅多大・判解昭和33年度37、高田裕成・百5版196

196 和解契約の解除と訴訟の終了

最1小判昭和43年2月15日（民集22巻2号184頁・判時513号36頁）　参照条文　なし

> 訴訟上の和解が不履行により解除された場合、和解により終了した訴訟は復活するか。

●**事実**●　Xは、所有地をYに賃貸し、Yはその土地上に家屋を所有していた。その後、土地区画整理事業の施行者から、上記土地の換地予定地が指定されたところ、YがXに無断で上記換地予定地のうちの一部である本件宅地上に本件建物を建築・所有するに至った。そこで、Xは、上記換地予定地につき有する使用収益権に基づき、Yに対し、本件建物収去本件宅地明渡請求訴訟を提起した。第1審係属中に、XとYの間で、①XはYに対し本件宅地を30万円で売り渡す、②YはXに対し上記代金を分割して支払う、③Xは上記30万円の完済と同時にYに対し本件宅地の所有権移転登記をするという内容の訴訟上の和解が成立した。しかるに、Yは上記和解金の第1回支払をしなかったので、Xは、上記金員の支払を催告するとともに、支払がないときは上記売買契約を解除する旨の意思表示をしたが、Yは上記金員の支払をしなかった。そこで、Xは、本件宅地の使用収益権に基づき、Yに対し、本件建物収去宅地明渡訴訟を再び提起した。これに対し、Yは、上記和解契約の解除により和解による訴訟終了効も遡って消滅したので、前訴は現在も裁判所に係属しており、本訴は二重起訴になり、却下されるべき旨主張した。しかし、第1審はYの主張を認めず、Xの請求を認容する本案判決をし、控訴審もYの控訴を棄却した。Yより上告。

●**判旨**●　上告棄却。
「訴訟が訴訟上の和解によって終了した場合においては、その後その和解の内容たる私法上の契約が債務不履行のため解除されるに至ったとしても、そのことによっては、単にその契約に基づく私法上の権利関係が消滅するのみであって、和解によって一旦終了した訴訟が復活するものではないと解するのが相当である。従って右と異なる見解に立って、本件の訴提起が二重起訴に該当するとの所論は採用し得ない。」

●**解説**●　1　本判決は、訴訟上の和解が不履行により解除された場合、和解による訴訟終了効が遡及的に消滅するか、換言すればその解除により訴訟手続が復活するかという問題につき否定的に解したものである。訴訟上の和解の法的性質や既判力の有無には議論があるが（【195】解説参照）、それに関していかなる見解をとるにせよ、和解条項の不履行があったときに、解除が可能であることに異論はない（既判力否定説や制限的肯定説によれば当然であるし、既判力肯定説によっても和解契約の解除は基準時後の新たな事由となり、既判力によっては遮断されないことになる）。この点は大審院時代からの確定判例である（大判大正9・7・15民録26-983、大判昭和13・12・7民集17-2285参照。最高裁のものとして、最2小判昭和38・9・6集民67-495など）。問題は、このような解除がされた場合の和解による訴訟終了効の帰趨、その主張方法およびその後の争い方の点であったが、本判決は少なくとも別訴提起が可能であることを明らかにしたものである。

2　訴訟上の和解が解除された場合の主張方法（詳細は、中山・後掲199頁参照）として、①別訴提起説と②期日指定申立説がある。①説は、和解が解除されても訴訟終了効には影響がないので、当事者は別訴を提起し、そこで和解の解除を主張すべきとするのに対し、②説は、逆に和解の解除により訴訟終了効も消滅し、前訴は依然として係属しているので、当事者はその訴訟の中で期日指定を申し立て、その理由として和解の解除を主張すべきとする（和解の性質につき、前者が訴訟行為説、後者が私法行為説ないし両性説・併存説と親和的である）。他方、学説上は更に、③選択説および④和解分類説も提唱されている。③説は、上記①と②の方法を当事者が選択できるとする見解であり、④説は和解の内容ごとに、通常型和解（従前の法律関係を前提にその金額等を量的に変更するにすぎない和解）の場合は（前訴の訴訟状態を利用するため）②説の期日申立てにより、更改型和解（従前の法律関係を前提にせず、全く新たな法律関係を形成する和解）の場合は（前訴の訴訟状態は利用できないので）①説の別訴提起によるべきとする。本判決は、従来の期日指定申立てを認める大審院判例や下級審裁判例（大判昭和8・2・18法学2-10-1243、京都地判昭和31・10・19下民7-10-2938など）にかかわらず、①説の採用を明確にし、更に理由において②説を否定し「従来の判例の見解を変更する判例」（奥村・後掲189頁参照）と評される。

3　この問題につき筆者は以下のように考える（注釈(4)495頁以下〔山本和彦〕。なお、筆者は和解の解除の場合も錯誤等による無効の場合も同様の結論をとる）。まず、③選択説は、和解の解除により訴訟終了効が消滅するのか残存するのかという根本部分が解除当事者の意思に左右されることになり、相当でない（何故に解除当事者のみが選択権をもち相手方がその選択に拘束されるのか定かでない）。また、④和解分類説も、そのような分類の当否自体問題であるし、解除により元の訴訟が復活すれば前訴の訴訟状態は利用可能と思われる。その点で、まず基本的には、和解が解除されれば（あるいは広く無効であれば）訴訟上もその効力は否定されるべきであり、訴訟上の効力の中核である訴訟終了効も失われると解される（本判決に反対である）。その意味で、②期日指定申立説が基本的に相当である。ただ、和解の解除や無効の当否に争いがある場合は、それを別訴で解決する確認の利益がある場合はあろう。仮に期日指定申立てのみによるとすれば、控訴審でされた和解の場合などで当事者は解除や無効の争いにつき審級の利益を失う結果となり、相当でない。そこで、当事者は、別訴で和解無効を確認することは（確認の利益がある限り）可能であるが、無効確認後は期日指定を申し立てて前訴を続行すべきである。

●**参考文献**●　奥村長生・判解昭43年度183、中山幸二・百5版198

最新重要判例 250 民事訴訟法
複雑訴訟

197　請求の予備的併合

最 3 小判昭和39年 4 月 7 日（民集18巻 4 号520頁・判時373号26頁）　　参照条文　民訴法136条

> 控訴審で主位的請求を認容する場合、予備的請求に係る第 1 審判決を取り消す必要はあるか。

●**事実**●　Xは、Yらに対する貸金返還請求と当該貸借の日にその担保の趣旨で振り出された約束手形の手形金支払請求を併合して提起したところ、第 1 審では両請求が選択的に併合されていたため、貸金請求のみが認容された。原審では併合態様が変更され、手形金支払を第一次的請求、貸金返還を予備的請求とすることに改められたが、これについてYらは異議を述べなかった。その結果、原審では、手形金支払請求のみが認容され、控訴棄却とはせず、第 1 審判決と同額の金員の支払が命じられた。Yらより、原審としてはまず第 1 審判決を取り消した上で改めて手形金請求について判決をすべきであったとして、上告。

●**判旨**●　上告棄却。
「第 1 審と原審とでは、現実になされた審判の対象を異にし、原審では手形金支払請求につき実質上第 1 審としての裁判をなしているのであるから、所論原判示は正当というべきである。いわゆる請求の予備的併合においては、第一次的請求が認容されることを解除条件として予め予備的請求をも申し立てるものであるから、原審で右のように第一次的請求が認容された以上、予備的請求たる貸金返還請求については裁判を要しないものとなり、その場合には、貸金返還請求についてなされた第 1 審判決は当然に失効するものと解するを相当とする。」

●**解説**●　1　本判決は、予備的併合における請求の法的構成を明らかにするとともに、それを前提に控訴審で主位的請求を認容する場合には予備的請求に係る第 1 審判決を取り消す必要はない旨を明らかにしたものである。複数請求が併合される客観的併合の場合、その併合形態としては、①単純併合、②選択的併合、③予備的併合の 3 種類があるが。典型的には、①実体法上両立する異なる目的につき同時に判断を求める場合が単純併合であり（建物明渡請求と賃料相当損害金請求の併合など）、②実体法上両立するが、目的が同一で、そのうち 1 つの請求が認められれば、他の請求には判断を求めない場合が選択的併合であり（医療過誤による損害賠償を債務不履行と不法行為に基づき求める場合など）、③実体法上両立しない請求につき、順位を付け、主位的請求が認容されない場合に予備的請求の判断を求める場合が予備的併合である（主位的に売買代金の支払を求め、売買契約が無効とされる場合に予備的に売買目的物の返還を求める場合など）。②および③は例外的な併合形態であるが、②は最終的に 1 個の給付しか認められない場合に複数の認容判決を得ることの不自然さを考慮し、③は実体法上両立しない主張を同時に行う不自然さを考慮して、その適法性が認められたものである。ただ、実務上は②と③の棲み分けは必ずしも厳密なものでなく、実体法上両立しない場合

にも（目的が同一であれば）選択的併合を認め（不真正選択的併合）、実体法上両立する場合も当事者が請求に順位を付ければ予備的併合を認める（不真正予備的併合）ことも可能とされる。本判決も、貸金請求と手形金請求は実体法上両立することは明らかであるが、予備的併合を適法としており、不真正予備的併合を認める立場を前提にするものと解される（高津・後掲122頁参照。但し、学説では請求の特定に疑問があり、法律関係を不安定にするとして否定説も有力であり、裁判例でも、福岡高判平成 8・10・17判タ942-257、東京地判平成18・10・24判時1959-116（原則として不適法としながら、目的物が同一である場合に限り例外的に適法とする）など否定例も存在する）。
2　本判決は、予備的請求の法律関係につき、「第一次的請求が認容されることを解除条件として予め予備的請求をも申し立てるものである」と位置づける。これは予備的請求につき条件付判決申立てを認めることを意味するところ、通常は（訴え提起など）訴訟行為に条件を付すことは訴訟法律関係を不安定にするため許されないが、この場合は条件成就が訴訟手続内で明白であるので、例外的に許容されると解することになる。そして、予備的請求は主位的請求に順序付けられているので、両者は常に同一訴訟手続内で判断される必要があり、裁判所は両請求の弁論を分離することは許されない。その結果、判決は常に同時にされるが、主位的請求を全部認容する場合は、予備的請求に係る解除条件が成就するので、予備的請求に係る判決要求は消滅し、予備的請求に関する判断は要しない。他方、主位的請求が却下ないし棄却される場合は（一部棄却の場合も含まれる）、予備的請求につき判決をする必要がある。本判決は、以上のような理解を前提に、第 1 審では貸金請求についての本案判決がされたが、控訴審では当該請求は予備的請求になったので、主位的請求が認められる以上、予備的請求に係る判決要求は失効し、裁判所の判断を要しない（第 1 審判決を取り消す必要もない）と解したものである。理論的には筋が通ったものといえよう。
3　本件では第 1 審での選択的併合が控訴審で予備的併合に組み替えられている。1 でみた不真正な併合形態を認めればこのような事態も生じうるが、これは控訴審での部分的な訴え取下げとみることができる。つまり、貸金請求につき第 1 審では無条件の請求であったが、控訴審では解除条件付請求になっているからである。したがって、訴え取下げ同様、被告の同意（261条 2 項）が必要になると解され、その意味で、併合形態の変更に被告の異議がなかった旨を認定していることは正当である。そして、訴えの部分的取下げと位置づけられる以上、第 1 審で認容された請求が控訴審で取り下げられた場合に何らの判断も要しないとした判例【200】同様、判断は不要となろう（本件の場合に第 1 審判決の取消しをすべきとすれば、上記の場合も同様となるはずである）。

●**参考文献**●　高津環・判解昭39年度96、井上正三・民商52-1-61

198　訴えの変更①──請求の基礎の同一性

最3小判昭和35年5月24日（民集14巻7号1183頁・判時225号17頁）　　参照条文　民訴法143条

> 訴えの変更において請求の原因のみを変更する場合は書面によることが必要か。

●**事実**●　Xは、建物明渡しを請求しているが、X訴訟代理人は、第1審において本訴請求は所有権に基づくものである旨陳述していた。ところが、原審口頭弁論期日において、上記請求は使用貸借終了を原因とするものである旨陳述した。これは請求の原因を変更したと解されるものである。原審は使用貸借終了を原因とする請求を認容すべきものと判断した。Yより、上記請求原因の変更は書面ですべきであったにもかかわらず口頭陳述でされており、Yに適切な防御機会が与えられなかった違法な手続であるとして、上告。

●**判旨**●　上告棄却。
「控訴審においても訴の変更の許されることは明らかであり、民訴232条〔現行143条〕の明文によれば、請求の原因を変更するにとどまるときは、判決事項の申立である請求の趣旨を変更する場合と異り、書面によってこれをなすことを要しないと解するのが相当である（大判昭和11・9・7新聞4038-12、大判昭和18・3・19民集22-221参照）。それ故にXにおいて請求の原因を変更するにつき書面を提出せず、原審もこれを相手方たるYに送達する手続をとるに由なかったからといって、原判決には所論の違法があるとはいえない。」

●**解説**●　1　本判決は、訴えの変更につき、請求の原因の変更に止まる場合は書面による必要がない旨を明らかにした。訴えの変更（追加的変更）は訴訟係属中の新たな訴えの提起であり、旧訴とは異なる訴訟物が立てられる場合である。一般に請求の趣旨を変更する場合が訴えの変更になることは明らかである（但し、請求の減縮については、広義の訴えの変更と言われることがあるが、これは訴えの一部取下げまたは請求の一部放棄であり（前者であれば被告の同意を要する）、143条にいう訴えの変更と解するべきではない）。他方、請求の原因のみの変更が訴えの変更に当たるかについては、訴訟物の理解により位置づけが異なる。いわゆる新訴訟物理論は訴訟物を広く理解することから、訴えの変更に当たらないことが多くなる一方、旧訴訟物理論では訴訟物の相違が認められる場合が多いことになる。例えば、貸金債権100万円の支払を連帯債務として請求していたところ、被告側の主張に応じてそれを連帯保証契約として、保証債務に係る債権として100万円の支払を求める場合、新訴訟物理論では単に法律構成の変更にすぎず訴えの変更には当たらないのに対し、旧訴訟物理論では請求原因の変更として訴えの変更に当たることになる（本件の場合も、新訴訟物理論によれば訴えの変更には当たらないとの評価になろう）。さて、訴えの変更には書面を要し（143条2項）、その書面は相手方に送達しなければならない（同条3項）。訴えの変更が新訴の提起であるとすれば当然の規律といえるが、

143条2項が「請求の変更」を主語としていることから、「請求の原因の変更」の場合にはこれらの規律が妥当しないのではないかが問題となる。本判決はまさにその適用を否定したものであるが、それにもかかわらず現在に至るまでなお両説が分かれた状況にある。

2　143条1項は、原告は「請求又は請求の原因を変更することができる」とし、訴えの変更には「請求の変更」と「請求の原因の変更」の2種類があることを前提とする。他方、同条2項は「請求の変更は、書面でしなければならない」とし（更に同条3項は当該書面の相手方への送達を定め）、書面要件の規律が「請求の変更」に妥当する、換言すれば「請求の原因の変更」には妥当しない旨を示すようにみえる（なお、同条4項は、「請求または請求の原因の変更を不当であると認めるときは」裁判所は変更不許の決定をするものとし、1項の区別を踏襲している）。したがって、文理解釈を貫けば、請求原因の変更に止まる場合は書面による必要はない、つまり口頭弁論で口頭によってすることも可能という理解になる（旧々民訴法ではその趣旨がより明確であったという。井口・後掲197頁参照）。そして、判旨が引用する大審院判例は、そのような文理解釈に基づき請求原因の変更は書面によらずに認めていた。学説もかつては同様の考えを示していたが、その後徐々に請求原因の変更であっても、訴状の必要的記載事項（133条2項2号）の変更であり、訴訟物の変更なのであるから、請求の趣旨の変更の場合と区別すべきでなく、やはり（訴状に代わるものとして）書面が必要であるとの見解が多くなっていた。その意味で、この点に関する最高裁の判断が注目されたが、本判決は最高裁が大審院判例を踏襲する立場を明確にしたものである。その根拠は前述のような文理解釈である（その背景には、既に長年の実務慣行として、請求原因の変更に止まる場合には（裁判所の釈明等に基づき）、口頭弁論において口頭で変更が行われているとの実情があったようである。井口・後掲198頁参照）。

3　ただ、以上の解釈によれば、時効の完成猶予等に係る147条の説明が困難になるとの問題を生じる（井口・後掲197頁以下参照）。同条は、裁判上の請求による時効の完成猶予および提訴期間遵守の要件につき、訴え提起と並んで、「第143条第2項……の書面が裁判所に提出されたとき」としている。これも、文理解釈によるとすれば、口頭で訴え（請求原因）が変更された場合は該当しないことになるので、変更後の訴訟物につき時効の完成猶予効が生じないことになりかねない。そのような理解が相当でないことは明白であるので、結局ここでは文理解釈を断念し、口頭による訴え変更の場合には口頭陳述により時効の完成猶予効等が生じると解さざるを得ない（井口・後掲198頁参照）。その意味で、判例の見解に対してはなお批判も多くあり（コンメⅢ210頁は反対説が多数と評価する）、訴え変更には一律に書面を求めて明確化するのが実質論としても妥当ではなかろうか。

●**参考文献**●　井口牧郎・判解昭35年度196、沢井種雄・民商43-6-133

199 訴えの変更②──相手方の同意

最2小判昭和39年7月10日（民集18巻6号1093頁・判時378号18頁）　参照条文　民訴法143条

> 請求の基礎に変更があり相手方の同意がなくても、訴えの変更が許される場合はあるか。

●事実●　Xは、Aが甲家屋を所有しYに賃貸していたが、XはAから甲家屋を買い受けたところ、Yの賃料不払により賃貸借契約を解除したと主張し、Yに対し、甲家屋明渡し等を求めて訴えを提起した。Yは、Aから甲家屋を賃借していたが、A所有当時甲家屋を取り壊し、現在の係争家屋（乙家屋）を建築したので、乙家屋はY所有に属し、X主張の甲家屋は存在しないとして争った。そこで、Xは、予備的請求として、本件土地所有者として乙家屋収去と本件土地明渡しを求める旨を追加した。Yは、Xの予備的請求は、主位的請求とその請求の基礎を異にするので、許されないと主張した。第1審および原審は主位的請求を棄却し、予備的請求を認容したが、前提として上記訴えの変更は許されると判示した。Yより上告。

●判旨●　上告棄却。
　「相手方の提出した防御方法を是認したうえその相手方の主張事実に立脚して新たに請求をする場合、すなわち相手方の陳述した事実をとってもって新請求の原因とする場合においては、かりにその新請求が請求の基礎を変更する訴の変更であっても、相手方はこれに対し異議をとなえその訴の変更の許されないことを主張することはできず、相手方が右の訴の変更に対し現実に同意したかどうかにかかわらず、右の訴の変更は許されると解するのが相当である（大判昭9・3・13民集13-4-287参照）。そして、右の場合において、相手方の陳述した事実は、かならずしも、狭義の抗弁、再々抗弁などの防御方法にかぎられず、相手方において請求の原因を否認して附加陳述するところのいわゆる積極否認の内容となる重要なる間接事実も含まれると解すべきである。……Xは、係争家屋の収去とその敷地の明渡の請求を、Yの提出したいわゆる積極否認にかかる事実を是認したうえこれにもとづいて新たに右請求を予備的に追加したものと認められるから、……右の訴の変更は許容するのが相当である。」

●解説●　1　本判決は、請求の基礎を異にする訴えの変更で、かつ、被告の同意がない場合であっても、それが相手方の主張事実に立脚したものであるときはなお許される旨を明らかにした。訴え変更の要件として、「請求の基礎に変更がない」ことが求められる（143条1項）のは、当初の訴訟物につき防御活動をしていた被告の利益を図る趣旨であるので、被告が訴え変更に同意する限り、この要件は不要と解されている。すなわち、請求の基礎を変更する訴え変更も被告が同意した場合は適法になることは、大審院以来の確定判例である（大判昭8・2・7民集12-136、最3小判昭和29・6・8民集8-6-1037など）。本判決はその準則を拡張し、被告の同意がない場合でも、被告の主張事実に

基づく訴え変更については、同意した場合と同様に扱うことができる旨を示したものである（なお、本件において請求の基礎に変更があったかについては明示されていないが、家屋所有権と土地所有権は明らかに別個のものであり、争点も異なり得るので、一般には請求の基礎の同一性はないという理解になろう。奈良・後掲262頁参照）。
　2　以上の判断は既に判旨引用の大審院判例でも示されていた（前掲大判昭和9・3・13）。事案は賃料相当損害金を賃料請求に変更するものであり、請求の基礎の同一性が認められる場合に関し、この部分の判示は傍論と解されるものであったが、それは主として被告の態度の問題点を指摘するもので、信義則を根拠としたように見受けられる。他方、本判決は「相手方が右の訴の変更に対し現実に同意したかどうかにかかわらず」とし、現実ではない同意（黙示の同意）を想定するようにもみえる。それは、被告がある主張をする場合、その主張を前提とした訴え変更には同意する（あるいは異議を放棄する）との意思を前提にするものと考えられよう。更にこのような場合には、従前の（被告の主張に基づく）訴訟資料をそのまま利用でき、訴訟経済を根拠とすることもできる（奈良・後掲264頁はこの点を重視する）。いずれの根拠も排他的ではなく複合的に作用していると考えることはできるが、やはり中心は信義則の観点ではなかろうか。大審院判決が指摘する通り、自己の主張に依拠した訴え変更に対し応訴を拒否することは禁反言といわざるを得ず、別訴の提起を強いられる原告にも不意打ちとなる点から訴え変更の適法性は認めるべきものであろう。
　3　本判決は更に、原告が訴えの変更に際し依拠する被告の主張に関し、「狭義の抗弁、再々抗弁などの防御方法にかぎられず、相手方において請求の原因を否認して附加陳述するところのいわゆる積極否認の内容となる重要なる間接事実も含まれる」とする。これは、仮に上記のような議論が認められるとしても、その場合の被告の主張は抗弁等に限定されるべき（であるが、本件では抗弁等ではい）とする上告理由に応えたものである。被告の抗弁等（主要事実）に限定する立場は、そのような事実については裁判所は判断義務を負う点に着目したものと解されるが、前述のように、信義則（禁反言）をこの法理の根拠とみるときは、必ずしもそのような限定は必然ではない。本判決も指摘する通り、積極否認の場合の主張事実のように、たとえ間接事実であってもそれが「重要なる間接事実」であれば、やはり訴訟の争点になり、その主張に応じた訴え変更に対する応訴の拒否は信義則に反するとの評価が可能になるからである（奈良・後掲265頁は「いわば訴訟という戦場に争点という攻撃目標を提出している以上、その提出に伴う利不利はすべて甘受すべき」とする）。他方、それ以外の防御方法を根拠に訴え変更があっても、応訴強制という効果には至らないと見るべきであろう（東京高判昭和31・12・25高民9-1-714は反対か）。

●参考文献●　奈良次郎・判解昭39年度260、我妻学・民訴百
I 152

200　訴えの変更③──交換的変更

最1小判昭和32年2月28日（民集11巻2号374頁・判時107号7頁）　　参照条文　民訴法143条

> 訴えの交換的変更は、新訴の追加的変更と旧訴の取下げを併せた行為と理解されるか。

●**事実**●　X（国）は、国税滞納処分として差し押さえたAのYに対する貸金債権につきAに代位して71万円余の支払を請求し、勝訴判決を得た。控訴審においてXは訴えを変更し、新たに滞納処分として差し押さえたAのYに対する求償債権につきAに代位して71万円余の支払を求める請求をし、第1審判決で認容された貸金請求は撤回する旨陳述した。Yは訴え変更に対し異議を述べたが、原審は訴えの変更を許すべきものとし、新訴につきXの請求を認容すべき旨判示しただけで控訴を棄却する判決をした。Yより上告。

●**判旨**●　破棄自判。
「第1審判決が訴訟物として判断の対象としたものは……貸金債権であり、原審の認容した求償債権ではない。この両個の債権はその権利関係と当事者とが同一であるというだけでその発生原因を異にし全然別異の存在たることは多言を要しない。……原審が本件訴の変更を許すべきものとし、また求償債権に基づく新訴請求を認容すべしとの見解に到達したからとて、それは実質上初審としてなす裁判に外ならないのであるから第1審判決の当否、従って本件控訴の理由の有無を解決するものではない。それ故原審は本件控訴を理由なきものとなすべきいわれはなく、単に新請求たる求償債権の存在を確定し……判決をなすべかりしものなのである。……なお貸金債権に基づく請求に関して附言する。……元来、請求の原因を変更するというのは、旧訴の係属中原告が新たな権利関係を訴訟物とする新訴を追加的に併合提起することを指称するのであり、この場合原告はなお旧訴を維持し、新訴と併存的にその審判を求めることがあり、また旧訴の維持し難きことを自認し新訴のみの審判を求めんとすることがある。しかし、この後者の場合においても訴の変更そのものが許さるべきものであるというだけでは、これによって当然に旧訴の訴訟係属が消滅するものではない。けだし訴の変更の許否ということは旧訴の係属中新訴を追加的に提起することが許されるか否かの問題であり、一旦係属した旧訴の訴訟係属が消滅するか否かの問題とは係りないところだからである。もし原告がその一方的意思に基づいて旧訴の訴訟係属を消滅せしめんとするならば、法律の定めるところに従いその取下をなすか、或はその請求の放棄をしなければならない。……一旦提起した訴の係属を消滅せしめんとするには、相手方の訴訟上受くべき利益も尊重さるべきであり、原告の意思のみに放任さるべきではない。それ故法律は原告の一方的意思に基づき訴訟係属の消滅を来すべき訴の取下、請求の放棄等に関しては相手方の利益保護を考慮して、これが規定を設けている。……されば原告が訴提起の当初から併合されていた請求の一につき……これを撤回せんとするならば、その請求を放棄するか、または相手方の同意を得て訴の取下をしなければならない。このことは原告が訴の変更をなし、一旦旧訴と新訴につき併存的にその審判を求めた後、……その訴訟係属を終了せしめんと欲する場合においても、その趣を異にするものではない。果して然りとすれば原告が交替的に訴の変更をなし、旧訴に替え新訴の審理を求めんとする場合においてもその理を一にするものといわなければならない。何となればただ原告が訴の変更と同時に旧訴の訴訟係属を消滅せしめんと欲したというだけで、相手方保護の必要を無視して直ちに旧訴の訴訟係属消滅の効果を認むべきいわれはないからである。」

●**解説**●　1　本判決は、いわゆる訴えの交換的変更の場合、旧訴につき訴え取下げまたは請求放棄を要し、控訴審で訴えの交換的変更がされた場合、控訴審は旧訴につき判断を要しないとした。本件では、旧訴が貸金返還請求権、新訴が求償金請求権であり、金額は同額で、新訴訟物論では1個の訴訟物（したがって訴え変更にはならない）とも解されるが、旧訴訟物論では訴訟物が異なり訴え変更になることが前提となる。

2　訴えの追加的変更とは別に、交換的変更という独自の概念を認めるべきかには争いがある。肯定説は、①従前の審理結果を新請求との関係でも流用する必要があること、②時効の完成猶予効を新請求との関係でも認める必要があること等を根拠とするが、①については追加的変更の場合も弁論併合の効果として審理結果の流用を肯定し得ること（【115】）、②については請求が異なる場合も一定の範囲で時効の完成猶予（裁判上の催告）の効果を肯定し得ること（最1小判平成10・10・17判時1664-59等）から、決定的理由とはなり難い。そこで、本判決は、訴えの交換的変更と言われるものは、訴えの変更（追加的変更）＋訴え取下げまたは請求放棄と解すれば十分としたが、相当な判断と解される。したがって、差戻しを受けた原審裁判所としては、訴えの交換的変更と目される行為がされたときは、原告の意思を確認し、訴え取下げの意思であれば被告の同意を確認し、請求放棄の意思であればその旨調書に記載する必要がある。

3　本件では、原審で旧請求が認容され、控訴審では新請求が認容されたため、判決主文は同一となるが、その場合も控訴を棄却すべきではないとする（同旨、最1小判昭和31・12・20民集10-12-1573、最1小判昭和43・3・7民集22-3-529参照）。控訴はあくまでも原判決の当否に関するものであり、本件のように第1審とは別個の訴訟物を判断する場合には、控訴に対する応答は要しないとする本判決は理論的に正当である。302条2項の規定は、あくまでも同一訴訟物についての判断であるが、異なる理由に基づき同一主文に到達できる場合の規定であり、異なる訴訟物を対象にする場合に適用されるべき規定ではない。

●**参考文献**●　長谷部茂吉・判解昭32年度61、渡部美由紀・
百5版72

201 訴えの変更④──上告審

最２小判昭和61年４月11日（民集40巻３号558頁・判時1200号61頁）　　参照条文　民訴法143条

> **原告は上告審において被告が破産した場合、給付の訴えを債権確定訴訟に変更できるか。**

●**事実**●　Xは、A社から同社のB社に対する本件運送代金債権の譲渡を受け、Aは確定日付ある書面でBに対し本件債権譲渡の通知をした。Aは、本件譲渡通知の後、Xの債務不履行を理由に債権譲渡契約を解除し、Bに対しその旨通知したが、当該解除がAの誤解に基づくものであることが判明し、Bに対し前記解除を撤回する旨の通知をした。他方、Cは、Aに対する債権に基づき、本件債権につき仮差押命令を得、更にその後、債権差押・取立命令を得、上記各命令はBに送達された。Bは、前記解除通知を受ける以前にA社代表者から本件債権譲渡契約を解除する旨聞き及んでいたので、上記解除は有効にされたものと信じていたところ、その後前記仮差押命令の送達を受けた後、Aから上記解除撤回の通知を受け、Aの一貫しない態度に不審を抱いたが、更に上記債権差押・取立命令が送達され、かつ、同命令により被差押債権の取立権者とされるC代理人弁護士から再三の催告を受け、同命令に従って本件債権をC代理人に支払った。Xは、B社に対し、本件債権残額とこれに対する遅延損害金の支払を求めて本件訴えを提起した。第１審はXの請求の一部を認容し、原審はXの控訴を棄却した。Xは上告したが、Bは、原審口頭弁論終結後、破産宣告を受け、Yが破産管財人に就任した。Yは、Xから上記破産事件において届け出られた本訴請求に係る債権およびこれに対する遅延損害金について異議の申立てをした。Xは、上告審において、前記請求のうち上記異議申立てに係る原審での敗訴部分につき、訴えの変更をし、Yにおいて当該訴えの変更につき同意した。

●**判旨**●　主文「Xが破産者B社に対し……260万4130円の破産債権を有することを確定する」。
　「債務者に対する金銭債権に基づく給付訴訟が上告審に係属中に、当該債務者が破産宣告を受け、破産管財人が、届け出られた当該債権につき異議を申し立てて、前記訴訟手続の受継をした場合には、当該訴訟の原告は、右債権に基づく給付の訴えを破産債権確定の訴えに変更することができるものと解すべきである。」

●**解説**●　1　本判決は、債務者に対する給付訴訟が上告審係属中に、当該債務者が破産手続開始決定を受け、破産管財人が破産手続において届け出られた当該債権を債権調査手続において認めず、前記訴訟手続を受継した場合には、当該訴訟の原告は上告審において上記給付の訴えを破産債権確定の訴えに変更することができるとした判例である。訴えの変更は原則として事実審でしかできず、法律審である上告審では許されないとされているところ、それに対する例外を認めたものである。なお、本件で争われた主たる法律問題は、債権が二重譲渡された場合に対抗要件を後れて具備し

た譲受人に対してされた弁済につき民法478条の適用があるかどうか等実体法に関する問題であったが、上記訴えの変更（交換的変更）の結果、原審において審判対象であった原判決のX敗訴部分も失効したため（これについては、【200】参照）、この点の上告理由も対象を失うこととなったが、本判決は、これを上記変更後の訴えに係る法律上の主張として判断をしている。
　2　本判断の前提となる破産法の規律を確認しておくと、給付訴訟係属中に被告債務者が破産した場合、訴訟手続は中断し（破44条１項）、原告債権者は債権を破産手続において届け出る必要がある（破111条）。破産管財人が債権調査手続においてこの届出債権を認める場合はそれで債権が確定するが、認めない場合は既存の訴訟手続が受継される。具体的には、終局判決が未だない場合は債権者側が受継の申立てをし（破127条）、終局判決が既にある場合は破産管財人側が受継の申立てをすることになる（破129条２項）。本件は後者の場合に当たる。ただ、この受継がされて訴訟手続が続行されることになる場合、請求の趣旨が給付請求のままであるとすれば、破産手続の中では破産管財人は破産債権を支払うことはできないので、請求は棄却されることになってしまう。そこで、原告である破産債権者が破産手続への参加という目的を達成するためには、訴えを変更し、破産債権の確定（存在確認）を請求の趣旨とする必要があることになる。
　3　訴えの変更の要件として、①請求の基礎に変更がないこと、②著しく訴訟手続を遅滞させるものではないこと、③口頭弁論の終結の前であることが定められている（143条１項）。本件ではまさにこの③の要件が問題となる（ここでの「口頭弁論」とは事実審口頭弁論であることが前提とされる）。この要件は、訴えの変更がされると、変更された訴えの当否を判断するために事実審理をせざるを得なくなることに鑑み、事実審口頭弁論終結後、法律審である上告審においては一般に訴えの変更を許さない趣旨である（但し、請求の減縮は例外とされるが、これは実質的には訴えの取下げまたは請求の放棄に相当するものであるとすれば、当然であろう）。ただ、以上のように、訴えの変更に伴い事実審理が必要になる点がこの要件の根拠であるとすれば、例外的に事実審理を一切必要としない訴えの変更にはこの要件は適用されないと解する余地がある。本件のように、破産に伴い給付訴訟を確認訴訟（債権確定訴訟）に変更する場合は、破産手続では給付命令が無意味になることに基づく純粋に手続的な理由によるもので、新たな事実審理は（債務者が破産したという顕著な事実を除き）定型的に不要であるので、上告審で許すことに問題はない。かえってこの場合に（訴えの変更のため）事実審への差戻しが必要とすると、訴訟経済に反し、不合理である。本判決は以上のような考慮から上告審における訴えの変更を例外的に認めたものと考えられ、およそ事実審理を要しない訴えの変更一般にも妥当する判旨と解される。

●**参考文献**●　加藤和夫・判解昭61年度222、花村治郎・昭61年度重判128

202　反訴——牽連性

最1小判昭和40年3月4日（民集19巻2号197頁・判時406号50頁）　　参照条文　民法146条　民法202条

> 本訴である占有の訴えに対し、反訴で所有権（本権）の訴えを提起することは適法か。

●**事実**●　Xは、本件土地をAから買い受け、本件土地上に所有家屋を移築して補修工事をしていたところ、Yが本件土地に侵入し、建物の撤去を要求し、工事の施行を阻止して土地の使用を妨害するので、その停止を求めた。これに対し、Yは、Xの本訴請求の棄却を求めるとともに、反訴として、本件土地はAからB、BからYが買い受け、AからYに直接所有権移転登記がされているが、Xは権原なしに本件土地上に建物を移築して本件土地を不法占拠しているとして所有権に基づき建物収去土地明渡しを求めた。Xは、本件反訴につき、本案前の抗弁として、Xの占有保持の訴えに対し本権に基づく反訴を提起することは不適法であると主張し、本案については上記AB間およびBY間の各売買契約は合意解除されている旨主張した。第1審は、本訴請求を棄却するとともに、反訴については占有の訴えに対し本権に基づく反訴の提起を禁止する規定は存しないとして適法と認めた上、BY間の売買契約の合意解除は認めず、AからXおよびYへの二重譲渡の関係にあり、登記を有するYがXに優先するとして反訴請求を認容した。他方、控訴審は、本訴請求を占有保全の訴えと解し、YがXの本件土地占有を妨害するおそれがあるとして本訴を認容し、反訴についても第1審判決を引用して請求を認容した。Xより上告。

●**判旨**●　上告棄却。

「論旨は、原審が占有の訴に対する本権に基づく反訴を適法としてこれを認容したのは、民法202条または民訴法239条〔現行146条〕の解釈を誤ったものであるという。しかし、民法202条2項は、占有の訴において本権に関する理由に基づいて裁判することを禁ずるものであり、従って、占有の訴に対し防禦方法として本権の主張をなすことは許されないけれども、これに対し本権に基づく反訴を提起することは、右法条の禁ずるところではない。そして、本件反訴請求を本訴たる占有の訴における請求と対比すれば、牽連性がないとはいえない。それゆえ、本件反訴を適法と認めてこれを審理認容した原審に所論の違法はない……。」

●**解説**●　1　本判決は、本訴である占有の訴えに対して反訴で提起された本権（所有権）の訴えが適法であることを明らかにしたものである。このような訴えの適法性については、民法上の規律と民訴法上の規律の双方が問題となる。第1に、民法202条2項は「占有の訴えについては、本権に関する理由に基づいて裁判をすることができない」としているところ、占有の訴えに対して本権の反訴を認めることはこの規定の趣旨に反しないかという点が問題になる。第2に、反訴については、「本訴の目的である請求又は防御の方法と関連する請求を目的とする場合に限り」許されるが

（146条1項）、本権の訴えは占有の訴えの請求または防御方法と関連するといえるかという点が問題になる。本判決はこのいずれも肯定し、結論として占有の訴えに対する本権の反訴を適法としたものである。

2　占有の訴えに対する本権の反訴がそもそも許されるかについては、本判決前の下級審裁判例は分かれていた（否定例として、高松高判昭和26・3・24下民2-3-429等、肯定例として、東京高判昭和33・6・11下民9-6-1054等参照）。民法202条2項は占有の訴えについて本権が抗弁となり得ないことを定めるだけであり、文言上は反訴に言及しておらず、肯定説が自然ではある。ただ、否定説は、実質論として同条項の趣旨が反訴にも妥当することを説く。すなわち、同条項の趣旨は、占有者が占有を妨害された場合に迅速に救済を可能にする趣旨であり、たとえ本権者であっても自力救済として占有を侵奪または妨害する場合は、一度は占有を回復させる点に主眼があるため、反訴を認めるとその趣旨が全うできなくなるとされる。また、占有の訴えに対し本権が抗弁とならないとすれば、本権の訴えは占有の訴えと牽連性がなく、反訴の適法要件を欠く点も主張された。しかし、本判決は形式的な文言解釈を重視し、肯定説を採ったものである。その背景には、民法の立案段階でもこの点が問題にされ、否定説による明文規定を置くことが検討されたが（一時は「占有の訴の被告は反訴にて占有の訴を起すことを得。但、本権の訴は反訴として之を提起することを得ず」との規定が検討されていた）、結論として採用されなかったとの経緯もあったとされる（森・後掲72頁注1は、ボアソナード草案以来の条文案の変遷を詳細に伝えている）。実質的には、日本では占有訴権の意義が小さく、本権の訴えの優先を認めることに違和感はなかったと考えられる。また、反訴の牽連性についても、本訴の抗弁との牽連性は認められないものの、同一の物の占有をめぐる争いであるというその実質に鑑みれば、本訴の請求自体との牽連性が認められると解されよう。

3　反訴が認められるとした場合、執行段階で問題が生じる可能性がある（なお、仮に反訴を否定したとしても、別訴を認める限り、同様の問題が生じることに注意を要する）。すなわち、占有の訴えと本件の訴えの双方が認容された場合の結果はどのようになるかという問題である。本件では、本権の訴えに基づく建物収去土地明渡しの強制執行は占有の訴えにおいて阻止される占有妨害には当たらないと思われ、結局、前者が優先するので、双方を認容しても矛盾は生じない（森・後掲73頁注4参照）。しかし、占有回収の訴えと所有権に基づく引渡請求の場合は、双方を認容すると正面から抵触することになり、占有が永久に行き来するおそれがある。そこで、債務名義に一定の工夫をし、本権の反訴を将来給付としてのみ認容する（すなわち占有訴権をまず実現させ後に本権に基づいて給付を認める）という解決になろうか（東京地判昭和45・4・16下民21-3=4-596参照）。

●**参考文献**●　森綱郎・判解昭40年度68、西澤宗英・百5版74

203 債務不存在確認に対する給付の反訴

最1小判平成16年3月25日（民集58巻3号753頁・判時1856号150頁）　　参照条文　民訴法146条

> 債務不存在確認訴訟は、同一債権の給付の反訴が提起された場合、訴えの利益を失うか。

●**事実**●　X₁社は、Aが設立した会社であり、Aは設立時からその代表取締役で、A死亡後はその妻X₂が代表取締役に就任した。X₁社は、経営が厳しい状況にあったところ、平成6年6月から平成7年7月にかけて、Y₁〜Y₇の各保険会社との間で、Aを被保険者、X₁社を保険金受取人として生命保険契約を締結した。本件各生命保険契約に適用される約款には、死亡保険金の支払事由は「被保険者が死亡したとき」と定められており、また保険者の責任開始の日から1年内に被保険者が自殺した場合には保険者は死亡保険金を支払わない旨の特約（1年内自殺免責特約）が定められていた。その結果、X₁およびAが支払うべき保険料の合計額は、本件各生命保険契約のみで月額209万余円、別件の複数の損害保険会社との間での被保険者をAとする傷害保険契約の保険料等を加えると月額225万円を超えていた。平成7年10月、Aは、X₁が屋上防水補修工事を請け負っていた集合住宅用建物の屋上から転落して死亡した。X₁は、Y₁に対し、平成6年に締結した契約に基づく保険金等の支払を求めた（第1事件）。他方、Y₁を除くYらは、X₁社またはX₂に対し、平成7年に締結した契約に基づく保険金支払債務の不存在確認を求め（第2事件）、これに対する反訴として、X₁社およびX₂はYらに対し、同契約に基づく保険金等の支払を求めている（第3事件）。第1審は、上記死亡事故は、X₁社およびAが多数の保険会社との間で多額の保険金額の生命保険契約等を締結していること、当時のX₁社の経営状態は相当に厳しく、月額200万円を超える保険料の支払の継続は困難な状態にあったこと、上記死亡事故に至るAの行動につき合理的な説明ができないことなどから自殺によるものと認め、平成7年契約については免責を認め、第2事件の請求を認容し、第3事件の請求を棄却し、第1事件については請求を一部認容した。XらおよびYらの双方が控訴し、原審は、1年経過後の自殺であっても、自殺が専ら保険金の取得を目的としたものである場合には保険金の支払義務を免れるとして、第1事件の第1審判決を取り消し、請求を棄却し、その余の控訴を棄却した。Xらから上告受理申立て（上告受理）（なお、第1事件との関係では、自殺免責特約に基づく免責が認められるとして、原判決破棄・控訴棄却の判決がされている）。

●**判旨**●　第2事件につき原判決破棄・訴え却下。
　「職権により判断するに、第2事件の平成7年契約関係Yらの上記保険金支払債務の不存在確認請求に係る訴えについては、第3事件のXらの平成7年契約に基づく保険金等の支払を求める反訴が提起されている以上、もはや確認の利益を認めることはできないから、平成7年契約関係Yらの上記訴えは、不適法として却下を免れないというべきである。」

●**解説**●　1　本判決は、第1事件に係る自殺免責特約の効力が問題とされた事件であるが、第2事件と第3事件の関係で職権による判断がされており、債務不存在確認請求の本訴に対し、当該債務に係る債権の給付請求が反訴でされた場合には、本訴の確認の利益がなくなる旨を明らかにした、民訴法上も重要な意義を有する判決である。

2　同一債権に係る債務不存在確認請求の本訴と給付請求の反訴がされる場合、両者が二重起訴（142条）の関係にならないかがまず問題となる。反訴であっても、弁論分離の可能性があれば既判力の抵触や訴訟不経済の懸念が残り、なお二重起訴となり得るからである。ただ、この場合は、後述のように、債務不存在確認の本訴が却下されるとすれば、上記懸念は原理的に存しないこととなり、給付の反訴を二重起訴として却下する理由はない。次に、本判決の主たる判示事項である、給付の反訴の提起による債務不存在確認の本訴の確認の利益が問題となる。この場合、給付訴訟の提起が反訴によるか別訴によるかで状況は全く異なる。別訴の場合、債務不存在確認訴訟の訴訟資料が給付訴訟に引き継がれないので、前者の訴えを却下することは相当でない。仮に却下を認めると、状況が不利になった被告は給付の別訴を提起して、いつでも不利な状況を覆せることになってしまうからである。したがって、この場合は債務不存在確認の利益は維持され、結果として給付訴訟の方が二重起訴として却下される。他方、本件のように、給付訴訟が反訴の場合は、債務不存在確認訴訟の訴訟資料は引き継がれるので、前記のような問題は生じず、債務不存在確認の既判力は給付訴訟と全く同じであり、給付訴訟は給付命令という別個の利益が存するので、債務不存在確認の目的はそれに吸収され、確認の利益を失うと解してよい。以上のように、この問題は債務不存在確認の訴訟資料の承継の問題であるから、いったん別訴で給付訴訟が提起されても、後に弁論が併合されれば、二重起訴の瑕疵は治癒され、本件同様、債務不存在確認の方が確認の利益を失い、却下されると解されよう（最3小判平成13・3・27判例集未登載（太田・後掲232頁参照）も弁論併合の場合の扱いと解されよう）。

3　このような形で確認の訴えが却下されても、その訴訟状態は反訴である給付訴訟に実質的に引き継がれるものであるから、債務不存在確認提訴の時点で確認の利益があったのであれば、訴訟費用の基準となる「敗訴」（61条）についても、給付訴訟を基準として考えるべきである。本判決も、第2事件の訴訟費用について62条を適用してXらの負担としているようであるが（太田・後掲233頁参照）、相当であろう。本件では、Yらの提訴が平成7年契約について紛争を誘発した旨の評価もあり得るが（小林・後掲65頁は、このような観点から62条の適用に疑問を呈する）、同契約についても紛争の抜本的解決を求めたYらの提訴にも一応確認の利益があるとする判断には合理性があろう。

●**参考文献**●　太田晃詳・判解平16年度215、小林秀之・百5版64

204　通常共同訴訟

最1小判昭和43年9月12日（民集22巻9号1896頁・判時534号50頁）　　参照条文　民訴法38条、42条

通常共同訴訟の共同訴訟人の間では補助参加の申出がなくても当然にその効果が認められるか。

●事実●　XはAらとともに本件土地を共有している。Y₁は、Xから本件土地を賃借し、その土地上に本件建物を所有していた。上記建物は強制競売に付され、Y₃が競落して所有権を取得した。その後、Y₁の子Y₂が上記建物を買い戻して所有権を取得し、Y₁およびY₂は本件建物に居住している。Xは、Y₂に対し、本件建物収去土地明渡しおよび賃料相当損害金の支払を求め、Y₁およびY₂に対し本件建物退去土地明渡しを求めるとともに、Y₃に対しても、本件建物が同人の所有であった期間につき賃料相当損害金の支払を求めて訴えを提起した。Y₁およびY₂は賃借権の存在を主張して争ったが、Y₃は、損害賠償義務の存在を争ったものの、Xの本訴請求が信義に反すると主張するほか、格別の主張をしなかった（Y₃は第1審以来本人訴訟で、原審口頭弁論に出頭せず、答弁書その他の準備書面も提出しなかった）。第1審は、Xの請求を全部棄却し、原審もXの控訴を棄却した。原審判決は、Y₃との関係で、「本件共同訴訟人であるY₁及びY₂は右期間中の賃料弁済を主張しているから、右主張はY₃についてもその効力を及ぼすものと解するのを相当とする（いわゆる共同訴訟人の補助参加関係）」と判示し、Y₃の不法占有によるXの損害はY₁らが賃料を支払ったことによって補填されたと判断し、Y₃に対する請求も棄却すべきものとした。Xより上告。

●判旨●　破棄差戻し。
「通常の共同訴訟においては、共同訴訟人の一人のする訴訟行為は他の共同訴訟人のため効力を生じないのであって、たとえ共同訴訟人間に共通の利害関係が存するときでも同様である。したがって、共同訴訟人が相互に補助しようとするときは、補助参加の申出をすることを要するのである。もしなんらかかる申出をしないのにかかわらず、共同訴訟人とその相手方との間の関係から見て、その共同訴訟人の訴訟行為が、他の共同訴訟人のため当然に補助参加がされたと同一の効果を認めるものとするときは、果していかなる関係があるときこのような効果を認めるかに関して明確な基準を欠き、徒らに訴訟を混乱せしめることなきを保しえない。されば、本件記録上、なんらY₁、Y₂から補助参加の申出がされた事実がないのにかかわらず、Y₁、Y₂の主張をもってY₃のための補助参加人の主張としてその効力を認めた原判決の判断は失当であり、右の誤りは判決の結論に影響を及ぼすことが明らかである……。」

●解説●　1　本判決は、学説上議論のある通常共同訴訟における共同訴訟人間の当然の補助参加の関係を否定し、共同訴訟人の主張が当然に他の共同訴訟人についても効力を生じるものではなく、その場合は明示的な補助参加の申出を要するとした判例である。通常共同訴訟においては、共同訴訟人の1人の訴訟行為または1人に対する相手方の訴訟行為は他の共同訴訟人に影響を及ぼさないとの共同訴訟人独立の原則が認められる（39条）。しかし、共同訴訟人間で統一した紛争解決が必要と考えられる場合には共同訴訟人独立の原則を修正する試みがされる。兼子一博士の提唱に係る「当然の補助参加」理論はその1つであるが、本判決は、判例としてそのような理論を明確に否定した点に大きな意義がある。

2　当然の補助参加論は、共同訴訟人間に補助参加の利益（42条）がある場合には、補助参加の明示の申出がなくても、法律上当然に補助参加をしたのと同一の関係が成立するものとし、その1人の訴訟行為につき他の共同訴訟人との関係でも効力を認めようとするものである。このような考え方は学説上一定の支持を得、下級審裁判例でもそれを採用するものが現れていた（東京地判昭和35・10・10下民11-10-2140、大阪地判昭和42・7・31下民18-7＝8-843など）。従来この点に係る判例の見解は明らかでなかったが（ただ、大判昭和7・3・26民集11-473、最3小判昭和42・12・19集民89-447などは否定説を示唆していた）、本判決は、積極説による原判決を破棄し、明確に否定説を採用した（なお、本件事案はY₃とY₁およびY₂の間に共通の利害関係があるといえるか自体微妙な場合であり、仮に積極説をとってもY₃への効力拡張を認め得る場合でなかったとの評価も可能である。吉井・後掲672頁参照）。その理由として、本判決は、「いかなる関係があるときこのような効果を認めるかに関して明確な基準を欠き、徒らに訴訟を混乱せしめることなきを保しえない」とし、基準の不明確をその根拠とする。ただ、共同訴訟人間に補助参加の利益がある場合に限り当然の補助参加を認めるとすると、必ずしも基準が不明確とは言い難いようにも思われる。おそらくこの判示は、補助参加の申出がないにもかかわらず、その成立を認め、場合によって参加的効力を発生させることは、当事者の処分権を害するとともに、訴訟係属中はその成立を明示的に知り得ないため訴訟法律関係の不安定をもたらすとの趣旨かと思われる。補助参加の申出は当事者にとって一挙手一投足の労であり、また本件のような場合はY₃はY₁等と共通の主張立証活動を自発的に行えば足り、その申出を要求して訴訟関係の明確化・安定化を図ることは不当ではないと思われ、本判決は妥当であろう。

3　その後の学説は概ね判例を支持するものであるが、問題となる共同訴訟人の関係をより限定して主張共通の原則の妥当を認める見解も生じている。すなわち、数人に対する所有権確認や主債務者と保証人を被告とする請求など理論上統一した判断が求められる場合に「準必要的共同訴訟」といった概念により、40条の類推適用を認める見解である。しかし、これも（判例上必要的共同訴訟の認められる範囲が狭いという問題意識に基づくとはいえ）本来は必要的共同訴訟の範囲を見直すのが筋であり、学説上も支持は少ない。

●参考文献●　吉井直昭・判解昭43年度666、鶴田滋・百5版200

205 主観的予備的併合

最2小判昭和43年3月8日（民集22巻3号551頁・判時518号52頁）　参照条文　民訴法41条

> **訴えの主観的予備的併合は適法か。**

●**事実**●　Xは、X所有の本件土地にYのため抵当権を設定したにすぎないのに、Yは売買を登記原因とする所有権移転登記をしたと主張し、本件土地所有権に基づき、Yに対し、抹消登記に代わる所有権移転登記手続を請求した。上記訴訟が第1審係属中、Yは本件土地をZに売り渡し、Z名義に所有権移転登記がされた。そこで、Xは、Zに対し訴訟引受の申立てをし、Zに対し、本件土地所有権に基づき所有権移転登記手続を請求した。他方、Yに対しては、仮にYZ間の売買によりZが所有権を取得したとすれば、Xは本件土地所有権を喪失し損害を蒙ったとして、不法行為に基づく損害賠償請求をした。第1審は、Zに対する請求を棄却し、Yに対する訴えを却下した。原審は、Zに対する請求につき、XY間の契約は譲渡担保であるとし、譲渡担保権者は目的物を第三者に処分できるとし、Zは有効に所有権を取得したとして、Zに対する請求を棄却し、Yに対する請求は、Zに対する請求が理由のないことを前提とする、いわゆる主観的予備的併合に当たるが、そのような予備的請求の被告とされた者は、応訴上著しく不安定不利益な地位に置かれることになるから、このような訴訟形式は許されず、しかも併合された予備的請求はこれを分離するとそれ自体としては条件付訴えとして不適法なものになるとして、Yに対する訴えを却下した。Xより上告。

●**判旨**●　上告棄却。
「訴の主観的予備的併合は不適法であって許されないとする原審の判断は正当であり、原判決に所論の違法は存しない。」

●**解説**●　1　本判決は、いわゆる訴えの主観的予備的併合が不適法である旨を明らかにした最高裁判決である。客観的併合につき訴えの予備的併合が認められることに争いはない。それは、ある請求（主位的請求）が認容されることを解除条件として他の請求（予備的請求）をする併合形態とされる。このような併合形態により、主位的請求と予備的請求とが実体法上両立し得ない場合、単純併合とすると当事者が相互に矛盾する主張をせざるを得ない事態を避けることができる。同様の事態は主観的併合の場合にも認められる。例えば、売主が買主の代理人と契約して物を売って売買代金の支払を求めたところ、買主は代理人に対する代理権授与を争うとき、売主としては、代理権があり売買契約が有効である場合は買主に代金支払を求め、無権代理であれば代理人の責任を追及したいと考えるであろう。この場合、別訴による請求は勿論可能であるが、そうすると、買主に対する請求は無権代理として棄却され、代理人に対する請求は有権代理として棄却され、実体法上矛盾した理由で売主は両負けのおそれがある。そこで、買主に対する請求と代理人に対する請求は実体法上両立しないとして、買主に対する売買代金請求

を主位的請求、無権代理人に対する請求を予備的請求としてする併合形態が考えられる。これが主観的予備的併合である。学説上は肯定説が有力であったが、本判決は明確に否定説を採用したものとして重要である。

2　本判決前の下級審裁判例は、肯定説もあったが（広島高判昭32・11・29判時154-22、東京地判昭和35・3・29判タ103-74など）、否定説が多数であった（東京高判昭和32・7・18判時122-11、名古屋高判昭和33・4・4判タ81-61、東京地判昭和39・11・16判時409-36など）。肯定説は、前述のように、客観的併合の場合と同様、統一的解決（原告の両負けの防止）や訴訟経済等を説くが、これに対し、否定説は、特に予備的被告の地位の不安定と不利益を理由とした。すなわち、予備的被告（本件ではY）は訴訟当初から手続への関与を強いられるが、当該訴訟で主位的被告（本件ではZ）に対する請求が認容されれば、自己に対する判決が出されないまま訴訟係属が消滅してしまう。そして、（Zに対しXの権利が実現されない場合は）Yへの再訴のおそれが残り、それを既判力によって排除できない。このような予備的被告に対する請求の消滅は、訴えの取下げの場合にはその同意を要することと比較しても、あまりにその地位を不安定にするものであり、相当でないとして、そのような併合形態を不適法と解するものである（他にも、肯定説は統一的解決というが、上訴審まで考えると併合関係が維持できず、実際は完全な統一性は担保できないと批判する。これは、そのような実効性のない制度であれば、あえて予備的被告の不利益をオーバーライドしてまで適法性を認める必要はないとの論旨であろう）。本判決はその理由を一切語らないが、基本的には原判決の理由を受容するものと考えてよいであろう（栗山・後掲296頁以下もそのような理解を示唆する）。その意味で、従来の否定説を踏襲したものと評価できよう。ただ、主位的被告と予備的被告の間に同一性ないし密接関連性が認められ、後者の地位の不安定を問題にする必要がない例外的な場合には、なお主観的予備的併合を認める余地はあり、本判決の射程に関する議論は残された（最1小判昭和37・2・22民集16-2-375は、農業委員会を主位的被告とする買収計画取消訴訟と国を予備的被告とする買収対価増額請求訴訟の併合が認められることを前提とした判断をしていた）。

3　以上のような状況を受け、現行法は同時審判の申出がある共同訴訟の制度（41条）を認めた。これは、主観的予備的併合が考えられる実体法上非両立の場面につき、単純併合を認めながら、弁論分離の禁止（同条1項）および上訴審における弁論併合の強制（同条3項）を課すものである。これにより証拠共通の原則が働くことで原告の両負けを防止し得る一方、両被告に対し必ず判決がされることで被告の地位の不安定も回避できることになる。同時審判申出共同訴訟ではまかなえない独自のニーズがあるとの議論はなお残るものの、この制度の創設ものにより主観的予備的併合はその役割を実質的に終えたものと考えてよかろう。

●**参考文献**●　栗山忍・判解昭43年度286、竹下守夫＝青山善充＝伊藤眞編『研究会新民事訴訟法』61

206　主観的追加的併合

最3小判昭和62年7月17日（民集41巻5号1402頁・判時1249号57頁）　　参照条文　民訴法38条

> 訴えの主観的追加的併合は適法か。

●事実●　AY間には本件土地所有権の帰属に争いがあったが、Aは本件土地所有権がYにあることを認め、AがYに対し和解金9000万円を支払えばYはAに所有権移転登記をする旨の裁判上の和解がされ、それに基づきAは和解金を支払った。Xは、その後Aから7000万円で本件土地を買い受けた。Xは、Yを被告として、Aに代位し、XがAから買い受けた本件土地に瑕疵があったとして7000万円の支払を求める損害賠償請求訴訟（旧訴訟）を提起した。Xは旧訴訟係属中、Z銀行をその被告に追加するとし、「訴ならびに当事者変更申立書」と題する書面を裁判所に提出した。そこでは、Xが本件土地の瑕疵により損害を被ったのはZ所属の不動産鑑定士が本件土地の鑑定に当たり当該瑕疵を看過したためであり、ZはXに対し7000万円の損害賠償義務を負うとしていた。第1審は、本件はZに対する新訴提起と解して印紙貼付の補正命令を発したが、Xはこれに従わなかったので、Zに対する訴えを却下した。原審も第1審の結論を相当とした。Xより、本件請求は旧訴訟との共同訴訟の要件を具備し、追加的な併合提起がされており、両請求は経済的利益を共通にするので（9条1項但書）、本件訴え提起につき手数料を納付する必要はないとして、上告。

●判旨●　上告棄却。
　「甲が、乙を被告として提起した訴訟（以下「旧訴訟」という。）の係属後に丙を被告とする請求を旧訴訟に追加して一個の判決を得ようとする場合は、甲は、丙に対する別訴（以下「新訴」という。）を提起したうえで、法132条〔現行152条1項〕の規定による口頭弁論の併合を裁判所に促し、併合につき裁判所の判断を受けるべきであり、仮に新旧両訴訟の目的たる権利又は義務につき法59条〔現行38条〕所定の共同訴訟の要件が具備する場合であっても、新訴が法132条の適用をまたずに当然に旧訴訟に併合されるとの効果を認めることはできないというべきである。けだし、かかる併合を認める明文の規定がないのみでなく、これを認めた場合でも、新訴につき旧訴訟の訴訟状態を当然に利用することができるかどうかについては問題があり、必ずしも訴訟経済に適うものでもなく、かえって訴訟を複雑化させるという弊害も予想され、また、軽率な提訴ないし濫訴が増えるおそれもあり、新訴の提起の時期いかんによっては訴訟の遅延を招きやすいことなどを勘案すれば、所論のいう追加的併合を認めるのは相当ではないからである。右と同旨の見解に立ち、XのZに対する本件訴えは新訴たる別事件として提起されたものとみるべきであるから、新訴の訴訟の目的の価額に相応する手数料の納付が必要であるとして、Xが手数料納付命令に応じなかったことを理由に本件訴えは不適法として却下を免れないとした原審の判断は、正当として是認することができ」る。

●解説●　1　本判決はいわゆる訴えの主観的追加的併合を一般に不適法とした最初の判例である。係属中の訴訟に新たに当事者が追加されることを広く訴えの主観的追加的併合と呼び、その態様には、①原告が被告を追加する形態、②被告が第三者を追加して訴える形態、③第三者が原告として訴訟に参加する形態など多様な場合が論じられてきた。学説上、①が最も基本的な形態とされ、その適法性に異論は少なかった。しかるに、本判決はそのような基本形態についても否定説を採用し、学界に大きな衝撃を与えた。本判決はかなり詳しい理由を述べており、その当否も含めて現在でも学説上様々な議論のあるところである。

　2　本判決は、否定説の理由として、①これを認める明文規定がない点、②新訴で旧訴の訴訟状態を当然利用できるとは限らず、かえって訴訟を複雑化するおそれがある点、③軽率な訴訟提起や濫訴のおそれがあり、訴訟遅延を招きやすい点を挙げる。ただ、①は決定的理由にならないし、③はこれを認めると提訴段階での被告とすべき者の調査を原告が十分に行わなくなる点を懸念する趣旨とみられるが、肯定説でも訴訟を著しく遅滞させないこと（143条1項但書参照）を要件とすれば、否定説の決定的根拠にはならないように思われる。問題は②であり、新訴と旧訴で証拠共通の原則が働くとしても、主張共通は妥当しない結果、新訴当事者が新主張や（旧訴当事者が自白していた事実につき）否認をすると争点整理の結果が覆ったり、新たな証拠調べが必要になったりするとの趣旨であろう。もちろん、他方で、新訴当事者が旧訴当事者と同様の訴訟戦術をとる場合は、重複審理を防止でき、統一した裁判を可能にするとのメリットもある（これが肯定説の主たる根拠である）。ただ、その利点・欠点は個々の事件ごとに異なるので、併合を原告の意思ではなく、裁判所の裁量（弁論併合という訴訟指揮）に委ねるのが相当との判断と解され（弁論が併合されれば証拠共通の原則が妥当し、肯定説の利点の相当部分は吸収できる。中田・後掲529頁参照）、一定の合理性があろう（もちろん原告の意思による併合を認めても、裁判所には弁論分離の裁量は残るので、それで十分との見方もあろうが、一義的に証拠共通が働くとすれば被告の不利益は残る）。

　3　本判決を前提とすれば、議論は弁論併合に関する裁判所の裁量を一定範囲で限定し、弁論の併合強制が働く場面を認める方向となろう（これは、主観的予備的併合の議論が同時審判申出共同訴訟という形で弁論の分離禁止・併合強制の方向に至ったのと類似する）。学説上は、固有必要的共同訴訟で漏れていた当事者を追加する場合や主観的予備的併合のように択一関係にある当事者を追加する場合等には、弁論併合を義務付ける見解が有力になっている（安西・後掲203頁参照）。この場合は、本件のように、原告は訴訟費用の負担を免れないが、旧訴提起時に原始的併合の可能性があった以上やむを得ないといえようか。

●参考文献●　中田昭孝・判解昭62年度522、安西明子・百5版202

207 固有必要的共同訴訟①——共有権確認訴訟

最1小判昭和46年10月7日（民集25巻7号885頁・判時651号72頁）　　　　参照条文　民訴法40条

> 共有権者による共有権確認訴訟は固有必要的共同訴訟となるか。

●**事実**●　X₁およびX₂は共同して本件土地をAから買い受け所有権を取得したが、その子Y名義で所有権移転登記を経由した。ところが、Yは自分が真の所有者であると主張するに至ったので、X₁およびX₂は、Yに対し、本件土地の共有権確認および上記登記の抹消登記手続に代えて所有権移転登記手続を求めた。第1審係属中にX₁は本訴を取り下げ、Yはその取下げに同意した。第1審は、上記訴え取下げの効力につき別段の判示をせず、X₁およびX₂の請求を全部認容した。他方、原審は、共有物の所有権は共有者全員に属するので、各共有者は単独で所有権確認の訴え等の取下げをすることはできないとして、X₁による上記訴えの取下げは無効とした上、Yの控訴を棄却した。Yより、Xらの提起した本件訴訟は通常共同訴訟であり、X₁の取下げにより同人とYとの間の訴訟は終了したなどと主張として、上告。

●**判旨**●　上告棄却。

「1個の物を共有する数名の者全員が、共同原告となり、いわゆる共有権（数人が共同して有する1個の所有権）に基づき、その共有権を争う第三者を相手方として、共有権の確認を求めているときは、その訴訟の形態はいわゆる固有必要的共同訴訟と解するのが相当である（大判大正13・5・19民集3-211参照）。けだし、この場合には、共有者全員の有する1個の所有権そのものが紛争の対象となっているのであって、共有者全員が共同して訴訟追行権を有し、その紛争の解決いかんについては共有者全員が法律上利害関係を有するから、その判決による解決は全員に矛盾なくなされることが要請され、かつ、紛争の合理的解決をはかるべき訴訟制度のたてまえからするも、共有者全員につき合一に確定する必要があるというべきだからである。また、これと同様に、1個の不動産を共有する数名の者全員が、共同原告となって、共有権に基づき所有権移転登記手続を求めているときは、その訴訟の形態も固有必要的共同訴訟と解するのが相当であり（大判大正11・7・10民集1-386参照）、その移転登記請求が真正な所有名義の回復の目的に出たものであったとしても、その理は異ならない。それゆえ、このような訴訟の係属中に共同原告の1人が訴の取下げをしても、その取下げは効力を生じない……。」

●**解説**●　**1**　本判決は、共有者による共有権確認および共有権に基づく所有権移転登記手続請求をともに固有必要的共同訴訟とする大審院判例を最高裁としても踏襲する旨を明らかにし、共同原告の一部による訴え取下げを無効としたものである。後述のように、共有関係訴訟につき最高裁は（大審院と異なり）広範囲で個別訴訟を認めているが、本判決はなお固有必要的共同訴訟とされる類型があることを明らかにしたもので、理論的にも重要性を有する。

2　まず、共有権確認請求につき、大審院判例は共有物の所有権は全共有者に帰属することを根拠に固有必要的共同訴訟には当たるとし（大判大正5・6・13民録22-1200）、保存行為には当たらないとして単独提訴を否定した（大判大正8・5・31民録25-946）。他方、本判決も引用する前掲大判大正13・5・19は、共有者が共同して有する所有権（共有権）の確認は固有必要的共同訴訟となる一方、共有者の持分権確認は単独提起を可能として判例法理を整理した。本判決もこれを確認したものであるが（共有持分権確認が固有必要的共同訴訟に当たらないとする最高裁判例として、最1小判昭和40・5・20民集19-4-859参照）、学説も基本的には判例法理を支持している。本判決の理由は、大審院の実体法的理由（「共有者全員の有する1個の所有権そのものが紛争の対象となっている」こと）に加え、手続法的理由、すなわち「その判決による解決は全員に矛盾なくなされることが要請され」る点を挙げていることが注目される。確かに共有者ABが各自共有権確認訴訟を起こし、A勝訴・B敗訴になった場合、仮に既判力が他の共有者に拡張するとすれば矛盾した結果になるし、及ばないとすれば、相手方は共有者の1人に負ければ実質的に所有権を失うことになりかねず、酷な結果となる。その意味で、本判決は妥当であるが、真の問題は、持分権確認と別に共有権確認訴訟を認める必要があるのか、そのような訴えに確認の利益が認められるのかという点にあるようにも思われる（小倉・後掲590頁以下参照）。共有持分権に基づく妨害排除等が認められるとすれば、あえて共有権全体の確認を認める必要はなく、かえって持分権に基づく訴訟との調整に困難を来すようにも思われる（ただ本件のように、最初から共有者全員が共有権確認を求めている場合、あえてそれを不適法とする必要もなく、その場合は訴え取下げが認められなくてもやむを得ないという考え方はあろう）。

3　次に、共有権に基づく移転登記手続請求についても、判旨引用の通り、大審院は固有必要的共同訴訟と解していた（前掲大判大正11・7・10参照。実用新案権登録手続請求につき同旨、最1小判昭和36・8・31民集15-7-2040）。これに対し、抹消登記請求については、共有持分権の行使または保存行為の理論に依拠して、共有者の一部による提訴を認める判例が大勢である（大判大正12・4・16民集2-243、最1小判昭和31・5・10民集10-5-487、最3小判昭和33・7・22民集12-12-1805等）。確かに抹消登記は純粋に妨害排除の面のみを考慮すれば足りるが、移転登記は別途受領行為の側面を有する（小倉・後掲594頁参照）。その意味で、持分権行使として自己の持分権のみの移転登記を求める場合は格別、本件のように、申請（請求）をしていない他の共有者の名義でも移転登記を求めることは登記の双方申請主義から相当でなく、原告名義に全部の移転登記を求めることは保存行為の限度を超えるので、移転登記請求は固有必要的共同訴訟と解さざるを得ないであろうか。

●**参考文献**●　小倉顕・判解昭46年度585、若林安雄・[百] 2版76

208   固有必要的共同訴訟②──筆界確定訴訟

最1小判昭和46年12月9日（民集25巻9号1457頁・判時667号27頁）　　参照条文　民訴法40条

筆界確定訴訟は、隣接地の共有者全員が当事者になる必要がある固有必要的共同訴訟か。

●事実●　本件土地はX₁〜X₁₃およびAの共有であり、その隣地はYの所有であり、それぞれ登記簿上の所有名義を有している。Xら13名は、共有者の1人であるAが所在不明であったため、同人を共同原告とすることなく本訴を提起し、本件土地と隣地との境界確定を求めた。第1審は本案につき判断し、Xら主張の線をもって両地の境界であると確定した。原審は、境界確定訴訟は隣接する土地の共有者全員が訴訟共同を要する固有必要的共同訴訟であるとして、原判決を取り消しXらの訴えを却下した。Xらのうち12名より上告。

●判旨●　上告棄却。
「土地の境界は、土地の所有権と密接な関係を有するものであり、かつ、隣接する土地の所有者全員について合一に確定すべきものであるから、境界の確定を求める訴は、隣接する土地の一方または双方が数名の共有に属する場合には、共有者全員が共同してのみ訴えまたは訴えられることを要する固有必要的共同訴訟と解するのが相当である。本件において、……山林はXらと訴外Aほか1名の共有に属するにもかかわらず、右共有者のうち本件訴訟の当事者となっていないものがあることは記録上明らかであるから、Xらの本件訴は当事者適格を欠く不適法なものといわなければならない。」

●解説●　1　本判決は、境界確定訴訟（筆界確定訴訟）につき、隣接地の共有者全員が当事者となる必要がある固有必要的共同訴訟である旨判示し、一部共有者のみで提訴した場合は当事者適格を欠く旨を明らかにした。判例は、境界確定訴訟が、土地所有権範囲の確認ではなく、公簿上の境界（筆界）を形成する形式的形成訴訟であると解しながら、そのような筆界は土地所有権と密接に関連することから、隣接地所有者が当事者適格を有するものとしている（【45】参照）。本件では、隣接地の一方が共有地である場合、その共有者全員が当事者となる必要があるのか、それとも（一定の事情があれば）そのうち一部の者が当事者となれば足りるのかという点が問題となった。本判決は、隣接地共有者の一部が行方不明で原告となれない場合であっても、固有必要的共同訴訟として共有者の一部を欠く提訴を不適法とした重要な判例である。
2　本判決の理由は、土地の境界は「土地の所有権と密接な関係を有するもので」あるため、共有者各人にとって利害関係があり、「隣接する土地の所有者全員について合一に確定すべきものである」点にある。この訴訟の対象が公簿上の境界である以上、利害関係人全員にとって画一的に定める必要があることは疑いない。仮にこれが関係者にとって区々になるとすれば、登記制度の根幹に大きな影響を生じることになりかねない。そこで、そのような筆の画一性を前提にすれ

ば、隣接地が共有地である場合は土地共有者全員の固有必要的共同訴訟とし、全員を訴訟手続に関与させ、その結果を全員にとって画一的に確定することが素直であることは、本判決指摘の通りである。仮に土地筆界の確定を保存行為として一部共有者のみによる提訴を認めると、他の共有者にとっては著しく不利な境界線が定まることがあり得、隣接地所有者に当事者適格を認めた趣旨が害されるおそれがあろう。また、妨害排除の場合等とは異なり、共有持分権は筆界を確定する作用をもち得ないと解される。そうすると、本判決のように、これを固有必要的共同訴訟とする解釈は必然であったように思われる（本判決前の同旨の下級審裁判例として、大阪高判昭和36・5・27下民12-5-1209、広島高松江支判昭和39・9・30判タ166-143等参照）。
3　ただ、以上のような解釈の最大の問題は、共有者の中に当事者に加われないか、加わらない者がいる場合の取扱いである。この点、共有者が被告である場合は、ある者が応訴を望まなくてもその者を被告にすることができるし、行方不明等の場合も公示送達により訴訟を追行できるので、問題はない。問題は原告側共有の場合である。この場合、①応訴を望まない共有者がある場合は、共有物分割等により共有関係を解消し、単独所有者となった者が提訴する、②行方不明の共有者がある場合は、不在者財産管理人（民25条）の選任を求め、残余の共有者と管理人が共同原告となって提訴するといった方途が考えられる（柴田・後掲412頁参照）。しかし、単に隣接地との筆界を確定させるだけのために、共有関係の解消や管理人の選任まで求めるのは過度な負担を他の共有者にかけるという批判はあり得る。そこで、学説上は、これを通常共同訴訟（ないし類似必要的共同訴訟）とする見解が生じることになるが、本判決は、本件が行方不明案件であることに鑑み、不在者財産管理人の選任を求めることでやむを得ないと判断したものとみられる（柴田・後掲413頁参照）。ただ、提訴拒絶事案の場合にも共有関係解消を求めるのかどうかは定かでなかったが、【46】は、「共有者のうちに（境界確定の）訴えを提起することに同調しない者がいるときには、その余の共有者は、隣接する土地の所有者と共に右の訴えを提起することに同調しない者を被告にして訴えを提起することができる」ものとした。これにより、提訴拒絶者を被告にして固有必要的共同訴訟を維持する方途が認められた。【46】は、その理由として形式的形成訴訟である筆界確定訴訟の特質を強調し、「このような右の訴えの特質に照らせば、共有者全員が必ず共同歩調をとることを要するとまで解する必要はなく、共有者の全員が原告又は被告のいずれかの立場で当事者として訴訟に関与していれば足りると解すべきであり、このように解しても訴訟手続に支障を来すこともない」とした。この判決により、本判決が残した問題は一定の解決を見、その趣旨はやがて固有必要的共同訴訟全般に拡大されるに至る（【214】参照）。

●参考文献●　柴田保幸・判解昭46年度406、高橋宏志・法協91-5-868

209 固有必要的共同訴訟③ ── 入会使用収益権確認訴訟

最1小判昭和57年7月1日（民集36巻6号891頁・判時1054号69頁）　　参照条文　民訴法40条

> 入会権に基づく使用収益権の確認請求は固有必要的
> 共同訴訟となるか。

●事実● 本件山林は、Y神社の所有として登記され
ているが、明治以前から地元部落の入会地とされ、部
落民は本件土地の共有の性質を有する入会権を有し、
部落内で定められた資格要件を備える限り、入会権の
内容である使用収益権を有し、本件土地に自由に立ち
入り、草の刈り取り、枯れ枝の採取、転石の採取等が
認められてきた。ところが、Y神社は、Xとの間で、
本件土地につき自動車工場の建設や観光施設の設置等
を目的とする地上権を設定した。その後、Yは地上権
設定契約の効力を否定したので、XはYに対し、地上
権確認や本件土地引渡しを求めて本訴を提起した。第
1審係属中、上記部落民Zらが当事者参加し、本件土
地につき入会権に基づく使用収益権確認および妨害禁
止等を請求した。第1審および原審は、本件土地は上
記部落所有であり、Zらは入会権に基づく使用収益権
を有するとし、Xの請求を棄却し、Zらの請求を基本
的に認容した。Xより、入会権者全員が当事者となっ
ていないXらの訴えは不適法であるなどとして、上告。

●判旨● 原判決破棄、第1審判決取消し・請求棄却。
「入会部落の構成員が入会権の対象である山林原
野において入会権の内容である使用収益を行う権能
は、入会部落の構成員たる資格に基づいて個別的に
認められる権能であって、入会権そのものについて
の管理処分の権能とは異なり、部落内で定められた
規律に従わなければならないという拘束を受けるも
のであるとはいえ、本来、各自が単独で行使するこ
とができるものであるから、右使用収益権を争い又
はその行使を妨害する者がある場合には、その者が
入会部落の構成員であるかどうかを問わず、各自が
単独で、その者を相手方として自己の使用収益権の
確認又は妨害の排除を請求することができるものと
解するのが相当である。……Zらは、本件山林につ
いて入会権を有するA部落の構成員の一部であって、
各自が本件山林において入会権に基づき……使用収
益権を有しているというのであり、右使用収益権の
行使について特別の制限のあることは原審のなんら
認定しないところであるから、ZらのX及びY神社
に対する右使用収益権の確認請求については、Zら
は当然各自が当事者適格を有するものというべく、
また、Xに対する地上権設定仮登記の抹消登記手続
請求についても、それがZらの右使用収益権に基づ
く妨害排除の請求として主張されるものである限り、
Zら各自が当事者適格を有するものと解すべきであ
る。……しかしながら、職権をもって、Zらの請求
中本件山林について経由された地上権設定仮登記の
抹消登記手続の当否について検討するに、Zらが有
する使用収益権を根拠にしては右抹消登記手続を請
求することはできないものと解するのが相当である。
けだし、……Zらが入会部落の構成員として入会権

の内容である使用収益を行う権能は、本件山林に立
ち入って採枝、採草等の収益行為を行うことのでき
る権能にとどまることが明らかであるところ、かか
る権能の行使自体は、特段の事情のない限り、単に
本件山林につき地上権設定に関する登記が存在する
ことのみによっては格別の妨害を受けることはない
と考えられるからである。」

●解説● 1 本判決は、入会権に基づく使用収益権
の確認請求につき、入会権者全員の固有必要的共同訴
訟ではなく、各入会権者が単独で提訴できる旨を明ら
かにした。入会権確認請求および入会権に基づく妨害
排除としての抹消登記手続請求が入会権者全員の固有
必要的共同訴訟である点は判例上確立している（最2
小判昭和41・11・25民集20-9-1921等参照）。他方、入
会権の内容である使用収益権につき入会権者（入会部落
構成員）が単独行使できるかは、従来必ずしも明らか
でなかったが（肯定説を示唆する判例として、大判昭和
9・2・3法学3-670参照）、本判決はそれを肯定し、入
会権の内容の一部を構成員が単独で訴訟上行使できる
場合があることを認めた点で重要な意義を有する。

2 以上のような判例法理は、共有権確認につき固
有必要的共同訴訟と解しながら、共有持分権に伴う権
利行使を単独提訴可能と解する共有権一般に関する判
例法理と基本的にパラレルである。その結果、共有権
との関係では、実質上多くの権利関係について単独提
訴が可能となっている（【207】解説参照）。他方、入会
権は実体法上総有という特殊な共有形態であり、構成
員の持分権が認められていないので、通常の共有と同
様に解することはできない。しかし、本判決は、入会
権の使用収益権能という単独行使可能な権限を援用し
て、やはり単独提訴を容認したものである。その結果、
使用収益権の確認は勿論、それに基づく妨害排除請求
として、部落構成員の立入や使用収益行為（採枝・採
草等）の妨害排除は単独提訴できることになり、部落
民全員が当事者となる必要はなく、問題は少ない。

3 また登記関係請求についても、判旨は使用収益
権に基づく単独提訴を認める（なお、「部落内で定められ
た規律」が存在し、単独の使用収益が認められない場合は単
独提訴もできないことになる）。しかし、本判決は、実体法
の理解として、単なる登記の存在は使用収益権の行使
を直ちに妨害するものではなく、そのような請求は通
常認められないとする。この点、共有持分権の場合は、
登記の存在は持分権行使を妨害するものと解され、抹
消登記手続請求等は単独提訴が可能とされるが、入会
権の場合はそのような構成ができないことになる。そ
の結果、入会権については依然として全ての紛争を単
独提訴可能と解することはできず、登記が問題となる
場合は必然的に固有必要的共同訴訟が残ることになる。
その場合において、提訴を拒否する入会権者がいると
きは、筆界確定訴訟の場合（【46】参照）と同様、その者を被告
にする形で解決が図られることになる（【214】参照）。

●参考文献● 太田豊・判解昭57年度486、富樫貞夫・民訴[百]
Ⅱ358

210 固有必要的共同訴訟④──遺産確認訴訟

最3小判平成元年3月28日（民集43巻3号167頁・判時1313号129頁）　　参照条文　民訴法40条

遺産確認訴訟は固有必要的共同訴訟となるか。

●事実●　Xらは、AおよびY夫婦の子であるBの妻および子である。A死亡時の相続人は、YおよびBのほか、Aの子であるCらがいた。本件土地は、A死亡後、Yを所有者とする所有権保存登記がされている。Xらは、Yに対し、本件土地がAの遺産に属することの確認および共有持分の移転登記手続を求めて本訴を提起し（Cらは当事者とされていない）、本件土地は誤って国に買収されたA所有地の代替地としてAに売り渡されたが、当時Aは既に死亡していたため便宜上Y名義で所有権保存登記がされたもので、Aの遺産に属し、Xらは法定相続分に応じた共有持分権を有すると主張した。これに対し、Yは、本件土地は、Y自身が売渡しを受けたものであると主張した。第1審はXらの請求を棄却したが、原審は、遺産確認請求について、このような訴えは共同相続人全員に係る固有必要的共同訴訟であるとして、Cらが当事者にされていないことから、本件訴えを却下した。Xらより上告。

●判旨●　上告棄却。
　「遺産確認の訴えは、当該財産が現に共同相続人による遺産分割前の共有関係にあることの確認を求める訴えであり、その原告勝訴の確定判決は、当該財産が遺産分割の対象である財産であることを既判力をもって確定し、これに続く遺産分割審判の手続及び右審判の確定後において、当該財産の遺産帰属性を争うことを許さないとすることによって共同相続人間の紛争の解決に資することができるのであって、この点に右訴えの適法性を肯定する実質的根拠があるのであるから（【63】参照）、右訴えは、共同相続人全員が当事者として関与し、その間で合一にのみ確定することを要するいわゆる固有必要的共同訴訟と解するのが相当である。」

●解説●　1　本判決は、遺産確認の訴えが固有必要的共同訴訟に当たるとした最高裁判例である。遺産確認の訴えとは、ある財産が被相続人の遺産（相続財産）に属することを確認する訴訟である。かつては、このような訴訟がそもそも適法であるかについて議論があった。けだし、ある財産が遺産に属するかどうかは、被相続人の死亡時という過去の法律関係の確認を求めるものではないか、あるいはこれが共同相続人間の遺産共有関係の確認を求めるものとすれば、共有持分権の確認を求めれば足りるのではないかといった観点から、このような訴えの確認の利益につき疑義が呈されてきた。しかるに、本判決に先立ち、判旨引用の【63】はこのような訴訟類型の適法性を正面から認めた。同判決は、遺産確認請求を遺産分割前の共有関係の確認という現在の法律関係の確認を求める趣旨と解した上、遺産共有の解消手続が家裁における遺産分割審判という特殊な手続に限定されている点に着目し、その実効性を確保するため、相続人間で当該財産の遺産帰

属性を争えない状態を既判力により確定しておく必要があるという点に確認の利益の根拠を求めたものであった。本判決はそれを受けて、そのような訴訟類型の当事者適格につき固有必要的共同訴訟として全相続人が関与する必要がある旨を確認した。

　2　本判決は、その理由として、①遺産確認の訴えは「当該財産が現に共同相続人による遺産分割前の共有関係にあることの確認を求める訴えで」あること、②「遺産分割審判の手続及び右審判の確定後において、当該財産の遺産帰属性を争うことを許さないとすることによって共同相続人間の紛争の解決に資する」点にこのような訴訟類型の存在理由があることを挙げる。これは、実体法上の管理処分権の観点（伝統的な立場＝管理処分権説）と訴訟法上の訴訟機能の観点（近時の有力説＝訴訟政策説）をともに根拠とするものといえよう（田中・後掲104頁以下参照）。①は、共有権確認訴訟を共有者全員の固有必要的共同訴訟とする大審院以来の判例法理（【207】等）に沿うものである。また、②は、遺産分割協議・調停は共同相続人全員の参加を要することおよび遺産分割審判は共同相続人全員が当事者となる必要があることから、その前提問題であり、非訟事件である遺産分割審判では既判力をもって確定できない遺産帰属性の問題についても、やはり共同相続人全員の間で合一に確定する必要がある点を根拠とするものである（そのため、自己の相続分全部を譲渡した相続人は遺産確認訴訟の当事者適格を有しない。最2小判平成26・2・14民集68-2-113参照）。けだし、ある財産が相続人AB間では遺産であるが、CD間では遺産でないとすると、遺産分割手続は混乱するし、AB間でされた遺産帰属の判決効がCDに拡張すると、後者の手続保障を害することになるからである。他方、これを固有必要的共同訴訟と解すると手続が複雑になる懸念はあるが、最終目的である遺産分割手続ではいずれにせよ相続人全員の参加を要するとすれば、前提手続である遺産確認訴訟段階でそれを求めても不当とはいえない（田中・後掲105頁参照）。

　3　以上のような本判決の趣旨、とりわけ②の理由は、遺産帰属性以外の遺産分割の前提問題に係る争訟についても同様に妥当する可能性がある（この点は、山本・後掲52頁など参照）。実際、その後の判例として、遺産分割の主体面に関して相続人の地位不存在確認訴訟を共同相続人全員による固有必要的共同訴訟とする判例（最3小判平成16・7・6民集58-5-1319）があるし、遺産分割協議の無効確認訴訟についてもやはり共同相続人間の固有必要的共同訴訟とする下級審裁判例がある（大阪高判平成5・3・26高民46-1-13）。他方、本判決前には、遺言無効確認訴訟を固有必要的共同訴訟ではないとする判例があるが（最2小判昭和56・9・11民集35-6-1013）、その位置づけには議論があり得る（遺言無効の性質の違いで説明することは不可能ではないが（山本・後掲53頁）、なお議論の余地はあろう）。

●参考文献●　田中壮太・判解平元年度96、山本和彦・J946-49

211 固有必要的共同訴訟⑤——地役権設定登記請求訴訟

最3小判平成7年7月18日（民集49巻7号2684頁・判時1544号56頁）　　参照条文　民訴法40条

> 要役地が共有である場合の地役権設定登記手続請求訴訟は固有必要的共同訴訟か。

●**事実**●　Yは本件マンションを分譲し、Xらは本件マンションの建物区分所有者および敷地共有持分権者である（100名弱の全区分所有者のうち82名である）。本件係争地はY所有で駐車場として利用されたほか、公道との通路としても利用された。Yが本件係争地の第三者への売却を計画したため、Xらとの間に紛争が生じた。本訴において、Xらは、主位的請求として本件係争地につき各持分の移転登記手続を、予備的請求として本件敷地共有持分権（要役地持分）につき、本件係争地を承役地とする通路等としての使用を内容とする地役権設定登記手続を求めた。原審は、主位的請求を棄却すべきものとし、本件要役地の共有者全員とYの間で本件要役地のために本件承役地の通行を目的とする地役権が設定されたことを認定した上、本件予備的請求はXらの有する本件要役地の共有持分につき地役権設定登記手続を求めるものと解されるが、要役地の共有持分のために地役権を設定することはできないから当該請求は主張自体失当である、仮に共有者全員のため本件要役地のために地役権設定登記手続を求めるものと解すると、要役地が共有に属する場合に地役権設定登記手続を求める訴えは固有必要的共同訴訟でありXは共有者の一部にすぎないから当該請求は不適法として却下を免れないとして、本件予備的請求を棄却すべきものとした。Xらのうち57名より上告。

●**判旨**●　予備的請求につき破棄差戻し。
「要役地の共有持分のために地役権を設定することはできないが、Xらの予備的請求は、その原因として主張するところに照らせば、右のような不可能な権利の設定登記手続を求めているのではなく、Xらがその共有持分権に基づいて、共有者全員のため本件要役地のために地役権設定登記手続を求めるものと解すべきである。そして、要役地が数人の共有に属する場合、各共有者は、単独で共有者全員のため共有物の保存行為として、要役地のために地役権設定登記手続を求める訴えを提起することができるというべきであって、右訴えは固有必要的共同訴訟には当たらない。」

●**解説**●　1　本判決は、要役地が共有の場合の地役権設定登記手続請求は固有必要的共同訴訟に当たらないと判断したものである。本判決はその根拠として保存行為論を援用する。従来から共有一般で保存行為論による単独提訴の可能性を認める考え方が判例上示されてきたが、学説上批判もあったところ、本判決はなおこのような考え方の維持を明示した最新判例といえ（野山・後掲788頁はそのような判断の理由として「保存行為という理由付け自体もそれほどの理論的破たんを来しているものではないことに尽きる」と評する）、理論的にも注目される。以下では、従来の判例理論を概観しなが

ら、本判決の特徴を考える。
　2　本件において、共有要役地のため地役権が成立しているとすれば、要役地の共有者は地役権を準共有していると解される。他方、地役権は要役地全体のために生じているので、各共有者は自己の共有持分のためについてだけ地役権設定登記を得ることはできない。そこで、各共有者が共有地全体のため地役権設定登記を求めることは可能かが問題となる。この点、共有権確認請求および所有権移転登記手続請求は固有必要的共同訴訟とされている（【207】参照）。他方、共有権に基づく抹消登記手続請求は単独提訴が可能とされるが、その根拠として無権利者に対して登記抹消を求めることは保存行為に該当する点が挙げられる（最1小判昭和31・5・10民集10-5-487、最3小判昭和33・7・22民集12-12-1805等）。また、大審院時代には妨害排除請求も保存行為として認めるものがあった（大判大正10・7・18民録27-1392等。他方、最高裁では家屋明渡請求につき不可分債権を根拠に単独提訴を認めるものがある。最2小判昭和42・8・25民集21-7-1740等）。実際上は共有持分権に基づく請求とすれば単独提訴が可能になることから、筆界確定訴訟（【208】参照）など特殊な類型を除けば、実務上は問題が生じることは少ないとされる（ただ、抹消登記などでは、無権利者に対しては保存行為として全部抹消の請求が可能であるのに対し、共有者の一部が単独の登記名義を有する場合は、自己の持分の範囲で更正登記手続請求しかできないなどかなり複雑な事態を生じている）。ところが、本件では共有持分権ごとに地役権設定登記ができないため、共有権全体を根拠とせざるを得ず、問題が顕在化したものである。
　3　本判決が地役権設定登記手続請求を保存行為と解した理由は明らかでない。調査官解説は「いったん有効に成立した地役権についてその設定登記をすることは、地役権の現状を維持するために対抗要件を付して権利の存続をより確実にする行為であるから、保存行為といい得る」とする（野山・後掲800頁参照）。ただ、この理屈によると、判例が固有必要的共同訴訟と解する所有権移転登記手続でも同旨が妥当することになる。そこにはやはり地役権の特質があるものと解される。すなわち、①地役権設定登記の場合、地役権登記自体には権利者は記載されず、土地の所有名義人が自動的に権利者となるので、各共有者の持分の真正担保という問題は生じない点、②地役権の準共有者は、所有権移転登記のように自己の持分に限り設定登記を求めることはできないので、保存行為として単独で設定登記手続を求める必要が高い点が根拠となろう（野山・後掲801頁以下）。このように、共有権に基づく所有権移転登記手続請求の場合との区別は論理的に可能ではあるが、本判決の背後には、そのような場合に固有必要的共同訴訟を認める判例法理自体に対する消極的評価があるかもしれない（野山・後掲808頁注11は、【207】につき「判例としての一般的価値をあまり過大に評価すべきでないという見方もあり得る」と評する）。

●**参考文献**●　野山宏・判解平7年度782、水元宏典・法協115-1-131

212 固有必要的共同訴訟⑥──取締役解任訴訟

最2小判平成10年3月27日（民集52巻2号661頁・判時1636号145頁）　参照条文　民訴法40条

取締役解任の訴えは会社と当該取締役とを共同被告とすべき固有必要的共同訴訟か。

●**事実**●　Y株式会社の株主総会において、代表取締役Aに競業避止義務違反等があったとしてAを取締役から解任する旨の議案が提出されたが、否決された。そこで、Y社の少数株主XがY社を被告としてAを取締役から解任する訴えを提起した。他方、Y社は、取締役解任の訴えは会社と当該取締役の双方を共同被告とすべき固有必要的共同訴訟であり、Aを被告としない本件訴えは不適法であるとして訴え却下を求めた。第1審および原審は、取締役解任の訴えは固有必要的共同訴訟であるとして訴えを却下した。Xより上告。

●**判旨**●　上告棄却。
「取締役解任の訴えは、会社と取締役との間の会社法上の法律関係の解消を目的とする形成の訴えであるから、当該法律関係の当事者である会社と取締役の双方を被告とすべきものと解される。これを実質的に考えても、この訴えにおいて争われる内容は、「取締役ノ職務遂行ニ関シ不正ノ行為又ハ法令若ハ定款ニ違反スル重大ナル事実」があったか否かであるから、取締役に対する手続保障の観点から、会社とともに、当該取締役にも当事者適格を認めるのが相当である。したがって、取締役解任の訴えを会社と当該取締役の双方を被告とすべき固有必要的共同訴訟と解し、会社であるYのみを被告として提起された本件取締役解任の訴えを不適法として却下すべきものとした原審の判断は、正当として是認することができる。」

●**解説**●　**1**　本判決は、取締役解任の訴えは会社と取締役を共同被告とすべき固有必要的共同訴訟であり、一方のみを被告とした訴えは不適法になる旨を明らかにした。旧商法においてはこの点の明文規定がなく（旧商257条3項は被告適格を定めていたが、被告適格の規定はなかった）、学説上は、①共同被告説のほか、②会社説、③取締役説があった中、本判決は①説の採用を明確にした。その意味で、実務上重要な判例であったが、理論的観点からみても、ある者の間の法律関係に直接影響する訴訟物（通常は形成訴訟になると考えられる）に関する被告適格を考える際に重要な示唆を与える判断であり、大きな意義を有する。なお、この法律問題自体は、現在は本判決を明文化する形で会社法855条が制定され、株式会社の役員の解任の訴え（会社854条）については「当該株式会社及び……役員を被告とする」と明定する形で問題が解決された。
2　本判決は、固有必要的共同訴訟とする根拠として、2点を挙げる。第1に「会社と取締役との間の会社法上の法律関係の解消を目的とする形成の訴えであるから、当該法律関係の当事者である会社と取締役の双方を被告とすべき」との形式論であり、第2に解任要件に鑑みて「取締役に対する手続保障の観点から、

会社とともに、当該取締役にも当事者適格を認めるのが相当である」との実質論である。そこで、まず訴訟物の点であるが、取締役解任の訴えは、判決確定により初めて解任の効果が発生する形成訴訟である。取締役の解任という効果につき、共同被告説は会社と取締役の委任関係の解消を求めるものと理解し、会社・取締役間の法律関係に直接影響するとして両者を被告とすべきと解していた。これに対しては、会社説や取締役説から、委任契約終了はこの訴訟の目的ではなく、会社の機関である取締役の地位が剥奪される結果にすぎないとの批判もあった。本判決が委任関係に言及しないのはこのような批判に配慮した可能性があるが（河邉・後掲374頁参照）、いずれにせよ「会社と取締役との間の会社法上の法律関係の解消」であることは確かで、会社にも法律効果が直接及ぶことは否定できない。次に解任訴訟の手続面であるが、解任判決の効力という点からは、会社・取締役の双方に判決効を及ぼす必要性は明らかであるし、それ以外の利害関係人（他の役員、株主等）にも判決効が及ばないと、会社法律関係の混乱をもたらすことも明白である。他方、取締役のみを被告とする場合、判決効を会社にまで及ぼすには（原告が会社の利益を代表するとして）訴訟担当等の解釈によらざるを得ないが、無理があろう。また、会社のみを被告として判決効を取締役に及ぼすことは不可能ではないが、その場合、本判決も指摘する通り、取締役の手続保障が問題となる。解任要件が取締役の職務執行の適正性を問題にすることから、取締役に攻撃防御の機会を与えるべきとすれば（この点が会社のみを被告とする取締役選任の株主総会決議取消訴訟との相違である。そこでは決議の瑕疵等が問題になり、取締役の行為は直接の審理対象にはならない）、取締役を共同被告とすることが最も端的であろう。
3　取締役解任の訴えを会社と取締役を共同被告とする固有必要的共同訴訟とする本判決は正当と考えられるが、その論理は、原告が第三者間の法律関係の解消等を直接求めるその他の場面にも等しく妥当する可能性がある。このような局面は特に身分関係に関する人事訴訟において多く認められる（身分関係は第三者にも影響する公益的なものであるので、第三者に原告適格が認められる場合が多い）。例えば、婚姻取消しの訴えや親子関係不存在確認の訴え等がこれに当たるが、その場合は「当該身分関係の当事者の双方を被告と」すべきことが明文で定められている（人訴12条2項。但し、その一方が死亡しているときは残る一方のみを被告とできるとする）。また、このような考え方は財産関係の訴訟でも基本的に同様と考えられるが（平成15年改正前の詐害的短期賃貸契約解除の訴え（民旧395条但書）はこのように解されていた）、現行民法は詐害行為取消訴訟につき受益者に対しては訴訟告知のみで判決効を認める例外を設けている（これに対する批判として、道垣内弘人=中井康之編『債権法改正と実務上の課題』142頁以下〔山本和彦〕参照）。

●**参考文献**●　河邉義典・判解平10年度363、高田昌宏・平10年度重判127

213　固有必要的共同訴訟⑦──被告側の共同相続人

最2小判昭和43年3月15日（民集22巻3号607頁・判時513号5頁）　　　参照条文　民訴法40条

建物共有者に対する建物収去土地明渡訴訟は固有必要的共同訴訟か。

●**事実**●　X（東京都）は、都有地に建物を建てて居住していたYらに対し、土地所有権に基づき建物収去土地明渡しの訴えを提起した。第1審でXは勝訴したが、その判決言渡後、被告の1人Y₁が第1審口頭弁論終結前に死亡していたことが判明した。そこで、XからY₁の子Z₁～Z₃を相手に受継申立てがされた。Zらは控訴をし、Y₁の一切の権利義務を承継した事実を認めたので、原審は、Zらに対し、改めて建物収去土地明渡しの判決をした。Zらより、受継がされていないZ₄も建物の共同相続人であるところ、本件訴訟は固有必要的共同訴訟にもかかわらず、Z₄を訴訟に関与させなかったとして、上告。

●**判旨**●　　上告棄却。
「土地の所有者がその所有権に基づいて地上の建物の所有者である共同相続人を相手方とし、建物収去土地明渡を請求する訴訟は、いわゆる固有必要的共同訴訟ではないと解すべきである。けだし、右の場合、共同相続人らの義務はいわゆる不可分債務であるから、その請求において理由があるときは、同人らは土地所有者に対する関係では、各自係争物件の全部についてその侵害行為の全部を除去すべき義務を負うのであって、土地所有者は共同相続人ら各自に対し、順次その義務の履行を訴求することができ、必ずしも全員に対して同時に訴を提起し、同時に判決を得ることを要しないからである。もし……これを固有必要的共同訴訟であると解するならば、共同相続人の全部を共同の被告としなければ被告たる当事者適格を有しないことになるのであるが、そうだとすると、原告は、建物収去土地明渡の義務あることについて争う意思を全く有しない共同相続人をも被告としなければならないわけであり、また被告たる共同相続人のうちで訴訟進行中に原告の主張を認めるにいたった者がある場合でも、当該被告がこれを認諾し、または原告がこれに対する訴を取り下げる等の手段に出ることができず、いたずらに無用の手続を重ねなければならないことになるのである。のみならず、相続登記のない家屋を数人の共同相続人が所有してその敷地を不法に占拠しているような場合には、その所有者が果して何びとであるかを明らかにしえないことが稀ではない。そのような場合は、その一部の者を手続に加えなかったために、既になされた訴訟手続ないし判決が無効に帰するおそれもあるのである。以上のように、これを必要的共同訴訟と解するならば、手続上の不経済と不安定を招来するおそれなしとしないのであって、これらの障碍を避けるためにも、これを必要的共同訴訟と解しないのが相当である。また、……これを通常の共同訴訟であると解したとしても、一般に、土地所有者は、共同相続人各自に対して債務名義を取得す

るか、あるいはその同意をえたうえでなければ、その強制執行をすることが許されないのであるから、かく解することが、直ちに、被告の権利保護に欠けるものとはいえない……。」

●**解説**●　　1　本判決は、土地所有者が土地上に建物を共有する者に対して建物収去土地明渡しを請求する場合、当該訴訟は建物共有者の固有必要的共同訴訟にはならず、各共有者に対する個別の訴訟提起が可能である旨を明らかにした判例である。本判決はかなり詳細な理由を付してその結論を導いており、特に実体上の根拠のみならず手続上の理由を詳細に援用している点は、その後の判例や学説の展開に大きな影響を与えたものと評価できる。
　2　本判決の挙げる実体法上の理由として、被告が負う債務は不可分債務であるという点がある。この点は従来の判例でも、共同賃借人に対する返還請求（大判大正7・3・19民録24-445）、共有者の一部に対する売買契約に基づく引渡請求（大判大正12・2・23民集2-127）、共同相続人の1人に対する売買契約に基づく移転登記手続請求（最2小判昭和36・12・15民集15-11-2865）等で援用されてきた。ただ、本件では単に土地明渡しだけではなく、建物収去も問題となっており、これは一部共有者が単独で履行できないことは明らかである。そこで、本判決は不可分債務との構成に加えて、実質的かつ手続法的な根拠も援用したものとみられる（千種・331頁以下参照）。具体的には、①固有必要的共同訴訟とすると、争う意思のない被告に対しても無駄な手続をとる必要がある点、②共有者が常に明らかではなく、誤ってその一部を被告から落とすと、訴訟全体が無駄になってしまう点、③通常共同訴訟としても、共有者全員に対する債務名義がなければ建物収去は実現せず、被告とされない共有者の手続権も害されない点を挙げる。実際には本件の事案でもおそらくそうであったように、②の点が重要であり、原告が被告の一部のみを相手に提訴する事案の大半が過誤によるとすれば、その場合に既にされた手続を無効とすることは、原告の利益の観点からも訴訟経済という公益上の観点からも相当でないとの判断に傾くであろう。
　3　本判決の判断との関係で位置づけが困難であるのは、共有者に対する抹消登記手続請求につき固有必要的共同訴訟とした判決の存在である（最3小判昭和38・3・12民集17-2-310）。不可分債務という理屈は同様に妥当する可能性があるが、手続上の観点では差異が認められる。すなわち、上記②の点で、登記手続請求の場合は登記記録上被告の範囲は明確であり、原告が誤って被告を落とすことは考えにくい一方、上記③の点で、登記請求の場合は、被告の意思表示を求める訴えであるため、被告とされない共有者が第三者異議で争う機会が与えられないという特徴があり、固有必要的共同訴訟とすることにも理由はあろうか（ただ、その場合、移転登記の場合との整合性が更に問題となろう）。

●**参考文献**●　　千種秀夫・判解昭43年度325、間渕清史・［百］5版208

214　固有必要的共同訴訟⑧──提訴拒絶者の被告化

最1小判平成20年7月17日（民集62巻7号1994頁・判時2019号22頁）　　　参照条文　民訴法40条

> 原告側の固有必要的共同訴訟において提訴を拒絶する者を被告とすることができるか。

●事実●　Xらは、本件土地がA集落住民を構成員とする入会集団の入会地であり、XらおよびYらは本件入会集団の構成員であると主張して、Yらおよび本件土地登記名義人から本件土地を買い受けたZ社に対し、XらおよびYらが本件土地につき入会権を有することの確認を求めた。原審は、入会権確認を求める訴えは権利者全員が共同してのみ提起し得る固有必要的共同訴訟であるとし、本件土地の入会権確認を求めている本件訴えは、本件入会集団の構成員全員によって提起されたものではないため、原告適格を欠くとして、訴えを却下すべきものとした。Xらより上告。

●判旨●　原判決破棄、第1審判決取消し・差戻し。
「特定の土地が入会地であることの確認を求める訴えは、……入会集団の構成員全員が当事者として関与し、その間で合一にのみ確定することを要する固有必要的共同訴訟である。そして、入会集団の構成員のうちに入会権の確認を求める訴えを提起することに同調しない者がいる場合であっても、入会権の存否について争いのあるときは、民事訴訟を通じてこれを確定する必要があることは否定することができず、入会権の存在を主張する構成員の訴権は保護されなければならない。そこで、入会集団の構成員のうちに入会権確認の訴えを提起することに同調しない者がいる場合には、入会権の存在を主張する構成員が原告となり、同訴えを提起することに同調しない者を被告に加えて、同訴えを提起することも許されるものと解するのが相当である。このような訴えの提起を認めて、判決の効力を入会集団の構成員全員に及ぼしても、構成員全員が訴訟の当事者として関与するのであるから、構成員の利益が害されることはないというべきである。最2小判昭和41・11・25民集20-9-1921は、入会権の確認を求める訴えは権利者全員が共同してのみ提起し得る固有必要的共同訴訟というべきであると判示しているが、……入会集団の一部の構成員が、前記のような形式で、当該土地につき入会集団の構成員全員が入会権を有することの確認を求める訴えを提起することを許さないとするものではないと解するのが相当である。したがって、特定の土地が入会地であるのか第三者の所有地であるのかについて争いがあり、入会集団の一部の構成員が、当該第三者を被告として、訴訟によって当該土地が入会地であることの確認を求めたいと考えた場合において、訴えの提起に同調しない構成員がいるために構成員全員で訴えを提起することができないときは、上記一部の構成員は、訴えの提起に同調しない構成員も被告に加え、構成員全員が訴訟当事者となる形式で当該土地が入会地であること、すなわち、入会集団の構成員全員が当該土地について入会権を有することの確認を求める

訴えを提起することが許され、構成員全員による訴えの提起ではないことを理由に当事者適格を否定されることはないというべきである。」

●解説●　**1**　本判決は、入会権者の一部の者による入会権確認訴訟でも、提訴に同調しない他の入会権者を被告とすれば、固有必要的共同訴訟の要請を満たし、適法な訴訟となる旨を明らかにした。原告側の固有必要的共同訴訟を認める際の最大の問題点として、原告適格を有する一部の者だけでは提訴できなくなり、その訴権が害されるおそれが指摘されてきたところ、本判決はその解決策を示したものとして実務的・理論的に極めて重要な判決といえる。既に【46】が筆界確定訴訟につき一部共有者が隣地所有者と共に他の共有者をも被告として提訴できる旨を判示していたが、その理由は形式的形成訴訟としての筆界確定訴訟の特殊性を強調していたため、射程には疑義があったが、本判決はそれが一般的に妥当する旨を明らかにしたものと評価することができる。

2　本判決はその理由として、①提訴に非同調者がいる場合も提訴希望者の訴権を保障する必要がある点、②非同調者も被告として訴訟に関与できれば判決効を及ぼされてもその利益は害されない点を指摘する。最大のポイントは①にあり、まさに固有必要的共同訴訟を認める裏返しとなる点である。従来この点の解決が困難であったため、判例は可及的に個別提訴を可能とする様々な法解釈（共有持分権、保存行為、不可分債務等）を駆使してきたと評価できるところ、本判決は初めてこの問題に抜本的に対処できる武器を与えたといえよう（ただ、遺産確認で単独所有を主張する相続人と他の相続人を共同被告とする場合、実質的には本件と同様の利害関係にあるが、【210】は既にこのような固有必要的共同訴訟を認めていた点に注意を要する。高橋・後掲415頁参照）。他方、②の点は、Yら相互間およびZ社・Yら間に請求が立っていないので、判決効拡張は自明でない。本判決はこのような場合も判決効拡張を認め得るとするが（高橋・後掲422頁注14は「紛争の一回的かつ合一的確定を図る以上、被告ら相互間においても判決の結論を争い得ないと解するのが妥当である」とする）、理論的説明は難しい（学説上は実質的三面訴訟として請求を擬制したり、当然の補助参加論に基づく参加的効力を援用する見解がある。山本・後掲205頁参照）。

3　本件は入会権確認訴訟であったので本件のような解決が比較的容易であったが、給付訴訟（入会権に基づく抹消登記手続請求等）である場合には問題は更に困難となる。Z社に対する登記請求は可能であるが、Yらに対して同じ請求を立てることはできない。本判決が指摘するように、Yらが当事者となっていることのみが重要であるとすれば、それらの者に対しては入会権確認訴訟の提起で十分と解するほかないであろうか（ただ、その場合、実体法上なぜ一部共有者による登記請求が可能なのかという問題等が別途生じよう）。

●参考文献●　高橋譲・判解平20年度404、山本弘・百5版
204

215 固有必要的共同訴訟⑨——訴えの取下げ

最3小判平成6年1月25日（民集48巻1号41頁・判時1504号91頁）　　参照条文　民訴法40条

> 固有必要的共同訴訟において一部の被告に対して訴えを取り下げることは許されるか。

●事実●　XおよびAはXを選定当事者として、YらおよびBらを被告として、不動産等が亡Eの遺産に属することの確認を求める訴えを提起したが、第1審係属中、XはBらに対する訴えを取り下げた。第1審は、上記訴えの取下げを有効とし、Xと残余の被告であるYらのみを判決の名宛人として、本件訴えは訴えの利益を欠く等の理由によりこれを却下する旨の判決をした。Xが第1審判決に対して控訴したが、原審は、遺産確認の訴えは固有必要的共同訴訟と解すべきところ、第1審においてBらに対する訴えの取下げがされた結果、共同相続人全員が当事者として関与するものではなくなっているから不適法であり、本件訴えを却下した第1審判決を正当として、Yらのみを被控訴人としてXの控訴を棄却する旨の判決をした。Xより上告。

●判旨●　原判決破棄、第1審判決取消し・差戻し。
　「共同相続人間における遺産確認の訴えは、共同相続人全員が当事者として関与し、その間で合一にのみ確定することを要するいわゆる固有必要的共同訴訟と解すべきところ（【210】参照）、……亡Eの遺産について遺産分割が未了であり、X、A、Y₁・Y₂及びBらの合計7名がその共同相続人……であるというのであるから、Xの本件訴えは、共同相続人全員を当事者として適法に提起され、第1審裁判所に係属したものというべきである。ところが、Xは、本件訴えが右のとおり適法に係属した後に、Bらに対する訴えの取下げをしたものであるが、このような固有必要的共同訴訟の係属中にした共同被告の一部に対する訴えの取下げは、効力を生じないものというべきである。けだし、いわゆる固有必要的共同訴訟においては、共同訴訟人全員について判決による紛争の解決が矛盾なくされることが要請されるが故に、共同訴訟人全員が当事者として関与することが必要とされるのであって、このような訴訟の係属中に一部の者に対してする訴えの取下げの効力を認めることは、右訴訟の本質と相いれないからである（【207】参照）。」

●解説●　1　本判決は、固有必要的共同訴訟である遺産確認訴訟につき、一部被告に対する訴えの取下げは効力を生じない旨を明らかにした。遺産確認訴訟は遺産分割前の共有状態を確認し、遺産分割手続の前提を確定する訴訟として、共同相続人全員の固有必要的共同訴訟と解されている（【210】参照）。本判決はそれを前提に、当初は固有必要的共同訴訟の要件を満たしていたが、訴訟係属中に一部被告に対する訴えが取り下げられた場合、当該訴えの適法性が問題となった事案である。原審は訴え取下げを有効として共同相続人全員が当事者でなくなったため訴えを不適法としたのに対し、本判決は訴え取下げ自体を無効として固有必

要的共同訴訟の要件がなお満たされていると判示した。この問題につき、従来、共同原告の一部による取下げの効力は否定されていたが（【207】参照）、共同被告の一部に対する訴え取下げに係る最高裁判例はなく、大審院判例は必ずしも無効としていなかったところ、原告の取下げの場合と同旨の判例法理を確立したものとして重要な意義を有する。
　2　この問題に関する大審院判例として、大判昭和14・4・18民集18-460は、旧民法下の親族会決議取消訴訟につき、当初は親族会構成員全員を被告としていたのに対し、訴訟係属中に被告1名に対する訴えを取り下げ、他の被告らも当該訴え取下げに異議を述べなかったが、被告の1人が訴訟に欠席していたという事案において、同判決は、固有必要的共同訴訟において共同被告の一部に対する訴えの取下げは許されるが、共同被告の1人でも本案につき弁論をしたときは取下げには共同被告全員の同意を要する旨判示し、本件では上記欠席被告の同意がないので、取下げは効力を生じていないとした。学説は、大審院判例を支持する見解（全被告同意説）と、判例を批判して共同原告の一部の取下げと同様に取下げを無効とする見解（取下げ無効説）が対立していたが（その他、応訴した被告の同意を要するとする応訴被告同意説や取下げ自由説もあった。三村・後掲41頁以下参照）、共同原告に関する【207】以降は学説上取下げ無効説が優勢になっていたところ（三村・後掲42頁は「現在の通説的見解」とする）、本判決はそれを採用したものである。
　3　本判決の挙げる理由は、固有必要的共同訴訟では「共同訴訟人全員について判決による紛争の解決が矛盾なくされることが要請されるが故に、共同訴訟人全員が当事者として関与することが必要とされる」ため、一部被告に対する訴え取下げを認めることはこのような「訴訟の本質と相いれない」という点にある。【207】を引用するように、その点で共同原告による取下げと共同被告に対する取下げで差がない旨を前提にしている。固有必要的共同訴訟においては、訴訟物は共同当事者の数に関係なく1個であり、各当事者は共同してのみ当事者適格を有するという理論的観点からみれば、原告側共同の場合と被告側共同の場合の間に差はなく、判旨は自然な判断であろう。確かに他の共同被告の取下げに対する同意を認めれば、それらの者の利益を保護できるが、そうしてまで一部取下げを認める実益は小さい。適切な釈明がされれば通常は取下げが撤回されるであろうし、それでも取下げを維持するような原告はむしろ被告全員に対する取下げをすべきものと考えられよう（三村・後掲47頁以下）。なお、原告全員の被告全員に対する訴え取下げは当然有効である。そして、その場合は、共同被告の1人でも本案について既に弁論をしているときは（40条1項によりその効力は被告全員に及ぶので）、被告全員の同意が必要になるものと解される（三村・後掲49頁参照）。

●参考文献●　三村量一・判解平6年度34、高田裕成・リマ
10-144

216 類似必要的共同訴訟①──住民訴訟

最大判平成9年4月2日（民集51巻4号1673頁・判時1601号47頁）　参照条文　民訴法40条

類似必要的共同訴訟である住民訴訟において上訴を取り下げた者は上訴人として残るか。

●事実●　愛媛県民Xらは、Y（愛媛県）が靖國神社の挙行した例大祭等に際して奉納する玉串料等を県の公金から支出したことが憲法20条3項、89条等に照らして許されない違法な財務会計上の行為に当たるとして、地方自治法242条の2第1項4号に基づく損害賠償代位請求住民訴訟を提起した（愛媛玉串料訴訟）。原審は、本件支出は憲法20条3項、89条に違反しないと判断した。Xらは上告したが、そのうちX₁は上告を取り下げる旨の書面を上告裁判所に提出した（本判決は憲法判断も示したが、以下では上記X₁との関係で職権でされた判示事項のみを取り上げる）。

●判旨●　破棄自判。
「本件は、地方自治法242条の2に規定する住民訴訟である。同条は、普通地方公共団体の財務行政の適正な運営を確保して住民全体の利益を守るために、当該普通地方公共団体の構成員である住民に対し、いわば公益の代表者として同条1項各号所定の訴えを提起する権能を与えたものであり、同条4項が、同条1項の規定による訴訟が係属しているときは、当該普通地方公共団体の他の住民は、別訴をもって同一の請求をすることができないと規定しているのは、住民訴訟のこのような性質にかんがみて、複数の住民による同一の請求については、必ず共同訴訟として提訴することを義務付け、これを一体として審判し、一回的に解決しようとする趣旨に出たものと解される。そうであれば、住民訴訟の判決の効力は、当事者となった住民のみならず、当該地方公共団体の全住民に及ぶものというべきであり、複数の住民の提起した住民訴訟は、民訴法62条〔現行40条〕1項にいう「訴訟ノ目的カ共同訴訟人ノ全員ニ付合一ニノミ確定スヘキ場合」に該当し、いわゆる類似必要的共同訴訟と解するのが相当である。ところで、類似必要的共同訴訟については、共同訴訟人の一部の者がした訴訟行為は、全員の利益においてのみ効力を生ずるとされている（民訴法62条1項）。上訴は、上訴審に対して原判決の敗訴部分の是正を求める行為であるから、類似必要的共同訴訟において共同訴訟人の一部の者が上訴すれば、それによって原判決の確定が妨げられ、当該訴訟は全体として上訴審に移審し、上訴審の判決の効力は上訴をしなかった共同訴訟人にも及ぶものと解される。しかしながら、合一確定のためには右の限度で上訴が効力を生ずれば足りるものである上、住民訴訟の前記のような性質にかんがみると、公益の代表者となる意思を失った者に対し、その意思に反してまで上訴人の地位に就き続けることを求めることは、相当でないだけでなく、住民訴訟においては、複数の住民によって提訴された場合であっても、公益の代表者としての共同訴訟人らにより同一の違法な財務会計上

の行為又は怠る事実の予防又は是正を求める公益上の請求がされているのであり、元来提訴者各人が自己の個別的な利益を有しているものではないから、提訴後に共同訴訟人の数が減少しても、その審判の範囲、審理の態様、判決の効力等には何ら影響がない。そうであれば、住民訴訟については、自ら上訴をしなかった共同訴訟人をその意に反して上訴人の地位に就かせる効力までが行政事件訴訟法7条、民訴法62条1項によって生ずると解するのは相当でなく、自ら上訴をしなかった共同訴訟人は、上訴人にはならないものと解すべきである。この理は、いったん上訴をしたがこれを取り下げた共同訴訟人についても当てはまるから、上訴をした共同訴訟人のうちの一部の者が上訴を取り下げても、その者に対する関係において原判決が確定することにはならないが、その者は上訴人ではなくなるものと解される。」

●解説●　1　本判決は、住民訴訟が類似必要的共同訴訟であることを確認する一方、上訴を取り下げた原告住民は上訴人でなくなる旨を明らかにした。この点、最2小判昭和58・4・1民集37-3-201は先例として、住民訴訟は類似必要的共同訴訟に当たるとした上で、共同原告たる住民の一部が上訴した場合には、他の原告にも上訴の効力が及び（40条1項）、全員が上訴人になるとしていた。しかるに、本判決は大法廷でこの判例を明示的に変更し、住民訴訟では上訴しなかった当事者は上訴人にならない旨を明らかにしたものである。

2　本判決はまず住民訴訟が類似必要的共同訴訟となる根拠として、他の住民にも判決効が及ぶことを挙げる。この点は、前掲最判昭和58・4・1が地方公共団体に対する判決効の拡張を根拠としていた点と理由付けが異なるが（大橋・後掲578頁参照）、これが反射効を超えた効力を意味するとすれば（株主代表訴訟などはそれで説明されよう）、住民訴訟の判決効は対世効により近い特殊な効力となろう（破産関係訴訟等の判決効に近いか）。そして、①合一確定のためには判決効を及ぼせば十分であること、②公益代表者として上訴人となる意思を失った住民まで上訴人の地位に就かせることは相当でないこと、③原告の数が減っても審判の態様・判決効等に影響がないことから、上訴しなかった原告は上訴人にならない（その結果、一部の上訴人の上訴取下げも認められる）との結論に至ったものである。

3　本判決は、住民訴訟の公益性という特殊な性格を根拠としており、その射程が注目された。その後、株主代表訴訟には本判決と同旨が妥当するとされたが（最2小判平成12・7・7民集54-6-1767参照）、養子縁組無効の訴えは、類似必要的共同訴訟に当たるものの、共同訴訟人の1人が上訴した場合は他の共同訴訟人も当然上訴人となり、その者がした上訴は二重上訴になるとされた（【217】）。その意味で、住民訴訟・代表訴訟の特殊性が顕著になっている。

●参考文献●　大橋寛明・判解平9年度561、伊藤眞・平9年度重判129

217 類似必要的共同訴訟② ── 養子縁組無効確認訴訟

最1小決平成23年2月17日（判時2120号6頁・判タ1352号159頁）　　参照条文　民訴法40条

> 類似必要的共同訴訟である養子縁組無効確認の訴えで一部の者の上訴は他の者にも効力をもつか。

●事実●　本件は、Aを養母、Yを養子とする養子縁組が無効であるとして、Aの子X₁が、Yに対し、養子縁組の無効確認を求める訴えを提起し、Aの別の子X₂がこれに共同訴訟参加した事案である。第1審は上記養子縁組は無効であるとしてXらの請求を認容したが、原審は上記養子縁組は無効ではないとして、Xらの請求を棄却した。X₁が上告および上告受理申立てをした後、X₂も上告および上告受理申立てをした。

●決定要旨●　X₂につき上告却下・上告不受理。
「数人の提起する養子縁組無効の訴えは、いわゆる類似必要的共同訴訟と解すべきであるところ（最2小判昭和43・12・20判時546-69）、記録によれば、X₂が本件上告を提起するとともに、本件上告受理の申立てをした時には、既に共同訴訟人であるX₁が本件養子縁組無効の訴えにつき上告を提起し、上告受理の申立てをしていたことが明らかであるから、X₂の本件上告は、二重上告であり、X₂の本件上告受理の申立ては、二重上告受理の申立てであって、いずれも不適法である。」

●解説●　1　本決定は、数人の提起する養子縁組無効確認の訴えは類似必要的共同訴訟であり、そのうちの1人が上訴した後に他の共同訴訟人がした上訴は二重上訴になり不適法である旨判示した。類似必要的共同訴訟の共同当事者の一部の者の上訴の効力については、既に住民訴訟や株主代表訴訟に関し、全員が共同訴訟人となる必要はない旨を前提とした判決がされていた。すなわち、住民訴訟に関する【216】は、共同訴訟人の上訴後に一部の者がした上訴の取下げは有効で、その者は上訴人でなくなるとしたものであり、株主代表訴訟に関する最2小判平成12・7・7民集54-6-1767は、共同訴訟人の一部の者が上訴をしなかった場合、その者は上訴人の地位には就かないとしたものであった。ただ、その判決理由ではいずれも住民訴訟や株主代表訴訟の特殊性が論じられていたため、その射程が他の類似必要的共同訴訟に及ぶのかが注目されていた。本決定は、類似必要的共同訴訟に当たる一大類型である人事訴訟に関して、上記判例法理が必ずしも妥当しない旨を明らかにした判例であり、その意義は実務的にも理論的にも大きなものを含んでいると評価できよう。

2　本決定は、まず養子縁組無効確認訴訟が類似必要的共同訴訟である旨を前提とする。この点については既に、前掲最判昭和43・12・20が明らかにしていた。養子縁組無効確認訴訟は、人事訴訟として、その判決効はいわゆる対世効として第三者にも広く及ぶ（人訴24条1項）。他方、養子縁組無効確認訴訟の原告適格は、当該養子縁組が無効であることにより自己の身分関係に関する地位に直接の影響を受ける者に認められ

る（最3小判昭和63・3・1民集42-3-157）、複数の者が原告適格を有する可能性がある（本件も、養子縁組が有効とすれば兄弟関係に立つ複数の者が原告となっている）。したがって、X₁の提起する養子縁組無効確認訴訟とX₂の提起するそれとは相互に判決効が拡張する関係にあり、訴訟共同は求められない（固有必要的共同訴訟とはならない）ものの、共同訴訟となった場合には合一確定が求められる類似必要的共同訴訟に当たるものと解される。

3　類似必要的共同訴訟において一部の共同訴訟人が上訴を提起した場合の他の共同訴訟人の地位については、前述のように、住民訴訟および株主代表訴訟に関して、上訴人とならない旨の判例法理が確立されている。ただ、それらの判例は、それが類似必要的共同訴訟であること（固有必要的共同訴訟に当たらないこと）に加え、それらの訴訟類型の特殊性に言及していた。すなわち、【216】は、住民訴訟の公益的性質から、公益代表者として上訴人となる意思を失った住民まで上訴人の地位に就かせることは相当でない点、原告の数が減っても審判の態様・判決効等に影響がない点を挙げるし、前掲最判平成12・7・7も同様に、株主代表訴訟では株主個人の利益が直接問題になっているものではないので、訴訟追行の意思を失った株主まで上訴人の地位に就かせることは相当でない点、原告の数が減っても審判の態様・判決効等に影響がない点を挙げる。その意味で、先例は、住民訴訟や株主代表訴訟において原告個人の利益が直接問題になっているものではない点を重視していると解されよう。他方、養子縁組無効確認訴訟においては、前述のように、原告適格が自己の身分関係上の地位が直接の影響を受けることを根拠とし、まさに原告個人の利益が直接問題になっていることから、上記判例の射程は及ばないと解するのが自然である。ただ、その上で、この場合に上訴しなかった共同訴訟人にも上訴人の地位を認めるかについては、議論が分かれ得る。この場合も、原告の数が減っても審判の態様や判決効に影響がない点を重視すれば、原告の処分権（原告はそもそも提起するか否かを自らの意思で選択できる）に鑑み、非上訴人説も十分考えられる。ただ、原告の上訴しない旨の意思が当面の訴訟追行を他の共同訴訟人に委ねるにすぎず、その訴訟追行に不満がある場合（例えば、その者が訴え取下げや訴訟上の和解をしようとする場合等）は自ら訴訟に関与したい希望があるとすれば、非上訴人説はそれを無視することになる。そして、必要的共同訴訟においては、共同訴訟人の一部がした有利な行為（上訴等）の効力は他の共同訴訟人にも及び（40条1項）、判決の合一確定を実現することが原則型であるとすれば（換言すれば、住民訴訟や代表訴訟の扱いがそれらの訴訟類型の特殊性に基づく例外型であるとすれば）、上訴人説が自然ということになろう。本決定は、その理由を明示しないものの、【216】以降学説上有力になりつつあった非上訴人説を否定したものとして、意義は大きい。

●参考文献●　井上治典『多数当事者訴訟の法理』206、岡田幸宏・平23年度重判129

218　参加の利益

最1小決平成13年1月30日（民集55巻1号30頁・判時1740号3頁）　　参照条文　民訴法42条

株主代表訴訟において会社は被告である取締役に補助参加する利益を有するか。

●事実●　Y社の株主Xは、Y社の取締役らに対し、忠実義務に違反して粉飾決算を指示しまたは粉飾の存在を見逃し、その結果、法人税等の過払や株主に利益配当するなどして、Yに損害を与えたと主張して損害賠償を請求する株主代表訴訟を提起した。Yが被告取締役らのため補助参加を申し出たが、Xはこれに対し異議を述べた。第1審はYの参加申出を却下し、原審も、本案訴訟の訴訟物はYの取締役らに対する損害賠償請求権であり、判決主文における判断につきYは取締役らと実体法上の利害が対立する関係にあり、補助参加を認めると、Yは自己に帰属する損害賠償請求権の存在を争う当事者のために訴訟行為をすることになり、民事訴訟の構造に反する結果となるから、Yは「訴訟の結果について利害関係を有する第三者」ということはできないとして、Yの補助参加申出を却下すべきとした。Yより許可抗告の申立て（抗告許可）。

●決定要旨●　原決定破棄・原々決定取消し、補助参加許可。

「民訴法42条所定の補助参加が認められるのは、専ら訴訟の結果につき法律上の利害関係を有する場合に限られ、単に事実上の利害関係を有するにとどまる場合は補助参加は許されない……。そして、法律上の利害関係を有する場合とは、当該訴訟の判決が参加人の私法上又は公法上の法的地位又は法的利益に影響を及ぼすおそれがある場合をいうものと解される。取締役会の意思決定が違法であるとして取締役に対し提起された株主代表訴訟において、株式会社は、特段の事情がない限り、取締役を補助するため訴訟に参加することが許されると解するのが相当である。けだし、取締役の個人的な権限逸脱行為ではなく、取締役会の意思決定の違法を原因とする、株式会社の取締役に対する損害賠償請求が認められれば、その取締役会の意思決定を前提として形成された株式会社の私法上又は公法上の法的地位又は法的利益に影響を及ぼすおそれがあるというべきであり、株式会社は、取締役の敗訴を防ぐことに法律上の利害関係を有するということができるからである。そして、株式会社が株主代表訴訟につき中立的立場を採るか補助参加をするかはそれ自体が取締役の責任にかかわる経営判断の1つであることからすると、補助参加を認めたからといって、株主の利益を害するような補助参加がされ、公正妥当な訴訟運営が損なわれるとまではいえず、それによる著しい訴訟の遅延や複雑化を招くおそれはなく、また、会社側からの訴訟資料、証拠資料の提出が期待され、その結果として審理の充実が図られる利点も認められる。……本件は、Y社の……各決算において取締役らが忠実義務に違反して粉飾決算を指示し又は粉飾の存在を見逃したことを原因とするY社の取締役らに対する損害賠償請求権を訴訟物とするものであるところ、……本件請求は、取締役会の意思決定が違法であるとして提起された株主代表訴訟である。そして、上記損害賠償請求権が認められて取締役らが敗訴した場合には、Y社の第48期以降の各期の計算関係に影響を及ぼし、現在又は将来の取引関係にも影響を及ぼすおそれがあることが推認されるのであって、Y社の補助参加を否定すべき特段の事情はうかがわれない。」

●解説●　1　本決定は、補助参加の利益につき一般論を明らかにするとともに、実務上争いのあった株主代表訴訟における被告取締役側への会社の補助参加の利益を認めた。ただ、後者の点は現在では会社法上明文で規定されており（会社849条1項は、株式会社は「当事者の一方を補助するため、責任追及等の訴え……に係る訴訟に参加することができる」とし、原告側・被告側を区別しない）、本決定は歴史的意義を有するに止まる。

2　本決定は、補助参加の利益は法律上の利益に限られるとの先例（最1小判昭和39・1・23集民71-271）を前提に、法律上の利益を有する場合とは、「当該訴訟の判決が参加人の私法上又は公法上の法的地位又は法的利益に影響を及ぼすおそれがある場合」であるとした。そして、「取締役会の意思決定が違法であるとして……提起された株主代表訴訟において、株式会社は、特段の事情がない限り、取締役を補助するため訴訟に参加することが許される」とする。取締役会の意思決定が違法だとすれば、それを前提に形成された会社の私法上・公法上の法的地位・法的利益に影響を及ぼすおそれがあるといえるからである（髙部・後掲88頁参照）。本決定は取締役会の意思決定による粉飾決算が将来の決算や取引関係に及ぼす影響を問題とするが、業務停止命令等公法上の監督処分の可能性も考慮される。他方、そのような影響には至らず、単に会社のイメージダウンを招くことは事実上の影響にすぎず、参加の利益を基礎づけない（他の同種事件の判断による影響も事実上の影響に止まる。東京高決平成20・4・30判時2005-16等参照）。また、取締役の個人的な権限逸脱や濫用を原因とする代表訴訟も、会社に通常そのような影響はなく、参加の利益は否定されよう。

3　前提問題として、42条の「訴訟の結果」の意義の理解につき、訴訟の結果は訴訟物に関する判断に限られるとする訴訟物限定説と判決理由中の判断も含まれるとする訴訟物非限定説に分かれる。本決定はその点を明らかにしておらず、取締役会の意思決定の違法という判決理由中の判断に基づく訴訟物非限定説を採ったとの理解もあり得る。しかし、本件訴訟物が「粉飾決算の指示・見逃しを原因とする損害賠償請求権」であるとすれば、粉飾決算も訴訟物に包含され、伝統的な訴訟物限定説による説明の余地もあろう（髙部・後掲87頁。本決定後の【221】は後者の理解に親和的とも思われる）。

●参考文献●　髙部眞規子・判解平13年度55、伊藤眞・民訴

219　共同訴訟的補助参加

最1小判昭和40年6月24日（民集19巻4号1001頁・判時417号33頁）　　　参照条文　民訴法45条、40条

> 共同訴訟的補助参加において被参加人のした訴えの
> 取下げは効力を有するか。

●事実●　本件は、農地買収計画に対する訴願棄却裁決の取消しを求める訴えである。第1審判決は、本件農地買収計画は基準日当時における農地所有者の認定を誤っており、違法であるとして上記裁決を取り消した。この判決に対し、Y知事の補助参加人で裁決申請をしたZらが控訴した。原審口頭弁論期日において、Y代理人は口頭で本件控訴を取り下げる旨陳述し、Zら代理人は異議を留保することなく退廷したが、次回期日でYの控訴取下げには同意し難い旨を述べた。原審は、Zらは共同訴訟的補助参加人と解されるから、YはZらの意に反して控訴取下げをできないとして、第1審判決を取り消して請求を棄却した。Xより、Yにより本件控訴が適法に取り下げられたにもかかわらず、Zらの異議申立てにより本訴は依然有効に係属しているとした原審の判断は違法であるとして、上告。

●判旨●　　上告棄却。
「本訴は訴願棄却裁決の取消を求める訴訟であり、公権力の行使に関する法律関係を対象とするものであって、右法律関係は画一的に規制する必要があるものであるから、その取消判決は、第三者に対しても効力を有するものと解すべきである。従って、かかる訴訟に参加した利害関係人は、民訴法69条〔現行45条〕2項の適用を受けることなく、あたかも共同訴訟人のごとく訴訟行為をなし得べき地位を有するものであり、被参加人と参加人との間には同法62条〔現行40条〕の規定が準用され、いわゆる共同訴訟的補助参加人と解するのが相当である。それ故、被参加人だけで控訴を取り下げたとしても、これによって同控訴が当然効力を失うものではない、といわなければならない。そして、……Y敗訴の第1審判決に対しZらから控訴が提起されたところ、控訴審の……口頭弁論期日においてYの代理人が口頭をもって本件控訴を取り下げる旨陳述し、……次回口頭弁論期日にいたりZらの代理人は「Yの控訴取下に同意し難い。」と述べたことが明らかであり、……前記控訴の取下は、Yだけでなされたもので、その効力を生ずるに由ない……。」

●解説●　　1　本判決は、最高裁が初めて共同訴訟的補助参加の概念を認め、裁決取消訴訟の補助参加人はそれに当たるとして、その効果として被参加人のみによる上訴取下げは効力を生じない旨を明らかにした。共同訴訟的補助参加は日本の民訴法には存しないが、母法であるドイツ法に存在し、日本でも学説上一般に認められてきた概念である。大審院判例として、大判昭和13・12・28民集17-2878は、特許事件の審判が参加人に効力を及ぼす場合は、参加人が提起した上告につき主たる当事者が単独で取下げできない旨を明らかにしたが、いわゆる共同訴訟的補助参加人という言葉を

用い、既に本判決と同旨の判断を示していた。なお、本判決後、行訴法が改正され、同法22条4項において「第1項の規定により訴訟に参加した第三者については、民事訴訟法第40条第1項から第3項までの規定を準用する」として、この問題は立法的に解決された（渡部・後掲195頁は「本判決は、旧法下の争いに対して終止符を打ったほどの意義を有するにすぎない」とする。同様の立法として、人訴15条4項参照）。

2　本判決の判旨は、取消判決の効力が第三者である参加人に拡張することから、当該第三者には補助参加人の従属性（45条2項）の規定は適用されず、むしろ必要的共同訴訟人と同等の地位（40条）を認めたものである。判決効の拡張を受け、当該訴訟の結果により自己の法律上の地位が直接左右される関係にありながら、当事者適格を有しないため当事者になれない補助参加人が被参加人の訴訟行為を掣肘できないとすれば、その権利保護は不十分となってしまう。そこで、このような場合の補助参加人の地位を強化するもので、その効果として40条の準用が判示されている（前記行訴法の規定も同様）。例えば、被参加人が自白しても、補助参加人がその点を否認すれば、自白の効力を否定できるといった効果である。本判決は、上訴の取下げについてその趣旨を明らかにしたが、仮に上訴の取下げを認めると、第1審判決が確定し、Zらに敗訴判決の効力が及ぶことになることから、その結論は正当化できよう。これに対し、訴え取下げの場合は、被参加人のみが処分権を有するものであり、参加人の同意等は要しないと解されよう（訴訟上の和解も、判決効拡張が観念できないとすると、同様である。ただ、対世効の及ぶ事件では和解自体が制限される余地はある）。同様に、参加人の従たる当事者の地位自体は変わらないので、参加人のみに中断事由が生じても、訴訟手続は中断せず、続行されるものと解される（40条3項が準用されるとしても、それは被参加人の事由に限られよう）。

3　本判決以降の共同訴訟的補助参加に係る判例として、被告側の補助参加に関し、最1小判昭和45・1・22民集24-1-1は、株主総会決議取消訴訟につき取締役の被告会社への共同訴訟参加を認めず、その者の補助参加を共同訴訟的補助参加として認めた。他方、住民訴訟において他の住民の補助参加につき共同訴訟的補助参加が問題とされた事案で、最1小判昭和63・2・25民集42-2-120は、共同訴訟参加が可能である住民が補助参加を選択した場合は、共同訴訟的補助参加として扱うことは相当でなく、通常の補助参加とすれば足りるとした。これは、共同訴訟的補助参加という概念が「立法の不備を補うため解釈論によって認められてきた」という認識（高橋・後掲83頁）の下、共同訴訟参加が可能である場合は、あえてそのような解釈の必要性がないとしたものである。ただ、共同訴訟的補助参加をそこまで限定すべきかについては異論もあり得、原告適格を有する者に共同訴訟参加と共同訴訟的補助参加の選択を認める理解もあり得よう。

●参考文献●　渡部吉隆・判解昭40年度194、高橋利文・判解昭63年度73

220 参加的効力

最1小判昭和45年10月22日（民集24巻11号1583頁・判時613号52頁）　　参照条文　民訴法46条

補助参加に基づく判決の効力とはどのようなものであるか。

●**事実**●　A社は、本件建物は同社の所有であると主張し、Y社に対し、その建物の一部である本件貸室の明渡し等を請求した（別件訴訟）。Xは、別件訴訟が第1審係属中にYに補助参加し、本件建物所有権は本件貸室の賃貸当時から一貫してXに属していたと主張し、Yの訴訟追行に協力した。しかるに、同訴訟において、Yは、本件建物所有権は、上記賃貸当時からAに属し、Xには属していなかったとの理由で、敗訴の確定判決を受けた。その後、Xは、Yが本件貸室の賃料支払を怠ったとして、未払賃料の支払等を求めて本訴を提起した。Yは、本件賃貸借契約は本件建物所有権がXに属することを前提としていたが、その後、Xには所有権がないことが明らかになったため、錯誤による無効であるとし、Xは補助参加していた前記訴訟の判決の効力を受けるので、Xに所有権がある旨を主張することは許されない旨主張した。原審は、補助参加に基づく効力は判決理由中の判断にも及ぶとして、Xの請求を棄却すべきものとした。Xより上告。

●**判旨**●　上告棄却。
「民訴法70条〔現行46条〕の定める判決の補助参加人に対する効力の性質およびその効力の及ぶ客観的範囲について考えるに、この効力は、いわゆる既判力ではなく、それとは異なる特殊な効力、すなわち、判決の確定後補助参加人が被参加人に対してその判決が不当であると主張することを禁ずる効力であって、判決の主文に包含された訴訟物たる権利関係の存否についての判断だけではなく、その前提として判決の理由中でなされた事実の認定や先決的権利関係の存否についての判断などにも及ぶものと解するのが相当である。けだし、補助参加の制度は、他人間に係属する訴訟の結果について利害関係を有する第三者、すなわち、補助参加人が、その訴訟の当事者の一方、すなわち、被参加人を勝訴させることにより自己の利益を守るため、被参加人に協力して訴訟を追行することを認めた制度であるから、補助参加人が被参加人の訴訟の追行に現実に協力し、または、これに協力しえたにもかかわらず、被参加人が敗訴の確定判決を受けるに至ったときには、その敗訴の責任はあらゆる点で補助参加人にも分担させるのが衡平にかなうというべきであるし、また、民訴法70条が判決の補助参加人に対する効力につき種々の制約を付しており、同法78条〔現行53条〕が単に訴訟告知を受けたにすぎない者についても右と同一の効力の発生を認めていることからすれば、民訴法70条は補助参加人につき既判力とは異なる特殊な効力の生じることを定めたものと解するのが合理的であるからである。……右別件訴訟の確定判決の効力は、その訴訟の被参加人たるY社と補助参加人たるXとの間においては、その判決の理由中で

なされた判断である本件建物の所有権が右賃貸当時Xには属していなかったとの判断にも及ぶものというべきであ」る。

●**解説**●　1　本判決は、補助参加に基づく判決効が既判力とは異なる特殊な効力（参加的効力）である旨を明らかにした最初の判例である。大判昭和15・7・26民集19-1395は大正15年改正による旧民訴法70条が参加人に既判力を及ぼすものである旨を明言していたが、学説上は、大正15年改正は従来の規定（旧々民訴55条は「従参加人は……其補助したる原告若くは被告との関係に於ては其訴訟の確定裁判は不当なりと主張することを得ず」とし、判決の効力の文言を用いていなかった）の趣旨を変えたものではなく、既判力と異なる特殊な参加的効力を認めたものとするのが通説であった。本判決は学説の大審院判例に対する批判を受け入れ、同判例を正面から変更して参加的効力の概念を認めた。

2　本判決は詳細な判示をしているが、まず参加的効力の内容は「判決の確定後補助参加人が被参加人に対してその判決が不当であると主張することを禁ずる効力」とし、判決主文のみならず判決理由中の判断にも及ぶ旨を明らかにする。その根拠としては、①協力した訴訟追行（可能性）を根拠とする補助参加においては敗訴責任は全面的に参加人にも負担させるのが衡平に適う点、②46条各号のような例外や訴訟告知のみで効力が及ぶことを考えると既判力と異なる特殊な効力と解するのが合理的である点を挙げる。このような参加的効力の内容および根拠は通説と基本的に同様であり（本判決当時の通説については、奥村・後掲424頁以下参照）、特に判決理由中の判断にも及ぶ点が参加的効力の最も重要な性質であり、この点を認めないとこの効力の実益の大半が失われることになる。判決主文における判断は前訴の原告・被告間の法律関係に関するものであり、直接には参加人と被参加人の間には関係しないので、その点を拡張してもあまり意味がない（本件でも、前訴判決主文の判断対象はAのYに対する明渡請求権であり、XY間の法律関係には直接関係しない）。そこで、参加人に十分な手続保障がなかった場合は例外としながら（46条）、手続保障があった場合は判決理由中の判断にも効力を認めたものと解される。

3　ただ、本判決は「判決の理由中でなされた事実の認定や先決的権利関係の存否についての判断などにも及ぶ」とするが、その厳密な範囲は未だ明確でない（奥村・後掲426頁参照）。本件では、「本件建物所有権は上記賃貸当時からA社に属し、Xには属していなかった」との別件訴訟の判決理由中の判断に参加的効力が肯定された。これはAの所有権が根拠とされた別件訴訟において一物一権主義を前提とすればXの所有権も中心的争点とされたものと解されるが、厳密には前訴の争点は判決基準時における所有権であり、賃貸借当時の所有権は傍論と思われなくもなく、なお問題はあろう（この点は【221】も参照）。

●**参考文献**●　奥村長生・判解昭45年度418、福本知行・百5版216

221 訴訟告知

最3小判平成14年1月22日（判時1776号67頁・判タ1085号194頁）　　参照条文　民訴法53条、46条

> 訴訟告知に基づき被告知者について生じる参加的効力はどのようなものか。

●事実●　YはAとの間で店舗新築工事請負契約を締結した。Xは、Aに対し、本件商品を販売したとして、代金の支払を求める前訴を提起した。前訴において、Xは、本件店舗に納入した本件商品は施主であるYがXから買い受けたものとAが主張したことから、Yに対して訴訟告知をしたが、Yは前訴に補助参加しなかった。前訴においては、Xの請求を棄却する判決が言い渡され確定したが、その理由中で、本件商品はYが買い受けたことが認められる旨の記載があった。そこで、XはYに対し、本件商品に係る代金の支払を求めて本訴を提起した。原審は、旧民訴法78条（現行53条）、70条（現行46条）所定の訴訟告知による判決の効力が被告知人Yに及び、Yは、本訴において、Xに対し、前訴判決の理由中の判断と異なり、本件商品を買い受けていないと主張することは許されないとして、請求を認容した。Yより上告。

●判旨●　破棄差戻し。
「裁判が訴訟告知を受けたが参加しなかった者に対しても効力を有するのは、訴訟告知を受けた者が同法64条〔現行42条〕にいう訴訟の結果につき法律上の利害関係を有する場合に限られるところ、ここにいう法律上の利害関係を有する場合とは、当該訴訟の判決が参加人の私法上又は公法上の法的地位又は法的利益に影響を及ぼすおそれがある場合をいうものと解される……。また、旧民訴法70条所定の効力は、判決の主文に包含された訴訟物たる権利関係の存否についての判断だけではなく、その前提として判決の理由中でされた事実の認定や先決的権利関係の存否についての判断などにも及ぶものであるが……、この判決の理由中でされた事実の認定や先決的権利関係の存否についての判断とは、判決の主文を導き出すために必要な主要事実に係る認定及び法律判断などをいうものであって、これに当たらない事実又は論点について示された認定や法律判断を含むものではないと解される。けだし、ここでいう判決の理由とは、判決の主文に掲げる結論を導き出した判断過程を明らかにする部分をいい、これは主要事実に係る認定と法律判断などをもって必要にして十分なものと解されるからである。そして、その他、旧民訴法70条所定の効力が、判決の結論に影響のない傍論において示された事実の認定や法律判断に及ぶものと解すべき理由はない。……前訴におけるXのAに対する本件商品売買代金請求訴訟の結果によって、YのXに対する本件商品の売買代金支払義務の有無が決せられる関係にあるものではなく、前訴の判決はYの法的地位又は法的利益に影響を及ぼすものではないから、Yは、前訴の訴訟の結果につき法律上の利害関係を有していたとはいえない。したがって、Yが前訴の訴訟告知を受けたからといってYに前訴の判決の効力が及ぶものではない。しかも、前訴の判決理由中、Aが本件商品を買い受けたものとは認められない旨の記載は主要事実に係る認定に当たるが、Yが本件商品を買い受けたことが認められる旨の記載は、前訴判決の主文を導き出すために必要な判断ではない傍論において示された事実の認定にすぎないものであるから、……Yは、Xに対し、本件商品の買主がYではないと主張することが許されないと解すべき理由もない。」

●解説●　1　本判決は、訴訟告知に基づき補助参加ができる要件および訴訟告知に基づく参加的効力の範囲につき判示した。これらの点については補助参加自体との関係で、前者につき【218】、後者につき【220】が既に判例として存在するが、本判決はそれを受けてその適用範囲を明確にしたものである（そのため、本判決は民集非登載である）。曖昧な部分の残っていた判例準則の内容を明確化した点で、その意義は大きい。
2　本判決はまず、訴訟告知に基づく参加的効力（53条4項・46条）につき、訴訟告知を受けた者が補助参加できること、すなわち参加の利益（42条）があることをその前提とする。そして、参加の利益は「参加人の私法上又は公法上の法的地位又は法的利益に影響を及ぼすおそれがある場合をいう」とする【218】を援用し、本件では、XのAに対する前訴代金請求権の存否によりYに対する代金請求権の存否が決せられるものではないとして参加の利益を否定する。確かに論理的にはXの売買の相手方にAかYかの択一関係はなく、Aでなければりになるわけではない。この点の判断は訴訟物限定説（【218】解説参照）と必然的に結びつくわけではないが、一定の親和性を持とう。ただ、判断の影響は法的なものではないとしても、事実上の影響を認める余地はなおあったように思われる。
3　本判決は次に訴訟告知に基づく参加的効力の範囲につき、「判決の理由中でされた事実の認定や先決的権利関係の存否についての判断などにも及ぶ」とする【220】を援用し、それは「判決の主文を導き出すために必要な主要事実に係る認定及び法律判断など」に限り、「これに当たらない事実又は論点について示された認定や法律判断」は含まないとし、いわゆる傍論につき参加的効力を否定する。傍論を判決理由に記載するか否かは裁判所の裁量に委ねられ、そのような不安定なものに参加的効力を認めることは被告知者の地位を著しく不確実なものとし、確かに相当でない。ただ、本判決は「など」という留保をつけ、対象を主要事実に限るか、判決の結論を左右する重要な間接事実も含むかについてはなお検討の余地を残す。いずれにしろ、本判決は「Yが買主である」点の参加的効力を否定したが、「Aが買主でない」点に参加的効力が生じることは明らかであり、裁判所はその点を前提に、つまりAが買主でないにもかかわらずYが買主でないといえるかを判断すべきことになろう。

●参考文献●　和田吉弘・百5版218、青山善充先生古稀祝賀『民事手続法学の新たな地平』153〔坂田宏〕

222　独立当事者参加の要件①──請求定立の必要

最1小決平成26年7月10日（判時2237号42頁・判タ1407号62頁）　　参照条文　民訴法47条

> 独立当事者参加をする当事者は必ず請求を定立する必要があるか。

●事実●　Y₁らを原告、Y₂社を被告として提起された株式会社の解散請求を認容する確定判決につき、Y₂社の株主であるXは、上記訴訟の係属を知らされずその審理に関与する機会を奪われたから、上記確定判決につき338条1項3号の再審事由があるなどと主張して、上記訴訟に独立当事者参加の申出をするとともに再審の訴えを提起した。第1審は、株式会社の解散は当該株式会社の株主に重大な影響を及ぼす事項であるから、株式会社の解散の訴えの提起以前から当該会社の株主であるXは、上記請求を認容する確定判決を取り消す固有の利益を有する第三者に当たり、上記確定判決につき再審の訴えの原告適格を有すると判断した上で、本件再審請求には理由がないとしてこれを棄却した。原審は、この原々決定を維持し、Xの抗告を棄却した。Xより許可抗告申立て（抗告許可）。

●決定要旨●　原決定破棄・原々決定取消し、訴え却下。

「新株発行の無効の訴えに係る請求を認容する確定判決の効力を受ける第三者は、上記確定判決に係る訴訟について独立当事者参加の申出をすることによって、上記確定判決に対する再審の訴えの原告適格を有することになる（【250】参照）。この理は、新株発行の無効の訴えと同様にその請求を認容する確定判決が第三者に対してもその効力を有する株式会社の解散の訴えの場合においても異ならないというべきである。そして、独立当事者参加の申出は、参加人が参加を申し出た訴訟において裁判を受けるべき請求を提出しなければならず、単に当事者の一方の請求に対して訴え却下又は請求棄却の判決を求めるのみの参加の申出は許されないと解すべきである（最1小判昭45・1・22民集24-1-1参照）。……Xは、Y₁らとY₂社との間の訴訟について独立当事者参加の申出をするとともに本件再審の訴えを提起したが、Y₁らのY₂社に対する請求に対して請求棄却の判決を求めただけであって、Y₁ら又はY₂社に対し何らの請求も提出していない……。そうすると、Xの上記独立当事者参加の申出は不適法である。なお、……再審訴状の「再審の理由」欄には、Y₂社との関係で解散の事由が存在しないことの確認を求める旨の記載があることが認められる。しかし、仮にXが上記独立当事者参加の申出につきこのような確認の請求を提出していたと解したとしても、このような事実の確認を求める訴えは確認の利益を欠くものというべきであって、上記独立当事者参加の申出が不適法であることに変わりはない。」

●解説●　1　本決定は、会社解散請求を認容する確定判決の効力を受ける第三者が解散訴訟に独立当事者参加をして再審の訴えを提起できるが、その独立当事者参加に際しては請求を提示しなければならず、単に解散訴訟の請求棄却や訴え却下を求めるだけでは参加申出は許されないとしたものである。前者は新株発行無効確認訴訟に関する同旨の判断（【250】）が会社解散訴訟にも妥当する旨を示したものであり、後者は平成8年改正前の判例が（片面参加を容認した）改正後にもなお妥当する旨を明らかにしたものである。

2　まず、前者の判断であるが、その詳細は【250】の解説に譲るが、確定判決が存する訴訟において当事者適格を有しない当事者は、仮にその判決効を受けるとしても、当然には再審訴訟を提起できないが、独立当事者参加をすることで、再審訴訟の原告適格を取得できるというものである。【250】は新株発行無効の訴えでそれを認めたが、本決定は、それが第三者に判決効が拡張する場合の一般法理である旨を明確にしたものと評価できる。判決効拡張の場合の第三者再審の方途を広く認めたものとして評価できよう（ただ、独立当事者参加というルートを経ることが必要的とされる関係で、次に述べるように、何らかの請求を定立できる者という形で、一定のハードルが課されることになる）。

3　次に後者の判断は、独立当事者参加の申出に独立の請求の定立を要件にすることを明らかにした。この点は既に旧法下で、前掲最判昭和45・1・22が明らかにしていた。ただ、上記判例はこれをいわゆる三面訴訟説の帰結としていたところ、片面参加を認めた現行47条1項の下ではその前提が失われたとの理解もあり得た。また学説上は、少なくとも詐害防止参加については請求定立を要しないとの見解も有力であった（本判決の山浦善樹裁判官の反対意見も同旨を述べる）。しかし、独立当事者参加も当事者参加である以上、（片面的であっても）原告が何らかの請求を立てる必要があり、請求の定立がなく、訴え却下や請求棄却のみを求める場合は、補助参加（判決効拡張がある場合は共同訴訟的補助参加）と解するのが素直である。そして、共同訴訟的補助参加でも共同訴訟人と同等の訴訟行為が可能であり、問題は少ない。ただ、本件では、被参加人には固有の再審事由がなく、補助参加では自己に関係する再審事由を主張できないので、目的を達成できないことになる。その結果、本件では当事者参加の可否が焦点になるが、仮に請求定立が容易であれば、それを求めても問題ないであろう（請求の定立なく当事者参加を申し出た参加人との関係では釈明義務が問題となる）。しかるに、本件で果して請求が定立できるかが問題で、本件は会社解散訴訟という形成訴訟の逆形相であり、判旨も指摘の通り、解散事由不存在確認は事実確認として確認の利益を欠くとすれば（山浦反対意見の示唆する株主権確認も争いがなく、確認の利益の存在は疑問である）、困難な問題を生じる。むしろ再審事由の解釈として、原告が当事者に匹敵する地位（元の訴訟の当事者適格）を有する場合は、自己に関係する再審事由を主張できるとするのが相当であろうか。

●参考文献●　吉垣実・平26年度重判135、笠井正俊・法教414-30

223 独立当事者参加の要件②──請求の非両立

最3小判平成6年9月27日（判時1513号111頁・判タ867号175頁）　　参照条文　民訴法47条

> 二重譲渡の譲受人は他の譲受人に対する訴訟に権利
> 主張参加をすることができるか。

●**事実**●　Xは、Yに対し、売買契約に基づく本件土地①・②の所有権移転登記手続を求める訴えを提起した。第1審判決は、Xの請求を認容したが、控訴審において、Zが、(1)AはYに対する貸金の担保として本件土地①につき代物弁済予約をし、所有権移転請求権保全仮登記を経由したが、ZはAにYの残債務を支払い、上記仮登記の移転付記登記を経由した、(2)Zは、Yとの間で本件土地②につき売買の予約をし、所有権移転請求権保全の仮登記を経由した、(3)ZはYに対し、本件土地①につき代物弁済、②につき予約完結の意思表示をした、(4)Zは本件土地①・②につき処分禁止の仮処分の登記を経由したと主張し、Yに対しては所有権移転請求権保全仮登記に基づく本登記手続を、Xに対しては上記本登記手続の承諾を求めて、71条（現行47条）による本件参加の申出をした。原審は、本件参加申出は、本件土地①・②の所有権をめぐる紛争をXY間およびZとXYの間で同時に矛盾なく解決するためのもので71条後段の要件を満たし、Zの請求を認容すべきであるとした上、Zに対して所有権を主張できない立場にあるXは、Yに対しても所有権を前提とする請求をすることができなくなると解すべきであるとして、Xの主張事実について判断するまでもなく、Xの請求を棄却すべきものとした。Xより上告。

●**判旨**●　破棄移送。
「XのYに対する売買契約に基づく所有権移転登記手続を求める本訴につき、Zが、Yに対し代物弁済の予約又は売買の一方の予約による各予約完結の意思表示をしたことを理由とする所有権移転請求権保全の仮登記に基づく本登記手続を求め、かつ、右仮登記後にされた処分禁止の仮処分登記の名義人であるXに対し右本登記手続の承諾を求めてした本件参加の申出は、民訴法71条の要件を満たすものと解することはできない。けだし、同条の参加の制度は、同一の権利関係について、原告、被告及び参加人の三者が互いに相争う紛争を一の訴訟手続によって、一挙に矛盾なく解決しようとする訴訟形態であって、一の判決により訴訟の目的となった権利関係を全員につき合一に確定することを目的とするものであるところ（最大判昭和42・9・27民集21-7-1925）、……本件参加の申出は、本件土地の所有権の所在の確定を求める申立てを含むものではないので、X、Y及びZの間において右各所有権の帰属が一の判決によって合一に確定されることはなく、また、他に合一に確定されるべき権利関係が訴訟の目的とはなっていないからである。」

●**解説**●　1　本判決は、権利主張参加（47条1項）につき、同条の要件（「訴訟の目的の全部若しくは一部が自己の権利であることを主張する第三者」）に該当しな

いため、参加が認められないとした判決である。権利主張参加の要件として求められる権利非両立について様々な議論があるが、特にいわゆる二重譲渡事案については民法の対抗要件制度との関係で議論が多い。本判決は、この問題について所有権の確定が求められていない点を重視して権利主張参加の要件を否定したものであるが、本判決後に片面参加を認める現行法が成立したこと、本件が純粋の二重譲渡事案ではなく、参加人が仮登記を保有していたことから、その内容や射程をめぐってなお議論があるところである。

2　本判決は、本件請求に所有権確認請求が含まれないことから、「他に合一に確定されるべき権利関係が訴訟の目的とはなっていない」とする。Xの請求はYに対する所有権移転登記手続請求、ZのYに対する請求は仮登記に基づく本登記手続請求、Xに対する請求はその承諾請求である。仮登記は本登記の順位保全効を有するので（不登106条）、仮にXが先に登記を具備しても、ZはXの承諾を得て（不登109条）本登記を具備できる。その意味で、本件ではいずれの見解によっても、Xの法的地位とZの法的地位は実体法上両立しており、権利主張参加の要件を満たさないと解される。ただ、判旨は、本件でもZが所有権確認を求めていれば権利主張参加が認められた可能性を示唆する。仮にそうであれば、Z（代理人）のミスであったという帰結になるが、真にそうかには疑問があり得よう。

3　問題は本件でZが仮登記を有しなかった場合である。この場合、ZのYに対する請求は所有権移転登記手続請求となり、（現行法では必ずしもXに請求を立てる必要はないが）仮にXに対する請求を立てるとすれば所有権確認請求となろう。この場合は見解が分かれる。X・ZともにYに対して移転登記を求めることができる（そして先に登記を具備した者が勝つ）との実体法上の論理を重視すれば、請求は両立可能となり、権利主張参加を認めない結論になる。旧法下で本判決も前提とする三面訴訟説の観点からは素直な結論といえよう。ただ、ZがXY間の売買契約の効力を認めていれば上記の通りであるが、それを否定している場合は（本件も、ZはXY間の売買は通謀虚偽表示により無効と主張していた）、Zはその点を主張立証して、XYの訴訟追行を牽制する必要がある。この場合、仮にZがYに補助参加しても判決効はZに及ばないので通常の補助参加にしかならず、Zが通謀虚偽表示の主張をしても、Yがそれを撤回すれば効力が生じない。そこで、片面参加を容認した現行法下では、権利主張参加の趣旨も三面訴訟説による合一確定の必要ではなく、参加人の訴訟牽制の必要にあるとすれば、上記のような訴訟追行の要請が認められる以上、権利主張参加を認める余地が生じ得る（高橋・後掲221頁など参照）。そして、そのように解するとすれば、ZのXに対する所有権確認請求の有無は重要でなく、片面参加の場合も権利主張参加は適法と解されよう（本判決は現行法下では判例的価値を有しないとの評価になろう）。

●**参考文献**●　高橋宏志・百5版220、三木浩一『民事訴訟における手続運営の理論』218

224　独立当事者参加と上訴①

最2小判昭和48年7月20日（民集27巻7号863頁・判時715号51頁）　参照条文　民訴法47条、40条

独立当事者参加において上訴していない敗訴者の請求も上訴審における審判対象となるか。

●**事実**●　Xは、AのYに対する請負代金債権150万円の譲渡をAから受けたとして、Yに対し、その支払を請求した。Yは、債権譲渡を争うとともに、Aの請負代金債権は82万円余しかなく、同債権につき供託したと主張した。他方、ZもAから請負代金債権を譲り受けたと主張し、①Xに対し上記150万円の債権不存在確認、②XおよびYに対し供託金還付請求権確認、③Yに対し残代金債権67万円余の支払を求めて独立当事者参加をした。第1審は、82万円余の限度で債権譲渡を認め、債権の二重譲渡の対抗関係でZが優先するとし、Xの請求を棄却し、Zの請求のうち、①は訴えの利益なく却下、②は請求認容、③は一部認容とした。XがYおよびZを被控訴人として控訴した。原審は、150万円の債権譲渡を認め、対抗関係ではXが優先し、Yの供託を無効として、結論的に、Xの請求を認容するとともに、Zの請求のうち、①はYの控訴がなく審判対象とはならないとし、②は請求棄却、③は、第1審棄却部分は審判対象にならず、認容部分は請求棄却とした。Zより、XおよびYを被上告人として、ZY間の判決は第1審で確定しているなどとして、上告。

●**判旨**●　上告棄却。
「本件は、訴訟の目的が原告、被告および参加人の三者間において合一にのみ確定すべき場合（民訴法71条〔現行47条〕、62条〔現行40条〕）に当たることが明らかであるから、1審判決中ZのYに対する請求を認容した部分は、Xのみの控訴によっても確定を遮断され、かつ、控訴審においては、Yの控訴または附帯控訴の有無にかかわらず、合一確定のため必要な限度で1審判決中前記部分をZに不利に変更することができると解するのが相当である（最大判昭和42・9・27民集21-7-1925、最1小判昭和36・3・16民集15-3-524、最2小判昭和43・4・12民集22-4-877参照）。」

●**解説**●　1　本判決は、独立当事者参加があった場合において、敗訴当事者の1人のみが上訴したときに、上訴していない敗訴当事者に係る請求も、合一確定のために必要な限度で上訴審の審判対象となることを明らかにした。本判決以前、前掲最判昭和43・4・12が上記の場合に上訴していない敗訴当事者が被上訴人となる旨を示していたが、その場合に当該当事者に係る請求が審判対象になるかは明らかでなかったが、本判決はその点を初めて判断したものである。
2　本判決は2点判示する。第1に、上訴していない敗訴者Yに係る判決（ZのYに対する請求認容判決）も他の敗訴者Xの上訴により確定が遮断されて移審すること、第2に、上訴審では、Yの不服申立てがなくても、合一確定のため必要な限度で上記判決（ZのYに対する請求認容判決）をZに不利に変更できることである。

まず、第1点については、既に前掲最判昭和43・4・12が判示しており、独立当事者参加における合一確定を根拠に確定遮断効および移審効が認められていた。ただ、合一確定が根拠だとすると、本件とは異なり、元の当事者Yが上訴し、敗訴した参加人Zは上訴していない場合は、統一的審判を求めたZが上訴せずにその利益を放棄している以上、元の2当事者訴訟に還元してよいとする見解も合理性があろう。他方、第2点は敗訴当事者Yの上訴がなくても合一確定に必要な範囲で原判決の変更を可能とするもので、本判決の新判断である。ここでは、これが利益変更禁止の原則に反しないかが問題となる。この場合、原審の扱いのようにYを上訴人と解すれば問題はないが、Yの地位が上訴人か被上訴人かで結論を異にする扱いは形式的にすぎよう。むしろ、本判決のように、Yが控訴人かどうかを問題にせず、独立当事者参加の制度目的を直接援用して、合一確定の要請を利益変更禁止の原則に優先させる考え方が相当であろう。すなわち、利益変更禁止の原則の基礎にある処分権主義に対し、独立当事者参加制度が必要的共同訴訟の規律を準用して当事者の処分権を制限している点を重視する思考方法である。実質的にみても、これにより、合一確定を求める上訴当事者の利益、附帯上訴等をしなくても二重敗訴を免れる他の敗訴当事者の利益を図ることができ、他方でそのような変更を認めても合一確定に資する限りで勝訴当事者にも不意打ちはないといえよう。なお、固有必要的共同訴訟についても同様に、判例は矛盾した判断をした原判決に対し一部当事者が上訴した場合にも、合一確定の要請を優先させている（最3小判平成22・3・16民集64-2-498参照）。そして、本判決が合一確定の要請を根拠とする以上、片面参加を許容した現行法下でも同旨が妥当すると解してよい（現行法下の同旨裁判例として、福岡高判平成19・4・17判タ1263-339参照）。
3　本判決の射程として、「合一確定のために必要な限度」とは、どの範囲かが問題となる。一般的にいえば、上訴当事者との関係で、当該判決をそのまま残してしまうと、実質的にその目的が達成できない場合ということになる（山本・後掲223頁参照）。逆に上訴当事者の地位に影響しない場合は利益変更禁止の原則が優先されるべきである。例えば、X・Zの請求をともに棄却した原判決に対してZのみが上訴した場合において、仮にXの請求が認められると上訴審が判断するとしても、Xの請求はそのまま棄却でも、Zの地位には影響がない。それにもかかわらず、Xの請求を認容に変更することは合一確定に必要とはいえず、相当でない。また、Xの請求棄却、Zの請求認容の場合において、Yのみが上訴したとき、上訴審がXの請求に理由があるとの心証に至ったとしても、Zの請求を棄却に変更することは相当であるが、Xの請求を認容に変更する必要はないと解される（実体法的な整合性という観点からは変更が考えられるが、上訴当事者Yの地位に影響しない変更であり、相当ではない）。

●**参考文献**●　川口冨男・判解昭48年度132、山本和彦・百5版222

225　独立当事者参加と上訴②

最1小判昭和50年3月13日（民集29巻3号233頁・判時785号63頁）　　　参照条文　民訴法47条

> 独立当事者参加で一方当事者のみを相手に上訴した場合、他の当事者の地位はどうなるか。

●事実●　Xは、本件土地につきX先代のために所有権の取得時効が完成したと主張し、Yに対し所有権移転登記手続請求訴訟を提起した。第1審係属中、Zは、本件土地をZがXから買い受けたと主張し、Xに対し売買を原因とする本件土地所有権移転登記手続、Yに対し同所有権確認を請求して独立当事者参加の申出をした。他方、YはXおよびZを反訴被告として、本件土地所有権確認および明渡しを請求する反訴を提起した。第1審は、Xの請求を棄却し、Zの請求中Xに対する請求を認容したが、Yに対する請求を棄却し、Yの反訴請求を認容した。これに対し、Xは控訴せず、ZがYのみを被控訴人として控訴を提起した。控訴審裁判所は、XはZと利害を共通にするとの理由でXを控訴人として取り扱い、各請求につき第1審判決の認定を支持し、控訴人ら（ZおよびX）の各控訴を棄却した。これに対し、Zより、Yのみを相手方として上告。

●判旨●　上告棄却。
「民訴法71条〔現行47条〕による参加のなされた訴訟においては、原告、被告及び参加人の三者間にそれぞれ対立関係が生じ、かつ、その一人の上訴により全当事者につき移審の効果が生ずるものであるところ、かかる三当事者間の訴訟において、そのうちの一当事者が他の二当事者のうちの一当事者のみを相手方として上訴した場合には、この上訴の提起は同法62条〔現行40条〕2項の準用により残る一当事者に対しても効力を生じ、この当事者は被上訴人としての地位に立つものと解するのを相当とする。そしてこの場合、上訴審は、上訴提起の相手方とされなかった右当事者の上訴又は附帯上訴がなくても、当該訴訟の合一確定に必要な限度においては、その当事者の利益に原審判決を変更することができるものと解すべきであるから（【224】参照）、上訴を提起した当事者とその上訴の相手方とされなかった当事者との利害が実質的に共通である場合であっても、そのことは後者を上訴人として取扱うべきであるとする理由とはならない。したがって、Xは、当審においては被上告人の地位に立つものである（原審は、本件第1審判決に対する控訴を提起しなかったXはZと実質上利害を同じくするものであるとの理由でXを控訴人として取扱い、その控訴を棄却したのであって、この点において原判決は違法であることを免れないが、この点については当審において不服申立がなく、……原判決中Zの控訴を棄却した部分は正当であるから、原判決中Xの控訴を棄却した部分も変更の要なく、これを破棄すべきではない。）。」

●解説●　1　本判決は、独立当事者参加において当事者が他の当事者1人のみを相手方として上訴した場合、上訴もせず被上訴人ともされなかった当事者は上訴審において被上訴人の地位に就く旨を明らかにした。このような場合、独立当事者参加に係る全請求が移審するとするのが判例であったが、上記のような当事者の地位は明確でなかった。本判決はこれを被上訴人とすることを明確にしたもので、実務上の意味は大きいが、理論的な位置づけにはなお議論があり得よう。

2　この問題については、4説があるとされる（大和・後掲104頁参照）。第1に、上訴しない当事者はそのまま判決が確定すると敗訴することになるので、他の当事者の上訴は有利に働くとして、40条1項により上訴人になるとする上訴人説、第2に、上訴した当事者が他の当事者のうち1人のみに上訴した場合、共同訴訟人の1人に対する訴訟行為として同条2項により全員に対し効力を有し、被上訴人になるとする被上訴人説、第3に、場合に応じて上訴人にも被上訴人にもなるとする両面説、第4に、折衷した当事者と上訴しない当事者の利害が実質的に一致するときは上訴人、そうでない場合は被上訴人になるとする折衷説である。従来の判例として、最2小判昭和32・11・1民集11-12-1842は、原告および参加人の請求を棄却した原判決に対し原告が被告のみを相手方に上告し、参加人が附帯上告した事案で、参加人を「被上告人・附帯上告人」と表示し、最2小判昭和43・4・12民集22-4-877は、原告勝訴の第1審判決に対し参加人が原告のみを相手方に控訴し、控訴棄却となったところ、参加人が原告のみを相手方に上告した事案で、被告も被上告人と表示した。このように、判例は上訴人説および両面説を排除しており、被上訴人説または折衷説に立つとされていたが、本判決は明確に被上訴人説を採用した。「上訴を提起した当事者とその上訴の相手方とされなかった当事者との利害が実質的に共通である場合であっても、そのことは後者を上訴人として取扱うべきであるとする理由とはならない」として折衷説を否定しており、そこには、被上訴人説による扱いが簡明直截であり、上訴審が取扱いを誤るおそれが小さいという実務的な配慮があったものと思われる（大和・後掲108頁参照）。

3　判例がこのような取扱いを許容する理由として、【224】の存在を挙げる。すなわち、従来、被上訴人説の最大の問題とされてきたのは、それによると、被上訴人とされた敗訴当事者に係る判決を上訴審で変更できず、場合によっては上訴当事者の利益が貫徹できないおそれがある点であった。例えば、Xの請求を認容する判決に対しZが上訴した場合、Yが上訴人にならないとすると、XのYに対する認容判決を変更できず、仮にZが上訴審で勝訴してもXの勝訴判決も残り、合一確定にならない。しかるに、【224】は、Yが上訴人か被上訴人かに関係なく、Zの合一確定に必要な限度でXに係る判決も変更できるとしたものであり、上記の被上訴人説の問題点は解消されたことになる。これにより、本判決は、いわば安んじて実務上の便宜を優先して被上訴人説を採用できたものと解されよう。

●参考文献●　大和勇美・判解昭50年度103、村松俊夫・民商
59-6-1024

226　共同訴訟参加と当事者適格

最2小判昭和36年11月24日（民集15巻10号2583頁）　　参照条文　民訴法52条

共同訴訟参加において参加する当事者が当事者適格を有する必要はあるか。

●**事実**●　Y社の株主X₁およびX₂はY社の株主総会においてZらを取締役に選任する決議がされたことにつき、当該株主総会が取締役会の決定によらず、Xら株主に対する招集通知もされずに開催されたとして、招集手続の法令違背を理由として本件株主総会決議の取消しを求めた。第1審係属中、Zは、本件訴訟の判決がZにも効力を及ぼすとして、民訴法75条（現行52条）の規定により、Yの共同訴訟人として本件訴訟に参加する旨の申出をした。第1審および原審は、YはXらの主張事実を全部認めたので、Xらの請求を認容するとともに、Zは本件訴訟において被告となり得る適格を有しないとして、Zの参加申出を斥けた。Zより、共同訴訟参加については当事者適格を要するとの明確な定めはなく、本件のような馴合訴訟では第三者の参加を認める必要があるなどと主張して、上告。

●**判旨**●　上告棄却。
　「第三者が同条〔民訴75条〕の規定により訴訟に参加することが許されるためには、当該訴訟の目的が当事者の一方および第三者について合一にのみ確定すべき場合であることのほか、当該訴訟の当事者となりうる適格を有することが要件となっていることは、同条の法意に徴し、明らかである。すなわち、Zの本件参加の申出が許されるためには、Zは本件訴訟の被告となりうる適格を有しなければならないのである。ところが、本件訴訟の被告となりうる者は、その性質上、Y社に限られると解するのが相当であるから、Zが本件訴訟の被告となる適格を有しないことは自明の理である。」

●**解説**●　**1**　本判決は、共同訴訟参加において参加人は当該訴訟の当事者適格を有する者でなければならない旨を初めて明らかにした最高裁判決である。本判決は、共同訴訟参加に係る判断の前提として、株主総会決議取消訴訟の被告適格につき、「被告となりうる者は、その性質上、Y社に限られる」とする。この点は、商法の通説的見解を前提にしたものとされるが（枡田・後掲390頁注2）、民訴法学説においては、その後若干の異説がみられたところである。すなわち、本件のように、株主総会の取締役選任決議においては、その決議が取り消されることで、被選任者は取締役としての地位を否定されるという直接的影響を受けるものであり、他方、会社は、やはり本件がそうであるように、必ずしも真剣に争うとは限らず、取締役の手続保障を確保するため、取締役に当事者適格を認めるべきではないかという問題意識である（このような紛争は、いわば会社というコップの中の嵐で、実質的には株主対取締役の紛争であるから、コップを当事者とすることに意味はないとされる）。しかし、現在も、通説は他の株主総会決議の場合と同様、被告適格を会社に限定し、

取締役の手続権は他の方法で保護すれば足りるとの考え方を維持し、現行会社法はこの点を明文化した（会社834条17号）ため、この点の論争は終息をみた。
　2　共同訴訟参加は、判決効を受ける第三者の訴訟参加を可能とし、その者に攻撃防御の機会を付与することを目的とする。そして、その際当事者適格が要件となるかが問題となるが、本判決は「当該訴訟の当事者となりうる適格を有することが要件となっていることは、同条の法意に徴し、明らかである」とした。その「法意」の意義は必ずしも明確でないが、条文上「共同訴訟人として」参加できるとされ、参加後は共同訴訟人になるとすれば、当事者適格を要件とする理解は自然である。他方、当事者適格を有しないが判決効を受ける第三者の手続保障の制度としては、共同訴訟的補助参加があり、それで十分と解されよう。本判決時点では最高裁が共同訴訟的補助参加の概念を認めた例はなかったようであるが、大審院時代にその可能性を認めた大判昭和13・12・28民集17-2878があり、本判決直後、【219】が明確にその概念を認めた。その意味で、現在では、株主総会決議取消訴訟の判決効を受ける取締役は共同訴訟的補助参加により攻撃防御を行うべきことになろう。他方で、当事者適格を有する第三者は共同訴訟参加が可能であるので、共同訴訟的補助参加はできないとするのが判例であり（最1小判昭和63・2・25民集42-2-120）、判例上は、当事者適格の有無により両者で完全な役割分担が図られている（但し、このような峻別に学説上批判があることは、【219】解説参照）。
　3　なお、本件においては、XY間の訴訟が馴合訴訟であった旨がZの上告理由で主張されている。本件調査官解説によれば「明らかでないが、Y会社がX₁の主張事実を全部認めていることなどから、そうであると疑われるふしがないわけではない」とされる（枡田・後掲389頁参照）。仮にそうであるとすれば、Zには、独立当事者参加、すなわち詐害防止参加（47条前段）の可能性も問題になる。現在の解釈では、判決効拡張の有無にかかわらず、詐害的訴訟行為により自己の権利を害されるおそれのある第三者は詐害防止参加ができると解されているからである。しかし、この参加も当事者参加である点に変わりはなく、共同訴訟参加のように元の訴訟の当事者適格は必要ないとしても、何らかの請求の定立が必要となる（この点を近時確認した判例として、【222】参照）。本件で考えられるとすれば、取締役として選任される地位の確認といったものになろうが、そのような訴えに確認の利益を認めることは難しく、やはり共同訴訟的補助参加が本件の解となろう。ただ、訴訟係属中に馴合訴訟が判明した場合はそれで足りるが、判決確定後にそれが明らかになったときは再審によらざるを得ないところ、自己に関わる再審事由を主張するためには当事者となる必要があるという問題がなお残る（【250】解説参照）。そのような場合をも考慮すると、問題が最終的に解決されたとは言い難く、立法論を含めた検討の必要が残る。

●**参考文献**●　枡田文郎・判解昭和36年度388、齋藤哲・民訴[百]Ⅱ392

227　承継人の範囲

最3小判昭和41年3月22日（民集20巻3号484頁・判時450号22頁）　参照条文　民訴法50条

> 建物収去土地明渡請求訴訟係属中に建物を賃借した者に対し訴訟引受の申立てができるか。

●事実●　Xは本件土地を亡Aに賃貸し、Aはその地上に本件建物を所有し、同建物でAおよびその妻Y₁が営業をしていた。本件土地賃貸借契約が存続期間満了により終了したので、Xは、Aに対しては賃貸借契約終了に基づく本件建物収去土地明渡し、Y₁に対しては本件土地所有権に基づく本件建物退去を求めて訴えを提起した。第1審係属中、Aが死亡し、相続人Y₂～Y₅がXA間の訴訟を承継した。また、A死亡前にY₆がAから本件建物の一部を賃借していたので、Xは、Y₆を相手方に訴訟引受の申立てをし、本件建物部分からの退去を求めた。第1審は、Y₆に対し訴訟引受決定をした上、本案につきXの請求をいずれも認容する判決をし、原判決もこれを維持した。Yらから上告。

●判旨●　上告棄却。
「賃貸人が、土地賃貸借契約の終了を理由に、賃借人に対して地上建物の収去、土地の明渡を求める訴訟が係属中に、土地賃借人からその所有の前記建物の一部を賃借し、これに基づき、当該建物部分および建物敷地の占有を承継した者は、民訴法74条〔現行50条1項〕にいう「其ノ訴訟ノ目的タル債務ヲ承継シタル」者に該当すると解するのが相当である。けだし、土地賃借人が契約の終了に基づいて土地賃貸人に対して負担する地上建物の収去義務は、右建物から立ち退く義務を包含するものであり、当該建物収去義務の存否に関する紛争のうち建物からの退去にかかる部分は、第三者が土地賃借人から係争建物の一部および建物敷地の占有を承継することによって、第三者の土地賃借人に対する退去義務の存否に関する紛争という型態をとって、右両者間に移行し、第三者は当該紛争の主体たる地位を土地賃借人から承継したものと解されるからである。これを実質的に考察しても、第三者の占有の適否ないし土地賃借人に対する退去義務の存否は、帰するところ、土地賃貸借契約が終了していないとする土地賃借人の主張とこれを支える証拠関係（訴訟資料）に依存するとともに、他面において、土地賃貸人側の反対の訴訟資料によって否定されうる関係にあるのが通常であるから、かかる場合、土地賃貸人が、第三者を相手どって新たに訴訟を提起する代わりに、土地賃借人との間の既存の訴訟を第三者に承継させて、従前の訴訟資料を利用し、争いの実効的な解決を計ろうとする要請は、民訴法74条の法意に鑑み、正当なものとしてこれを是認すべきであるし、これにより第三者の利益を損うものとは考えられないのである。……たとえ、土地賃貸人の第三者に対する請求が土地所有権に基づく物上請求であり、土地賃借人に対する請求が債権的請求であって、前者と後者とが権利としての性質を異にするからといって、叙上の理は左右されない……。」

●解説●　1　本判決は、建物収去土地明渡訴訟（債権的請求）係属中に当該建物を賃借した第三者に対して訴訟引受の申立てができる旨を明らかにした。詳細な判決理由を付し、訴訟引受の要件となる承継の意義につき、「紛争の主体たる地位」の承継という考え方を示した点で判例準則としての意義が大きい。民訴法は（明文規定はないものの）いわゆる訴訟承継主義を採用し、訴訟引受人に対しては従来の手続の効果が当然に及ぶことが前提となるが（本判決もそれを前提にすると解される）、本判決などを契機に学説上はそのような前提を疑う立場も生じ、議論が続いている。

2　本判決は、理論的根拠と実際上の根拠の2点を挙げる。第1に、建物収去義務に建物退去義務が包含されることから、後者の義務の範囲で建物所有者から賃借人に「紛争の主体たる地位」の承継が観念できるとする。建物収去執行の前提として義務者を建物から強制的に退去させることができると解され、その義務を建物賃借人が部分的に承継するとの理解である。第2に、建物収去請求と退去請求の間には訴訟資料の共通性があり、前者の資料を後者でも利用して紛争を実効的に解決する要請は訴訟承継制度の趣旨に適合的であり、承継人の利益も特に害しないとする。建物賃借人は賃貸人が土地利用権を有しない場合は基本的に敗訴する立場にあり、原告からみれば訴訟資料・証拠資料を流用できる便宜がある。他方、承継人からすれば、既に生じている不利な訴訟状態を受け継ぐことは手続保障の観点から問題もあるが、これは訴訟承継制度全体の問題であり、部分的承継がある場合に固有の問題ではない（1も参照）。口頭弁論終結後の承継人への既判力の拡張（115条1項3号）が無条件に生じるとすれば、訴訟係属中の承継の場合に限って承継人の手続保障を強調する根拠には疑問もあろう。

3　本件のもう1つの特徴は訴訟物との関係である。建物収去請求は賃貸借契約終了を根拠とする債権的請求権である一方、建物賃借人に対する請求は土地所有権を根拠とする物権的請求権である。その意味で、法論理的には前者の義務が後者に承継されることはあり得ない。そこで、本判決が「紛争の移行があるというとき、該紛争は、前法律的な、建物の支配を廻る経済的利害の対抗関係として把握されているものとみるほかない」（蕪山・後掲595頁参照）。その意味で、「紛争の主体たる地位」とは、実体法上の権利義務の帰属点ではなく、経済的利害関係の当事者というほどの意味と解される。そうすると、必然的に承継が認められる範囲が拡大され、請求権の属性（物権的か債権的か等）は関係がないことになろう。ただ、その場合、その者に従来の訴訟状態を引き継がせることが相当かという問題がよりシビアに問われるが、原告の立場からみた利便性および訴訟制度の紛争解決機能を重視する立場に立つ政策的判断ということになろうか。

●参考文献●　蕪山巌・判解昭41年度590、中島弘雅・百５版

最新重要判例 250 民事訴訟法
上訴・再審

228　理由中の判断に対する不服

最3小判昭和31年4月3日（民集10巻4号297頁・判タ58号68頁）　　参照条文　なし

判決理由中の判断についてのみ不服がある場合、上訴の利益は認められるか。

●**事実**●　Xは、Yに対する1087円の支払債務等の担保として甲不動産の所有権をYに譲渡し、移転登記をしたが、当該債務は弁済により消滅したので上記担保権も消滅したとして、甲不動産の所有権移転登記手続を請求するとともに（①請求）、乙不動産につき抵当権設定登記抹消登記手続請求をしたが（②請求）、Yから、Xに対し、不法行為による損害賠償を求める反訴が提起された（③請求）。原審は、①請求につき、甲不動産に譲渡担保が設定されたことは認めたが、被担保債権は5200円余であると認定し、当該被担保債権の全部につき未だ弁済がされていないから、担保は消滅していないとして、Xの請求を棄却し、②請求および③請求についてはXを勝訴させた。これに対し、Yより上告がされたが、その上告理由は全てYが勝訴した①請求に関する不服であり、敗訴した②請求および③請求に関する不服は全く述べられていなかった。

●**判旨**●　　上告棄却。
　「本件上告理由を見るに、すべてYが勝訴したXの①請求につき、原審がなした判決理由中の判断を攻撃するにとどまり、Yが敗訴した②及び③請求に対する不服でないことが明らかである。そして所有権に基く登記請求の訴についてなされた判決の既判力は、その事件で訴訟物とされた登記請求権の有無を確定するにとどまり、判決の理由となった所有権の帰属についての判断をも確定するものではないから【174】参照】、Yは本件において①請求につき敗訴しても、なお、自ら訴を提起し又は相手方の請求に応訴することによって、甲不動産の所有権が自己に存することを主張して争うことができるのであるから、所論は結局上告の前提たる利益を欠く……。」

●**解説**●　1　本判決は、上訴人が判決主文において勝訴した原判決につき、判決理由中の判断についてのみ不服があるとして上訴した場合は上訴の利益を欠く旨を明らかにした最高裁判決である。上訴の適法要件としては、上訴期間内の上訴であること等があるが、最も問題となるものは上訴の利益の存在である。上訴の利益を欠く上訴は不適法として却下される（なお、本判決は上告を棄却しているが、それは①請求については上告の利益はないが、②・③請求については上告の利益があり、上訴不可分の原則によりこれら請求についても上告がされていることから、上告棄却の結論になったとされる。三淵・後掲41頁参照）。そして、一般に原告が全部勝訴した判決については原告の上訴の利益はなく、原告が全部敗訴した判決については被告の上訴の利益はないと解される。本判決で問題となったのは、判決主文においては原告が全部敗訴しているが、理由中で被告に不利な判断がされているときの被告の上訴の利益という点であったが、本判決は上訴の利益を否定した。

2　上訴の利益の判断基準に関しては見解の対立がある（詳細は、芳賀・後掲230頁以下参照）。①旧実体的不服説は、実体法的に原判決より有利な判決が期待できる場合、広く上訴の利益を認める見解である。②形式的不服説は、原審における原告の申立てと裁判所の判決主文を比較し、後者が前者に比し量的または質的に小さい場合に上訴の利益を認める見解である。③新実体的不服説は、判決をそのまま確定させてしまうと既判力等の判決効が作用し、後訴では救済が得られない場合に上訴の利益を認める見解である（なお、芳賀・後掲231頁では更に④対話続行説という考え方も紹介されている）。各説を比較すると、まず原告の100万円の金銭給付請求を全部認容する判決につき原告が実体法上200万円の給付が可能であるとして控訴する場合、①説は控訴を認め、②説は控訴を否定することになる。他方、③説はこの残余部分に既判力等が及ぶかを問題とし、一部請求の判例に従えば、前訴が明示的一部請求の場合は後訴に既判力が及ばないので上訴の利益はなく、逆に黙示的一部請求では後訴が遮断されるので上訴の利益が肯定されることになる。そして、このような帰結の相当性は②説でも認められており、②説は、例外として、前訴が黙示的一部請求である場合は、請求拡張のための上訴の利益を肯定する立場に立つ（再訴禁止が働く離婚請求において請求棄却判決があった場合、離婚の反訴を提起するために被告が上訴するとき等も同様とされる）。③説はこのような②説の例外をより理論的に説明するという観点から提唱されたものといえよう。①説は上訴の利益が認められる範囲が広すぎ（実質的には利益不要説と差がない）、②説が基準の明確性に鑑み多数説であるが、前述のように、例外的な処理が必要になるところ、近時は理論的に整合性のある③説が有力になっている。

3　本判決は、理由において、「①請求につき敗訴しても、なお……甲不動産の所有権が自己に存することを主張して争うことができる」点を重視している。つまり、本判決がそのまま確定しても、その判決効が後訴には及ばない点を強調している。その意味では、本判決の考え方には、③新実体的不服説と通底するものがあるように思われる。本件との関係でいえば、所有権に基づく登記請求訴訟に係る判決の既判力は当該所有権の帰属には及ばないとするのが【174】の立場である。また、争点効や信義則による遮断という議論はあり得るとしても、これらも上訴がされた場合または可能であった場合に限定され、上訴可能性のない場合にまで拘束力が認められることはないので（芳賀・後掲231頁参照）、上訴の利益を否定することで問題はない。その結果、Xが被担保債権を弁済して再度移転登記請求等をする場合、Yは元の契約が真正売買であった旨を再度主張できることになり、本件においてあえて上訴を認める必要はないものと解されよう。

●**参考文献**●　三淵乾太郎・判解昭31年度41、芳賀雅顯・百
5版230

229　訴え却下判決に対する被告の上訴

最2小判昭和40年3月19日（民集19巻2号484頁・判時407号28頁）　　参照条文　なし

訴えの利益がないとして訴えを却下する判決に対して被告は上訴の利益を有するか。

●事実●　AはBから本件不動産を買い受けたが、当該不動産にはY₁のために所有権移転登記請求権保全仮登記および抵当権設定登記がされていた。BはY₁に対する債務を完済し、上記各登記は抹消されるべき関係にあったところ、Bが上記不動産を不正に処分しようとしたので、Aの相続人XらはBを相手方に本件不動産の処分禁止の仮処分を得、その旨の登記がされた。その後、Y₁からY₂に対し抵当権移転登記および所有権移転登記がされたので、XらはY₁に対し所有権移転登記請求権保全仮登記および抵当権設定登記の各抹消登記手続を、Y₂に対し前記所有権移転登記および抵当権移転登記の各抹消登記手続を求めて訴えを提起した。第1審は、XらのY₁に対する請求を認容したが、Y₂に対する請求は、仮処分後の登記であるY₂の登記の抹消を本訴で求める必要はないとして棄却した。Y₁およびY₂が控訴し、Xらが附帯控訴の申立てをしたところ、原審は、Y₂の控訴およびXらの附帯控訴を却下し、Y₁の控訴を棄却した。Y₂より上告。

●判旨●　破棄差戻し。

「第1審判決は、結局訴の利益がないとしてXらの請求を棄却したものであるから、形式的にはY₂が全部勝訴の判決を得たかの如き観を呈するが、Y₂は更にXら主張の前記登記抹消登記請求権の存在しないことの確定を求めるため、第1審判決に対し控訴の利益を有するものと解するのを相当とする。しかるに、Y₂は第1審判決において勝訴しているから控訴の利益がないという理由でY₂の本件控訴を却下した原判決は、違法であ」る。

●解説●　1　本判決は、訴えの利益なしとして訴えを却下する判決に対して被告の上訴の利益を認めた最高裁判決である。上訴の利益の存在は上訴の適法要件の1つであるが、いかなる場合に上訴の利益が認められるかについては、実体的不服説、形式的不服説、新実体的不服説等様々な見解がある（【228】解説参照）。本件では、原判決が訴えの利益の欠缺に基づく訴え却下判決である場合に、被告が請求棄却を求めて上訴する利益が肯定されたものである。その前提として、本件原判決は訴えの利益がないことを理由としながら判決主文では請求棄却判決をしている点が問題となる。本判決の時代には、訴えの利益がない場合の判決の仕方として訴え却下説と請求棄却説があり、前者は訴えの利益を訴訟要件と捉えるのに対し、後者はそれを権利保護要件（原告勝訴の要件）と捉える対立があったことによる（宮田・後掲52頁参照）。この点は、現在では訴訟要件であり、訴え却下判決となる点におよそ争いがない。また、原判決は、XらはY₂に対し抹消登記を求める必要はない旨を前提とするが、Y₁の仮登記はXらのBに対する処分禁止の仮処分より前にされ

ており、Y₂はY₁の仮登記を継承しているのであるから、XらのBに対する勝訴判決によりY₂の登記も当然抹消されることにはならず、訴えの利益がないとの判断には疑問もある（宮田・後掲53頁も、そのような観点から訴えの利益が認められるので、「原判決を破棄し、第1審判決を取り消したうえ、本件を第1審裁判所に差し戻すのが相当であった」とする）。

2　本判決が上訴の利益を肯定した理由は必ずしも明らかではない。ただ、「Y₂は更にXら主張の前記登記抹消登記請求権の存在しないことの確定を求めるため、第1審判決に対し控訴の利益を有する」との判旨は、請求棄却判決（請求権不存在）の既判力を取得する被告の利益を重視したものと解される。確かに訴え却下判決は訴訟判決であり、本案の請求権につき判断を示すものではないので、本案に関する既判力は取得できない。ただ、現在では訴え却下判決にも既判力を認めるのが通説判例であり（【171】参照）、本件のように、Xが訴えにはおよそ訴えの利益が観念できない（その後の事情変更によっても治癒することは考えられない）場合には（その判断の実質的否否は1で述べたように、疑問があるが）、Yが再訴を受ける危険（応訴負担のおそれ）はなく、請求棄却判決と訴え却下判決は等価であり、上訴の利益はないという評価もあり得なくはない。しかし、本判決はおそらくそのような再訴のおそれだけに着目するのではなく、請求権の不存在を確定することに固有の利益を見出すものであろう。この点は、Yが先に登記手続義務不存在確認請求をして、それが本件と同様の理由で却下となった際、Yに上訴の利益が認められるのとパラレルに考えられるであろう。被告の債務不存在確認請求が原告の給付請求に吸収されて訴えの利益がなくなるとすれば、当該給付請求の中で債務不存在の既判力を取得する利益が被告に認められ、それは訴え却下判決に対する被告の上訴の利益を支えるものと解されよう（この点は原審で被告が訴え却下を求めていても変わらないと解されるが、【228】解説でふれた対話続行説は当事者の行為態様を重視し、その場合は原則として上訴の利益を認めない）。

3　他方、本判決とは逆に、被告が訴え却下判決を求めている場合に請求棄却判決がされたときに、被告の上訴の利益が認められるかは1つの問題である。2で述べた考え方からすれば、請求権不存在の既判力が取得できている（被告に最も有利な判決がされている）以上、被告に上訴の利益を認める必要はないとも考えられる。ただ、問題となっている訴訟要件が仲裁合意の存在であるとか国際裁判管轄など裁判権の存在であるとか裁判所の権限自体に関わるものである場合、仮に請求棄却判決だとしても、本案判決をされること自体に被告が不服をもつ場面も存在し得る。例えば、仲裁合意の場合を考えると、裁判所で本案判決がされてしまうと、被告にとっては仲裁で紛争を解決する機会が奪われかねず、紛争解決方法選択の利益が上訴の利益を支える余地はなおあり得るようにも思われる。

●**参考文献**●　宮田信夫・判解昭40年度51、小室直人・民商53-5-49

230　予備的請求と上訴①

最3小判昭和33年10月14日（民集12巻14号3091頁）　参照条文　なし

> **第1審が判断しなかった予備的請求について控訴審が判断をすることはできるか。**

●事実●　Xは、Y銀行に対し、第1次的にAを代理人とするまたはAの行為に基づく表見代理による貸金契約、第2次的にAの不法行為による使用者責任として、36万7500円の支払を求めて訴えを提起した。第1審は、Aの行為に基づく表見代理を認め、Xの主位的請求を認容し、予備的請求については判断しなかった。原審は、Xの主位的請求を理由なしとするとともに、予備的請求についても理由がないとして、第1審判決を取り消し、Xの請求を全面的に棄却する判決をした。Xより、原判決が予備的請求についても判断したことは、控訴制度の趣旨に反し、Xの審級の利益を奪うものであり、不当であるとして、上告。

●判旨●　上告棄却。
　「いわゆる請求の予備的併合の場合、第1審裁判所が主たる請求を認容したるのみにて、予備的請求に対する判断をしなかったときといえども、第2審裁判所において、主たる請求を排斥した上告予備的請求につき判断をなし得るものと解すべきことは大審院判例の示す所であって（大判昭和11・12・18民集15-2269）、当裁判所は、この判例を変更する要を認めない。」

●解説●　1　本判決は、第1審が主位的請求を認容したため判断をしなかった予備的請求につき、主位的請求を理由なしとする控訴審が判断できるかという問題に関し、それを肯定した大審院判例を最高裁も踏襲したものである。請求の予備的併合とは、主位的請求の認容を解除条件として予備的請求の審判を求める客観的併合の形態である（【197】参照）。請求の審判要求に条件を付することは、訴訟法律関係を不安定にするため、通常不適法とされるが、この場合は、条件成就の有無が当該訴訟手続内で判断できるため、法律関係の不安定は生じず、例外的に条件を付すことが適法と解されている（なお、請求認容を解除条件とし、請求棄却を停止条件としないのは、判決までの間は条件未成就で、予備的請求についても審理がされることを担保するためである。停止条件とすると、主位的請求棄却後に初めて予備的請求の審理が可能になることになってしまう）。したがって、第1審で請求が認容されると、解除条件が成就し、予備的請求については判断されないこととなる。その場合、主位的請求の判断に関し被告が控訴を提起し、控訴審が主位的請求は認められない旨の心証をもったときに、予備的請求につき判断することができるかが問題となる。本判決は、そのような場合に控訴審は予備的請求についても判断できる旨の大審院の判例準則を最高裁でも確認したものであり、予備的併合の法律関係を明らかにする判決として興味深い。
　2　本判決は、大審院判決を引用し、その変更の必要がない旨を示すのみであり、実質的理由を明らかにしないが、その趣旨は判断理由に関しても大審院判例を踏襲するものとみられる（川添・後掲271頁以下参照）。そこで、前掲大判昭和11・12・18の判決理由をみると、大正15年改正後の「民事訴訟法に於ては請求の基礎同一ならば控訴審に於ける訴の変更すら許さること明にして、審級の利益なるものは絶対的意義を有するものに非ず。而して予備的併合の訴に於ては、主たる請求の棄却なる条件が第1審に生ずるも将又控訴審に於て生ずるも、之と同時に予備的請求に付ての裁判あるべきことは原告の欲求するところなるのみならず、元来予備的請求は新に訴の変更として控訴審に於ても適法に之を提起し得べきものなるが故に、「第1審に於て是認し又は否認したる請求のみが控訴審の弁論及判決の物体となる」との原則は此の場合例外として適用なく、控訴審は直ちに予備的請求に付ても弁論及判決を為すべき」としていた。そこでは、控訴審において被告の同意なしに訴え変更が可能である旨の規律（297条による143条の準用）から、審級の利益は絶対的なものでない点が決定的根拠とされている（仮に予備的請求がそのままでは審理対象とならないとしても、訴えの変更でその点を追加すれば審理対象になる）。ただ、このロジックによれば、予備的請求ができる対象は訴え変更が可能である場合（すなわち請求の基礎に変更がない場合（143条1項））に限られることになろう。主位的請求と予備的請求が択一関係にある場合（真正の予備的併合）、例えば売買代金請求を主位的請求とし、売買契約が無効の場合に備えて目的物返還を予備的請求とする場合は、請求の基礎の同一性に問題がないであろう。ただ、いわゆる不真正予備的併合においてはこのような関係が成立するか微妙な場合がなくはないが、本判決を前提にすると、予備的併合が可能であるのは、主位的請求と予備的請求が請求の基礎を同一にする場合に限られることになろう。その結果、予備的請求に関する判断を求めるには原告の附帯上訴は不要であり、既に予備的請求の中に（全審級を通して）解除条件付であれ審判を求める原告の意思は表出しており、上訴審でもそれで十分と解されよう。
　3　以上のような論旨は請求の選択的併合にも同様に妥当する。すなわち、この場合も、1つの請求を認容する判決に対し、被告が上訴し、上訴審が当該請求は理由なしとの心証に至ったときは、他の請求につき審理判断しなければならない（最1小判昭和58・4・14判時1131-81、最1小判平成21・12・10民集63-10-2463等）。この場合も原告がある請求の認容を解除条件に他の請求をしている点は異ならず、請求権競合の場合など両請求の密接な関連性に鑑みれば、審級の利益は問題にならないと解されるからである（不真正選択的併合の問題も、予備的併合の場合と同様である）。他方上級審において他の請求が認容される場合は、予備的併合とは異なり、審判の順序付けがされていない結果、当然に原判決の請求認容部分は失効するので、その取消しは必要でない（最1小判平成18・12・21民集60-10-3964）。

●参考文献●　川添利起・判解昭33年度271、小室直人・民商40-5-772

231　予備的請求と上訴②

最3小判昭和58年3月22日（判時1074号55頁・判タ494号62頁）　　参照条文　なし

> 主位的請求棄却・予備的請求認容の判決に被告が上訴した場合の上訴審の審判対象は何か。

●事実●　Aは、Xの無権代理人として、Aの母Yに対し、Xから保管を託されていた金員を貸し付けたかまたはYが経営する店舗改装の請負工事代金を立替払いしたが、XはAの無権代理行為を追認したので、Yに対し、貸金債権か、求償債権を有するし、仮に上記請求権が認められないとしても、Yは請負代金の立替払いにより工事代金債務を免れ同額の利益を得ていると主張し、Xは、Yに対し、貸金または立替金を主位的請求、不当利得を予備的請求として訴えを提起した。第1審は、Xの主位的請求を棄却したが、予備的請求を認容した。それに対し、Yが控訴したところ、控訴審は、Xの主位的請求についてはXが控訴ないし附帯控訴の申立てをしていないので、その点は当審における審判の対象にはなっていないとして、Xの予備的請求についてのみ判断し、不当利得を否定して請求を棄却した。Xより、Xの主位的請求につき判断しなかった原判決には審理不尽等の違法があるとして、上告。

●判旨●　上告棄却。
「主位的請求を棄却し予備的請求を認容した第1審判決に対し、第1審被告のみが控訴し、第1審原告が控訴も附帯控訴もしない場合には、主位的請求に対する第1審の判断の当否は控訴審の審判の対象となるものではないと解するのが相当であるから、……原判決は正当であり、また、……原審が所論の点について釈明権を行使しなかったとしても審理不尽等所論の違法があるとは認められない。」

●解説●　1　本判決は、主位的請求を棄却し、予備的請求を認容する判決に対し、被告のみが上訴し、上訴審が予備的請求に理由はないとの心証に至った際に、主位的請求は上訴審における審判対象にはならない旨を明らかにしたものである。予備的請求がされた場合の本案判決については、以下の3つの可能性がある。すなわち、①主位的請求認容（この場合は解除条件が成就し、予備的請求については判断されない）、②主位的請求棄却・予備的請求棄却、③主位的請求棄却・予備的請求認容である。その場合の上訴について、まず①では被告のみに上訴の利益があるところ、上訴審が主位的請求棄却の心証に至った場合、予備的請求につき判断すべきかが問題となる。この場合、予備的請求について審級の利益が問題となり得るが、主位的請求と予備的請求の密接な関連性に鑑み、予備的請求も判断して問題はないとされる（この点については、【230】参照）。他方、②では、原告のみが上訴の利益を有するが、上訴審は主位的請求・予備的請求双方につき判断権限を有し、いずれかの請求を認容に変更できる（主位的請求を認容に変更する場合、予備的請求に対する審判要求はなくなるので、原判決の請求棄却の判断は失効し、原判決の取消しは要しないことになる）。問題は③の場合であ

り、このケースでは、原告・被告の双方が上訴の利益を有する。原告が上訴し、主位的請求が認容に変更される場合は、②について前述した場合と同様になる。問題は被告が上訴し、予備的請求が棄却に変更になる場合の主位的請求の取扱いであり、本判決はまさにその点について判断したものである。

2　この問題については上訴不要性と必要説がある。前者は、予備的請求という併合形態を選択し、維持している原告の意思を全ての審級を通して尊重しようとする見解と評価できる。すなわち、このような併合形態が採用された場合、弁論の分離は禁止され、一体的に判断される保障があるから、原告は統一的審判を期待でき、あえて明示的な上訴等をしなくても、矛盾判断は防止されるべきと解するものといえよう（更に、主位的請求と予備的請求の等価性が根拠にされる場合があるが、この点は、原告が請求に順位を付けている以上（その意味で選択的併合とは異なる併合形態を選択している以上）、根拠にすることは難しいように思われる。なお、本件でも原告が選択的併合によっていれば、上訴審で不当利得請求が認められない場合は当然に貸金請求等も審判対象になっていたことになる）。これに対し、上訴必要説は、既に原審で主位的請求棄却判決というものが存在する以上、それに対し原告が上訴を提起していないという意思を重視し、あえてそれに反して原判決を利益変更すべきではないと解するものである。結局、両説の差異は、提訴段階およびそれ以降の予備的併合の選択・維持という原告の意思を重視するか、判決段階の上訴の不存在という原告の意思を重視するかという対立であると思われる。本判決は必ずしも明確な理由を示していないが、後者の理解によったとみられる（なお、本判決に先立ち、最2小判昭和54・3・16民集33-2-270も、上告審の審判範囲との関係でやはり上訴必要説を前提にしたものと解されるが、上訴不要説に立つ反対意見が付されていた）。一見矛盾した原告の意思をどのように扱うかということでいえば、本判決に従い上訴を要求したとしても特に問題はなかろう。原告が仮に原判決に満足していたとしても、被告が上訴した場合は主位的請求につき附帯控訴を要求することは一挙手一投足の問題で、酷とまではいえないと思われるからである。

3　ただ、本判決でも問題となっているように、上訴が必要である点を原告が見落とすことはあり得、その点につき裁判所の適切な釈明権行使が求められる場合はある。本判決も「記録にあらわれた本件訴訟の経過に徴すれば」釈明を不要としたものであり、事案によっては釈明が求められる場合があることを示唆している。本件における訴訟経過は必ずしも明らかではないものの、上告審におけるXの主張をみる限り、予備的請求が棄却されるのであれば主位的請求につき判断を求めることがXの意思であったことは間違いなく、そうであれば主位的請求につき控訴しなかったXの意図がその点の判断を求めない趣旨とも考え難く、釈明義務を認める余地もあったのではなかろうか。

●参考文献●　岡庭幹司・百5版232、井上治典・民商89-3-421

232　附帯控訴

最2小判昭和32年12月13日（民集11巻13号2143頁・判時134号21頁）　　参照条文　民訴法293条

> 第1審で全部勝訴した原告は、附帯控訴の方式により請求を拡張することができるか。

●事実●　Xは、本件土地をYに賃貸していたが、本件賃貸借につき将来の紛争を防止するため裁判所に即決和解の申立てをし、当初の契約内容の一部を変更して和解調書記載の内容の約定で本件土地を賃貸する旨の裁判上の和解が成立した。しかるに、Yが本件土地の一部を第三者に転貸したため、Xは、無断転貸を理由に本件賃貸借契約を解除し、本件土地の一部の明渡しと賃料相当損害金月250円の支払を求めて訴えを提起した。第1審はXの請求を全部認容したところ、Yが控訴した。控訴審でXは請求を拡張し、本件土地の全部の明渡しと賃料相当損害金月500円の支払を求めた。Yは、控訴審における請求の拡張は不適法であると主張したが、原審は請求の拡張を認め、全部認容判決をした。Yより上告。

●判旨●　上告棄却。
「第1審において、全部勝訴の判決を得た当事者（原告）も、相手方が該判決に対し控訴した場合、附帯控訴の方式により、その請求の拡張をなし得るものと解すべきである。本件原審において、Xがした所論請求の拡張は、これを実質的に観れば、附帯控訴に外ならないものと解すべきであり、その方式においても、民訴374条〔現行293条〕、367条〔現行286条〕に反するところのないことは、記録上明らかであるから、右請求の拡張すべからざるものとする論旨は、採用することはできない。（なお、貼用印紙の不足額については、当審においてXをして追貼せしめたから、この点においても、欠くるところはない。）」

●解説●　1　本判決は、1審で全部勝訴判決を得た原告も、被告が控訴した場合には、附帯控訴の方式により請求の拡張をすることができる旨を明らかにしたものである。控訴審における訴えの変更については、民訴法上特別の規定はなく、控訴審における第1審手続の包括準用規定（297条）により、第1審における訴えの変更の規定（143条）が準用されている。したがって、請求の基礎に変更がないこと、著しく訴訟手続を遅滞させるものでないこと等の要件を満たせば、控訴審でも行うことができる（この点、控訴審における反訴には相手方の同意を要すること（300条1項）とは異なる。この規律については、【233】解説参照）。このような規律に関しては、新請求に関する被告の審級の利益が一応問題になるが、請求の基礎に変更がないとの要件を満たす限り、実質的には第1審で旧請求の審理に伴い新請求に関する審理が一定程度されていたはずで、審級の利益を問題にする必要はないと考えられることによると解される。本判決は、そのような理解を前提にしながら、第1審で全部勝訴した原告が請求の拡張を目的とした訴えの変更をすることが可能か、その場合にどのような手続による必要があるかを明らかにし

たものである。
　2　本件におけるXの請求は、土地および賃料相当損害金につき一部である旨を明示して請求する、いわゆる明示の一部請求とみられる。そうであれば、当該一部と残部は訴訟物を異にし（【77】参照）、第1審で請求が全部認容された場合は、別訴で残部請求が可能であったと解される。その意味で、本件の場合、控訴の利益につき形式的不服説を採用すれば、控訴の利益はないことになる。また、既判力等により後訴ができない場合は例外を認める見解や更にそれ自体を控訴の利益のメルクマールとする新実体的不服説をとったとしても、本件では控訴の利益は認められない（本件のような場合に控訴の利益を認めるのは実体的不服説に限られるが、現在においてはほぼ支持がない）。ただ、本件では、Y側が控訴をしており、そのような場合に原告が請求を拡張できるかが問題となる。単なる請求の拡張のための控訴の利益を認めない趣旨は、そのような場合は原告の負担で再訴すべきであり、被告を控訴審に付き合わせる理由がない点にあると考えられるが、そうだとすれば、被告自ら控訴審を開始している場合は、その理由は妥当しない。被告の立場に立っても、別訴を提起されることと比較すれば、自分が開始した控訴審の中で併せて拡張請求部分についても決着することが便宜に適うとも考えられる。したがって、被告が控訴を提起した場合の控訴審では、原告は訴えの変更により請求を拡張することは認められてよかろう。
　3　以上のように、訴えの変更が可能であるとして、次の問題はその手続である。この点については、附帯控訴をしてその後に訴えの変更をすべきとする説（附帯控訴必要説）と、附帯控訴は不要であり直接訴えの変更をすれば足りとする説（附帯控訴不要説）がある。前者は、原告側から自己の利益に原判決の変更を求めるのであれば、そこには控訴が必要であり、訴えの変更だけでは（依然として不利益変更禁止が妥当するので）原判決を変更できることにはならないと解するものである。他方、後者は、このような場合の控訴（附帯控訴）は控訴の利益がないものであり、あえてそのような手続を求める意味はなく、実質的には原判決を変更するものではないので、むしろ直截に訴えの変更によって審判範囲を変更すれば足りると解するものである。前者によれば附帯控訴には控訴の利益を要しない（場合がある）ことを認めることになるし、後者によれば控訴なしに原判決の変更を認めることになり、いずれにしても何らかの例外的な取扱いを許容することになる。判例は前者の考え方を採用した。その理由は明らかでないが、附帯控訴を経ることによる手続の明確性を重視したものであろうか。なお、本件とは異なり、原告自らが（ある請求との関係で）控訴し、全部認容されている他の請求に関しても請求拡張のために訴えの変更をする場合は、訴えの変更による審判範囲の拡張で足り、附帯控訴は不要と解される。

●参考文献●　上野泰男・民訴30-1、コンメⅥ119

233 反訴

最1小判昭和38年2月21日（民集17巻1号198頁）　　参照条文　民訴法300条

控訴審における反訴につき相手方の審級の利益を保護する必要がないときは同意は不要か。

●事実● Xは本件土地の所有者であり、YはXに対抗できる権原がないのに本件土地上に本件建物を築造所有している。Xは、Yに対し、本件土地所有権に基づき本件建物収去土地明渡し等を求めた。これに対し、Yは、Xの代理人Aとの間で本件土地賃貸借契約が締結された、また仮にAに代理権がない場合にも表見代理が成立したと主張した。第1審は、Aの表見代理を認め、Xの請求を棄却した。Xが控訴したが、控訴審において、Yは、第1審で主張していた前記事実に基づき本件土地に関する賃借権存在確認の反訴を提起したところ、Xは当該反訴提起につき同意しない旨陳述した。その後、Xは、Yが本件土地を目的とする賃借権を有しないことを確認する等に訴えを変更した。原判決は、上記反訴につき、控訴審において本訴と同一訴訟物について反訴を提起するときは相手方の同意を要せず、本件反訴を適法として、反訴請求を認容した。Xより、本件反訴にはXの同意がなく不適法として却下されるべきであるなどとして上告。

●判旨● 上告棄却。
「たとえ右反訴と右訂正後の本訴とが同一訴訟にあたるとしても、……反訴が右訂正後の本訴より以前に提起されている以上、右反訴は適法に原審に係属しているものであることはいうをまたない。そして右反訴の提起についてAが同意しなかった……が、1審においてXの本件土地明渡しの請求に対し、Yは同土地について賃借権を有する旨主張し、Xはこれを争ったところ、1審はこれを容認してXの請求を排斥したものであること、Yは原審において反訴として右賃借権の存在を主張し、その確認の訴を提起するに至ったものであることは記録上明らかであるから、このような本件における反訴提起については、Xをして1審を失う不利益を与えるものとは解されず、従って、右反訴提起については同人の同意を要しないものと解するのが相当である。」

●解説● 1 本判決は、控訴審における反訴の提起について、原告の審級の利益を失う不利益を与えるものではない場合があり、そのような場合には原告の同意がなくても適法になる旨を明らかにした判例である。控訴審においては、反訴の提起は、相手方の同意がある場合に限り、することができる（300条1項）（但し、相手方が異議を述べないで反訴の本案について弁論をしたときは、反訴の提起に同意したものとみなされる。同条2項）。本件においては、Yの控訴審における賃借権確認の反訴提起につき、Xは明示的に同意しない旨を陳述しているので、同条の規律からすれば、Yの反訴は不適法になるはずである（反訴が不適法となった場合の取扱いは問題となり得るが、却下とする考え方と第1審に移送する考え方があり得る）。原審は、反訴後の訴えの変更による賃借権不存在確認と訴訟物が同一であることを根拠に、反訴の適法性を認めた。しかし、反訴後の原告の対応によって、本来は不適法な反訴の瑕疵が治癒されると考えるのは、やや異例である。本判決は、そのような考え方をとらず、本件訴訟経過に鑑みて、正面から審級の利益を害するものではないとして相手方の同意を不要と解したものであり、その射程は広い。

2 控訴審における反訴については、前述のように、法は原告の同意を必要とする。他方、控訴審における訴えの変更については、法は特則を設けておらず、第1審と同様の要件でその適法性を認める（297条による143条の準用）。いずれも控訴審における新請求の追加である点に違いはないところ、このような取扱いの差異の根拠はどこにあるかが問題となる。この点は、訴えの変更と反訴の要件の違いに求められる。すなわち、訴えの変更は「請求の基礎に変更がない」ことが要件とされる（143条1項）のに対し、反訴においては、「本訴の目的である請求又は防御の方法と関連する請求を目的とする」ことが要件となっている（146条1項）。つまり、①本訴請求と基礎が同一でなくても関連すれば足りる点、②本訴請求だけではなく防御方法との関連性でも足りる点において、反訴の方が本訴との関連性が薄い場合でも広い範囲で認められることになる。それは、相手方の立場からいえば、第1審で攻撃防御の対象となった事項とは異なる点が控訴審で審理対象になり得ることを意味し、その審級の利益が問題になる。そこで、その審級の利益を保護するため、相手方の同意を要件としたものと解される。そうであるとすれば、実際の反訴の内容によっては、本訴との関連性が強く、審級の利益を問題にする必要がない場合も想定され、本件はまさにそのような場合と考えられる。すなわち、第1審での土地明渡請求の中心的争点がYの賃借権の存在であり、控訴審で賃借権存在確認請求がされたとしても、それはまさに第1審で審理が尽くされており、本判決が言うように、「Xをして1審を失う不利益を与えるものとは解され」ないからである。その意味で、本判決は300条1項に、本訴請求（ないし防御方法）と反訴請求の密接関連性が認められる場合の除外を但書として設けたに等しく、その射程は広いと解される。

3 また本件では、前述のように、被告の賃借権不存在確認の反訴提起の後、原告が訴えの変更により賃借権存在確認請求をしているところ、その両者の関係が問題となる。本判決は、反訴が先行して係属していることから、適法性に影響はしないとする。一般に権利の積極的確認は消極的確認に優先すると解されることからも判旨は相当と解される。他方、仮に本件とは異なり、先に賃借権不存在確認が先行している場合は（中島・後掲50頁は、この場合は「反訴提起自体が許されるかは1つの問題であろう」とする）、両者の既判力は全く同一範囲に生じると解されるので、反訴には訴えの利益がないと解されることになろうか。

●参考文献● 中島恒・判解昭38年度48、コンメVI176

234　不利益変更禁止①──相殺の抗弁

最1小判昭和61年9月4日（判時1215号47頁・判タ624号138頁）　　参照条文　民訴法304条

> 相殺による請求棄却判決に原告が控訴した場合、控訴審は訴求債権の存在を否定できるか。

●**事実**●　XはYに対し貸金の支払を請求した。Yは、本件貸金は賭博開帳資金として借り受けたものであるから不法原因給付に当たるとの抗弁を主張したほか、予備的に、Xに対する売買代金債権により相殺したから消滅した旨の抗弁を主張した。第1審は、Xの本件貸金請求につき公序良俗に反しないとして貸金債権の有効な成立を認めたものの、Yの主張する反対債権と対当額で相殺されたことによりその全額につき消滅したとして、請求を棄却する旨の判決をした。第1審判決に対して、Xのみが控訴し、Yは控訴も附帯控訴もしなかった。原審は、Xの貸金債権については第1審判決と同じく公序良俗違反等の抗弁を排斥してその有効な成立を認めた上、Yの主張する相殺の抗弁については反対債権が認められないとしてこれを排斥し、Xの請求を認容する判決をした。Yより上告。最高裁は、公序良俗違反を認め、以下の判示をした。

●**判旨**●　原判決破棄・控訴棄却。
「訴求債権が有効に成立したことを認めながら、被告の主張する相殺の抗弁を採用して原告の請求を棄却した第1審判決に対し、原告のみが控訴し被告が控訴も附帯控訴もしなかった場合において、控訴審が訴求債権の有効な成立を否定したときに、第1審判決を取り消して改めて請求棄却の判決をすることは、民訴法199条〔現行114条〕2項に徴すると、控訴した原告に不利益であることが明らかであるから、不利益変更禁止の原則に違反して許されないものというべきであり、控訴審としては被告の主張した相殺の抗弁を採用した第1審判決を維持し、原告の控訴を棄却するにとどめなければならないものと解するのが相当である。」

●**解説**●　1　本判決は、相殺の抗弁を採用して請求を棄却した第1審判決に対して原告のみが控訴した場合、訴求債権の存在を否定して控訴審が請求を棄却することは不利益変更禁止の原則に反して許されないとした。不利益変更禁止の原則とは、被上訴人が上訴も附帯上訴もしない場合に、上訴審裁判所は上訴人に不利益に原判決を変更することはできない原則をいう。控訴審判決に関する「第1審判決の取消し及び変更は、不服申立ての限度においてのみ、これをすることができる」との規定（304条）がその趣旨を表している（同規定は、同原則に加えて、利益変更禁止の原則（上訴人の不服申立ての限度を超えて上訴人の利益に原判決を変更できない原則）も含意する）。不利益変更禁止原則の根拠については、上訴審における処分権主義（原判決に控訴も附帯控訴もしない被上訴人の処分権）の帰結と解するのが通説である（青木・後掲234頁。但し、上訴によりかえって上訴人が不利益を受けることを避けて上訴をしやすくするという政策的配慮に根拠を求める政策説も主

張されている）。本判決は、相殺の抗弁を認めた原判決に対し、原告のみが上訴した場合に、訴求債権の不存在を認めて新たに請求棄却の判決をすることは、相殺の抗弁に係る既判力（114条2項）に鑑みれば、原告（上訴人）に不利な原判決の変更となるので、不利益変更禁止の原則に反すると解した点にその意義がある。

2　本判決の前提問題として、そもそも本件のような場合に訴求債権は上訴審の審理対象となり得るのかという点がある。訴求債権の存在を認めた原判決の判断部分については、原告に不服がないことは明らかであるし、被告も附帯上訴等をしていないとすれば、その点は審理対象にならないとの理解もあり得よう。そのような理解に立てば、仮に上訴審が訴求債権不存在の心証に至っても、反対債権不存在の心証になれば原判決を取り消して請求認容の判決をすべきことになる。しかし、このような帰結は相当とは言い難い。なぜなら、被告が附帯上訴等をしない意思は、原判決における訴求債権不存在・反対債権不存在（相殺による消滅）の効果（既判力）を争わないとの意思であり、訴求債権存在の可能性まで一切争わない意思とは解し難いからである。その意味で、訴求債権の存否の問題を上訴審の審理範囲から除外してしまうことは相当でない（山本・後掲227頁、青木・後掲235頁参照）。

3　相殺の抗弁を認めた確定判決の既判力は訴求債権の不存在（114条1項）と反対債権の不存在（同条2項）の判断の双方に生じる。本件第1審判決がそのまま確定すれば、既判力はXの貸金債権の不存在とYの売買代金債権の不存在に生じる。しかるに、判旨の指摘するような判決を認めると、Xの貸金債権の不存在のみに既判力が発生し、Yの売買代金債権には既判力が生じないこととなる。両者の帰結を比較すると、Yの代金債権不存在の既判力が生じない部分のみが相違し、明らかにXに不利益となっている。しかるに、Yの控訴も附帯控訴もないにもかかわらず、そのような帰結を導くことは不利益変更禁止の原則に反するというのが本判決の趣旨であり、妥当な判断といえる。以上から、控訴審は控訴を棄却し、第1審判決を維持すべきことになる。結局、控訴審が相殺前の両債権につき、①訴求債権存在・反対債権存在（第1審判決と同じ）としたときは控訴棄却、②訴求債権不存在・反対債権存在としたときも控訴棄却、③訴求債権存在・反対債権不存在としたときは原判決取消・請求認容となる。問題となるのは、④訴求債権不存在・反対債権不存在としたときであるが、この場合も訴求債権不存在という心証であるので、請求認容判決はできず、他方で請求を単純に棄却するのも不利益変更禁止の原則に反するので、控訴棄却とするほかないと解される。①（両債権存在）とは正反対の心証（両債権不存在）であるにもかかわらずその結論を維持することになるが、前述のように、訴求債権も審判対象になるとする以上、請求認容の帰結は自由心証主義に反するし、請求単純棄却は被告の処分権に反する結果となるので、やむを得ない結果といえよう。

●**参考文献**●　青木哲・百5版234、山本・基本問題221

235　不利益変更禁止② ── 財産分与申立て

最2小判平成2年7月20日（民集44巻5号975頁・判時1403号29頁）　　　参照条文　民訴法304条

離婚訴訟に附帯してされる財産分与の申立てについて不利益変更禁止の原則は妥当するか。

●事実●　妻Xは、夫Yに対し、婚姻関係の破綻等を理由とする離婚請求とともに親権者指定および財産分与を求めた。第1審は、離婚請求を認容し、財産分与の申立てに関しては、YからXに対し、①甲土地（宅地・評価額150万円）、②乙建物（甲土地上の未登記建物・評価額200万円）、③250万円の給付を命じた。これに対し、上記判決中、親権者指定および財産分与に関する部分についてのみ、Yが控訴した（Xは控訴も附帯控訴もしていない）。原判決は、第1審判決中、財産分与に関する部分を取り消し、YからXに対し800万円の給付のみを命じ、その余のYの控訴を棄却した。Yより、Xの附帯控訴の申立てがないのに、原判決が財産分与総額を第1審判決の600万円から800万円に増額したことは違法であるとして、上告。

●判旨●　上告棄却。
　「人事訴訟手続法15条〔現行人訴32条〕1項の規定により離婚の訴えにおいてする財産分与の申立てについては、裁判所は申立人の主張に拘束されることなく自らその正当と認めるところに従って分与の有無、その額及び方法を定めるべきものであって、裁判所が申立人の主張を超えて有利に分与の額等を認定しても民訴法186条〔現行246条〕の規定に違反するものではない。したがって、第1審判決が一定の分与の額等を定めたのに対し、申立人の相手方のみが控訴の申立をした場合においても、控訴裁判所が第1審の定めた分与の額等が正当でないと認めたときは、第1審判決を変更して、控訴裁判所の正当とする額等を定めるべきものであり、この場合には、いわゆる不利益変更禁止の原則の適用はないものと解するのが相当である。」

●解説●　1　本判決は、離婚訴訟に附帯してされる財産分与の申立てについては不利益変更禁止の原則が妥当せず、上訴審はその心証に従い正当と考える額の給付を命じることができるとした。離婚に伴う財産分与の申立て（民768条）は、本来は家事審判事件であるが（家事別表第2の4項）、離婚の訴えにおいて、裁判所は、申立てにより、離婚の請求認容の判決とともに財産分与に関する処分をしなければならない（人訴32条1項）。附帯処分についての裁判であり、手続経済と当事者の便宜を考慮した制度である。この場合、第1審で一定の財産分与が定められ、相手方がこれに不服を申し立てていないのに、不服を申し立てた者に不利益にそれを変更できるかが問題となる。人事訴訟においても、不利益変更禁止の原則（民訴304条）は適用除外とされておらず（人訴19条参照）、その原則に反しないかという問題である。本判決は、財産分与の処分については不利益変更禁止原則は妥当しないとし、その妥当範囲を明確にした重要判例といえる。

2　財産分与が独立の事件として家事審判の申立てがされたときの取扱いとしては、一般に申立人は分与の額や方法を特定することは要せず、抽象的に財産分与を求める旨を申し立てれば足り、仮に当事者から具体的な額や方法を特定する申立てがあったとしても、裁判所はその申立てに拘束されないと解されている。けだし、家事事件手続法は、家事審判に関する民訴法の準用規定には、民訴法246条を含めていないからである（家事79条参照）。同様に、審判に対する即時抗告の場合も、不利益変更禁止の原則に係る民訴法304条は準用から排除されている（家事96条参照）。それが同原則の不適用を帰結するかについてはなお議論があり得るが（金子修編著『一問一答家事事件手続法』148頁は、「民事訴訟における不利益変更禁止の原則の根拠がそのまま家事事件の手続にも当てはまるということはできないことから、新法において、不利益変更禁止の原則の明文の規定を設けることはしなかった」と、やや微妙な表現をとる）、同原則を処分権主義の上訴審における表れとみる通説的見解（【234】解説参照）からすれば、それが素直な理解となろう。そして、仮にそれが相当であるとすれば、そのことは財産分与が離婚訴訟の附帯処分の形で判断される場合も同様と解されよう。その意味で、本判決は素直な判断である。ただ、そのような理解に対しては疑問を挟む余地がないではない（以下については、山本・後掲228頁参照）。まず、財産分与につき処分権主義の適用を否定することはそもそも妥当かという疑問がある。子の利益が問題となる監護権の裁判などとは異なり、財産分与は結局財産権の問題であり、当事者の処分に委ねることはそれほど不当ではない。また仮に処分権主義の適用を排除するとしても、その根拠は当事者に適切な内容の分与申立てを求めるのが酷であるとの点にあるとすれば、不利益変更禁止との関係では、既に具体的内容の分与の裁判が存するのであるから、それと比較して不服を申し立てるかどうかは当事者に委ねれば足りるという理解も十分あり得る。本件では、不動産＋金銭の分与で当事者が満足しているのであれば、裁判所があえてそれに介入して、金銭のみの分与に変更する必要はないとも思われる。

3　不利益変更禁止の原則の妥当範囲という観点では、やはり民事訴訟でありながら実質的非訟事件（形式的形成訴訟）と解される筆界確定訴訟も、同原則の妥当しない例外的な訴訟類型とされている（最3小判昭和38・10・15民集17-9-1220）。この点は、筆界確定訴訟の法的性質に関する論者の理解によって左右されるところがあるが、筆者は、公法上の筆界の問題は、訴訟当事者（隣接地所有者）のみならず、第三者の利益にも影響するものであり、その意味で（財産分与等とは異なり）公益上の問題と解する。したがって、上訴審においては、当事者の上訴や附帯上訴の有無にかかわらず、裁判所は上記公益性の点から介入権を有し、客観的に正当な筆界を定めるべきものと解される（山本・後掲227頁）。

●参考文献●　河野信夫・判解平2年度306、山本・基本問題
215

236　再審事由と上告理由

最1小判昭和53年12月21日（民集32巻9号1740頁・判時914号49頁）　　参照条文　民訴法312条

再審事由は上告理由となり得るか。

●**事実**●　X所有の不動産にはYのため抵当権設定登記および所有権移転請求権仮登記がされている。Xは、Yとの間で抵当権設定契約や連帯保証契約を締結したことはないと主張して、Y主張の連帯保証債務の不存在確認および前記各登記の抹消登記手続を求めて訴えを提起した。Yは、Xの子の妻Aから融資の依頼を受け、Xが連帯保証人になることおよび不動産を担保に供することを承諾したので、Aに500万円および2000万円を貸し付け、Xとの間で、連帯保証契約、抵当権設定契約および代物弁済予約を締結したと主張する。原審は、乙第1号証（500万円の抵当権設定金円借用証書）および同第5号証（2000万円の抵当権設定金円借用証書）のX作成名義部分はX本人尋問の結果によりXの署名がXの自署によるものであることが認められるから、真正に成立したものと推定できるとして、上記各書証を重要な証拠としてY主張の連帯保証契約等の成立を認め、Xの請求を棄却した。Xより上告。

●**判旨**●　破棄差戻し。
「東京地方検察庁検察官は、昭和53年3月28日Aに対する前記乙第1号証及び同第5号証に関する私文書偽造、同行使、公正証書原本不実記載、同行使、詐欺告訴事件について、その事実はあるが起訴猶予にするのが相当であるとして、不起訴処分にしたものであることが認められる。してみれば、右乙号各証が偽造されたものであることについては、民訴法420条〔現行338条〕2項にいう証拠の欠缺以外の理由によって有罪の確定判決を得ることができない場合にあたるものといわなければならない。このように、上告理由として原判決につき同条1項6号所定の事由の存することが主張された場合において、当該事実に関し同条2項所定の要件が具備されていることが認められるときは、原判決につき判決に影響を及ぼすことの明らかな法令の違反があったものとしてこれを破棄し、更に審理を尽くさせるため事件を原審に差し戻すのが相当である。」

●**解説**●　1　本判決は、再審事由が上告理由となり得ることを前提に、338条1項6号の再審事由につき同条2項の要件該当性を認めたものである。前者の論点は、大審院・最高裁の従来の判例を踏襲するものであり、通説も支持するが、その論拠には様々な議論があるところ（篠田・後掲599頁以下参照）、本判決は法令違反説を採用したものと解される。また、後者は、上告理由として再審事由が主張される場合、上告審は例外的に事実審理をして同条2項の要件具備を認めながら、再審事由自体の判断は差戻審に委ねるもので、法律審としての処理方法を示した判断といえよう。ただ、現行法では上告および再審制度がともに大きく改正されており、現行法下における本判決の位置づけは問題となり得る。

2　第1点として、本判決は、再審事由が上告理由となり得ることを前提とする。再審事由のうち、上告理由（絶対的上告理由。312条2項）と重複するもの（338条1項1〜3号）は問題ないが、それ以外のものが上告理由となるかについて、大審院（大判昭和9・9・1民集13-1768）から最高裁（最2小判昭和38・4・12民集17-3-468、最1小判昭和43・5・2民集22-5-1110）まで肯定されているが、その根拠は必ずしも明確でなかった。明文の上告理由と位置づけない見解として、再審の補充性を定める規律（338条1項但書）は上告理由となることを当然の前提としているとか、確定後に再審となるのに上告で覆せないのは訴訟経済に反するとかの形式論・実質論が展開される一方、明文の上告理由、すなわち経験則違反や法令違反に該当するとの見解もあった。本判決は、「判決に影響を及ぼすことの明らかな法令の違反があったもの」として法令違反説を採用した。明文の上告理由に当てはめる穏当な判断といえる。ただ、判決への影響の因果関係が微妙な事案もあり得ること（例えば338条1項4号の裁判官の職務犯罪など）に加え、現行法では、法令違反は上告理由でなく、上告受理理由となった点が問題となろう。つまり、仮に原判決に再審事由が存在するとしても、最高裁が上告審の場合、法令解釈に関する重要な事項を含まなければ上告は受理されないことになる（318条1項）。本件の証拠偽造のような問題は、通常、個別事件の判断の当否は左右するが、法令解釈に重要な影響を及ぼすとは考え難く、上告不受理の帰結になりそうであるが、それでよいかという問題が別途生じよう。それが相当でないとすると、①再審事由は当然に法令解釈に関する重要事項を含むと解するか、②再審事由は不文の上告理由になると解するかという議論がなお必要になろう。

3　第2点として、本判決は、再審事由を上告理由として主張する場合も、①338条1項4号〜7号の事由については同条2項の刑事判決等の要件が適用され、②同条2項の「証拠がないという理由以外の理由により有罪の確定判決……を得ることができないとき」には検察官の起訴猶予処分が含まれることを前提とする（また、同条2項の要件具備が上告理由書提出期間経過後であった場合、提出期間の伸長で対応すべきものとする）。そして、再審事由は事実問題に関するところ、本判決は法律審たる上告審の審理範囲につき判断する。①上告理由としての再審事由の存否と、②338条2項の事実（有罪判決等）の存否につき学説は事実審理を認めるが、本判決は、従来の判例（前掲最判昭和43・5・2）に従い、②は検察官の判断を前提としてよく、①の実質判断は差戻審に委ねるものとする（篠田・後掲603頁参照）。338条1項4号〜7号の再審事由については、2項の事実が存すれば再審事由の存在を相当の蓋然性で推認できるので、このような扱いは法律審の趣旨に適うといえよう（他方、同項3号のような再審事由は上告審も審理せざるを得ないものと解される）。

●**参考文献**●　篠田省二・判解昭53年度596、山本弘・J1317-119

237　理由不備

最3小判平成11年6月29日（判時1684号59頁・判タ1009号93頁）　　参照条文　民訴法312条

絶対的上告理由としての理由不備はどのような場合に認められるか。

●事実●　A社はXの系列下にあったB社の買収資金を融資によって調達することとし、当該融資がされなかったときは契約を白紙にするとの合意の下、Xおよびその代表者らからB社への出資持分等を買い取る旨の売買契約を締結し、その手付金の支払のためにA社が振り出し、Yらが裏書をした本件約束手形をXに交付した。しかし、A社は必要な担保を調達できず、融資申込みをしなかった。そこで、本件約束手形の所持人Xが、裏書人Yらに対して手形金支払を求める訴えを提起した。Yらは、本件売買契約はA社が融資を受けることが停止条件となっていたことおよび当該融資を受けないことが解除条件であればこれが成就していることを抗弁として主張した。これに対し、Xは、A社が故意に停止条件成就を妨げたかまたは解除条件を成就させたものであるとの再抗弁を提出した。原判決は、上記停止条件不成就および解除条件成就の抗弁を摘示しながら、再抗弁としては、故意による停止条件の成就妨害のみを摘示し、解除条件の成就作出を摘示していない。そして、本件売買は解除条件が成就して無効となったから本件裏書は原因関係を欠くに至ったとしながら、解除条件の成就作出については何らの判断も加えず、Xの請求を棄却した。Xより、原判決にはXの再抗弁につき判断の遺脱があるから理由不備の違法があるして、上告。

●判旨●　破棄差戻し。
「原判決には、判決に影響を及ぼすべき重要な事項について判断を遺脱した違法がある……。しかしながら、原判決の右違法は、民訴法312条2項6号により上告の理由の一事由とされている「判決に理由を付さないこと」（理由不備）に当たるものではない。すなわち、いわゆる上告理由としての理由不備とは、主文を導き出すための理由の全部又は一部が欠けていることをいうものであるところ、原判決自体はその理由において論理的に完結しており、主文を導き出すための理由の全部又は一部が欠けているとはいえないからである。したがって、原判決に所論の指摘する判断の遺脱があることは、上告の理由としての理由不備に当たるものではない……。しかし、右判断の遺脱によって、原判決には判決に影響を及ぼすことが明らかな法令の違反があるものというべきであるから（民訴法325条2項参照）、本件については、原判決を職権で破棄し、……事件を原裁判所に差し戻すのが相当である。」

●解説●　1　本判決は、現行民訴法下で、絶対的上告理由たる理由不備の意義を明らかにし、具体的事案において、理由不備該当を否定しながら、判断遺脱の法令違反を認めて原判決を破棄した例である。現行法は、旧法下の絶対的上告理由を基本的に踏襲しながら（312条2項）、従来は上告理由であった法令違反を、最高裁が上告審である場合には上告理由から外し（同条3項参照）、法令解釈に関する重要な事項に限って上告受理事由とした（318条1項）。その意味で、絶対的上告理由と法令違反との「段差」が大きくなる中、旧法下で上告理由として頻繁に援用され、ある意味では濫用されてきた理由不備・理由齟齬についてその意義を初めて明確にした判例として、意義が大きい。

2　本判決は、理由不備（312条2項6号）とは「主文を導き出すための理由の全部又は一部が欠けていることをいうもの」とした。この一般論自体は異論がないであろう。たとえば、抗弁を認めない場合は再抗弁の判断がないことが当然で、理由不備に当たらない一方、抗弁を認める場合は再抗弁の判断が不可欠で、その判断がない場合は主文を導き出すための理由が欠けていることになる。ただ、本件原判決は故意による解除条件成就の再抗弁自体を摘示しておらず、その意味で、「原判決自体はその理由において論理的に完結して」おり、理由不備はないことになる。これは、主張摘示あり・判断なしの場合は絶対的上告理由を認め、主張摘示なし・判断なしという、より大きな過誤の場合は絶対的上告理由を否定するという、ややアンバランスな帰結にもみえる。しかし、理由不備制度の趣旨が（理由齟齬も同様）、判決文を閲読した際に必要な記載の欠如によって司法に対する国民の信頼を害するという点にあるとすれば、このような解釈も合理性を有すると解されよう。

3　ただ、このような判決が維持されるべきでないことは明らかである。現行法上、このような判決は判断遺脱の違法があり、再審事由（338条1項9号）になると解される。本件でいえば、故意による解除条件成就の再抗弁は「判決に影響を及ぼすべき重要な事項」であり、それに対する判断の遺脱があるからである。そうすると、問題は、明文で上告理由とされていない再審事由が上告理由となるかという点であり、旧法下の判例は再審事由が法令違反として上告理由になるとしていたところ【236】、現行法では、前述の通り、法令違反は最高裁に対する上告では上告理由とはされないため、改めて問題となり得る（【236】解説参照）。本判決は、この点、従来の判例を維持し、判断遺脱が法令違反になる（それに止まる）との立場を明確にし、絶対的上告理由ではないとした。ただ、本判決は、「原判決には判決に影響を及ぼすことが明らかな法令の違反がある」として、325条2項を援用して原判決を職権で破棄した。これは、上告理由において理由不備の主張があったことから、これを適法な上告として扱い、職権破棄による是正を可能にしたものである。これに対し、上告人が理由不備の意義を正当に解して判断遺脱のみを上告理由とした場合には上告は不適法となり、職権破棄が困難になるが、その場合も理由不備の趣旨を含む上告として、本判決と同様の取扱いをする余地はあろうか（判時コメント参照）。

●参考文献●　梺善夫先生・遠藤憲治先生古稀祝賀『民事手続における法と実践』749〔福田剛久〕、コンメⅥ293

238 上告受理

最1小決平成11年3月9日（判時1672号67頁・判タ1000号256頁）　　参照条文　民訴法318条

> 上告受理申立てにつき原裁判所が上告受理事由に該当しないとして申立てを却下できるか。

●**事実**●　本件は、XとYの間の退職金請求事件につき敗訴したXが上告受理申立てをしたところ、原裁判所は、当該事件が318条1項の事件に当たらないとして申立て却下の決定をした。Xは、本件上告受理申立てが同項の事件に当たらないとしたことは違法であるとして許可抗告申立てをしたところ、原審は抗告許可。

●**決定要旨**●　原決定破棄。
　「上告受理の申立てに係る事件が同項〔318条1項〕の事件に当たるか否かは、上告裁判所である最高裁判所のみが判断し得る事項であり、原裁判所は、当該事件が同項の事件に当たらないことを理由として、同条〔318条〕5項、同法316条1項により、決定で当該上告受理の申立てを却下することはできないと解すべきであるから、右と異なる原審の前記判断には、裁判に影響を及ぼすことが明らかな法令の違反があり、本件については、抗告理由について判断するまでもなく、原決定を破棄するのが相当である。」

●**解説**●　1　本決定は、上告受理の申立てについて、原裁判所が上告受理事由に該当しないとして申立てを却下することはできない旨を明らかにした。上告受理制度を導入した現行民訴法施行（平成10年1月）直後の時期に、制度の基本となる点を明らかにした重要判例である。旧法では当事者は法令違反を理由に常に権利として上告をすることができた。この点は戦前からの規律で、戦後も改正されることはなかったが、司法制度として、戦前の最上級審であった大審院と戦後の最高裁判所ではその仕組みが大きく変わった。その任務として、戦前にはなかった違憲法令審査権が付与されるなど最高裁の役割は重くなった一方、人員面では、大審院が数十人の裁判官を擁していたのに対し、最高裁判所は僅か15人の裁判官で構成された。その結果、戦後直後から顕著な状況にあった最高裁の負担過重に対応するため、第1審の簡裁事物管轄の引上げ（簡裁事件は上告も原則高裁止まりであるので、結果として最高裁の負担は軽減される）や、最高裁判所調査官など補助的人員の強化等の方策がとられたが、弥縫策に止まっていた（裁判所法を改正して最高裁判事の人員増を図る提案もあったが、大法廷の組成が困難になるなど最高裁の権威を低下させるとして採用されなかった）。最も抜本的な対策は、米国連邦最高裁でとられているように、正面から上告を制限することであったが、当事者権を制限するものとして反対が強くなかなか実現しなかったところ、現行民訴法制定時にこの点がついに実現し、上告受理制度が導入された。すなわち、最高裁判所が上告審である場合は、単なる法令違反は上告理由とならず（312条3項参照）、法令違反のうち、判例違反「その他の法令の解釈に関する重要な事項を含むもの」

に限り、最高裁が上告審として事件を受理することができることとされた（318条1項）。
　2　上告受理制度においては、最高裁判所自身が事件を受理するかどうかを決することになる（それに対し、許可抗告制度は高等裁判所が抗告を許可するかどうかを決する。337条1項）。ただ、上告受理の手続をみると、上告に関する手続が基本的に準用されており（318条5項）、当事者はまず原裁判所に上告受理申立てをし（314条1項）、上告受理申立てが不適法でその不備を補正することができないことが明らかであるときは、原裁判所が決定で上告受理申立てを却下することになる（316条1項1号）。いわゆる原審却下である。そして、上告受理の要件（法令解釈に関する重要な事項を含むこと）を欠くことが明らかな場合は、上告受理申立てが不適法で不備の補正ができない場合に該当するとして原審却下をすることも文理上は可能であろう。原決定はまさにそのような解釈をしたものと解される。しかし、前述のように、現行法の立法者は上告受理と抗告許可を制度的に区分し、前者を最高裁、後者を高裁の判断に委ねたことは明らかである。これは、従来は判決に係る法令違反は上告理由として当然最高裁の判断を受けられたのに対し、決定の場合は最高裁に対する抗告が（憲法違反の場合の特別抗告を除き）全く許されなかったという違いに鑑み、前者を権利上告から外すとしても要件を最高裁の判断に委ね、後者につき抗告の可能性を認めるとしても高裁の許可に係らせる（それにより最高裁と高裁の役割分担および負担調整を図る）政策判断によるものと解される。つまり、上告受理要件の充足の判断は最高裁に専属するものと考えられる。そのような趣旨からは、前述のような文理解釈に基づき上告受理の可否につき高裁の判断権を認めることは、上告受理の要件具備を最高裁の権限とした上告受理の制度趣旨に反し、許されないと解されよう。本決定が「上告受理の申立てに係る事件が同項の事件に当たるか否かは、上告裁判所である最高裁判所のみが判断し得る事項である」とするのはまさにそのような趣旨と解され、正当な判断といえる。
　3　なお、本件における抗告理由は318条1項該当性の点であり、そもそも同条項を原審却下の事由とできるかは問題とされていないにもかかわらず、最高裁はこの点を職権で取り上げている。いったん抗告が許可されて事件が最高裁に係属した場合には、337条5項により、最高裁は「裁判に影響を及ぼすことが明らかな法令の違反があるときは」職権で原決定を破棄することができることによる。また、本決定は主文において単に「原決定を破棄する」ものとする。これは、上告受理申立てを却下する原審の決定が破棄されれば、それで上告受理の申立てがなお原審に係属していることになり、原審は当該申立てについて再度判断すべき（原審却下の事由が他になければ、事件を最高裁に送付すべき）状態になり、上告受理手続が当然に復活することを前提にするものと解される。

●**参考文献**●　コンメⅥ265、福田剛久ほか・判タ1250-8

239　上告理由の記載

最2小決平成12年7月14日（判時1723号49頁・判タ1041号156頁）　　参照条文　民訴法312条　民訴規194条

上告状および上告理由書のいずれにも上告理由の記載がない場合、原裁判所はどうすべきか。

●事実● Xは、福祉事務所長がした生活保護法に基づく保護開始決定が違法であるなどとして、Yに対し、国賠法1条に基づく損害賠償を求めた。第1審・原審ともにXの請求を棄却したため、Xが、最高裁判所に上告した。上告状および上告理由書提出期間内に提出した「上告理由書」と題する書面には法令違反の主張しか記載されておらず、312条1項・2項に規定する事由の記載はなかった。原審は、上告理由書提出期間経過後、Xに対し補正命令を発し、Xは「上告理由補正書」と題する書面を提出し、当該書面において「上告理由書」に記載していた主張を憲法違反および理由不備・理由齟齬の主張に構成し直した。原審は事件を最高裁判所に送付した。

●決定要旨● 上告却下。
「民事事件について最高裁判所に上告をすることが許されるのは、民訴法312条1項又は2項所定の場合に限られるところ、本件上告状及び民訴規則194条所定の上告理由書提出期間内に提出された「上告理由書」と題する書面には民訴法312条1項及び2項に規定する事由の記載がないから、本件上告は不適法である。なお、……原裁判所は、上告理由書提出期間経過後……Xに対し、「……先に提出した上告理由書につき、民事訴訟規則190条規定の記載方法に補正することを命ずる。」旨の命令を発し、右命令は……Xに送達され、Xは……「上告理由補正書」と題する書面を提出している。しかしながら、上告状及び民訴規則194条所定の上告理由書提出期間内にXから提出された書面のいずれにも民訴法312条1項及び2項に規定する事由の記載がないときは、その不備を補正する余地はないから、原裁判所は、民訴規則196条1項所定の補正命令を発すべきではなく、直ちに決定で上告を却下すべきであり、原裁判所が右命令を発しXが右命令により定めた期間内に右事由を記載した書面を提出したとしても、これによって上告が適法となるものではない。」

●解説● 1 本決定は、最高裁への上告に際し上告状および上告理由書提出期間内に提出された書面のいずれにも312条1項および2項に規定する上告理由の記載がない場合は、原裁判所は補正命令を発することなく直ちに決定で上告を却下すべきものとした。現行民訴法は、最高裁が上告審の場合は、単なる法令違反は上告理由とならず（312条3項参照）、法令違反のうち「法令の解釈に関する重要な事項を含むもの」に限り、最高裁が上告審として事件を受理することができる上告受理制度を採用した（318条1項）。しかし、改正直後は、おそらく改正規定を十分理解せず、旧法と同様、単なる法令違反を上告理由として掲げる上告申立てが一定程度あったものと考えられる。本決定は、現行法の施行（平成10年1月）から比較的間もない時期で、「実務の取扱いが必ずしも固まっているとは思われない状況」にあったことから、あえて「原裁判所の執るべき措置を決定文において明らかにした」ものとされる（判時コメント50頁参照）。

2 上告は適法な上告理由がある場合にのみすることができる。312条各項は、「上告は……を理由とするときに、することができる」と規定し、上告理由を限定列挙し、同条各項に記載された上告理由を上告人が主張することを上告の適法要件としている。そして、上告人は上告状または上告理由書に上告理由を記載しなければならず（315条1項）、その記載が最高裁規則（民訴規190条）に定める方式によらなければ、原裁判所により上告は却下される（315条2項・316条1項2号）、却下決定前に、原裁判所は、相当の期間を定め、その期間内に上告理由書等の不備を補正すべきことを命じなければならない（民訴規196条）。上告人に補正の機会を与え、その権利を保護する趣旨である。ただ、補正命令は、上告状等に関する不備が補正可能であることを前提としており、補正が不可能であれば上告は直ちに却下されるべきこととなる。

3 以上のような上告の手続に鑑み、本件のような場合には上告理由書の不備が補正可能なものであるかが問題となる。本件では、最高裁への上告であったにもかかわらず、「上告理由書」と題する書面には法令違反の主張（つまり312条3項に該当する主張）しか記載されておらず、同条1項・2項に定める事由の記載を欠き、およそ適法な上告理由の主張がなかったと解される事案である。そのような場合、上告理由書を補正して適法な上告理由を主張することが、民訴規196条にいう「補正」の範囲に含まれるかが問題となる。本決定は、そのような場合は補正の範囲に含まれないことを前提に、このような上告理由書は「不備を補正する余地はない」として、補正命令自体を違法と解した。そこでは、上告理由書提出期間経過後は新たな上告理由を追加することができないので、「補正」により従来の上告理由とは別個の新たな上告理由が主張されたとしても、それは補正の域を超えており、上告理由が全く主張されていない場合は補正命令を発しても適法な補正がされる余地はないとする理解が前提にされているとみられる（判時コメント50頁参照）。そして、そもそも本件のような場合は、法令違反は上告受理申立理由として主張すべきものであることに鑑みると、仮に補正を可能にすると、上告手続と上告受理申立手続の区分を曖昧にする懸念もあるといえよう。一般論としては以上のような理解は正当であり、本決定も妥当な判断といえるが、個々の事案では、上告人の主張を善解して何らかの上告理由の主張と解し得る場面もあるように思われる。そして、本件が法改正から近接した時期の事案であったこと、Xが本人訴訟であったこと等も考えると、何らかの善解を前提にする余地もあったかもしれないが、本決定は原則論を厳格に貫いたものといえる。

●参考文献● コンメVI351、山本克己・J1098-87

240　破棄判決の拘束力①──事実上の判断

最3小判昭和36年11月28日（民集15巻10号2593頁）　　参照条文　民訴法325条

> 差戻審の判断を拘束する上告審の「事実上の判断」とは何を意味するか。

●**事実**●　AおよびY₁らは、BがXに対し負担していた金銭債務を目的として準消費貸借契約を締結し、連帯して支払義務を負う旨を約した。Aはその後死亡し、相続人Y₂～Y₄らは相続によりAの上記債務を承継した。第1次控訴審はYらはAの債務合計20万1452円を連帯して支払う義務があるとしたが、前上告審はY₁以外の者の上告を容れ、原判決を破棄し、事件を原審に差し戻した。差戻後控訴審は、Aらが準消費貸借の目的とした債務は総額28万1500円であるとしたほか、第1次控訴審の確定したのと同旨の事実を認定した上、控訴を棄却した。Y₂～Y₄より、前上告審判決は第1次控訴審判決の認定した事実を上告審として確定した上で、破棄差戻しの判断をしているところ、原判決はそれと異なる事実を認定し、上告審のした事実上の判断と矛盾する事実を認定したとして、上告。

●**判旨**●　　上告棄却。
「上告審は原審の適法に確定した事実に羈束されることは民訴403条〔現行321条〕の明定するところであるから、同法407条2項〔現行325条3項〕にいわゆる「事実上の判断」とは、職権調査事項につき上告審のなした事実上の判断だけを指すもので、訴の本案たる事実に関する判断を含まないものと解するのが正当である。もし同条同項の「事実上の判断」を所論のように解するならば、差戻前の控訴審において確定した事実は差戻後の控訴審を羈束することとなり、民訴法の精神に反すること明白である。されば、原判決において、挙示の証拠により、Y₂ら3名がXに対し各その相続分に応じ原判示28万1500円の6分の1の金員の支払義務がある旨認定判断したことは、差戻前の本件判決に対する所論当審判決と何ら牴触するものでない。」

●**解説**●　　1　本判決は、差戻審の判断を拘束する上告審の「事実上の判断」（325条3項後段）の意義を明確にし、それが職権調査事項に関して上告審がした事実上の判断に限定される旨を明らかにした判例である。上告審判決の拘束力や差戻審の審理範囲に関する基本的な事項についての重要な判示といえる。上告審は法律審であるので、原判決を破棄する場合は事件を原審に差し戻すことが原則となる（同条1項。例外的に自判ができる場合については、326条参照）。そして、差戻判決がされる場合には、原判決を破棄した判断について差戻審を一定の範囲で拘束する効力（拘束力）が生じるものとされる。けだし、仮に拘束力が認められないとすると、差戻審は、差戻前の原審と同じ判断をする可能性があり、破棄差戻しが繰り返され、論理的には永遠に決着がつかないおそれがあることになるからである。その意味で、拘束力は上訴制度に必須の効力と考えられるが、ここでの問題は、その拘束力が認めら

れる範囲である。条文上「上告裁判所が破棄の理由とした事実上及び法律上の判断」に拘束力が認められるとされる（325条3項後段）。法律審である上告審判決の拘束力がその法律上の判断に及ぶことは当然であり、また必須と考えられる一方、それを超えて、同条は「事実上の判断」にも拘束力が及ぶとするが、その意味が問題になるところ、本判決は最高裁として初めてこの点を明確にしたものである。
　2　本判決は、上記条項にいう「事実上の判断」とは、「職権調査事項につき上告審のなした事実上の判断だけを指すもので、訴の本案たる事実に関する判断を含まない」とし、その根拠は「上告審は原審の適法に確定した事実に羈束されること」が定められている点（321条1項）にあるとする。すなわち、本案の問題となる事実は上告審には判断権限がなく、原判決の認定に拘束される以上、その点については上告審は「判断」しておらず、その点は結局差戻前原審の判断にすぎないので、差戻裁判所を拘束する理由がないとの理解であろう。その結果、拘束力を有する事実上の判断は、職権調査事項を上告審が判断した例外的場面（例えば、訴訟要件の判断の前提事実を上告審が直接認定した場合）に止まる。他方、本件のように、差戻前原審が本案についてした事実上の判断は、それを前提に上告審が破棄差戻しをしたとしても、差戻裁判所を拘束するものではない。この帰結は、原判決に対して一方当事者が上訴したところ、上訴が認められて破棄差戻しがされた結果、差戻後の事実認定で当該当事者が差戻前より不利な判決を受ける可能性があることを示す。このような場合は、相手方は上告をしなかったことで一度は差戻前原判決の結論を受け入れたと考えられるとすれば、不利益変更禁止の趣旨を及ぼすべきとの見方もあり得よう。しかし、上告審が原審に差し戻したということは原審における事実審理の必要性があることを意味し、原審における審理範囲は差戻前と同じと考えられるので、結果として上訴した当事者により不利な事実認定となる可能性も包含しているといわざるを得ず、この場合は不利益変更禁止の原則は妥当しないと解される（山本・基本問題234頁注29参照）。
　3　本判決が述べる「事実上の判断」の意義に関連して、上告審における経験則に係る判断の拘束力が問題となり得る。この点に関し、大判昭和10・7・9民集14-1857は、経験則に関する判断は「法律上の判断」に属するとして、拘束力を認めていた。経験則の位置づけについては議論のあり得るところであるが、本判決の理由は、事実上の判断には上告審の審理判断権が及ばない点にあるが、経験則違反については少なくとも上告受理事由としての「法令違反」には当たり得るとするのが一般的な理解である。そうだとすると、その点は上告審でも破棄事由となり得（325条2項）、上告審の判断権限の及び得る問題ということになるので、その点に関する判断は差戻審を拘束すると解して問題はないということになる（枡田・後掲404頁も、本判決は上記大審院判例と同趣旨と説明する）。

●**参考文献**●　　枡田文郎・判解昭36年度402、コンメVI388

241 破棄判決の拘束力②——異なる法的観点

最3小判昭和43年3月19日（民集22巻3号648頁・判時515号60頁）　　参照条文　裁判所法4条

上告審による破棄差戻後、差戻審は異なる法的観点に立ち差戻前の結論を維持できるか。

●事実●　Xは、Y₁〜Y₃に対し、土地所有権確認等を求め、当該土地の登記簿上の所有名義が、CからA、Aの相続人Y₁、Y₂、そしてY₃に順次売買を原因として移転しているが、真実は、XがAを代理人としてCの先代Bから買い受けて所有権を取得したものであり、仮にそうでなくてもXは所有権を時効取得したと主張する。第1審は、Xの請求を棄却し、第1次控訴審もBからの買主はAでありXではないとして控訴を棄却した。第1次上告審は、Xの買取りの事実を認定し得る可能性のある書証を理由を示さず排斥した原判決は審理不尽・理由不備であるとして破棄差戻し。第2次控訴審で、Yらは、登記簿上Aの所有名義とされたのは、XA間の通謀虚偽表示によるものであるから、Xはその無効を善意の譲受人であるY₂・Y₃に対抗できない旨の抗弁を提出したが、上記判決はXA間に譲渡仮装の事実は認められないとした。これに対し、第2次上告審判決は、原判決の認定事実によれば、民法94条2項の法意に照らし、XはAが本件土地の所有権を取得しなかった旨を善意の第三者に対抗し得ないと解すべきであるから、Y₂・Y₃が善意の第三者に当たるかを審理判断せずYらの上記抗弁を排斥したことは違法とし、再び破棄差戻しとした。第3次控訴審は、Xの代理人Aが本人のためにすることを示さず自己を買主としてBと売買契約を締結したのであるから、Aの相続人Y₁がXにこれを移転すべき義務を履行せず、Y₂に本件土地を売り渡して登記を経由した結果は、二重売買において第二買主に所有権移転登記がされた場合と同一の法理により、Xは所有権取得をもってYらに対抗できず、またX主張の時効取得も登記なくYらに対抗し得ないとし、通謀虚偽表示の抗弁については判断せず、Xの請求を棄却すべきとした。Xより上告。

●判旨●　上告棄却。

「かかる場合に、右上告審判決の判断が差戻を受けた原裁判所を拘束する効力は、右の破棄の理由となった範囲でのみ、すなわち、同一の確定事実を前提とするかぎり、Y₂及びY₃が善意であることが認められるならば、民法94条2項の類推適用を否定することは許されないという限度でのみ、生ずるものと解すべきである。したがって、差戻後の原裁判所は、差戻前の審理に引続いてなお事件全般にわたって事実の審理をなしうることは当然であるが、上告審判決が破棄理由の基礎として用いた確定事実関係についても、その事実の確定自体の当否は上告審の判断を経ているものではなく、また、訴の本案たる事実に関する判断が民訴法407条2項〔現行325条3項〕但書にいう「事実上の判断」に含まれるものともいえない（【240】参照）ため、何ら拘束力は生じていないと解されるのであるから、原審が再度の審理によって差戻前と異なる事実を認定することを妨

げられるものではなく、その場合には、上告審の破棄理由たる判断と異なる法規の適用を行なう結果となっても、違法とされるものではない。さらに、右のとおり、上告審の破棄理由たる判断は、同一確定事実については民法94条2項の類推適用を否定しえないという限度でのみ拘束力を有するのであるから、差戻前の原判決と同一の認定事実を前提としても、右法条の適用のほかに、別個の法律的見解が成り立ちうる場合には、差戻後の原審が、右法条の適用を主張する前示Yらの抗弁について判断を示すことなく、他の法律上の見解に立って、Xの請求を棄却することも許されるものと解するのが相当である。」

●解説●　1　本判決は、破棄判決の拘束力につき、差戻審が差戻前と異なる事実を認定できる旨および差戻審が異なる法的観点に立ち差戻前の結論を維持できる旨を明らかにした判例である。事実上の判断と法律上の判断の双方に関し破棄判決の拘束力を論じているが、それは第2次控訴審と第3次控訴審の事実認定が同一かに疑義があり得たことによると思われる（詳細は、野田・後掲157頁以下参照）。通謀虚偽表示でXが所有権を取得した事実（第2次）と代理を表示せずAが所有権を取得した事実（第3次）とは事実が異なるとの評価もできるが、基礎となる事実関係は同一という見方もできる微妙な事案であったといえる。

2　本判決は、まず仮に事実上の判断が異なるとしても、それは拘束力に反するものでないとする。事実上の判断の拘束力の対象は職権調査事項の事実認定に限られ、上告審が判断権限を有しない本案の事実には拘束力が及ばない旨の確定判例（【240】）を踏襲した。したがって、虚偽表示を前提とする法律判断がされた場合、差戻審がそれと異なる事実関係（代理人による所有権取得）を認めることは何ら問題がない。

3　本判決は、次に認定事実が同一であったとしても、差戻審が異なる法律上の見解に立つことは妨げられないことを明らかにする。法的見解A（通謀虚偽表示）に立ちながら、通謀の存在を要件とする見解（A-1説：第2次控訴審）を不当とし、通謀がなくても一定の場合には民法94条の適用を可能とする見解（A-2説：第2次上告審）を採るとき、差戻審が代理人の自己取得と（相続人の）移転義務の問題とする見解（B説：第3次控訴審）を採用することは拘束力で排除されないとするものである。この場合の拘束力はあくまでもA-1説を排除するという点（つまり、A説による場合はA-2説の採用を強制する点）にあり、差戻前に問題とされていないB説を排除する趣旨ではないからである。学説上は異論もある判断であるが（安達・後掲241頁参照）、差戻前の法的判断の見落としを補うもので、相当な判断と考えられるが、新たな法的見解に関する当事者の不意打ちにはなお注意を要しよう。

●参考文献●　野田宏・判解昭43年度151、安達栄司・百5版240

242 　許可抗告

最1小決平成11年3月12日（民集53巻3号505頁・判時1672号69頁）　　参照条文　民訴法337条

> 高等裁判所のした保全抗告に係る決定は許可抗告の対象となるか。

●事実●　Xの先代はY社と新聞販売契約を締結していたが、先代死亡後、Yから契約を解除された。Xは、上記解除の無効を主張し、解除の意思表示の効力発生停止および新聞の供給継続を求める仮処分を申し立てた。Xの申立てを認容する仮処分決定が発令されたが、Yの保全異議に基づき、当該決定は取り消された。これに対し、Xは、高等裁判所に保全抗告を申し立てたが、棄却された。Xから抗告許可申立てをしたところ、原審は、高裁の決定に対し抗告許可申立てができるのは、当該決定が地裁の決定であるとした場合に抗告できる場合に限られる（337条1項但書）ところ、保全異議申立てについての決定に対する保全抗告に係る決定は、これが地方裁判所の決定であるとした場合に抗告できるものには当たらない（民保41条3項）とし、抗告許可申立てを却下した。Xより特別抗告。

●決定要旨●　抗告棄却。

「民事事件について特別抗告をすることが許されるのは、民訴法336条1項所定の場合に限られるところ、本件抗告理由は、違憲をいうが、その実質は原決定の単なる法令違反を主張するものであって、同項に規定する事由に該当しない。なお、民訴法337条に規定する許可抗告制度は、法令解釈の統一を図ることを目的として、高等裁判所の決定及び命令のうち一定のものに対し、法令の解釈に関する重要な事項が含まれる場合に、高等裁判所の許可決定により、最高裁判所に特に抗告をすることができることとしたものであり（最3小決平成10・7・13判時1651-54参照）、最高裁判所への上訴制限に対する例外規定である。高等裁判所のした保全抗告についての決定に法令の解釈に関する重要な事項が含まれ、法令解釈の統一を図る必要性が高いことは、執行抗告等についての決定と同様であるから、許可抗告制度の前記立法趣旨に照らせば、同条1項ただし書は、高等裁判所のした保全抗告についての決定を許可抗告の対象から除外する趣旨の規定ではないと解するのが相当である。」

●解説●　1　本決定は、現行法で創設された許可抗告制度の利用がどのような場合に可能であるかを明らかにしたものである。現行法施行（平成10年1月）から比較的間もない時期にその趣旨を明確にし、判例統一を図ったといえる（本件は特別抗告であり、抗告理由が憲法違反に当たらないことは自明であるが、あえて法律の解釈に踏み込んで判示した点に最高裁の意図が看取される）。なお、民事保全の不服申立制度の概要は以下の通りである（高部・後掲237頁以下参照）。すなわち、保全処分が発令された場合、保全異議（民保26条）または保全取消し（民保37～39条）が可能で、それらの裁判に対しては更に保全抗告ができる（民保41条1項）。

ただ、「保全抗告についての裁判に対しては、更に抗告をすることができない」（同条3項）。これは、保全処分が本案訴訟に付随する暫定的・仮定的な裁判で、被保全権利の終局的確定を図るものではなく、簡易迅速な処理が求められることに基づく。

2　許可抗告は現行民訴法制定の際に設けられた制度であり、その趣旨は、決定事件についても重要な法律問題につき最高裁が法令解釈の統一を図ることにある。従来は、決定事件は簡易な事件で、あえて最高裁がその処理に関与する必要はないとの立場がとられていたが（裁7条2号はそのような観点から、最高裁が取り上げる抗告事件を「訴訟法において特に定める抗告」に限定する）、訴訟の非訟化その他の潮流から（執行、倒産、家事等で）重要な決定事件が増加したため、最高裁による判例統一の必要が増大したための制度改正であった。ただ、最高裁の負担軽減に基づき、抗告を許可するかどうかは高裁の判断に委ね、許可抗告の対象となる裁判は「その裁判が地方裁判所の裁判であるとした場合に抗告をすることができるもの」に限られた（337条1項但書）。本決定では、このような制限が保全処分に係る裁判にも適用されるかどうかが問題とされたものである。

3　保全処分については、前述のように、保全抗告の裁判に対する再抗告が禁止されているので、簡裁が保全処分をした場合、地裁の保全抗告の裁判について抗告はできない。そうだとすると、まさにその裁判（保全抗告に係る裁判）が地裁の裁判である場合に抗告ができないため、高裁の保全抗告に係る裁判は許可抗告の対象とならないことに形式的にはなりそうである。しかし、実質論からは、民事保全法の解釈についても明らかに最高裁による判例統一の必要が妥当し、同法に係る問題を包括的に除外することは許可抗告制度の趣旨にそぐわない。他方、337条1項但書は、そもそも不服申立ての対象とならない（あるいは判決とともにしか不服申立ての対象とならない）決定（例えば、除斥や忌避を認める決定（25条4項）、証拠保全決定（238条）等）に対してまで、最高裁の判断対象とすべきでない旨を確認的に規定した趣旨と解される。保全処分に要求される2審制の趣旨である簡易迅速性との関係では、許可抗告を認めたとしても、それは特別上訴で、保全抗告とは異なり確定遮断効をもたないため、問題はない（高部・後掲243頁参照。この点、控訴の規定を準用する民訴法では明確でないが、抗告につき独立に規定する家事事件手続法では、確定遮断効を有する不服申立ては即時抗告のみとされ（家事74条5項）、許可抗告が排除されている点から明確になっている）。本決定は「民事保全事件について許可抗告の門戸を開いたもので、実務に大きな影響を与える」ものとされたが（高部・後掲244頁）、実際も民事保全法に関する判例の統一に貢献している（例えば、民保21条1項に関する最2小決平成15・1・31民集57-1-74や、同23条2項に関する最3小決平成16・8・30民集58-6-1763等）。

●参考文献●　髙部眞規子・判解平11年度233、山本克己・

J1098-83

243   抗告審における手続保障

最2小決平成23年4月13日（民集65巻3号1290頁・判時2119号32頁）　　参照条文 民訴規207条の2

即時抗告があったことを相手方に知らせないまま原決定を取り消すことは許されるか。

●事実●　Xは、Yに対し時間外勤務手当の支払を求めた本案訴訟において、労働時間の立証のため、Yの所持するXのタイムカード（本件文書）につき文書提出命令の申立てをした。受訴裁判所は、Yが本件文書を所持していると認めてその提出をYに命じたところ、Yは、本件文書の所持の事実を争って即時抗告をした。原審は、Xに即時抗告申立書の写しを送付することも即時抗告があったことを知らせずに、本件文書の存在は認められないとして原々決定を取り消し、本件申立てを却下した。Xより特別抗告。

●決定要旨●　破棄差戻し。
「本件文書は、本案訴訟において、Xが労働に従事した事実及び労働時間を証明する上で極めて重要な書証であり、本件申立てが認められるか否かは、本案訴訟における当事者の主張立証の方針や裁判所の判断に重大な影響を与える可能性がある上、本件申立てに係る手続は、本案訴訟の手続の一部をなすという側面も有する。そして、本件においては、Yが本件文書を所持しているとの事実が認められるか否かは、裁判所が本件文書の提出を命ずるか否かについての判断をほぼ決定付けるほどの重要性を有するものであるとともに、上記事実の存否の判断は、当事者の主張やその提出する証拠に依存するところが大きいことにも照らせば、上記事実の存否に関して当事者に攻撃防御の機会を与える必要性は極めて高い。しかるに、……Yが提出した即時抗告申立書には、Yが本件文書を所持していると認めた原々決定に対する反論が具体的な理由を示して記載され、かつ、原々決定後にその写しが提出された書証が引用されているにもかかわらず、原審は、Xに対し、同申立書の写しを送付することも、即時抗告があったことをXに知らせる措置を執ることもなく、その結果、Xに何らの反論の機会を与えないまま、上記書証をも用い、本件文書が存在していると認めるに足りないとして、原々決定を取り消し、本件申立てを却下しているのである。そして、……Xにおいて、Yが即時抗告をしたことを知っていた事実や、そのことを知らなかったことにつき、Xの責めに帰すべき事由があることもうかがわれない。以上の事情の下においては、原審が、即時抗告申立書の写しをXに送付するなどしてXに攻撃防御の機会を与えることのないまま、原々決定を取り消し、本件申立てを却下するというXに不利益な判断をしたことは、明らかに民事訴訟における手続的正義の要求に反するというべきであり、その審理手続には、裁量の範囲を逸脱した違法があるといわざるを得ない。」

●解説●　1　本決定は、即時抗告があったことを相手方に知らせないまま、原決定を取り消す裁判がされた場合、具体的事案との関係で手続の違法を認めたものである。あくまでも事例判例ではあるが、決定手続における当事者の手続保障につき重要な判断をしたものといえる（本件の問題は憲法問題ではないと解されるが、特別抗告でも、336条3項による327条2項、325条2項の準用により、最高裁は原決定に影響を及ぼすことが明らかな法令違反を認めるときは職権で破棄ができる。石丸・後掲272頁以下参照）。なお、この決定も受けて、平成27年の民訴規則改正により抗告状の写しを相手方に送付しなければならない旨の規定が設けられ（民訴規207条の2第1項。但し、抗告が不適法なときや理由がないか送付が相当でないと認めるときは例外とされる）、立法でも問題は解決された。

2　抗告審の手続については、「その性質に反しない限り」控訴審の規定が準用されるところ（331条）、控訴審では控訴状は被控訴人に送達しなければならないとされており（289条1項）、これが抗告審にも準用されるかが問題となる。控訴状の送達は、控訴の存在を被控訴人に知らせて攻撃防御の機会を与えるもので、被控訴人の手続保障の観点から重要な意義を有する。他方で、送達には一定の手続が必要で、相応の時間を要することも否定できない。決定事件は一般に迅速な処理が要請される一方、本案に付随する事件として手続保障の要請は本案事件に比して低いとすれば、控訴状の送達を必要的とする289条1項は、その性質に反するものとして、抗告審には準用されないと解される。

3　このように抗告状の送達は必要的でないとしても、抗告審の相手方に対して攻撃防御の機会を与えることの重要性もまた否定し難いところである。そして、裁判所の訴訟指揮権の一環として抗告状を相手方に送付することは、裁判所の裁量により認められると解される。問題は、このような裁判所の裁量に限界があり、裁判所に抗告状送付が義務付けられる場合があるかという点にある。この点、【118】は、弁論再開は裁判所の裁量に委ねられるとしながら、「弁論を再開して当事者に更に攻撃防御の方法を提出する機会を与えることが明らかに民事訴訟における手続的正義の要求するところであると認められるような特段の事由がある場合には」弁論の再開をしないことが違法になり得ると判示した。本決定の「Xに攻撃防御の機会を与えることのないまま……不利益な判断をしたことは、明らかに民事訴訟における手続的正義の要求に反する」との判旨は、上記判例と同趣旨のものと解される。そして、具体的には、①本件文書は極めて重要な書証であること、②文書所持の点につき当事者に攻撃防御の機会を与える必要が極めて高いこと、③Xが即時抗告の存在を知らずその点に帰責事由もなかったこと等の事情から、裁判所の裁量権逸脱を認めた。前述のように、この点は立法で解決されたが、なお手続保障に関する判例の基本的認識を理解する上で大きな意義をもつ判例といえよう。

●参考文献●　石丸将利・判解平23年度268、宇野聡・平23年度重判131

244　再審訴訟の原告適格

最1小判昭和46年6月3日（判時634号37頁・判タ264号196頁）　　参照条文　なし

確定判決の既判力を受ける口頭弁論終結後の承継人も再審訴訟の原告適格を有するか。

●**事実**●　前訴原判決は、YのAらに対する本件土地所有権移転登記・保存登記抹消登記手続請求につきY勝訴の判決をしたところ、当該訴訟の上告審もこの判断を維持した。Xは、同訴訟の事実審口頭弁論終結後に本件土地所有権をAらから売買契約により取得し、その旨の登記を経た。Xは、前訴上告審判決に判断遺脱の再審事由があるとして、再審の訴えを提起した。

●**判旨**●　訴え却下。
　「再審の訴は、判決が確定したのちにその判決の効力を是認することができない欠缺がある場合に、具体的正義のため法的安定を犠牲にしても、これが取消を許容しようとする非常手段であるから、右判決の既判力を受ける者に対し、その不利益を免れしめるために、その訴の提起を許すものと解するのが相当であり、したがって、民訴法201条〔現行115条〕に規定する承継人は一般承継人たると特定承継人たるとを問わず、再審原告たり得るものといわなければならない。」ただ、前訴上告審判決については判断遺脱の違法はないとして、本件再審の訴えは再審事由を欠き、不適法却下を免れないとした。

●**解説**●　1　本判決は、再審の訴えの原告適格につき、再審訴訟の当事者だけではなく、判決の既判力を受ける者にもその不利益を免れさせる必要があるとして、口頭弁論終結後の承継人にも原告適格を認めたものである。再審訴訟は確定判決の既判力を例外的に覆す制度であり、その要件（再審事由）や期間（再審期間）は厳格に制限されている。他方、再審訴訟の原告適格については、条文上必ずしも明確ではない。現行法下の再審訴訟は、いわゆる2段階構造をとっており、裁判所はまず再審事由につき決定手続で判断し、再審事由がなければ請求棄却（345条2項）、再審事由があれば再審開始の決定をし（346条）、その後に本案の審理判断をする（前訴判決が正当であれば請求棄却判決をし（348条2項）、それ以外の場合は前訴判決を取り消して更に判決をすることになる（同条3項））。これに対し、本件で問題となった旧法下の再審訴訟では、この2段階（再審事由の判断と本案の判断）の手続的区別がされておらず、再審事由の判断を明確な形でせずに本案の審理に入ることができた。ただ、いずれにしても、再審訴訟は前訴判決の取消しに基づき前訴の訴訟物に係る判断を求めるものであるので、前訴訴訟物につき訴訟を追行できる資格が必要と考えられる。その意味で、前訴当事者が再審の訴えを提起できることは当然としても、それ以外の者がどのような範囲で再審訴訟を提起できるかについては、議論があり得るところであった。本件では、前訴当事者の口頭弁論終結後の承継人の再審原告適格が問題になったところ、それを肯定したものとして理論的・実務的意義が大きい。

2　本判決はまず、再審訴訟の意義につき「判決が確定したのちにその判決の効力を是認することができない欠缺がある場合に、具体的正義のため法的安定を犠牲にしても、これが取消を許容しようとする非常手段」と理解する。このような例外的手段である点に鑑みれば、その訴訟の原告適格も制限すべきとする趣旨であろう。その結果、「判決の既判力を受ける者に対し、その不利益を免れしめるために、その訴の提起を許すものと解するのが相当」とする。既判力排除が再審制度の目的だとすれば、それが及ばない者はそもそも別訴で争えば足り、前訴判決を再審で取り消す必要はなく、既判力の及ぶ者に原告適格を限定する判旨は常識的である。この理解によれば、前訴当事者の一般承継人（全面的に当事者の地位を引き継ぐ者として再審原告適格を認めることに異論はない）も特定承継人も115条1項3号により既判力の拡張を受ける以上、再審訴訟提起の資格を認めるべきことになろう。ただ、その場合の手続は問題となり得る。一般承継人は承継事由（当事者の死亡・合併等）により当然に当事者の地位に就くので問題はないが、特定承継人の場合、承継事由が存しても訴訟参加（独立当事者参加）や訴訟引受といった別途の訴訟行為がない限り、当事者の地位に就くことはない。したがって、再審訴訟の原告適格が認められても、それだけでは本案の当事者の地位は得られない。そこで、再審の訴えを提起し得るとしても、それは本案訴訟への独立当事者参加を前提とすることになる（本判決はその点を明確にしない点で問題があるが、その点が争点となっていなかったためであろう）。判決が確定している訴訟は訴訟係属を失っているので、そもそも独立当事者参加が可能かが問題であるが（森・後掲245頁）、補助参加では判決確定後もそれを前提に再審の訴えを提起できる旨が明文で明らかにされている（45条1項参照）ことに鑑みれば、判決確定後も一種の潜在的訴訟係属が認められ、独立当事者参加も可能との解釈に問題はなかろう（【250】がその点を明確にした）。

3　以上から、確定判決の既判力が及ぶ他の者についても、原則として再審原告適格が認められると解される。例えば、訴訟担当の被担当者（115条1項2号）等である。他方、目的物所持者（同項4号）については、本案の訴訟物に関する独自の利益がないので、否定されることになろう（最1小判昭和51・4・8判時848-7）。また、対世効が及ぶ者については、再審の訴えを提起することは一応可能と思われるが、本案訴訟に係る訴訟追行権限が認められるかどうかが別途問題となり得、何らかの参加が認められなければ、そもそも再審の原告適格も否定されることになろう（いわゆる第三者再審の問題であり、これについては【222】参照）。他方、既判力が及ばない者については、本判決によれば、再審原告適格が否定されることになる。ただ、補助参加を介した再審の訴えの提起は認められ（45条1項）、参加の利益があればなお肯定の余地がある。

●**参考文献**●　森勇・百5版244、新堂幸司・百2版280

245　再審事由①

最１小判平成４年９月10日（民集46巻６号553頁・判時1437号56頁）　　参照条文　民訴法338条１項但書

再審事由を現実に了知できなかった者は上訴をしなくても再審訴訟を提起できるか。

●**事実**●　Xの妻Aが、Xの名で買い受けた商品代金の立替払をYに委託し、当該代金を立て替えて支払ったYがXに対し立替金等の支払を求めた（前訴）。Xの娘（当時７歳）は、X方で前訴の訴状等の交付を受けたが、Xに書類を交付しなかった。Xは前訴提起の事実を知らないまま、第１回口頭弁論期日に欠席したところ、口頭弁論は終結され、請求認容の判決が言い渡された。Aは、X方でその同居者として上記判決正本等の交付を受けたが、この事実をXに知らせなかったため、Xが上記判決に控訴することなく、判決は確定した。その後、Xは前訴確定判決の存在を知ったので、Yに対し、Xに対する訴状の送達がなかったことが420条（現行338条）１項３号の再審事由に該当するとして再審の訴えを提起した。原審は、訴状の送達は無効としたが、判決正本の送達は補充送達として有効で、当該判決に対する控訴はできたのから適法な再審事由の主張がないとして、訴えを却下した。Xより上告。

●**判旨**●　破棄差戻し。
　「民訴法171条〔現行106条〕１項に規定する「事理ヲ弁識スルニ足ルヘキ知能ヲ具フル者」とは、送達の趣旨を理解して交付を受けた書類を受送達者に交付することを期待することができる程度の能力を有する者をいうものと解されるから、原審が、……当時７歳９月の女子であったXの四女は右能力を備える者とは認められないとしたことは正当というべきである。そして、有効に訴状の送達がされず、その故に被告とされた者が訴訟に関与する機会が与えられないまま判決がされた場合には、当事者の代理人として訴訟行為をした者に代理権の欠缺があった場合と別異に扱う理由はないから、民訴法420条１項３号の事由があるものと解するのが相当である。また、民訴法420条１項ただし書は、再審事由を知って上訴をしなかった場合には再審の訴えを提起することが許されない旨規定するが、再審事由を現実に了知することができなかった場合は同項ただし書に当たらないものと解すべきである。けだし、同項ただし書の趣旨は、再審の訴えが上訴をすることができなくなった後の非常の不服申立方法であることから、上訴が可能であったにもかかわらずそれをしなかった者について再審の訴えによる不服申立てを否定するものであるからである。……前訴の判決は、その正本が有効に送達されて確定したものであるが、Xは、前訴の訴状が有効に送達されず、その故に前訴に関与する機会を与えられなかったとの前記再審事由を現実に了知することができなかったのであるから、右判決に対して控訴しなかったことをもって、同項ただし書に規定する場合に当たるとすることはできない……。」

●**解説**●　１　本判決は、①補充送達が不適法である場合が再審事由となること、②再審の補充性は再審事由を現実に了知できなかった場合には適用されないことを明らかにした重要な判例である。なお、本判決の前提として、本件における訴状の補充送達は効力がないとされている。この点は、大審院判例および下級審裁判例で概ね10歳前後が送達の受領能力のメルクマールとされているところ、本判決もその延長線上で、７歳９月の子は（他の事情に関わらず）事理弁識能力を有する者とは認めなかったものと解される。
　２　本判決は、まず「有効に訴状の送達がされず、その故に被告とされた者が訴訟に関与する機会が与えられないまま判決がされた場合」は338条１項３号の再審事由があるとする。同号は「法定代理権……を欠いたこと」と規定しているところ、補充送達の受領資格には議論があるが、少なくとも同号の法定代理権とは異質である点に異論はない。そこで、本判決も直接の法定代理権欠缺という構成にはよらず、その場合と「別異に扱う理由はない」としたものである。その根拠は、①有効な送達の欠缺、②訴訟関与の機会の不存在の２点にあるところ、①があれば通常②もあろうが、送達の欠缺にかかわらずたまたま訴訟係属を知り訴訟に関与したような場合は、再審を否定することになろう。その意味で、重要な点は②であるという見方も可能であり、実際その後の判例は３号再審事由につき手続保障の観点を強調するに至っている（**【250】**など）。他方、公示送達の場合はそもそも②を欠くともみられるが、それは制度の前提とされており、適法な公示送達がされている場合は当然再審事由にはならない。ただ、公示送達が不実の申立てに基づく場合はやはり本判決の趣旨が妥当しよう（最１小判昭57・５・27判時1052-66はこの場合も３号再審事由に当たらないとしたが、それは公示送達が裁判長の許可に基づいていた旧法を前提にしており（田中・後掲327頁参照）、書記官権限化された現行法下では妥当しないと解される）。
　３　当事者が上訴により再審事由を主張したときまたは再審事由を知りながら主張しなかったときは、再審の訴えを提起できない（338条１項但書）。再審の補充性である。本件では、判決は適法に補充送達されているので、その結果訴状の送達が無効であったことをXが知り得たとすれば補充性が適用されよう。しかし、判旨は「再審事由を現実に了知することができなかった場合は同項ただし書に当たらない」とした。補充性の根拠は、再審事由を実際上訴で主張できたにもかかわらず主張しなかった場合、再度再審で争わせる必要はないとの考慮にあるとすれば、そこでの再審事由の了知は現実のものである必要があり、規範的に了知すべきであった（不了知に過失があった）とか可能性として了知できたはずであるというだけでは足りないとの趣旨であろう（田中・後掲329頁）。本件では、Xは判決を受領していないので再審事由を現実に了知しなかったと認められたものである。

●**参考文献**●　田中豊・判解平４年度318、坂本恵三・百５版242

246   再審事由②

最 1 小判平成 5 年 9 月 9 日（民集47巻 7 号4939頁・判時1481号136頁）　　参照条文　民訴法338条 1 項 3 号

> 会社代表者が相手方と通謀して会社に不利益な訴訟
> 行為をしたことは再審事由となるか。

●**事実**●　Y社は、X社に対し、準消費貸借契約に基づき金員の支払を求める前訴を提起した。X社の代表取締役Aは、前訴第 1 回口頭弁論期日に出頭し、請求棄却を求める旨の申立および請求原因事実を認める旨の陳述を行ったところ、Yの請求を認容する判決がされ、確定した。X社には経営をめぐる紛争があり、本判決後、弁護士が仮代表取締役に選任され、その後、Aの次男Bが代表取締役に就いた。Xは、Yに対し、再審の訴えを提起し、前訴確定判決は、Aが自己の利益を図るためYと通謀してYに訴えを提起させ、真実に反して請求原因事実を自白したことにより得られたものであり、420条（現行338条） 1 項 3 号の再審事由に当たると主張した。原審は、会社代表者が自己または第三者の利益を図る意思で訴訟行為をした場合に、相手方がその代表者の意思を知りまたは知り得べきであったときは、代表者の訴訟行為につき必要な授権が欠けていたのと同視でき、このような事情の下に成立した確定判決には同号の事由があるとし、Xの主張事実を同号の事由に当たらないとして訴えを却下した第 1 審判決を取り消した。Yより上告。

●**判旨**●　原判決破棄・控訴棄却。

　「訴訟の当事者である株式会社の代表者として訴訟行為をした者に代表権があった場合には、右代表者が自己又は第三者の利益を図る意思で訴訟行為をしたときであっても、民訴法420条 1 項 3 号の事由があるものと解することはできず、この理は、相手方において右代表者の意思を知り又は知り得べきであったとしても同様である。けだし、株式会社の代表者は、法に特別の規定がある場合を除き、当該会社の営業に関する一切の裁判上又は裁判外の行為をする権限を有する（商法261条 3 項、78条 1 項）のであり、その代表権限は、右代表者の裁判上の行為をする際の意思又は当該行為の相手方における右代表者の意思の知不知によって消長を来すものではないからである。」

●**解説**●　1　本判決は、株式会社の代表者が訴訟の相手方と通謀し、会社にとって不利益な訴訟行為をしたことが338条 1 項 3 号の再審事由に当たるかについて、否定した判例である。同号は「法定代理権……を欠いたこと」と規定するところ、民訴法上の法定代理に関する規定は法人代表者に準用される（37条）ので、代表者に代表権がなかった場合も再審事由になると解される（大判明治33・10・1 民録 6 - 9 - 4）。本件ではAがX社の正当な代表者であった点に疑義はなく、問題は（Xの主張によれば）AがYと通謀し、Xにとって不利な訴訟行為（真実に反する請求原因事実の自白）をしたことが、Aの代表権の欠缺に当たるかが問題となるところ、本判決はそれを否定した（なお、本件は338条

1 項 5 号の再審事由（刑事上罰すべき行為による自白）も妥当し得る場面であり、同条 2 項の要件を満たせば再審が認められた余地はあろう。田中・後掲833頁以下参照）。

　2　本判決は、会社代表者の権限につき「代表者の裁判上の行為をする際の意思又は当該行為の相手方における右代表者の意思の知不知によって消長を来すものではない」との認識を前提とする。本判決当時の民法の議論では、代理人が代理権を濫用した場合の本人保護の法的構成としては、①民法93条 1 項但書類推適用説、②信義則違反説、③無権代理説などがあったが、判例・通説は①説をとる（最 1 小判昭和38・9・5 民集17-8-909等参照）。すなわち、相手方が代理権濫用の事実を知りまたは知り得たときは、本人はその行為の効果の帰属を否定できるが（その趣旨は代表権濫用にも妥当する）、それは無権代理を意味せず、代理行為自体は民法99条により有効に成立する。上記判旨はこの理を示すものと解される。本判決は、以上の理解を前提に、民訴法338条 1 項 3 号の再審事由を否定した。同号は代理権欠缺を再審事由とするところ、上記のように代理権自体は存在するとすれば、それに直接当たらないことは確かである。ただ、前述の①説がここでも妥当するとすれば、YがAの代表権濫用を知りまたは知り得たときは、Xはその効力を否定できることになろう。しかるに、本判決はこの論点には答えておらず（判例は意思表示の瑕疵等に係る私法法規の訴訟行為への適用に一般的には消極的であることは、【192】など参照）、いずれにしろそれは無権代理をもたらすものではなく、3 号再審事由に該当しないとしたものである。なお、3 号の趣旨につき近時の判例は手続保障の観点を重視するが【245】参照）、本件は訴訟に関与する機会がXに与えられなかったとまではいえない場合であろう。

　3　ただ、以上の実体法的前提は現行民法で大きく変わった。すなわち、現行民法107条は代理権濫用につき明文規定を設け、「代理人が自己又は第三者の利益を図る目的で代理権の範囲内の行為をした場合において、相手方がその目的を知り、又は知ることができたときは、その行為は、代理権を有しない者がした行為とみなす」（下線：筆者）と定める。この規定の趣旨はまさに代理権濫用行為を無権代理と擬制する趣旨であり、その結果、本人はその行為が自己に有利であれば追認できるし、また代理人は無権代理人としての責任を負うことになる（筒井健夫＝村松秀樹編著『一問一答民法（債権関係）改正』32頁など参照）。この結果、代理権濫用は無権代理と実体法上同視されることが明確にされたので、本判決のロジックによれば、訴訟法上もそのような代表者の行為は「法定代理権……を欠いたこと」となり、再審事由になるといえよう。本判決は民法改正により判例としての意義を失ったと解される。この結論の妥当性は、相手方が代理権濫用につき共謀している本件のような事案では異論は少ないとみられるが、代理権濫用を相手方が知り得たに止まる場合、事実認定の争いが生じ得るし、再審事由とすべきかの実質論にもなお疑義はあり得よう。

●**参考文献**●　田中豊・判解平 5 年度819、コンメⅦ25

247　再審の補充性

最3小判昭和47年5月30日（民集26巻4号826頁・判時684号54頁）　　参照条文　民訴法338条1項但書、342条

再審訴訟の補充性は有罪判決等の事実を上訴で主張できなかったときも適用されるか。

●**事実**●　Xは、Y₁およびY₂に対し、本件土地建物の明渡請求の前訴を提起し、XがY₁所有の本件土地建物をその代理人であるY₂から買い受け、その際Y₁Y₂はXの請求次第本件土地建物を明け渡す旨を約したと主張した。前訴第1審は請求を棄却したが、控訴審は、Yらが偽造と主張していた本件土地建物の売買契約書やYらが虚偽と主張していた証人Aの証言等を証拠として採用し、請求を認容した。上告審でもYらは同様の主張をしたが、昭和32年7月上告が棄却され、判決は確定した。その後、Xに対し上記書証の偽造に基づき登記簿の不実登記をさせたとして公正証書原本不実記載・同行使罪、Aに対し上記証言が偽造であるとして偽証罪に当たるとして公訴が提起され、昭和38年12月XおよびAの有罪判決が確定した。そこで、Yらは、昭和39年1月前訴控訴審判決に対し再審の訴えを提起した。原判決は、再審事由を認め、前訴控訴審判決を取り消し、控訴を棄却した。Xより上告。

●**判旨**●　上告棄却。
「民訴法420条〔現行338条〕1項6号および7号に該当する事由が再審事由として主張されている場合、同条1項但書によって再審の訴が許されないのは、旧訴訟における上訴により、右再審の事由のみならず、同条2項の再審の訴の適法要件が主張され、もしくはかかる要件の存在することを知りながら主張されなかった場合に限られるものと解するのが相当である。そして、……本件旧訴訟における上訴により、Yらは、甲1号証および同2号証が偽造であり、……証人Aの証言……が虚偽である旨主張していたが、Xが甲1号証および同2号証を偽造したものであることならびに証人Aの右証言が虚偽であることにつき、民訴法420条2項の要件を具備するに至ったのは、旧訴訟上告審の上告棄却の判決の言渡後であるというのであり、……本件再審の訴は、同条1項但書によって不適法となるものではない。」
「本件において……甲1号証および同2号証の偽造行為につき民訴法420条2項各号の要件が充足されたのは、Xに対し、右各公正証書原本不実記載・同行使の各罪について有罪判決が確定した昭和38年12月16日であり、……Yが右有罪判決の確定を知ったのは同月20日頃で……あるから、それから30日以内である昭和39年1月16日に提起された本件再審の訴は、民訴法424条〔現行342条〕1項所定の不変期間経過前に提起されたものというべきである。また、……本件再審の訴における取消の対象とされている旧訴訟の第2審判決が確定したのは昭和32年7月19日であるから、本件再審の訴は、それから5年以上を経過した後に提起されたことが明らかである。しかしながら、民訴法424条4項にいう「再審ノ事由カ判決確定後ニ生シタルトキ」とは、同法420条1項8号の場合に限定されるべきではな

く、同条1項6号および7号の場合であっても、これらにつき同条2項の要件が判決確定後に充足されたときをも含むと解するのが相当である。けだし、文理上右のように解することに支障はなく、また、右のように解さなければ、判決確定から5年以上経過した後、はじめて、刑事の有罪判決が確定するような場合には、再審の訴を事実上否定することとなり、再審の訴を提起しようとする者にとって著しく酷な結果となるからである。」

●**解説**●　1　本判決は、338条2項の要件との関係で、同条1項但書および342条の解釈を明確にしたものである。すなわち、338条1項6号（文書偽造）・7号（偽証）の再審事由につき、①同条1項但書の上訴において「知りながら主張しなかった」事由として、再審事由に加えて2項の有罪判決等の事由も含まれる点（有罪判決等が上訴終了後にされたときは、それに該当しないこと）、②342条1項および2項の提訴期間制限との関係での再審事由についても、338条2項の事由が前提となり、同事由の発生から5年以内および30日以内の提訴が適法である点を明らかにした。

2　まず、338条1項但書と2項の関係について従来学説は、再審事由は1項各号の事由であり、2項は再審訴訟の適法要件とする説（適法要件説）と、1項各号の事由と2項の事由が合体して再審事由を構成するとの説（合体説）に分かれていた（他に再審事由具備要件説もあるが、詳細は柴田・後掲160頁以下参照）。後者に立てば、上訴審で2項の事由が存在しなかったときは1項但書の規律は働かないと解されるが、本判決は前者に立つとみられる（判旨は「同条2項の再審の訴の適法要件」と明示する）。ただ、本判決はそれでも同旨の結論を導く。その理由は明確でないが、おそらくこの規定の趣旨に遡るものであろう。すなわち、その趣旨は再審が上訴に対して補充的関係に立つことを明らかにしたものであるところ、上訴段階で2項の事由が具備しなければ、再審と同等の形で再審事由を主張できたとはいえず、補充性による失権的効果を働かせることは相当でないと考えられ、本判決もそのような評価によるものと解される（柴田・後掲162頁参照）。

3　次に、342条は再審提訴期間につき、①再審事由を知った日から30日、②前訴判決確定（その後に再審事由が発生した場合は発生日）から5年以内とする。再審訴訟の例外性に鑑み、その期間を必要最小限に限る趣旨である。そこで、338条2項が前提となる場合はやはり再審事由の意味が問題となるが、本判決は同項の事由もそれに含まれるとし、理由として、そのような解釈に文理上障害がない点と判決確定から5年以上経過後に有罪判決等がされた場合に再審を認めないのは酷である点を挙げる。このような理解は前述の適法要件説からも素直に導かれる。ただし、ここでの問題は（2とは異なり）まさに再審訴訟の提起に関わるもので、2項の事由が具備しない限り再審訴訟は適法に提起できないのであるから、その具備がない間は提訴期間が進行しないのは合理的だからである。

●**参考文献**●　柴田保幸・判解昭47年度152、コンメⅦ19

248 　再審期間

最2小判昭和52年5月27日（民集31巻3号404頁・判時864号85頁）　　参照条文　民訴法342条

> 再審訴訟を提起するためには被疑者死亡に加えて有罪判決の可能性も立証の必要があるか。

●**事実**●　　Yは、Aに対し、Yの先代BはAから本件土地を買い受け、その後Bの死亡によりYが相続したと主張して、本件土地所有権移転登記手続を請求する前訴を提起した。前訴は上告審まで争われたが、昭和42年9月22日、Yの請求を認容する判決が確定した。その後、Aの相続人Xらは、前訴控訴審判決に対し、その基礎となった甲1号証（A作成名義の土地売渡証）は、Bが作成した偽造文書であると主張し、民訴法420条（現行338条）1項6号に基づき、昭和47年9月29日に再審の訴えを提起した。この訴えは前訴判決確定から5年と数日を経過して提起されたものであるが、Xらは、除斥期間はXらが甲1号証の偽造に気づいた昭和47年9月または偽造印であることの証拠（鑑定書）が完成した同年11月から起算すべきある旨主張した。原審は、B死亡時（昭和14年）に有罪の確定判決を得られないことが確定し、また有罪の証拠の有無は420条2項の適用とは関係ないとして、再審の訴えを不適法却下した。Xらより上告。

●**判旨**●　　上告棄却。

「民訴法420条1項6号に基づく再審の訴が、同条2項後段の要件を具備するためには、前審判決の証拠となった文書等の偽造又は変造につき有罪の確定判決を得る可能性があるのに、被疑者の死亡、公訴権の時効消滅、不起訴処分等のためにこれを得られなかったことを必要とするから、文書偽造等につき有罪の確定判決がない場合に同条1項6号に基づいて再審を申し立てる当事者は、被疑者の死亡等の事実だけではなく、有罪の確定判決を得る可能性があることについてもこれを立証しなければならない（最3小判昭和42・6・20判時494-39）。しかし、有罪の確定判決を得る可能性そのものは被疑者の死亡等の時に既に存在すべきものであるから、右再審の訴の除斥期間は、被疑者の死亡等の事実が前審判決確定前に生じたときは、同法424条3項により右判決確定の時から起算すべきであり、また、右事実が前審判決確定後に生じたときは、同条4項により右事実の生じた時から起算すべきである。本件の場合、被疑者Bの死亡は前審判決確定前であったのであるから、同法420条1項6号に基づく再審の訴は、前審判決確定後5年の除斥期間内に提起すべきものといわなければならない。所論の再審甲第1号証の1は、前審の審理の過程においてその成立の真否が重要な争点とされた本案甲第1号証（売券証）の亡A名下の印影が同人の実印によるものであるかどうかについての鑑定書であり、その鑑定依頼・提出は有罪の確定判決を得る可能性があることについての立証方法の問題であるにすぎず、右鑑定書の作成されたのが前審判決確定後であるからといって、その作成の日が同法424条4項にいう再審事由発生の日に

あたると解するのは相当でない。」

●**解説**●　　1　本判決は、338条2項の要件と342条2項の提訴期間の関係が問題となる場合に、被疑者死亡はそれ自体再審の提訴期間の起算点となり、立証方法の存否はその判断を左右しない旨を明らかにした。被疑者死亡の場合の再審の提訴期間を明確にしたが、近時の判例との関係でその射程には議論があり得る。

2　342条2項は、再審の除斥期間を原則として判決確定日から5年とするが、再審事由が判決確定後に生じた場合はその事由の発生日を起算点とする。そこで、338条1項6号（文書偽造）の再審事由の場合、まずここでの再審事由に同条2項の事由が含まれるかが問題となるが、この点は既に先行判例が認めている（【247】参照）。本件は（同判決が有罪判決の事案であるのに対し）被疑者死亡の事案であるが、その場合も被疑者死亡が前訴判決確定後5年以上経過していたときに再審訴訟が提起できない不合理は同様である。次に、本判決は、被疑者死亡等有罪判決がない場合に再審訴訟を提起する場合、有罪の確定判決を得る可能性も立証を要するとする。それは結局再審事由それ自体の立証であるので、338条2項の事由とはならないとの見解もあり得るが、2項の事由は再審訴訟の適法要件で、再審事由とは位置づけが異なり、濫訴防止の趣旨に鑑みれば、単に被疑者死亡や不起訴の事実だけでは再審訴訟の適法性を基礎づけるには不十分というのが本判決の立場である。ただ、本判決は、それを前提にしながらも「有罪の確定判決を得る可能性そのものは被疑者の死亡等の時に既に存在すべきもの」という理解に基づき、有罪立証の根拠となる「鑑定書の作成されたのが前審判決確定後である」点は重要でなく、結局、被疑者死亡が前訴判決確定前であれば、判決確定時が除斥期間の起算点となるとする。そのような理解の背後には、証拠自体は犯行当時客観的には存在していたはずであり、証拠の発見が起算点を左右するとすれば新証拠の発見を主張しさえすれば無制限に再審提起が可能になり、342条1項とは異なり当事者の認識を問題としない除斥期間の趣旨が没却されるとの危惧があったものと思われる（平田・後掲175頁参照）。

3　その後の判例として、最3小判平成6・10・25判時1516-74は、338条1項但書との関係で、文書偽造等の有罪判決を可能とする証拠が前訴判決確定後で公訴時効期間満了後に収集されたときは同項但書に該当せず、再審の訴えが許されるとした。この判決は新証拠発見を再審の補充性との観点で考慮する立場をとっており、本判決の論理の見直しに繋がるとの指摘もある（高橋・重点講義（下）793頁注20参照）。しかし、同項但書は（342条1項も同様）当事者の認識に関わるので、当該証拠の存在を知らなければ再審事由を知っていたとはいえないとの理解が可能であるのに対し、342条2項の除斥期間は、前述のように、当事者の認識を問題としない制度であるので、判例内在的には両者を区別することもできよう。

●**参考文献**●　　平田浩・判解昭52年度170、コンメVII59

249 第三者再審①——認知訴訟

最2小判平成元年11月10日（民集43巻10号1085頁・判時1331号55頁）　　参照条文　民訴法338条　行訴法34条　人訴法28条

> 検察官を被告とする認知訴訟の確定判決に対し亡父の子は再審訴訟の原告適格を有するか。

●**事実**●　Yは、B・Cの長女として戸籍に記載されているところ、検察官を被告として、YとB・Cとの間に親子関係が存在しないことの確認およびYがDの子であることの認知を求めて訴えを提起した。同訴訟では、Yが提出した戸籍謄本およびYが申請した証人2名を取り調べた上、Yの請求を全部認容する旨の判決を言い渡し、同判決は確定した。XらはDの子または養子であるが、上記認知請求事件について訴訟告知や証人としての呼出しを受けず、また検察官から事情を聴取されたこともなく、同判決が確定するまで訴訟の係属すら知らなかった。第1審は、本件確定判決のうちYの認知請求を認容した部分に関して、Xらの再審請求を棄却した。原審は、上記事件の審理に関与する機会を与えられなかったXらは、行訴法34条の規定を類推適用して再審手続をもって本件確定判決を争うことができ、再審事由については、自己の責に帰することができない事由により訴訟に参加できず、実質的に裁判を受ける権利を奪われたとして、420条（現行338条）1項3号の規定を類推適用して第1審判決を取り消し、第1審裁判所に差し戻した。Yより上告。

●**判旨**●　原判決破棄・第1審判決取消し、訴え却下。

「検察官を相手方とする認知の訴えにおいて認知を求められた父の子は、右訴えの確定判決に対する再審の訴えの原告適格を有するものではないと解するのが相当である。けだし、民訴法に規定する再審の訴えは、確定判決の取消し及び右確定判決に係る請求の再審理を目的とする一連の手続であって……、再審の訴えの原告は確定判決の本案についても訴訟行為をなしうることが前提となるところ、認知を求められた父の子は認知の訴えの当事者適格を有せず……、右訴えに補助参加をすることができるにすぎず、独立して訴訟行為をすることができないからである。なるほど、認知の訴えに関する判決の効力は認知を求められた父の子にも及ぶが……、父を相手方とする認知の訴えにおいて、その子が自己の責に帰することができない事由により訴訟に参加する機会を与えられなかったとしても、その故に認知請求を認容する判決が違法となり、又はその子が当然に再審の訴えの原告適格を有するものと解すべき理由はなく、この理は、父が死亡したために検察官が右訴えの相手方となる場合においても変わるものではないのである。検察官が被告となる人事訴訟手続においては、真実の発見のために利害関係を有する者に補助参加の機会を与えることが望ましいことはいうまでもないが、右訴訟参加の機会を与えることなしにされた検察官の訴訟行為に瑕疵があることにはならず、……更に、行政事件訴訟とは対象とする法律関係を異にし、再審の訴えをもって不服申立をす

ることが許される第三者には共同訴訟参加に準じた訴訟参加を許す旨の行政事件訴訟法22条のような特別の規定のない人事訴訟手続に、行政事件訴訟法34条の第三者の再審の訴えに関する規定を類推適用することはできない。」

●**解説**●　1　本判決は、検察官を被告とする認知訴訟において、手続に関与する機会を与えられなかった亡父の子にも再審訴訟の原告適格は認められないとしたものである。原判決は、行訴法34条の類推適用という、やや無理な法律構成に基づきながら、何とかその手続保障を図ろうとしたものであるが、そのような子には本案訴訟（認知訴訟）の当事者適格がないことから、本判決はそのような解釈を否定した。なお、その後、人訴法28条により利害関係人に対する訴訟係属の通知の制度が設けられ、本件のような者には通知がされることになったが、なお例外的に通知が到達しなかった場合等に問題は残されている。

2　亡父の子が認知訴訟の当事者適格を有しないことは明らかであり、その者が訴訟に関与するとすれば、補助参加をするしかない（前述の人訴28条の通知も補助参加の契機になることを企図した制度である）。この場合、子にも認知訴訟の判決効は拡張するので、共同訴訟的補助参加になる。そして、判決確定後も補助参加を申し出て、再審訴訟を提起できることは現行法が明文で認めた（45条1項本文）。したがって、本件でも、Xらは補助参加の申出とともに再審訴訟を提起していれば、原告適格の問題はクリアできたと解される。ただ、この場合の更なる問題は再審事由の点にある。本件でXらが主張したいのは自己に係る手続保障の不十分であるが、補助参加人はあくまでも従たる当事者にすぎず、被参加人に係る再審事由しか主張できないため、その目的は達成できないことになる。

3　Xらがその目的を達成するには、やはり認知訴訟に当事者として参加し、自己に係る再審事由、すなわち訴訟係属の通知を受けず攻撃防御の機会がなかった点を主張すべきことになろう（このような事由が338条1項3号の再審事由となり得ることを示す判例として、【250】参照）。しかし、前述の通り、Xらに認知訴訟の当事者適格はないので共同訴訟参加はできないし、検察官等に請求を立てられず独立当事者参加も観念できない（【222】参照）。そこで、原判決は特別の当事者参加を認める行訴法の規定の類推適用というラディカルな解釈論によったと推察されるが、無理があることは否めない。結局、本件のような場合、亡父の子に手続保障が必要であることは否定できないものの、「現行規定の解釈としては、多くの問題があるといわざるを得ない」（富越・後掲380頁）。立法論としては、旧々民訴法にあった詐害再審の制度（富越・後掲373頁）を復活させることが考えられてよい（三木浩一＝山本和彦編『民事訴訟法の改正課題』176頁以下参照）。

●**参考文献**●　富越和厚・判解平元年度364、林屋礼二・百Ⅱ430

250 第三者再審②──新株発行無効訴訟

最1小決平成25年11月21日（民集67巻8号1686頁・判時2218号31頁）　　参照条文　民訴法338条1項3号

> 前訴の当事者適格はないが対世効を受ける者はどのようにして再審の訴えを提起できるか。

●事実● Y₁社代表取締役Xは、新株予約権行使によりY₁の株主となったが、その後、代表取締役を解任された。Y₁の株主Y₂は、Y₁を被告に本件株式発行の無効確認等を求める前訴を提起し、本件株式発行は見せ金により払込みの外形が作出されたこと等を主張した。Y₁は請求原因事実を全て認める旨の答弁をしたが、裁判所は当事者双方から提出された書証やY₁から提出された陳述書を取り調べた上、口頭弁論を終結し、本件株式発行を無効とする判決を言い渡し、確定した。Xはその後前訴判決の存在を知り、前訴に独立当事者参加の申出をするとともに再審の訴えを提起した。原審は、Xは前訴判決の効力を受ける者であって共同訴訟的補助参加をすることができるから本件再審の訴えの原告適格を有するが、Yらが前訴係属の事実をXに知らせず前訴判決を確定させ、Xの権利が害されたとしても、前訴判決に338条1項3号の再審事由があるとはいえないとして、請求を棄却すべきものとした。Xより許可抗告申立て（抗告許可）。

●決定要旨● 破棄差戻し。
　「新株発行の無効の訴えに係る請求を認容する確定判決の効力を受ける第三者は、再審原告として上記確定判決に対する再審の訴えを提起したとしても、上記確定判決に係る訴訟の当事者ではない以上、上記訴訟の本案についての訴訟行為をすることはできず、上記確定判決の判断を左右できる地位にはない。そのため、上記第三者は、上記確定判決に対する再審の訴えを提起してもその目的を達することができず、当然には上記再審の訴えの原告適格を有するということはできない。しかし、上記第三者が上記再審の訴えを提起するとともに独立当事者参加の申出をした場合には、上記第三者は、再審開始の決定が確定した後、当該独立当事者参加に係る訴訟行為をすることによって、合一確定の要請を介し、上記確定判決の判断を左右することができるようになる。なお、上記の場合には、再審開始の決定がされれば確定判決に係る訴訟の審理がされることになるから、独立当事者参加の申出をするために必要とされる訴訟係属があるということができる。そうであれば、新株発行の無効の訴えに係る請求を認容する確定判決の効力を受ける第三者は、上記確定判決に係る訴訟について独立当事者参加の申出をすることによって、上記確定判決に対する再審の訴えの原告適格を有することになる……。」「新株発行の無効の訴えは、株式の発行をした株式会社のみが被告適格を有するとされているのであるから（会社法834条2号）、上記株式会社によって上記訴えに係る訴訟が追行されている以上、上記訴訟の確定判決の効力を受ける第三者が、上記訴訟の係属を知らず、上記訴訟の審理に関与する機会を与えられなかったとしても、直ち

に上記確定判決に民訴法338条1項3号の再審事由があるということはできない。しかし、当事者は、信義に従い誠実に民事訴訟を追行しなければならないのであり（民訴法2条）、とりわけ、新株発行の無効の訴えの被告適格が与えられた株式会社は、事実上、上記確定判決の効力を受ける第三者に代わって手続に関与するという立場にもあることから、上記株式会社には、上記第三者の利益に配慮し、より一層、信義に従った訴訟活動をすることが求められるところである。そうすると、上記株式会社による訴訟活動がおよそいかなるものであったとしても、上記第三者が後に上記確定判決の効力を一切争うことができないと解することは、手続保障の観点から是認することはできないのであって、上記株式会社の訴訟活動が著しく信義に反しており、上記第三者に上記確定判決の効力を及ぼすことが手続保障の観点から看過することができない場合には、上記確定判決には、民訴法338条1項3号の再審事由がある……。」

●解説● 1　本決定は、前訴の当事者適格はないが対世効を受ける者は前訴に独立当事者参加して再審訴訟を提起でき、会社訴訟で被告会社の訴訟活動が著しく信義に反し、第三者の手続保障の観点から看過できない場合は338条1項3号の再審事由が認められるとした。いわゆる第三者再審を認めたものである。

2　まず、このような場合、第三者は前訴に共同訴訟的補助参加をすれば当然再審訴訟を提起できるが、その場合は本訴当事者（Y₁）の主張できる再審事由しか主張できず、それでは馴れ合い訴訟である本件のような場合、Xの救済にはならない。そこで、Xに固有の再審事由を主張するため、独立当事者参加が必要となる（その前提となる一種の条件付訴訟係属があることは、本判決が確認する）。ただ、その場合、XはY₁かY₂のいずれかに対し請求を定立する必要があるところ、本件ではXは自己の株主の地位確認を求めることができ、問題はない（これに対し、請求定立が困難である場合につき、【222】解説参照）。

3　次に、近時の判例の流れに沿い、3号再審事由が一般化され、手続保障の観点が重視されるが、本件では第三者に固有の事情が問題となる。本決定は、①Xは前訴係属前から株式発行の有効性を主張しており、前訴係属を知れば本件請求を争うことが明白な状況にあったこと、②Y₁もそのような状況を十分認識していたこと、③Y₁は前訴でY₂の請求を全く争わず、かえってY₂に有利な訴訟追行をしていたこと、④Xに前訴係属を知らせることが容易だったにもかかわらず、これを知らせなかったことから、Y₁の訴訟活動は著しく信義に反しており、Xに前訴判決の効力を及ぼすことは手続保障の観点から看過できないとした。Y₁の地位を会社法が付与した特別の当事者適格として、判決効を受ける「第三者に代わって手続に関与するという立場にもある」旨を強調する点は興味深い。

●参考文献● 加波眞一・平25年度重判136、三木浩一＝山本和彦編『民事訴訟法の改正課題』176

判 例 索 引

（太字は、本書に重要判例として）
（掲載されたものであることを示す）

昭和60～63年

平成元～9年

山本和彦(やまもと　かずひこ)

1961年生まれ
1984年　東京大学法学部卒業
現　在　一橋大学大学院法学研究科教授
主　著　『よくわかる民事裁判〔第3版〕』(有斐閣・2018)
　　　　『倒産処理法入門〔第5版〕』(有斐閣・2018)
　　　　『ケースブック民事訴訟法〔第3版〕』(共著、弘文堂・2013)
　　　　『倒産法概説〔第2版補訂版〕』(共著、弘文堂・2015)
　　　　『倒産法演習ノート〔第3版〕』(編著、弘文堂・2016)
　　　　『民事訴訟法〔第7版〕』(共著、有斐閣・2017)
　　　　『現代の裁判〔第7版〕』(共著、有斐閣・2017)
　　　　『民事執行・保全法〔第6版〕』(共著、有斐閣・2020)
　　　　『条解民事執行法』(共編著、弘文堂・2019)
　　　　『ロースクール民事訴訟法〔第5版〕』(共編、有斐閣・2019)
　　　　『コンメンタール民事訴訟法Ⅰ〔第3版〕～Ⅶ』(共著、日本評
　　　　　論社・2012～2021)
　　　　『Law Practice民事訴訟法〔第4版〕』(編著、商事法務・2021)
　　　　『倒産法制の現代的課題』(有斐閣・2014)
　　　　『民事訴訟法の現代的課題』(有斐閣・2016)
　　　　『ADR法制の現代的課題』(有斐閣・2018)

最新重要判例250〔民事訴訟法〕

2022(令和4)年1月30日　初版1刷発行

著　者　山　本　和　彦
発行者　鯉　渕　友　南
発行所　株式会社　弘文堂　　101-0062　東京都千代田区神田駿河台1の7
　　　　　　　　　　　　　　TEL 03(3294)4801　　振替 00120-6-53909
　　　　　　　　　　　　　　https://www.koubundou.co.jp
装　丁　遠山八郎
印　刷　三美印刷
製　本　井上製本所

ISBN978-4-335-30127-8